土地科学丛书

# 土地利用规划学

王万茂　主　编
董祚继
王　群　副主编
张　颖

科学出版社
北　京

## 内容简介

在介绍土地利用规划学产生背景、理论基础和历史演革的基础上，本书系统阐述了土地利用总体规划、土地利用详细规划和土地利用专项规划的基本理论和方法，着重介绍应用GIS技术编制规划的技术程序和应用软件、土地利用规划的环境影响评价和土地利用规划费用效益分析以及土地利用规划实施。

本书可供土地科学、资源科学、地理学等专业的科研人员及研究生参考。

**图书在版编目（CIP）数据**

土地利用规划学/王万茂主编；董祚继，王群，张颖副主编．—北京：科学出版社，2006

（土地科学丛书）

ISBN 978-7-03-017822-0

Ⅰ．土…　Ⅱ．①王…②董…③王…④张…　Ⅲ．土地规划　Ⅳ．F301.2

中国版本图书馆CIP数据核字（2006）第093865号

责任编辑：朱海燕　李秋艳/责任校对：刘亚琦

责任印制：赵　博/封面设计：王　浩

科学出版社 出版

北京东黄城根北街16号

邮政编码：100717

http://www.sciencep.com

北京华宇信诺印刷有限公司印刷

科学出版社发行　各地新华书店经销

*

2006年10月第　一　版　开本：787×1092 1/16

2025年 2 月第二十六次印刷　印张：29

字数：649 000

**定价：88.00元**

（如有印装质量问题，我社负责调换）

# 《土地科学丛书》
# 编辑委员会

# 《土地利用规划学》编写分工

第一章　王万茂　董祚继
第二章　王万茂　王　群
第三章　董祚继　冯雪渔
第四章　张　颖　陈茵茵
第五章　董祚继　王　群
第六章　王　群　吴克宁
第七章　王　群　王万茂
第八章　王　群　张　颖
第九章　张　颖　王　群
第十章　王万茂　王　群
第十一章　王　群　王万茂
第十二章　张　颖　师学义
第十三章　王　群　宗　仁
第十四章　王万茂　张　颖
第十五章　王万茂　王　群
第十六章　王万茂　王　群
第十七章　王万茂　张　颖
第十八章　王万茂　王　群
第十九章　张　颖　王　群
第二十章　王　群　张　颖
第二十一章　王万茂　王　群
第二十二章　王万茂　宗　仁
审　稿　韩桐魁　钱　铭　严金明　欧名豪

# 编写说明

土地科学作为一门学科在我国的历史并不长，是我国科学园地里较为年轻的学科。由于土地具有多重特性和功能，因而土地和土地利用是多学科研究的对象和领域，学科的交叉性十分明显，这给人们认识土地科学的内容、地位、体系以及学科属性带来了复杂性和艰巨性。

土地科学学科建设有赖于完整的科学理论和知识体系的构建，对比较成熟的学科加以整理和深化，对一些尚不成熟但具有发展前景的新兴学科加以大力扶持，使其不断完善和成熟。为此，2002 年 3 月，中国土地学会学术工作委员会在南京召开工作会议暨学科建设研讨会，决定组织编写一套能全面反映土地科学学科体系、知识体系的《土地科学丛书》，并讨论通过了"《土地科学丛书》编撰实施方案和管理办法"。同年 11 月 10 日在北京召开的《土地科学丛书》编撰工作会议则进一步认为，《土地科学丛书》是"编著型"学术著作，要反映土地科学的基础理论、基本方法，并把握前沿，反映最新的研究成果，应充分吸收相关学科的新思想、新方法。

根据"《土地科学丛书》编撰实施方案和管理办法"，丛书中各书的第一作者通过竞标与不记名评议相结合的方式产生。中国土地学会学术工作委员会组织专家，对参加竞标的 9 本书共 27 份投标书进行了评审，最后确定了第一批——《土地资源学》、《土地生态学》、《土地经济学》、《土地利用规划学》、《地籍学》、《土地保护学》、《土地信息学》等 7 部书的第一作者。为保证《土地科学丛书》的质量并能顺利出版，中国土地学会还组织各书第一作者申请出版基金，《土地信息学》一书获得了中国科学院科学出版基金的资助。《土地科学丛书》的其他各书则由中国土地学会土地科学专项基金资助出版。

5 年来，在中国土地学会坚持不懈的推动下，在各有关方面的大力支持下，通过作者们的辛勤劳动，这套丛书将陆续与读者见面了。值此，中国土地学会衷心感谢关心支持这套丛书的领导，感谢热心参与这套丛书讨论和评审的专家学者，特别要感谢为此付出艰辛的各部书作者和审稿者，也要特别感谢科学出版社为此套丛书的出版给予的大力支持和协助。

中国土地学会

2006 年 8 月

# 丛书序一

国以民为本，民以食为天，我们必须十分注意粮食问题和耕地问题。中国人多地少，又正处于经济快速发展的关键时期，土地问题是当前我国经济社会发展面临的一个大问题。

土地科学是以土地为研究对象的自然科学和社会科学的集成，是人们在长期开发、利用、保护和管理土地基础上，结合现代自然科学和社会科学新成果而发展起来的一门新兴学科。长期以来，我国的土地科学发展滞后于我国的经济社会发展，这在一定程度上已经影响到我国经济社会的健康发展。为此，中国土地学会自1980年成立以来，竭尽全力进行土地科学的学科建设。学会组织了多位长期从事土地研究而又具有丰富经验的学者，潜心总结新中国成立以来土地管理的实践经验与土地科学技术研究成果，经过多年努力，编写成了这套《土地科学丛书》。这是土地科学学科建设的重大成果之一。

这套丛书由多部著作组成。每部著作都分别研究了本领域的基础理论和基本方法，注意把握本领域的理论前沿和最新成果，对社会关注的难点、热点问题进行了深入的探讨，对未来我国土地管理工作提出了有益的建议，有助于我们更清楚地认识和把握未来的土地管理基本走势，有助于推动我国土地管理事业全面健康地向前发展。丛书可供从事土地科学技术和管理的专业人员使用，可作为大专院校土地管理及相关专业的辅助教材，也是一部很好的土地科学普及读物。

在科学时代，研究土地问题需要运用科学方法。我祝贺《土地科学丛书》的出版，期望各界人士对土地科学发展，土地的保护、利用、管理给予关注。

石玉林

2006年7月

# 丛书序二

这套由多部著作组成的《土地科学丛书》终于要与大家见面了，这是一件大事，不只是对专业人士，对广大公众和各级行政领导，对国民经济的健康和持续发展都是一件大事。“有地斯有粮，有粮斯有安”。中国人多地少，又处于经济快速发展的关键时期，土地问题是当前我国经济社会发展面临的一个大问题。

研究土地问题有经验方法，也有科学方法。早期，我们更多的是用经验方法，随着土地科学的进步和相关学科的日新月异，我们提倡用科学的方法和相关学科的最新成就来研究土地问题。

土地科学是以土地为研究对象的自然科学和社会科学的交叉与集成，是人们在长期开发、利用、保护和管理土地的基础上，结合现代自然科学和社会科学新成果而发展起来的一门新兴学科。长期以来，我国的土地科学发展滞后于经济和社会的发展，为此，中国土地学会自成立以来，竭尽全力地推进土地科学的学科建设。这套丛书就是他们致力于土地科学学科建设的一项重要成果。

这套丛书中的每部著作都分别研究了本领域的基础理论和基本方法，注意把握本领域的理论前沿和最新成果，对社会关注的难点、热点问题进行了深入探讨，对未来我国土地管理工作提出了有益的建议。这套丛书既有很强的自然科学理论和知识，又有丰富的经济和管理科学内容，有助于我们更清楚地认识和把握未来的土地科学及其管理的基本走势，有助于推动我国土地管理事业的健康发展。

无论是在自然层面上，还是在社会经济层面上，土地都是处于动态状况下的。在几千年的农业社会里，这个动态过程进行得很慢，而且是在自然态的物质和能量循环框架下运行。进入工业社会，这个动态过程越来越快，人类社会对它的影响越来越大，而且是在大量非自然态的工农业化学物质投入状况下运行。土壤圈、水圈、大气圈和生物圈之间的物质能量交换关系发生了深刻变化，土地的社会经济价值和影响也在发生深刻的变化。我们必须用系统观和动态观去观察和认识土地。

“工要善其事，必先利其器。”这套丛书就是帮助我们去观察和认识土地的“器”。想必看过这套丛书的读者，也会有我这样的感受。

谨以此为序。

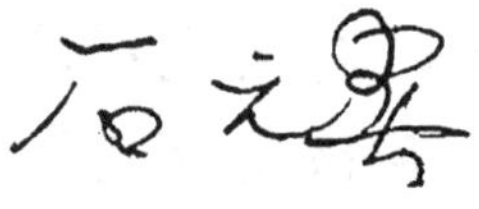

2006年8月于北京

# 前　言

这部著作是在至今我国出版的《土地利用规划学》各版本的基础上充实更新而写成的。早在20世纪80年代初，根据农业部农业院校农业经济及管理教学指导委员会的决定，《土地规划学》（第一版）于1983年由农业出版社出版，王万茂、丁荣晃任主编，西北农学院、南京农学院、华中农学院、西南农学院、新疆八一农学院等院校有关教师参加编写。随着我国土地问题尤其是土地管理问题日益显现，经编写组全体人员讨论，决定增加土地资源调查、土地地籍管理和土地权利登记等方面内容，于1988年由农业出版社出版《土地规划学》（第二版），适用于土地规划与利用、土地管理专业，由王万茂、丁荣晃任主编，韩桐魁、陆红生、叶公强、张丽春、朱亚夫、包纪祥、刘庆生参加编写。20世纪90年代初，国家土地管理局科技教育司组织全国高等院校土地管理专业和土地规划与利用专业编写《土地利用规划学》教材，由王万茂任主编，韩桐魁、董德显、刘庆生任副主编，于1996年由中国大地出版社出版。为便于国际合作与交流，第三版改为《土地利用规划学》，首次确立了“总体规划、详细规划和专项规划”的学科体系。在教材内容上增加了地理信息系统在土地利用规划中的应用、土地利用规划可行性研究和费效分析和土地利用规划设计方法，以增强教材的科学性、系统性和实用性。

该教材经过全国有关综合性大学、农业院校、工科院校和师范院校的广泛使用，获得好评。1997年《土地利用规划学》被列为国家教育委员会“九五”国家级重点教材（国家教育委员会教育［1997］16号文件）。编写组根据教育部关于“九五”国家级重点教材编写的有关要求规定和我国土地使用制度改革的进一步深化，土地管理工作的新形势和新要求，对《土地利用规划学》（第三版）进行了认真的修订，在系统阐述土地利用总体规划的同时，完善了土地利用详细规划和专项规划，增加了土地用途管制制度及其实施措施以及规划实施管理和土地利用动态监测等项内容，使教材的科学性、实用性和可操作性得到进一步增强。《土地利用规划学》（第四版）由王万茂任主编，严金明、韩桐魁、董德显任副主编，于2000年由中国大地出版社出版。

2002年全国高等院校土地资源管理专业主干课程系列教材是经教育部高等教育司批准立项的“面向21世纪课程教材”，共15种，《土地利用规划学》是其中之一。《土地利用规划学》（第五版），由王万茂、韩桐魁任主编，南京农业大学、华中农业大学、中国人民大学、山西农业大学、中国矿业大学等院校有关教师参加编写，于2002年由中国农业出版社出版。这版教材对土地利用规划信息系统、土地利用规划跟踪管理、土地利用规划费用效益分析和可持续评价等项内容进行了更新和充实。

随着我国社会经济快速发展和城市化进程的快速推进，我国土地使用制度和土地管理制度改革得到进一步深化，土地在宏观经济调控中发挥了重要的作用，土地利用规划法律地位进一步增强。在这种新形势下，对土地利用规划的科学性、实用性和可操作性提出了新的更高要求，《土地利用规划学》修订任务，迫切地被提到了议事日程。值此中国土地学会组织编撰《土地科学丛书》之际，在主编的组织下对原书内容作了适当调整与更新，以保持其连续性和现势性。经全体参与编写人员的共同努力，于2005年8月完成了《土地利用规划学》的编撰和修订工作。《土地利用规划学》与以前各版相比，在有关内容体系和方法方面得到进一步深化：一是全面、系统地阐述土地利用总体规划内容，对其中各项主要项目单独开辟章节进行介绍，使其由原来的两章增加至八章的篇幅，增加了土地利用总体规划编制思路及其选择、土地利用规划后评价、土地利用战略研究、规划基础数据预测、土地供给量预测、土地需求量预测、生态用地需求量预测、土地利用结构及其供选方案的产生和评价等内容；二是土地利用专项规划内容进一步充实，除去基本农田保护区规划、土地开发规划、土地整理规划、土地复垦规划以外，还增加了旅游地规划和生态恢复地规划等，由原来的一章增加至四章的篇幅；三是系统阐述了地理信息系统技术和常规规划设计方法，充实了对土地利用规划方案的可行性论证、费用效益分析、环境影响评价和可持续评价等内容；四是教材中更加强调土地利用规划的实施管理、土地用途管制制度的实施、土地利用滚动计划管理和土地利用动态监测，使教材的科学性、实用性和可操作性得以进一步提高，更加贴近我国土地利用规划编制与管理工作实践，学术价值与应用价值进一步增强，使这本著作既是一本学术著作，又是一本专业教材。

本书是长期从事土地利用规划教学、科研和行政管理工作的人员集体劳动的成果，全书由王万茂任主编，董祚继、王群、张颖任副主编，在各章分工编写和修订的基础上，最后由王万茂总纂定稿。

在本书编写的过程中，曾参阅了大量的相关书籍资料，引用了其中部分内容和规划实例，在此向有关作者和同行致谢，并向关心本书编写和出版工作的所有领导和同行们表示谢意！

由于作者水平有限，书中不妥和错误之处在所难免，恳请同行不吝指正。

王万茂

2005年8月26日于南京

# 目　录

## 第二篇 土地利用总体规划

# 第四篇　土地利用规划方法和规划实施

# 第一篇　土地利用规划总论

# 第一章 导 论

## 第一节 土地与土地利用

### 一、土地的概念

什么是土地？学术界众说纷纭。土地的概念应从其自然属性和社会属性角度加以界定。从自然属性角度常视土地为资源，存在着狭义土地和广义土地的概念之别，通常又与平面和立体相交织。为了弄清楚土地的概念，追根溯源要从“土”字和“地”字谈起。我国古书《说文解字》（公元121年，东汉经学家、文字学家许慎著）中对其早有叙述：“土者，吐也，即吐生万物之意”，并以图示。把“土”字分解为植物地上部分（茎、叶）、表土层、植物地下部分（根）和底土层四个层次（图1-1）。关于“土壤”，许慎在书中写道：“壤者，让也，即松柔无块而宜于耕之土”。从汉语构词来讲，“壤”字是在“土”字右旁加上“襄”。“襄”者助也，指人工培育之意。“壤”是经人工培育熟化而成的“土”，是“土”的质变。这可能是人类历史上最早对土和土壤概念的论述。现代土壤学专著中常引用原苏联土壤学家威廉斯（1863～1939）关于土壤的定义：土壤是地球陆地上能够生长植物的疏松表层。俄国土壤发生学创始人道库恰也夫(1846～1903)认为，土壤是由岩石、气候、生物、地形和时间五个因素共同作用的结果，即

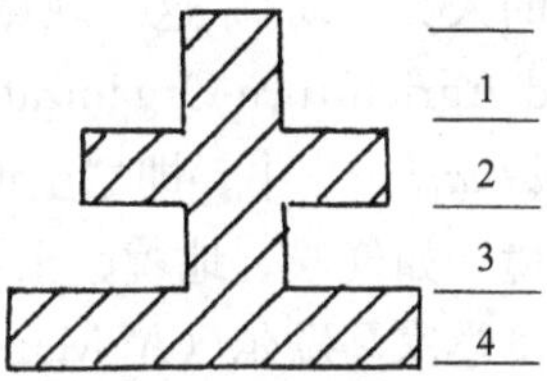

1. 植物地上部分；2. 表土层；
3. 植物地下部分；4. 底土层

图 1-1 土字图解

$$\Pi = f(k,o,r,p)t$$

式中：$\Pi$ 为土壤；$k$ 为气候；$o$ 为生物；$r$ 为岩石；$p$ 为地形；$t$ 为时间。

地是天的对称，是由“土”和“也”两字复合而成。土地中的“地”则是指地球的地，土地的概念应从其自然属性角度加以界定，存在着狭义土地和广义土地的概念之别，通常又与土地平面和立体层面相交织，形成土地平面观和立体观。土地不能离开地球。土地养育了地球上的人类，是人类生存和发展的重要资源。土地资源（land resource)是人类赖以生存和繁衍的第一资源，是各种资源之首。人们通常把地球表面的陆地部分，由泥土与砂石堆成的固体场所称为土地。至于海洋、江河、湖泊、池塘等均不列入土地范畴之内。但“土地在经济学上包括着水……”，水流是土地的附属物，“我们也把它作为土地来理解。”① 从土地经济学角度来讲，水面应当包括在土地范畴之

① 马克思，《资本论》第3卷，人民出版社，1966，第722页。

列。现代大陆地质研究结果表明，几乎所有的大陆在漫长的历史时期里，都经历过反复的升降运动，时而下沉，为海水所淹没，并接受了巨厚的沉积；时而上升，露出海面，遭受侵蚀，这一切使人们认识到，现代的海洋只不过是因下沉而被海水淹没的大陆，即所谓沧海桑田之变化。综上所述，土地的平面不但包括地球上的陆地，也包括地球上的海洋。据统计，海洋每年约生产 1350 亿 t 有机碳，可提供 30 亿 t 水产品。还有学者推测，海洋为人类提供食物的能力等于世界耕地的 1000 倍。土地的平面观认为，土地指整个地球表面（包括陆地和海洋）。它只有一种计量单位即面积计量单位。

随着人类社会的发展和科学技术的进步，土地概念由地球表面扩大至地球表层，由平面扩展至立体，形成了土地的立体观。我国著名科学家钱学森提出建立“地球表层学”的主张，把地球表层学作为环境系统工程的理论基础。我国多数地学家和原苏联学者主张地球表层的上界以对流层的顶层为限（极地上空约 8km，赤道上空约 17km，平均 10km），下界至岩石圈的上部（陆地上约深 5～6km，海洋下平均深 4km）。澳大利亚学者克里斯钦（Chrestin）提出土地综合体观点，并认为“土地是地表上的一个立体垂直剖面，从空中环境到地下的物质层，并包括动植物群体以及过去和现在与土地相联系的人类活动”。这一观点后来被反映到 1976 年出版的联合国粮食与农业组织（Food and Agriculture Organization，FAO）编写的《土地评价纲要》（*Framework for Land Evaluation*）中，即“土地是比土壤更为广泛的概念，它包括影响土地用途潜力的自然环境，如气候、地貌、土壤、水文与植被，还包括过去和现在的人类活动成果”。英国经济学家马歇尔（A. Marshall，1842～1924）指出：“土地的含义，指的是大自然无偿地资助人类的地上、水中、空中光热等物质与能力。”① 美国土地经济学家雷利·巴洛维（R. Barlowe）提出“土地是受控制的附着于地球表面的自然和人工资源的总和。”②

地球表层嵌于地球外表，面向宇宙空间，既受宇宙因素、行星因素的影响，又受地球内部构造因素的制约。地球表层中存在固、液、气三态物质，来自宇宙、地球内部和地球运动所产生的力能在此交锋，地球上的全部生命有机体生活于此。地球表层是不同于地球其他部位的一个相对独立的物质系统，是自然生态系统与社会经济系统耦合而成的复合生态经济系统。总之，立体的广义的土地概念可近似于环境、资源、国土。

从法学观点来讲，法律上的土地并不是地理学上所指的整个陆地表面，而是人们能够利用、控制的土地。人力难以达到、难以控制利用的陆地，还不能成为法律意义上的土地。在财产法上，从横向范围看，它应包括耕地、建筑用地、交通用地、水利设施用地以及林地、山岭、草原、荒地、滩涂及内陆水流用地等地面。人力尚不能利用的沙漠和冰峰雪山，在人们尚未开发之前只能是陆地而不是土地。从纵向范围看，土地应包括地面之上植物、动物生长的一切必要的空间，及地面之下植物根系生长所需的空间、凿井汲水的空间。法律允许的建筑物的高限和深限，以及建筑物基础工程的稳固性所需的地下空间和建筑物通风透光所需的空间。国土是指一个国家主权管辖的地域空间。在国土经济学中，国土是某个国家的人民赖以生存的场所，又指这个地域范围内的全部国土

---

① 马歇尔，《经济学原理》，伦敦，1907。

② 雷利·巴罗维，《土地资源经济学——不动产经济学》，1978。

资源。① 国土资源一般包含人口和劳动力资源、土地资源、水资源、矿产资源、森林资源、海洋资源、气候资源、山区资源、自然保护区等自然资源和社会资源。依照国际法的观点，国家领土是指在国家主权管辖下的地球表面的特定部分，包括领陆、领水、领陆和领水的底层土，以及领陆和领水上面的空气空间②。

我国是一个发展中的海洋大国，拥有海岸线长达 18 000 多公里，面积在 500$m^2$ 以上的海岛 6500 多个，岛屿岸线 14 000 多公里。根据《联合国海洋法公约》规定，我国享有充分自主权的领海海域面积为 38 万多平方公里，可以管辖的海域面积近 300 万 $km^2$。若包含 300 万 $km^2$ 的海洋“蓝色国土”，我国国土总面积应该是 1260 万 $km^2$③。从经济学的角度分析，土地是一项重要的社会资产和农业中的主要生产资料。马克思指出“土地是一切生产和一切存在的源泉”，正如威廉·配第所说“劳动是财富之父，土地是财富之母”。“劳动力和土地”是形成财富的两个原始要素，是“一切财富的源泉”④。随着现代商品经济的发展，国家社会、企事业单位或个人占用的土地资源作为其财产的权利，称作土地资产（land estate）。在取得土地资产时按成本计价，它是资本的物的表现，在其所有权和使用权转让时均是有偿的，在经济核算上应将土地资产作为资金占用来反映。也就是说，土地不仅是一种珍贵的自然资源，可以不断地为人类社会提供产品和活动场所，而且尚能产生巨大财富和增值价值的经济资产或生产性资本。据有关资料表明，美国不动产价值约占其财富的 3/4，日本地产价值占其资产总值的 1/2以上。据粗略估计，我国城市土地资产总值在 18 万亿元以上，耕地资产总值约 2 万亿元。随着土地使用制度改革，土地资产的增值将成为我国财政收入的重要来源。就土地权利而言，土地属不动产（real estate），是指拥有土地所有权的地球表面，包括土地物质（自然物）、土地改良物（农作改良物、建筑改良物）和存在于土地之中的排他性完全权利（土地所有权、土地使用权、土地他项权利）。土地被作为财富积累和所有权的对象完全由于土地在人类社会中的重要性、稀缺性及其能为所有者带来剩余产品的性质所决定。土地属于资源性资产，指特定主体控制的并拥有排他性权益的自然资源。资源性资产的使用往往需要追加劳动，并在其使用权转让中得到补偿。

从系统论观点来看，土地系统是由耕地、林地、牧地、水地、市地、工矿地、旅游地和特种用地等子系统组成的大系统，这些土地子系统都是由植物、动物、微生物等生物成分和光照、土壤、空气、温度等非生物成分共同组成的，借助于能量与物质流动转换而形成的不可分割的有机整体。土地系统及其子系统以及子系统之间存在复杂的能量与物质的转换关系，它们都属于开放系统，是远离平衡状态的开放系统，只要通过不断与外界交换物质与能量，在外界条件的变化达到一定的阈值时，可能从原有的混沌无序状态，转变为在时空上或功能上的有序状态，依靠不断耗散外界的物质和能量来加以维持。与此同时，土地系统又是更大系统的非生物环境要素（图 1-2）。用集合论表达为

$$A = \{a_1, a_2, \cdots, a_8\}$$

① 杨树珍，《国土经济学》，天津人民出版社，1986，第 2 页。

② 魏敏，《国际法概论》，光明日报出版社，1985，第 119 页。

③ 国家海洋局，《中国海洋政策》，海洋出版社，1998。

④ 《马克思恩格斯全集》第 25 卷，人民出版社，1972，第 663 页。

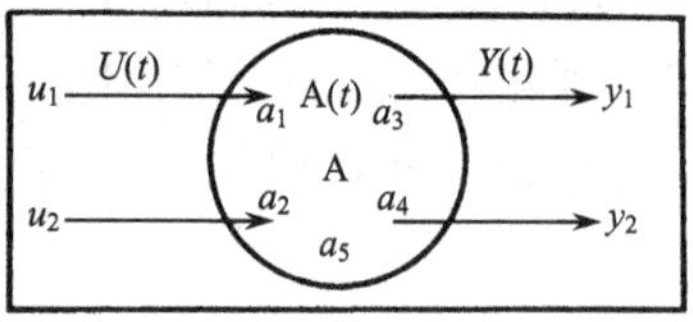

图 1-2　土地系统和环境关系

式中：A 为土地系统；$a_1$，$a_2$，…，$a_8$ 为耕地、林地、牧地等土地子系统。

从景观学角度看，土地即景观（landscape）。荷兰学者宗纳维尔 I S 将“土地和景观视为同义语”。① 牛津英语词典（1933 年）对景观的几种解释，包括一幅表示内陆自然景色（如草原、林地、山地等）的画面，某一地区的地形组合，在视线内的一片土地或广阔的自然景色。依据景观生态学原理，景观就是地面上生态系统的镶嵌，景观在自然等级系统中是一个比生态系统高一级的层次，景观就是自然和文化生态系统载体的土地，因此，景观生态学（Landscape Ecology）又被称为地生态学（Geoecology）。景观生态学的创始人特罗尔（Troll C）将景观生态学定义为控制某一地区不同空间单元的土地-生物关系。

综上所述，如表 1-1 所示，可将土地分为狭义土地和广义土地，进一步细分为平面土地和立体土地，最终归结为土地资源和土地资产。

**表 1-1　土地概念**

| 土地定义 | | 狭义土地 | 广义土地 |
|---|---|---|---|
| 土地资源 | 土地平面观 | 地球陆地表面（含内陆水域）$1.49\times10^8$，占 29.2% | 整个地球表面包括陆地和海洋 5.1 亿 $km^2$，其中海洋 3.61 亿 $km^2$，占 70.8% |
| | 土地立体观 | 地球陆地表面上下空间组成立体垂直剖面（国土、环境一部分） | 整个地球表面上下空间组成立体垂直剖面（地球表层、国土、环境） |
| 土地资产 | 土地平面观 | 陆地资产价格<br>陆地所有权价格<br>陆地使用权价格<br>陆地地役权价格 | 陆地资产价格<br>海洋资产价格<br>陆地、海洋使用权价格<br>陆地、海洋所有权价格 |
| | 土地立体观 | 不动产（房、地）价格<br>陆地空间权价格<br>陆地地下权价格 | 陆地空间价格<br>海洋空间价格<br>陆地、海洋空间权价格<br>陆地、海洋地下权价格 |

## 二、土地的功能

土地本身是自然产物，当土地被投入人类社会生产活动之后，就成为任何社会物质生产部门（包括农业、工业、交通运输业、建筑业等）所必需的物质条件。马克思历来把土地看作广义的劳动手段，指出：“它们不直接加入劳动过程，但是没有它们，劳动过程就不能进行，或者只能不完全进行。”② 从这个意义上讲，任何生产、任何产业都不能离开土地。土地具有下列功能：

① 〔荷兰〕宗纳维尔 I S，《地生态学》，科学出版社，2003。

② 马克思，《资本论》第 1 卷，人民出版社，1975，第 205 页。

## （一）养育功能

万物土中生，具有肥力的土地是人类赖以生存的农作物吸取营养的主要源泉，是农作物正常生长发育不可缺少的水分、养分、空气和热量的供应者与调节者。土地既是劳动对象，同时“土地本身也是一种劳动手段”，“土地自身在农业上面是当作生产工具来发生作用”①，直接参与农产品的形成。植物依赖土地才能生长，动物也要靠土地提供饲料，所以在农业生产中土地则是不可缺少且无法替代的主要生产资料。土地的养育功能充分体现于第一性和第二性生产之中，为人类生存提供必需的农畜产品。

## （二）承载功能

土地在非农业部门，如建筑业、交通运输业、工业等作为地基、场地和操作基础发生作用，是人类修建一切建筑物（住宅、厂房等）和构筑物（交通设施、工程管道等）的载体，为人类提供居住、休息、娱乐、工业生产的场所。居民点及交通、水利用地为土地承载功能的具体体现。

## （三）仓储功能

矿产资源主要来自地壳，是地壳中具有开采价值的物质，如铜、铁、石油、煤、天然气等。这些矿产资源均蕴藏在地下，视土地为其仓库。富含矿产资源的土地即工矿地不仅为矿产资源提供仓储场所，而且也为矿产资源的开采、加工和运输以及矿产资源开采完毕以后的复垦利用建立特殊的土地利用方式。

## （四）景观功能

景观意义上的土地是一种环境资源，风景旅游地就是土地景观功能得以发挥的土地利用方式，既没有在物质上利用土地，也没有在消耗意义上利用土地。具有景观功能的土地价值在于舒适性和美学价值。

总之，土地功能集中表现为土地的有用性，农地和林地有用是因为它们生产了人类所需要的物质产品和生态产品，市地和娱乐地有用是因为它们为人类提供了生存空间。生态意义上人类可在同一块土地上年复一年地收获产品，实现持续利用，无限期地生产流动性产品，土地就好像水力、风能和太阳能一样的资源，属于可更新资源。空间意义上人类可利用的地球表面和空间是有限的，用掉一点就少一点，随着空间被利用，可利用的空间将愈来愈少。这就是土地有用性的差异，作为流动资源的“生态土地”和作为储备资源的“空间土地”的功能特点。

联合国粮农组织和环境规划署 1999 年提出了土地的十大功能：储存个人、群体或

---

① 马克思，《资本论》第1卷，人民出版社，1975，第205页。

社会财富；生产人类食物、纤维、燃料或其他生物物质；植物、动物和微生物的栖息场所；全球能量平衡和水循环的决定者之一，提供资源和沉淀温室气体；规定地表水和地下水的储存和流动；人类使用的矿物和原料的储存场所；化学污染物的缓冲器、过滤器或调节器；提供聚集、工业和娱乐空间；保存历史或史前纪录（化石、过去的气候证据、人类遗迹等）；提供或制约动物、植物和人类的迁徙。

## 三、土地的特性

### （一）土地物质的自然性

土地区别于其他物品在于土地不是前人的劳动成果，而是自然产物。在人类出现之前，地球已经存在。据有关资料表明，人类居住的地球至今已有46亿年的历史，而人类历史仅有300万年。据考证，东非猿人出现于200万～300万年前，北京猿人出现于50万年前，人类开始从事农业生产大约在6000～7000年前。由此看来，人类是地球上的后来者，土地的产生和存在是不以人类的意志为转移的，人类劳动可以影响土地利用，但人类却绝对不能创造出新的土地。古今中外，沧海桑田，水陆变迁，仅是土地形态和利用方式的改变，并非新土地的创造。

### （二）土地数量（面积）的有限性

土地数量（面积）为地球大小所决定。地球表面的总面积为5.1亿$km^2$，其中海洋的面积为3.61亿$km^2$，占地球总面积的70.8%，陆地的面积为1.49亿$km^2$，占地球总面积的29.2%（海洋：陆地＝2.4：1）。这里所指海洋和陆地以及地球表面的面积均是其在大地水准面上水平投影面积。上述面积数字自地球形成之日就是如此，虽然历经多次地质变化（如火山、地震、造山运动、风雨侵蚀和人为搬动等）而改变了土地的形态，但其总面积始终未变。正如著名的古典经济学家大卫·李嘉图（David Ricardo）早就指出的，土地面积是土地的最基本的和永恒的财富。尽管土地的肥沃的表土层可能被侵蚀，亚表土层也可能被侵蚀，土壤的矿物质会被耗竭，土地中对人类有益的有机体会被杀死，但破坏土地原有的表面积则是完全不可能的。

### （三）土地质量的差异性

由于组成土地的各种因素不同量的不同组合，形成相互区别各具特色的土地，其差异性表现为土地质量的不同等级。土地质量及其利用方式取决于土地的各种因素的综合影响，在一定的时间和一定的技术条件下，不同质量的土地使投入资本的生产率产生差别，是形成土地级差地租的重要条件。

### （四）土地利用的可持续性

土地在其合理利用的过程中，其肥力不仅不会减退反而会有一定程度的提高，“只要处理得当，土地就会不断改良。”① 人类祖先使用过的土地至今仍在周而复始地使用，这一事实充分证明了土地利用具有可持续性。但必须指出只有处理好用地和养地之间的关系，保持土地中各种生态因子之间的动态平衡，才能使土地生产力得以不断提高，土地利用才能不断更新。

### （五）土地位置的空间性

每块土地都具有特定的三维（长、宽、高）空间，不能丝毫移动，属于不动产，它只能在其所处地域内加以利用，致使土地的肥沃程度和地理位置、土地等级和土地级差收入存在着很大的空间差异，最终导致各地区之间经济发展的不平衡性。土地位置直接影响交通运输费用，位置有利的土地可以提供与它所节省的交通运输费用相等的超额利润即级差地租。

### （六）土地属性的两重性

土地属性具有自然和社会两重性质，既是生产力要素，又是生产关系即土地关系的客体；既是人类赖以生存和发展的重要资源，又是巨大的社会资产；既是土地物质，又是土地资本。任何一种土地利用方式都具有一定的社会形式，土地利用反映着一定的土地关系。

## 四、土地利用的历史演化

经过漫长的历史年代之后，大约在46亿年以前，人类栖居其上的星球——地球诞生在茫茫的银河系中，距今大约300万年以前，地球上终于产生了人类。土地是先于人类而存在的自然物质，也是人类从自然界中分离出来之后最先接触的客观对象。土地是在人类头脑中的一种抽象概括和概念上的反映，是随着人类物质生产活动和科学技术的不断发展提高而演化更新的。

当追溯历史时，我们就会发现，在远古时代，人类只有最基本的两种经济形式——采集和狩猎，他们共同构成远古人类生存的物质基础，正如一篇最古老的苏美尔文章所追忆的那样：“人类在她刚出现时，既不知道粮食，也不知道布，用四肢行走，像动物那样吃青草，饮流水。”② 在旧石器时代早期，只有极少的地方出现了“人”，如距今180万年前的非洲“能人”，距今170万年前的中国“元谋人”，人类的出现打破了自然界旧有的秩序，自然土地系统产生了原始人类群落。原始人类源地分布在温湿条件适宜，没有被冰雪覆盖的森林地区，如南欧、地中海、非洲南部和亚洲东部与南部等。人类作为一个食物的采集者，艰难地被动地顺应着产生和供养他们的土地。据有关资料估计，当时每平方英里（1平方英里=2.5 89988$km^2$）只能养活一二名食物采集者，在气

① 《马克思恩格斯全集》第25卷，人民出版社，1974，第886页。

② 〔法〕皮雷洛，《世界历史的大趋势》，第1卷，1950，第4页。

候寒冷的地方，养活一名食物采集者需要有20～30平方英里的地盘。① 在渔猎时期，原始人活动范围仅限于源地附近的地区，由于各部落之间较远，相互没有接触或很少接触，客观地域结构处于完全混沌状态。之后，由于新的人类源地的产生，部落人口的增多，原活动区域内的食物量已不能满足进一步发展的需要，从而出现了近郊扩散和跃迁扩散，其结果各活动区域的组合形成了有序的地域结构。② 直到10 000年前新石器时代出现了原始农业，这是人类历史上第一次大革命，使人类从食物的采集者变为食物的生产者，人口密度（1人/$km^2$）较以前（0.04人/$km^2$）提高了25倍。人类利用土地方式则从顺应土地的自然再生产演变为有目的地干预利用土地再生产过程，使人类逐渐由食物采集者向食物生产者转化。在农业社会中种植业替代了游牧渔猎，守田定居替代了漫游迁徙，生产力水平大大提高了。生产工具的改善大大地促进了农业生产力的提高，使耕地面积和农作物产量都得以大幅度的增长。农业的出现使人类与土地的关系发生了深刻的变革。原始人类不仅感知土地是其生存的场地与环境，而且还对土地于人类生存与发展的至关重要的新特性（食物的生产能力），留下了至深的认识和印象，这些可从世界各民族原始神话中普遍对土地的崇拜，视土地为抚育，产生万物的母亲的说法得以证实。农业的发展对社会生产方式产生了重要影响，农业是基于土地的生产部门且生产周期长，定居生活就成为一种需要和可能。原始农业阶段中人类利用土地的原始肥力，一旦消失后就向周围寻找新的土地并加以开垦，致使人类的生存空间得以扩张。如同采集业到农业一样，从狩猎发展到畜牧业。人类狩猎本领在不断提高，致使当天猎取的动物吃不完，这就产生了剩余的猎物。由于食物也有了一定的剩余，人们开始将暂时闲置的动物驯养起来，留作淡季时食用。畜牧业的发展产生了以畜牧业为主的部落，他们把驯养动物作为自己的主要生活来源。这样畜牧业逐渐成为一个主要经济部门，畜牧部落也逐渐从其他部落中分离出来，人类历史上出现第一次社会大分工。土地利用类型只以农业用地和牧业用地为主。

原始农业和畜牧业为人们的生活提供了比较丰富的生活资料，使得人们拥有一定的食物储备，从而使得定居生活成为可能。早期的手工业只是人们在主要生产活动（农业、畜牧业）之余所从事的“业余”劳动，用来丰富人们的生活内容，提高生活质量，后来随着生产的发展，有一部分人专门从事手工业劳动，于是手工业从农业中分离出来成为一个独立的产业，这就是人类历史上的第二次社会大分工。农业的扩散仍通过近郊效应和跃迁两种形式。以行走最近距离$R$为半径，$\pi R^2$的土地面积所供养人口的数量就是村落的最大人口数。农产品、商品经济开始发展，应农户和部落之间经济交往的需要，集镇应运而生。集镇中又产生了专门的手工业者。地域结构层次更为复杂。各村落和集镇间相互影响和联系，使客观地域结构实现了有序化。

随着原始人生产力水平的提高，逐渐产生了剩余的食物或其他物品，不同部落开始把各自的剩余产品相互交换，满足各自未满足的要求，最早的交易就这样产生了。后来逐渐从农业、畜牧业和手工生产者中分离出一部分人开始从事专门的商业活动，商业又形成了一项独立的经济活动，人类社会历史上又出现了第三次社会大分工。在土地利用

---

① 斯塔夫里·阿诺斯，全球通史——1500年以前的世界（中译本），上海社会科学出版社，1988，第88页。

② 蔡渝平，地域结构的演变与预测，地理学报，1987，第1期。

史中第一次出现商业用地这种土地利用类型。

城市产生的经济基础是人类社会劳动的三次大分工，它促使原始的居民点分化为以农业为主的乡村和以手工业、商业为主的城镇。小城镇成为进行部落间产品的交易场所，这就是“市”。为了抵御外敌的需要，尤其农业部落抵御游牧部落的需要，在自己庇身之所周围设置围墙或其他障碍，这就形成了城市的最初雏形。城镇用地也应运而生。城市的产生为商业和贸易提供了发展的空间。城市是社会分工的城乡分立的空间表现，所以，城市小生产一直被认为是人类文明的象征。城市两字的原始含义是，“城”是在一定地域上作为防卫入侵的，围砌起来的墙垣；“市”是指进行物资交换和商品贸易的场所，正如《易经》中所说：“日中为市，交易而退，各得其所。”蒸汽机的发明使机械动力化代替了自然力，产生了机器大工业，是生产力的发展出现了大的飞跃。产业革命前，传统手工业基本附属于农业存在于各种农村集镇中，大的手工业中心也是附属于大的行政管理中心，大工业的迅速发展，对原材料和能源的要求超过了对原有技术中心的依赖，在煤铁蕴藏量丰富的地区，兴起了现代大工业和城市。工业产品种类增多，不同的规模经济导致销售范围不同，不同产品拥有不同的销售半径，竞争的结果使大、中、小各级别的城市聚集带内部城市体系发展趋于完善。当国家出现之后，由于各个国家生产的产品并不相同，具有互补性，因此，国家之间的贸易也就产生了。国家之间贸易发展过程取决于生产力发展程度和交通发达程度。所谓的地理大发现，就是指西欧国家在海外探险中对美洲大陆的发现以及对通往东方新航的开辟。对东西方的交往和世界经济的发展，具有不可磨灭的作用。

## 五、土地利用的概念

土地利用随着人类的出现而产生。在原始捕猎阶段，“土地（在经济学上也包括水）最初以食物、现成的生活资料供给人类”，“劳动者身上的器官是唯一的劳动资料”①，人与自然（土地）的关系是消极地依赖自然、适应自然，行为上依附自然生态限制。随着人类对自然（土地）利用能力的提高，人类开始加大向大自然索取的力度，索取的领域从土地延伸到整个生物圈，大大地加速了自然资源（土地资源）在经济过程中的消耗速度。人类为了扩大种植面积，采用刀耕火种、不合理垦荒、破坏草原、砍伐森林等措施，导致严重的水土流失、河流泛滥、风沙危害和土地盐渍化、沼泽化。随着工业化和城市化的发展，耕地锐减，质量退化，造成环境污染和破坏。时至今日，土地和土地利用已成为世界性社会经济问题。

随着人口的增长和社会经济的发展，人口和土地之间关系日趋紧张，为了缓解人地之间的紧张关系，必须把人口与土地问题置于同等重要的位置加以同步解决，既要研究土地面积总量，又要重视人均土地（耕地）占有量。对我国来说，每减少 0.133$hm^2$ 耕地就意味着减少 1 个人的生物食品来源，增加 1 亿人口就意味着增长 0.133 亿 $hm^2$ 耕地的需求。几千年来，人类幻想着能在“九重天外”找到自己的同类和邻居。近几十年来人们仍然常常谈论人类迁居其他星球居住的可能性。自 1969 年 7 月 20 日美国宇航员

---

① 马克思，《资本论》第 1 卷，人民出版社，1972，第 203 页。

第一次登月以后，至今已有18人先后去过月球。科学家们对太阳系中火星（1976年）、金星（1975年）、水星（1974年、1975年），以及太阳系以外进行探索。科学已经证明，在40万亿km范围内的“九重天外”没有生命，人类赖以生存和发展的地球是浩瀚宇宙中的一叶孤舟，是沿固定轨道绕太阳旋转的一艘“飞船”。

历史上为了解决人地关系，采取国际间、区际间移民不乏实例。其中19世纪60年代美国开发西部移民和20世纪50年代苏联开垦西伯利亚处女地移民，结果造成了生态环境的破坏。到了20世纪70年代人类意识到环境问题给人类带来的负面作用，世界上113个国家出席了1972年6月5日在瑞典的斯德哥尔摩举行的联合国第一次人类环境会议，发出了“只有一个地球”的呼吁，问题又转回到如何充分合理利用与保护现有的土地资源，人类必须与环境处于和谐与平衡之中，共存共荣。人类只有一个地球，在此基础和前提下，人们在环境与发展、人口与土地问题上取得共识（图1-3）。

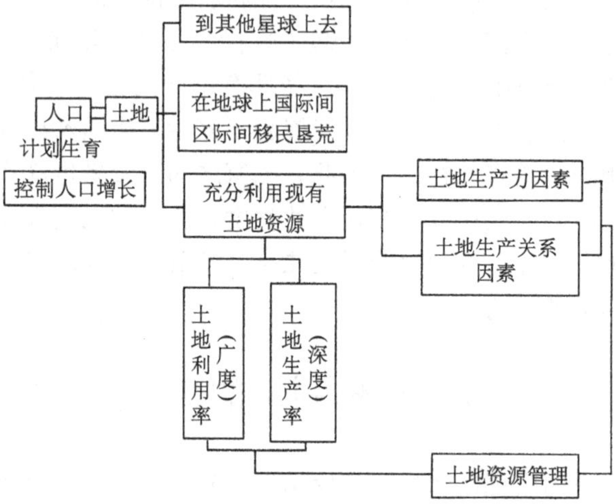


图1-3　土地利用思路

目前，学术界对土地利用概念存在下列代表性观点：①土地利用是人类通过与土地结合获得物质产品和服务的经济活动过程[①]；②土地利用是指人类对特定土地投入劳动力资本，以期从土地得到某种欲望的满足[②]；③土地利用是由自然条件和人为干预所决定的土地功能[③]；④土地利用是指在既定时间、空间和特定地点的一切已开发和空闲土地的表面状况[④]。

综上所述，人类社会发展离不开土地，没有土地也就没有人类，与此同时，通过人类的土地利用活动，使土地质量和土地利用方式也发生变化。随着社会经济发展，人类对土地的需求不断增长，要求依据土地质量状况协调安排各种用地，这个过程称为土地利用。因此，土地利用就是指由土地质量特性和社会土地需求协调所决定的土地功能过

① 毕宝德、柴强、李玲，土地经济学，中国人民大学出版社，1998。

② 林英彦，《土地利用概要》，台湾文笙书局，1995。

③ FAO，《立法在发展中国家土地利用规划中的作用》，1985。

④ 〔印度〕R·B·曼德尔，《土地利用理论与实践》，西北农业大学，1987。

程。土地数量不可能无限制地增加，土地实施持续利用，因此，土地利用包含两方面的含义：一是指人类根据土地质量特性开发利用土地，创造财富，以满足人类生产和生活的需要；二是指利用土地，改善环境，以满足人类生存的需要。因此，从系统论观点看，土地利用的实质是土地自然生态子系统和土地社会经济子系统以人口子系统为纽带和接口耦合而成的土地生态经济系统，即土地利用系统（图 1-4）。

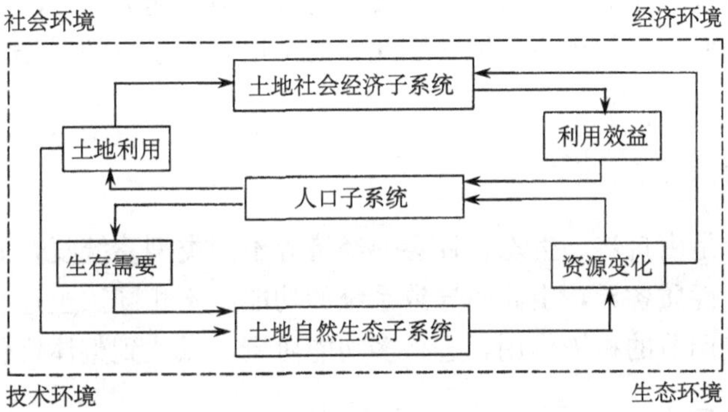


图 1-4　土地利用系统

土地利用途径古今中外无非有两条：一是从土地利用广度扩展，不断扩大土地利用面积，提高土地利用率（可利用面积/土地总面积）；二是向土地利用深度挖潜，增加劳动投入，不断提高土地集约利用程度，提高土地产出率（产量或产值或能量/单位土地面积）。

土地利用具有生产力和生产关系两重性特性。土地利用既包含土地生产力的提高，又有土地关系的协调。任何社会历史发展阶段，土地利用水平的提高均取决于生产力和生产关系因素共同作用的结果。

## 六、土地利用系统的特征、结构和功能

### （一）土地利用系统的特征

土地利用系统是一个生态经济复合系统，它除了具有一般系统所具有的特征外，还有其独特之处，主要反映在以下几个方面：

**（1）多系统复合**

土地利用系统是一个复杂的大系统，它是由社会、经济、自然、生态等多个不同类型的子系统有机复合而成的生态经济系统，系统中各个子系统相互关联、相互影响而形成一个有机整体。

**（2）多层次结构**

土地利用系统具有多层次复合结构，纵向可分为国家、省、市、县、乡土地利用系统；横向看每个层次土地利用系统又由耕地、林地、牧地、市地、矿地、交通用地和水

域等子系统，这些子系统又由社会、经济、技术、生态耦合成复合系统或称分系统。

**（3）多目标导向**

土地利用系统追求的是土地利用的综合效益最优，即社会效益、经济效益和生态效益最优，因此，系统的目标是多重的。具体说就是既要利用土地资源，通过物质转化和社会生产，创造出人类所需要的财富，又要通过对土地用途的合理改变和调整，创造一个人类和生物本身所需要的理想环境。因此，对土地利用系统的操作，必须是多目标导向，统筹兼顾。

**（4）多功能协调**

土地利用系统是由自然、生态、社会、经济等不同类型系统复合而成，其组成的各子系统结构不同，性质各异，由此而导致系统的功能亦不相同。土地利用系统可通过人的自我适应、自我调节的积极作用，进行多功能协调，以达到整体优化的目的。

**（5）多地域差异**

土地资源本身具有强烈的地域性，其土地资源的区位条件和区位价值的差异，同样极大影响和决定不同地域之间的土地利用系统的差异，它反映在系统的目标、效益、运行前景及对环境的影响等诸多方面的不同。

**（6）多因素约束**

土地利用系统的运行受到多种因素的制约，首先体现在土地利用系统多因素的制约，主要包括土地承载力、自然资源供给力、社会生产力等多种因素，这些因素影响和制约了系统的行为。其次，受土地利用系统的外部因素制约。这是因为土地利用系统必定存在于一定的环境之中，必将与环境发生物质、信息和能量等的交流，也就是说它必须适应环境。土地利用系统从属于一个更大的自然资源利用系统。而土地利用系统的广义环境即大环境，是整个区域内的社会、经济、科技、政治、自然和生态的状况及发展趋势。因此，系统的环境必将影响系统的行为从而构成环境约束。①

## （二）土地利用系统的结构

### 1. 土地利用系统的结构

土地利用系统是一个复杂的大系统，必须从多方面对其加以描述，才能全面揭示系统的结构特性，土地利用系统结构包含下列内容：

**（1）要素（子系统）组成结构**

土地利用系统是由自然生态系统和社会经济系统复合而成。这两个系统的复合是以

---

① 宋兆鸿，土地利用系统工程，广东地图出版社，1994。

人为关键因素和纽带进行耦合的。因此，从系统的组成因素看，土地利用系统由自然、经济和人口三大子系统组成。对三个子系统予以具体化，土地利用系统是由土地资源子系统、人口子系统、各用地部门子系统、科技子系统、交通子系统、能源子系统、通信子系统、资金子系统等组成。各子系统间是相互依存、相互协调的关系。

**（2）数量比例（规模）结构**

土地利用系统数量比例结构是指系统内各种因素的数量比例状况。如各类用地结构比例、各行业产值比例、各行业人口比例等。其中，各类用地类型结构是土地利用系统数量（比例）结构的具体表现，也是实践中最常用的。所谓土地利用类型结构在我国就是指土地利用的八大类型（即耕地、园地、林地、牧草地、居民点及工矿用地、交通用地、水域、未利用土地）的数量比例关系。它直接反映了土地利用系统内用地间的结构，也是土地利用系统协调的直接体现者和反映者。

**（3）时间动态结构**

土地利用系统是一个随着时间的推移而变化的动态系统，或称之为时变系统。系统内的各种因素（子系统）和影响土地利用系统的诸要素随时间不断变化，其变化状况反映了土地利用系统的时间动态结构。土地利用系统的时间动态结构反映了系统运行状况的变化趋势，是对系统进行最优控制的基本依据。

**（4）空间分布结构**

土地利用系统具有强烈的地域性，土地利用系统空间分布结构反映了其地域特征。具体说土地利用系统的空间分布结构是指系统内各种因素（子系统）在空间上的整体布局，如土地资源的空间分布、生产力的地域分布、各类用地的区位选择与布局等。通常土地利用系统的空间分布结构合理性，反映了系统内自然生态系统和社会经济系统之间的协调状况。

以上四个方面的结构构成土地利用系统的完整结构。一个良好的土地利用系统应当具有以下特点：①要素组成结构合理；②数量比例结构恰当；③时间动态结构协调；④空间分布结构适宜。

### 2. 土地利用系统的功能

土地利用系统的功能是通过土地利用系统与外部环境大系统间的物质、能量、价值、信息的传递而实现的。它是土地利用系统结构的外部表现。土地利用系统功能反映了具有某种结构的系统在一定环境中所能发挥的作用或能力。土地利用的目的在于将人类劳动投入于不同质量特性土地上获得人类生存所需要的产品和空间。土地利用系统的功能一般可分为养育功能、承载功能、仓储功能和景观功能。国民经济各部门所需土地利用系统功能因其利用目的不同而各异，如农业、林业和牧业产业部门主要需要土地利用系统的养育功能；建筑业、交通运输业、水利工程产业主要需要其承载功能；矿产开采业主要需要其仓储功能；旅游业则主要需要其景观功能。但是土地利用系统表现为多功能性，某土地利用系统可能以一种功能为主，兼顾其他功能，反映出土地利用系统的综合功能的特点。

土地利用系统功能也可分为生产性功能，保护性功能和消费性功能。由于土地利用系统与其环境的作用是多方面的，使得其功能亦是多种多样的。从农业利用角度看，土地利用系统的功能主要就是生物生产功能。人类开发利用土地利用系统的目的，就是要获取尽可能多的生物产量。一定生物生产能力的维持是土地利用系统自我调节和与环境平衡调节的结果。这种调节作用就是土地利用的保护性功能。它是土地利用系统生存和一定生物生产力的保障。城镇居民点用地是人类聚集场所，是土地利用系统生物产品的主要消费地段，同时，也需要良好环境保护条件的“供给”。这种对生物性产品和环境保护条件的消费作用称土地利用系统的消费性功能。生产性、保护性和消费性是土地利用系统应用研究时表现出的三个主要功能特征。个体生态系统虽多数表现为多功能特征，即同时具备生产性、保护性甚至消费性功能。但由于其内部结构、环境条件、发展方向的互不相同，各类土地系统各种功能就不可能同时是同等质量的，而是表现为一种或两种功能突出，其他功能为辅的状况。生产性功能为主的称生产型土地利用系统。相应还有保护型和消费型土地利用系统。几种功能并重的是调和型土地利用子系统。土地利用系统有组织水平的高低差异。导致其功能类型亦有层次组合结构。土地利用系统的组织水平越高，则功能越复杂；组织水平越低，其功能越简单。最高层的土地利用系统只能是调和型的。可以说高组织水平土地利用系统的功能特征是其形态组成部分即低组织水平系统功能耦合的结果。

## 第二节　规划和土地利用规划

### 一、规划的概念

全球从20世纪60年代，中国从80年代起，都不约而同地掀起了规划热潮，它有力地冲击着各国，对人类提出了新的挑战。深究其原因，不难发现，20世纪以来尤其是20世纪60年代以来，人类为了发展经济，严重干预了自然界，使全球范围内多处出现森林覆盖减少、草原退化、水土流失、沙漠扩大、水源枯竭、水质污染、大气质量恶化等环境问题，严重威胁人类的生存和发展。早在100多年以前，恩格斯就以美索不达米亚、希腊、小亚细亚等地由于林地自然生态系统被破坏而变为荒芜不毛之地为例，对后人发出警告：“我们不要过分陶醉于我们对自然界的胜利。对于每一次这样的胜利，自然界都报复了我们。”可是，人类并未接受教训，时隔几十年以后，于19世纪30年代美国由于盲目开垦西部酿成1834年骇人听闻的黑风暴，使十几个州的农场遭到严重破坏。20世纪50年代苏联由于不合理开垦中亚处女地，引起了1963年的黑风暴，受灾面积达2000多万公顷。我国黄土高原，本为林草茂密，土壤肥沃之地，在秦汉之后由于滥垦滥伐，破坏了土地自然生态系统平衡，导致大量的水土流失和频繁的自然灾害。大量事实告诉我们，生态危机在潜伏期往往不易被察觉，然而一旦发生，上百年也难以恢复。因此，人类要在生态环境尚未被严重破坏时，应当对社会经济发展和生态环境保护作出详尽的规划，确定人类与环境的协调关系，避免或减轻环境对人类的报复。

在汉语中，“规划”一词中的“规”，原指“校正圆形的用具”，“规者，正圆之器也”（《诗・小雅・沔水序》），用作动词指画圆。“无规矩，无以成方圆”（《辞海》），从而衍义出规定、规则、规律、规章、规范等词义。发展到现在就衍生出静态的“计划、安排”和动态的“谋划、筹划”。就“计划”和“规划”而言，均有事先为之筹度、谋虑的意思，二者似也没有什么区别。如果要说二者有什么区别的话，那么“计划”源起于计算，而“规划”则和画圆有关。“计划”因用脑思考，时间感强一些，而“规划”源起于画圆而空间感强一些。在国外，计划指的就是规划，英文中没有严格区分计划与规划，含有计划与规划含义的词汇有：plan、design、plot、scheme、project、program等，英文中计划（plan）一词早已作为规划理解。在汉语中，“规划”一词有两层含义：一是作为活动的意思，对应于英语的 planning，二是作为活动成果的意思，对应于英语的 plan，在使用后一层意义时有时称为“规划方案”，以示与前者区别。

我国古代早有“早虑则不困，早豫则不穷”（《元・马致远・岳阳楼曲》）之说，意在告诫后人，早作规划和安排，则不会陷入困境。“谋完而后我能少失众”（《唐书・李光弼传》），意思是说做一件事之前，先要做好计划和筹划，则可减少失败和损失。

在国外自 20 世纪 60 年代以来兴起的规划理论（theory of planning）对规划的概念有多种理论和解释，形成一个错综复杂的整体。但大多数作者仅将规划看成一种可适用的手段来为特定的哲学认识，意识形态或思想观念提供服务，而往往忽视了对规划本质的认识。从规划作为一门学科和作为一项社会活动的角度，只有真正理解了其最本质的内在特性，才有可能理解它本身所蕴含的力量，作出合乎目的的行动，人们才有可能为规划行为规定“游戏规则”。也只有这样才能更好地沟通规划与社会之间的相互关系，从而在社会系统发展和改革的进程中发挥其应有的作用。

规划的最重要特征是其未来导向性。规划作为人类的一项社会活动，是人类有目的地改造和利用自然与创建人为环境的具体行动，具有鲜明的社会目标导引和众多参与者的社会特征。规划既是对未来行动结果（目标）的预测，也是对实现这种结果的行动的预先安排，并且是在针对目标达成的行动过程中不断趋近目标的所有努力。规划的行动过程中总是在不断地趋近未来预期的目标。随着这种趋近的发生，目标也会发生变化。原定的目标接近于实现，就会有新的目标不断地被提出，原来的目标也会发生改变。从这个意义上讲，规划是一项永无止境的人类社会活动。

规划的未来导向性，其实质是一种对未来不确定的缓解和抵消，这是规划之所以能够存在并在社会发展的过程中发挥作用的原因所在。任何了解的未来发展都是现时尚未决定的，等待做出选择的行动及其结果的演变。规划的结果应当是确实的，结果不确定的规划是毫无意义的，因为它不可能起导向性的作用。这里存在规划悖论，即确定的规划是不确定的未来现实的反映，而不确定的未来现实又是现时确定的规划作用结果。

规划过程中决定未来不确定性的因素，一是来自规划系统外部且无法调节和控制；二是规划系统可调节和控制内部因素。本质上讲，规划内部的不确定因素在相当程度上是直接由外部的不确定因素所决定的。

综上所述，规划的重要特征是未来导向性，规划是未来学的研究范畴，规划离不开预测，规划是依据过去和现在来研究未来。人们对规划的认识存在误区，即科学规划就不应偏离现实，对原定规划加以修改完善就是规划无用。实际上规划中存在有许多不确定性因素，规划系统是一个信息不完全的灰色系统，规划实施过程中发生修改和完善的要求，本属正常范围。规划应理解为给出行动的过程，是向人们提出的实现未来的目标所采取的行动过程与途径。规划是时期行为而不是时点行为。

1987年荷兰人克拉伯尔斯和庶普在国际规划设计思想研讨会上提交了一篇题为“社会系统设计的反思”的论文，提出了社会系统的绿图设计思想。以往人们对待规划的认识，就像建筑师一样，在图板上把他所要建造的产品的全部细节都给得清清楚楚，制定了蓝图之后一切都照此执行。但是由于客观事件的不断发展变化，致使在执行蓝图的过程中往往招来很多问题，有些设计执行不下去就要放弃重来。面对不断变化的客观现实，需要采用一种新的设计方法，即具有生命力的用象征生命的绿色为标志的所谓“绿图设计”。这种设计只为使用者设计好骨架性的内容，其内添补的内容由使用者针对变化的环境条件，不断地学习加以充实和完善，给使用者留下了设计空间，而使规划成为一个持续成长和发展的过程。绿图设计的目标是既要保持系统原来的功能，又使它具有充分的弹性（或称恢复力）和活力。为了达到这个目标，人们建立计算机辅助的支持系统，用以模拟社会系统中的多行为者和多层次的相互作用，以弥补人的认识能力的不足。支持系统要能多向激发多个行为者思考他们用以解释现实的观念，对多种不同的驾驭模式进行比较，对可能的规划决策后果有充分的估计和理解，支持系统要帮助行为者对他们所处的环境现实进行不断的认识、学习，不断充实和发展原有的规划系统设计。只有这样做，一个规划决策才能对它的问题提出正确的解决办法，并且让行为者对这些解决办法从不同的角度做出不同程度的接受，从而使这个规划系统健康地生存下去而得以进行。

近年来，学术界众多学者认为，规划是一个建议未来方向的过程，是一项政策性很强，涉及国民经济每个部门的十分复杂的技术经济工作，需要较高权威性的领导机构，以组织经济、地理、建筑、工程技术、社会学、法学、环境和规划科学等每学科协同工作。规划依据预测研究未来，预测的结果是规划的依据，预测可以指示未来可能的方向、期望值以及精确度的上下界限。预测是规划工作的不可缺少和不容忽视的组成部分。未来学又称预测学的研究对象是每个领域的未来发展趋势。未来学就是要从现状出发，分析未来的可能发展趋势，根据分析结果向决策者提供规划决策的建议。

规划是一种政治行为实施过程。来自不同利益的团体，政府部门和具有特定兴趣的个人。不断适用多种政治经济压力，透过每种媒介，形成舆论来干预规划，使自己的主张通过规划得以实现。在一般情况下，规划可视为不同利益团体、个人主张之间的竞争和折中。胜者的利益和主张则是规划的结果，胜败乃取决于政治势力。

规划是一项综合协调过程。规划者通常组织工业、农业、水利、能源、交通、城建、环保、商业、文教等每部门的规划设计人员共同参加，分析每部门的需求和发展策略，并对其加以综合协调，发挥规划的管理功能。

规划是一个理性思维过程。规划者应具有独立思路能力，学会应用系统分析方法，客观地、科学地分析规划方案与所处客观条件状况，分析成本效益、评定概率与风险、计算期望值，最终确定最佳的行动方案。

规划是为人类提供良好的工作环境和生活环境的过程。规划是在一定的地域范围内，对国土资源进行综合开发利用和保护，对经济与社会发展中的每项重大建设项目的布局进行综合协调，为人类提供高质量的生活与工作环境。规划者应具备环境美学知识，巧用“借景”善于规划人类生存和工作的环境空间。

规划是一个质疑过程。规划者是提问者又是解答者。规划过程中需要不断提出疑问，假设和模拟每种问题，针对这些问题，查明原因，寻求解决的办法使规划做得尽可能贴近实际。

规划是一个学习过程。规划者不仅要不断学习新知识，同时还要帮助他人、团体去学习，了解规划计划。要学会调查研究，学习新知识，发现新问题。引导民众参与规划，使之敢于发表自己意见和建议。

规划是一个辩护过程。规划者也是辩护者，因为规划过程中常常涉及地产、房产、企业等财产问题。需要规划者具备法学知识，既为权势范围内既得利益者辩护，又需帮助权势范围之外的个人和集团，还要为规划辩护，充分论证规划以及实施规划的损益。

规划是一个调解过程。规划过程中对资源利用和分配持有不同主能者，应当进行调解，尽力消除纠纷，加强团结，致使达成对资源合理有效分配的协议。规划者应将相互争执的局面转为解决问题的共同合作和共同磋商，使双方满意并获取共识。

规划是一个解决问题过程。规划者更加强调如何寻求解决共性问题的途径。解决问题过程可依次按提出问题、转移系统性思考、解决问题和创造性思考几步完成。使得解决问题时既要分析所提问题的产生背景，更要提出解决的理性思考，寻求解决问题的办法和途径。

综上所述，将规划看作给出行动的过程具体加以分解细化，使其内涵丰富，思路清晰，必须使规划者涉足未来学、管理学、化学、环境学、法学、新技术、建筑学和政策学等知识领域，才能运筹帷幄，驾驭整个规划过程。

## 二、土地利用规划的概念

人类社会发展伴随着土地利用的演变，人类社会发展史就是一部人类适应土地，改造土地和利用土地的历史。土地面积有限性和土地需求增长性是土地利用领域中永恒的主题，也是土地利用规划产生的客观必要性。

土地利用规划在国外有着悠久的历史。英国于1909年颁布《房屋和城镇规划法》首次提出土地利用规划概念，从此结束了人为地割裂城乡土地利用的不合理状况，实现了城乡土地利用规划一体化。法国在1705年就开展土地整理工作，并于1919年3月颁布了土地整理法。德国于1834年首先颁布土地整理法，历经100年的时间，至1939年整理约300万$hm^2$的农地。日本于1899年制定土地整理法，结合农地地权改革，开展农地重划工作。俄国早在17世纪就开展土地整理工作，从1765年起花了30年时间完成了全俄土地资源调查与划界工作。

土地利用规划始于何时，难以考证确切。据历史记载，记叙土地规划最早是汉代的《尔雅》，其中记载了公元前15世纪商代的农、林、牧用地的布局，“邑外谓之郊，郊外谓之牧，牧外谓之野，野外谓之林。”邑指人居住的地方即村庄，郊在邑之外，为村庄周围的耕地；牧在郊外，耕地的外围是牧地；野在牧外，牧地外围是荒地；林在野外，荒地外围是林地。公元前5世纪战国时期的《禹贡》，对周朝全国土壤的分类和肥力的鉴别进行颇合近代科学观点的论述。周朝的井田制和宋朝的方田制，可视为我国土地利用规划的雏形。中国有文字记载的第一次水利规划出现在距今4000多年的夏代，大禹制定的黄河河道规划、引黄河水入海和沿岸的土地灌溉。我国历史上最著名的规划，大约在公元前256～前251年间规划的都江堰水利工程，是秦国太守李冰父子亲自规划和建设的。李冰父子巧设分水鱼嘴，起到了分流引水和控制灌溉水中的泥沙量，还规划了飞沙堰、离堆旁的宝瓶口来调节水量、控制沙石，从而将有害于人类的岷江规划为灌溉成都平原53.33万$hm^2$良田的有用之河。

新中国成立以来，土地规划颇为盛行。新中国成立初期兴建国营农场，迫切需要对国营农场土地进行全面科学的规划。当时国营友谊农场规划就是参照原苏联土地整理经验进行的。以后从1954年开始到1958年夏，农业合作化阶段，开展土地规划工作的目的在于从经济上和组织上巩固社会主义农业企业创造最适宜的土地组织条件。在1958年夏到1962年人民公社化期间，农业部土地利用局向全国发布“关于开展人民公社土地利用规划工作的通知”，人民公社土地利用规划内容比较广泛，是与农、林、牧、渔、副和工、农、商、学、兵全面安排相结合进行的。在1963年到1966年上半年期间土地规划的任务是继续巩固人民公社经济，为实现农村技术改革创造土地组织条件。“文革”期间，结合编制“社会经济发展规划”，开展土地规划工作。1978年之后至今可称为土地利用规划的新生阶段，在全国范围内广泛开展以土地利用规划为龙头的各项土地管理工作。1986年成立了国家土地管理局并颁布《中华人民共和国土地管理法》，该法第十五条规定：“各级人民政府编制土地利用总体规划经上级人民政府批准执行”。在这种背景下，开始了第一轮土地利用总体规划，规划期定为1986～2000年，建立了我国土地利用规划五级体系（全国、省、市、县、乡），全面开展土地利用总体规划编制工作。后由于国内外环境条件发生变化，城市用地扩张大量蚕食周边的高产农田，直接影响我国粮食安全供应大局，在这种背景下，于1997年，中央出台11号文件“关于进一步加强土地管理　切实保护耕地通知”并于1998年修订《中华人民共和国土地管理法》，第二轮土地利用总体规划的编制工作被提到了议事日程，规划期定为1996～2010年。这一切都为土地利用规划学的理论与方法研究提供了可靠的基础。

何谓土地利用规划？一直是国内外学术界争议的焦点。在外国文献中，不同学者对规划和土地利用规划有着不同的表述。美国城市规划专家约翰·M·利维（2003）认为，规划就其本义而言是一项无处不在的活动。规划是一项有意识的系统分析过程，通过对问题的思考以提高决策的质量。加拿大学者梁鹤年（2003）指出，土地利用规划定义为通过土地的合理利用和开发，在城市中保护、改进生活、生产和娱乐环境的过程。一般地说，土地利用决策就是决定土地利用的方式、数量和位置。那就是“什么?”、“多少?”和“在哪里?”这些有关“选址”和“规模”的问题。联合国粮农组织土地利用规划指南（1986）提出，土地利用规划是确定如何利用土地、使土地达到较高利用效率的一项措施。新中国成立初期，俄文“Землеустройство”一词译成“土地整理”传入我国，在20世纪50年代后期改称为土地规划。20世纪60年代初期，我国土地规划专业工作者曾对土地规划的概念举行过几次有益的讨论，归纳起来有以下三种意见：

1）认为土地规划应当解决土地利用和与土地利用有关的全部问题，其依据是土地利用是整个生产组织的重要组成部分，它与其生产资料和劳动力的利用密不可分，在进行土地规划的同时必须制定与土地利用相关的其他生产资料和劳动力利用的规划。持这种意见者认为，土地规划实质上是一个地区或一个农业企业的全面经济规划。

2）认为土地规划应当解决有关土地利用的全部规划问题，土地规划既应解决土地利用在空间上的组织，也应制定集约经营土地，提高土地生产率的规划。持这种意见者认为，土地规划应称作土地利用规划。

3）认为土地规划主要是解决在空间上合理组织土地利用，仅与解决土地利用问题的其他措施和整个生产组织措施有密切联系，但不可相互替代。持这种意见者认为，土地规划是在空间上合理组织土地利用的综合措施。

通过以上简略的回顾，可见土地规划与土地利用规划之间的差异依然存在，但两者之间内涵主体应当认为是基本雷同的。

经过几十年的规划实践，尤其是改革开放以来我国土地利用总体规划编制工作实践，对于土地利用规划可作如下定义：土地利用规划是对一定区域未来土地利用超前性的计划和安排，是依据区域社会经济发展和土地的自然历史特性在时空上进行土地资源分配和合理组织土地利用的综合技术经济措施。

土地利用规划观的树立基于对其特性的认识。土地利用规划具有下列特性：①政策性。政府作为公共利益的代表，有必要借助规划对土地利用进行干预，这是世界各国普遍存在的现象。政府通过土地制度和土地政策的制定为政府干预土地利用提供法律和政策依据。土地利用规划是一项政府行为，是为一定的制度和政策服务的。土地利用规划不是一项纯技术性、价值中立的工作，规划的编制和实施更多的是政府手中的权力的体现。从一定意义上讲，土地利用规划具有法律性、严肃性和原则性。②整体性。土地数量有限性与土地需求增长性，要求规划时必须从国民经济的整体的角度，在全部土地资源的层面上选择规划方案，合理配置土地资源。土地利用规划是（土地）这块蛋糕的分配者，各个用地部门只能是蛋糕的消费者。当然在分配蛋糕前应当了解不同的消费者对蛋糕的需求差异。③兼容性。土地利用规划目标是多维的，有社会的、经济的、生态环境的目标，也有公益的、私人的、国家的、地区的目标等，规划的重点和难点在于多维目标之间协调，若将其目标概括为吃饭与建设，生存与发展的话，规划的包容性和兼得性就体现为规划方案必定为吃饭与建设，生存与发展，“鱼和熊掌兼得”方案。除此以外，规划兼容性还体现在规划编制和实施过程中采用多种技术和手段。④折中性。由于土地面积的有限性致使土地资源分配方案具有折中性，是社会目标和经济目标，个人目的和公共目的调和折中的结果，所以，土地利用规划方案实质上是各部门各业用地的满意方案，只能使用地分配达到满意而无法实现满足，即所谓不求最优，只求满意。⑤动态性。由规划本身的不确定性、灰色性，要求规划实施中的主客观情况一成不变是不切实际的，规划要在实施的反馈中适时修正。在认识规划的严肃性的同时，规划是在反复修正中逐步使其更加完善。规划的动态性是指其微分决策的积分。往往称富有弹性和生命力的规划为绿图规划。规划不是时点行为，而是时期行为。与此同时，为了克服修改规划的随意性，必须遵守法定规划修改程序，一般来讲，修改规划行为主体应与编制规划行为主体一致。

正如任何规划一样，土地利用规划的生命力在于其对未来土地利用的导向性。为此，要注意解决主观与客观、现时与未来、局部与全局之间的关系问题。这些问题集中反映在规划实施过程中，所以，我们常说“三分规划，七分实施”就是这个道理。首先应当转变观念，将规划实施阶段视作规划过程的不可或缺的重要组成部分，编制好规划仅意味阶段性工作的完成，规划的完成有待于规划的实施，从一定意义上讲，随着社会经济发展，规划是永无止境，永远没有终点。

要求规划实施中的主客观情况一成不变是不切实际的，规划要在实施的反馈中定时有序地修正，也就是说，规划决策绝不是固定僵化的，而应该看成是动态的，在反复规划修正中逐步使规划加以完善。当原有规划决策的实施将危及规划目标的实现时，对目标或规划决策方案进行根本性的修正即追踪规划决策。追踪规划决策实质上是就原来的问题按照原定规划程序，重新进行一次规划。要做好追踪规划决策必须坚持四项原则即回溯分析（从原有规划决策的起点开始追溯）、非零起点（考虑原有规划决策）、双重优化（在原有规划决策基础上寻求优化）和心理效应（承受改变原有规划决策的心理反应）。总之，追踪规划决策较一般规划决策更为复杂和艰巨。

## 三、土地利用规划学的研究对象

恩格斯指出："科学的产生与发展一开始就是由生产决定的。"同其他任何一门科学一样，土地利用规划学的产生有其历史的和现实的客观基础，是现代科学技术发展的必然结果和土地利用实践提出的迫切要求。众所周知，土地是自然产物至今已有 46 亿年的历史。大约在 300 万年以前地球上出现了人类，从新石器时代开始，人类就开始将土地自然生态系统当作其生存和发展的不可替代的资源加以利用，给土地自然生态系统带来了人的干预，从此人和土地就组成了一个不可分割的统一体。随着人类劳动的投入并固定于土地上，使土地包含土地物质和土地资本，土地不仅是人类赖以生存和不可替代的重要资源，同时土地成为人类社会中珍贵的社会资产。土地在人类社会物质生产中的作用愈显重要，土地是物质生产力要素。同时，土地占有关系又是土地关系和社会生产关系的重要特征。土地利用的规模和强度，不仅取决于自然科学技术，而且在很大程度上受制于土地关系的性质。随着社会经济发展，土地面积的有限性和土地需求的增长性之间不协调性的存在，就产生了对土地资源合理分配和布局的客观必要性。在土地私有制的社会里，分配土地不单是一种土地丈量技术工作，通过对有限土地的数量分配反映着一定的土地关系（生产关系），这样土地占有关系是与特定社会统治阶级利益的土地制度相适应的。早在公元前 1066 年，我国古代西周时期的井田制度，把土地由国君分配给各级贵族占有，分块交给奴隶耕种，而把土地划分成"井"字，周围八块田为私田，分配给奴隶耕种，中间一块田为公田，由奴隶们共同耕种，产品无偿地交给奴隶主。在半封建半殖民地的旧中国，占农村人口不到 10％的地主和富农，占有约 70％～80％的土地，而占农村人口 90％的贫农、雇农、中农和其他农民却总共占有 20％～30％的土地。不仅如此，还把质量差、位置劣的土地分配给农民使用。这说明，土地数量和质量分配以及土地布局反映特定的土地关系。而土地规划则是掌握在统治阶级手中的实施土地政策的有力工具。

1906 年 11 月沙皇俄国大臣斯托雷平的土地法令，使大批农村贫农和中农因丧失土地而破产，富农手里集中了大量的土地。英国 16～18 世纪的"圈地运动"，地主依据国家颁布的"圈地法"用强制方法剥夺农民的土地。1862 年美国的"宅地法"，大批移民涌向美国西部，为美国农业生产提供了大量的劳动力。1906年日本的“农业基本法”把中小农民的耕地集中到少数大农户手中。上述国家通过剥夺农民土地发展资本主义的生产关系，正如马克思指出：“对农业生产者即农民的土地的剥夺，形成全部过程的基础。”

土地利用的实践为土地利用规划学的产生提供了丰富的营养和坚实的基础。土地利用作为人类社会生产活动随着人类的出现而产生，在原始捕猎阶段，人类只是自然食物的采集者和捕食者，主要是利用土地，视土地为人类生存所需的食物来源。随着社会生产力的发展，人类社会出现了农业和畜牧业，为了扩大种植面积，采用刀耕火种、不合理垦荒、破坏草原、砍伐森林等措施，导致了严重的水土流失、河流泛滥、风沙危害和土地盐渍化、沼泽化。随着大工业的兴起和农业化学化的发展，在提高粮食单产的同时，使土地和环境也遭受污染。这一切都是由于不合理地利用土地带来的严重后果，有力地冲击着对待土地资源及其利用的唯意志论，促使人们冷静地思考人类在自然界中的位置，重新审视人与土地的关系以及土地利用问题。

土地资源是人类赖以生存和发展的且无法替代的自然环境资源，它既是环境的重要组分，又是其他自然环境资源和社会经济资源的载体。土地面积的有限性和对土地需求的增长性之间的矛盾需要借助于合理地组织土地利用来解决。人类在利用土地资源时，必须要有一个整体观念、全局观念和系统观念，综合考虑土地利用系统的内部和外部的各种相互关系，不能只考虑单纯对土地的利用，以期获得眼前的最大利用效益，而忽视土地的开发，及整治和利用对土地本身及其周围生态环境所带来的不利影响。不能只考虑局部地区的土地资源充分利用，而忽视整个地区和更大范围内对其的合理利用。任何一项土地利用技术措施和工程措施，既会带来措施的正效益，同时也伴随着措施实施带来的负效益，如开垦荒地能扩大种植面积，增加农产品产量，同时不合理的垦荒也会造成水土流失，气候变化，导致土地盐碱化的发生等。土地利用实践提出合理地组织土地利用的客观要求，制定科学合理的土地利用方案，使其实施以后获得最大的综合效益的同时，重视其对未来土地本身和周围生态环境可能会带来不利影响的预测研究，以使人们在规划实施过程中采取相应措施以减轻或避免不利影响。综上所述，土地利用实践提出土地分配和合理组织土地利用的客观必要性是产生土地利用规划学的坚实基础。

毛泽东在《矛盾论》中指出：“科学研究的区分，就是根据科学对象所具有的特殊矛盾性。因此，对于某一现象的领域所特有的某一种矛盾的研究，就构成某一门科学的对象。”从以上土地和土地利用的论述中可知，土地利用不单是一个自然范畴，同时也是一个经济范畴，是自然科学和社会科学以及近年来产生的边缘学科共同研究的对象。在土地利用研究领域内，土地利用规划学不单研究制约土地利用的生产力因素，也不单研究制约土地利用的生产关系因素，更不是研究土地利用的全部内容，而是着重研究土地资源合理分配和土地利用合理组织这一特殊矛盾。因此，这就构成了土地利用规划学的研究对象。

土地利用规划实质上是人类对未来土地利用及其发展趋势所作的预先估算的过程。土地利用规划的目的在于维持人类生存，优化组织土地利用，保护整个人类利益。土地利用规划的职责就是土地供需预测，协调供需矛盾，追求满意效益，引导持续利用。

土地利用规划与农业区划、城市规划、区划规划、国土规划之间有着密切的联系。

农业区划是对农业生产空间分布的一种科学分类的方法，是实现农业的合理布局和制定农业规划的科学手段和依据，是用严格的科学制度指导农业，实现农业现代化的一项不可缺少的基础工作。农业区划包括农业资源调整、农业区的划分和农业区的开发利用与合理布局。土地利用规划是以农业区域成果为基础，进一步在土地上落实农业资源合理利用与布局。

城市规划是一定时期内城市建设的总体部署，也是城市建设的管理依据。城市规划的任务是根据国民经济计划，在全面研究区域经济发展的城市的历史和自然条件的基础上，确定城市的性质和规模、城市各部分的组成、选择各部分用地并加以合理地组织和安排，使它们各得其所，互相配合，为生产和生活创造良好的环境。城市规划与土地利用规划之间的关系，是一定区域内土地利用的局部和整体的关系，要本着城乡一体化的原则，在综合解决区域土地利用问题的同时，完成土地利用规划和城市规划的编制工作。

区域规划是对一个地区的工业、农业、林业、交通运输、电力、水利和居民点等方面的建设和各项工程设施进行全面规划，使一定区域内国民经济各个组成部分之间，各部门和各行业之间形成协调发展的布局。土地利用规划是上述各项建设用地规模和布局的落实。

国土规划是从宏观角度对全国或地区资源的综合开发利用的长远性、战略性的筹划。国土规划包括国土资源综合评价、确定地区资源开发和经济发展方向、工农业生产布局、人口与城镇居民点规划、交通运输业规划、环境治理与环境保护规划等项内容。土地是国土组成的一部分，土地利用规划与国土规划是局部与整体的关系。

## 第三节　我国土地资源及其利用

### 一、我国土地资源概况

我国国土辽阔，从北纬 53°30′至北纬 4°15′，南北跨 49 个纬度；从寒温带至热带，从东经 73°40′至东经 135°20′，东西跨 62 个经度，由太平洋沿岸直到欧亚大陆的中心，自然资源极其丰富。土地总面积为 960 万 $km^2$，约占亚洲陆地面积的 22.1%，为世界陆地面积的 6.4%，仅次于俄罗斯、加拿大，居世界第三位。根据《联合国海洋法公约》规定，我国享有充分自主权的领海海域面积为 38 万多平方千米，可以管辖的海域面积近 300 万 $km^2$。

从表 1-2 可以看出，由于气候、地貌、土壤、水文等自然条件存在差异，从而形成了我国各地复杂多样的土地利用类型。根据土地利用现状调查，1996 年我国农用地面积为 65 545 万 $hm^2$，占土地总面积的 68.95%，其中耕地面积为 13 004 万 $hm^2$，占土地总面积的 13.68%；园地面积为 1002 万 $hm^2$，占土地总面积的 1.05%；林地面积为 22 761 万 $hm^2$，占土地总面积的 23.94%；牧草地面积为 26 606 万 $hm^2$，占土地总面积的 27.99%；水面面积为 2171 万 $hm^2$，占土地总面积的 2.28%。建设用地面积为 3526 万 $hm^2$，占土地总面积的 3.71%，其中居民点及工矿用地面积为 2408 万 $hm^2$，占土地总面积的 2.53%；交通用地面积为 547 万 $hm^2$，占土地总面积的 0.58%；水利设施用地面积为 571 万 $hm^2$，占土地总面积的 0.60%。未利用地面积为 25 996 万 $hm^2$，占土地总面积的 27.34%，其中可利用土地（包括草地、滩地、荒草地、盐碱地、沼泽地）7263 万 $hm^2$，占土地总面积的 7.64%；难利用土地（冰川、永久积雪、沙地、裸土地、裸岩、石砾地、田坝等）18 733 万 $hm^2$，占土地总面积的 19.70%。

**表 1-2　1996 年全国土地利用现状结构表①**

| 类 别 | 面积/万 $hm^2$ | 占土地总面积/% |
|---|---|---|
| 农用地 | 65 545 | 68.95 |
| 耕地 | 13 004 | 13.68 |
| 园地 | 1002 | 1.05 |
| 林地 | 22 761 | 23.94 |
| 牧草地 | 26 606 | 27.99 |
| 水面 | 2171 | 2.28 |
| 建设用地 | 3526 | 3.71 |
| 居民点及工矿用地 | 2408 | 2.53 |
| 交通用地 | 547 | 0.58 |
| 水利设施用地 | 571 | 0.60 |
| 未利用土地 | 25 996 | 27.34 |
| 可利用土地② | 7263 | 7.64 |
| 难利用土地③ | 18 733 | 19.70 |
| 全国总计 | 95 067 | 100.00 |

注：①根据原国家土地管理局土地利用规划司，《全国土地利用总体规划研究》，科学出版社，1994 年等资料整理；②包括草地、滩地、荒草地、盐碱地、沼泽地等；③包括冰川、永久积雪、沙地、裸土地、裸岩、石砾地、田坝等。

从土地利用类型的分布来看，地域分布差异极为明显。若把我国分为东南部和西北部两大部分，即从大兴安岭起，经河套鄂尔多斯高原中部、盐池、永登和湟水谷地，到青藏高原东南画一界线。该线东南部，是我国耕地、林地、淡水湖泊及城镇居民点、铁路等集中分布的地区，也是农、林、渔业集中的主要产区，土地垦殖系数较高。其中，在秦岭—淮河一线以北，以旱地农业为主；秦岭—淮河一线以南，则以水田农业为主。该线西北部，集中了我国绝大部分的沙漠、戈壁、石山、高寒荒漠、冰川和永久积雪、咸水湖泊及草原，为我国主要牧区，垦殖系数低。

从我国地形情况来看，从世界屋脊的青藏高原，到海拔较低的平原，地形相当复杂。概括起来可以分为平原、盆地、丘陵、山地和高原，还有许多河流和湖泊、辽阔的海域和众多的沿海岛屿。

就我国地势而言，海拔在 500m 以下的约占 25.2%，500～1000m 的占 16.9%，1000～1500m的占 18.2%，1500～2000m 的占 6.8%，2000～3000m 的占 7.0%，3000m 以上的约占 25.9%。我国是个多山地的国家，山地、丘陵和高原共占 66.1%，其中，山地占 43.5%，丘陵占 11.7%，高原占 10.9%；平原、盆地约占我国陆地面积的 33.9%。在全国的 2000 多个县中，约有 56%位于山地丘陵区；全国约有 1/3 的人口、40%的耕地以及绝大部分的森林分布在山区。

平原的海拔一般较低，大部分在 200m 以下，少数超过 500m，地势起伏小，高差一般不超过20m，最大不超过50m，坡度在50°以下的平坦地面占优势；丘陵山地，地势起伏较大，坡地占优势，其海拔大部分介于200～500m之间；低山海拔约为500～1000m；中高山为1000～3500m；高山海拔在3500m以上。高原系由海拔较高的丘陵山地和平地相间组成。

## 二、我国土地资源利用特点和存在问题

我国土地资源利用现状存在着如下特点和问题：

### 1. 土地资源的绝对数量大，相对量小

按人口平均的相对数量少除去约占27.34%的未利用地，含荒漠、永久积雪、冰川和岩石裸露山地等，及3.71%的城市、工矿、水利、交通用地外，只有68.95%的土地用于农、林、牧、渔业生产。若按人口计算，我国人均各类土地的占有量均低于世界的平均水平。如表1-3所示，按人均占有土地，加拿大为38.03hm$^2$，原苏联为7.79hm$^2$，世界平均水平为2.61hm$^2$，而我国只有0.84hm$^2$，约占1/3。按人均占有耕地，世界平均为0.26hm$^2$，而我国为0.09hm$^2$，约占1/3。按人均占有林地，世界为0.78hm$^2$，而我国为0.11hm$^2$，约占1/7.5。按人均占有草地，世界为0.62hm$^2$，而我国为0.20hm$^2$，约占1/2。总之，我国人均占有各类用地面积均低于世界平均水平。

**表1-3 中国土地资源与世界及部分国家的比较**

| 类型 | | 世界 | 中国 | 原苏联 | 美国 | 印度 | 加拿大 | 法国 |
|---|---|---|---|---|---|---|---|---|
| 陆地 | 总量/万hm$^2$ | 13 583 | 960.00 | 2240.2 | 936.3 | 297.5 | 997.1 | 55.2 |
| 总面积 | 均量/hm$^2$ | 2.61 | 0.84 | 7.79 | 3.76 | 0.37 | 38.03 | 0.98 |
| 耕地 | 总量/万hm$^2$ | 1373.4 | 95.72 | 227.70 | 187.88 | 165.95 | 45.90 | 18.27 |
| 面积 | 均量/hm$^2$ | 0.26 | 0.09 | 0.79 | 0.76 | 0.21 | 1.75 | 0.33 |
| 森林 | 总量/万hm$^2$ | 4049.04 | 124.65 | 945.00 | 265.19 | 66.6 | 356.0 | 14.70 |
| 面积 | 均量/hm$^2$ | 0.78 | 0.11 | 3.29 | 1.07 | 0.08 | 13.58 | 0.26 |
| 林木 | 总量/亿m$^3$ | 3100 | 91.4 | 859.00 | 201.4 | 37.1 | 230.00 | 16.00 |
| 蓄积量 | 均量/m$^3$ | 59.6 | 8.17 | 298.65 | 80.96 | 4.6 | 877.19 | 28.49 |
| 草原 | 总量/万hm$^2$ | 3211.96 | 224.34 | 371.80 | 241.47 | 12.04 | 32.50 | 11.74 |
| 面积 | 均量/hm$^2$ | 0.62 | 0.20 | 1.29 | 0.97 | 0.02 | 1.24 | 0.21 |

资料来源：FAO，《中国统计年鉴》（国家统计局）、《生产年鉴》，1991；吴传钧、郭焕成，《中国土地利用》，1994。

国内外的情况说明，无论过去还是现在，人均占有耕地的数量仍然是解决人均占有粮食数量的重要条件。如英国，平均每公顷产量要比美国高1125kg，但人均耕地只有0.12hm$^2$，所以英国的人均粮食也只有340.5kg。又如加拿大，每公顷产量虽低，只有2062.5kg，为美国的54.7%，但它人均占有耕地多达1.85hm$^2$，为美国的1倍多，所以，加拿大人均占有粮食达1703.5kg，比美国多488.5kg。因此，从上述可知，我国人均耕地数量少使我国农业生产的发展受到了很大的限制。

此外，有关研究表明，要供给人类以高蛋白、高热量的食物，每人平均需占有耕地 0.4$hm^2$、建设用地 0.08$hm^2$。与此限相比，我国人均耕地和建设用地的数量是极少的。据 1995 年资料，全国 2800 多个县级行政区划单位（全市辖区和县级市）中，人均耕地低于联合国粮农组织提出的最低界限 0.05$hm^2$ 的有 666 个，占县级单位总数的 23.7%；低于 0.03$hm^2$ 的有 463 个，占县级单位总数的 16.5%。人地比例（man-land ratio）决定着人类对土地的需要程度，单位土地面积上人口数量愈多即人地比例愈大的地区，对土地的需要程度愈高，我国的情况正是如此。

### 2. 土地垦殖系数低，地区分布不均衡

我国土地垦殖系数为 13.68%，略高于世界平均水平，低于印度（55.5%）、日本（14.0%），但高于原苏联（10.2%）和加拿大（4.7%）。这种情况完全是由于我国山地多、平地少、干旱地区大等情况所造成的。此外，在我国各地区之间耕地分布很不均衡，全国 85%的耕地集中分布于我国东南部 22 个省份，15%的耕地分布于我国的西北部各省（自治区）（不包括海南省和港澳台地区）。因此，垦殖系数在省际存在明显的差异。除我国台湾省以外，垦殖系数在 20%以上的 12 个省（自治区、直辖市）是：上海（62.9%）、山东（49.9%）、江苏（47.0%）、河南（45.3%）、天津（41.5%）、河北（36.0%）、安徽（34.7%）、山西（26.1%）、北京（24.5%）、湖北（21.2%）、辽宁（20.7%）、陕西（20.6%）；在 10%以上的有 10 个省（区）：浙江（18.3%）、吉林（17.6%）、湖南（16.5%）、江西（15.8%）、广东（14.7%）、黑龙江（12.2%）、四川（12.1%）、贵州（11.2%）、广西（11.0%）、福建（10.8%）；在 10%以下的有 7 个省（区）：内蒙古（7.2%）、云南（7.0%）、甘肃（6.7%）、宁夏（5.4%）、新疆（1.9%）、青海（0.8%）、西藏（0.2%）。

应当指出，单纯就垦殖系数来评价一个地区土地利用状况是有一定片面性的，应当充分考虑自然和社会经济条件，因地制宜地加以具体确定，既不能盲目追求垦殖系数高指标，又不容忽视不断提高垦殖系数的必要性。

### 3. 林地面积极少，森林覆盖率极低

根据联合国粮农组织的评估报告，我国森林面积 1.34 亿 $hm^2$，占世界森林总面积的 3.9%，居世界第五位，次于原苏联（7.55 亿 $hm^2$）、巴西（5.66 亿 $hm^2$）、加拿大（2.47 亿 $hm^2$）和美国（2.10 亿 $hm^2$）。我国森林覆盖率为 14%，人均占有森林面积 0.11$hm^2$，低于世界平均水平（人均 0.6$hm^2$），在世界 179 个国家中居 119 位。

我国森林总蓄积量 97.89 亿 $m^3$，占世界总蓄积量 3840 亿 $m^3$ 的 2.55%。我国森林每公顷平均蓄积量为 96$m^3$，远低于世界平均水平（114$m^3$）。我国人均森林蓄积量为 8.6$m^3$，低于世界平均水平（71.8$m^3$）。我国是世界上人均森林蓄积量和森林覆盖率最少的国家之一，这对于我国生态环境保护和木材的供应量极为不利。因为根据有关专家研究表明，一个国家或地区的森林覆盖率超过 30%，且森林资源分布均衡，有利于生态环境的保护和生活质量的提高。我国森林资源空间分布很不均衡，主要集中于东北和西南地区，约占全国林地的一半以上，广大农牧区，特别是西北和华北地区少林甚至无林。因此，造成森林覆盖率在省际的明显差异（不包括海南省和港澳地区）。台湾省森

林覆盖率最高，为57.8%；其次，福建为48.5%。森林覆盖率在30%～40%之间的有6个省：浙江（39.6%）、江西（38.2%）、吉林（36.1%）、黑龙江（36.2%）、广东（34.0%）、湖南（31.3%）；在20%～30%之间的有5个省（自治区）：云南（25.2%）、广西（24.0%）、湖北（24.2%）、陕西（24.2%）、辽宁（22.8%）；在10%～20%之间的有6个省（市）：贵州（15.1%）、安徽（13.5%）、四川（13.3%）、北京（11.9%）、河南（11.1%）、河北（10.6%）；在10%以下的有11个省（自治区、直辖市）：内蒙古（9.7%）、山东（8.8%）、山西（7.3%）、西藏（5.3%）、甘肃（4.8%）、江苏（3.4%）、天津（2.7%）、上海（1.7%）、宁夏（0.9%）、新疆（0.9%）、青海（0.3%）。

### 4. 农业用地质量退化，土地资源利用效率低下

#### （1）耕地质量下降

现有耕地中稳产高产的面积约占总耕地面积的1/3，中等的占1/3，低产田包括酸性田1200万$hm^2$、盐碱地667万$hm^2$、水土流失地667万$hm^2$、风沙干旱地934万$hm^2$及洼涝地400万$hm^2$等，占1/3。根据40年来有关资料的统计，每年受灾面积（风、寒、旱、涝以及病虫害等）约3066万$hm^2$，不同程度失收的成灾面积为1200万$hm^2$。由于不合理的耕作制度、不合理的土地经营，重用轻养，绿肥面积由0.1亿$hm^2$减到0.08亿$hm^2$，加上农村燃料紧张，作物秸秆还田的数量普遍减少，致使耕地土壤有机质含量一般只有1%左右，西北、黄淮海大部分地区只有0.6%，耕地质量明显下降。全国耕地总量中有水源保证和灌溉设施的耕地面积0.52亿$hm^2$，只占39.8%。

在我国耕地中，有盐碱地近0.07亿$hm^2$。近年来由于不合理的灌溉，有灌无排或只灌不排以及农业技术粗放等原因，致使内蒙古、宁夏、甘肃河西、新疆和黄淮海平原地区都存在着不同程度的次生盐渍化问题。此外，南方水稻潜育化问题相当严重，分布很广。据调查，南方潜育化水稻田面积占水田面积20%～40%左右，约计400万$hm^2$以上，主要分布于浙江、福建、云南、贵州、四川、广东、广西、湖北、河南等省（自治区）境内冲积平原、湖滨地区、山垄地段、河流沿岸、水库和渠系附近。

#### （2）水土流失严重

新中国成立初期，我国水土流失面积为116万$km^2$，几十年来累计治理面积近40万$km^2$。根据美国地球资源技术卫星（ERTS-1，2，3）的卫星图像量算，我国水土流失面积现在已达367万$km^2$，约占国土面积的38.2%，每年新增水土流失面积1万$km^2$。随着水土流失，土壤养分损失严重。据统计，每年仅黄河、长江带走的泥沙达26亿t，相当于40万$hm^2$良田的表土。全国每年水土流失的土壤达50亿t，将其筑成截面为1$m^2$的长堤，可以绕地球23.5圈；所损失的养分相当于4000万t化肥所含养分，接近全国化肥年产量。美国巴尔尼博士曾指出："黄河流的已不是泥沙，而是中华民族的血液，平均每年泥沙流量达16亿t，这不再是微血管破裂，而是大动脉出血。"由于水土流失，使黄河下游平均淤积泥沙4亿t，每年平均使河床抬高0.1m。现在黄河河床已经比地面抬高了3～9m，最高的河段达到10m。据有关资料表明，进入黄河的泥沙新

中国成立前30年每年为15.62亿t，新中国成立后30年每年为16.41亿t，单位体积含沙量也相应地从37.26kg/$m^3$增加到38.6kg/$m^3$。不仅如此，长江流域也有15%～20%的土地面积上发生水土流失，每年冲走的泥沙在12亿t以上。无怪乎一些科学家惊呼：长江有可能变成第二条黄河。

**(3) 土地沙漠化严重**

我国沙漠土地面积从新中国成立初期的1.06亿$hm^2$扩大到目前的2.62亿$hm^2$，30年间沙漠化土地面积增加1.56亿$hm^2$。我国是世界上荒漠化最严重的国家之一，荒漠化土地面积大、分布广、危害严重。其中，轻度荒漠化土地95.1万$km^2$，占36.0%；中度荒漠化土地64.1万$km^2$，占24.0%；重度荒漠化土地103.0万$km^2$，占39.0%。广泛分布于新疆、内蒙古、青海、西藏、甘肃、河北、宁夏、陕西、山西、山东、辽宁、四川、云南、吉林、海南、河南、天津、北京等18个省（自治区、直辖市）的471个县（市、旗）。由于不合理的放牧，目前全国草原退化、沙化面积达到草原总面积的1.35亿$hm^2$，每公顷产草量从3000kg减少到750kg。由于不合理地开垦草原，加速了草原沙化、退化过程，在牧区流传“朝是良田夕是沙，不知何处是我家”的说法。据有关部门实测，开垦1$hm^2$草原，就会引起3$hm^2$草原沙化或退化，造成农田吃草原，风沙吃农田，农牧业两伤的局面。同时，由于近年来我国工农业生产尤其乡镇工业的高速发展，工业“三废”排放量和农药施用量不断增加，从而使土地污染日趋严重。全国受工业“三废”和农药污染的耕地占耕地总面积的1/5。

## 5. 建设用地不断增加，耕地面积逐渐减少

有关统计资料表明，1985～1992年我国城市数量由324个增加至517个，共增加193个，年均增速为6.9%。城市人口由2.5亿人增至3.23亿人，共增7300万人，年均增速1.58%。市区占地面积由82万$km^2$增至129.9万$km^2$，约增47.9万$km^2$，年平均增速为6.8%。据有关资料测算结果，1995年我国城市用地增长弹性系数为1.36，城市用地面积增长明显高于人口数量增加，其中31个特大城市用地增长弹性系数为2.29，说明我国特大城市用地规模过度扩展。据有关统计资料，“八五”期间全国基础设施和重点建设项目平均每年占用耕地6.66万$hm^2$，实际占用达13.3万～16.7万$hm^2$。我国农村居民点建设平均每年占用耕地9.67万$hm^2$，实际占用20万$hm^2$。综上所述，1986～1995年全国非农建设实际占用耕地500万$hm^2$，加上农业结构调整、灾毁等，10年共占耕地966万$hm^2$。

有关资料表明，我国“六五”期间耕地净减235万$hm^2$，年均减少47万$hm^2$。“七五”期间耕地净减123万$hm^2$，年均减少24.6万$hm^2$。“八五”期间耕地净减70.2万$hm^2$，年均减少14万$hm^2$。“九五”期间耕地净减少104.0万$hm^2$，“十五”期间耕地净减少51.8万$hm^2$。1996～2005年间我国减少耕地800万$hm^2$，年均减少80万$hm^2$。

随着我国经济建设的发展，我国人均耕地面积不断减少，20世纪50年代为0.2$hm^2$，60年代为0.16$hm^2$，70年代为0.13$hm^2$，80年代为0.09$hm^2$，90年代为0.08$hm^2$，2000年降至约0.07$hm^2$，预计2030年将降至0.05$hm^2$。

## 第四节　土地利用规划任务和内容

### 一、土地利用规划任务

土地利用规划的主要任务是根据社会经济发展计划、国土规划和区域规划的要求，结合区域内的自然生态和社会经济具体条件，寻求符合区域特点的和土地资源利用效益最大化要求的土地利用优化体系。具体来讲，土地利用规划的任务有：

#### （一）土地供需综合平衡

人口的不断增长和社会经济发展对土地的需求呈逐步扩大的趋势，而土地供给确有一定的限度，因此，土地的供给与需求之间常常产生矛盾。土地供需不协调往往会导致国民经济结构失衡，也会导致土地资源的破坏和浪费。正因为如此，协调土地的供需矛盾是土地利用规划的首要任务。在协调土地的供给与需求使之达到综合平衡时，必须遵循经济规律、自然规律和社会发展规律，使土地利用达到经济、生态、社会三效益的总体最优（或满意）。

#### （二）土地利用结构优化

土地利用结构是土地利用系统的核心内容，结构决定功能。土地利用结构调整应根据国民经济发展的需要和区域的社会、经济与生态条件，在区域发展战略指导下，因地制宜地加以合理组织并作为土地利用空间布局的基础和依据。土地利用结构的实质是国民经济各部门用地面积的数量比例关系。土地利用结构调整和优化，是在不增加土地投入的条件下，实现土地产出增长以获得结构效应的有效途径。土地利用规划的核心内容就是在资源约束条件下寻求最优的土地利用结构。

#### （三）土地利用宏观布局

土地利用总是立足于一定的空间。土地利用规划属于空间规划。不同空间的内涵特定要素之间存在明显的差异性，为了解决上述两者之间的不一致性，要求对土地利用进行宏观布局。土地利用的宏观布局和合理配置，就是要最终确定在何时、何地和何种部门使用土地的数量及其分布状态，并结合土地质量和环境条件加以区位选择，最终将各业用地落实于土地之上。

#### （四）土地利用微观设计

各类用地的数量和位置一经确定之后，紧接着要解决土地利用的微观设计。宏观布局主要解决用地的数量和位置，微观设计则要在此基础上合理组织利用，以最大限度地提高其产出率和利用率，降低其占地率。土地利用的微观设计是内涵和外延扩大土地利用以及改善生态环境的重要途径和有效措施，是土地持续利用的巨大潜力源。

## 二、土地利用规划内容

由于规划的对象、范围和任务的不同，土地利用规划的内容有所差异。土地利用规划依其对象的不同可分为城市土地利用规划和乡村土地利用规划；依其范围可分为区域性土地利用规划和用地单位土地利用规划；依其任务可分为土地利用总体规划、土地利用详细规划和土地利用专项规划。

土地利用规划是国土规划、区域规划的重要组成部分，上述各项规划项目均要借助土地利用规划在土地上加以落实其土地规模、形状、界线和区位。一般来讲，土地利用规划应包含下列内容：①土地利用现状分析与评价；②土地利用潜力分析；③土地供给与需求预测；④土地供需平衡和土地利用结构化；⑤土地利用规划分区和重点用地项目布局；⑥城乡居民点用地规划；⑦交通运输用地规划；⑧水利工程用地规划；⑨农业用地规划；⑩生态环境建设用地规划；⑪土地利用专项规划；⑫土地利用费用效益分析和规划实施。各地区尚可根据其自然和社会经济条件，适当增减上述规划内容。

# 第五节　土地利用规划体系和程序

## 一、土地利用规划体系

由不同种类、不同类型、不同级别和不同时序的土地利用规划所组成相互交错且相互联系的系统称土地利用规划体系。由于历史文化背景和自然条件差异，各国土地利用规划体系各具特色。美国土地利用规划体系分为三大类（总体规划、专项规划和用地增长管理规划）和六个层次（国家、区域、州、亚区、县、市）；英国规划体系由国家级规划、区域性规划、郡级规划和区级规划，其中郡级规划又称结构规划。德国土地利用规划分为国家级、州、市、县、乡。县乡级规划包括土地利用规划、景观规划、土地整理规划和绿地规划。俄罗斯土地利用规划体系是在国家级土地利用总体规划纲要指导下，由区域性土地规划和区域内土地规划组成。世界上有的国家（原苏联）依据规划性质和任务的不同，划分成企业间（区域性）土地规划和企业内（局部性）土地规划，前者主要解决在国民经济各部门间、企业间分配土地资源，调整土地关系和划定土地使用范围，后者则对农业企业用地进行空间上的合理组织土地利用。我国台湾土地利用规划分为都市土地利用规划和非都市土地利用规划。

我国土地利用规划体系按等级层次分为土地利用总体规划、土地利用详细规划和土地利用专项规划；按区域性质分为行政区、自然区和经济区甚至跨区域土地利用规划；按规划深度分为土地利用规划、土地利用设计、土地利用施工。为了便于编制规划和实施规划，在我国一般按行政区划单位分为全国、省、市、县、乡五级土地利用规划。各级土地利用规划之间存在相互联系和相互补充的错综关系，上一级规划对下一级规划起着控制作用，而下一级规划对上一级规划存在反馈作用。同一层次不同单位和区域的规划之间存在着开放性互补关系。依据系统论观点，规划区域的土地资源构成一个土地利用大系统，系统内部各子系统之间以及系统内外存在着错综复杂的联系和关系，由于土地资源及其利用的地域异质性，上述联系和关系是在一定地域范围内发挥其系统整体功能的。土地利用系统要维持其结构合理、功能齐全的正常运行，尚有赖于系统外部性问题的妥善处理，使土地利用系统与其相关的其他资源系统保持协调和可调控的关系。

土地利用规划在区域规划体系中处于子系统地位，土地利用规划方案的拟订和选取应在区域社会经济发展指导下，紧密结合其他资源利用规划方可奏效。因为土地是其他资源（如生物资源、气候资源、矿产资源等）的载体，其他资源是合理利用土地资源的自然基础。而这一切均应为区域社会经济持续发展和保护生态环境服务，只有这样才能保证土地利用规划起到推动社会经济持续发展和保护生态环境的应有作用，进一步明确土地利用规划的出发点和归宿。

## 二、土地利用规划程序

土地利用规划是一个复杂的大系统，由许多子系统组成，其边界模糊，关系复杂，要解决好如此复杂的系统问题，应当运用系统工程方法。要把系统内外的各种联系和关系整理好，使其发挥整体效益，必须遵循一定的规划工作程序（图 1-5)。任何一个地区土地利用就是一个系统。土地利用系统规划是土地利用系统发展过程中一个不可或缺的阶段。按照系统工程的方法，土地利用系统规划的程序大致如下：

### 1. 明确任务

明确规划任务和规划范围，以指导后继规划项目的数量、内容和规划深度，以及规划的组织工作。

### 2. 组织班子

规划班子应由多层次、多学科、多方面的人才组成，应包括主管部门的领导和决策人员，还要吸收综合经济部门和主要生产部门有关人员参加，主要由调研、咨询和统计三个工作班子构成。由其具体负责基础资料收集、整理、分析和规划的编制工作。

### 3. 收集资料

土地利用规划所需资料包括：①社会经济资料（土地、人口、生产、经济、区位、交通等)；②自然条件资料（土壤、地形、水文、水文地质、植被、气象、森林土壤改良等)；③有关规划资料（农业区划、土壤普查、区域规划、国土规划、部门发展规划等有关规划报告和图件、地形图件)；④野外实地调查（土地利用现状变更调查、图件修测补测、座谈访问和专家咨询等)。

### 4. 明确问题

明确规划范围与边界、规划性质、规划期限、规划目标和要求等。明确问题是搞好系统规划的前提，应与有关决策部门多次“对话”确定。明确规划区域社会经济发展计

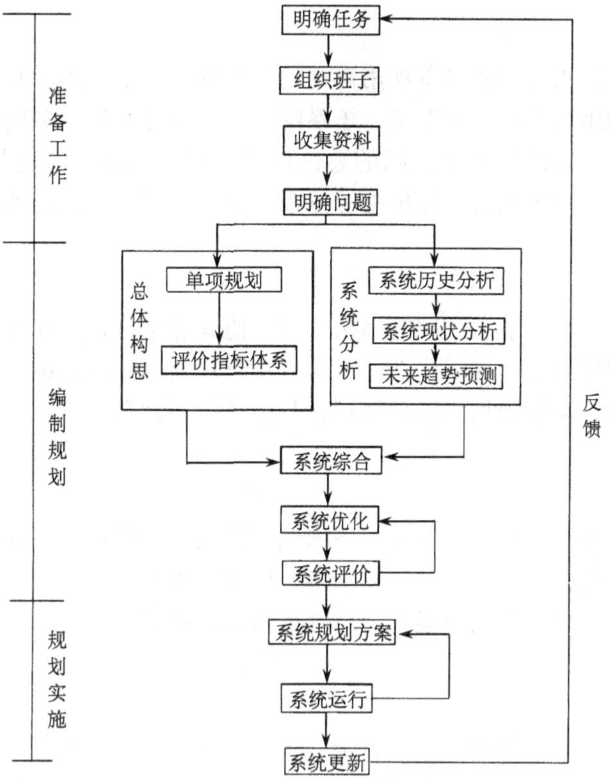


图 1-5　土地利用规划编制程序

划、国土规划、区域规划，以及上一层次土地利用规划与待编制土地利用规划之间的关系和协调。

### 5. 总体构思

在明确问题和分析所收集资料的基础上，结合近期和远期的发展前景，提出区域土地利用模式（如生态型、城郊型、农村型、资源型、旅游型、加工型等）和拟定规划目标评价指标体系（社会目标、经济目标、生态环境目标），以保证规划目标的先进性、实施规划的可能性、规划数据的可靠性、规划方案的科学性、应变能力和规划政策的合理性。

### 6. 系统分析

根据土地利用系统的组成与边界范围，研究分析组成系统的各要素（或子系统）之间的相互关系，以及系统与周围环境之间的联系。系统分析在时序上可分为历史分析、现状分析和未来趋势预测；在内容上包含社会、经济和生态环境三个层次。在各种时序分析中要注意与本地、省内、国内甚至国外同类系统状况之间的比较，找出差距，揭示优势，为制订规划方案指明方向和途径。

7. 系统综合

系统综合就是要在构造各种单项用地规划方案的基础上，揭示其间的内在关联性和差异性，在土地利用大系统与子系统、子系统与子系统之间进行多次反馈组合，以求得各层次系统与系统、系统与环境之间的总体协调，以产生数个符合规划目标的供选方案。系统综合时要参照规划目标评价指标体系，使规划尽可能满足各项预期要求。

8. 系统优化

在各层次用地系统和系统之间的多次反馈、协调和组合，在此基础上选用适当的数学方法对土地利用规划方案加以优选，寻求更贴近规划目标的方案。常用的方法有线性规划、非线性规划、动态规划、模糊规划、灰色数学规划等。

9. 系统评价

采用技术经济方法综合论证与分析各项供选方案，以确定其系统的合理性和实施的可能性，为决策者提供科学依据。一般来讲，应用费用效益分析法论证规划方案的可行性。在此基础上形成系统规划方案，为系统运行提供依据。

10. 系统运行

规划方案旨在实施，借助土地利用运行机制，把“纸上谈兵”变成“实际成效”，把计算机算出的“规划方案”变成“现实的生产力”。通过对土地利用系统运行的监控，不断协调规划方案与实际情况之间的差异，使规划方案逐步得以实施。

11. 系统更新

借助监测反馈系统，不断提供系统运行中的动态变化情况，以便决策者根据反馈信息进行追踪决策，采取政策的、经济的和法律的措施，调节控制系统的运行，依据变化了的规划参数重新运算，以达到系统更新的目的。

# 第二章　土地利用规划理论和原则

## 第一节　土地利用规划理论

### 一、地租和地价理论

地租和地价理论是土地利用规划的重要理论。地租是一个历史范畴，随着有组织的土地利用和土地所有权的出现就产生了地租。任何社会只要存在着土地所有者和不占有土地的直接生产者，生产者在土地利用中的剩余生产物为土地占有者所占有，就存在产生地租的经济基础。当代西方经济学者和土地经济学者将地租分为契约地租（contract rent）和经济地租（economic rent）。契约地租是指主佃双方通过契约的形式，规定佃户按期交给物主的租金款额。经济地租又称纯地租（pure rent），是指利用土地或其他生产资料或因素所得报酬扣除所费成本的余额即超过成本的纯收入。

威廉·配第（Willian Petty，1623～1687）早在300多年前出版的名著《赋税论》中提出，地租是土地上生产的农作物所得的剩余收入。由于土壤肥沃程度和耕作技术水平的差异，以及土地距市场远近的不同，地租也有差异。配第还首次确定了土地价格，它是购买一定年限的地租总额。亚当·斯密（Adam Smith，1723～1790）在1766年出版的著作《国民财富的性质和原因的研究》（简称《国富论》）中指出，地租是"作为使用土地的代价"，"是使用土地而支付的价格"。大卫·李嘉图（David Ricardo，1772～1823）在其1817年出版的名著《政治经济学与赋税原理》中指出："地租仅只是为了使用土地而付给地主的金额。"李嘉图认为，地租产生必须具备土地数量有限、土地的肥沃程度与位置的差别即土地有限性和差别性两项条件，从而产生了丰度地租、位置地租和资本地租。地租不是价格的构成部分，不是价格的原因，而是价格的结果。杜能（Thunen Johann，1783～1850）认为，地租不是劳动和投资的产物，而是田庄所处的位置和土地性质的偶然优势带来的。

马克思主义地租理论不仅建立于劳动价值论，而且紧密联系社会生产关系。马克思认为，一切形态的地租都是土地所有权在经济上的实现，一切地租都是剩余劳动的产物，是以土地所有权的存在为前提的。马克思依据其产生的原因和条件，提出级差地租、绝对地租和垄断地租三种形态。在合理组织土地利用中应遵循地租理论，努力获取最大的地租收入。所谓级差地租，就是利用较好生产条件土地的超额利润。级差地租Ⅰ是由于土地的肥沃程度和土地位置的不同而产生的。级差地租Ⅱ是由于在同一块土地上连续投入等量资本所产生的生产率差别而形成的。

亚当·斯密指出，土地价格是地租资本化的比率，是用年地租除以利息率之商来加以确定。李嘉图认为，不是土地的地租决定产品的价格，而是土地产品的价格决定地租。马歇尔提出均衡价格论，即商品的价格应由需求和供给双方同时决定，就像不能说一把剪刀的哪一股剪断布匹一样。马克思在批判地继承古典政治经济学的地价理论的基础上，提出了以劳动价值论为基础的地价理论，指出土地价格是虚幻形式的价格，称土地价格为“虚幻的价格”，没有价值的物品可以有价格，土地价格是没有价值的价格。马克思把土地区分为土地物质和土地资本，土地价格无非是出租土地的资本化收入。“土地价格是地租的资本化，即：土地价格＝地租/利息率”。

为了获得土地利用的最大经济效益，合理地配置土地资源，必须应用经济杠杆对其加以调节和控制。地租和地价理论对于土地资源的综合评价和合理开发利用，以及制定土地利用政策具有重要的指导作用。通过合理地组织土地利用，不断地提高土地肥力和改善土地质量状况，修筑交通运输网络，改变土地的经济地理位置和交通运输条件，追加活劳动和物化劳动的投入，实行土地集约化经营，必将导致土地级差地租形成条件的变化。这就是常说的“规划即地价”，规划是影响地价的重要因素，应根据地价的空间分布规律合理规划（配置）各业用地。

在地租和地价理论的指导下，根据土地用途与地租之间的关系，应把位于和接近城市中心区的土地规划用做高价用地，如商业用地、居住用地等，把其他类型用地，如工业用地、行政办公用地，规划于远离城市中心的地段上。对于农用地而言，应把集约经营用地，如果品、蔬菜等产品生产用地，规划在城市近郊区，而将粗放经营用地，如大田作物生产用地等，规划在远离城市的地段上。从另一角度而言，土地利用规划条件是影响土地价格形成的重要因素。土地使用种类与地价高低有密切的关系，通常商业用地的地价最高，农业用地的地价最低。依南京市基准地价资料，商业用地地价为住宅用地的 3 倍，为工业用地的 20 倍，住宅用地地价为工业用地的 8 倍。另外，不同用途对土地条件的要求是不一样的，在土地条件一定的情况下，规定土地用途对土地价格有着重大的影响。就某一块土地而言，规定用途会降低地价，而从总体上看由于有利于土地的协调利用而具有提高地价的作用。但如果规定用途不妥，缺乏科学的依据，既降低单块土地的价格，也会降低整个土地利用效率而使地价下降。规定用途对地价的影响在城市郊区表现得尤为显著。在城市郊区由于城市发展而使郊区某些适宜土地作为城市用地，但由于政府规定只能维持农业用途，地价必然很低，一旦政府允许改变土地用途，地价则会成倍上涨。

## 二、土地区位理论

“区位”一词德语为 standort，英语为 location，日语为立地，意为站立之地。1826 年德国农业经济和农业地理学家杜能的著作《农业和国民经济中的孤立国》的出版标志着区位论的问世。区位论是关于人类活动的空间分布及其空间中的相互关系的学说。区位理论包括杜能的农业区位论（孤立国）、韦伯（Weber A）的工业区位论、克里斯塔勒（Christaller W）的中心地理论、廖什（Losch August）的市场区位论等。杜能的农业区位论指出：农业土地利用类型和农业土地经营集约化程度，不仅取决于土地的自然特性，而且更重要的是依赖于其经济状况，其中特别取决于它到农产品消费地（市场）的距离。杜能从农业土地利用角度阐述了对农业生产的区位选择问题。在此基础上，杜能为了阐述农产品生产地到农产品消费地的距离对土地利用类型产生的影响，提出了著名的“孤立国”模式，证明市场（城市）周围土地的利用类型以及农业集约化程度（方式）都是以一个距离带一个距离带地发生变化，围绕消费中心形成一系列的同心圆，称作“杜能圈”，距城市最近的郊区为高度集约经营区。随着到消费地距离的增加，土地经营愈益粗放，即精细城郊农业—林业—集约种植业—栅栏农业—粗放的三年轮作—牧业与粗放种植业。由于实际上不存在杜能假设的国家，它的土地肥力和土壤的物理性质到处一样。另外，实际上不可能拥有唯一的城市，既不在河流边也不在可通航的运河边。这些前提条件的变化会对“孤立国”的作用产生影响，各圈的位置和范围大小均会发生变化。杜能理论的核心部分，从经济上看就是农业生产者所处位置的级差地租。土地位置级差地租为土地经济利用时的价格，与需求之间成正相关。在当时历史条件下，杜能是第一个对区位论作了系统分析计算的学者，尽管其中存在不尽完善之处，但对土地利用及其规划却起着重要的作用。1909 年韦伯的“论工业的区位”的发表，标志着工业区位论的问世。韦伯首次引用了“区位因素”（standort factor），即指一个地理点上能对工业生产起积极作用和吸引作用的因素。韦伯工业区位论中排除了社会文化方面的区位因素，只考虑原材料、劳动力和运费，甚至把原材料费用及其地区差异纳入运费之中，因此，“孤立的工业生产”的区位就取决于运输费用和劳动费用，并从两项因素的相互作用分析中，推导出工业区位分布的基础网（groundnets），继而把集聚因素，对基础网作进一步的位置变换。韦伯研究了运费对工业区位选择的影响认为，吨公里总和的最低点可使工业生产取得最低成本的效果，因为运输费用与吨公里总和是成正比的。依据原材料系数条件选择企业定向，即原材料系数大的企业以原料定向，原材料系数小的企业则应以消费定向。在此基础上，韦伯认为，当劳动力费用（表现为工资）在特定的区位对配置企业有利时，这样可能使一个工厂离开或者放弃运费最小的地点，而移向有廉价劳动力的地区，条件是原材料和成品的追加费小于节省下来的劳动力费用，从而使韦伯的区位图形产生“第一次变形”。当一个工厂如果集聚所节省的费用大于因离开运费最小或劳动力费用最小的位置需追加的费用，则其区位由集聚因素定向。韦伯在以上分析中首次运用“区位因素”这一概念，对运费分析作为理论推导的重点，首次提出并运用等费线（费用等值线）方法进行分析。克里斯塔勒吸取杜能、韦伯区位理论的基本特点，于 20 世纪 30 年代初提出“中心地理论”，即“城市区位论”，深刻地揭示了城市、中心居民点发展的区域基础及等级与规模的空间关系，为城市规划和区域规划提供了重要的方法论依据。克里斯塔勒认为，空间中的事物从中心向外扩散，区域的中心地点即区域核心，就是城镇，大多数情况是：一个国家或地区，如果从大到小对城市进行分级，各种等级城市均有，规模最小的那一级城镇的数量最大，等级愈高，数量愈小。廖什在杜能、韦伯等的区位理论基础上，从工业配置寻求最大市场角度，从总体均衡的角度来揭示整个系统的配置问题，以利润来判明企业配置的方向，并且把利润的原则同产品的销售范围联系起来。廖什对工业区位理论研究的贡献之一，是他提出的关于工业企业配置的总体区位方程，当方程的约束条件得到满足，解出方程以后，也就确定了整个区域总体平衡的配置点。

土地利用规划实践必须全面系统地应用区位理论作为指导，合理地确定土地利用方向和结构，根据区域发展的需要，将一定数量的土地资源科学地分配给农业、工业、交通运输业、建筑业、商业和金融业以及文化教育卫生部门，以谋求在一定量投入的情况下获得尽可能高的产出。在具体组织土地利用时不仅要依据地段的地形、气候、土壤、水利和交通等条件状况，确定宜作农业、工业、交通、建筑和水利等用地，而且要从分析土地利用的纯经济关系入手，探讨土地利用最佳的空间结构。按照杜能的研究结果，由于距离产品消费中心（城市）位置不同而产生不同大小的土地利用纯收益即位置级差地租（lagerente），可以用公式表示

$$R = E(p - a) - Efk$$

式中：$R$ 为单位面积上的地租；$E$ 为单位面积上农作物的产量；$p$ 为单位产品的市场价格；$a$ 为单位产品的生产成本；$f$ 为单位产品运输单位距离的费用；$k$ 为生产地与消费地之间的距离。

由于位置级差地租的客观存在，影响社会经济各方面、各部门以致个人对土地的需求，进而导致土地价格的空间差异，即处于市场附近的土地地租高，因为这里支付较低甚至无需支付产品运费，其结果是吸引各种经济及管理单位向中心区集聚，对土地需求量就大增，地价就会相应地上升。因此，位置级差地租可用来作为控制城市区域土地利用的重要手段，以及用来决定各种生产要素的投入量。位置级差地租既然反映了土地纯收益的差异，也就在很大程度上支配着城市各项用地的空间安排。人们可以制定合理的级差地价政策，在中心区及附近郊区收取较高的地价和使用费，以控制中心区的继续膨胀，保护近郊的绿地和高产菜地；在远郊则收取较低的地价和使用费，以鼓励工业向远郊区发展，建立新的工业区和卫星城镇。

## 三、持续利用理论

可持续性的概念源远流长。在我国春秋战国时期（公元前 6～前 3 世纪）就出现了“永续利用”的思想，并用以保护鸟兽和封山育林。现代可持续发展思想的提出源于人们对环境问题的逐步认识和热切关注。20 世纪 60～70 年代以后，随着“公害”的显现和加剧以及能源危机的冲击，几乎在全球范围内开始了关于“增长的极限”的讨论。1972 年 6 月 5 日在斯德哥尔摩召开主题为“只有一个地球”的第一次世界人类环境会议，并且通过了庄严的《人类环境宣言》。1982 年 5 月在肯尼亚首都内罗毕召开了人类环境特别会议，提出“与其环境破坏后亡羊补牢，不如预防其破坏”，会议通过了著名的《内罗毕宣言》。1983 年 11 月联合国成立了以挪威首相布伦特兰夫人为主席的“世界环境与发展委员会”（WCED），并于 1987 年向联合国大会正式提出了可持续发展的模式。与“有机增长”、“全面发展”、“同步发展”、“协调发展”概念相比，可持续发展（sustainable development）具有更完整的结构和更准确的内涵，它不但包含了对当代的发展要求而且包含对未来的发展构思，同时兼容了国家主权、国际公平、自然资源、生态承载力、环境与发展等项内容。1992 年巴西里约热内卢联合国环境和发展大会（UNCED）通过了著名的《里约宣言》（也称《地球宪章》）、《21 世纪议程》，提出以“人类要生存，地球要拯救，环境与发展必须协调”为特征的新的人类发展观。

“可持续发展”从字面上理解是指促进发展并保证其具有可持续性，它包括可持续性和发展两个概念。所谓可持续性，可理解为，在对人类有意义的时间和空间尺度上，支配这一生存空间的生物、物理、化学定律所规定的限度内，环境资源对人类福利需求

的可承受能力或可承载能力。所谓发展，可理解为人类社会物质财富的增长和人群生活条件的提高。在著名的布伦特兰报告——《我们共同的未来》（*Our Common Future*）中，持续发展被定义为：既满足当代人的需要，又不对后代人满足其需要的能力构成危害的发展。

持续发展的重要内容是自然环境的持续能力。围绕自然环境的持续能力，国际研究的热点之一就是土地资源持续利用。“土地是世代相传的人类所不能出让的生存条件和再生产条件”。土地是人类生存和社会经济持续发展的物质载体。当今世界人类面临的人口、粮食、能源、资源和环境五大问题均或多或少地、直接或间接地与土地资源及其利用有关。从一定意义上讲，研究土地资源持续利用问题是资源与环境持续性和社会经济持续发展的重要课题，也是解决人类所面临的五大问题的主要途径和内容。

土地数量有限性和土地需求增长性构成土地资源持续利用的特殊矛盾。土地资源持续利用的目的在于具有持续性特点的利用。通过对土地资源持续利用，人类可能从中获取土地产品和劳务的满足。土地数量的有限性为土地资源持续利用提供了宏观必要性，土地可更新性和利用永续性使土地资源持续利用成为可能。协调土地供给和土地需求是土地资源持续利用的永恒主题，也是土地利用规划的重要内容。

在土地利用规划中遵循持续利用理论，首先应当建立立体的土地观和土地利用观。提及土地不仅只指陆地，还包括海洋，我国陆地国土面积 960 万 $km^2$ 以外，尚拥有 300 万 $km^2$ 海洋国土。目前我国海洋资源的利用率只有 0.2%～0.3%，据初步估算，如果我国能有 10%的海洋资源被利用，我国人均国民收入将增加 400～600 美元。土地利用应当包含土地平面利用和土地立体利用，涵盖土地的地面、地上和地下空间资源的利用。据有关专家预计，一个国家人均国民生产总值达到 800～1000 美元，就有力量开发利用地下空间。有关学者研究表明，开发深度为 30m、50m、100m，可提供的建筑面积分别为 $0.6\times10^{13}m^2$、$0.9\times10^{13}m^2$、$1.9\times10^{13}m^2$。海洋资源利用和地上、地下空间资源利用将成为我国国民经济的重要组成部分和新的增长点，为缓解人口和环境压力提供了持续利用的资源。要解决好土地利用的系统性和外部性问题，既要重视单项效益，更要重视社会、生态、经济三效益综合形成的整体效益；开展土地利用项目费用/效益分析，使土地利用所获得的综合效益大于所耗费和所损失的效益（费用），实现土地资源持续利用；要实行土地资源资产化管理，真正按资产属性去经营土地，盘活存量资产，节约交易成本，有利于土地资源优化配置。

## 四、生态经济理论

生态经济学是 20 世纪 50 年代产生的由生态学和经济学相互交叉而形成的一门边缘学科，它是从经济学角度，研究生态经济复合系统的结构、功能及其演绎规律的一门学科，为研究生态环境和土地利用经济问题提供了有力的工具。

生态学（Ecology）源于希腊文 Oikos，含家庭、住所之意，是德国动物学家海克尔（E. Haeckle）于 1866 年在《有机体普通形态学》一书中提出来的。他认为，生态学是研究生物与无机和有机环境之间相互关系的科学。由于地球上生物不可能单独存在，而是彼此联系共同生活在一起组成的“生物的社会”即生物群落。英国生态学家坦斯利（Tansley A G）于1935年提出生物群落与环境共同组成的自然整体称为生态系统（ecosystem），这与原苏联森林植物群落学家苏卡乔夫于1944年提出的生物地理群落（geobiocoenosis）＝生物群落＋生境是相同的概念。根据上述概念，任何生物群体与其环境组成的自然体都可称为生态系统，或生物地理群落，如一块草地、一片森林、一片沙漠、一个水池、一座山脉等自然生态系统和水库、渠道、城市、农田等人工生态系统。地球上所有生物（包括人类在内）与其生态环境组成的总体即生物圈就是一个巨大的生态系统。随着社会发展和科技进步，许多综合性问题亟待开拓研究，使生态学与许多相关学科形成多重交叉和层次综合，其中景观生态学和生态经济学对于研究土地利用及其经济问题有着重大的作用。

景观生态学起源于欧洲，德国地植物学家卡尔·特罗尔（Carl Troll）在“航空像片制图和生态学的土地研究”一文中首次提出景观生态学的概念，并用以阐述基于景观学的区域差异对比研究与生态学的结构功能系统研究的科学综合。直到20世纪70年代由于人类活动的影响日益加剧，全球性的人口、资源、环境等一系列问题日益突出，迫切需要从全球整体角度对其加以研究，使得人们重新审视景观生态学，并将其发展成为地学、生态学和人文科学三者交叉互补且统一的综合学科。自20世纪80年代以来，在荷兰、捷克和斯洛伐克、丹麦、德国、美国等国家相继建立景观生态学的研究机构，目前许多国家都正在开展景观生态学的研究。

景观生态学是一种研究途径或者是一种思维方法，其新颖之处在于，在景观水平上，生态学研究的整体观以及许多本来缺乏联系的学科在解决景观问题上的综合。按景观生态学的观点，景观就是地面上生态系统的镶嵌，景观在自然等级系统中是一个比生态系统高一级的层次，景观就是自然和人文生态系统载体的土地，因此，景观生态学常被称为“地生态学”。

生态学和经济学之间的联系有悠久的历史渊源。首先，从构词上看，在英语中生态学（Ecology）和经济学（Economics）具有相同的词根eco，因此，有的学者认为，在造词时生态学与经济学就结下了不解之缘，“生态学就是自然经济学”。其次，生态环境问题的实质是经济问题。随着社会生产力的发展，人类改造自然能力日益增强，随之出现了环境污染和环境破坏问题，究其根源在于自然资源未能得到充分合理地利用。长期以来，传统经济学认为资源无价值，可以无偿使用，资源无穷尽，可以任意获取，其结果导致资源利用从不考虑“外部经济性”，废弃物和资源破坏的处置费不计入生产成本，以牺牲生态环境质量为代价谋取高额利润，把治理环境污染的费用转嫁给社会，降低了国民经济效益，破坏了人类舒适的生态环境。另外，单纯运用经济指标（如国民生产总值）衡量经济发展，也导致忽视生态环境效益的外部不经济行为的不断发生。大量事实证明，经济发展与环境保护应当相互协调，发展与环境是一对矛盾，处理得好可以保证经济发展和生态进化，反之，恶化了环境。生态系统平衡失调，必然会严重地影响经济增长。应当走生态发展的道路，使经济生态化，生态经济化，才能走出困境，协调经济发展与生态环境两者之间的关系，在保持良好的生态环境条件下，促进经济的发展。

生态与生态系统历来与区域概念相联系，是以一定范围的土地或空间为依托。生态系统是生命系统和环境系统在特定空间的组合。生态系统就是在特定地段中的全部生物（即生物群落）和其环境相互作用的统一体。研究生态系统和生态经济系统，并将其原理应用于生产实践，无论如何也不能离开特定的空间和地域，任何生态系统都应有确定的边界。

土地资源是无法替代的重要的自然环境资源，它既是环境的组成部分，又是其他自然环境资源和社会经济资源的载体。土地本身就是自然、社会、经济、技术等要素组成的一个多重结构的生态经济系统。土地利用不仅是自然技术问题和社会经济问题，而且也是一个资源合理利用和环境保护的生态经济问题，同时承受着客观上存在的自然、经济和生态规律的制约。

土地生态经济系统是由土地生态系统与土地经济系统在特定的地域空间里耦合而成的生态经济复合系统。土地生态经济系统及其组成部分以及与周围生态环境共同组成一个有机整体，其中任何一种因素的变化都会引起其他因素的相应变化，影响系统的整体功能。毁掉了山上的森林，必然要引起径流的变化，造成水土流失，肥沃的土地将沦为瘠薄的砾石坡，源源不断的溪流将成为一道道干涸的河床，严重时甚至导致气候恶化。因此，人类利用土地资源时，必须要有一个整体观念、全局观念和系统观念，考虑到土地生态经济系统的内部和外部的各种相互关系，不能只考虑对土地的利用，而忽视土地的开发、整治和利用对系统内其他要素和周围生态环境的不利影响。不能只考虑局部地区的土地资源的充分利用，而忽视了整个地区和更大范围内对其的合理利用。

## 五、人地协调理论

人地关系即人类与其赖以生存和发展的地球环境之间的关系，是在人类出现以后地球上就已客观存在的主体与客体之间的关系。人地关系及其观念是随着人类生产进步和人类社会发展而不断变化的。在人类社会的早期，社会生产力十分低下，人类生活在很大程度上依赖于自然界，在相当长的时期里，人类实际上是处于对大自然的纯依赖阶段。随着人类社会活动的进化，人类不仅不单纯地依赖自然环境，而且还改造环境、利用环境，驱使环境向着有利于满足人类需求的方向演化。实际上，自从人类在地球上出现以来，人类就开始从适应自然和干预自然两方面，即既依赖自然又改造自然，既顺应自然又变革自然，既受自然条件约束又去控制自然条件。在这种人与自然两重关系条件下，决定了人与自然关系的两重观念，在古代产生了诸如“环境决定论”、“征服自然论”、“天人交融论”、“天人之分论”、“因地制宜论”和“人地协调论”等。近代西方学者阿布·杜波斯（Abbe Dubos）提出，天才与能力的分布会受到气候条件的生理影响，把自然环境作为社会发展的决定因素，认为人类的各种活动都要受到自然环境所制约，这就是所谓的“环境决定论”（简称决定论，Determinism）。法国学者孟德斯鸠（Mortespuieu，1689～1755）于1748年在他的《法律精神》一书中强调地区特征、特别是气候对制定法律的影响，提出了气候决定人生的观点。环境决定论违背辩证唯物论关于人类社会发展的决定因素不是地理环境而是社会制度的观点。环境决定论影响人类去能动地改造周围的环境而落入环境宿命论的境地，甚至掩盖了人地关系的实质性矛盾。

德国学者菲舍尔（Pechel Oscaz，1826～1875）提出二元论（Dualism），认为地理学只能对地球表面形态进行研究，而人类活动则不可在其研究范畴之内。英国学者罗士培（Roxby P M，1880～1947）提出适应论（Adjustment），主要研究自然环境对人类活动有一定限制，同时人类社会对环境的利用和利用的可能性。美国学者巴罗斯（Barrows H H，1877～1906）提出人类生态论（Human Ecology），认为研究目的不在于考察环境本身的特征与客观存在的自然现象，而是研究人类对自然环境的反映。

征服自然论（简称“征服论”）是指一味地从人类自身需求出发，不顾客观条件，不尊重客观规律，过分强调人的主观能动作用，盲目追求对自然的片面征服。这是一种与环境决定论完全相反的人地关系理论，其哲学基础是唯意志论。这种理论盲目地干预自然界，片面地征服自然界，大肆掠夺自然界，必然加速资源的贫化和枯竭，加剧环境的污染和破坏，从而导致人地关系的紧张和恶化。在过去的 3 个世纪，特别是 20 世纪 50～60 年代以来，人类征服自然取得了节节胜利，似乎使人类战胜自然已成为毋庸置疑的问题。在我国的生产实践中，曾一度流行着一种唯意志论的征服论，宣扬什么“只怕想不到，不怕做不到”，“人有多大胆，地有多高产”的观点，实际上是盲目干预、任意支配甚至随心所欲地掠夺自然，结果不仅破坏了自然界，也给人们自身生存带来了严重危机。

“协调”一词源于古希腊文 harmonia，英语为 harmony，日语为和谐，其原意为联系、匀称、融洽、和谐、协调一致。早在 100 多年前，恩格斯在《自然辩证法》一书中指出：“理论自然科学把自己的自然观尽可能地制成一个和谐的整体。”恩格斯提出的和谐原理，揭示了自然界对立中的统一，差别中的一致，反映了自然界作为一个整体的本质特征，是协调理论的先驱。

在我国古代、西方近代和当代国内外有关人地关系的论述中，尤其是“因地制宜”思想和“人地相关论”中包含有协调人地关系的积极因素，至今开展的区域规划中包括土地利用规划，从某种意义上讲可视为协调人地关系的实际运作。20 世纪 60 年代以来，人与环境之间的关系已成为整个社会所关注的重要课题。

在 1972 年 58 个国家 152 位成员组成的顾问委员会的协助下编写成一本对人类环境最完整的报告——《只有一个地球》。当年 6 月，这本书在瑞典斯德哥尔摩召开的联合国人类环境会议上获得了肯定和通过。《只有一个地球》一书中多次强调人类与环境之间相互影响、相互改造、相互依存的观点，是现代人地协调论的重要标志。1974 年的联合国环境规划理事会议和 1979 年举行的资源、环境、人口相互关系座谈会，都一再强调要把人口和经济的发展，同自然资源和环境保护协调起来。

协调论者重新观察和思考人类与地球环境的关系，协调论是以对立统一规律和世界物质统一性原理作为坚实的哲学基础。

自然界的一切都是由物质组成的，而各种物质又都是由化学元素构成的。人类是地球环境演化到一定阶段的产物，人体毫无例外地是由各种化学元素构成的，从而证明人与环境之间的“奇妙相关”是不能任意改变的。经测定，构成人体的化学元素有几十种，其中主要的有碳、氢、氧、氮四种元素，占人体组成总量的 99.4％，硫、磷、钠、钾、镁、钙、氯七种元素，占人体组成总量的 0.5％，上述 11 种生命元素占人体组成总量的 99.9％。人体组成与环境化学成分之间的这种奇妙的相关性，恰好说明人类是地球环境进化的产物，同时也反映了人类对环境的依赖关系。人类在漫长的进化过程中，通过自身的新陈代谢，同周围环境进行物质和能量的交换，久而久之，人体组成与人类生存环境之间的物质和能量形成了某种动态平衡关系。人类要想维持人体组成与其生存环境之间的“奇妙相关”，防止由于人类活动造成环境突变而给自身带来巨大灾害，就必须协调人与环境的关系。

地球上生物与环境之间组成一个相对稳定的生态系统。在生态系统中，由食物关系把多种生物连接起来，形成一个以食物连接起来的链锁关系称为食物链。在一个稳定的环境里，生物总体大体保持一个稳定的数目。每一个生态系统总是时刻不断地进行能量交换和物质循环，任何生态系统的各个因素或成分之间都是动态平衡的。生态系统所以能保持动态平衡，主要是由于其内部具有自动调节的能力，如环境对污染物具有的自净能力；生物的生产潜力与自然环境的阻力之间相互制约的能力等。这种动态平衡既微妙又脆弱，一旦平衡被打破，常可招致灾难性后果，甚至能将整个生态系统摧毁，因此，人类的一切活动必须维持生态系统的脆弱平衡。

由于人与自然相互作用范围的扩大化和相互作用形式的复杂化，地球上没有受到人类活动影响的纯自然界几乎已不存在，如喜马拉雅山珠穆朗玛峰的大气环境本底调查结果证明，由于印度洋西南季风使这里的铅、锰、铁等物质含量高于南北极；南极的企鹅和北极的驯鹿体内存有难以降低而富集的农药滴滴涕等人工合成的化学物质。在新技术革命的冲击下，当代人与自然界相互作用的特点是，地球的整个表面已成为人的活动场所，最新技术手段使人们可以从地壳深处开采有用的矿藏，如石油、天然气之类。借助于人造地球卫星，人类已建立了广播电视通信系统，并用来进行气象预测、地形测量和地质调查等活动。人所利用的自然界，人与自然相互作用的空间范围已不局限于地球的自然环境，人类不仅在月球登陆，而且通过在月球上建立空间实验站研究利用有用的矿藏并开辟在太空生产的可能性。总之，作为人类生活环境的自然界，已经基本上成为社会化了的自然界，人化了的自然界。另一方面，人类是自然界发展到一定阶段的产物。人类赖以生存和发展的营养物质都是直接或间接地依赖环境供给，所以，人类活动同环境是息息相关的，离开了特定的物质循环，人类也就无法生存。

对于人类来说，地球是一个负担能力有限的相对封闭系统，散失到外层空间或由外层空间增加的物质的数量都是微不足道的。地球为人类提供的生存空间是有限的，人类赖以生存和发展的自然资源和环境的承载量也是有限的。多数科学家认为，100 亿的世界人口是接近适宜人口的最高限值。为了人类自身的利益，为了给子孙后代留下或创造良好的生存条件，人类就不能盲目地、无限制地增加人口，不能超过限度地向自然界摄取资源和排放废弃物，更不能去破坏生态系统的平衡和稳定。

在人地系统中，自然环境本身是一个有机统一的整体。自然界是一个自组织系统，在不断提高其内部有序性的过程中获得整体性的发展，自然界的熵减是自然界结构组织整体优化发展的内在依据。自从人类从自然界分化出来之后，自然界已经成为人类的外部环境，人的活动已经成为影响自然联系的本质因素，自然环境的发生发展毕竟还是要受自然规律的支配。作为人地系统中的人，具有自然和社会两重属性；既是生产者，又是消费者；既是建设者，又是破坏者。从某种意义上讲，人类是环境的塑造者，在人地系统中居主导地位。尽管人类不可能从根本上改变自然系统，但它们的确具有干预地球上动力作用的巨大能力。反过来，这一切又影响人类自身。要引导环境向有利于人类方向发展，趋利避害，就是符合自然界的客观规律；反之，不按自然规律办事，破坏了地球维持生命的能力，终将受到自然界的惩罚。

## 六、系统工程理论

系统工程（system engineering）是系统科学的一个应用分支学科，是一门综合性组织管理技术，是以大型的复杂的系统为研究对象，并有目的地对其进行规划、研究、设计和管理，以期达到总体最优的效果。

"系统"（system）一词由来已久，早在古希腊时代就已被一些哲学家们所使用，但是将它用于科学领域，并赋予特殊含义则是近年来的事。20 世纪 40 年代初，系统的观点与方法开始应用于工程设计领域，1947 年生物学家贝塔朗菲（Bertalanffy）首创普通系统论（general system theory），使对系统问题的研究真正走上科学发展的轨道。之后，相继出现了"系统方式"（system approach）和"系统分析"（system analysis）等概念，一般认为，系统工程作为一门新兴学科是在 20 世纪 60 年代前后才开始形成体系。1969 年美国阿波罗飞船登月计划的实现，被认为是系统工程成功的范例。系统工程当今已被广泛应用于土地利用、城镇建设、交通运输、生态环境、资源开发和人口控制等社会经济领域，在资源环境管理等方面发挥着有效的作用。

系统被定义为由相互作用和相互依赖的若干组成部分组合起来的具有某种特定功能的有机整体，而且它本身又是它所从属的一个更大系统的组成部分。设系统 $S$ 为可识别的、独立的各个组成部分（或元素）的集合，即

$$S=\{S_i/S_i\in R, i=1,2,3,4,\cdots\}$$

式中：$S$ 为系统；$S_i$ 为第 $i$ 个组成部分（或元素）；$R$ 为定义域。

系统工程与传统工程（即指在电子计算机出现和应用之前的工程技术的总称）之间具有明显的特点，传统工程：一般的逻辑思维＋专业工程知识。系统工程吸取传统工程中的一些行之有效的思想和方法，在其基础上发展起来的一种全新技术，系统工程＝传统工程＋系统观点＋数学方法＋计算机技术。它以各种科学技术和管理方法如管理工程、质量分析、质量管理、运筹学、价值工程为基础，从而形成一个具有普遍意义的综合性很强的应用技术体系。

系统工程方法论为研究方法上的整体化、技术应用上的综合化、组织管理上的科学化。系统工程把对象系统看成是一个整体，同时把研究过程也视作为一个整体。人们把系统作为若干子系统有机结合成的整体来设计，对每个子系统的技术要求都首先从实现整体技术协调的观点来考虑，对研究过程中子系统与子系统之间矛盾或子系统与系统整体之间的矛盾都要从总体协调的需要来选择解决方案。同时，把系统作为它所从属的更大系统的组成部分来研究，对它的所有技术要求，都尽可能从实现这个更大系统技术协调的观点来考虑。如对于土地资源十分紧缺的地区，有限的土地资源如何分配给各个产业和部门，就需要从全局来协调考虑。在实践中，某项技术措施从子系统来看效果很好，但从全局来看就不一定好，同样有些技术措施从局部看效果不太理想，但从整体来看却有应用的价值。因此，为了保证系统的整体性效益，就需要运用现代管理技术，特别是用系统工程方法来统筹规划，综合平衡，以期取得最大的效益。

大规模的复杂系统依靠某种单一的技术来解决这类复杂问题是无济于事的，系统工

程强调综合运用各学科和技术领域中所获得的成就，有利于各种技术协调配合和综合运用。系统工程有一句名言："综合即创造"，即通过各种技术的综合运用，能够取得各种单一技术无法实现的效益。当今任何一个大规模的复杂系统都不是一个单纯的技术系统，而是涉及社会、经济、生态环境等因素，构成一个社会-经济-技术系统，因此，促使自然科学、技术科学和社会科学紧密结合，协同作战，是系统工程解决社会-经济或社会-技术系统的特殊手段和途径。

一个复杂的大规模工程同步进行着两个过程即工程技术过程和对工程技术的控制过程（包括规划、组织和控制，方案分析比较、决策、评价选定方案等）。管理工作对于促进社会经济发展、合理利用资源和提高整体效益有着十分重要的作用。组织管理工作是系统工程的重要方面，近年来广泛应用电子计算机，建立管理信息系统和决策支持系统是系统工程中在组织管理中应用的一个新的发展。

系统工程的技术内容颇为广泛，它要广泛研究各类系统的共性与特性，可视作是各专业组织管理技术的总称。系统工程依据其对象的不同派生出各专业的系统工程，如农业系统工程、军事系统工程、能源系统工程、土地利用系统工程、区域规划系统工程等。一般来讲，系统工程技术内容有：①运筹学，是研究在既定条件下对系统进行全面规划、统筹兼顾、合理利用资源，以期达到最优目标的数学方法；②概率论，是研究大量随机事件的基本规律；③数理统计学，是用来研究取得数据、分析数据、整理数据和建立数学模型的方法；④控制论，是研究各种控制系统的共同控制规律，探讨系统状态的动态优化；⑤信息论，是应用电子计算机研究信息的提取、传递、变换、存储和流通。

系统工程的方法以美国学者霍尔（Hall A D）于 1969 年提出的系统工程三维结构模型影响较大，霍尔的三维结构是由时间维、逻辑维和专业维组成的立体空间结构。时间维表示系统工程活动的时间排列顺序，可分为 7 个阶段即制定规划、拟订方案、系统开发、生产阶段、配置阶段、运行阶段和退出阶段。逻辑维分为 7 个步骤即定义问题、指标设计、系统综合、系统分析、系统优化、系统决策和实施计划。专业维即知识维指为完成上述各阶段，各步骤所需要的知识和专业技术。由上述 7 个逻辑步骤和 7 个工作阶段归纳在一起列成矩阵表格称为系统工程活动矩阵，如 $a_{11}$ 表示在完成制定规划阶段中定义问题这一步骤所进行的活动，$a_{46}$ 则为在生产阶段进行决策的活动等。

系统工程一般可分为开发、研制和运用三大阶段，每个阶段又可分为规划和实施两个期间，它们分别具有自己的特点、主要活动、最终成果和管理标准。系统工程处理问题的基本方法，就是根据系统的概念、构成和性质，把对象作为系统进行充分的了解和分析，将分析结果加以综合，使之最有效地实现系统的目标（图 2-1）。

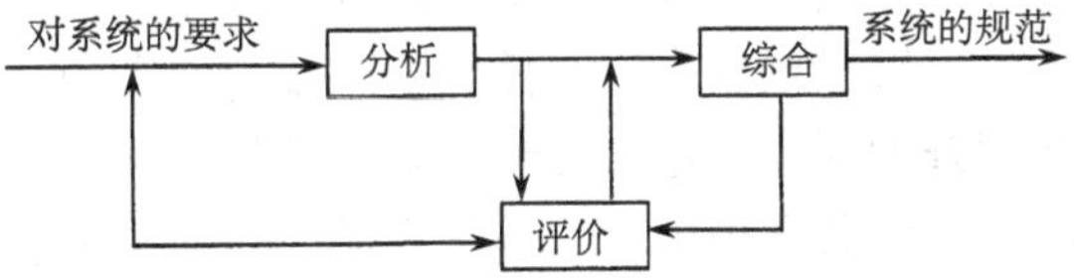


图 2-1　系统工程处理的基本方法

系统分析是指为研制系统收集必要而足够的信息，对拟出的能满足系统要求的几种方案，用多种手段分析对象系统的要求、结构及功能等，弄清该系统的特性，取得系统内外的有关信息，并考虑到环境、资源、状态等约束条件，根据评价准则对分析结果进行评价，以得到若干较为满意的解。系统综合是充分研究分析的结果，根据特定解和评价结果，把系统的组成和行为方式作为系统加以组合，拟定系统的规范。此时应尽可能多地拟定几个方案进行综合评价，作出择优选定，如果不满意，则需重新进行综合。

## 第二节　土地利用规划原则

### 一、维护社会主义土地公有制原则

随着生产力的发展，生产关系将不断地改变，其中包括对土地的占有关系。一定的土地占有关系要求相应的土地制度，从而构成整个社会制度的一部分。这种土地制度的改变不是自发地产生，而是要通过革命的手段才能实现。为了摧毁旧的土地制度和建立新的土地制度，土地规划起着重要作用。列宁曾指出：为了保持政权，就必须按照我们的意图把旧农村改造成为资产阶级的农村，这就是“土地规划问题”的根源和实质。“土地规划是一辆战车，强者坐在上面，失败者压在轮下。毋庸置疑，所有这一切都是绝对真理。”

新中国成立初期，我国即实行土地改革，彻底废除了地主的土地所有制，建立了农民个人土地所有制，使3亿多无地或少地的劳动农民分得了0.47亿$hm^2$土地和大量农具耕畜，免除了每年交给地主3000万t以上粮食的地租，有力地提高了农民生产的积极性，大大地促进了农业生产的发展。在合作化和公社化过程中，土地利用规划作为一项综合技术经济措施发挥了应有的作用。

1982年《中华人民共和国宪法》第九条、第十条对土地所有制和土地所有权、使用权都作了明确规定：“矿藏、水流、森林、山岭、草原、荒地、滩涂等自然资源，都属于国家所有，即全民所有；由法律规定属于集体所有的森林和山岭、草原、荒地、滩涂除外。”“城市的土地属于国家所有，农村和城市郊区的土地，除由法律规定属于国家所有的以外，都属于集体所有；宅基地和自留地、自留山，也属于集体所有。”

《中华人民共和国宪法》的上述规定，是解放以来我国第一次以国家根本大法的形式对国家和集体两种土地所有权的郑重确认。这项规定是土地利用规划的根本指导原则，是合理组织土地利用的根本依据。我国是社会主义国家，社会主义土地公有制为土地的合理利用和保护创造了良好的条件和基础。我国人多地少，土地后备资源不足，必须节约和合理利用土地，保护土地资源。所以五届人大四次会议把“十分珍惜每寸土地，合理利用每寸土地”作为我国的基本国策，要求按宪法执行关于“国家保障自然资源的合理利用……禁止任何组织或者个人用任何手段侵占或者破坏自然资源。”“一切使用土地的组织和个人必须合理利用土地”的规定，达到切实保护土地资源的目的。1999年1月1日施行的《中华人民共和国土地管理法》第三条规定：“十分珍惜、合理利用土地和切实保护耕地是我国的基本国策。各级人民政府应当采取措施，全面规划，严格管理、保护、开发土地资源，制止非法占用土地的行为。”

新中国成立以来，我国政府非常重视土地利用规划，将其视为合理组织土地利用，调整土地关系，巩固社会主义土地公有制的重要手段和措施，从1954年到1958年夏，农业合作化阶段的土地利用规划具体贯彻党的有关农业合作化和建立大型国家农场的决议和指示。1954年结合大型国营友谊农场的建立，在我国第一次开始有组织地进行土地利用规划工作，1956年农业部通知各省进行农业社土地利用规划试点工作，全国共进行了280个社级土地利用规划试点。在此基础上，农业部于1957年3月16日向各省发布了“关于帮助农业生产合作社进行土地利用规划的通知”，于是全国范围内逐步开展合作社土地利用规划工作，取得了很好的成绩。从1958年夏到1962年人民公社化阶段的土地利用规划，具体贯彻中央1958年5月发布的“关于在农村建立人民公社的决议”和1962年12月发布的“关于人民公社若干问题的决议”以及农业发展纲要“四十条”的各项要求。为了适应全国人民公社化新形势的要求，农业部土地利用局1958年10月4日向各省发布了“关于开展人民公社土地利用规划工作的通知”。这个时期土地规划的内容相当广泛，涉及农、林、牧、副、渔及工、农、商、学、兵的全面安排。此外，还结合土壤普查鉴定工作的进行，紧接着农业部于1960年9月又向各省发布“关于加强人民公社土地利用规划工作的通知”，要求每个社应根据当前受益为主、群众自办为主，全面安排农、林、牧、副、渔各种用地的方针，进一步做好土地利用规划。1960年3月17日《人民日报》发表了“人民公社要制定土地利用规划”的社论。这段时期土地利用规划为巩固人民公社制度，促进农业生产发展起到了良好的作用。1960年以后土地利用规划工作围绕国民经济的“调整、巩固、充实、提高”的八字方针，实施中共中央关于农村政策“十二条”和人民公社工作条例“六十条”的指示精神。各地土地利用规划机构进行了调整，在高等院校中除东北农学院以外，南京农学院、华中农学院、河北农学院三所院校土地规划专业相继撤销。直到“文革”开始以前，土地利用规划的任务是继续为巩固人民公社经济、实现农村技术改革创造土地组织条件。1966～1976年，由于国内政治运动，土地利用规划事业完全停止活动，专业机构被撤销，专业人员队伍被解散。在这期间结合“农业学大寨重新安排山河”运动开展了力所能及范围内的土地利用规划工作。20世纪80年代初，在国家农业部中恢复土地利用局，各省相继建立土地利用管理机构，1986年成立国务院直属机构国家土地管理局，颁布了《中华人民共和国土地管理法》。1986年中共中央、国务院《关于加强土地管理制止乱占耕地的通知》中指出：“各地尽快制订和完善土地利用总体规划和城市、村镇建设规划。”1986年6月25日全国人民代表大会常务委员会通过的《中华人民共和国土地管理法》第15条规定应由各级人民政府编制土地利用总体规划。国务院办公厅于1987年转发了国家土地管理局《关于开展土地利用总体规划工作的报告》。国家土地管理局于1989年发布了《关于抓紧编制土地利用总体规划的通知》。我国大陆第一轮土地利用总体规划已于20世纪90年代初基本完成。由于我国耕地面积逐年减少，城市用地无序扩张和保证粮食安全供应问题的产生，及时地做出了严格保护耕地，划定基本农田保护区和实现耕地总量动态平衡等项决策，在此背景下，全国自上向下地开展了土地利用总体规划修编工作，实施土地用途管制制度。1998年8月29日第九届全国人民代表大会常务委员会第四次会议修订了《中华人民共和国土地管理法》，自1999年1月1日起施行。其中第三章专门论述土地利用总体规划，提高了土地利用规划的法律地位，要求以土地利用总体规划为依据，确定土地类别，划定土地的用途，控制建设用地的总量，并对城市总体规划等专业规划和土地利用总体规划的关系作了明确的规定。

我国开展土地利用规划工作的实践证明，合理组织土地利用不能离开维护和巩固社会主义土地公有制这项重要原则，不能离开生产力和生产关系的任何一方。其中任何一方发生变化都会引起土地利用规划形式、内容和任务的重大变动，新中国成立以来的历史有力地说明了我国在生产力和生产关系上的每一次变革，都给土地利用规划提出新的要求和任务。基于这点，土地利用规划所研究的内容和所肩负的任务不是一成不变。在不同社会生产方式下，甚至在同一方式下，生产力和生产关系发展的不同历史阶段，土地利用规划的内容、原则和方法都不尽相同。

## 二、因地制宜原则

地球陆地表面如同自然界其他物质一样，有其形成和发展的过程。地球表面由于受不同形成因素的影响和处于不同的发展阶段，形成了一系列相互区别且各具特色的土地。由于各地区自然和社会经济条件千差万别，直接影响着土地利用方向、方式、深度和广度，使土地利用具有显著的地域差异。不同的土地利用环境不仅反映土地本身的适宜性和限制性，而且反映当前生产力发展水平以及对土地的改造能力和利用程度，因此，土地利用必须遵循因地制宜的原则，才能把土地利用的潜在可能性变为现实生产力。

由于土地构成因素的不同量的不同组合形成了表面形态和利用特性各异的土地，严格地讲，在地球表面上很难找到性质和特征完全相同的两块地段；另一方面，国民经济各产业和部门对其用地的质量具有特殊的要求，于是构成了土地利用的主要矛盾，协调好两者之间的关系就成为土地利用规划的核心内容。

因地制宜是编制土地利用规划应遵循的重要原则之一。因地制宜原则具体体现为土地特性和用地要求的协调上。土地适宜性是土地利用合理组织和协调土地利用需要与可能的客观物质基础。编制土地利用规划时遵循因地制宜原则，具体地讲就是揭示了土地适宜性，把客观上业已存在的土地质量及其利用适宜性借助土地评价方法加以评定。从一定意义上讲，土地评价是落实因地制宜原则的重要途径和手段。土地适宜性是指对于特定用途的土地质量水平。土地适宜性是离不开特定的土地用途。土地适宜性可以从自然角度和经济角度加以评定。土地适宜性评价就是对土地质量相对于各种可能用途的综合评定，评价结果告知人们各种可能用途的适宜土地的等级、数量和分布。在此基础上，结合考虑社会经济发展和科技进步水平，最终做出组织土地利用的供选方案，并提供决策依据。

土地利用与土地适宜是相互关联的对立统一。人类对土地的利用在不断地改变土地适宜性，它一时一刻也不能离开土地适宜性而存在。随着社会生产力的发展和科技进步，人类改变土地适宜性的程度在不断提高。当今世界上人类已经改变了自然环境，干预了自然界的物质循环，但人类不可能离开土地而存在，人类对于土地的依赖关系随着时间的推移会发生变化。

对于土地适宜性的认识应当克服两种倾向，既要批判“地理环境决定论”，又要反对“地理虚无主义”。自然条件的优劣和自然资源的贫富直接影响着社会生产的发展和生产力的分布，即使自然条件和环境的限制作用再大，作为社会生产的外部条件是不可能决定社会发展的。在组织土地利用时应当充分考虑土地特性因子的组织即土地质量，确定各种土地利用方式的适宜种类和适宜程度，但绝对并非意味着只能听任土地的摆布，等待它的恩赐，人类对于土地质量是可以施加影响的，诚然这种影响过程有时极其缓慢。与此同时，应当充分尊重客观上存在的土地适宜特性，做到地尽其用，各得其所。

土地质量是一个动态概念，随着社会生产力的发展，合理地组织土地利用，土地质量也在不同程度地发生变化。为此，必须建立经常性的土地数量和质量统计制度，建立土地资源信息系统，即在计算机软件和硬件的支持下土地空间数据的储存、变换、派生、综合、分析和显示系统，从而把土地评价与土地规划两项过程系统相结合，把土地评价成果作为制定土地利用规划的重要基础，把土地利用规划视为土地评价及其成果应用的延续，使土地利用规划方案表现为各类土地适宜性的最佳组合。

土地利用规划没有固定的模式和标准设计，必须坚持因地制宜原则，才能寻求紧密结合当地的自然和社会经济条件与特点的规划方案。毛泽东曾指出："农业的地区与时间不同，发展的方法也不同。"土地利用规划具有鲜明的地域性，不同地区有着不同的规划方针、任务、内容和方法，如城市土地利用规划不同于农村土地利用规划，平原地区不同于山区，灌溉农业地区不同于旱作农业地区。同一项规划由于地区的特点，其规划方法也不尽一样。不同地区土地利用规划的主攻方向、规划重点也不尽相同，如经济技术开发区规划的重点是建筑物和线形工程项目的规划；丘陵山区的重点是合理安排农、林、牧、副、渔业用地，坡地改梯田，防止水土流失，植树造林、绿化荒山等。总之，土地利用规划过程中，要深入实地调查研究，反对"一刀切"的做法，协调主观愿望与客观可能两者之间的关系，只有这样，才能充分发挥土地利用规划促进整个国民经济发展的积极作用。

## 三、综合效益原则

人类合理地组织土地利用的目的在于获取最大效益和最佳服务。由于现代科学技术发展具有明显的整体化特征，土地利用所追求的效益绝对不是单项效益而是融社会、经济和生态三效益为一体的综合效益。

在社会主义国家里，尤其在拥有13亿人口的中国，土地利用的合理目标既要满足人民生活和工业生产对农产品的不断需求，又要为国民经济各部门提供适合其利用的土地，促进其顺利发展，这是土地利用的社会目标。社会经济的稳步、协调和长足发展，必须要有足够的土地资源尤其是耕地作为保证，但是，耕地是珍贵的稀缺资源，与社会经济发展和人口增长对其需求之间形成日益加剧的供需矛盾，这就要求通过土地利用规划合理地进行部门间的土地分配，为社会经济发展提供可靠的土地保障。

为了获得土地利用的最大经济效益，必须学会应用经济杠杆对其加以调节和控制。地租和地价理论对于土地资源的综合评价和合理开发利用、制定土地政策具有重要的指导作用。通过合理地组织土地利用，不断提高土地肥力和质量，改善土地的地理位置和交通条件，实行土地集约化经营，必将导致土地级差地租形成条件的变化。人类利用土地就有必要在土地上投放劳动、物资，以单位土地面积上所投入劳资数量来评估土地集约度。在我国人多地少的条件下，增加单位面积土地的变量资源投入以提高土地利用的集约度已成为必然的趋势。为了获得土地利用的最大经济效益，选用合适的土地集约度显得尤为重要。土地集约度受土地生产力的制约，土地生产力又依据土地自身的受容力（capacity）与生产效率（production efficiency）。土地受容力指在资源最佳配合条件下土地所能受容其他变量资源的数量。土地受容力与土地集约度是正相关的。土地生产效率指在资源最佳配合条件下所获报酬与所费成本的比例。上述有关数据应根据土地利用边际分析加以选用，以避免土地报酬递减现象的发生。

在一定条件下，土地资源利用能产生一定的经济效果，常常以单位土地资源利用所产生的经济效果数值称为土地资源利用效果系数来加以评估。该系数的实质是反映任何用地方案在占用或消耗单位数量的紧缺土地资源时所引起的国民经济损失即纯收入或国民收入的减少数量。由于土地资源利用效果系数与被利用的土地资源数量、质量和用途等因素有关，必须选用土地资源利用经济效果标准系数。土地资源利用效果标准系数可以运用一般方法、平均数方法、综合平衡法和最低利润法求得。应当指出，依据占用土地对农业生产纯收入或国民收入的影响计算土地资源和用经济效果时要慎重选用单位面积土地纯收入或国民收入，它与许多因素如地区气候、地理位置、土地质量、作物种类等有关。因地区的客观条件存在差异，不同地区在计算时应采用不同的土地资源利用效果系数。根据有关资料表明，我国农业土地资源利用经济效果系数 1980 年为 144 元/($hm^2 \cdot a$)（按纯收入计）或 825 元/($hm^2 \cdot a$)（按国民收入计）；我国国民经济土地资源利用经济效果系数 1980 年为 960 元/($hm^2 \cdot a$)（按纯收入计）或 2940 元/($hm^2 \cdot a$)（按国民收入计）。上述系数值均为全国平均水平，各地区应视具体情况加以修正，据有关序列数据证明，我国国民经济土地资源利用经济效果系数是在不断上升的。

土地利用中还要考虑生态效益和生态经济效益。整个地球表层是一个巨大生态圈，由于其各部分的环境条件存在很大的差异，因而形成不同生态系统，如海洋、湖泊、陆地、森林、草原、城市等生态系统，同时又是更大系统中的自然环境要素。土地生态系统在其利用过程中与土地经济系统之间进行物质和能量的交换，土地生态系统向土地经济系统输入土地产品，通过生产、分配、交换、消费等各个环节转换为经济物质和能量，再输入土地生态系统，在物质能量循环过程中又转变为经济产品回输给土地经济系统。土地生态系统与土地经济系统这种互为反馈关系，使两个系统在结构上相互交织，在功能上相互促进和相互制约，在效益上统一又相互矛盾，从而使两者耦合成为一个统一的整体即土地生态经济系统。土地利用中必须追求土地生态经济系统的最大净生产力（实物形态、价值形态和能量形态）。

人类全部活动包括土地利用都是直接或间接地消耗环境质量和自然资源。当这种消耗导致环境污染和生态破坏时，必然直接影响正常的土地利用经营活动，造成严重的经济损失。因此，当评价土地利用综合效益时，不仅顾及土地使用单位内部的经济性，同时还要考虑由此造成的社会外部的不经济性。一般情况下，内部经济性是以外部不经济性为代价的。因此，为了公正地评价土地利用的综合效益，运用费用-效益分析方法，分别计算费用（$C$，包括工程费用、经营费用和环境损害费用）、效益（$B$，包括工程效益和环境改善效益），最后以净效益（$B-C$）或效费率（$B/C$）评定其优劣。同时，在费用效益分析中，考虑时间因素，使整个时期的费用或效益具有可比性。

综上所述，土地利用综合效益原则要求人们在组织土地利用过程中追求的最终目标是使土地利用寓于社会经济发展和维持生态系统平衡之中，最终谋求社会、经济、生态三效益的统一。具体来讲，应当保证社会效益（$E_1$）、经济效益（$E_2$）和生态效益（$E_3$）最大，相应的损失（$S_1$、$S_2$、$S_3$）最小，总效益（$CB$）最大，总损失（$CL$）最小，即

$$CB = \sum_{i=1}^{3} E_i \rightarrow \text{最大} \quad CL = \sum_{i=1}^{3} S_i \rightarrow \text{最小}$$

土地资源利用效率系数

$$R = \frac{B}{L} > 1$$

式中：$B$ 为土地利用效益（所得）；$L$ 为土地利用费用（所费）。

土地利用综合效益原则要求处理好近期与远景土地利用两者之间的关系。不合理的利用土地所带来的危害，有时需要经过一段时间方能显现出来，因此，必须对未来效益和周围生态环境影响加以科学预测。此外，应当指出，在上述诸效益中，除经济效益以外，社会效益和生态效益均属难以度量和非货币化的，是隐蔽的，因此，经济效益往往掩盖土地利用对社会和生态环境所造成的损失，导致偏离三效益协调的轨道，对此应予以足够的重视。

## 四、逐级控制原则

土地利用规划往往同地域概念相联系，一般来讲，土地利用规划都是在一定地域范围内进行的。地域是地区和区域的总称。地区是一个广泛的概念，系指地球的一部分。地区边界从某种意义上来说是任意的，可根据需要和具体要求划定。区域是地区中的一部分，不同于地区，区域的边界是由内聚力决定的，区域是具有内聚力的地区。

依照不同的标志，将我国土地资源划分成不同的地区和区域。土地资源的行政管理的层次性决定土地利用规划的类型、范围、任务和内容的多样性，从上到下构成结构有序的等级分明的土地利用规划系统。最低层次的用地单元如一块水田、一片林地、一口鱼池、一座城市等；再往上一个层次就是区域，可以是行政区域如省、市、县、乡，也可以是跨区域或特定区域，如上海经济区、长江三角洲、珠江三角洲，甚至河流流域等；一国之内最高层次为国家级。从横向来看，同一区域土地利用系统系由各类土地利用子系统组成，如耕地、林地、牧地、市地、工矿地、水地等土地利用子系统，形成相互渗透、相互依托的关系和联系。遵循逐级控制的原则，由于上下层次之间存在紧密的联系，上一层次土地利用规划有关项目完成以后才可能着手进行下一层次的土地利用规划。各层次土地利用规划均对其下一层次土地利用规划起着控制作用，同时它本身也接受其上一层次土地利用规划的控制。每一层次土地利用规划在受制于上一层次土地利用规划的同时也对其加以修改、补充、落实，使其更加完善和可行。

遵循逐级控制原则，编制土地利用规划的实质，是将规划区域内土地利用类型和活动落实于特定的空间。土地利用规划方案都应加以层次分解和区域分解，使其落实到土

地，同时，借助这种方法对于下一层次区域的土地利用起着重要的控制作用。

区域系统由社会经济系统和自然生态系统两个子系统组成。土地利用系统作为资源利用子系统是在社会经济系统和自然生态系统共同作用下形成的。土地利用系统与一定的社会生产关系和生产水平相适应。土地利用系统运行受制于土地利用中人与人之间的关系和社会生产力利用资源的水平。土地利用应与其他资源利用相结合，为促进区域经济发展发挥重要的作用。遵循各级控制原则，土地利用规划应在社会经济发展计划和其他资源（水、气候、生物等）利用规划的控制之下进行编制。

由于土地利用规划涉及的内容相当繁杂，按照各级控制原则的要求，应当首先进行关系到全局的具有控制作用项目的规划，如各种用地结构，优化与布局，主要水利、道路工程项目和居民点用地规划等，然后再进行土地利用细部规划。

## 五、动态平衡原则

土地本身是自然产物，经投入于社会生产活动之后，就成为社会物质生产必备的物质条件，为了保证国民经济各部门的协调发展，客观上要求提供适合用途的土地，但土地总面积相对地讲是一个常数，土地利用规划时要满足各部门的用地要求，使规划区域内土地总面积达到平衡，合理地进行部门间的土地分配和再分配，实现耕地总量动态平衡。

在社会主义国家中，平衡是一个全局的问题，它不是主观的设想，而是客观的必然。在新中国成立后的很长一段时间里，整个土地处于无人问津的状态，忽视土地利用的综合平衡工作。土地作为一项资源和国民财富，理应纳入整个国民经济综合平衡体系之中。土地综合平衡与人民生活和基本建设密切相关，是搞好综合平衡工作的出发点和归宿。

土地综合平衡是国民经济范围内土地利用的宏观动态平衡，它要求社会对土地的总需求和社会所能提供利用的土地总供给持平。土地综合平衡受制于社会经济综合平衡，是其在土地利用方面的具体体现，也就是说，土地综合平衡是随着社会经济不断发展而实现的一种平衡，与社会经济综合平衡同步进行。

动态平衡原则要求在规划时在分析过去摸清现状的基础上，估算计划期内可能新增加的土地资源数量和土地需求量，从供需双方进行反复平衡，一方面应根据计划安排的投资和消费需求来估算所需土地数量，另一方面从土地开发和节约以及调整土地利用结构，提高其生产力来估算土地资源的可能供给的数量，直至两方面平衡为止。制定规划需要反复平衡，实施规划仍然需要不断进行反复平衡，从这个意义上讲，综合平衡是动态的平衡，平衡是相对的，不平衡是绝对的，如此循环，以至无穷。

控制社会对土地的总需求是搞好土地综合平衡的关键。本着一要吃饭、二要建设的原则，在既定生产力水平下应保证所需农业用地规模，重点在于控制建设占用的土地。妥善地处理好各种比例关系，如经济结构与土地利用结构、农业用地与建设用地、农业用地内部各种用地、建设用地内部各种用地之间的关系。

平衡关系常常表现为比例关系。平衡就是按比例，按比例也就平衡了，因此，平衡关系也可称为平衡比例关系。土地利用中的平衡，按其范围可分为全国平衡、地区平衡和企业平衡等；按其性质又可分为单项用地平衡和综合用地平衡。单项用地平衡与综合用地平衡之间有着密切的内在联系，综合平衡要以单项平衡为基础，单项平衡要以综合平衡为指导。

土地资源平衡是国民经济存在和发展的条件。只有土地供需保持平衡，国民经济才能顺利发展，否则发展就要受到阻碍。如前所述一切平衡都只是相对的和暂时的。随着国民经济的发展和科学技术的进步，土地供需也会出现不平衡，需要进行调节，使其在新的条件下达到新的平衡，以保证国民经济在新的土地资源平衡中顺利地向前发展。

要搞好土地综合平衡，一要加强土地利用计划的综合平衡，根据需要与可能，安排国民经济各部门的平衡比例关系，二要对计划执行过程进行控制和调节，为此，必须掌握及时、全面、准确的统计资料，加强土地综合平衡的统计工作。

# 第二篇　土地利用总体规划

# 第三章　土地利用总体规划概述

土地利用总体规划是土地利用规划体系中的重要组成部分，它是土地利用管理的“龙头”，在我国土地管理事业中具有极其重要的作用，因此，编制土地利用总体规划是各级人民政府的一项紧迫的任务。1998年8月29日第九届全国人民代表大会常务委员会第四次会议修订的、1999年1月1日施行的《中华人民共和国土地管理法》第十七条明确规定：“各级人民政府应当依据国民经济和社会发展规划、国土整治和资源环境保护的要求、土地供给能力以及各项建设对土地的需求，组织编制土地利用总体规划，”为编制土地利用总体规划提供了法律依据。编制土地利用总体规划对有效地开发、利用、整治和保护土地资源，以适应我国社会主义市场经济的发展，具有十分重要的现实意义。

## 第一节　土地利用总体规划的概念和特点

### 一、土地利用总体规划的概念

土地利用总体规划是在一定规划区域内，根据当地自然和社会经济条件以及国民经济发展的要求，协调土地总供给与总需求，确定或调整土地利用结构和用地布局的宏观战略措施。土地利用总体规划是由各级人民政府组织编制的，土地利用总体规划的核心是确定或调整土地利用结构和用地布局，它的作用是宏观调控和均衡各业用地。

土地利用总体规划的实质是对有限的土地资源在国民经济部门间的合理配置即土地资源的部门间的时空分配（数量、质量、区位），具体借助于土地利用结构加以实现。因此，土地利用结构和布局是土地利用总体规划的核心内容。

### 二、土地利用总体规划的特点

土地利用总体规划具有整体性、长期性、战略性和控制性。

1. 整体性

土地利用总体规划的对象是规划区域内的全部土地资源，而不是某一种用地，在总体规划中要全面考虑土地资源的合理配置，要把时间结构、空间结构和产业结构与土地的开发、利用、整治和保护进行统筹安排和合理布局。综合各部门对土地的需求，协调部门用地矛盾，调整土地利用结构和土地利用方式，使之符合经济和社会发展目标，以促进国民经济持续、高速、健康的发展。

2. 长期性

土地利用总体规划一般以十年或更长的时间为时段，要与土地利用有关的重要经济和社会活动（如工业化、城镇化、农业现代化、旅游事业的发展，国内外贸易的发展和人口增长等）紧密结合，并对土地利用做出远景预测，制定长远的土地利用方针、政策和措施，并将其作为中、短期土地利用计划的基础。

3. 战略性

土地利用总体规划的战略性表现在它所研究的问题具有战略意义，如经济、社会各部门的用地总供给与总需求的平衡问题，土地利用结构与用地布局的调整问题，土地利用方式的重大变化等。

4. 控制性

土地利用总体规划的控制性主要表现在两个方面：从纵向来讲，下一级的土地利用总体规划受到上一级土地利用总体规划的指导和控制，下一级土地利用总体规划又是上一级土地利用总体规划的反馈，这是按行政区域分级的规划，在全国范围内形成一个有机联系的土地利用总体规划体系；从横向来讲，一个区域的土地利用总体规划，对本区域内国民经济各部门的土地利用起到宏观控制作用。

## 第二节　土地利用总体规划的目标和任务

### 一、土地利用总体规划的目标

土地利用总体规划目标的确定是一个带有全局性的问题。总体规划目标确定的正确与否，是关系到今后土地利用结构调整方向和途径的问题。土地利用结构是各类用地的组成和比例，它是土地利用总体规划的核心，体现土地利用的总体布局和安排。

土地利用总体规划的目标是在土地利用结构研究的基础上，根据国民经济发展的长期规划对土地资源的需求、土地资源的供给状况、土地的人口承载潜力和土地利用战略的研究成果，提出规划年所应实现的土地利用目标。根据《1997～2010 年全国土地利用总体规划纲要》中确定全国土地利用的总目标是：在保护生态环境的前提下，保持耕地总量动态平衡，土地利用方式由粗放经营向集约经营转变，土地利用结构与布局明显改善，土地产出率和综合利用效益有比较明显的提高，为国民经济持续、快速、健康发展提供土地保障。具体目标是：①农用地特别是耕地得到有效保护和综合整治，2010 年耕地总面积保持在 12 827 万 $hm^2$ 以上，林地面积为 24 973$hm^2$，森林覆盖率为 19.0％，牧草地面积为 26 867 万 $hm^2$，水面面积保持稳定；②在保障重点建设项目和基础设施建设用地的前提下，建设用地总量得到有效控制，2001～2010 年新增建设用地不超过 204.80 万 $hm^2$；③土地整理全面展开，未利用土地得以适度开发，2010 年土地开发利用率达到 75.26％以上；④土地生态环境有比较明显的改善。

各地在确定土地利用目标时，应结合当地的实际情况，特别是各省应参考全国土地利用总目标来确定本省的土地利用目标。

## 二、土地利用总体规划的任务

编制土地利用总体规划是我国现阶段土地管理的重要任务之一。土地利用总体规划作为国家措施。其任务可概括为以下三个方面：

### （一）土地利用的宏观调控

为了加强国家对土地利用的宏观管理，必须建立一个土地利用宏观管理体系，如用地计划体系、土地信息系统等。土地利用总体规划则是土地利用宏观管理体系的重要基础，是土地利用宏观控制的主要依据。国家通过土地利用总体规划协调国民经济各部门的土地利用活动，从而建立适应经济、社会和市场发展需要的合理的土地利用结构，合理配置土地资源，有效地利用土地资源和杜绝土地资源的浪费。

### （二）土地利用的合理组织

国家通过土地利用总体规划在时空上对各类用地进行合理布局，如对农业用地（如农、林、牧、水产用地）和建设用地（如城镇居民点、工矿、交通和水利设施用地等）以及自然保护区、风景旅游区等专项用地的布局，并对后备土地资源潜力进行综合分析研究，制定相应的配套政策，实施边利用边保护的策略，引导土地资源的开发、利用、整治和保护，以保证充分、合理、科学、有效地利用有限的土地资源，防止对土地资源的盲目开发。

### （三）土地利用的规范监督

根据《中华人民共和国土地管理法》的规定中关于“土地利用总体规划一经批准，必须严格执行”。土地利用总体规划具有法律效力，任何机构和个人不得随意变更规划方案，各项用地审批必须依据规划，土地利用总体规划是监督各部门土地利用的重要依据。规划方案的修改也必须按编制规划的法定程序进行。

# 第三节　土地利用总体规划的内容和程序

## 一、土地利用总体规划的内容

土地利用总体规划涉及范围广，内容丰富，不同级别不同区域的土地利用总体规划由于区域差异和级别不同，而侧重点和内容深度不同。如国家和省级土地利用总体规划重点在于协调全局性的重大用地关系，提出不同类型地区土地利用方向、目标和改变，因地制宜地分解耕地保有量等有关控制指标；市（地）级土地利用总体规划依据省级规划的控制和指导，重点确定中心城市建设用地规模和范围，将耕地保有量等控制指标分解到县级政府，县级土地利用总体规划重点确定耕地、土地开发整理和城镇建设用地控制指标和布局，划定各类土地用途区，为利用土地和审批各类土地利用项目提供依据。乡级土地利用总体规划重点安排好耕、生态环境用地及其他基础产业、基础设施用地，确定村镇建设用地和土地整理、复垦、开发和规模和范围。乡级规划重在定位落实，要以规划图为主，提高规划的可操作性。但一般来讲，土地利用总体规划主要包括以下几个方面的内容，即：

## （一）土地利用现状分析

通过土地利用现状分析和评价，提供土地利用的基础数据，分析土地利用现状结构和布局，找出土地利用变化的规律，在此基础上归纳土地利用现状分析中反映出的土地利用特点和土地利用问题，分析规划期间可能出现的各种影响因素，分清轻重缓急，提出规划要重点解决的土地利用问题。

## （二）土地供给量预测

科学地评价土地质量是编制好土地利用总体规划的基础，在编制规划时应当充分运用土地质量评价资料。在土地质量评价基础上，对区域建设用地（城镇、水利、交通、特殊用地等）利用潜力和农业用地（耕地、园地、林地、牧草地、水面）利用潜力进行测算。同时对未利用地的分布、类型、面积进行分析，评价未利用土地适宜开发利用的方向和数量。

## （三）土地需求量预测

依据区域国民经济发展指标，土地资源数量、质量、自然和社会经济条件，由各用地部门提交规划期间用地变化预测报告和用地分布图，并对预测进行必要的分析和校核，对区域建设用地需求量和农业用地需求量进行具体预测。

## （四）确定规划目标和任务

在土地利用现状分析和土地供需预测的基础上，拟定规划的主要任务、目标和基本方针。

## （五）土地利用结构与布局调整

根据规划目标和用地方针，对各类用地的供给量和需求量进行综合平衡，依据土地利用调整次序和土地利用结构与布局调整的步骤与方法，合理安排各类用地，调整用地结构和布局。统筹协调土地开发、利用、保护、整治措施，拟定重点建设项目用地布局方案，土地整理、土地复垦和土地开发方案，以及区域土地结构调整方案。根据区域土地利用调整指标和规划分区，结合区域土地利用现状、土地资源潜力和经济发展目标，在与部门规划相衔接的基础上，分解下达下一级规划各类用地的控制性指标，为编制下一级规划提供依据。

### （六）土地利用分区

通过土地利用分区与土地利用控制指标相结合的方法，把规划目标、内容、土地利用结构和布局的调整及实施的各项措施，落实到土地利用分区，有利于规划的实施。省级以上规划的土地利用分区，提出各区土地利用的特点、结构和今后利用的方向及提高土地利用率的主要措施；县级以下的土地利用分区，提出土地利用的具体用途，制定各分区土地利用管制规则；市（地）级规划分区可结合具体情况，参照省级或县级规划要求进行。

### （七）制定实施规划的措施

土地利用总体规划是一项具有战略意义的而又十分艰巨复杂的规划，要实施这一规划，必须有相应的政策措施作保障，土地利用总体规划中要根据实现土地利用目标和优化土地利用结构的要求，提出相应的实施政策和措施，包括法规、行政、经济和技术措施等。土地利用总体规划在获得批准后，即具有法律效力，有关部门必须认真遵守，同时应该把年度土地利用计划纳入到地区国民经济计划中，这样才能保证规划的顺利实现和落实。

## 二、土地利用总体规划的程序

土地利用总体规划和其他各项土地利用规划一样，在不同层次的规划之间，有着先后的次序。就全国范围来讲，在正常的工作秩序下，应该是全国土地利用总体规划先于省级土地利用总体规划，省级土地利用总体规划先于地（市）级土地利用总体规划，地（市）级土地利用总体规划先于县（市）级土地利用总体规划。

土地利用总体规划的编制主要经过准备、编制和审批三个阶段。

### （一）准备工作阶段

#### 1. 组织准备

主要任务是形成土地利用规划的领导组织和业务班子，具体内容有：

1）成立规划领导小组，其主要职责是：研究确定工作计划；协调各部门关系；研究解决规划中的重大问题；审查规划方案。

2）成立规划工作组，负责规划的具体编制工作。

2. 制定工作计划

包括规划指导思想、工作内容、步骤与方法、工作人员组成与分工、工作经费等。

3. 制定技术方案

包括规划依据、规划内容与方法、技术路线、成果要求等。

4. 收集资料

资料收集是开展规划的最主要的技术准备。编制土地利用总体规划一般需要收集以下资料：

1）社会经济资料。具体包括：①自然条件包括气候、地貌、土壤、水文、自然灾害等；②资源状况包括矿产资源、生物资源、景观资源等；③人口资料包括历年总人口、人口自然增长、人口机械增长、非农业人口、流动人口、暂住人口等；④经济发展资料包括历年国内生产总值、固定资产投资、产业结构等；⑤城乡建设及基础设施状况；⑥主要产业发展状况；⑦农业普查资料；⑧生态环境状况；⑨县域历史资料等。

2）土地资源与土地利用资料。有：①土地利用现状调查资料包括数据、图件和报告；②土地利用变更调查资料包括数据、图件和报告；③历年土地统计资料；④历次非农业建设用地清查资料；⑤待开发土地资源调查及其他专项用地调查资料；⑥土地评价及土壤分级资料等。

3）有关土地利用的规划资料。有：①国民经济和社会发展规划；②上一级土地利用总体规划资料；③上一次土地利用总体规划资料；④土地利用专项规划资料；⑤国土规划、县域规划、城镇规划、村镇规划、开发区规划、农业区划、农业综合开发规划及林业、交通、水利等各专业部门涉及土地利用的规划资料等。

## （二）方案编制阶段

1. 土地利用现状评价与土地供需预测

规划的前期研究主要有两个方面内容：一是对规划区域的土地资源、土地利用状况进行评价；二是对土地供需量进行预测，它们都是编制规划必不可少的依据。

土地资源评价是确定合理的土地利用结构的客观依据，其主要内容为土地适宜性评价和后备资源评估。进行城镇土地利用规划时还要进行土地经济评价，在进行土地适宜性评价时，不仅要评价土地资源适宜的利用方式，还要评价其对不同利用方式的适宜程度。同时，要对与土地利用有关的其他自然资源作评价，以全面确定土地利用的限制因素。规划前已开展土地评价的地区规划时可直接应用已有成果。

土地后备资源的评估是对那些尚未开发利用的土地，如工矿、道路、废弃地、空隙地等的开发利用潜力、利用方向、开发改良措施等进行研究。开发后备资源是土地利用的“开源节流”原则中“开源”的主要内容，是提高土地利用率的主要手段。

土地利用现状分析评价，是通过对土地利用结构和布局，土地利用率，土地生产率，土地利用的生态效益、社会效益等的分析评价，总结土地利用的经验教训、土地利用变化规律，发现土地利用中存在的问题，是进行土地利用结构和布局调整的依据。

土地利用潜力分析就是要预测规划地区规划期内的土地利用，主要是建设用地和农用地的利用潜力，测算各类土地供给量和未利用土地的开发潜力。这是确定农用地和建设用地的数量及调整用地布局的依据之一。土地需求量预测是通过对人口预测、未来农业用地需求量、建设用地需求量的预测来发现未来土地利用的要求和趋势。

本阶段工作结束以后，要提交以下阶段成果资料：①土地评价成果。包括图件和文件。②土地利用现状述评。包括规划地区基本情况概述，土地利用现状，土地利用现状中存在的问题，关于调整土地利用结构、提高土地利用综合效益的建议等。③土地供给量预测、土地需求量预测等专题研究成果。

### 2. 土地供需平衡分析

土地供需状况是确定土地利用目标的主要依据。土地供需平衡分析，就是在土地利用现状及潜力分析、土地适宜性评价、土地需求量预测的基础上，计算各类用地预期的供给量和需求量，通过供给量和需求量之间的比较，从总体上分析各类用地的供需状况。可见，土地供需平衡分析的关键，是计算各类用地预期的供给量和需求量。

我国土地资源的绝对数量大，但相对数量小，各类用地供不应求的状况将长期存在。由上述计算过程还可看出，各类用地的供给量和需求量是相互关联、彼此制约的，一类用地需求面积的增加势必导致另一类用地供给面积的减少。规划中必须搞好各用地部门的协调工作，强调各类生产和建设要尽可能节约用地，保证重要用地的供给。

### 3. 确定土地利用目标与基本方针

明确了规划需要解决的土地利用问题，掌握了土地供需的总体状况，即可以着手拟定土地利用目标，但在拟定目标的过程中还要注意做好“两个估计”和“两个协调”。“两个估计”：一是对规划期内土地利用问题所能解决程度的估计；二是对实施规划所能取得的社会、经济、生态效益的估计。这两个估计必须建立在对主客观条件进行充分分析、论证的基础上。“两个协调”：一是与上级规划目标、指标的协调；二是与本地区社会经济发展计划的协调，做好这两个协调是实现土地利用目标的保证。

### 4. 编制供选方案

土地利用目标和战略确定后，即可根据目标和战略要求，选择规划项目，确定优化土地利用系统的基本原则，进行关键规划项目的重点研究，最后设计供选方案。

土地利用总体规划主要是完成土地利用控制目标的确定、土地利用分区、重点工程项目布局及用地概算、拟定土地利用的基本原则和规划实施政策等规划项目。其中土地利用目标的确定是规划的关键项目，尤其是农业用地指标和建设用地指标、耕地指标等，规划中应作重点研究，反复协调。

供选方案至少应有三个。方案设计有两种方法：一是综合平衡法，二是数学方法。综合平衡法是以各用地部门的具体要求为基础，结合土地利用规划方案的有关要求，进行土地利用结构的综合平衡，并在此基础上，确定土地利用总体规划方案。数学方法是用数学模型来模拟土地利用活动和其他社会活动的关系，借助计算机技术，得到多种可供选择的解式，揭示土地利用系统对各种政策、措施的反映，从而得出各种规划方案。

5. 供选方案择优

各种供选方案由于考虑问题的角度不同，其效益和特点也就不同。择优时要对各种供选方案全面评价，对比优选，选择效益较好、最有可能实施的方案作为规划方案。规划方案确定之后，要组织有关部门进行论证和协调。

6. 编制规划成果

资料规划方案选定之后，即可编制规划成果，可先编制草稿，在经过有关部门、地方政府和专家的评审、审议并修改后，形成规划送审稿等文件和图件资料。

## （三）规划审批阶段

1. 土地利用总体规划成果评审

为了保证规划成果质量，应规定相应的成果质量评定标准和建立成果验收制度，并由上级土地管理部门组织规划成果评审小组对规划成果进行评审。规划成果评审小组对被评审的规划成果应做出结论，符合条件的应评为合格，对规划成果不合格的或部分不合格的，评审小组应提出纠正、修改或补充的具体意见。

2. 土地利用总体规划的审批

土地利用总体规划审批是对土地利用总体规划成果的确认阶段，由同级人民政府组织技术鉴定后，提请规划领导小组审批，然后由同级人民政府审议，审议修正后由同级人民政府行文上报有权审批的上级人民政府审批，并报上一级土地行政管理部门备案。

# 第四章　土地利用现状分析和规划后评价

## 第一节　土地利用现状分析

### 一、土地利用现状分析的目的

土地利用现状分析是在土地利用现状调查的基础上进行的。通过土地资源系统的数量与质量、结构与分布、利用现状与开发潜力等方面的分析，明确规划区域的土地资源的整体优势与劣势、优势土地资源在全局中的战略地位、制约优势土地资源开发利用的主要因素，揭示各种土地资源在地域组合上、结构上和空间配置上的合理性，明确土地资源开发利用的方向与重点，为制定人地协调发展与强化地域系统功能的土地利用规划提供科学依据。

### 二、土地利用现状分析评价的内容

土地利用现状分析的内容包括土地利用数量分析、土地利用结构分析、土地利用影响因素分析和土地利用效益分析。

#### （一）土地利用数量分析

土地资源均以一定量存在于地表空间。土地利用数量分析，首先分析已利用土地如耕地、园地、林地、牧草地、居民点及工矿用地、交通用地、水域等和未利用土地的数量及其占规划区域土地总面积的比重。其次，掌握各种地貌类型、土壤类型和不同坡度等自然状况下的土地资源的数量。对于土地资源数量既要用绝对量表示，还要用相对量即人均拥有的数量，以及人均拥有宜农地、宜林地、宜牧地、宜建筑地的数量来表示。

在单项用地分析的基础上，运用纵向对比与横向对比的方法开展分析，具体方法有：发展过程纵向对比法、发展过程纵向相关分析法、发展过程地域对比法、同类地域横向对比法、不同地域横向对比法和不同级别地域对比法等。

在土地利用数量分析中，计算不同土地利用类型变化速率、土地利用变化的区域差异和土地利用变化的流向。具体计算公式如下：土地利用变化速率可以单一土地利用类型动态度来表示，即

$$K=\frac{V_b-V_a}{V_a}\times\frac{1}{T}\times100\%$$

式中：$K$ 为土地利用类型动态度；$V_a$、$V_b$ 为基期和报告期末某一土地利用类型的数量；$T$ 为研究时段。

土地利用变化的区域差异，计算公式为

$$R=\frac{|K_b-K_a|}{K_a\times(C_b-C_a)}$$

式中：$K_a$、$K_b$ 为区域某一特定土地利用类型基期和报告期末的面积；$C_a$、$C_b$ 为全区域某一特定土地利用类基期和报告期末的面积；$R$ 为单一土地利用类型相对变化率。

## （二）土地利用结构分析

土地是国民经济各部门重要的物质条件，各部门生产活动都离不开土地，都是以占用一定面积土地作为其活动范围，因此，国民经济各部门之间存在着用地上的比例关系。土地利用结构系指国民经济各部门占地的比重及其相互关系的总和，是各种用地按照构成方式的集合。土地利用结构是客观存在，它伴随着土地利用活动而产生，是无时不在，无处不在，问题在于分析其合理性。土地利用结构的合理性集中表现为其综合效益最大化。

土地利用结构分析时，可以采用静态分析方法和动态分析方法相结合，可以依据基期年各类用地面积数据，分析各类用地之间数量比例关系；也可以依据多年各类用地面积数据，分析各类用地之间数量比例关系的动态变化情况。经比较分析得出如下结构，与 1949 年相比较，1996 年结构变化率为 26.50％，2002 年结构变化率为 23％；从环比结构变化来看，1996 年结构变化率为 9.96％，2002 年达 3.50％，说明土地利用结构变化幅度逐年趋于平缓。

若条件允许，可就产业用地结构与产业产值结构加以比较分析，根据张颖研究（2005），与 1996 年相比，2002 年三次产业用地分别减少 0.84％、0.01％和 0.84％；三次产业产值分别增加 0.52％、0.27％和 0.23％。1996～2002 三次产业用地结构变化率为 3.62％，三次产业产值结构变化率为 11.78％，说明产业产值结构变化率快于用地结构变化率。产业用地结构变化率还可以同产业产值、投资规模、从业人数结构变化率加以综合分析。

借用区位熵来分析土地利用类型空间结构与布局上差异。土地利用类型区位熵（即专门化率）是指某一区域某地区某土地利用类型与该区域该土地利用类型面积的比例与该地区总土地面积与该区域土地总面积之比，计算公式为

$$Q=(a/A)/(b/B)$$

式中：$Q$ 为土地利用类型区位熵；$a$ 为某地区某土地利用类型面积；$A$ 为全区域该土地利用类型面积；$b$ 为该地区土地总面积；$B$ 为全区域土地总面积。

通过计算某一地区的区位熵，可以找出该地区在整个区域内具有一定地位的专门部门，并可根据 $Q$ 值的大小衡量其专门化，$Q$ 值高，地区优势明显，反之，则是劣势。

土地利用结构分析可以分为农用土地利用结构和城市土地利用结构。农用土地利用结构借以反映耕地、园地、林地、牧草地、养殖水面、其他农用地之间数量比例关系。城市土地利用结构借以反映城市内部居住用地、公共设施用地、工业用地、仓储用地、对外交通用地、道路广场用地、市政公用设施用地、绿地和特殊用地之间的数量比例关系。

分析时可依据不同时点城市土地利用结构状况开展纵向分析，也可依据不同城市包括国内、外城市在同一时点土地利用结构开展横向分析，通过比较显化规划城市土地利用结构的优势与不足，找出差距，以便在今后规划中使之趋于完善。

## （三）土地利用现状评价指标体系

土地利用现状评价是一个相当复杂的问题。一般来讲，评价是指按照明确目标测定对象的属性，并把它变成主观效用的行为即明确价值的过程。具体地讲，对于系统的评价首先应从明确评价目标开始，通过评价对象的功能、特性和效果等属性进行科学的测定，最后由测定者根据给定的评价标准和主观判断把测定结果变成价值，供决策时参考。

土地利用现状评价指标体系由土地开发利用程度、土地集约经营程度和土地利用综合效果等方面共30项指标组成。

### 1. 土地开发利用程度（$A$）

土地垦殖率（$A_1$）＝耕地面积/土地总面积×100％

土地利用率（$A_2$）＝已利用土地面积/土地总面积×100％

土地农业利用率（$A_3$）＝农业用地（耕地、园地、林地、牧地、养殖水面）面积/土地总面积×100％

土地建设利用率（$A_4$）＝建设用地（居民点、工矿、交通、水利等用地）面积/土地地总面积×100％

耕地复种指数（$A_5$）＝全年农作物播种面积/耕地总面积×100％

草原载畜量（$A_6$）＝各类放牧牲畜头数/草原面积

水面利用率（$A_7$）＝已利用水面面积/水面总面积×100％

人口密度（$A_8$）＝人口总数/土地总面积，可以分别计算城市和乡村人口密度

林地覆盖率（$A_9$）＝林地面积（不包括果园面积）/土地面积×100％

建筑密度（$A_{10}$）＝建筑物基底面积/用地总面积×100％

建筑容积率（$A_{11}$）＝建筑总面积/用地总面积×100％

人均居民点用地面积（$A_{12}$）＝居民点用地总面积/人口总数，可以分别计算城市和乡村居民点人均用地面积

### 2. 土地集约经营程度（$B$）

单位耕地功率数（$B_1$）＝拖拉机年平均在册功率数/耕地面积

耕地灌溉率（$B_2$）＝有效灌溉面积/耕地面积×100％

单位耕地化肥施用量（$B_3$）＝化肥施用量/耕地面积

单位耕地耗电度数（$B_4$）＝生产用电总度数/耕地面积

单位耕地用工量（$B_5$）＝用工总量/耕地面积

单位土地资金集约度（$B_6$）＝土地总投资/土地总面积，此项指标可以按各类用地分别计算

土地利用投入产出率（$B_7$）＝土地产出总值/土地投入总值，此项指标可以按各类用地和按货币、实物、能量分别计算

单位用地产值率（$B_8$）＝土地产出价值/用地面积，此项指标可按各类用地分别计算

单位产值占地率（$B_9$）＝用地面积/土地产出价值，此项指标可按各类用地分别计算

交通密度（$B_{10}$）＝交通线总长度/土地总面积

城镇化水平（$B_{11}$）＝城镇人口总数/人口总数×100％

3．土地利用综合效益（$C$）

单位播种面积（或收获面积）产量（或产值）（$C_1$）＝作物总产量（或总产值）/作物总播种面积（或收获面积）

粮食耕地年单产（$C_2$）＝粮食总产量/（粮食作物播种面积×复种指数）

单位耕地（或园地、林地、牧地、水面和建设用地）面积产值（$C_3$）＝种植业产值（或各业产值）/耕地（或园地、林地、牧地、水面和建设用地）面积

单位农用地总产值（$C_4$）＝农业总产值/农业用地面积

单位建设用地总产值（$C_5$）＝建设部门总产值/建设用地面积，此项指标可按城建、交通、水利等产业分别计算

单位土地净产值（国民收入）（$C_6$）＝（产品总产值－消耗的生产资料价值）/土地面积，此项指标可按农业用地和建设用地或乡村土地和城市土地分别计算

单位土地纯收入（土地盈利率）（$C_7$）＝（产品总产值－生产成本）/土地面积，此项指标可按农业用地和建设用地或乡村土地和城市土地分别计算

## （四）土地利用现状评价方法

在逐项计算上述各项指标的基础上，应对规划区土地利用现状进行综合评价，或对于不同规划区域土地利用现状水平进行评价排序，为此必须解决不同量纲评价指标的处理问题。评价系数法是借助评价系数把不同量纲的指标化为无量纲系数，经过系数加和得出总评价系数以比较优劣的方法。通过评价综合评定规划区域或单位的土地利用水平，及其在所在地区内的地位，指出土地利用上的薄弱环节，明确未来土地利用有待提高和完善的方向。

评价系数的计算公式为

$$P_{ij}=\frac{X_{ij}}{\overline{X}_j}$$

式中：$P_{ij}$为第$i$区域第$j$项指标的评价系数；$X_{ij}$为第$i$区域第$j$项指标数值；$\overline{X}_j$为第$j$项指标的平均值。

应用上述公式，逐项计算各项指标的评价系数，分别确定各项指标的权重$W_j$，最终以加权评价系数总和$\sum P_{ij}W_j$，对规划区域或单位土地利用现状进行综合评价以评定其优劣（表4-1）。

**表 4-1　加权评价系数计算**

| 评价指标 $j$ / 权重 / 评价区域 $i$ | 指标 1 | 指标 2 | 指标 3 | 指标 4 |
|---|---|---|---|---|
| | $W_1$ | $W_2$ | $W_3$ | $W_4$ |
| 区域 1 | $X_{11}$ | $X_{12}$ | $X_{13}$ | $X_{14}$ |
| 区域 2 | $X_{21}$ | $X_{22}$ | $X_{23}$ | $X_{24}$ |
| 指标平均值 $\overline{X}_j$ | $\overline{X}_1$ | $\overline{X}_2$ | $\overline{X}_3$ | $\overline{X}_4$ |
| 加权评价系数 | $P_{11}W_1$ | $P_{12}W_2$ | $P_{13}W_3$ | $P_{14}W_4$ |
| $P_{ij}W_j$ | $P_{21}W_1$ | $P_{22}W_2$ | $P_{23}W_3$ | $P_{24}W_4$ |

指标权重的确定可应用经验法、等差法、标准回归系数法、灰色关联度法、层次分析法、主成分分析法等。

通过土地利用现状分析评价，全面评价土地利用的经济效果和合理程度，发掘和提高土地利用率和生产率的潜力，从而为今后土地合理利用指明方向。

# 第二节　土地利用规划后评价

## 一、规划后评价的含义和作用

“后评价”概念已是国际通行用语，在我国土地利用规划实践中俗称为实施评价。规划后评价是指在规划实施一般时间或规划结束后，对规划的目标、效益、影响和守法等情况所进行的系统的、客观的总结和分析。主要内容包括，通过对规划活动实践的总结分析，明确规划预定目标的执行或完成情况，主要的效益指标完成情况，规划对经济发展和社会进步的影响，规划执行中的守法情况等；通过分析评价，找出规划执行过程中出现的问题并提出改进意见，分析规划成败的原因，总结经验教训，并通过及时有效的信息反馈，为未来新规划的决策和提高新规划的科学性提出建议，从而提高规划的合理性、有效性、科学性和预见性，全面贯彻土地利用规划的意图。

一般来说，规划后评价即对规划编制成果和实施效果的评价和总结，对规划的这种评估和总结，可以全面系统地检讨分析规划的实施过程和结果，从中汲取经验教训。作为政府职能的主要部分，规划的制定体现了国家的意志；规划实施过程也就是国家的方针、政策贯彻执行的过程。规划进展情况如何，执行的结果如何直接关系到经济的发展和社会的进步。

有了科学的规划只是规划工作的第一步，只有在规划的执行过程中，及时了解规划任务的落实情况和执行中存在的问题，加强对规划执行情况的监督检查，使规划方案得以实现，才是一个科学的完整的规划过程。因此，对规划的执行情况进行追踪评价及对规划结果进行综合评价，是规划方案产生以后的头等重要的任务。

由于规划是一种主观思维的产物及人的认识有限和其他条件的制约，规划能否反映这种规律性及在多大程度上反映这种规律性，均有待于在实践中验证，随着客观环境的不断变化，规划也必须随之进行调整。规划后评价是为决策服务的，是规划管理的一个重要组成部分。规划后评价可以总结规划实施的成果和经验，通过与规划成本相比较，得出规划的实际效益。规划后评价又是一个向实践学习的过程，通过规划后评价找出问题，对问题的分析和归纳，为规划的调整，改进和新规划的制定提出建议，从而更好地推动政府工作的进行。

## 二、规划后评价的特性和原则

由于规划体系的划分，规划后评价也可据此分成不同的层次和方面。一般来讲，规划后评价的对象就是总体规划、详细规划和专项规划。

规划后评价是整个规划工作的一个独特的和重要的组成部分，要发挥其应有的作用，必须对规划后评价的特性有个理性的认识。具体来讲，规划后评价具有独立性、可信性、建设性、透明性和反馈性。其独立性表明规划后评价必须保证公正性和独立性，应从规划制定者和执行者以外的第三者的角度出发，独立地进行，特别要避免完全的自我评价。其可信性取决于资料信息的可靠性和评价方法的适用性，不是主观推测，而是基于事实的分析。因此规划后评价报告的分析和结论应有充分可靠的依据。其建设性要求评价者认真负责，不辱使命，提出具有针对性和可操作性建议，促进规划改进，使规划后评价成为完善规划工作的一个组成部分。规划后评价的透明性在于引起公众的关注，以起到监督作用，有可能的情况下向社会公布后评价报告。规划后评价的结果需要及时反馈到决策部门，作为新规划制定和评价的基础，以及时调整规划，这是规划后评价的最终目标。

为了发挥规划后评价的全部作用，必须坚持真实性原则、合理性原则、民主性原则、历史性原则和效率性原则。要求评价者必须实事求是，敢于面对现实，客观地指出规划所取得的成绩及存在的问题。依据科学理论进行考察，全面听取规划制定者和执行者的陈述和说明。规划后评价必须坚持历史地看问题，不能苛求前人，评价中恪守“对事不对人”原则。由于规划后评价是一项耗费大量人力、物力和财力的活动，必须遵循“成本-效益”原则，讲究规划后评价工作效率。

## 三、规划后评价的内容和方法

规划后评价的内容和方法由于各项规划的特点加以选用。一般来讲，规划后评价的内容包括目标评价、效益评价、影响评价和守法评价 4 项内容。

目标评价是指规划完成以后规划目标的完成情况。可用一个总指标来反映目标的完成情况，即，规划完成程度（$D$）＝实际完成数/规划规定数，在计算时，实际完成数必须在指标的内容、范围、价格计算等方面与规划规定的相一致，否则不具有可比性。①$D\geqslant 1$，说明规划目标已得到完全实现；②$D<1$，说明规划目标尚未实现，要分析此种情况的原因，总结经验教训。

效益评价是指规划的产出和规划的投入之比。可以从不同的角度来分析规划的效益，如侧重从规划的产出方面来看规划对国民经济的影响，说明规划对国民经济的贡献度；或侧重从投入的角度来看为达到规划目标所付出的代价和费用，分析投入的结构、合理性和节约途径。规划的产出计算时，最科学的方法是把规划给部门或行业经济带来的贡献剥离出来，精确地而不是一般地反映规划的效益，可惜的是目前暂无有效方法解决这一问题。可以考虑借用评价国民经济效益的指标来评价规划的效益。规划的投入包括制定规划的投入和为实施规划的全部投入。

影响评价应从宏观和微观两个层次进行分析，一是研究土地利用对整个经济社会的影响，包括环境、收入、就业、地区发展等，属于宏观层面的影响分析；一是土地利用类型之间的互相影响，因为土地利用系统是相互联系的多个土地利用类型的有机整体，任何一种土地用途都离不开另一种土地用途，以研究各类土地利用类型之间动态变化情况。

守法评价是指规划执行者遵守有关法律、法规和条例的情况。在规划实施过程中多占少用、早征晚用、征而不用等违法现象和次数，以及处理情况及其效果的说明。

规划后总评价是指在分别进行目标、效益、影响和守法评价之后，对规划实施过程进行总体评价。可将分类评价评定等级乘以其相应权重得到综合评分，据此评定规划后评价总体等级。

常用的规划后评价方法是组织规划部门专家学者和其他部门的有关人员对规划及其执行情况进行分析、评论、客观地评定成绩，找出差距，进而研究改进的方法，其常用方法有定性评价法、定量评价法、对比评价法和因素分析法等。定性评价时也可以采用通信、发调查表征询的方式。定量评价的最大优点在于有理有据，使人信服，一目了然，其前提必须是具有充分准确的合计，统计资料，可以设计一套科学的评价指标体系，作为参照系，以保证评价结果的真实性。一般来讲，可将定性和定量评价两者相结合，取长补短，综合应用。对比评价时遵循对比原则，包括规划前与规划后对比、预测值与实际值对比、有无规划对比、特定规划与参照规划对比，目的在于找出变化和差距，为提出问题和分析原因提供依据。因素分析法是基于规划的目标和指标受制于多种因素，为了确定其完成程度，必须分析具体原因和症结。具体应用因素分析时先确定某项指标及其影响因素，确定其间的数量关系，再确定各个影响因素所占份额，以确定其对规划的影响程度。

# 第五章　土地利用战略研究

## 第一节　社会经济发展规划目标

目前我国处于实现小康社会的阶段，应当明确小康的内涵和量化标准，应当将其作为土地利用规划的预期目标和重要依据。小康是介于温饱和富裕之间的一个生活发展阶段，在这个阶段中，国家整体经济实力进入世界中等水平，居民生活质量在温饱基础上进一步提高，达到丰衣足食、安居乐业、生活殷实但还不够富裕的一种状况。也就是说，宏观上小康指国家整体经济实力的增强、经济结构的优化和分配制度的改善；微观上指居民点生活条件、生活质量和生活效果的综合提高。

衡量小康的指标体系由 3 个方面 12 项指标构成：①宏观经济条件方面，包括人均国内生产总值（GDP）、第三产业产值比重、基尼系数和贫困人口比重 4 项指标；②生活质量方面，包括收入水平、营养水平、居住水平、恩格尔系数和文化用品及文化教育、生活服务支出比重等 6 项指标；③生活效果方面包括平均期望寿命、中学入学率 2 项指标。

全国小康的量化标准是人均年国民生产总值为 2400 元，第三产业产值占国民生产总值的比重为 36%，基尼系数 0.30～0.35，贫困人口比重为 5%以下，人均年收入为 1400 元，每日人均从食物中摄取的热量是 10878.4kJ，蛋白质 75g，人均钢筋、砖木结构住房面积 15.5$m^2$，恩格尔系数为 47%～49%，人均文化用品及文化教育、生活服务支出比重为 16%，平均期望寿命为 70 岁，中学入学率为 55%～60%。城市和农村的小康量化标准详见表 5-1。

**表 5-1　小康的指标体系和量化标准①**

| | 指标 | 全国 | 城市 | 农村 |
|---|---|---|---|---|
| 宏观经济条件 | 人均国民生产总值/元 | 2400 | 5000② | |
| | 第三产业比重/% | 36 | 40 | |
| | 贫困人口比重 | 5%以下 | | |
| | 基尼系数③ | 0.3～0.35 | 0.26～0.30 | 0.3～0.4 |
| 生活质量 | 人均年收入/元 | 1400 | 2380④ | 1100⑤ |
| | 人均热能摄入量/kJ | 10 878.4 | 10 878.4 | 10 878.4 |
| | 人均蛋白质摄入量/g | 75 | 80 | 75 |
| | 人均居住面积/$m^2$ | 15.5 | 8～10 | 18 |
| | 恩格尔系数⑥/% | 47～49 | 44～46 | 40～50 |
| | 文化用品及生活服务支出比重/% | 16 | 22 | 10 以上 |
| 生活效果 | 平均期望寿命/岁 | 70 | 70 | 70 |
| | 中学入学率/% | 55～60 | 90 | |

注：①资料摘引自国家统计局小康课题组，《中国小康标准》，中国统计出版社，1992；②④⑤按 1990 年价格计；③基尼系数是反映收入分配均等程度的指标，取值越接近 0，分配均等程度越高；取值越接近 1，分配差距越大；⑥恩格尔系数为食品支出占生活费支出的比重。

上述小康量化标准实属小康阶段的起点标准。按照综合指数法计算，以世界中等水平为100，我国小康的标准的综合指数为84.3，与下中等收入国家的平均水平相当(93.3)，在此基础上，与实现我国第三步目标相衔接。

## 第二节　宏观经济分析

土地是制约经济发展的重要因素；经济发展是土地利用变化的重要驱动力。经济发展对土地需求的增长性与土地资源的稀缺性之间的不协调性历来是土地利用的核心问题。国民经济是由许多产业组成，产业是一个集合概念，是许多具体部门和行业构成。资源（其中包含土地）的投入是产业活动的基础，而产品和劳务的产出则是产业活动的结果。产业是“资源转换器”。土地利用战略研究首先必须从规划区域客观经济分析着手。

国民经济是人类赖以生存和发展的有机整体，是企业和居民相互依存、互为条件、共同发展的有机整体。国民经济有简单型经济模型、调节型经济模型、开放型经济模型几种类型，都包含储蓄与投资恒等关系，因此，储蓄等于投资是经济运行的基本条件，也就是简单经济模型是各种经济模型的基础。

作为社会再生产过程的国民经济，由生产、分配、交流（流通）和消费（使用）各过程组成，从各过程循环流动的角度看，不外乎是生产部门（企业）、消费部门（居民）和政府部门在商品市场和要素市场之间的流动。

国民经济运行目标包括充分就业（指社会资源得到充分利用）、物价稳定（指维持一个低而稳定的通货膨胀率）、经济增长（指达到一个适度的经济增长率）、国民收支平衡（指既无国际收支赤字又无国际收支盈余的平衡状况）。国民经济运行目标的实现十分困难，主要因为：实现经济增长，必须运用扩张性经济政策，使国内生产总值增长。国民经济扩张的结果，一方面提供了更多的就业机会和资源充分利用机会，满足了消费和投资的需要；另一方面，经济增长造成市场的虚假繁荣和市场价格总水平的提高，引起物价的不稳定。实现物价稳定，必须运用收缩性经济政策，使国内生产总值减少。国民经济收缩的结果，一方面使过热的经济得以缓和，市场价格总水平得到回落，物价得到稳定；另一方面经济收缩造成市场萧条，造成消费者和投资者的购买力下降，从而影响了经济增长。因此，要实现国民经济运行总体目标，既要采用扩张性经济政策，又要采取收缩性经济政策，这本身就是一对矛盾，是一个两难问题。

解决问题的思路是采用单目标制和多目标制。单目标制是指在一定的时期内，采用单一的国民经济运行目标，要么实现经济增长，牺牲物价稳定，要么实现物价稳定，牺牲经济增长。多目标制是指一定时期内，协调多种的国民经济运行目标，采用相机抉择的方式，协调地运用不同的经济政策，同时实现经济增长和物价稳定。一个国家采用上述哪一种方法，必须根据该国的国情和经济状况来决定。

国内生产总值是指某国在一定时期内（通常指1年）所生产的最终产品和劳务的市场价值的总和。国内生产总值可以反映一个国家综合国力和发展规模，人均国内生产总值更是国际通用的重要相对指标，无论是进行地区间、国际间的空间比较，还是进行历史的动态比较，国内生产总值都发挥着重要作用。经济发展水平分析主要有国内生产总值增长水平分析、国内生产总值实际增长水平分析。国内生产总值构成反映第一、第二、第三产业之间的比例关系。国内生产总值构成也是国际通用的衡量一国富裕程度的重要指标，可用于地区间、国际间的空间比较，以及历史动态比较。

经济增长率、通货膨胀率、失业率和外贸进出口是观察一国或地区宏观经济运行“晴雨表”的四项最重要的经济指标。投资、消费、出口被人们称为拉动经济增长的“三驾马车”。改革开放以来，在三大需求不断扩张的驱动下，我国经济获得了空间的发展。我国国内生产总值由1978年3624亿元，增至2001年的95 933亿元，国内生产总值年均增长率为9.4%，其中三次产业增加值分别增长4.7%、11.3%和10.2%。三次产业增加值在宏观经济总量中的比例关系，由1978年的28.1∶48.2∶23.7变为2001年的15.2∶51.1∶33.6。与1978年相比，2001年第一产业比重下降9.8个百分点，第二产业比重上升8.1个百分点，第三产业比重上升1.6个百分点。

三大需求对经济增长拉动作用有三种计算方法：国民收入法、乘数法和投入产出法。由于乘数法和国民收入法计算所要求的数据较难获得，来源质量也不高，目前国内外常用国民收入法计算，尽管此法考察各次需求对经济增长贡献的准确性不如其他两种方法，但在可比性、数据的可获取性和计算的简易性上具有相对优势。应当注意的是，三大需求对经济的影响与拉动作用不是割裂开的，而是一个相对作用的整体。以投资为例，由固定资产投资形成的固定资本形成总额不仅对经济增长有直接贡献，也有投资品行业收入增加而推动的一系列次级消费的增加，而用国民收入法则不能全面地反映一定量投资对GDP的全部贡献。由于国民收入法的这一缺陷，用此法计算的投资贡献率一般少于投资实际对经济增长所做出的贡献，但这不会从根本上影响三大需求对经济增长的贡献。

应用国民收入法考察需求对经济增长贡献的计算方法为，计算报告期某需求增量占同期GDP增量的比重，该比重即为需求对经济增长的贡献率，通常表达为该需求对经济增长的贡献率为百分之多少。将计算的贡献率作为权数乘报告期GDP增速，所得百分比即是该需求对经济增长的贡献度，通常表述为拉动经济增长多少个百分点。

以江苏为例，根据国内生产总值支出法不变价数据，分别计算各年资本形成总额、最终消费和净出口对经济增长的贡献，结果表明，1978～2001年江苏省固定资本形成、消费和净出口对经济增长的贡献率分别为55.9%、32.6%和11.5%，同期GDP 12.3%的增速中，投资拉动6.9个百分点，消费拉动4.0个百分点，净出口拉动1.4个百分点。

应用经济模型于三大需求对经济增长的相关性分析，以国内生产总值（$Y$）定义为被解释变量，以全社会投资（$X_1$）社会消费品零售总额（$X_2$）和出口（$X_3$）为解释变量，样本区间为1978～2002年，采用普通最小二乘法估计相应参数，分析结果证明三大需求与经济增长之间呈现高度相关性，回归方程均通过各项检验，所得方程为

$$Y=-75.95+0.72X_1+2.33X_2+1.30X_3 \qquad R^2=0.999587$$

其经济意义是：投资、消费和出口对GDP的乘数分别为0.72、2.33和1.30，也就是说，1978～2002年，在其他两项因素保持不变的情况下，投资每增加1元，国内生产总值就增加0.72元，消费每增加1元，国内生产总值就增加2.33亿元，出口每增加1元，国内生产总值就增加1.30元。

## 第三节　土地利用战略研究的特性和内容

### 一、土地利用战略研究及其特性

战略这个词是军事上的用语，系指对全局性问题的谋略和策划。土地利用战略研究是指对规划区域内土地利用全局性问题的谋略和策划。战略研究不等于规划。规划是战略研究的实施，战略研究是编制规划的指导。缺乏战略研究就会使规划失去灵魂，迷失方向。土地利用战略研究的具体内容包括战略目标、战略重点、战略方针和战略措施。从方法论角度考虑，土地利用战略研究具有全局性、系统性、对策性和指导性的特点。土地利用战略研究不仅要立足全局，还要影响乃至决定全局。全局就是土地利用系统的总体，以及系统的存在和发展的环境。土地利用战略研究不仅要研究土地资源及其利用状况，而且还要研究影响土地利用的各种自然和社会经济因素和条件，这一切研究都应置于区域大系统之中，放在国家范围甚至国际环境的总系统之中，只有对这样的环境进行认真的比较分析和研究，才能较好地把握全局。土地利用战略研究的客观对象都是复杂系统。土地利用系统内各种类型子系统之间形成各种相互关系，构成系统的结构，形成不同的层次，表现出系统的功能。土地利用战略研究都会同时与其他发展战略研究（如社会经济发展战略研究生态环境战略研究等）并存，它们之间又会形成相互关系从而构成更大系统，产生其内部的作用关系。

### 二、土地利用战略研究的内容

土地利用战略研究是在土地利用现状分析的基础上，针对土地利用中存在的主要问题，按照国民经济与社会发展总体目标的要求，合理地确定土地利用的战略目标和基本方针，是规划中首先要加以解决的问题。

确定土地利用的战略目标和基本方针必须要考虑到多方面的因素，一般主要依据有：区域土地及其相关资源状况；社会经济发展对土地的需要；国家宏观经济政策及区域生产力的布局；保障人民生活与社会安定的需要等。

#### （一）明确规划要解决的问题

通过调查，发现了存在的土地利用问题，对于这些问题，经过分析和归纳，揭示该地区土地利用的主要矛盾和通过规划需解决的主要问题，并说明它的影响程度及其成因。

#### （二）分析土地供需基本状况

主要是在土地供给潜力分析和土地需求预测的基础上，通过对各类土地的供给与需求进行对比，分析和测算土地的总供给与总需求之间的矛盾，并探寻解决这一矛盾的途径。一般来说，土地的供需矛盾集中体现在建设占用土地与农业稳定发展、保护耕地的关系上。其解决途径主要有：严格控制建设用地的规模，提高现存建设用地的利用效率，挖掘内部潜力；充分开发各种后备土地资源，增加土地供给；增加农业投入，提高农业土地的产出水平。

## （三）确定土地利用战略目标

土地利用目标是指在规划期内土地利用所应达到的标准。目标要具体，要定性与定量相结合。土地利用目标主要包括规划期末几种主要用地所应达到的面积或要控制的面积、土地开发与整治的面积、土地利用综合效益等。确定土地利用目标的依据主要是：国民经济与社会发展计划和上级政府提出的目标和控制性指标；土地供需状况的分析；对规划期内土地利用问题所能解决程度的估计；对土地资源优化配置、合理利用所能取得的社会、经济、环境、综合效益的估计等。

## （四）确定土地利用基本方针

土地利用基本方针是为实现土地利用战略目标所应遵循的方向的指针。方针一般是定性的、抽象的，具有高度的概括性。确定土地利用基本方针的依据包括：①“十分珍惜和合理利用每寸土地，切实保护耕地”的基本国策；②“一要吃饭，二要建设，三要保护环境”的基本原则；③本地区土地资源的优势和土地利用上存在的主要问题；④国民经济与社会发展的需要及其对土地利用的制约。

土地利用战略研究不仅应立足于全局，而且还要影响乃至决定全局。全局就是研究对象自身系统的总体，以及系统的存在和发展的环境。全局性不等于全面性，战略研究不等于规划。规划是战略研究的实施，战略研究是编制规划的指导。就土地利用战略研究而言，可分为三个层次即人口-土地（人地关系）、农业用地-建设用地、用地内部。影响土地利用的因素众多，有自然因素和地形、气候、土壤、水文、植被等和社会经济因素如人口、经济、区位等。由于区域的自然条件相对稳定，短时期变化不大，所以，社会经济因素则构成了土地利用变化的主要驱动力。就当前我国情况而言，人口增长、经济发展、城市化、粮食安全和生态安全对我国土地利用影响很大，处理好以上因素与土地利用之间关系是土地利用战略研究的重要内容。

实现人地关系平衡的两条途径是扩大耕地面积和提高耕地生产率，具体表现为

$$PD = CG$$

式中：$P$ 为人口总量；$D$ 为人均粮食需求量；$C$ 为耕地面积；$G$ 为耕地生产率。

据此可做出以下理论推算，供战略研究参考：

在一定耕地面积和生产率条件下的人口承载力为 $P=C \cdot G/D$；在一定人口和耕地生产率条件下耕地面积需求为 $C=P \cdot D/G$；在一定人口和一定耕地面积的条件下耕地生产率为 $G=P \cdot D/C$。

应用 $f$ 值表示人口对土地利用变化的压力，即 $f=PD-CG$。在特定的耕地生产率条件下，$f=0$ 意味着现有土地利用格局保持不变，实现了可持续利用；$f>0$，意味着人口增长胁迫耕地面积扩大，草地和林地面积减少；$f<0$，意味着土地利用格局可向有利于生态环境的方向发展，实现可持续利用。

# 第六章　土地资源质量评价

## 第一节　土地质量与土地规划

土地质量是土地综合属性，具体是指土地对某种用途的适宜与否及适宜程度。土地质量可用可度量测定的土地属性指标来综合表述。土地属性指标可分为土地自然属性指标（如土壤、地形、气温、水文、生物等）和土地社会属性指标（如产量、产值、劳动消耗、产投比、地理位置、交通条件等）。

土地数量和质量是土地资源管理中重要的要素，一定数量和质量的土地是人类生存与发展的不可替代的物质条件。近年来，人口增加和经济发展对土地需求量呈增长趋势，生态环境问题的出现，使人类更加关注土地数量和质量。联合国可持续发展委员会（CSD）建议采用土地利用变化（land use change）、土地状况变化（changes of land conditions）和管理权下放，即驱动力-状态-响应指标实施土地资源可持续管理。土地质量指标体系研究已成为20世纪90年代以来土地科学研究众多领域的一个新的热点，世界银行、FAO、UNDP、UNEP等一些国际机构和组织都参与此项研究。研究结果表明，研究土地质量变化的重点在于防止土地退化（包括水土流失、风沙侵蚀、物理退化和化学退化）。在全球范围内，以水土流失这种退化类型最为严重，占退化总面积的56%；其次是风沙侵蚀，占28%；物理退化和化学退化分别占12%和4%。

我国土地质量的退化情况相当严重，荒漠化土地262万$km^2$，约占国土总面积的27.3%，目前每年仍以2460 $km^2$的速度扩展。水土流失土地达367万$km^2$，占国土总面积的38%，平均每年新增水土流失面积10 000 $km^2$。有关研究结果表明，1994年我国生态破坏和环境污染造成的经济损失就达6130亿元，其中生态破坏的经济损失为4200亿元。1996年仅因水灾造成的直接经济损失达2200亿元。1997年世界银行研究表明，我国每年仅水、气污染造成的经济损失就达540亿美元（4430亿元人民币）。土地质量变化固然有自然因素变化的作用，但根本的原因却在于人类对土地利用方式的改变，促使土地质量发生了变化。

合理组织一定数量和质量的土地利用是土地利用规划肩负的重要任务。在制定土地利用规划方案时，既要考虑规划区域的土地数量水平，又要重视规划区域的土地质量状况，合理运用土地数量与质量的互助替代作用，因地制宜地组织土地利用。不仅要保护好耕地和基本农田的数量，还要重视对耕地和基本农田质量（综合生产力能力）的保护。综上所述，在编制土地利用规划时，从土地供给层面来讲，既要考虑土地数量和土地质量，同时要重视土地自然供给和土地经济供给。

# 第二节　土地质量评价

## 一、土地质量评价的概念

为了全面衡量土地质量水平，显化土地质量差异，这项工作过程称为土地质量评价，简称土地评价。在我国又俗称为土地分等定级估价，也就是说，等、级、价是衡量土地质量差异的重要标志。所谓土地质量评价，是指在特定目的的前提下，对土地的自然和社会属性进行综合鉴定和划分等级的过程。依据土地评价对象的不同，土地评价可分为城镇土地质量评价（城镇土地分等定级估价）和农用土地质量评价（农用土地分等定级估价）；依据土地评价属性的不同，土地质量评价可分为土地自然质量评价和土地经济质量评价；依据土地评价目的的不同，土地质量评价可分为土地适宜性评价、土地生产潜力评价、土地人口承载力评价、土地农业经济评价、土地国民经济评价等。

## 二、土地适宜性评价

土地适宜性评价就是评定土地对于某种用途是否适宜以及适宜的程度，它是进行土地利用决策，科学地编制土地利用规划的基本依据。规划工作中进行土地适宜性评价，就是要通过评定，把土地利用现状与土地的适宜用途进行比较，以便对土地用途是否应该调整，调整后的土地用途可能会产生怎样的后果和影响，应如何进行调整等进行科学决策。

土地的适宜性是针对土地的用途来说的，不同的用途对土地质量有不同要求，同一块土地对不同的用途有不同的适宜性。土地的适宜性不仅与土地的自然属性有关，也受到其社会经济条件的影响，如自然属性相似的两块土地，位于城镇郊区的适宜于蔬菜种植，而远离公路的偏僻地块则不宜于种植蔬菜。

一般而言，土地适宜性评价应对一定区域范围内全部土地和相应的各种土地利用方式进行评定。但是由于评价的工作量较大，为满足规划工作的需要，实践中可只对后备土地资源的开发利用的适宜性和需要改变用途的土地适宜性进行评价。评价不仅要对各种农业用途进行评定，对于非农业用途的适宜性也应进行评定。

### （一）土地适宜性评价原则

**针对性原则**　即针对一定的用途或土地利用方式进行土地适宜性评价。

**永续利用原则**　即土地对于某种用途或利用方式的适宜性是指土地在永续利用条件下的适宜性。

**效益原则**　即土地利用所获取得的收益与其投入相比应是有利可图的。

**因地制宜原则**　即要结合本地区自然条件与社会经济条件的实际进行评定。

**综合性原则**　即全面考虑土地的自然与社会经济属性，通过综合分析，多方面比较来进行评定。

**当前适宜性与潜在适宜性兼顾原则** 指既要评定土地当前的适宜性，也要对进行土地改良后的潜在适宜性进行评定。

## （二）土地适宜性分类体系

为规划目的进行土地适宜性评价一般采用多级续分制的适宜性分类体系。在联合国粮农组织的《土地评价纲要》中，土地适宜性共分四级，即：

**土地适宜性纲** 反映土地对指定用途适宜（$S$）还是不适宜（$N$）。

**土地适宜性级** 反映适宜性的程度，如高度适宜（$S_1$）、中等适宜（$S_2$）、勉强适宜（$S_3$）等。

**土地适宜性亚级** 反映土地受到的限制性种类，如受到侵蚀危害导致勉强适宜$S_{3e}$等。

**土地适宜性单元** 同一亚级内生产特点、经营条件和管理条件的差异。

我国目前为土地利用规划而进行的土地适宜性评价而采用的分类体系一般为类、等、型三级组成，即土地适宜类、土地适宜等和土地限制型。

土地适宜类指土地适宜的用途，如宜农、宜林、宜牧、宜建设等。土地适宜类可根据评价目的划分得更精细，如宜茶、宜柑橘、宜水稻、宜住宅用地、宜工业用地、宜港口用地等。

土地适宜等反映土地对于特定用途的适宜性程度，通常为三等：

一等地（Ⅰ）：土地对评定用途可持久利用而无明显限制，或只有微小限制，土地具有较高的生产率和较好的收益。

二等地（Ⅱ）：土地具有一定限制性，持久使用而不采取相应措施会引起土地退化。这种土地一般要通过增加投入进行土地的改良。

三等地（Ⅲ）：土地具有较强的限制性，土地的生产率或效益很低，勉强适宜利用。

土地限制型反映土地限制性的种类，即造成土地适宜性降低的主要限制性因素。

## （三）土地适宜性评价程序

土地适宜性评价程序如图 6-1 所示。

### 1. 土地用途的确定

这是评价工作的前提，所有的评价都是针对指定的土地用途而进行的。土地用途的确定可以根据当地的实际情况，因地制宜地加以确定，也可以根据规划目标的要求进行设定。

### 2. 土地评价单元的划定

土地评价单元是土地质量性状相对一致的地段。不同的评价目的，不同的土地用途或土地利用方式有其不同的评价单元，农业土地评价单元的划分主要考虑土地的自然特征与社会经济特征的一致性，而建设用地评价单元的划分则主要考虑土地的区位特征。

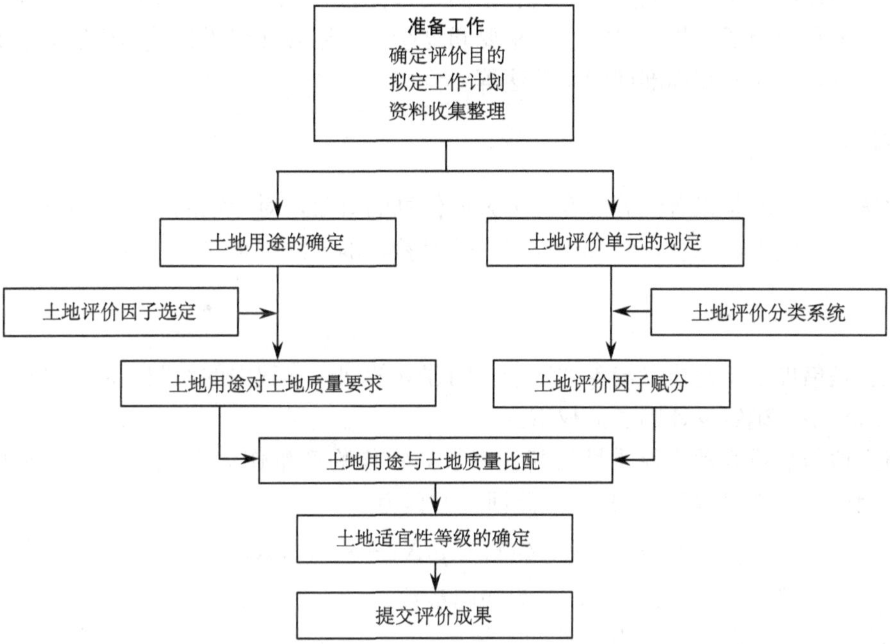


图 6-1　土地适宜性评价程序图

为土地利用规划而进行的评价中，评价单元有三种类型：①以土壤类型作为评价单元；②以土地类型作为评价单元；③以土地利用现状图斑作为评价单元。

3. 土地用途对土地质量的要求

土地用途对土地质量的要求通常包括土地的自然条件与社会经济条件，如农业土地主要考虑农作物的生态要求，经营管理要求，生态环境保护要求及区位与投入水平等。非农业建设用地则主要考虑土地的区位、建筑立地条件、环境条件、交通条件等。

4. 土地评价因子赋分

土地用途确定之后，选择不同用途的土地质量因子，编制土地质量因子分级表，据以对不同评价单元的土地质量因子赋分。

5. 土地用途与土地质量比配

把土地用途及其对土地质量的要求与土地评价单元的评价因子分值和之间加以比配，依据土地评价分类系统确定土地评价单元的等级，并提交土地适宜性评价成果。

## （四）土地适宜性评价方法

土地适宜性评价时常用指数法，指数法是一种综合定量比较方法，又可称为多目标决策方法，即将不同计量转化为统一计量单位，将多目标转化为综合的单目标，再据其数值加以综合评价。

由于参评因子对土地质量等级具有不同的重要性（权重），一般来讲，土地适宜性评价中确定参评因子的权重显得尤为重要和复杂。常用参评因子权重的确定方法有经验法（又称特尔斐法）和标准回归系数法等。

1. 经验法

此法的实质就是以有经验的专家为索取信息的对象，对专家们提出的参评因子的权重加以分析、整理、综合，经几次反复，使经验法确定的权重趋于一致。

2. 标准回归系数法

此法是借助于土地质量与参评因子之间建立的回归方程中的回归系数，经标准化和归一化后，最终确定参评因子的权重。

将土地质量或表示土地质量的其他因素如农作物产量作为因变量（$Y$），土地质量的参评因子为自变量（$X_i$），建立多元回归方程为

$$Y=\beta_0+\beta_1X_1+\beta_2X_2+\cdots+\beta_nX_n$$

式中：$\beta_0$ 为常数项；$\beta_1$，$\beta_2$，…，$\beta_n$ 为回归系数。

回归系数标准化的公式为

$$\beta'_i=\beta_i\frac{S_i}{S_y}$$

式中：$S_i$ 和 $i$ 的标准差为$\sqrt{\frac{\sum y^2}{n-1}}$；$S_y$ 是 $y$ 的标准差为$\sqrt{\frac{\sum x^2}{n-1}}$；$\beta'_i$ 为标准回归系数。

按 $W_i=\frac{\beta'_i}{\sum\beta'_i}\times100\%$ 依据标准回归系数计算参评因子的权重。

在此基础上计算土地评价单元的加权指数和依据各等级土地的指数和确定评价单元的土地适宜性等级。

## 三、土地生产潜力评价

土地生产潜力是指在一定的技术投入条件下，土地所具有的潜在生产能力和提供效用的能力。土地潜力评价按其评价对象可分为农业用地生产潜力评价与非农业建设用地利用潜力评价。按土地利用状况划分，土地潜力评价包括已利用土地的潜力评价与后备土地资源的潜力评价。为满足规划的需要，后备土地资源潜力评价不仅包括未利用土地中可开发利用土地，工矿废弃地和零星闲散地等的潜力评价，也包括已利用土地方式不合理且需调整的土地潜力评价。

评定土地生产潜力方法主要有以下两种：

### （一）经验公式法

1）迈阿密模型（Miami model）根据年平均温度和降水量来估算生物生产量，公

式为

$$温度生产潜力模型(Ⅰ)\quad Y=\frac{3000}{1+e^{1.315-0.119t}}$$

$$降水生产潜力模型(Ⅱ)\quad Y=3000(1-e^{-0.000664P})$$

式中：$Y$ 为生物生产量［g/m²·a］；$t$ 为年平均温度（℃）；$P$ 为年降水量（mm）。

当应用上式计算同一地区土地生产潜力出现不同数值时，取其低者作为土地的气候生产潜力。

2）桑斯维特纪念模型（Thornthwaite memorial model）依据蒸散量模拟陆地生物生产量的一种方法，公式为

$$Y=3000[1-e^{0.0009695(E-20)}]$$

式中：$Y$ 为生物生产量［g/m²·a］；$E$ 为年实际蒸散量（mm）。

因蒸发量受太阳辐射、温度、降水、饱和差、风等环境因子的影响，此模型较迈阿密模型为准。

3）格思纳-里思模型是根据生物生产量与生长期长度之间的相关关系推测产量的一种方法。该模型为

$$Y=-157+5.17S$$

式中：$Y$ 为生物生产量［g/（m²·a)］；$S$ 为光合作用季节的日数。

## （二）理论计算法

土地生产潜力是由土地肥力决定的，即由光、热、水、养分等土地肥力因子与作物本身的光合作用过程形成土地生产潜力，可将土地生产潜力依次分为光合生产潜力、光温生产潜力、气候生产潜力和农业自然生产潜力四个层次。

### 1. 光合生产潜力

假设各种环境因子均处于最适宜条件，植物群体结构合理，光合器官以最大的速率摄取太阳光能的前提下，根据光合理论计算可能获得的产量。美国的卢末斯（Loomis）和威廉姆斯（Williams）公式为

$$Y=0.154Q$$

式中：$Y$ 为光合生产潜力［g/（m²·d)］；$Q$ 为总辐射为到达地面的直接辐射与散射之和（J/cm²）。

光合潜力在目前的大田生产条件下尚达不到，只有在植物的生活环境得到全面改善的控制下方能实现，因此，光合潜力是作物产量的上限。

### 2. 光温生产潜力

光温生产潜力是采用最先进农业技术措施，充分利用光能和温度条件可能获得的产量。

**（1）瓦赫宁根法（Wageningen）**

其前提条件是当前作物和水管理标准很高，水和营养没有限制，病虫害很轻的条件下作物所能获得的最高产量，其计算公式为

$$Y = K \cdot CH \cdot CT \cdot G[F \cdot Y_a + (1-F)Y_b]\frac{E \cdot T_m}{e_a - e_d}$$

式中：$Y$ 为光温生产潜力（$kg/hm^2$）；$K$ 为作物种类校正系数；$CH$ 为经济产量校正系数；$CT$ 为温度校正系数；$G$ 为农作物生育天数；$F$ 为日间阴天所占比例 $Y_a$ 为定地区某种标准作物在一全阴天里干物质生产率；$Y_b$ 为定地区某种标准作物在一全晴天里的干物质生产率；$e_a$ 为平均饱和水汽压；$e_d$ 为平均实际水汽压。

瓦赫宁根法的特点是在一定地区选定标准作物，确定其他作物与标准作物产量的关系，即在求得标准作物生产潜力的基础上可求得其他作物的生产潜力。

**（2）农业生态区法（Agro Ecological Zone，AEZ）**

此法为 FAO 推荐采用的计算作物光温生产潜力的方法。每个农业生态区内的土地自然特性基本一致。其计算公式如下

当 $Y_m > 20kg/(hm^2 \cdot h)$，

$$Y_{mp} = CL \cdot CN \cdot CH \cdot G[F(0.8 + 0.01Y_m)Y_0 + (1-F)(0.5 + 0.025Y_m)Y_0]$$

当 $Y_m < 20kg/(hm^2 \cdot h)$，

$$Y_{mp} = CL \cdot CN \cdot CH \cdot G[F(0.5 + 0.025Y_m)Y_0 + (1-F)(0.5Y_m)Y_e]$$

式中：$Y_m$ 为作物的光温生产潜力（$kg/hm^2$）；$CL$ 为作物叶面积校正数；$CN$ 为干物质生产校正数，当平均温度<20℃时为 0.6，当平均温度>20℃时为 0.5；$CH$ 为作物收获指数校正数；$G$ 为全生育期日数；$F$ 为白天中阴天所占比重；$Y_m$ 为一定气候条件下某作物叶片的最大干物质产出率［$kg/(hm^2 \cdot h)$］；$Y_0$ 为一定地区某种标准作物在一全阴天中的总干物质生产率［$kg/(hm^2 \cdot h)$］；$Y_e$ 为一定地区某种标准作物在一全晴天中的总干物质生产率［$kg/(hm^2 \cdot h)$］，光温生产潜力经过人为努力是可以实现的，它是水浇地作物产量的上限。

### 3. 气候生产潜力

气候生产潜力是在实际存在的气候条件下，采用先进的栽培管理和施肥技术，充分利用自然的气候资源（太阳辐射、温度、降水）所能获得的产量，它是旱地作物的产量上限。其计算公式为

$$Y = 0.157Q\left[1 - \frac{Q'}{Q}\left(\frac{1}{30n}\sum_{n-1}^{n} T_{id}\right)\right]\frac{P}{E_0}0.8$$

式中：$Y$ 为气候生产潜力（$t/hm^2$）；$Q'$ 为太阳年辐射［$J/(cm^2 \cdot a)$］；$Q$ 为≤0℃期间的太阳辐射［$J/(cm^2 \cdot a)$］；$T_{id}$ 为白天的平均温度，$T_{id} = T_m - 0.25(T_M - T_m)$，$T_M$ 和 $T_m$ 分别为日最高和最低气温；$n$ 为>0℃的日数；$P$ 为降水量；$E_0$ 为蒸发力；0.8 为气候年际变化和灾害引起的修正系数。

4. 农业自然生产潜力

农业自然生产潜力是大田生产条件下的现实生产力，是在气候生产潜力的基础上进行土壤肥力函数订正。

$$Y_n = Y_e \cdot f(n)$$

式中：$Y_n$ 为农业自然生产潜力；$Y_e$ 为气候生产潜力；$f$（$n$）为肥力影响函数。

## 四、土地人口承载力评价

土地人口承载力又称土地承载力或资源承载力。它是指一定地区的土地所能持续供养的人口数量。随着当今世界上出现人口过剩、土地退化、粮食需求、资源稀缺和环境恶化，人口、资源、环境之间的矛盾日益尖锐。如何协调人口、资源、环境之间的关系，合理的开发利用土地及其他资源成为十分紧迫的问题。土地人口承载力的研究正是从三者之间的关系入手，研究生产与生态，土地资源开发利用与保护的关系。

土地人口承载力研究是熔评价、规划、预测为一炉的综合研究，它以土地适宜性评价为基础，以土地生产潜力为核心，以人口资源和环境协调发展为目标，其研究过程如图 6-2 所示。

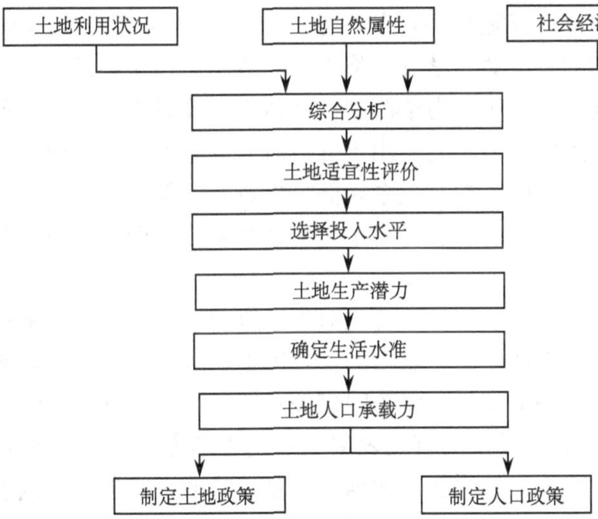


图 6-2　土地人口承载力研究流程图

目前土地人口承载力的确定方法，归结起来主要有三种：

### （一）以粮食为标志的人口承载力

它是通过计算一定地区土地所能生产的粮食能养活多少人口来推算土地的人口承载力。

$$P=\frac{Y}{L}$$

式中：$P$ 为土地人口承载量；$Y$ 为该地区土地可生产的粮食总量；$L$ 为人均生活水准量。

对于总产量的确定一般是在土地适宜性评价的基础上根据其适宜的土地利用方式及可能达到的投入水平综合确定。

### （二）农业生态区法

它是通过对每一个具有相同气候和土壤的同质农业生态区的土地生产潜力进行估算，来确定在不同投入水平和生活水准条件下土地的人口承载力。具体来讲，通过气候图和土壤图叠加生成农业生态单元和农业生态区，计算农业生态单元的土地生产潜力，最后按照人对粮食及其他农产品提供的热量和蛋白质的需求，给出最优种植结构及相应的农业产出，得出每公顷土地所能承载的人口数量。

### （三）系统动力学方法

它是通过建立系统动力学模型，模拟不同策略下人口变化与承载力之间的动态变化，从整体上来反映人口、资源与环境的关系。马尔科姆·斯莱塞（Malcom Slesser）提出的资源承载力估算的系统动力学方法将人口、资源、环境和发展之间的相互关系纳入今后发展规划，通过建立系统动力学模型，模拟不同策略下，人口和资源承载力之间相互关系的动态变化。系统动力学主要用于分析研究复杂大系统的内部结构，内部结构不仅包括其组成部分的子结构及相互关系，而且更重要的是包括系统内部的反馈环的结构及其相互作用的关系。系统的动态行为正是由这些主要反馈回路及其相互之间的作用决定的。

运用系统动力学研究土地承载力，首先对土地资源承载力组成要素进行深入研究分析，在此基础上找出决定土地资源承载力的主要因素，进一步分析该因素之间的相互作用即因果关系，而后画出各个变量之间的因果关系图，以此为框架勾绘出系统动力学流程图（系统流图）。它是整个模型的直观表象也是动力学方程建立的基础和依据，最后参照系统流图研究流位变量、流率变量和辅助变量及其他一些参数和函数，写出系统动力学方程，即建立土地资源承载力模型，经上机调试运算后，便可得出土地资源承载力动力系统的一系列仿真模型。对这些结果进行比较分析，评价各种决策方案的优劣，进而提出适于社会经济发展的政策措施。

## 五、土地生态足迹评价

### （一）方法简介

生态足迹分析法是由加拿大生态经济学家威廉（William）及其博士生维克纳戈尔

(Wackernagel) 于 20 世纪 90 年代初提出的一种基于土地面积的可持续发展测度方法。所谓生态足迹是指“一只承载着人类与人类创造的城市、工厂……的巨脚，踏在地球上留下的脚印。”生态足迹这一形象化概念，既反映了人类对地球环境的影响，也包含了可持续机制，即，当地球所能提供的土地面积再也容纳不下这只巨脚时，其上的城市、工厂就会失去平衡；如果巨脚始终得不到一块允许其发展的立足之地，那么它所承载的人类文明终将坠落与崩溃。生态足迹将人类活动（衣、食、住、行）对生物圈的影响综合到一个数字上去，即人类活动排他性占用的生物生产土地面积。生态足迹测量了人类生存所需的真实的生物生产土地面积，将其同国家或区域范围内所提供的生物生产土地面积相比较，就能判断一个国家或区域的生产消费活动是否处于当地的生态系统承载力范围之内。

土地生态足迹测定在给定年份中个人、地区或者国家的自然资源消费量。具体可使用政府公布的统计数据，来跟踪消费并将其转化为在现有技术条件下用于支持资源消耗和吸纳废弃物所需要的生物生产土地面积。因为人类在全世界范围内使用资源，这些消费的影响范围很广，生态足迹是不同地区消费的总和，而无需考虑消费发生在什么地方。

## （二）假设条件

土地生态足迹评价是基于以下基本假设进行测算的：①人类可以确定自身消费的绝大多数资源及其产生废物的数量；②这些资源和废物流能够转换成相应的生物生产土地面积；③不同地域间土地拥有相同的单位（公顷或英亩）来表示，即每单位不同地区的土地面积都能够转化为全球均衡面积，每一个单位的全球均衡面积代表着相同的生物生产力；④各类用地在空间上是互斥的，即一块土地被用来修建公路时，它就不可能同时用作耕地、林地、牧草地等；⑤自然系统的生态服务总供给能力和人类系统对自然系统的总需求数量可以相互比较的。

土地生态足迹评价中所有指标都是基于生物生产力土地这一概念而定义的。这样的替换方式极大地简化了对自然资本的统计，各类土地之间总比各种繁杂的自然资本项目之间容易建立等价关系，从而便于计算自然资本的总量，根据生物生产力的差异，地球表面的生物生产力土地可分为化石能源用地、耕地、牧草地、林地、建筑用地和水域等 6 类土地。

## （三）测算方法

土地生态足迹是人口数和人均物质与能源消费的函数，是各种消费商品的生物生产土地面积的总和。其测算公式为

$$EF = Nxef$$

$$ef = \sum_{i=1}^{n}(aa_i) = \sum (C_i/P_i)$$

式中：$EF$ 为总的生态足迹；$N$ 为人口数；$ef$ 为人均生态足迹；$i$ 为所消费的商品与投

入的类型；$aa_i$ 为人均 $i$ 种交易商品折算的生物生产面积；$P_i$ 为 $i$ 种消费商品的平均生产能力；$C_i$ 为 $i$ 种商品的人均消费量。

具体测算程序如下：

1）各种消费项目的人均生态足迹，其测算公式为

$$A_i = C_i / Y_i = (P_i + I_i - E_i)/(Y_i \times N)$$

式中：$i$ 为消费项目的类型；$A_i$ 为第 $i$ 种消费项目折算的人均占有的生物生产土地面积（人均生态足迹分量，$hm^2$）；$C_i$ 为 $i$ 种消费项目的人均消费量；$Y_i$ 为生物生产土地生产第 $i$ 种消费项目的世界年均产量（$kg/hm^2$）；$P_i$ 为第 $i$ 种消费项目的年生产量；$I_i$ 为第 $i$ 种消费项目年进口量；$E_i$ 为第 $i$ 种消费项目的年出口量；$N$ 为人口数。

2）人均生态足迹的测算，其测算公式为

$$ef = \sum r_j A_i = \sum r_j (P_i + I_i - E_i)/(Y_i \times N)$$

式中：$ef$ 为人均生态足迹（$hm^2$）；$r_j$ 为均衡因子；$A_i$ 为第 $i$ 种消费项目折算的人均占用的生物生产土地面积（人均生态足迹分量，$hm^2$）。

3）生态承载力的测算。在不同的国家和地区，同类生物生产土地的实际面积是无法直接进行对比的，需要对不同类型的土地面积进行调整。不同国家或地区的某类生物生产土地面积所代表的平均产量同世界平均产量的差异可用“产量因子”（yield factor）表示。某个国家或地区某类土地的产量因子是其平均生产力与世界同类土地的平均生产力的比率。将现有的耕地、牧草地、林地、建筑地、海洋等物理空间面积乘以相应的均衡因子和当地的产量因子，就可以得到世界平均生态空间面积即生态承载力。人均生态承载力的测算公式为

$$ec = a_j \times r_j \times y_j$$

式中：$ec$ 为人均生态承载力（$hm^2$）；$a_j$ 为人均生物生产土地面积；$r_j$ 为均衡因子；$y_j$ 为产量因子。

# 第七章　规划基础数据预测

## 第一节　预测和预测程序

### 一、预测概念

所谓预测是指预先或事先推测或估计。预测是人们利用已经掌握的知识和手段、预先推知和判断事物未来或未知情况。预测概念由5个要素组成，即人（预测者）、知识（预测依据）、手段（预测方法）、事物未来或未知状况（预测对象）、预先推知和判断（预测结果）。

预测是土地利用管理的重要手段。预测是人类合理的创造性活动的起点，经过计划、决策和组织等步骤使其得以实施。预测和决策不同，预测侧重于对客观事物的科学分析，为决策提供各种可能的方案；而决策则要根据利用的时机和条件在多种方案中选择最佳方案。预测和计划有着密切的联系，预测重视科学依据，提供的是参考方案，是计划的科学工具；而计划则有明显的指令性质，提供的是执行方案，更重视领导艺术。因此，预测、决策和计划是一个有机整体，它们之间存在着严格的程序，预测应在决策之前，计划则在决策之后，计划是预测、决策在时间上的安排，在空间上的布局。预测是计划、规划的重要依据和手段。

### 二、预测程序

土地预测研究必须遵循一定的工作程序。预测工作程序又随着预测的目的和所采用的预测方法的不同而有所区别，但一般来讲，可以参考采用下列预测工作程序（图7-1）。

**（1）确定预测目的**

在开展预测工作之前要根据社会要求、数据资料和创造性的思考，具体确定预测的目的，提出预测的课题。土地预测的目的要对于预测地域的未来土地利用结构比例、农用地（包括耕地面积）和非农用地的规模等做出预计和推测，以指导当前土地资源管理工作和控制未来的土地利用。

**（2）制定预测计划**

预测计划的内容应包括预测工作组织领导、收集资料的途径和方法、预测期限（分近期为1～2年，中期为3～5年，长期为5年以上）和预测范围（如省、市、县等）。其中，预测期限的长短对于资料的收集和预测方法的选择影响很大。

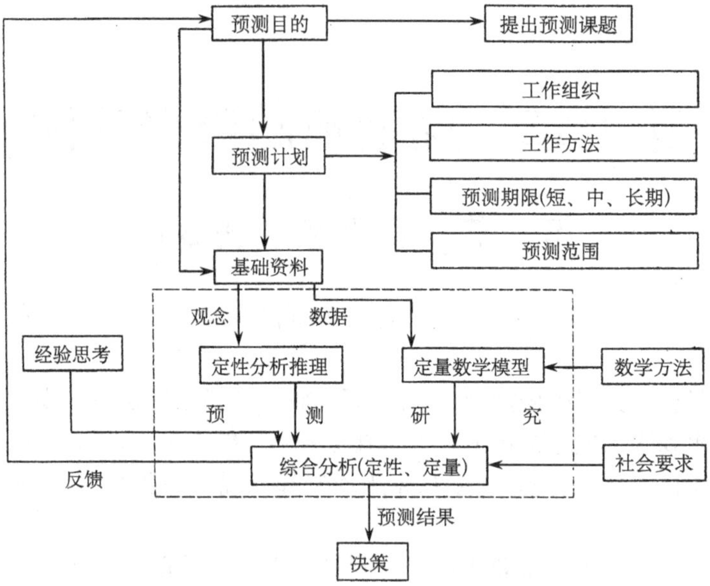


图 7-1　预测研究工作流程

**（3）收集基础资料**

基础资料的收集是做好预测工作的前提。要求收集与预测目的有关的大量背景资料包括科学技术、经济生产和社会文化等方面的资料。预测基础资料包括纵向资料（如历年数据历史演变和现状动态等）和横向资料（如同一预测对象的各种分组数据资料、不同预测对象的同一类基础数据等）。若资料残缺不全，则可应用重点调查、典型调查和抽样调查方法加以补齐补全。此外，还要收集国内国外同类预测的研究成果。

**（4）检验现有资料**

必须对已收集的资料进行分析检验。对资料的统计指标口径、指标核算方法、统计时间、价格的计算、计算单位等逐项进行复查，若发现有不一致的地方，应当做出必要的调整和统一。对于历史资料残缺不全之处，应当设法填缺补齐，以保证资料的连续性和完整性。

此外，还必须对现有资料进行科学的分析，运用辩证唯物主义的基本原理，吸收其中各种有益的数据，在推理判断的基础上发现所预测现象的结构变化机制和内在规律性。

**（5）实施预测研究**

根据预测目的、占有资料、精度要求和预测费用等方面情况，选定合适的预测方法实施预测。

**（6）分析预测误差**

预测往往同实施不符而产生预测误差。预测误差的大小决定着预测的可靠性程度。

若误差大，就需要分析产生误差的原因，从而改进预测方法和修改预测数学模型，使预测结果尽可能符合和接近实际。

## 三、预 测 方 法

据不完全统计，世界上至今所采用的预测方法达 150 多种，其中常用的方法只有 15～20 种，大致可分为三类：

**(1) 定性预测**

主要根据预测对象的性质、特点、过去和现状的延续情况等，对土地进行非数量化的分析，然后根据这些分析，对土地利用的未来发展趋势做出预测和判断。定性预测是依靠人们的主观判断来取得预测的结果。在定性预测方法中常用因素分析法。例如，对城镇建设用地发展趋势分析时，就要依据城市人口增长、改善城镇环境的要求、城市职能综合化、城镇人民生活设施水平的提高等因素，参考过去和国外类似因素的变化幅度，在此基础上推断其未来发展趋势。又如，对未来农用地数量预测时，就要考虑未来人口数、农产品远景需要量、农用地的非农业占用量、单位土地面积的生产力水平、可供开垦的土地资源数量等因素，在此基础上经多次反复，直至资源量与需要量趋于平衡。

**(2) 定量预测**

主要是通过建立数学模型和应用电子计算机运算，对土地利用进行定量分析，然后根据这种分析，对于未来土地利用的发展趋势做出预测和判断。这种方法不直接依靠人们的主观判断，而主要依靠充分的历史资料，计算出未来土地利用可能出现的结果，因此，定量预测一般比定性预测较为精确。定量预测所用的方法，主要是各种数学模型。有关定量预测方法将在下一节做较为详细的介绍。

**(3) 综合预测**

由于任何一种预测方法都有一定的适用范围，都有一定的局限性。为了克服这些缺点，往往采用多种预测方法进行综合预测。综合预测主要是指两种以上方法的综合运用。这种综合有时是定性方法和定量方法的综合，有时是分别吸取定性预测和定量预测各自的长处，以提高其预测的精度和可靠性。

为了进行土地需求量预测，首先应对人口、城市化水平、消费水平、作物单产等要素加以预测。

# 第二节 人 口 预 测

## 一、人口预测的涵义和内容

所谓人口预测就是根据某个区域某一期间已知人口状况，按照一定的假设和采用某种方法来推算其另一期间（或地点）可能出现的人口数量。根据这个涵义可知，人口预测主要包括“区域”和“期间”两个分别关于空间和时间的关键词。人口预测的种类一般就是根据这两个关于时空的关键词进行划分的。

一般来讲，人口预测内容包括：①人口总数预测；②人口性别、年份等自然属性的预测，包括男女、年龄及人口的预测；③人口社会经济属性的预测，包括人口居住地、类型、户籍、学历、婚姻、家庭、就业状况、职业构成、收入水平等；④家庭数及其规模结构的预测。

人口预测操作的程序和步骤大致如下：①确定预测对象和目标；②预测对象的宏观环境及其可能影响；③收集、整理和评价预测所需基础资料；④对选用的资料进行统计分析；⑤选择适用的预测方法；⑥对一些预测变量做出合理假设；⑦开展预测作业；⑧分析预测结果并撰写预测报告。

## 二、人口统计分析基础

人口统计分析基础知识对选用人口预测方法，正确理解和把握人口预测过程，有效地开发、运用好人口预测成果是有益的。

由出生和死亡所决定的人口增长称为自然增长（$\alpha$），当出生超过死亡使自然增长人口增加、称为自然正增长，反之，为自然负增长。人口增长率（$\alpha$）＝出生率－死亡率。一般认为。$\alpha>10\%$，属于人口高速增长；$5\%<\alpha\leqslant10\%$，属于人口低速增长；而$\alpha\leqslant0$，则是人口零增长甚至负增长。

由迁入和迁出所决定的人口增长称为机械增长（$\beta$）。当迁入超过迁出使社会增长人口增加，称为社会正增长，反之，为社会负增长。人口机械增长率（$\beta$）＝迁入率－迁出率。需要指出的是，机械增长在统计上是指城市有本市户籍者的变动，而本市无户籍者的变动则属于流动人口的增加。机械增长基本上不是一个自然变量而受控于户籍受理部门的人口控制计划。

流动增长是指城市中流动人口的增长，如城市中外来打工人口等。流动人口已成为城市实际人口组成的一部分。他们的活动全然不被人口统计部门所反映，但在制定城市经济社会发展战略、编制城市总体规划时，却不能不考虑流动人口，尤其常住流动人口的实际存在。人口流动增长不容忽视，只是如何测算流动人口的现实数量与未来增长尚有待进一步探讨。

任何一个区域人口规模的大小，都将由出生率、死亡率、迁入率、迁出率决定的，这 4 个要素常被称为人口变动的直接要素。其中，出生与死亡又称为人口再生产要素。迁移则被认为是影响区域人口再生产的干扰因素。一个区域的人口增长与以上 4 要素之间的关系式即著名的“人口学方程式”为

$$P_t - P_0 = (B - D) + (I - E) = \Delta N + \Delta M$$

式中：$P_t$ 为期末人口；$P_0$ 为期初人口；$B$ 为出生人口；$D$ 为死亡人口；$I$ 为迁入人口；$E$ 为迁出人口；$\Delta N$ 为自然增长人口；$\Delta M$ 为社会增长人口。

人口增长率是表示一个区域人口增长速度的重要指标，其计算公式为

$$R = \frac{P_t}{P_0} \times 100\%$$

式中：$R$ 为人口增长率；$P_t$ 为期末人口；$P_0$ 为期初人口。

农业人口是指依靠从事农业生产（包括农、林、牧、渔等）维持生活的全部人口，包括实际从事农业生产的人口及由他们抚养人口。非农业人口指领先农业以外的职业维持生活的全部人口。

市镇人口是指国务院批准的市和各省（自治区、直辖市）人民政府批准的镇为标准进行统计的人口，城市人口中不包括市辖县的人口，城市人口与集镇人口之和称为城镇人口。

抚养系数（负担系数）是指劳动年龄人口和非劳动人口的比例，即抚养系数＝劳动年龄人口/非劳动年龄人口×100%，式中，劳动人口（基本人口）指能参加社会经济生产活动或能够为社会提供服务性劳动人口。

流动人口是指在本市无固定户口而滞留下来从事多种活动的人口，一般可分为常住流动人口和临时流动人口。前者是指外地来本市从事较长一段时间公务、商务的人员，也包括外来的临时工、季节工，借调、支援人员等，后者指前来开会、参观学习、工作出差、游览以及路过而短时间停留的人口。

## 三、人口自然增长法

此法是根据基期年的人口数直接推算未来时期人口数。使用这种方法的前提条件是，规划区域的人口数基本上按照一定比例增长，并假定该地区人口今后仍按此平均增长率继续增长下去，这样即可利用几何级数求末项的公式，又称复利公式，推算规划年的人口数。此外，还要预测机械增长。人口自然增长法的计算公式包括人口自然增长和人口机械增长两个部分，其公式为

$$P_t = P_{t_0}(1+K)^{t-t_0} + (c-d)$$

式中：$P_t$ 为规划年人口数；$P_{t_0}$ 为基期年人口数；$t-t_0$ 为预测年期；$K$ 为人口自然增长率；$c$ 为规划期内迁出入人数；$d$ 为规划期内迁出人数。

## 四、劳动平衡法

此法是建立在按一定比例分配社会劳动力的基础上，以基本人口、服务人口和被抚养人口三者之间比例关系为依据预测未来人口。此法一般适用于城市和城镇居民点的人口预测。

劳动平衡法的计算公式为

$$P = \frac{A}{1-(B+C)}$$

式中：$P$ 为规划年人口数；$A$ 为基本人口数；$B$ 为服务人口数占总人口的比重（%）；$C$ 为被抚养人口数占总人口的比重（%）。

基本人口数是指规划年直接参加生产活动的劳动力人数，其数据可根据规划区域的社会发展计划加以计算汇总而得；服务人口是指从事行政管理和服务性行业的劳动力人

数，它与居民的生活水平、生活福利设施的完善程度、居民点性质功能等因素有关；被抚养人口是指未成年或丧失劳动能力和没有参加生产活动的人数。服务人口和被抚养人口所占比重可参考表7-1。

**表7-1　不同城市人口构成**

| 城市分类 | 人口规模 | 人口构成/% | | |
|---|---|---|---|---|
| | | 基本人口 | 服务人口 | 被抚养人口 |
| 特大城市 | 100万以上 | 27～32 | 21～26 | 45～52 |
| 大城市 | 50万～100万 | 28～33 | 20～25 | 45～52 |
| 中等城市 | 20万～50万 | 29～34 | 19～24 | 45～52 |
| 小城市 | 20万以下 | 31～35 | 18～23 | 45～52 |
| 工矿区 | | 31～36 | 17～22 | 45～52 |

注：引自国家建委（80）建发城字492号《城市规划用地指标暂行规定》。

例如，若已知某集镇2001年年底人口数为2000人，其中基本数为1000人，根据该集镇的社会经济发展规划，估计2005年基本人口将增加800人，服务人口占总人口的比重为15%，被抚养人口占总人口的比重为40%，则该集镇2005年总人口数为

$$P=\frac{1000+800}{1-(0.15+0.4)}=4000\text{ 人}$$

《中国二十一世纪议程》中指出，中国作为一个人口众多的发展中国家，在发展过程中面临着艰巨的人口控制与资源开发、环境保护和经济增长同步协调发展的问题。进入20世纪90年代，中国正面临着新中国成立以来的第三次人口出生高峰。坚持优生优育，提高人口质量，重视研究人口老龄化问题。同时要全力提高全民族的文化素质，基本扫除青壮年文盲，基本实现九年制义务教育。

## 五、职工带眷系数法

此法适用于新建城市人口预测，主要依据新建工业项目的职工数及带眷情况测算城市人口的方法。其公式为

$$P_t=P_0(1+K)+P_1$$

式中：$P_t$ 为规划年人口数；$P_0$ 为带眷职工人数；$P_1$ 为单身职工人数；$K$ 为带眷系数。

职工带眷有关指标可参照下列比例：单身职工占职工总数比重40%～60%，带眷职工占职工总数比重40%～60%，带眷系数为3～4，非生产性职工比重10%～20%。

## 六、综合增长分析法

该方法是从城市人口的增长途径入手，分为自然增长、机械增长和流动增长，分别估算这三种途径获得的人口增量，将其加总即为规划年人口总量，其计算公式为

$$P_t=P_0(1+\alpha+\beta)^t+P'$$

式中：$P$ 为规划年人口总数；$P_0$ 为基本人口总数；$\alpha$ 为人口自然增长率；$\beta$ 为人口机械增长率；$P'$ 为常住流动人口。

## 七、数学模型法

人口预测在通过建立数学模型，借助计算机求解的方法进行。大型的、完整而严格的人口增长模型，需要考虑众多因素对人口增长的影响，预测结果比较准确，但需要相关学科如人口学，城市规划，计算机等方面专家共同配合完成，在国内外取得许多应用数学模型法预测人口的成果。

### （一）一元线性回归模型

应用化模型时是假定在基期年以后的年份人口年增长保持稳定不变，其模型标准式为

$$y = a + bx$$

式中：$y$ 为规划年人口数；$x$ 为年份；$a$、$b$ 为系数，可通过以下由 $x$，$y$ 构成的方程组求得：

$$a = \frac{\sum x^2 \sum y - \sum x \sum xy}{N \sum x^2 - (\sum x)^2}$$

$$b = \frac{N \sum xy - \sum x \sum y}{N \sum x^2 - (\sum x)^2}$$

式中：$N$ 为样本数据的个数。

求得 $a$、$b$ 后，即可建立直线型回归模型，并借以预测规划总人口数。为了检验所建立的模型是否可用，应计算变量 $x$、$y$ 的相关系数 $r$。相关系数 $-1 \leqslant r \leqslant 1$，可决系数 $R = r^2$，其值为 $0 \leqslant R \leqslant 1$。根据相关系数或可决系数的大小，就可判断所建回归模型的优劣。一般来说，相关系数或可决系数越大，说明变量之间的相关关系越强或所建回归模型的拟合程度越好。

### （二）多元线性回归模型

在分析研究中常常会发现，影响人口增长的因素很多，如工业总产值、人均收入、人均住房面积、居民点用地、能源消耗、食品消费等，无法找出一个重要因素却忽略其他因素的影响。在这种情况下，就要应用多元线性回归分析，在预测对象与众多影响因素之间建立一个方程用来描述多个因素对人口增长的共同作用。

多元线性回归模型建立的步骤与一元线性回归模型大致相同，只是选择的回归模型不同，运算过程更复杂。多元线性回归方程的基本形式为

$$y = a + b_1 x_1 + b_2 x_2 + \cdots + b_n x_n = a + \sum_{i=1}^{n} b_i x_i$$

式中：$y$为因变量（预测对象）；$x$为自变量（影响因素）；$a$、$b$为回归系数。

建立多元回归线性回归模型的关键问题在于求出回归系数$a$，$b_i$（$i=1$，2，3，…，$n$）。确定回归系数的原则仍然是最小二乘法原理，即剩余平方和最小。

### （三）灰色系统GM(1，1）模型预测

灰色系统理论将随机量当作是一定范围内变化的灰色量，按开集拓扑定义数列的时间测度，进而定义信息浓度；灰色模型是考虑残差GM模型的补充和修正后，进而变成微分模型。系统模型的建立，一般要经历思想开发、因素分析、量化、动态化和优化五个步骤，即五步建模，分别建立语言模型、网络模型、量化模型、动态模型和优化模型，经过多次循环反复，使模型逐步趋于完善。

# 第三节　城市化水平预测

## 一、城市化的涵义

城市化（urbanization）一词于1867年西班牙工程师Serda A在其著作《城市化基本理论》中首先使用的概念。目前对城市化涵义存有如下三种主要观点：

1）人口城市化观点将城市化定义为农村人口转化为城镇人口、农业人口转化为非农业人口的过程。

2）空间城市化观点认为，城市化是包括一定地域的人口规模、产业结构、管理手段、服务设施、环境条件以及人们的生活方式和水平由小到大、由粗到细，由分散到集中，由单一到复合的一种转换或重组的动态过程。

3）乡村城镇化观点强调乡村与城市的对立和差距，认为城市化即转变传统落后的乡村社会为现代的城市社会的自然历史过程。

综上所述，城市化应包括以下三层内容：①一定地区在城市人口占总人口的比例的增加；②城市居民点数量的日益增加；③单个城市人口和用地规模日益增大。

## 二、城市化水平的测度

城市化水平的测度一般可采用单一指标法和复合指标法。

### （一）单一指标法

单一指标法主要有以下三类：

#### 1. 城市人口比重指标

城市人口比重指标为世界公认的衡量城市化水平指标，反映一个地区内城市人口占总人口的比重，和人口在城乡之间的空间分布，具有很高的实用性，其计算公式为

$$Y = \frac{U}{U+R} = \frac{U}{N}$$

式中：$Y$ 为城市化水平；$U$ 为城市人口；$R$ 为农村人口；$N$ 为地区总人口。

应用城市人口比重是指标时，应当注意：①由于各国设市的人口数量标准差距悬殊，低则 200 人，高则 60 000 人，相差 300 倍，缺乏可比性；②行政区划的变更和社会政治因素的影响也会导致城市人口的突变，造成城市化水平忽高忽低，缺乏连续性。

### 2. 非农业人口比重指标

非农业人口比重是指某一地区内的非农业人口占总人口的比重，即城市化水平。这项指标体现了人口在经济活动上的结构关系，反映了生产方式变更的广度与深度，较城市人口比重指标，更具科学性，其计算公式为

$$Y = \frac{V}{V+W} = \frac{V}{N}$$

式中：$Y$ 为城市化水平；$V$ 为非农业人口；$W$ 为农业人口；$N$ 为地区总人口。

应用非农业人口比重指标时，应当注意在我国“农业人口”指从事农业生产及以农业收入为主要生活来源的人口；“农村人口”又称“乡村人口”是指常住在农村的人口（包括同营农场户数中的常住人口）；“非农业人口”指从事非农业生产活动的人口及其家庭成员；“城市人口”则指常住在城市（包括郊区）的人口。在我国统计中还有“市镇人口”这一概念，它除了包括城市人口外，还包含了集镇人口。因此，在我国可以认为市镇人口与总人口之比，可反映该地区的城镇化水平。

谢文惠认为，既不宜采用城市人口占总人口比重，也不应采用城市非农业人口占总人口的比重，而是以城市市区人口和镇区人口之和占总人口比重较为科学，如 1994 年我国城市化水平为 28.6%，如果考虑在我国城市中还有 15%～20%常住流动人口，则实际城市化水平应达到 33%～36%。

### 3. 城市用地比重指标

以某一地区的城市建成区用地占区域总面积的比重，来反映该地区的城市化水平。

## （二）综合指标法

由于单一指标法存在某些偏差，难以全面考查城市化进程，学术界提出以多项指标综合衡量城市化水平。如日本学者提出以 19 项指标来测算，即地区总人口、地方财政支出额、制造业从业人数、商业从业人数、工业生产总值、批发业总额，零售业总额、住宅建筑面积、储蓄总额、电话普及率等。我国学者提出 9 项指标，即城市人口比重、适合人口中学的入学率，人均国内生产总体、城市第三产业与国内生产总值的比重、城市人均造道路铺装长度、城市用水普及率、城市人均住房面积、城市万人拥有的医生数、城市人均公共绿色的面积。

## 三、城乡划分标准

社会发展到今天，人总是组织成大小不等的群体居民点。居民点的系列为小村（hamlet）—村庄（village）—镇（town）—城市（city）—大城市（metropolis）。村庄和比村庄还小的居民点一般称为乡村型居民点，居民主要从事农业活动；镇和比镇大的居民点称为城镇型居民点，居民主要从事农业活动、镇和比镇大的居民点称为城镇型居民点简称城镇，其中居民从事非农业活动。

中国的城乡划分标准实际上可分为由民政部颁发的国家标准和人口普查实际操作口径为准的普查标准。这两类标准不仅在时间上有变化，而且两类标准的各分项之间有时是重合的，而有时又是不相同的，问题比较复杂。以下拟从时间历程上分析两类标准的不同特点，并在此基础上具体分析存在的问题，提出解决这些问题的可行思路与方法。

我国第一个正式的人口城乡划分标准是1955年颁布的，之后分别于1963年、1984年、1986年重新修订建制标准。由于1984年标准是我国所有城镇建制标准中最宽的标准，它已部分脱离了城镇人口非农的本质标准，是为了建立新体制的需要而设立的新标准，因此，这一标准实施使我国城市化水平于1984年始呈大幅度上升的趋势。与此同时，在1953年、1964年、1982年、1990年和2000年历次人口普查中对城镇人口也提出相应的可操作为标准（表7-2）。

**表7-2　历次我国城乡划分标准**

| 年 份 | 城 镇 |
|---|---|
| 1955 | 常住人口2000以上，居民50%以上为非农业人口<br>县、市人民委员会所在地<br>常住人口虽不足2000人，但非农人口比例超过75%的一些重要的工矿、工商、科研等所在地<br>常住人口在2万以上的城镇和直辖市、省辖市为城市，其余城镇为镇 |
| 1963 | 凡聚集人口3000人以上，非农人口比例占70%以上的居民点可设为镇<br>聚居人口在2500人以上，3000人以下，其中非农人口占85%以上可设镇<br>聚居人口在10万以上的城镇；人口不足10万，但是省级国家机关所在地，重要工矿基地规模较大的物资集散地均可设市 |
| 1984 | 县级国家机关所在地；总人口在2万以下的乡，乡政府驻地非农人口超过2000人；总人口在2万以上的乡，乡政府驻地非农业人口占10%以上，均可设镇 |
| 1986 | 非农人口6万以上，年国民生产总值2亿元以上可设市；总人口50万以下的县，县政府所在镇的非农业人口10万以上，常住人口中农业人口不超过40%，年国民生产总值3亿元以上，可以撤县建市 |

资料来源：根据我国城乡划分标准资料整理。

从以上对我国城乡划分的两个标准化比较可知，我国的城乡划分标准前后不一致，变动频繁，其中最重要的变化内容，是如何处理城镇人口统计口径中城镇辖区内的农业人口问题。从理论上说，城镇人口应包含一定的为城市服务的农业人口，但问题的关键在于如何把握这个度。应该这样说，1963年以前和1982年人口普查的口径，基本上反映了农业人口与非农业人口的合理比例关系，而1963年标准与1964年的普查标准，无疑是偏紧，将农业人口从市镇人口统计中分离出去，既离开了理论上的指导，又忽视了实际的需要。1984 年后的城镇人口统计中，农业人口比重过大，甚至在相当多的县级市，农业人口大于非农业人口，这又违反了城镇人口有别于乡村人口的三个最基本的特征。1990 年人口普查标准，造成市人口统计偏大，镇人口统计偏小，也没有真正解决城乡划分标准问题（表 7-3）。

**表 7-3 城镇人口的划定标准**

| 国家标准 | 人口普查标准 |
|---|---|
| 1955 年国家标准规定：市镇辖区内的全部人口，包括农业人口为城镇人口 | 1953 年第一次人口普查标准：城镇人口是辖区内的全部人口 |
| 1963 年国家标准规定：城镇辖区内非农业人口为城镇人口 | 1964 年第二次人口普查标准：城镇人口只包括市区和镇的非农业人口，不包括农业人口 |
| 1984 年国家标准规定：城镇人口为市镇辖区内全部常住人口，包括辖区内农业人口（实行镇管村体制撤乡建镇） | 1982 年经三次人口普查标准：城镇人口为辖区范围内的全部常住人口，包括农业人口 |
| 1986 年国家标准规定：城镇人口为城镇驻区内的全部常住人口（实行撤县建市、市管县体制） | 1990 年第四次人口普查标准：城镇人口中的市人口是指设区的市所辖的区人口和不设区的市所辖的居委会人口和县辖镇的居委会人口 |
| | 2000 年第五次人口普查标准：市辖区人口密度在每平方公里 1500 人以上，区辖区的全部行政地域人口为城镇人口 |

资料来源：标准人口普查资料和城乡划分标准资料整理。

由于上述原因的存在，致使我国城市化水平的时空不一致，缺乏可比性，不仅历史资料在不同年份之间缺乏可比性，而且同一年份的资料在不同区域之间也缺乏可比性。这种问题引起国内、国际人口学界、规划学界有关学者的广泛注意，并进行非常深入的讨论，其中不乏很好的观点。

## 四、城市化发展的 S 形曲线

1979 年，美国地理学家诺瑟姆（Northam Ray M）发现，对于各国城市化发展过程所经历的轨迹，可以概括为一条稍微拉平的 S 形曲线。

为了准确地描述城市化发展过程，我国学者对 S 形曲线的数学模型进行了推导，得出下式

$$Y=\frac{1}{1+Ce^{-rt}}$$

式中：$Y$ 为城市化水平；$C$ 为积分常数，表明城市化起步的早晚；$r$ 为积分常数，表明城市化发展速度的快慢；$t$ 为时间。

随着系数 $r$ 和 $C$ 的取值不同，可以得到各种不同的 S 形曲线：$C$ 越小，表明城市化起步越早，反之，则越晚；$r$ 越大，说明城市化发展越快，反之，则越慢。

运用 S 形曲线的数学模型，对全世界和部分国家在 1800～1982 年城市化发展水平

的历史数据，进行时间序列回归，得到如下回归方程为

全世界模型　$Y=\frac{1}{1+5.7307e^{-0.01729t}}$

英国模型　$Y=\frac{1}{1+0.5708e^{-0.0143t}}$

美国模型　$Y=\frac{1}{1+1.6148e^{-0.02327t}}$

日本模型　$Y=\frac{1}{1+8.5685e^{-0.03266t}}$

德国模型　$Y=\frac{1}{1+1.2352e^{-0.01419t}}$

## 五、城市化水平的预测方法

城市化水平预测方法有商品粮供应率预测法、国民生产总值预测法、基本建设规模预测、农业人口转化预测法和多指标综合预测法等。

### （一）商品粮供应率预测法

吴友仁教授对2000年我国城市化水平预测时应用此法。该法的理论依据是变农村人口为城镇人口、农业人口为非农业人口的规模和速度取决于农业生产水平和粮食商品率。研究中以粮食年增速度为5%、4%和3%三种方案，据以推算2000年粮食总产量水平，取届时粮食商品率为20%，城镇人口平均每人占有粮食300kg，2000年我国城市非农业人口分别为4.18亿、3.3亿和2.72亿。参考新中国成立以来，我国粮食增产速度以4%左右居多，认为三方案中方案的预测结果较为合适。

### （二）国民生产总值预测法

1982年，周一星教授在对世界137个国家和地区城市水平与国民经济发展水平（人均国民生产总值）进行回归分析，得到下列模型

$$y=40.551\lg x-74.96$$

式中：$y$为城镇人口占国家总人口的比重（%）；$x$为该国人均国民生产总值（美元/人）。

相关系数$r=0.9079$，标准差$S=9.8$。根据国际经验，人均国民生产总值为1000美元时，城市化水平均超过40%，如法国人均国民生产总值为1018美元（1953年），城市化水平为56.6%；日本人均国民生产总值为1035（1965年），城市化水平为68%；原苏联人均国民生产总值为1049美元（1959年），城市化水平为48%。按我国目前实际情况，城市化水平定为30%较合适。

### （三）基建投资规模预测法

据有关资料表明，每位新增城镇人口平均基建投资为6000～7000元，若增加1.6

亿人，则需增加基建投资达9600亿～11 200亿元。按规划期18年计，每年需投资约为545亿～620亿元，再将其与可能增加基建投资额相比，以确定新增城镇人口和计算城市化水平。

## （四）农业人口转化预测法

此法根据城市人口的自然增长率、机械迁移人口数和农业人口转移为城镇人口数进行推算，其公式为

$$Y_n = Y_0(1+r)^n + C \cdot n + [A_0(1+r)^n \cdot d - S/t]\beta R$$

式中：$Y_n$ 为规划年城镇人口；$Y_0$ 为基期年城镇常住人口；$C$ 为机械迁移量；$n$ 为预测年限；$r$ 为人口自然增长率；$A_0$ 为基期年农业总人口；$d$ 为劳动力系数；$S$ 为规划年耕地面积；$t$ 为每个劳动力负担耕地面积；$\beta$ 为剩余劳动力转化率；$R$ 为带眷系数。

## （五）多指标综合预测法

常采用农业生产发展水平预测（商品粮增长量预测和农业劳动力转移数量预测）、工业增长速度预测、国民收入增长率预测和基建投资数额预测等多指标综合预测法，根据预测结果加以综合，得高、中、低三种方案，再结合考虑其他相关因素，最终预测城市化水平。

应用影响城市化水平多项指标数据（$X_1$，$X_2$，$X_3$，…，$X_n$）建立多元回归预测模型，经参数估计和模型检验，用于未来城市化水平预测，具体的影响城市化水平的因素有：人均GDP、人均粮食占有量、人均工农业产值、总人口数、三次产业GDP比重、住宅建设投资总额。

## （六）恩格尔系数预测法

依据恩格尔系数与商品化程度相关的特征，提出以总人口（$P$）与恩格尔系数（$E$）的乘积测算城市人口，城市化水平（$Y$）$=\dfrac{P\ (1-E)}{P}\times 100\%$。这种方法是中国学者赵燕青参加一项关于中国城市化道路的中美合作研究时提出的。

## （七）人口指标修正法

由于我国城镇人口统计上存在的问题，如市镇的建制标准多次发生变动、人口统计的地域范围与城镇实体的地理界线不一致和城镇人口统计对象没有形成统一的标准，我国不少学者提出了相应的解决思路，对现行统计数据建议调整和修改办法。对于市镇人口统计口径的确定，有的学者认为中国的城镇人口有五个组成部分：①非农业人口比重不低于70%的城市总人口数；②非农业人口低于70%的城市，以其市内非农业人口数乘以10/7而获得城市人口数；③县城镇人口总数；④除县城镇外，非农业人口比重不

低于60%的建制镇人口总数；⑤除县城镇外，非农业人口比重低于60%的建制镇的非农业人口总数。

在调整城镇人口时，有学者建议将地域特征（居住在城镇实体范围内）和职业特征（以非农业人口为主体）结合起来，认为单纯强调某一方面必然会顾此失彼，对此有的学者提出一些计算中国城市化实际水平的修正公式。马侠根据国际通行的城乡划分标准，按城镇聚居非农业人口比重为75%，城镇合理郊区农业人口比重为25%，提出计算中国城市化实际水平的公式为

$$P_u = P_1(1+25/75)/P_t$$

式中：$P_u$ 为全国城镇人口占总人口比重；$P_1$ 为城镇的非农业人口总数；$P_t$ 为全国总人口数。

## 六、中国未来人口预测

中国社会各界非常关注中国未来的人口问题，对2000年或2030年人口采用各种方法进行预测，其结果见表7-4。从表中可见，各种预测值差异很大，但有两点趋同：一是2000年人口在13亿左右（高方案）；二是2050年中、低方案人口数低于2030年中、低方案人口。

**表7-4 未来中国人口发展趋势各种预测结果比较** （单位：亿人）

| 方案<br>预测者（年份） | 2000 | | | 2030 | | | 2050 | | |
|---|---|---|---|---|---|---|---|---|---|
| | 高 | 中 | 低 | 高 | 中 | 低 | 高 | 中 | 低 |
| 宋健（1979） | 12.86 | 12.12 | 11.30 | 16.87 | 14.69 | 11.77 | 19.13 | 15.42 | 10.87 |
| 联合国人口署（1982） | 13.04 | 12.56 | 12.12 | 16.07 | 14.60 | 13.40 | — | — | — |
| 世界银行（1984） | 12.73 | 11.96 | 11.80 | 15.83 | 14.37 | 12.25 | 16.47 | 14.50 | 10.86 |
| 田雪原（1984） | 12.82 | 12.11 | 11.62 | 14.99 | 12.25 | 11.44 | 15.01 | 10.66 | 10.00 |
| 蒋正华（1985） | 13.54 | 12.44 | 11.89 | — | 13.48 | 11.97 | — | 12.20 | 10.01 |
| 孙以萍（1985） | 12.80 | 12.48 | 12.04 | 15.37 | 14.67 | 13.74 | 15.54 | 14.59 | 13.34 |
| 张为民（1986） | 13.53 | 12.53 | 12.05 | 18.35 | 14.00 | 13.17 | 19.99 | 13.34 | 10.99 |
| 邬沧萍（1987） | 12.50 | 12.20 | 12.10 | 14.80 | 14.10 | 13.70 | 15.10 | 13.80 | 13.30 |
| 胡鞍钢（2002） | 12.78 | 12.64 | 12.51 | 15.11 | 14.51 | 13.94 | 15.11 | 14.05 | 13.09 |
| 国家统计局人口司（1989） | 13.23 | 12.86 | 12.50 | 16.09 | 15.41 | 14.73 | 16.40 | 15.56 | 14.63 |

资料来源：刘尔，《中国人口分析与区域特征》，海洋出版社，1991。

# 第四节 食物消费水平预测

## 一、食物消费水平预测思路

食物消费水平预测可遵循以下两条思路：①确定每人每天（或每人每年）为维持正常生活所需的食物数量，如粮食、蔬菜、肉、鱼、蛋、油等数量。这种方法可从当地实

际情况出发，但由于各地人民食物种类不一，计算缺乏统一标准。②计算每人每天应得到的热量（kJ）、蛋白质（g）和脂肪（g），根据规划区域所需的热量、蛋白质和脂肪总量，依据各种食物的营养成分（热量、蛋白质和脂肪）折算成粮食、肉类、蔬菜等数量。这种方法具有统一量纲，便于比较。

根据实现小康目标的要求，我国现在人民食物消费和营养的基本目标应该是：人均每日主要营养供给量达到世界平均水平，其中热量 10 878.4kg、蛋白质 72g（优质蛋白质约占 2/3）、脂肪 72g。为此每人每年需口粮 213kg，水果 23kg，蔬菜 120kg，肉类 25kg，蛋类 10kg，奶类 6kg，水产品 9kg，食物植物油 8kg，食糖 8kg。各地应根据经济发展的差异和具体民情，对上述全国平均食物消费水平加以修正。

## 二、食物消费水平预测

### （一）人均粮食消费量预测

由于我国在统计城乡居民粮食消费量时采用的标准不同，即城市采用成品粮标准，农村采用原粮标准。为了便于分析起见，把城镇人均成品粮消费量统一按 100/85 的标准折算成原粮，然后按当年城乡人口比例进行加权平均获得相关数据，应用线性、二次函数、指数函数等预测模型加以模拟，经参数估计和统计检验，从中选用较好的时序模型用以预测。

石扬令（2003）应用 1975～2000 年全国人均粮食消费量的时序模型，采用 SPSS 程序包进行筛选，其中线性、二次函数和指数函数模型能比较客观地反映原始资料的特征，变化规律和变化趋势，且与实际观测值的拟合度较好，得到如下模型

线性模型 $$Y = 240.499 - 1.405456X$$

$$r = 0.81432, R^2 = 0.66311$$

二次函数模型 $$Y = 222.841162 + 2.378376X - 0.140142X^2$$

$$r = 0.97902, R^2 = 0.95848$$

指数函数模型 $$Y = 241.526070e^{-0.006535X}$$

$$r = 0.81291, R^2 = 0.66082$$

式中：$Y$ 为人均粮食消费量；$X$ 为时间。

在以上模型中，从统计指标看，三个时序模型统计拟合度 $R^2$ 值，以二次函数模型最好，$R^2=0.95848$。从预测结果看，预测误差线性模型为 12.05kg、二次函数为 5.61kg、指数函数为 11.96kg，显然二次函数模型预测结果接近实际数值，因此，可以应用二次函数模型预测未来时期人均粮食消费量。

### （二）其他食品消费量预测

依据上述相同方法和思路，筛选出较为接近实际数值的粮食总产量、蔬菜人均消费量和总产量、水果人均消费量和总产量、蛋白食物人均消费量和总量的预测模型分别为

粮食总消费量 $Y=1.987370+0.064099X-0.001795X^2$

$r=0.97928, R^2=0.95899$

蔬菜总消费量 $Y=14\,360.788491-3815.826412(1/X)$

$r=0.70970, R_2=0.50367$

水果总消费量 $Y=310.299877e^{0.107558X}$

$r=0.99244, R^2=0.98494$

蛋白质总消费量 $Y=582.900602+212.313953X-8.902462X^2+0.229463X^3$

$r=0.99257, R^2=0.98520$

式中：$Y$ 为预测对象（因变量）；$X$ 为时间（自变量）。

尽管时序模型不能确切解释自变量和周变量之间的内在联系，但该类预测模型因较好的预测效果而在国际上被普遍采用。建模的目的不是为了进行有条件的内推预测，而是要进行外推预测，即根据模型预测未来变化趋势。而影响外推预测准确性的因素很多，如消费者的粮食消费偏好、消费心理、市场粮食价格及变化等。因此，应用时序模型进行预测，其外推预测结果准确与否，有待于时间和实际结果的检验。

## 第五节 农作物单产水平预测

作物产量预测系指对未来农作物的产量水平进行预计和推算。常用预测方法有年平均增长率法、趋势预测法、回归预测法和产量系数法。

### 一、年平均增长率法

此法依据历史资料应用下式计算年平均增长率

$$a_n=a_0(1+r)^n$$

式中：$a_n$ 为预测期末作物单产水平（$kg/hm^2$）；$a_0$ 为预测基期作物单产水平（$kg/hm^2$）；$r$ 为年平均增长率；$n$ 为预测年期。

年平均增长率 $r$ 根据历史资料求得

$$r=\sqrt[n]{\frac{a_n}{a_0}}-1$$

若已知 $a_n=570kg/hm^2$（1987 年）；$a_0=382kg/hm^2$（1976 年）；$n=1987-1976=11$

代入上式得

$$r=\sqrt[11]{\frac{570}{382}}-1=0.0371$$

### 二、趋势外推法

趋势外推法主要将产量的过去变动趋势外延到未来，根据历年产量资料，绘制出历年产量动态变化趋势图，再依据图形选择适合的线性趋势预测模型，如直线型

$y=a+bx$、指数曲线型 $y=ab^x$、二次抛物线型 $y=a+bx+cx^2$，加以模拟借以预测产量。

若根据某地1974～2000年作物产量资料，应用最小二乘法进行数据处理，得到直线型模型 $y=7.48+0.32x$，代入 $x$ 值即可用于预测产量。

## 三、回归预测法

由于影响产量的因素多种多样，且与产量之间存在相互制约、相互依存的关系，这种依存关系表现为函数相关和统计相关。函数相关反映了变量之间严格的依存关系，如图面积与其半径之间的关系；统计相关表现为变量之间的非确定性的数学函数关系，即给出自变量（$x$）一定的数值，便可出现因变量（$y$）的许多个与之相应的数值，如农作物产量与施肥量之间的关系。在其他因素不变的情况下，在一定施肥量的范围内，施肥量越多则单产越高。但表现在各个地块上，单产高低除受施肥量影响外，还受土壤、种子、雨量、气候和耕作深度等因素的影响，因而施肥量相同的地块可能获得不同的单产。在这种情况下，要通过统计的大量观察，消除无关因素的影响，揭示相关因素的数量规律性。

产量与其影响因素之间的数学关系式

$$y = b_0x_0 + b_1x_1 + b_2x_2 + b_3x_3 + \cdots + b_nx_n + u$$

式中：$y$ 为农价物产量（因变量）；$x_i$ 为影响因素（自变量）；$u$ 为误差，用以表示无法确定的影响因素；$b_i$ 为回归参数。

借助电子计算机，分别求出 $b_0$、$b_1$、$b_2$、$b_3$，…，$b_n$ 参数的估计值，建立产量预测模型，然后输入相应参数值，可进行产量预测。

中国农业科学院种植业生产结构与发展前景研究组曾用多元回归法对中国未来粮食产量进行预测，粮食产量作为因变量（$Y$），对1960～2000年的全国数据进行回归分析，其方程为

$$Y = 26\,129.045 + 184.749X_1 + 504.756X_2 + 566.154X_3 - 1166.066X_4 + 642.651X_5 - 918.181X_6$$

$$r = 0.958016, R^2 = 0.91779$$

式中：$Y$ 为粮食总产量；$X_1$、$X_2$、$X_3$、$X_4$、$X_5$、$X_6$ 分别为水稻、小麦、玉米、薯类、大豆和其他作物占粮食播种面积的比重。

从表7-5中可知，小麦、玉米和水稻与粮食产量之间关系密切。回归方程的残差分

**表7-5 回归分析计算表**

| 变量 | 回归系数 | 标准回归系数 | 与粮食总产量的单相关 |
|---|---|---|---|
| 粮食总产量/万t | | | |
| 水稻占粮食播种面积/% | 184.74911 | 2.1043 | 0.7480 |
| 小麦占粮食播种面积/% | 504.75610 | 6.8019 | 0.8851 |
| 玉米占粮食播种面积/% | 566.15426 | 10.1679 | 0.8908 |
| 薯类占粮食播种面积/% | −1166.0657 | −15.7669 | 0.0045 |
| 大豆占粮食播种面积/% | 642.65137 | 3.4825 | 0.3132 |
| 其他作物占粮食播种面积/% | −918.18134 | −10.0025 | 0.9036 |

析结果表明，回归方程的预测值与实际值比较接近。在1960～2000年的数据中，只有1960、1962、1966、1970和1984年的预测值与实际值差异超过10%，其他各年度的误差均小于8%。

## 四、灰色系统预测法

按照灰色系统的观点，任何随机过程与变量都被看作是灰色过程与灰色变量，可采用“生成”的方式来发现潜在规律。历年作物产量是诸多因素共同作用的综合数列，由于受偶然因素的影响，逐年产量具有较大波动。依据灰色系统理论，应用产量时间序列，建立产量远景预测模型，将产量时间序列按微分方程拟合，得到动态模型（GM），并在GM（1，1）模型的基础上，引入一个灰色参数（$X_P$），采用灰色系统GM（1，1）模型，经处理后的时间序列，可以将其随机性弱化，以增强趋势平衡和减弱外推失控的作用。

## 五、弹性系数法

弹性亦称弹性系数，是一个相对量，用以衡量某一变量的改变所引起的另一变量的相对变化。粮食产量的收入弹性是指粮食价格保持不变时，粮食产量的变化比例与人均国民收入变化比例之比，其公式为

粮食产量的收入弹性＝粮食产量变化比例/人均国民收入变化比例

$$\text{或}\quad \varepsilon=(\Delta Q/Q)/(\Delta L/L)$$

式中：$\varepsilon$为弹性系数；$\Delta Q/Q$为粮食产量变化比例；$\Delta L/L$为人均国民收入变化比例。

# 第八章　土地供给量预测

## 第一节　土地供给概念

土地供给可分为土地自然供给和土地经济供给，土地自然供给（the natural supply of land）又称价土地实质供给或土地物理供给，系指大自然提供给人类可资利用的土地资源总量，这些数量不论是就某一区域或全世界而言，都是固定不变的。土地自然供给既然是固定不变、无弹性的，而非人力所能增减，不会随地价的高低而增减其供给量。例如，全球土地自然供给总量为1.49亿$km^2$（视地球陆地部分为土地）或者5.1亿$km^2$（视整个地球表面为土地）。我国土地自然供给量为960万$km^2$。

土地经济供给系指土地自然供给中的人类实际利用部分。土地自然供给与土地经济供给之间的不同点表现为：土地自然供给量是静态的，无弹性的，而土地经济供给呈动态的，有弹性的，土地供给弹性的大小在不同的土地利用上差异很大，如用作建筑基地的土地，因所需之数量不多，而受自然条件（土壤、气候、地形等）的限制不甚严格，其经济供给弹性就大，矿产地和某些特种农作物的栽培地，因受自然条件的限制较严重，其供给弹性就小。

影响土地经济供给的基本因素有：①各种土地自然供给量，是土地经济供给的基础和前提；②随着人类利用土地知识和技能的逐步提高，原来不能利用的土地变为可以利用，或使原来利用不够经济的土地变成为经济地利用，从而增加了土地的经济供给；③交通运输事业的发展，使原来不便于利用的土地为可以利用的土地，降低了成本，亦可增大土地经济供给；④土地利用集约度的提高，使该项利用的土地经济供给随之增加；⑤社会经济发展需求的变化促进土地利用方面的改面，从而影响各种土地经济供给的改变；⑥现代工业和科学技术的发展，如化纤工业发展，代替了部分棉布，直接影响棉田的经济供给。

增加土地经济供给的主要途径有：①开垦土地。开垦新的土地资源，扩大土地利用面积，提高已利用土地面积在土地总面积中的比重。②土地集约利用。在农业开发历史悠久，垦殖指数高，后备资源少的国家，增加土地经济供给可在已利用的土地增加劳力和资金，提高土地集约利用水平，不断增加土地生产率。土地集约利用可分为劳动集约、资金集约和技术集约三种类型，各国或各地应根据当地的实际情况出发加以选用。③土地经济集约。影响土地合理利用的障碍因素很多，必须清除这些障碍因素，才能保证土地得以充分合理和经济地利用，如制度、政策方面的障碍等。④调节消费需求。土地因其自然条件和经济条件的不同，具有一种或几种最适宜用途，如果调节人们的消费需求使其与土地适宜性用途相一致，使土地能够生产一种或几种最适宜产品，必然获得更多的产品和收入，这就等于原有土地资源利用的经济供给的增加。⑤发展新型工业。生产多种农产品的代用品，使土地转用于更加迫切需要领域，如新型食品工业的发展，使粮食得到更加合理利用，充分发挥其营养作用就等于生产粮食耕地经济供给的增加；新型建材工业的发展，使过去居住平房向居住高楼发展，既减少占用耕地，又扩大了居住面积，居住消费的调整，也相当于是增加了土地经济供给。⑥土地生产能力的保持。这条途径不仅保持土地资源的数量，还保持其质量即土地生产能力，同时包括对土地资源的保养和培育，使之可持续利用。

## 第二节　土地利用潜力分析

### 一、土地开发潜力

土地开发指人类通过一定的技术经济手段，扩大土地的有效利用范围，提高土地利用深度，以满足生产和生活不断发展的需要。土地开发可分为狭义的土地开发和广义的土地开发。狭义的土地开发系指对未利用土地的开垦，是把土地自然生态系统变为人工生态系统的过程，在原始社会或当今经济欠发达地区，尚存在大量处于自然生态系统状态的土地，狭义的土地开发就是指开垦利用这类土地的过程。广义的土地开发系指对未利用土地的开垦利用和对业已利用土地追加投资和劳动，实施土地集约利用。如农村中低产田改造和旧城区的改造等。很明显，这些土地已不是处于自然生态系统状态，而是处于人工生态系统状态。尤其值得提出的是城市土地开发，通过一定资金和劳动的投入，实现五通一平或三通一平、七通一平等，使之成为能满足一定用途的建筑地段。

土地开发的对象主要是指具有一定开发潜力和开发价值的土地，如荒地资源开发、海涂资源开发、闲散地开发等。根据有关研究表明，我国宜农荒地资源约 3533 万 $hm^2$，主要分布在北纬 35°以北地区，特别是三江平原、松辽平原、大小兴安岭、张广才岭的山间谷地及山前丘陵平原，呼伦贝尔草原、锡林郭勒高原、河西走廊、准噶尔盆地、塔里木盆地、伊犁河流域等地最为集中。

我国是一个人多地少的国家，目前人均耕地仅 0.1 $hm^2$。随着城市化和工业化过程的推进和大规模的生态环境建设，耕地减少的趋势不可避免，人地矛盾将更加尖锐，在这种形势下，适当地开发一部分土地后各备资源补充耕地的减少是必要的，我国历来比较重视土地开发工作。据有关统计数据表明，新中国成立以来累计开发土地达 4000 万 $hm^2$，对于稳定全国耕地的总面积，促进农业乃至整个国民经济的发展发挥了重要的作用。与此同时，应当指出，一些地方由于片面强调开发规模和经济效益，对垦荒过程中存在的外部性问题认识不足，导致过度开发和不合理开发现象，加剧了草原沙退化、水土流失和洪涝灾害等。

根据土地利用现状调查，截至 1996 年 10 月 31 日全国未利用土地总面积为 24 508.79 万 $hm^2$①，占全国土地总面积的 25.8%，在一级土地利用分类中所占比重仅次于牧草地居第二位。在未利用土地总面积中，荒草地 4925.26 万 $hm^2$，占未利用土地总面积的 20.1%；盐碱地 1016.82 万 $hm^2$，占 4.1%；沼泽地 430.34 万 $hm^2$，占 1.8%；沙地 5048.92 万 $hm^2$，占 4.1%；裸土地 392.86 万 $hm^2$，占 1.6%；裸岩与石

① 根据 2000 年全国土地利用现状变更调查，未利用土地面积为 2.61 亿 $hm^2$。

砾地10 353.45万$hm^2$，占42.2%；田坎1247.28万$hm^2$，占5.1%；其他1093.86万$hm^2$，占4.5%。

如按可利用尚未利用的土地和难利用土地划分：可利用尚未利用的土地（包括荒草地全部、裸土地80%、盐碱地、沼泽地各40%、沙地4%合计数）约为6020.56万$hm^2$，约占全国未利用土地总面积的24.6%，约占全国土地总面积的6.3%；难利用的土地（包括裸岩与石砾地、田坎、其他的全部以及裸土地的20%，盐碱地、沼泽地各60%，沙地的96%合计数）约为18 487.63万$hm^2$，约占全国未利用土地总面积的75.4%，约占全国土地总面积的19.5%。

全国未利用土地主要分布在西北区和西南区干旱、半干旱地区和高原、山区。西北区未利用土地14 156.7万$hm^2$，占全国未利用土地的57.7%，占该区土地总面积的46.5%；西南区未利用土地5433.2万$hm^2$，占全国未利用土地的22.2%，占该区土地总面积的23.3%。其他地区未利用土地较少，华北区占全国的10.0%，中南区占5.1%，东北区和华东区分别为2.8%和2.2%。

根据土地资源变更调查和评价分析①，我国现有可供开发的土地后备资源只有4424万$hm^2$，其中宜耕、宜园、宜林和宜牧土地后备资源分别约为947万$hm^2$②、212万$hm^2$、1399万$hm^2$和1866万$hm^2$。其中宜耕土地后备资源按照60%的垦殖率，只能净开发耕地570万$hm^2$。

## 二、土地复垦潜力

“土地复垦”在我国出现于20世纪50年代末、60年代初，在有关文献中称之为“复用”（reclamation），即恢复利用被开矿破坏的土地。随着恢复对象和恢复后土地用途都有所扩展，土地复垦被定义为对在生产建设过程中，因挖损、塌陷、压占等造成破坏的土地，采取整治措施，使其恢复到可供利用状态的活动。恢复后土地用途可为农、林、牧、渔业用地，也可作为工业用地，以及作为游览娱乐用地。这里应当提出的是，在我国许多文献资料和实际工作中还使用“垦复”一词，它的范围仅包括对荒废土地的造田垦殖利用。垦复与复垦是既有联系又不相同的概念，“垦复”是“复垦”的一部分，所以，国务院颁布的《土地复垦规定》中规定，今后不再使用“垦复”一词，统一使用土地“复垦”。

我国待复垦土地类型多样、成因复杂，按照成因和属性，待复垦土地有挖损地、塌陷地、压占地、污染毁损地和自然灾害毁损5种类型。

挖损地主要指露天开采矿藏、勘探打井、挖井取土、采石淘金、烧制砖瓦、修建公路铁路、兴修水利、工矿建设、城镇和农业建筑等工程完毕后留下的毁损废弃的土地。挖损地分布涉及全国各地。这类土地根据当地条件，可复垦成为耕地、林地和牧地。

塌陷地是指地下开采矿产资源和地下工程建设挖空后，由于地表塌陷而废弃的土地。由于塌陷地的形成主要由地下采矿所引起，从全国范围来看，其分布与我国地下能

① 刘江，中国资源利用战略研究，中国农业出版社，2002。

② 根据1991年国家土地管理局与国家计委联合调查统计，全国宜耕土地资源为1360万$hm^2$（2.04亿亩）。

源或矿产基地相一致，主要分布在山东、河北、山西、江苏、安徽、河南、黑龙江、辽宁等地煤炭资源基地分布区内。一般这类土地只要地形和土壤条件允许，可复垦为耕地和其他农用地，积水区可发展水产养殖。

压占地是指采矿、冶炼、燃煤发电、水泥厂等排放的废渣、石、土、煤矸、粉煤灰等工业固体废弃物、露天矿排土场及生活垃圾等所压占的土地，同时包括废弃建筑物所压占的土地。这类土地如毒性大、垫土开发困难，或所在地区坡度较大，一般适宜复垦为林草地。

污染废弃地主要是指因城市、工业、交通、乡企“三废”排放和污水灌溉而废弃的土地。对于这类土地，前期一般不宜复垦为以生产人畜食用产品的农用地，仅适宜种植林木，用于观赏和用材。

自然灾害毁损地是指地震、暴雨、山洪、泥石流、滑坡、崩塌、沙尘暴等自然灾害而被损毁的土地。这类土地主要分布在洪涝灾害比较严重的地区，对于洪水毁损的土地，当年可直接开发为原农业用地类型。

根据有关部门对1600多个矿山的典型调查与分析，至1996年底，全国待复垦土地共计280万$hm^2$，其中露天采矿场、排土场、尾矿场、塌陷区破坏土地100万$hm^2$，约占矿山废弃地的35%；煤矸石、粉煤灰、尾矿砂、工业废渣等固体废弃场压占土地80万$hm^2$，约占矿山废弃地的30%左右。据有关资料分析，至1996年底全国累计复垦土地约3000万$hm^2$，土地复垦率约为12%，其中复垦的耕地约占已复垦土地的1/3。按照1996年全国待复垦土地280万$hm^2$计算，复垦成耕地的比例占1/3推算，我国工矿废弃地复垦增加耕地的远景潜力约为93.33万$hm^2$。

## 三、土地整理潜力

土地整理是指在一定区域内，依据土地利用规划，采用行政、经济、法律和技术手段，对田、水、路、林、村等进行综合整治，调整土地关系，改善农业生产结构和生产、生活条件，增加可利用土地面积，提高土地利用率和产出率的综合措施。

现阶段我国土地整理包括两方面内容：①农用土地整理简称农地整理，包括碎小田块的合并，基本农田建设、灌溉和道路系统建设以及中低产田改造；②农村居民点土地整理简称村庄整理，包括对过小而分散的居民点进行迁移、合并、改造现有空心村，建设现代化农村居民点。

根据土地利用变更调查资料和各县社会经济数据，利用经验模型法，分别对沟渠、道路、田坎、坑塘和零星未利用土地的开发潜力进行推算，结果表明，我国农地整理净增加耕地面积比例在2.5%～3.5%范围内，据此推算可增加耕地面积为308.68万～431.44万$hm^2$①。潜力较大的地区有北京、天津、河北、河南、江苏、上海、湖北等省（直辖市）的平原地区，西南区和西北区农地整理净增加耕地的潜力较小。

---

① 据我国耕地后各资源的利用研究（1997年）结果表明，全国土地整理的远景潜力约为533万～733万$hm^2$（0.8亿～1.1亿亩），占25°以下耕地面积（18.59亿亩）的4%～6%。

村庄整理包括村庄的集中、缩并和搬迁。根据2000年土地利用变更调查，全国人均农村居民点占地198 $m^2$，远远高于国家规定的上限（150$m^2$），预计我国2030年人口将达到高峰，届时城市化率将达到60%，农村人口规模不仅不扩大，反将有逐步减少的趋势。目前我国农村人口近8.45亿人，根据有关预测成果表明，到2010年农村人口将缩减到8.26亿人，到2030年农村人口将进一步减少到6.88亿人，可见，村庄整理的潜力相当大。据有关研究，2030年我国人口将达16亿人，城市化率达60%，若以人均建设用地150$m^3$计算，农村居民点需用地960万$hm^2$，比目前农村居民点用地1645.9万$hm^2$减少685.9万$hm^2$，按50%整理成耕地，可增加342.9万$hm^2$，为目前耕地量的2.8%。根据上述分析，我国村庄整理可增加耕地面积为233.3万～340.0万$hm^2$，占25°以下耕地面积的2%～3%。

综上所述，农地整理和村庄整理两项合计可增加耕地4%～6%，约481.2万～733万$hm^2$。

## 第三节　不同类型用地利用潜力分析

### 一、耕地利用潜力分析

我国耕地资源有限，后备耕地资源不足，但社会在进步、人口在增加、经济在发展、对有限的耕地资源提出严峻的挑战，出路在于充分且合理地挖掘既有耕地利用潜力，使之变成现实的耕地生产能力。

耕地利用潜力可以从光热水土条件、复种指数、物质技术投入、开发利用模式和开发利用潜力等方面加以测算。

#### 1. 从光热水地测算耕地利用潜力

耕地利用潜力常常被定义为由绝对（或相对）产量或者由一个产量级表示的特定作物的多个平均产量。在土地生产潜力评价中广泛应用统计一机理模型。因此，耕地利用潜力测量就是对生长其上的作物生产力的测算。作物生产力的形成是在大气-作物-土壤这一开放系统内进行的。作物生物学产量的函数式为

$$Y = f(Q, T, P, ET, S)$$

式中：$Y$为作物生物学产量，即光热水土生产力；$Q$为太阳辐射量；$T$为温度；$P$为降水量；$ET$为蒸发量；$S$为土壤肥力。

作物生产力由4个依次递减的层次构成，即光合生产潜力、光温生产潜力、气候生产潜力和土地生产潜力。这些生产力分别代表了不同的生产水平。光合生产潜力是产量的理论上限，是生产力的最高层次，具有空间分布的特征；光温生产潜力是高投入水平下特定作物在一地可能达到的作物产量上限；气候生产潜力是自然降水条件下可能达到的作物产量上限；土地生产潜力是作物实际可能实现的产量水平，它们都具有时空分布的特征，由光合生产潜力到土地生产潜力呈倒金字塔排列，反映其具体数值逐步递减，是一个从质的方面将产量形成量化为具体数学模型的过程。该过程不仅应用了植物学、农学和气象学等自然科学方面的研究成果，而且对一些黑箱或灰箱问题的处理上结合了

社会学和经济学的处理方法。这就是具有中国特色的，以机理模型为主，结合应用统计模型的混合模型研究土地生产潜力的方法论。

有关研究表明，我国粮食气候生产总量可达 92 593.15 万 t，目前已开发利用部分气候生产力仅 40 615.17 万 t，尚存 51 977.98 万 t 的粮食气候生产潜力，超过现有粮食总产量，说明若使各生产环境要素得到较有效的组合，还可望使我国粮食产量更上一层楼。从单位产量来看，目前我国粮食耕地面积单产水平为 365kg，平均气温生产水平可达 905 kg，说明还有 540 kg 的单产潜力可挖。

### 2. 从复种指数测算耕地利用潜力

复种指数反映人类对耕地资源的利用程度。我国大多数耕地面积分布于中温带以南地区，热量条件能够满足两季作物种植。我国平均复种指数只有 152%，较低的复种指数，意味着较低的耕地利用效率。长江以南完全可以实行一年两熟制，华北和西南地区也有相当比例耕地可以实行一年两熟，平均可以使复种指数达到 180%左右，而目前仅有 130%～150%，如河北仅 132%，山西仅 133%，因此进一步提高耕地利用效率和复种指数是完全可能的。

根据有关研究证明，复种指数与我国粮食生产发展呈正相关，应用 1980～2000 年我国历年复种指数和粮食总产量数据进行回归分析，得到如下回归方程

$$Y = -103\,775.7 + 951.394X \qquad r = 0.6957,\ R^2 = 0.4840$$

式中：$Y$ 为粮食总产量；$X$ 为复种指数。

方程的可决系数说明自变量 $X$ 解释因变量 $Y$ 的能力达 48.4%，说明复种指数的提高对于我国粮食生产发展具有重要作用，具体可通过下列比例系数即

$$K = Y/C$$

式中：$K$ 为比例系数；$Y$ 为粮食总产量；$C$ 为复种指数。

就全国而言，每增加复种指数一个百分点，粮食总产量大约增加 256.15 万 t，其他各省（自治区、直辖市）比例系数存在差异，大多介于 10 万～20 万 t 范围内。若将目前我国复种指数（2000 年）152%，提高至 2010 年的 162%，增幅 10%，那么我国粮食增产潜力大约为 2561.50 万 t。

### 3. 从物质技术投入测算耕地利用潜力

耕地利用过程中需要物质技术投入，不仅保证农作物正常生长发育所必需，而且也是保持和提高耕地生产力的关键措施，耕地利用中物质技术投入包括科学栽培、合理灌溉、施肥、改土、科学管理、农业机械、育种繁育和科技进步等。

据有关研究表明，我国粮食生产（$Y$）与农机总动力（$X_1$）、排灌动力（$X_2$）、机耕面积（$X_3$）、机播面积（$X_4$）、有效灌溉面积（$X_5$）、农村用电量（$X_6$）和化肥施用量（$X_7$）等物质技术投入因素之间存在相关性。应用 1980～2000 年有关数据进行回归分析，得到下列回归模型

$$Y = 25\,129.16 + 6.09467X_1 \qquad r = 0.82887,\ R^2 = 0.68700$$

$$Y = 3956.82 + 56.71316X_2 \qquad r = 0.75599, R^2 = 0.57152$$

上列回归模型的相关系数均在0.75以上，达到高度紧密相关，自变量（$X_i$）对因变量（$Y$）的解释能力均在57.155以上，表明所建立模型具有较高的可信度，可用于未来因变量预测。

除此以外，开展改造中低产耕地模型、建设高产稳产农田模式、基本农田集约利用模式、立体种植模式等耕地利用模式，均对于耕地利用效率的提高和粮食总产量的增加具有重要作用。国务院新闻办公室发布的《中国粮食问题》白皮书认为，根据中国农业资源、生产条件、技术水平和其他发展条件，中国粮食的生产潜力很大，其理由有：①提高现有耕地的单位面积产量；②开发后各耕地资源；③依靠科技进步；④利用非粮食作物；⑤节约粮食消费量。

## 二、市地利用潜力分析

根据土地利用现状调查，截至1996年10月3日全国居民点及工矿用地总面积为2407.53万$hm^2$，占全国土地总面积的2.5%，在土地利用一级分类所占比重居第六位。

在居民点及工矿用地总面积中，城镇用地265.02万$hm^2$，占11%；农村居民点用地1645.58万$hm^2$，占68.3%；独立工矿用地276.88万$hm^2$，占11.5%；盐田44.58万$hm^2$，占1.9%；特殊用地175.47万$hm^2$，占7.3%。

关于农村居民点用地即村庄用地利用潜力在村庄整理有关内容中有较详尽的阐述。这里重点对城镇用地利用潜力加以分析。在我国城镇用地中城市用地138.87万$hm^2$，占52.4%，建制镇用地126.15万$hm^2$。

改革开放以来，我国城市化高速发展，城市经济的快速增长引起城市用地规模扩张，使城市对其周围地区的辐射作用大为增强。我国城市化水平从1981年的20.16%提高至1998年的30.40%，18年间提高10.24%，年均递增2.45%；我国城市数量由1981年233个增加到1998年的668个，18年间增加435个城市，增长了2.87倍，年均递增8.15%；城市人口由1981年的14 400.5万人增加到1998年的37 411.8万人，18年间增长1.6倍，年均递增5.85%；城市用地面积由1981年的206 684$km^2$增加到1998年的813 585$km^2$，18年间增加606 901.7$km^2$，增长2.9倍，年均递增7.35；城市建成区面积由1981年的7438$km^2$，增加到1998年21 379.56$km^2$，18年间增加13 941$km^2$，增长2.87倍，年均递增6.5%。对以上有关数据分析可知，我国城市化率每提高1%，城市建成区面积增加1361.4$km^2$，城市用地面积增加59 267.6$km^2$。城市用地面积和建成区面积的增长速度（分别为7.3%和6.5%）快于城市人口增长速度（5.85%）。

按人均建成区面积而言，1981年我国城市按非农业人口计算的人均建成区面积为80.47$m^2$，以每年近1.6$m^2$的速度递增，至1998年达到107.64$m^2$。就我国主要城市而言，按非农业人口计算的人均建成区面积最低者为武汉（56.99$m^2$），最高为成都（138.75$m^2$），极差系数为2.43倍。在55～80$m^2$之间的城市有武汉、沈阳、上海、西安、重庆、青岛、南京、石家庄、天津、北京；介于80～164$m^2$之间的城市有广州、郑州、苏州；超过全国平均水平（107.64$m^2$）的有大连、厦门、杭州、成都。说明城市之间人均建成区面积差异较大，也反映市地利用潜力存在空间。

按城市土地建筑容积率而言，根据宋启林（1996）计算的1994年我国612个城市总平均容积率为0.264；郑伟元（1997）对北京、上海、广州、南京、杭州、太原、青岛、温州、海口9个城市调查计算建筑容积率平均在0.228～0.401之间；据有关统计资料表明，1998年我国城市平均容积率为0.3314，最高者为上海（0.5315），最低者为拉萨（0.1196），极差系数为4.4倍。与国外城市相比，我国城市建筑容积率方面尚存在相当大的潜力。日本规定：高级住宅区容积率为0.5～2.0，一般住宅区为1.0～4.0，工业区为2.0～4.0。就全国而言，平均容积率提高10%，意味着可增加40亿$m^2$的建筑面积，说明我国城市用地利用潜力很大。当然，建筑容积率也不是越高越好，但应有其合理限度。

2004年圈地热暴露地方政府政绩冲动，“开而不发，圈而不用，多征少用”可以说是中国式圈地运动的最明显的特点。国务院五部委的检查验收表明，截至2004年6月17日，除内蒙古自治区以外，全国30个省（自治区、直辖市）共清理出各类开发区6741个，规划用地面积3.75万$km^2$。据不完全统计，全国已撤销各类开发区4735个，占开发区总数的70.2%，核减开发区规划用地面积2.41万$km^2$，占原有规划面积的64.4%。2004年6月19日“节约集约利用土地资源”市长研讨班上公布国土资源部专项调查表明，全国土地浪费现象十分严重，到2004年底，全国城镇规划范围内共闲置、空闲、批而未供土地26.37万$km^2$，相当现有城镇建设用地总量的7.8%。其中闲置土地7.20万$km^2$，空闲土地5.62万$km^2$，批而未供土地13.56万$km^2$。

余庆年（2001）应用单位产值占地率与城市人口密度两项数据构建判断城市土地规模合理性模型。张颖（2005）应用单位产值占地率指标评价我国及各省区市为获取单位国内生产总值所付出土地代价，2002年我国单位国内生产总值平均占地率为6559$hm^2$，较1996年的10 035$hm^2$，减少了3476亿元，意味着2002年为获取1亿元GDP较1996年少投入用地34.64%。2002年，高于全国平均占地率的有13省（自治区、直辖市），若将这些省区的单位GDP占地率降低全国平均水平，就可节约占地3.38万$hm^2$，占当年全国用地总面积48.56%。

在传统城市的发展过程中，城市数量和人口的增长，是以用地范围的扩大为前提的，这是城市发展的二维观念。现代城市学的观点认为，城市的本质是集聚而不是扩散，衡量一个城市发展水平，主要看其集聚程度，城市发挥的效率包括经济效率，空间容纳效率和运行效率等，这是一种城市三维观念。联合国自然资源委员会1982年会议指出：地下空间是人类潜在的丰富的自然资源。根据有关研究表明，当人均国民生产总值约达1000美元时，就具备大规模开发利用地下空间的经济实力。我国可供有效利用的地下空间资源量，据田莉（1998）测算，当开发深度为30m时，可供有效利用的地下空间180 000亿$m^2$，可用作建筑面积60 000亿$m^2$；当开发深度为50m时，分别为290 000亿$m^2$和90 000亿$m^2$；当开发深度为100m时，分别为580 000亿$m^2$和190 000亿$m^2$。

城市用地不足造成城市空间的危机，可是城市空间资源并未得到充分、高效地开发利用。城市空间资源包括城市地上空间资源和地下空间资源。对于城市地上空间资源的开发，目前仅限于有限的高度上，对城市高层空间资源的开发较少，而广阔的地下空间资源更是具有巨大的开发潜力。因此，我们必须转变城市空间发展的模式，将单纯依靠扩大城市用地规模来满足城市空间容量的需求的发展模式，转变为通过对有限的城市用地进行深度开发；综合有效地开发城市上、下部空间，走城市空间立体化发展的道路，以解决城市用地不足的矛盾和其他相应的城市问题。

# 第九章　土地需求量预测

## 第一节　土地需求概念

土地是人类生存与发展不可替代的物质条件。所谓对土地的需求（the demand for land）就是指人们利用土地从事各种生产与消费的活动，以维持其生存。影响土地需求最重要的因素是人口因素，人们对土地需要是引申需求（derived demand），又称为次生需要，因为人们需求土地是因为土地能够生产人类所需要的粮食、衣物、原料和在其上建筑的房屋以及拥有土地所获得的满足感。

任何人必须利用地方能生存，但人们对土地需求程度常常会随时间与空间的变化而有所不同。决定土地需求程度的因素有人口密度、人们利用土地的知识、土地的质量和人们生活水平。①人口密度或人地比例这项系数的大小反映人们对土地需求程度的最好标准。人口密度高地区，在土地供给有限的情况下，对土地需求程度就很大；凡人口稀少地区即人口密度小的地区，其需要程度自然较小。②人们利用土地的知识影响对土地需求程度，如在渔猎时代，人们不知道如何耕种，虽有肥沃的土地亦无人需求；不明冶铁炼钢之法，不知汽油的使用方法时，纵有储量丰富的油铁地区也没有人需要。③土地质量直接影响人们对土地的需求，如土地质量低劣，既不用作生产之用，又不适合人们居住，自然无人需要。④人们的生活水平也直接影响对土地需求，在原始社会里，人们生活异常简单，所需生产地和消费地较少，随着物质文化水平的提高，人们所获得的消费物质和服务增多，必然产生对土地的迫切需求。

人们的衣、食、住、行都需要占用土地，工业化和城市化的发展也需要占用土地，人们对土地的需求具有多元性，土地需求类型基本上可归纳为农业（生存）用地、建设用地和生态用地，在有限的土地资源约束条件下，如何满足人们对土地的各种需求就构成土地利用规划所研究核心问题。

土地需求量预测就是指对一定地区、一定时期内各类用地规模及其动态变化所作的测算。土地需求量预测是协调企业用地矛盾，进行土地供需平衡，编制土地利用规划方案的重要依据。

土地需求量预测思路直接影响着土地利用规划编制思路。通常采用的方法思路是以人定地模式，即依据远景规划人口数和人均实物消费水平，测算实物消费总量，再以单位土地的生产力来除，即可得到某项消费所需占地量。这种模式所依赖的自变量（人口）往往难以预测，从而导致规划的滞后和被动。针对这种传统的预测模式。近年来有的学者（俞孔坚，2002）提出要用逆向思维方式去编制规划，即所谓以地定人或称“反规划”，就是反过来做规划，先将不适宜用作建设的土地如大于25°陡坡地、湿地、生态脆弱地等和高产优质农田划出来，余下再用于满足人们对土地的其余生产需求。

除此以外，土地供需分析时，还要突破传统的自给自足或封闭系统的思维方式，要将一定地区、一定时期土地供需分析置于内外交流式开放系统的思维方式，着眼于地区间乃至全球范围内资源余缺的调剂。

# 第二节 粮食需求量预测

## 一、粮食需求量预测思路

粮食总需求量取决于人口总量和人均粮食需求量。粮食需求量受多种因素影响，其中许多因素都带有不确定性。一般来讲，粮食需求量主要的影响因素有：人口增长和城乡人口结构、食物结构的改善，居民收入水平的提高和动物性食物需求等。

**（1）人口增长**

据有关部门研究，21 世纪的前 10 年，年平均增加人口在 1000 万左右。据此预测，2010 年我国人口可达 14 亿（13.94 亿～14.3 亿）、2020 年达到 15 亿（14.7 亿～15.4 亿）、2030 年达到 16 亿（15.3 亿～16.3 亿）。2050 年达到 16 亿，此后可能实现人口的零增长或负增长。由于庞大的人口基数，使城镇居民的口粮消费成为中国未来一定时期内粮食增长的主要推动力。假定未来人均口粮消费保持 1996 年人均 208kg 水平，每增加 1 亿就会增加口粮 2080 万 t，则 2030 年仅口粮就需要 3.328 亿 t。考虑到未来中国人口食物需求多样化，食物消费结构将发生变化，预测中人均粮食占有量参数 2010 年为 395kg，2030 年保持 400kg，认为基本可以满足消费。

**（2）城市化水平的提高**

城市化是粮食需求增长的新动因，由城乡居民的恩格尔系数的不同，1996 年分别为 48.6%和 56.3%，将对粮食的间接消费产生影响。据黄季琨研究，一个居民从农村转移到一个中小城市，其口粮消费量将减少 58.3kg，到特大城市将减少 64kg，蔬菜消费量将减少 23～25kg，而畜产品年消费量将由 4.2kg 增加到 7.2kg，水产品、水果及其他食品的消费也相应增加。据马晓河研究，城镇化水平每上升 1 个百分点，粮食间接消费就会相应增加 1054 万 t。目前学术界相对一致认为，2030 年中国城市化水平达到 50%左右，城乡人口比例，到 2030 年将由目前的 3∶7 逐步发展为 5∶5，届时对粮食的间接需求量将达到 4.1 亿 t。

**（3）居民收入水平的提高**

随着居民收入水平的提高，食物消费支出构成会发生变化，据有关研究表明，人均 GDP 每增 10 个百分点将增加间接粮食消费 4300 万 t。

**（4）食物消费结构的变化**

1994 年城镇居民按收入等级中最高收入组的动物性食物消费量分别相应高于平均值 5.11kg、1.59kg、3.82kg、1.60kg。由于中国人口饮食习惯，其膳食结构仍将以植物性食物为主，动物性食物为辅，并将逐步、适当增加动物性食物消费。

## 二、人均粮食需求量

根据众多学者研究证明，人均粮食需求量的变化主要取决于它的收入的变化，确立人均收入与人均粮食需求量之间的定量关系就成为预测粮食总需求量的不可或缺的前提条件。在任何情况下，难以根据以往的人均收入与人均粮食需求的时间序列数据来推测其未来的人均收入与人均粮食需求之间的函数关系。作为一种替代办法，选定某一时期不同经济发展水平的区域，并确定在这一时期这些区域的人均收入和人均粮食需求量数据，作为横截面资料，建立人均收入与人均粮食需求之间的函数关系，最后把这种函数关系看作是一种“普通的关系”，并据此预测任一区域未来的人均粮食需求量。这种预测方法的前提是：①每个区域的人均收入与人均粮食需求量之间的函数关系是相同的；②在任一特定时刻，不同人均收入的区域就等同于处于不同发展阶段的同一个区域，即应用某一时期各个区域的横截面资料“替代”任一区域的时间序列资料。

## 三、粮食需求量

粮食需求量一般包括口粮、饲料粮、种子用粮、酿造及其他工业用粮等项消费量，这些方面的需求量又决定于人口总数、城乡人口比例、收入水平、农业生产规模、食品工业发展以及出口水平等因素。一般来说，可以根据上述对粮食需求影响因素的判断进行分项估算加总求得粮食需求量。

**（1）口粮**

城镇居民人均口粮稳定在100kg，农村居民人均口粮由目前260kg逐步下降到200kg（年均递减1.7g）城镇与农村居民的比例由目前3∶7逐步发展到5∶5（年均递增0.6%）。

**（2）饲料粮**

包括生产动物性食物所需要的饲料用粮和役畜所需要的饲料用粮两部分。城镇居民由目前人均肉类消费量24.33kg、蛋9.68kg、鱼8.53kg，到2030年相应上升为40kg、20kg、20kg；农村居民由目前人均肉类消费量13.12kg、蛋3.224kg、鱼3.06kg，到2030年相应上升到30kg、15kg、15kg。对奶的消费量可从目前人均5kg，到2030年上升到30kg。关于饲料用粮的折算比例，可采用肉类比为1∶4、蛋料比为1∶2.5、鱼料比为1∶0.8，奶料比为1∶0.3，据此测算生产所需动物性食物的饲料用量。

**（3）种子用粮**

根据国家统计局统计资料（1990～1992年），目前种子用粮约为2260万t，考虑今后粮食作物播种面积维持现有规模，2000～2030年均以1500万t计算。

**(4) 工业用粮**

有关资料表明，酒类用粮大致为 1kg 白酒耗粮 2.5kg，1kg 啤酒耗粮 0.2kg。总体上考虑酒类消费量的增长和其他工业用粮的判断，2000 年工业用粮以 3000 万 t 计算，以每 10 年递增 1000 万 t 计算，预计 2030 年上升至 6000 万 t。

**(5) 损耗及其他用粮**

据国家统计局统计资料，1996 年粮食在储存、运输中的损耗为 610 万 t，约占当年粮食产量的 1.4%。测算时拟每年 200 亿 kg 作为损耗及其他用粮的常数。

# 第三节　农业用地需求量预测

## 一、耕地需求量

耕地需求量包括大田作物（粮食作物）、经济作物、绿肥和特种作物）用地、人工饲料地、蔬菜地需求量。

### 1. 大田作物用地面积

大田作物包括粮食作物、经济作物、绿肥作物和特种作物等，现以粮食作物用地需求量预测程序如下：

1）确定粮食作物的内部需求量（$V$）

2）确定粮食作物的商品率（$P$）

3）确定粮食作物的总产量（$W$）

$$W=\frac{V}{1-P}$$

4）确定粮食作物加权平均单产（$\bar{Y}_F$）

$$\bar{Y}_F=\frac{\sum(\bar{Y}\cdot F)}{100}$$

粮食作物加权平均单产如表 9-1 所示。

**表 9-1　粮食作物加权平均单产计算表**

| 粮食作物种类 | 权重（$F$）/% | 平均先进单产（$\bar{Y}$）/(t/hm²) | $\bar{Y}_F$/(t/hm²) |
|---|---|---|---|
| 稻谷 | 43 | 19 | 817 |
| 小麦 | 24 | 10 | 240 |
| 玉米 | 28 | 11 | 308 |
| 大豆 | 5 | 2 | 10 |
| 合计 | 100 | | 1375 |

注：①因地制宜地确定粮食作物种植结构作为权重；②平均先进单产（$\bar{Y}$）＝［地区平均单产（$\bar{Y}_{地区}$）＋先进单位平均单产（$\bar{Y}_{单位}$）］/2；③加权平均单产 $\bar{Y}_F=\sum(\bar{Y}\cdot F)/100$。

根据当地粮食作物种植结构（$F$）和作物的平均先进单产（$\bar{Y}$）求得大田作物加权平均单产（$\bar{Y}_F$）。

5）确定粮食作物种植面积（$S_1$）

$$S_1 = \frac{W}{Y_F \cdot A}$$

式中：$A$ 为复种指数。

6）确定粮食作物轮作地净面积（$S_2$）

$$S_2 = \frac{S_1 \cdot N}{n}$$

式中：$S_2$ 为粮食作物轮作地净面积；$S_1$ 为粮食作物种植面积；$N$ 为粮食作物轮作田区总数；$n$ 为所占田区数。

7）确定粮食作物轮作地毛面积（$S_3$）

$$S_3 = S_2(1 + K)$$

式中：$K$ 为道路、沟渠、林带面积占粮食作物的轮作地净面积比重，一般取 $K = 3\% \sim 4\%$。

## 2. 人工饲料地面积

1）根据国家计划任务指标，确定畜产品总产量，再根据各类牲畜平均先进单产（每头牛、羊、猪、鸡等）确定各类牲畜头数。

2）确定各类畜群结构，并根据其饲料需要量计算牲畜饲料总需要量（$W$）。

3）确定扣除其他饲料来源的农副产品（包括秸秆、菱藤、落叶）、野生饲料资源（如苋菜、根头、水萍、水浮莲、榆、杏等）及加工农副产品（麦麸、油饼、酒糟、糖渣、粉渣等）之后的人工种植饲料量，即

$$W_1 = W - W_2$$

式中：$W_1$ 为人工种植饲料量；$W_2$ 为其他饲料来源量。

4）确定的饲料作物加权平均单产

$$\bar{Y}_F = \frac{\sum(\bar{Y} \cdot F)}{100}$$

5）确定饲料作物种植面积（$S_1$）

$$S_1 = \frac{W_1}{Y_F \cdot A}$$

式中：$A$ 为复种指数。

6）确定饲料作物轮作地净面积（$S_2$）

$$S_2 = \frac{S_1 \cdot N}{n}$$

式中：$S_2$ 为饲料作物轮作地净面积（$hm^2$）；$S_1$ 为饲料作物种植面积（$hm^2$）；$N$ 为饲料作物轮作中田区总数；$n$ 为饲料作物所占田区数。

7）确定饲料作物轮作地毛面积（$S_3$）

$$S_3 = S_2(1 + K)$$

式中：$K$ 为道路、沟渠、林带面积占饲料作物轮作净面积比重，一般取 $K$=2%～3%。

## 3. 蔬菜地面积

1）确定蔬菜内部需要量（$V$）

2）确定蔬菜的商品率（$P$）

3）确定蔬菜作物总产量（$W$）

4）确定蔬菜作物加权平均单产（$\bar{Y}_F$）（表 9-2）

**表 9-2　蔬菜加权平均单产计算表**

| 蔬菜作物种类 | 权重（$F$）/% | 平均先进单产（$\bar{Y}$）/(t/hm$^2$) | $\bar{Y}_F$/(t/hm$^2$) |
| --- | --- | --- | --- |
| 白菜类（矮脚黄高梗白） | 25 | 2 | 50 |
| 叶菜类（菠菜、苋菜） | 25 | 2 | 50 |
| 甘蓝类（包菜、花菜） | 5 | 3 | 15 |
| 茄果类（辣椒、茄子） | 10 | 2 | 20 |
| 瓜类（黄瓜、南瓜） | 10 | 3 | 30 |
| 豆类（四季豆、豇豆） | 10 | 2 | 20 |
| 根菜类（萝卜） | 5 | 2 | 10 |
| 葱蒜类（葱蒜） | 10 | 1.5 | 15 |
| 合计 | 100 | | 210 |

注：①确定各类蔬菜作物的种植结构作为权重；②平均先进单产（$\bar{Y}$）＝地区平均单产（$\bar{Y}$ 地区）＋先进单位平均单产（$\bar{Y}$ 单位）/2；加权平均单产 $\bar{Y}_F = \sum(\bar{Y} \cdot F)/100$。

5）确定蔬菜作物种植面积（$S_1$）

$$S_1 = \frac{W}{Y_F \cdot A}$$

式中：$A$ 为蔬菜复种指数（%）。

6）确定蔬菜轮作地净面积（$S_2$）

根据蔬菜地面积（$S_1$），并考虑蔬菜增产、培养地力、调节劳动力和饲料供应等因素，制定蔬菜轮作方案。其中尽可能安排一些轮作作物

$$S_2 = \frac{S_1 N}{n}$$

式中：$S_2$ 为蔬菜轮作地面积（hm$^2$）；$S_1$ 为蔬菜种植面积（hm$^2$）；$N$ 为蔬菜轮作田区总数；$n$ 为蔬菜所占田区数。

7）确定蔬菜轮作地毛面积（$S_3$）

$$S_3 = S_2(1 + K_1 + K_2)$$

式中：$K_1$ 为蔬菜轮作地上林带、道路、沟渠用地占蔬菜轮作地净面积比重；$K_1$＝5%～7%；$K_2$ 为温床、温室占地面积占蔬菜轮作地净面积的比重，$K_2$＝2%～3%。

## 4. 耕地需求量

1）确定粮食与经济作物之间比例简称粮经比，如取粮食占用耕地比重为 87%、

83%、80%

2）计算粮食占用耕地面积

粮食占用耕地面积=粮食作物轮作地毛面积（$S_2$）/ 粮食占用耕地比重（%）

3）供选方案

根据测算形成不同方案，如规划人口数（$A_1$、$A_2$、$A_3$），人均粮食需求量（$B_1$、$B_2$、$B_3$），单位面积产量（$C_1$、$C_2$、$C_3$），粮食自给率（$D_1$、$D_2$、$D_3$），粮经比例（$E_1$、$E_2$、$E_3$），预测耕地最低需求量，即

$$耕地最低需求量 = \frac{规划人口数 \times 人均粮食需求量 \times 粮食自给率}{单位面积产量 \times 粮经比例}$$

根据以上参数的不同组合构成规划实现年耕地需求量方案组合（表 9-3）。

**表 9-3　规划实现年耕地需求量方案组合**　　（单位：$hm^2$）

| 方案 | 组合方式 | 耕地最低需求量 |
| --- | --- | --- |
| 1 | $A_1B_1C_1D_1E_1$ | 214 331 |
| 2 | $A_2B_2C_2D_2E_2$ | 180 634 |
| 3 | $A_3B_3C_3D_3E_3$ | 160 215 |
| 4 | $A_1B_2C_2D_2E_2$ | 182 180 |
| 5 | $A_1B_3C_3D_3E_3$ | 153 538 |
| 6 | $A_2B_1C_1D_1E_1$ | 136 181 |
| 7 | $A_2B_3C_3D_3E_3$ | 171 468 |
| 8 | $A_3B_1C_1D_1E_1$ | 144 510 |
| 9 | $A_3B_2C_2D_2E_2$ | 131 803 |

## 二、果园用地需求量

1）确定果品内部需要量（$V$）

2）确定果品的商品率（$P$）

3）确定果品总产量（$W$）

$$W = \frac{V}{1-P}$$

4）确定果品加权平均单产（$\bar{Y}_F$）（表 9-4）

$$\bar{Y}_F = \frac{\sum(\bar{Y} \cdot F)}{100}$$

5）确定成年果树栽植面积（$S_1$）

$$S_1 = \frac{W}{\bar{Y}_F}$$

**表 9-4　果品加权平均单产计算表**

| 果树种类 | 权重（$F$）/% | 平均先进单产（$\bar{Y}$）/(t/hm²) | $\bar{Y}_F$/(t/hm²) |
|---|---|---|---|
| 仁果类（梨、苹果） | 60 | 5 | 300 |
| 核果类（桃、李） | 20 | 4 | 80 |
| 浆果类（葡萄等） | 5 | 2 | 10 |
| 坚果类（核桃） | 5 | 3 | 15 |
| 杂果类（柿、枣） | 10 | 4 | 40 |
| 合计 | 100 | | 445 |

注：①确定本地各类果树的比例结构作为权重；②平均先进单产（$\bar{Y}$）＝地区平均单产（$\bar{Y}_{地区}$）＋先进单位平均单产（$\bar{Y}_{单位}$）/2；③加权平均单产（$\bar{Y}_F$）＝$\sum$（$\bar{Y} \cdot F$）/100。

6）确定果园面积（$S_2$）

$$S_2 = \frac{S_1}{1-(K_1+K_2)}$$

式中：$K_1$ 为果园内林带、道路、沟渠占果园总面积的比重，一般取 $K_1$＝10%；$K_2$ 为幼年果树占果园总面积比重，一般取 $K_2$＝15%。此面积不包括苗圃在内。

## 三、副业用地需求量

副业生产项目繁多，因各地的自然经济条件的不同而有所差异，一般包括养蚕、养蜂、采集野生植物、编织等，副业生产用地实际上是指副业原料生产用地，如发展养蚕需要桑叶，据此确定人工栽植桑园面积，每张蚕籽食 500kg 左右，每公顷桑园桑叶年产量为 11 250kg，即每公顷桑园可养 22.5 张蚕。再如蓖麻叶，每公顷蓖麻产叶 7500kg，可养 15 张蚕。

## 四、渔业用地需求量

凡水深 1m 以上、水源充足、水质良好的水面（包括池塘、水库、湖泊）均可作为渔业生产用地，在可能条件下，还可发展稻田。

## 五、林地需求量

林业基地规模大小，主要决定于国家的需要和客观条件的可能。根据林业发展规划的要求，南方各省中，凡有大片宜林地的地方都要积极地建立用材林基地。基地有大有小，有全省的重点基地，也有地区、市、县的基地。若将南方各省的县划分为四种类型（Ⅰ、Ⅱ、Ⅲ、Ⅳ），基地面积分别为 4 万 hm²、3 万 hm²、2 万 hm² 和 1 万 hm²；25 年以后的林木蓄积量分别为 60 万 m³、450 万 m³、300 万 m³ 和 150 万 m³；25 年后的年伐量分别为 20 万 m³、15 万 m³、10 万 m³ 和 5 万 m³。第Ⅰ类县是林业重点县，第Ⅱ、Ⅲ类县是在一般山区县总面积中划出 20%～30%作为林业基地，以上三类县都应向国家提供商品木材，第Ⅳ类县主要解决地方用材自给。在少林地区，规划的重点是要放在实现木材自给的问题上，规划时应解决如下问题：要有多少木材才能达到自给？生产这么多木材需要多少林地？这些林地能在多少年之后达到多少蓄积量？什么时候可能提供达到自给要求的年伐量？为了确定林业用地面积，需要计算下列技术经济指标：平均单产（单位面积蓄积量）、地方用材自给水平、主伐年龄和轮伐期、年伐量。各地应根据具体情况加以确定。

## 第四节　建设用地需求量预测

### 一、居民点用地需求量

#### 1. 指标概算法

常用指标有每户宅基地指标，每人用地指标或按耕地面积概算指标。将上述指标分别乘以总户数、总人口和总耕地面积即可概算居民点内居住用地面积，再按居住区与生产区占地比来推算生产区面积，两者相加即为居民点用地面积。

依据人均用地定额指标（$J_2$）（表 9-5）计算居民点用地面积

$$Z_2 = NJ_2$$

式中：$Z_2$ 为居民点规划占地面积；$N$ 为规划人口数；$J_2$ 为人均用地指标。

**表 9-5　我国城市人均用地现状及规划指标**　　（单位：$m^2$）

| 城市规模 | 现状 | 规划 |
|---|---|---|
| 特大城市（100 万人以上） | 57.9 | 70～90 |
| 大城市（50 万～100 万人） | 74.0 | 80～100 |
| 中等城市（20 万～50 万人） | 81.1 | 90～110 |
| 小城市（10 万～20 万人） | 92.6 | 90～110 |
| 小城市（10 万人以下） | 101.1 | 90～110 |

#### 2. 数学模型法

应用建设面积及其影响因素序列数据建立回归模型，建筑面积作为因变量（$Y$），人口（$X_1$）和国内生产总值（$X_2$）作为自变量，如 $Y=-39\ 469.18+191.78X_1+3.831X_2$（$R^2=0.918\ 45$），据以预测规划年建筑面积。应用建设容积率序列数据，建立此时间为自变量自回归模型，如 $Y=0.201\ 666+8.285X$（$R^2=0.928\ 585$），据以预测规划年建筑容积率。在此基础上测算建设用地面积（即建筑面积/建筑容积率）。

#### 3. 需求推算法

根据规划期间需建房户数推算农民建房需新增用地面积

$$H=(N/P-F_0)\cdot n/2\cdot d\cdot e$$

式中：$H$ 为规划期农村个人建房需占用土地面积；$N$ 为规划目标年农村人口数；$P$ 为户均人口数；$F_0$ 为规划基期农村总户数；$n$ 为规划年限；$d$ 为规划期间建房户所占比

例；$e$ 为每户宅基地占地定额标准。

再考虑到农村居民点内部的公共建筑、道路和乡镇企业生产占地，推算农村居民点新增占地面积

$$Z = H(1+K)$$

式中：$Z$ 为规划期新增农村居民点占地面积；$K$ 为公路、道路和乡村企业生产占地系数，一般取 0.3～0.6。

城镇与农村居民点用地也可以采用人口与用地面积之间的回归方式或灰色系统模型进行预测。

### 4. 两区累加法

先分别计算生活区和生产区的占地面积，然后两区占地面积累加即可得到居民点用地面积。要依次计算居民点内居住建筑、公共建筑和生产建筑面积，再行累加。居住建筑面积应依据住宅建筑标准和单方造价以及户室比，公共建筑通常以千人指标（如1000 人中应有医院病床 4～6 张等）和远景人口数进行计算。生产建筑面积一般依据其生产规模占地指标（如年产 3 万 t 水泥占地 $1.4hm^2$ 等）进行计算。

居民点用地概算公式为

$$\begin{aligned} M &= M_1 + M_2 \\ &= (m_1+m_2+m_3+m_4)K + S\sum_{i=1}^{n} P_i \end{aligned}$$

式中：$M$ 为居民点用地面积；$M_1$ 为生活区用地面积；$M_2$ 为生产区用地面积；$m_1$ 为居住建筑面积；$m_2$ 为公共建筑面积；$m_3$ 为在农村系指自留地面积；$m_4$ 为生活区内不宜利用的土地面积；$P_i$ 为各种生产建筑物面积；$K$ 为系数，$K=1.2\sim1.3$；$S$ 为系数，$S=10\sim15$。

## 二、水利工程用地需求量

渠道工程用地其面积依据其长度和宽度来计算。长度可在图上截取，借助比例尺核算，宽度与其流量、控制面积和渠道断面要素以及水力计算参数有关。渠道断面要素包括渠道纵坡、边坡、超高、渠顶宽、糙力、宽深比口＝6 砌。渠道只允许不冲不淤流速，渠道横断面各要素的尺寸应根据有关参数通过水力学公式加以确定：

$$Q = \omega V = \omega C\sqrt{Ri}$$

式中：$Q$ 为渠道设计流量（$m^3/s$）；$\omega$ 为过水断面面积（$m^2$），即渠道梯形断面积，$\omega=(b+mb)h$（$b$ 为底宽，$h$ 为水深，$m$ 为边坡系数）；$R$ 为水力半径，等于过水断面 $\omega$ 与湿周 $\lambda$ 之比值，即 $R=\dfrac{\omega}{\lambda}$（m），$\lambda$ 为湿周即过水断面水充与渠床接触线的长度（m）；$i$ 为渠道比降；$C$ 为糙率系数（又称谢才系数），$C=\dfrac{1}{n}R^{\frac{1}{6}}$。

小型渠道断面尺寸可参考表 9-6 中数据。

**表 9-6　小型灌溉渠道断面设计参考**

| 灌溉面积/hm² | 渠道流量/(m³/min) | 渠道底宽/m | 各种比降所需渠道深度/m 边坡为1∶1时 | | | | | | | 边坡为1∶1.5时 | | | | | | | 其中渠道起高/m | 渠道顶宽/m |
|---|---|---|---|---|---|---|---|---|---|---|---|---|---|---|---|---|---|---|
| | | | $\frac{1}{300}$ | $\frac{1}{500}$ | $\frac{1}{750}$ | $\frac{1}{1000}$ | $\frac{1}{1500}$ | $\frac{1}{2000}$ | $\frac{1}{3000}$ | $\frac{1}{300}$ | $\frac{1}{500}$ | $\frac{1}{750}$ | $\frac{1}{1000}$ | $\frac{1}{1500}$ | $\frac{1}{2000}$ | $\frac{1}{3000}$ | | |
| 20 | 0.015 | 0.25 | 0.40 | 0.40 | 0.42 | 0.45 | | | | 0.40 | 0.40 | 0.40 | 0.40 | | | | 0.2 | 0.3 |
| 40 | 0.030 | 0.25 | 0.40 | 0.42 | 0.45 | 0.47 | | | | 0.40 | 0.40 | 0.40 | 0.40 | | | | 0.2 | 0.3 |
| 60 | 0.045 | 0.25 | 0.42 | 0.45 | 0.47 | 0.50 | | | | 0.40 | 0.41 | 0.44 | 0.46 | | | | 0.2 | 0.3 |
| 80 | 0.060 | 0.25 | 0.44 | 0.47 | 0.50 | 0.52 | 0.54 | | | 0.41 | 0.43 | 0.46 | 0.48 | 0.52 | | | 0.2 | 0.4 |
| 93.3 | 0.070 | 0.25 | 0.47 | 0.51 | 0.52 | 0.54 | 0.56 | 0.59 | | 0.44 | 0.46 | 0.49 | 0.50 | 0.54 | 0.56 | | 0.2 | 0.4 |
| 106.7 | 0.080 | 0.30 | | 0.51 | 0.53 | 0.54 | 0.57 | 0.60 | 0.62 | | 0.48 | 0.51 | 0.52 | 0.55 | 0.57 | 0.63 | 0.2 | 0.4 |
| 120.0 | 0.090 | 0.30 | | | 0.55 | 0.56 | 0.59 | 0.63 | 0.65 | | 0.52 | 0.54 | 0.54 | 0.57 | 0.60 | 0.65 | 0.2 | 0.5 |
| 133.3 | 0.100 | 0.30 | | | 0.57 | 0.58 | 0.62 | 0.65 | 0.67 | | 0.53 | 0.58 | 0.58 | 0.60 | 0.64 | 0.67 | 0.2 | 0.5 |
| 146.7 | 0.110 | 0.30 | | | 0.58 | 0.62 | 0.65 | 0.68 | 0.70 | | 0.55 | 0.60 | 0.60 | 0.63 | 0.67 | 0.69 | 0.2 | 0.5 |
| 160 | 0.120 | 0.30 | | | 0.59 | 0.65 | 0.67 | 0.70 | 0.72 | | 0.57 | 0.64 | 0.64 | 0.67 | 0.70 | 0.71 | 0.2 | 0.5 |
| 173.3 | 0.130 | 0.35 | | | 0.60 | 0.64 | 0.65 | 0.67 | 0.73 | | 0.60 | 0.66 | 0.66 | 0.69 | 0.72 | 0.73 | 0.2 | 0.6 |
| 200 | 0.150 | 0.40 | | | 0.64 | 0.66 | 0.68 | 0.72 | 0.77 | | 0.58 | 0.63 | 0.63 | 0.67 | 0.72 | 0.73 | 0.2 | 0.6 |
| 233.3 | 0.170 | 0.40 | | | 0.65 | 0.69 | 0.71 | 0.75 | 0.80 | | 0.59 | 0.64 | 0.64 | 0.68 | 0.73 | 0.74 | 0.2 | 0.7 |
| 266.7 | 0.200 | 0.50 | | | 0.67 | 0.70 | 0.72 | 0.75 | 0.77 | | 0.59 | 0.65 | 0.65 | 0.68 | 0.74 | 0.74 | 0.2 | 0.8 |
| 300 | 0.225 | 0.50 | | | 0.68 | 0.72 | 0.75 | 0.77 | 0.80 | | 0.62 | 0.66 | 0.66 | 0.68 | 0.75 | 0.77 | 0.2 | 0.9 |
| 333.3 | 0.250 | 0.50 | | | 0.69 | 0.74 | 0.77 | 0.80 | 0.85 | | 0.64 | 0.68 | 0.68 | 0.70 | 0.78 | 0.80 | 0.2 | 1.0 |

水库工程用地可依据水位-库容关系曲线（根据水位求出相应的库容）和水位-面积关系曲线（根据水位求出相应的库水面积）估算。水库库容估算方法有地形图法、断面法和系数法。地形图法依据库区实测地形图和拟建坝高，求出水库的淹没面积和库容。断面法是沿一定的方向施测断面，据以估算水库库容和库水面积。系数法是据经验公式估算库容

$$V=\frac{HBL}{K}$$

式中：$V$ 为库容；$H$ 为近坝处水库蓄水深度；$B$ 为近坝处水面宽度；$L$ 为水库内水面长度；$K$ 为系数，狭窄地形 $K=6$，开敞地形 $K=4$。

## 三、公路工程用地需求量

公路工程用地取决于其长度和宽度。其长度依据选线方案在图上截取；公路的宽度与其技术等级有关，公路技术等级依据其昼夜交通量，如高速公路是 25 000 辆以上，一级公路是 5000～25 000 辆，二级公路是 2000～5000 辆，三级公路是 2000 辆以下，四级公路是 200 辆以下，见表 9-7。依据公路技术等级即可确定公路的路面宽度和路基宽度，公路昼夜交通量一般可按下列经验公式计算

$$A=2N/dp$$

式中：$A$ 为昼夜平均交通量（辆/昼夜）；$N$ 为公路年平均货运强度（t）；$d$ 为汽车运输天数（d）；$p$ 为每辆汽车载重量（t），解放牌汽车为 4t，跃进牌汽车为 2.5t。

表 9-7　公路用地定额指标

| 公路等级 | 高速公路 | 一级 | 二级 | 三级 | 四级 |
|---|---|---|---|---|---|
| 交通量（辆/昼夜） | ＞25 000 | 5000～25 000 | 2000～5000 | ＜2000 | ＜200 |
| 地形 | 平原、山岭、重丘陵 | 平原、山岭、微丘陵、重丘陵 | 平原、山岭、微丘陵、重丘陵 | 平原、山岭、微丘陵、重丘陵 | 平原、山岭、微丘陵、重丘陵 |
| 路面宽度/m | 2×75，2×7 | 2×7.5，2×7 | 9，7 | 7，6 | 3.5，3.5 |
| 路基宽度/m | 26，23 | 23，19 | 12，8.5 | 8.5，7.5 | 6.5，4.5 |

# 第五节　生态用地需求量预测

生态用地需求量基于以下两种考虑，一是从生态环境保护角度，划定生态保护用地或不能用于建设的用地；二是基于生态足迹测算各种具有生态生产力土地面积。

## 一、生态用地需求量测算思路

多样性是理论生态学和应用生态学的一个重要概念，甚至许多生态学家和生物学家将其视为生命的基本原则。生态学中多样性包括物种多样性、结构多样性和空间多样性。生物及其构成的客观世界的其他组成部分因此呈现出其各异的景观。结构多样性常常与土地位置有关，在结构多样性中，植物结构起着重要的作用。空间多样性表现为结构复杂性和结构多样性，它通过各类土地生态系统（耕地、林地、牧地、水域等）表现为丰富多彩的土地景观，它是其他多样性的基础。学术界将物种多样性、结构性和空间多样性分别称为$\alpha$、$\beta$和$\gamma$多样性。著名景观生态学家 Haber 运用分异土地利用土地管理战略研究之中。具体来讲，就是在给定的区域自然单元之内，一般土地利用类型不能太单一，至少10%～15%为它用或自然保护区。在一个给定的自然单元内集约农业或城市土地利用中至少有平均10%的表面被自然或半自然区占据。这就是所谓“10%急需法则”（10 Percent exigency rule）是允许足够的野生动物植物与人类的土地利用共存的一般设计原则。在国家自然公园中，参观者设施、野营地、停车场等不能超过总面积的10%。优势土地利用必须在自身之内多样化，应避免大片土地同一化。人口高度集中的地区，土地规模绝对不能超过8～10 $hm^2$，它同样也适用于内容单一的城市和工业区。集约土地利用的多样性可使环境负担多样化，从而减轻环境负担。大面积土地的单一化利用，会造成了单调的土地景观，也加重了环境承受的负担，因为每一种土地利用都相当于给大自然进行了一次手术，土地利用面积越大，耕地的土壤侵蚀就越严重；反之则越弱。

## 二、生态占用面积测算

人类和万物均依赖地球，地球有多大，一直备受关注。以宇宙进化的时间尺度观察，地球面积是变化的，但以人类历史作时间尺度观察，地球几何面积的相对变动很小，在整个地球表面积中大约71%的海洋，具有生态生产力的土地（biologically productive land）大约占地球总面积的16%，其余陆地大约13%。具体来讲，地球上具有生态生产力的土地和海洋结构为可耕地14.5亿$hm^2$（占陆地面积10%）、建筑用地3亿$hm^2$（占2%）、牧地33.6亿$hm^2$（占23%）、林地51.2亿$hm^2$（占33%）和具有生态生产力的海洋占海域8%，为29亿$hm^2$。全球人口以60亿计，上述具有生态生产力土地人均水平分别为0.24$hm^2$、0.06$hm^2$、0.56$hm^2$、0.85$hm^2$和0.4$hm^2$，合计人均生态生产力土地和海洋为2.13$hm^2$，其中扣除生物多样性占用面积（12%）人均为0.26$hm^2$，实际每人可用的生态生产力土地和海洋面积（88%）仅为1.87$hm^2$。若把上述具有生态生产力的全部面积比喻为足迹，则可将其分为耕地、林地、牧地、建筑用地，近海水域和能源地。人类的全部消费均由6项用地提供生产能力维持。虽然地球表面积中大部分为水域，但能提供生态生产力的水域为近海，大约只占全部水域的8%，与能源相关的土地使用。不仅指煤矿、油田占用的表面积，更是指为吸收温室气体二氧化碳所需要的森林保留地。

生态足迹（ecological footprint）是加拿大所属哥伦比亚大学雷斯（William Rees）教授及其学生魏克内格（Mathis Wackernagel）教授首次提出的，并于近年已为20多个国家利用生态足迹指标计算各类承载力问题。

生态足迹的单位是“gha”（global hectare），即“全球性公顷”，并非通常的土地面积公顷（hectare），一个单位的“全球性公顷”，相当于1$hm^2$具有全球平均产量的生产力空间，利用生态足迹指标可以判断需求与资源分配的公正性和检验供给的可持续性。

生态足迹的任务是计算各项消费所使用的gha为单位的土地，其计算步骤如下：

1）计算各类消费所使用的土地$S_i$

$$S_i = C_i/Y_i = (P_i + l_i - E_i)/Y_i$$

式中：$C_i$为$i$项消费总量；$Y_i$为$i$类土地生产力；$P_i$为$i$项当地生产量；$l_i$为$i$项消费的进口量；$E_i$为$i$项消费的出口量。

2）计算总土地占用

$$\sum S_i = S_1 + S_2 + S_3 + S_4 + S_5 + S_6$$

式中：$S_1$为耕地；$S_2$为草地；$S_3$为建筑用地；$S_4$为林地；$S_5$为近海水域；$S_6$为能源用地。

3）折算为生态足迹$EF$

$$EF = \sum S_i \times f_i/P$$

式中：$f_i$为各类土地的等量因子；$P$为人口。

生态足迹计算方法分为综合法和成分法。综合法（compound approach）即自上而下利用国家级的数据归纳，而区域（自治省、直辖市）、行业、公司、学校、个人的生态足迹采用Simmons等创造的“成分法”（component approach），即自下而上利用当地数据。表9-8中可见，1999年全球平均每人的生态足迹2.33gha，该年每人可提供的平均面积仅1.91$hm^2$，生态足迹的赤字每人为0.42 $hm^2$。

**表 9-8　全球生态足迹**（1999 年）

| 面积 | 等量因子 /(gha/ $hm^2$) | 全球需求 | | 全球可提供的生产力面积 | |
|---|---|---|---|---|---|
| | | 总和需求 /$hm^2$ | 标准化后的需求 /gha | 全球面积 /$hm^2$ | 标准化后的面积 /gha |
| 耕地 | 2.1 | 0.25 | 0.53 | 0.25 | 0.53 |
| 草地 | 0.5 | 0.21 | 0.10 | 0.58 | 0.27 |
| 林地 | 1.3 | 0.22 | 0.29 | 0.65 | 0.87 |
| 渔域 | 0.4 | 0.40 | 0.14 | 0.39 | 0.14 |
| 建筑用地 | 2.2 | 0.05 | 0.10 | 0.05 | 0.10 |
| 能源用地 | 1.3 | 0.86 | 1.16 | 0.00 | 0.00 |
| 合 计 | | | 2.33 | 1.91 | 1.91 |

资料来源：Wackernagel et al，Tracking the ecological overshoot of the human economy，PNAS，2002。

# 第六节　土地需求量定量预测方法

## 一、常用预测方法

### （一）趋势预测法

规划区域或单位的耕地面积或建设用地面积的变化是在时间序列上展开的。随着时间的推移，可以得到一系列依赖于时间的数据 $Y_t=f(t)$。以时间为参数的数列称之为时间序列。若假定变量的过去变动趋势外延到未来，从而得到预测期的变量数值，这就是趋势预测法。

时间序列趋势预测法的自变量就是时间 $t$，因变量为时间序列本身 $Y_t$，其一般形式为

$$\hat{Y}=f(t)$$

式中：$\hat{Y}$ 为拟合值（在样本范围内）或预测值（在样本范围之外），与实际的 $Y$ 之差就是拟合误差或预测误差。

趋势预测时，先将序列描绘在横轴为时间 $x$ 纵轴为指标时序值 $y$ 的直角坐标上，绘成一张散点图，然后根据序列的散点图形状，结合对其发展的具体分析，选择适当的趋势线方程，用最小二乘法求解方程中的参数（常系数），再应用选定的趋势线方程进行预测。常用的趋势线方程有以下几种：

#### 1. 直线方程

若耕地面积或建设用地面积逐年增减大致相同，可配合直线方程 $y=a+bX$，用最小二乘法导出的标准方程组为

$$\begin{cases}\sum Y=na+b\sum X\\ \sum XY=a\sum X+b\sum X^2\end{cases}$$

联解上列方程组，就可求出参数 $a$ 和 $b$

$$a = \frac{\sum Y - b\sum X}{n}$$

$$b = \frac{\sum XY \cdot n - \sum Y \cdot \sum X}{\sum X^2 \cdot n - \sum X \sum X}$$

## 2. 二次曲线方程

若耕地面积或建设用地面积时间序列中的逐期增长量中期大，前期和后期小，可配合二次曲线方程 $y=a+bx+cx^2$。

根据下列三个标准方程式来解三个未定参数 $a$、$b$、$c$：

$$\begin{cases} \sum Y = aN + b\sum X + c\sum X^2 \\ \sum XY = a\sum X + b\sum X^2 + c\sum X^3 \\ \sum X^2Y = a\sum X^2 + b\sum X^3 + c\sum X^4 \end{cases}$$

为了计算方便，令

$$L_{1Y} = \sum (X-\overline{X})(Y-\overline{Y})$$

$$L_{2Y} = \sum (X-\overline{X}^2)(Y-\overline{Y})$$

$$L_{11} = \sum (X-\overline{X})^2$$

$$L_{22} = \sum (X^2-\overline{X}^2)^2$$

$$L_{12}L_{21} = \sum (X-\overline{X})(X^2-\overline{X}^2)$$

将上列各代表数值代入运算过程得

$$L_{11}b_1 + L_{12}b_2 = L_{1Y}$$

$$L_{21}b_1 + L_{22}b_2 = L_{2Y}$$

用二阶行列式求解 $a$、$b$ 和 $c$ 值得

$$\Delta = \begin{vmatrix} L_{11} & L_{12} \\ L_{21} & L_{22} \end{vmatrix} \qquad \Delta_1 = \begin{vmatrix} L_{1Y} & L_{12} \\ L_{2Y} & L_{22} \end{vmatrix}$$

$$\Delta_2 = \begin{vmatrix} L_{11} & L_{1Y} \\ L_{21} & L_{2Y} \end{vmatrix}$$

$$\text{则 } b = \frac{\Delta_1}{\Delta}; \quad c = \frac{\Delta_2}{\Delta}$$

$$a = \overline{Y} - b\overline{X} - c\overline{X}^2$$

## 3. 指数方程

若耕地面积或建设用地面积的逐期增减率大致相同，可配合指数方程 $Y=ab^x$。进

行指数曲线配合，先将指数曲线方程式化为对数形式，然后再用最小二乘法求参数 $a$ 和 $b$。

$$\lg Y = \lg a + X\lg b$$

假设

$$Y' = \lg Y, A = \lg a, B = \lg b$$

则指数曲线方程式化为

$$\begin{cases} Y' = A + BX \\ \sum Y' = NA + B\sum X \\ \sum XY' = A\sum X + B\sum X^2 \end{cases}$$

联解上列方程组，就可求出参数 $A$ 和 $B$。

由于客观事物的复杂性，预测研究中应用的基础统计数据是多种因素共同作用的结果，当用数学模型来近似地模拟土地面积发展变化时，难免会发生误差（预测误差），因此，在应用上述三种可能出现误差的数学模型拟合后，为了选择其中误差最小最适当的模型，必须分别计算它们的预测值与实际值之间的误差，并加以比较。常常应用计算标准误差的办法以检验其误差的大小，标准误差计算公式如下：

$$\sigma = \sqrt{\frac{\sum (Y - \hat{Y})^2}{n - 2}}$$

式中：$\sigma$ 为标准误差；$Y$ 为实际值；$\hat{Y}$ 为预测值；$n$ 为项数。

## （二）回归预测法

回归预测法是根据变量之间的相互关系，利用其他变量的已知值来推断预测变量的数值，是通过表明两个或几个变量之间关系的数学方程式进行预测的一种方法。因此，应用回归预测法同时需要两组时间顺序相同、相互关系密切的时间序列，如两组时间顺序相同的耕地面积与农作物产量的时间序列，它们之间存在着相关关系或是因果关系，但不能是完全确定的函数关系。

众所周知，耕地面积同许多因素有关，如人口数量、粮食总产量、基本建设投资增长量等，并随着这些因素的变化而变化，它们之间存在着因果关系，可以用下式简明地表示出这种关系：

$$\hat{Y} = f(x_1, x_2, \cdots, x_n)$$

式中：$\hat{Y}$ 为耕地面积预测值（因变量）；$x_1$，$x_2$，…，$x_n$ 为耕地面积的各种制约因素（自变量）；$f$ 为表示 $x$ 和 $\hat{Y}$ 之间的未来关系。

在具体实例中，假定未来土地面积受着三个因素的影响，可以通过建立三元线性回归模型进行预测。其模型为

$$Y = b + b_1x_1 + b_2x_2 + b_3x_3$$

式中：$Y$ 为土地（耕地）面积预测值；$x_1$ 为人口数量；$x_2$ 为粮食总产量；$x_3$ 为基本建

设投资增长量（包括新建和扩建的工矿企业、城乡居民点等）；$b_1$、$b_2$、$b_3$ 为回归系数，它们表示当自变量（$x_i$）增加一个单位时，因变量 $y$ 的平均增加数值，其值可应用最小二乘法求解标准方程式得到。

为了取得对 $a$、$b_1$、$b_2$、$b_3$ 的最小平方估计，用最小二乘法计算各参数，使拟合线的误差平方和最小，由数学推导得下列标准方程式：

$$L_{11}b_1 + L_{12}b_2 + L_{13}b_3 = L_{1Y}$$
$$L_{21}b_1 + L_{22}b_2 + L_{23}b_3 = L_{2Y}$$
$$L_{31}b_1 + L_{32}b_2 + L_{33}b_3 = L_{3Y}$$

上列方程式组中：

$$L_{11} = \sum (x_1 - \bar{x}_1)^2$$
$$L_{22} = \sum (x_2 - \bar{x}_2)^2$$
$$L_{33} = \sum (x_3 - \bar{x}_3)^2$$
$$L_{12} = L_{21} = \sum (x_1 - \bar{x}_1)(x_2 - \bar{x}_2)$$
$$L_{13} = L_{31} = \sum (x_1 - \bar{x}_1)(x_3 - \bar{x}_3)$$
$$L_{23} = L_{32} = \sum (x_2 - \bar{x}_2)(x_3 - \bar{x}_3)$$
$$L_{1Y} = \sum (x_1 - \bar{x}_1)(Y - \bar{Y})$$
$$L_{2Y} = \sum (x_2 - \bar{x}_2)(Y - \bar{Y})$$
$$L_{3Y} = \sum (x_3 - \bar{x}_3)(Y - \bar{Y})$$

用三阶行列式解上列线性方程组得

$$\Delta = \begin{vmatrix} L_{11} & L_{12} & L_{13} \\ L_{21} & L_{22} & L_{23} \\ L_{31} & L_{32} & L_{33} \end{vmatrix} \qquad \Delta_1 = \begin{vmatrix} L_{1Y} & L_{12} & L_{13} \\ L_{2Y} & L_{22} & L_{23} \\ L_{3Y} & L_{32} & L_{33} \end{vmatrix}$$

$$\Delta_2 = \begin{vmatrix} L_{11} & L_{1Y} & L_{13} \\ L_{21} & L_{2Y} & L_{23} \\ L_{31} & L_{3Y} & L_{33} \end{vmatrix} \qquad \Delta_3 = \begin{vmatrix} L_{11} & L_{12} & L_{1Y} \\ L_{21} & L_{22} & L_{2Y} \\ L_{31} & L_{32} & L_{3Y} \end{vmatrix}$$

则　$b_1 = \frac{\Delta_1}{\Delta}$　$b_2 = \frac{\Delta_2}{\Delta}$　$b_3 = \frac{\Delta_3}{\Delta}$　($\Delta \neq 0$)

$$a = \bar{Y} - b_1\bar{x}_1 - b_2\bar{x}_2 - b_3\bar{x}_3$$

$\bar{Y}$，$\bar{x}_1$，$\bar{x}_2$，$\bar{x}_3$ 均为观察值的平均数，据此建立三元线性回归模型

$$\hat{Y} = a + b_1x_1 + b_2x_2 + b_3x_3$$

在建立回归模型时，不需要事先假定两个变量之间一定要具有相关关系，换句话说，即使两个变量之间不存在相关关系，在散点图上杂乱的散点也可以应用最小二乘法将它们拟合成一条直线来表示两个变量 $x$、$y$ 的关系。但在这种情况下所拟合的直线是

毫无意义的。因此，在回归模型建立好以后，应当分析两个变量之间是否存在数量上的相互关系即相关关系，为说明两个变量之间相关关系的密切程度，必须计算相互关系 $r$。

## 二、土地需求量预测实例

### （一）耕地需求量预测

如表 9-9 所示，根据某县 1970～1999 年耕地面积资料，在以时间为横坐标（自变量 $X$）、耕地面积 $Y$ 为纵坐标（因变量 $Y$）的坐标系上展绘，得到一条反映某县历年耕地面积变动趋势线。

**表 9-9　直线型模型计算**

| 年份 | 年次 ($X$) | 耕地面积 ($Y$) /万 $hm^2$ | $XY$ | $X^2$ | $\hat{Y}$ | $Y-\hat{Y}$ | $(Y-\hat{Y})^2$ | $T_t$/% |
|---|---|---|---|---|---|---|---|---|
| 1970 | 1 | 95.47 | 95.47 | 1 | 112.31 | −16.84 | 283.58 | −17.6 |
| 1971 | 2 | 98.80 | 197.60 | 4 | 111.22 | −12.42 | 154.26 | −12.5 |
| 1972 | 3 | 108.11 | 324.33 | 9 | 110.13 | −2.02 | 4.08 | −1.8 |
| 1973 | 4 | 110.22 | 440.88 | 16 | 109.04 | +1.18 | 1.39 | +1.0 |
| 1974 | 5 | 110.24 | 551.20 | 25 | 107.95 | +2.29 | 5.24 | +2.0 |
| 1975 | 6 | 113.16 | 678.96 | 36 | 106.86 | +6.30 | 39.69 | +5.5 |
| 1976 | 7 | 111.61 | 781.27 | 49 | 105.77 | +5.84 | 34.11 | +5.2 |
| 1977 | 8 | 112.01 | 896.08 | 64 | 104.68 | +7.33 | 53.72 | +6.5 |
| 1978 | 9 | 109.84 | 988.56 | 81 | 103.59 | +6.25 | 39.06 | +5.6 |
| 1979 | 10 | 105.03 | 1050.30 | 100 | 102.50 | +2.53 | 6.40 | +2.4 |
| 1980 | 11 | 100.46 | 1105.06 | 121 | 101.41 | −0.95 | 0.90 | −0.9 |
| 1981 | 12 | 105.94 | 1271.28 | 144 | 100.32 | +5.62 | 31.58 | +5.3 |
| 1982 | 13 | 100.51 | 1306.63 | 169 | 99.32 | +1.28 | 1.64 | +1.2 |
| 1983 | 14 | 100.77 | 1410.78 | 196 | 98.14 | +2.63 | 6.92 | +2.6 |
| 1984 | 15 | 100.77 | 1511.55 | 225 | 97.05 | +3.72 | 13.84 | +3.6 |
| 1985 | 16 | 100.77 | 1612.32 | 256 | 95.96 | +4.81 | 23.14 | +4.7 |
| 1986 | 17 | 98.77 | 1679.09 | 289 | 94.87 | +3.90 | 15.21 | +3.9 |
| 1987 | 18 | 98.00 | 1764.00 | 324 | 93.78 | +4.22 | 17.21 | +4.3 |
| 1988 | 19 | 90.11 | 1712.09 | 361 | 92.69 | −2.58 | 6.66 | −2.8 |
| 1989 | 20 | 88.39 | 1767.80 | 400 | 91.60 | −3.21 | 10.30 | −3.6 |
| 1990 | 21 | 85.30 | 1791.30 | 441 | 90.51 | −5.21 | 27.14 | −6.0 |
| 1991 | 22 | 84.60 | 1861.20 | 484 | 89.42 | −4.82 | 23.23 | −5.6 |
| 1992 | 23 | 85.08 | 1956.84 | 529 | 88.33 | −3.25 | 10.56 | −3.8 |

续表

| 年份 | 年次 (X) | 耕地面积 (Y) /万 $hm^2$ | XY | $X^2$ | $\hat{Y}$ | $Y-\hat{Y}$ | $(Y-\hat{Y})^2$ | $T_t$/% |
|---|---|---|---|---|---|---|---|---|
| 1993 | 24 | 83.98 | 2015.52 | 576 | 87.24 | −3.26 | 10.63 | −3.9 |
| 1994 | 25 | 83.35 | 2083.75 | 625 | 86.15 | −2.80 | 7.84 | −3.3 |
| 1995 | 26 | 83.07 | 2159.82 | 676 | 85.06 | −1.99 | 3.96 | −2.3 |
| 1996 | 27 | 83.00 | 2241.00 | 729 | 83.97 | −0.97 | 0.94 | −1.1 |
| 1997 | 28 | 82.63 | 2313.64 | 784 | 82.88 | −0.25 | 0.06 | −0.3 |
| 1998 | 29 | 82.61 | 2386.41 | 841 | 81.79 | +0.88 | 0.67 | −1.1 |
| 1999 | 30 | 82.61 | 2478.30 | 900 | 80.70 | +1.91 | 3.65 | +2.3 |
| 合计 | 465 | 2895.21 | 4233.03 | 9455 | | 121.26 | 838.21 | $e_t=Y-\hat{Y}$ $T_t=\frac{e_t}{Y}\times 100\%$ |

从图 9-1 中可知，该县历年耕地面积变化呈递减趋势且年变化增减幅度大致相等，拟以直线型方程 $y=a+bx$ 配合，根据最小平方法和微分求极值的原理导出一组标准方程式

$$\sum Y = na + b\sum X$$

$$\sum XY = a\sum X + b\sum X^2$$

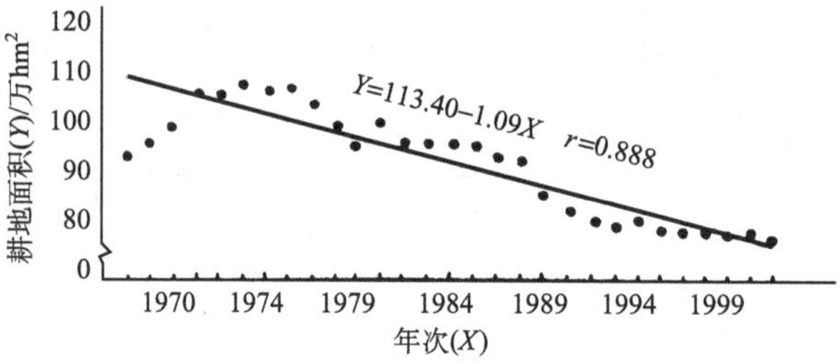


图 9-1　某县历年耕地面积变动散点图

求解上列方程组得系数 $a$ 和 $b$ 的计算公式为

$$a=\frac{\sum Y - b\sum X}{n} \qquad b=\frac{\sum XY\cdot n - \sum Y\sum X}{\sum X^2\cdot n - \sum X\sum X}$$

把有关数据代入上式，求得 $a=113.40$，$b=-1.09$。

直线型预测模型为

$$\hat{Y}=113.40-1.09X \qquad X\in(1,30)$$

相关系数 $r=0.888$，说明所建立的模型是高度显著的。标准误差

$$RMSE=\sqrt{\frac{\sum(Y-\hat{Y})^2}{n}}=\sqrt{\frac{838.21}{30}}=27.94$$

根据上述模型预测误差可知，在 30 个预测值（样本范围内）中，除 1979、1980 年两年误差超过 10%以外，其余各年误差均在±10%以下，21 年的误差在±5%以下，占 70%；最近 5 年的预测误差更小，均在±2.5%以下。这一切充分说明应用 $\hat{Y}=113.40-1.09X$ 模型对该县耕地面积进行直线趋势预测达到满意的结果。

## (二) 建设占用耕地需求量预测

根据某县 1986～2000 年耕地面积和基本建设投资资料，在以基本建设投资为横坐标（自变量 $X$），耕地面积为纵坐标（因变量 $Y$）的坐标系上展绘，得到一条反映该县历年耕地面积递减趋势曲线（图 9-2），拟以指数曲线型方程 $Y=aX^b$ 模拟，结果见表 9-10 所示。

首先化曲线为直线形式，上式两边取对数

$$\lg Y = \lg a + b\lg X$$

设 $Y'=\lg Y$，$A=\lg a$，$X'=\lg X$，得 $Y'=A+bX'$

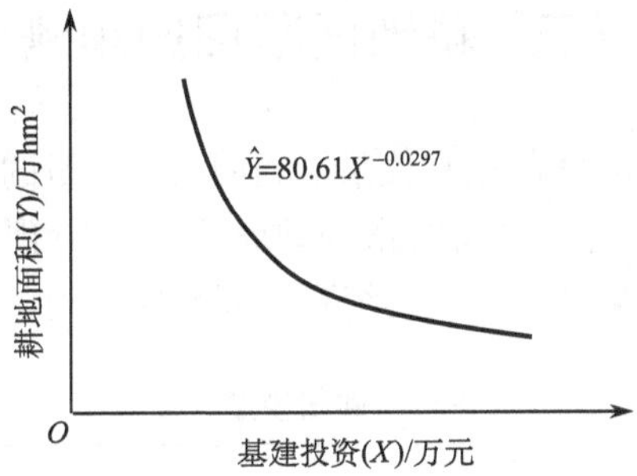


图 9-2　某县历年耕地面积和基建投资变化散点图

**表 9-10　指数曲线模型计算**

| 年份 | 耕地面积（Y）/万 hm² | 基本建设投资（X）/万元 | $\lg Y=Y'$ | $\lg X=X'$ | $X'Y'$ | $X'^2$ | $Y'^2$ | $(X'-\overline{X}')^2$ | $\hat{Y}'$ | $\hat{Y}$ |
|---|---|---|---|---|---|---|---|---|---|---|
| 1986 | 75.29 | 24 | 1.8767 | 1.3802 | 2.5902 | 1.9050 | 3.5220 | 1.737 | 1.8654 | 73.3485 |
| 1987 | 70.11 | 775 | 1.8458 | 1.8751 | 3.4811 | 3.516 | 3.4070 | 1.7004 | 1.8507 | 71.0220 |
| 1988 | 70.95 | 123 | 1.8509 | 2.0899 | 3.9682 | 4.367 | 3.4258 | 0.3870 | 1.8493 | 69.9133 |
| 1989 | 69.37 | 149 | 1.8411 | 2.1732 | 4.0011 | 4.7228 | 3.3896 | 0.2903 | 1.8419 | 69.491 |
| 1990 | 68.76 | 767 | 1.8374 | 2.8848 | 5.3005 | 8.3211 | 3.3760 | 0.0299 | 1.8207 | 66.1823 |
| 1991 | 68.175 | 1166 | 1.8336 | 3.0668 | 5.0233 | 9.4053 | 3.3621 | 0.1259 | 1.8153 | 65.3771 |
| 1992 | 67.44 | 750 | 1.8291 | 2.8751 | 5.2588 | 8.2662 | 3.3456 | 0.0266 | 1.8230 | 66.0738 |
| 1993 | 66.71 | 6.00 | 1.8242 | 2.7728 | 5.0680 | 7.7184 | 3.3277 | 0.0044 | 1.8239 | 66.0749 |
| 1994 | 65.823 | 479 | 1.8183 | 2.6803 | 4.8736 | 7.1840 | 3.3062 | 1.0010 | 8.8268 | 67.1191 |
| 1995 | 65.979 | 699 | 1.8197 | 2.8445 | 5.1761 | 8.0912 | 3.3113 | 0.0176 | 1.8219 | 66.4003 |
| 1996 | 65.642 | 609 | 1.8173 | 2.7846 | 5.0605 | 7.7540 | 3.3026 | 0.0053 | 1.8237 | 66.6198 |

续表

| 年份 | 耕地面积（Y）/万 $hm^2$ | 基本建设投资（X）/万元 | $\lg Y=Y'$ | $\lg X=X'$ | $X'Y'$ | $X'^2$ | $Y'^2$ | $(X'-\bar{X}')^2$ | $\hat{Y}'$ | $\hat{Y}$ |
|---|---|---|---|---|---|---|---|---|---|---|
| 1997 | 65.678 | 225 | 1.8174 | 2.3522 | 4.2741 | 5.5328 | 3.3029 | 0.1295 | 1.8365 | 68.6627 |
| 1998 | 65.704 | 598 | 1.8176 | 2.7767 | 5.0469 | 7.7100 | 3.3037 | 0.0042 | 1.8239 | 66.6749 |
| 1999 | 65.417 | 1815 | 1.8157 | 3.2589 | 5.9172 | 10.6204 | 3.2968 | 0.2990 | 1.8096 | 64.5396 |
| 2000 | 65.021 | 1238 | 1.8130 | 3.0927 | 5.6070 | 9.5648 | 3.287 | 0.1449 | 1.8145 | 65.2184 |

将有关数据代入，计算求得 $A=\lg a=1.9064$，$b=-0.0297$，$Y'=1.9064-0.0297X'$。借助反对数表将上列对数方程变换为指数曲线方程 $\hat{Y}=80.61X^{-0.0297}$。

根据某县 1990 年基本建设投资额为 6837.8 万元，应用 $\hat{Y}=80.61X^{-0.0297}$ 进行预测，1990 年耕地面积预测值为 $\hat{Y}=\dfrac{80.61}{6837.8^{0.0297}}=62.05$ 万亩。

## （三）耕地面积回归预测

回归预测法是根据变量之间的相互关系，利用其他变量的已知值来推断预测变量的数值，是通过表明两个或几个变量之间关系的数学模型进行预测的一种方法（表 9-11），因此，应用回归预测法同时需要两组（或几组）时间顺序相同、相互关系密切的时间序列。

**表 9-11　回归模型计算表**

| 年份 | 序号 | 人口（$x_1$）/万人 | 粮食总产（$x_2$）/亿斤 | 耕地面积（Y）/万 $hm^2$ | $x_1^2$ | $x_2^2$ | $x_1x_2$ | $x_1Y$ | $x_2Y$ | $Y^2$ | $\hat{Y}$ | $Y-\hat{Y}$ | $(Y-\hat{Y})^2$ | $T_t$/% |
|---|---|---|---|---|---|---|---|---|---|---|---|---|---|---|
| 1970 | 1 | 44.39 | 1.17 | 95.47 | 1970.42 | 1.37 | 51.94 | 4237.91 | 111.70 | 9114.52 | 96.69 | −1.22 | 1.48 | −1.2 |
| 1971 | 2 | 45.21 | 2.17 | 98.80 | 2043.94 | 4.71 | 98.11 | 4466.75 | 214.40 | 9761.44 | 99.44 | −0.64 | 0.41 | −0.6 |
| 1972 | 3 | 45.77 | 2.41 | 108.11 | 2094.89 | 5.81 | 110.30 | 4948.19 | 260.55 | 11 687.77 | 99.61 | +8.50 | 72.25 | +7.8 |
| 1973 | 4 | 46.12 | 1.79 | 110.22 | 2127.05 | 3.20 | 82.55 | 5083.35 | 197.39 | 12 148.49 | 96.72 | −13.50 | 182.25 | +12.2 |
| 1974 | 5 | 47.02 | 3.21 | 110.24 | 2210.88 | 10.30 | 150.93 | 5183.48 | 353.87 | 12 152.86 | 101.00 | −9.24 | 85.38 | +8.3 |
| 1975 | 6 | 47.88 | 3.39 | 113.16 | 2292.49 | 11.49 | 162.31 | 5418.10 | 383.61 | 12 805.19 | 100.52 | +12.64 | 159.77 | +11.1 |
| 1976 | 7 | 48.65 | 4.00 | 111.61 | 2366.82 | 16.00 | 194.60 | 5429.83 | 446.44 | 12 456.79 | 101.83 | +9.78 | 35.65 | +8.7 |
| 1977 | 8 | 49.78 | 4.26 | 112.01 | 2478.05 | 18.15 | 212.06 | 5575.85 | 477.16 | 12 546.24 | 101.29 | +10.72 | 114.92 | +9.5 |
| 1978 | 9 | 50.34 | 3.47 | 109.84 | 2534.12 | 12.04 | 174.68 | 5529.25 | 381.44 | 11 933.38 | 97.46 | −12.38 | 153.26 | +11.3 |
| 1979 | 10 | 44.03 | 2.33 | 105.03 | 1938.64 | 5.43 | 102.59 | 4624.47 | 244.72 | 11 031.30 | 101.68 | −3.35 | 11.22 | +3.2 |
| 1980 | 11 | 35.89 | 2.03 | 100.46 | 1288.09 | 4.12 | 72.86 | 3605.51 | 203.93 | 10 092.21 | 111.68 | −11.22 | 125.89 | −11.2 |
| 1981 | 12 | 38.79 | 1.65 | 105.94 | 1504.66 | 2.72 | 64.00 | 4109.41 | 178.80 | 1223.28 | 106.22 | −0.28 | 0.07 | −0.3 |
| 1982 | 13 | 40.60 | 2.42 | 100.51 | 1648.36 | 5.86 | 98.25 | 4080.71 | 243.23 | 10 102.26 | 106.73 | −6.22 | 38.69 | −6.2 |
| 1983 | 14 | 40.21 | 2.87 | 100.77 | 1616.84 | 8.24 | 115.40 | 4051.96 | 289.21 | 1054.59 | 109.01 | −8.24 | 64.89 | −8.2 |
| 1984 | 15 | 41.81 | 2.74 | 100.77 | 1748.08 | 7.51 | 14.56 | 4213.19 | 276.11 | 10 154.59 | 106.31 | −5.54 | 30.69 | −5.5 |
| 1985 | 16 | 43.64 | 2.95 | 100.77 | 1904.45 | 8.70 | 128.74 | 4397.60 | 297.27 | 10 154.59 | 104.62 | −3.85 | 14.82 | −3.8 |
| 1986 | 17 | 45.89 | 2.74 | 98.77 | 2105.89 | 7.51 | 125.74 | 4532.55 | 270.63 | 9755.51 | 100.72 | −1.95 | 3.80 | −2.0 |

续表

| 年份 | 序号 | 人口($x_1$)/万人 | 粮食总产($x_2$)/亿斤 | 耕地面积(Y)/万 $hm^2$ | $x_1^2$ | $x_2^2$ | $x_1x_2$ | $x_1Y$ | $x_2Y$ | $Y^2$ | $\hat{Y}$ | $Y-\hat{Y}$ | $(Y-\hat{Y})^2$ | $T_t$/% |
|---|---|---|---|---|---|---|---|---|---|---|---|---|---|---|
| 1987 | 18 | 48.19 | 2.97 | 98.00 | 2322.28 | 8.82 | 143.12 | 4722.62 | 291.06 | 9604.00 | 98.46 | −0.46 | 0.21 | −0.5 |
| 1988 | 19 | 50.60 | 2.94 | 90.11 | 2569.36 | 8.64 | 148.76 | 4559.97 | 264.92 | 8119.81 | 95.05 | −4.94 | 24.40 | −5.4 |
| 1989 | 20 | 53.09 | 3.30 | 88.39 | 2818.55 | 10.89 | 175.20 | 4692.63 | 291.69 | 7812.79 | 93.03 | −4.64 | 21.53 | −5.2 |
| 1990 | 21 | 54.12 | 3.50 | 85.30 | 2928.97 | 12.25 | 189.42 | 4614.44 | 295.55 | 7276.09 | 92.39 | −7.09 | 50.27 | −8.3 |
| 1991 | 22 | 55.49 | 3.68 | 84.60 | 3079.14 | 13.54 | 204.20 | 4694.45 | 311.33 | 7157.16 | 91.22 | −6.62 | 43.82 | −7.8 |
| 1992 | 23 | 57.26 | 4.13 | 85.08 | 3278.71 | 17.06 | 236.48 | 487.68 | 351.38 | 7238.61 | 90.54 | −5.46 | 29.81 | −6.4 |
| 1993 | 24 | 59.56 | 4.69 | 83.98 | 3547.39 | 22.00 | 279.34 | 5001.85 | 393.87 | 7052.64 | 89.56 | −5.58 | 31.14 | −6.6 |
| 1994 | 25 | 60.92 | 4.21 | 83.35 | 3711.25 | 17.72 | 256.47 | 5077.68 | 350.90 | 6947.22 | 85.83 | −2.48 | 6.15 | −3.0 |
| 1995 | 26 | 61.65 | 4.53 | 83.07 | 3800.72 | 20.52 | 279.27 | 5121.27 | 376.31 | 6900.62 | 96.08 | −3.01 | 9.06 | −3.6 |
| 1996 | 27 | 62.22 | 3.68 | 83.00 | 3871.33 | 13.54 | 228.97 | 5164.26 | 305.44 | 6889.00 | 81.99 | +1.01 | 1.02 | +1.2 |
| 1997 | 28 | 62.64 | 4.57 | 82.63 | 3923.77 | 20.88 | 286.26 | 5175.94 | 377.62 | 6827.72 | 84.87 | −2.24 | 5.02 | −2.7 |
| 1998 | 29 | 63.06 | 3.68 | 82.61 | 3976.56 | 13.54 | 232.06 | 5209.39 | 304.00 | 6824.41 | 80.85 | +1.76 | 3.09 | +2.1 |
| 1999 | 30 | 63.30 | 3.80 | 82.61 | 4006.89 | 14.67 | 242.44 | 5229.21 | 316.40 | 6824.41 | 81.10 | +1.51 | 2.28 | +1.8 |
| 合计 | | 1508.12 | 95.31 | 2895.21 | 77699.63 | 327.23 | 4961.61 | 1 433 625.20 | 9059.83 | 282 749.49 | | 166.07 | 1325.83 | |
| | | | $\bar{x}_1=50.27$ | $\bar{x}_2=3.18$ | $\bar{Y}=96.51$ | | | | | | | | | |

注：1斤=0.5kg。

众所周知，未来耕地面积受多因素制约，如人口、单产、总产、基本建设投资等，并随着上述因素的变化而变化，在它们之间存在着因果关系。由于资料的局限，在某县耕地需求预测中，仅具体分析了耕地与人口、粮食总产量之间存在的依存关系，通过建立二元回归模型进行耕地预测。具体做法是取三组时间顺序相同的时间序列（历年耕地、人口和粮食总产量），建立二元线性回归模型为

$$\hat{Y} = a + b_1x_1 + b_2x_2$$

式中：$\hat{Y}$ 为耕地面积预测值；$x_1$ 为人口数；$x_2$ 为粮食总产量；$a$ 为回归系数，对于二元回归来说，$a$ 是回归平面在 $y$ 轴上的截距；$b_1$、$b_2$ 为偏回归系数，$b_1$ 的含义是 $x_2$ 保持不变时，当 $x_1$ 增减一个单位时，预测值 $y$ 的平均增减数量，$b_2$ 的含义是 $x_1$ 保持不变时，当 $x_2$ 增减一个单位时，预测值 $y$ 的平均增减数量，$b_1$ 或 $b_2$ 仅仅部分地揭示出因 $x_1$ 或 $x_2$ 的变化所引起 $y$ 的变化。

为了取得对 $b_1$ 和 $b_2$ 的最小平方估计，必须使误差平方和极小化，即

$$SS_E = \sum(Y-\hat{Y})^2$$
$$= \sum(Y-a-b_1x_1-b_2x_2)^2$$

$$\Delta_1 = \begin{vmatrix} 2895.21 & 1508.12 & 95.31 \\ 143\,625.20 & 77\,699.63 & 4961.61 \\ 9059.83 & 4961.61 & 327.23 \end{vmatrix} = 78\,262\,712.30$$

$$\Delta_2 = \begin{vmatrix} 30 & 2895.21 & 95.31 \\ 1508.12 & 143\,625.20 & 4961.61 \\ 95.31 & 9059.83 & 327.23 \end{vmatrix} =-700\,017.14$$

$$\Delta_3 = \begin{vmatrix} 30 & 1508.12 & 2895.21 \\ 1508.12 & 77\,699.63 & 143\,625.20 \\ 95.31 & 4961.61 & 9059.83 \end{vmatrix} = 1\,986\,908.59$$

$$a = \frac{\Delta_1}{\Delta} = \frac{78\,262\,712.30}{511\,646.51} = 152.96$$

$$b_1 = \frac{\Delta_2}{\Delta} = \frac{-700\,017.14}{511\,646.51} = -1.37$$

$$b_2 = \frac{\Delta_3}{\Delta} = \frac{1\,986\,908.59}{511\,646.51} = 3.88$$

建立二元线性回归模型为

$$\hat{Y} = 152.96 - 1.37x_1 + 3.88x_2$$

根据预测误差分析可知，在 30 个预测值（样本范围内）中除 1973、1975、1978 和 1980 年 4 年的误差达 11.1%～12.2%以上，其余 26 年预测误差均在 10%以下，其中 5%以下的有 13 个，占一半以上，尤其是最近 6 年的预测误差都很小，说明应用二元回归预测方法对该县耕地预测是可行的。

测量预测误差的综合指标有平均绝对误差、均方误差和标准误差，其计算结果如下：

$$\text{平均绝对误差}(MAE) = \frac{1}{n}\sum |Y - \hat{Y}| = \frac{166.07}{30} = 5.53 \text{ 万亩}$$

$$\text{均方误差}(MSE) = \frac{1}{n}\sum (Y - \hat{Y})^2 = \frac{1325.83}{30} = 44.19 \text{ 万亩}$$

$$\text{标准误差}(RMSE) = \sqrt{\frac{1}{n}\sum (Y - \hat{Y})^2} = \sqrt{\frac{1325.83}{30}} = 6.64 \text{ 万亩}$$

在评价一个预测值的可靠程度时，可按一定概率保证，根据标准误差计算预测值的置信区间。计算时取概率度为 95%，自由度为 $n-1$ 而不能用样本项数：

$$\text{标准误差}(RESE) = \sqrt{\frac{\sum (Y - \hat{Y})^2}{n-1}} = \sqrt{\frac{1325.83}{29}} = 6.76 \text{ 万亩}$$

回归模型的预测置信区间为

$$\hat{Y} \pm 1.96 \times 6.76 = \hat{Y} \pm 13.25$$

根据预测误差计算结果可以看出，除一个点以外，其余 29 个误差点都没有超出上、下控制限，说明预测处于控制之中，正负误差点大致相等。

为了在多变量的观察中分析两个特定的变量之间数量变化关系的密切程度，进行简单相关系数、偏相关系数和复相关系数的计算，其结果如下：

## 1. 简单相关系数

- 耕地面积 $Y$ 与人口数 $x_1$ 之间的相关系数 $r_{Y_1} = -0.764$，可决系数 $r_{Y_1}^2 = 0.5837$。
- 耕地面积 $Y$ 与粮食总产量 $x_2$ 之间的相关系数 $r_{Y_2} = -0.751$，可决系数 $r_{Y_2}^2 = 0.2342$。
- 人口数 $x_1$ 与粮食总产量 $x_2$ 之间的相关系数 $r_{12} = 0.817$，可决系数 $r_{12}^2 = 0.6675$。

2. 偏相关系数

• 粮食总产量 $x_2$ 为控制变量，耕地面积 $Y$ 与人口数 $x_1$ 的偏相关系数 $r_{Y_1\cdot 2}=-0.731$,可决系数 $r_{Y_1\cdot 2}^2=0.534$，$t$ 检验 $t_{r_{Y_1\cdot 2}}=-5.569<t_{0.05(30)}=1.703$ 显著。

• 人口数 $x_1$ 为控制变量，耕地面积 $Y$ 与粮食总产量 $x_2$ 的偏相关系数 $r_{Y_2\cdot 1}=0.376$，可决系数 $r_{Y_2\cdot 1}^2=0.627$，$t$ 检验 $t_{r_{Y_2\cdot 1}}=2.108>t_{0.05(30)}=1.703$ 显著。

• 耕地面积 $Y$ 为控制变量，人口数 $x_1$ 与粮食总产量 $x_2$ 的偏相关系数 $r_{12\cdot Y}=0.792$，可决系数 $r_{12\cdot Y}^2=0.627$，$t$ 检验 $t_{r_{12\cdot Y}}=6.746>t_{0.05(30)}=1.703$ 显著。

3. 复相关系数

耕地面积 $Y$ 与人口数 $x_1$ 和粮食总量 $x_2$ 之间的复相关系数 $R_{Y\cdot 12}=0.801$ 。

## (四) 建设用地需求量预测

依据某省 11 个市（区）近年来建设用地面积增长情况资料，建立下列预测模型。

1) $\hat{Y}=3734.73+91.9X \qquad r=0.6298,\ R>0.602$

式中：$\hat{Y}$ 为建设用地面积（万亩）；$X$ 为工农业总产值（亿元）；$r$ 为相关系数；$R$ 为复相关系数。

2) $\hat{Y}=2537.62+62.17X \qquad R=0.712$

式中：$\hat{Y}$ 为建设用地面积（万亩）；$X$ 为工农业总产值（亿元）。

3) $\hat{Y}=-839.787+92.27X \qquad R=0.814$

式中：$\hat{Y}$ 为农民建设用地面积（万亩）；$X$ 为农民户数。

4) $\hat{Y}=-415.23+412.0x_1$

$\hat{Y}=14\,846+583.8x_2$

式中：$\hat{Y}$ 为建设用地面积（万亩）；$x_1$ 为工农业总产值和总人口的综合指数；$x_2$ 为工农业总产值、总人口和平均每户人口的综合指数。

5) $y_1=a_1x_{11}+a_2x_{21}+a_3x_{31}+a_4x_{41}+a_5x_{51}$

$y_2=a_1x_{12}+a_2x_{22}+a_3x_{32}+a_4x_{42}+a_5x_{52}$

$\vdots$

$y_{11}=a_1x_{111}+a_2x_{211}+a_3x_{311}+a_4x_{411}+a_5x_{511}$

式中：$y_i$ 为各市建设用地预测值；$x_1$ 为总人口：$x_2$ 为农业人口；$x_3$ 为非农业人口：$x_4$ 为工业总产值；$x_5$ 为农业户数；$a_j$ 为回归系数。

将 11 市有关资料数据输入上式即可得出下列多元回归模型

$$y=2221.37-3129.45x_1+2779.2x_2+3048.35x_3+10.5x_4+719.4x_5 \qquad R=0.912$$

# 第七节　土地供需平衡分析

在土地利用现状分析评价、土地质量评价和土地需求量预测的基础上开展土地供需平衡分析工作，初步了解土地供需方面存在的问题，寻求协调土地供需的途径和方法。

土地供给指自然界赋予人类社会生产和生活利用的土地数量和质量。土地供给可分为土地的自然供给和土地的经济供给。土地的自然供给是指土地以其自然固有的特性供给人类利用，其供给量不受人为因素所制约，属无弹性供给。土地的经济供给是指土地在自然供给与某些自然条件所许可的情况下，土地供给量随着土地某种用途利益的提高而消长的现象，属有弹性供给。

土地供给量是指规划区域内供给人类利用各类土地的数量之和。依据 1984 年土地利用现状分类体系，土地利用类型有耕地、园地、林地、牧草地、居民点及工矿用地、交通用地、水域和未利用土地八大类。土地利用现状调查成果反映上述八大类用地的数量。土地需求量系指人类从事生产与消费活动对土地的需要。随着人口增长和社会经济发展，对土地的需求也在增长，各类用地的需求量依据社会经济发展计划加以预测。土地供需分析就是在土地供给量和土地需求量预测和估算的基础上加以比较（图 9-3），依

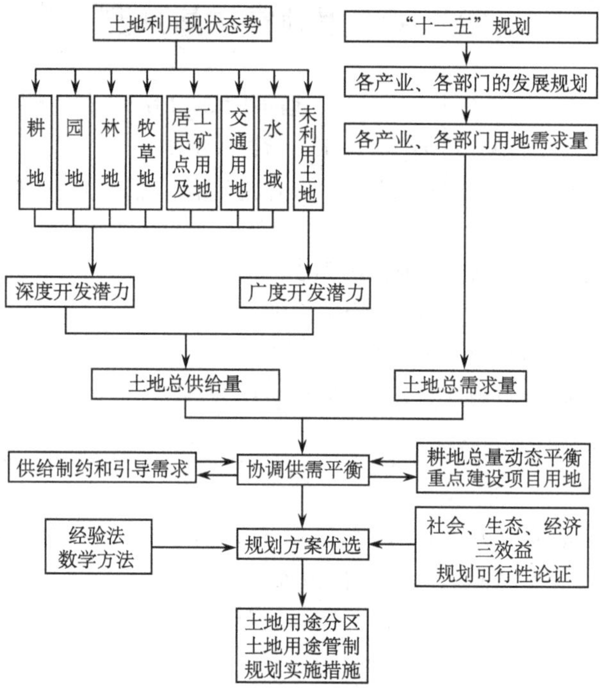


图 9-3　土地供需平衡协调路径

据土地供给量和土地需求量两者之间的数量比较借以评价供不应求、供过于求和供需平衡状况。可以采用经验方法增减供需，以达到供需平衡，也可以应用数学方法，借助优化土地利用结构即各类用地数量比例关系，协调土地数量供需平衡的同时应使土地利用效率最大化。凡能够同时兼顾数量平衡和利用效率最大两项条件的土地利用结构才为合理，才真正做到了土地供需平衡。分别计算土地供给量和土地需求量的有关细目汇总于表 9-12，具体显示两者之间的数量关系。

**表 9-12　土地供需平衡计算**

| 土地供给 | 土地需求 |
|---|---|
| 外延供给 | 农业用地 |
| 土地开发潜力 | 耕地 |
| 荒地资源开发 | 园地 |
| 闲散地开发 | 林地 |
| 海涂资源开发 | 牧地 |
| 土地复垦潜力 | 水产用地 |
| 挖损地复垦 | 建设用地 |
| 塌陷地复垦 | 城镇居民点及工矿用地需求量 |
| 压占地复垦 | 城市用地 |
| 污染毁损地复垦 | 城镇用地 |
| 灾毁地复垦 | 农村居民点用地 |
| 土地整理潜力 | 独立工矿用地 |
| 农地整理 | 交通运输用地 |
| 村庄用地整理 | 公路用地 |
| 市地整理 | 铁路用地 |
| 内涵供给 | 水运用地 |
| 耕地利用潜力 | 空运用地 |
| 光热水土产量 | 水利工程用地 |
| 提高复种指数 | 渠道工程用地 |
| 增加物质技术投入 | 水库工程用地 |
| 市地利用潜力 | 生态保护用地 |
| 提高建筑密度 | 自然保护地 |
| 增加建筑容积率 | 生态脆弱地 |
| 土地供给总量 | 土地需求总量 |

# 第十章　土地利用结构与布局

## 第一节　土地利用结构概念

土地利用结构是在对供选方案优化的基础上加以确定的。优选方案具有时间相对性。随着时间和参数的变化，优化方案也处于动态变化之中。众所周知，土地是国民经济各部门重要的物质条件，各部门的生产活动都离不开土地，都是以占用一定面积土地作为其活动范围的，因此，国民经济各部门之间不但存在着经济上的结构和比例关系，而且其间也具有土地利用结构和比例关系。所谓结构是从静态方面反映一定时期内，同一总体中各部分所占的比重，表示在一个总体内部多元的对比关系；比例则从动态方面反映不同时期内同一总体中各部分动态变化的相互关系。从这个意义上讲，土地利用结构系指国民经济各部门占地的比重及其相互关系的总和，是各种用地按照一定的构成方式的集合。经济结构与用地结构之间存在着关联性。通过两者之间关联性的研究和揭示，更好地发挥土地作为宏观经济调控手段的作用，也为土地资源科学管理、促进社会经济可持续发展提供科学依据。用地结构是客观存在的，无时不在，有现状结构和规划结构之别，关键在于结构是否合理。根据系统论观点，结构决定功能。只有用地结构合理，才能保持土地利用系统的良性循环，才能取得土地利用的最大效率，优化结构，提高功能，从而可用较少的消耗或投入取得较高的效益。优化土地利用结构是在保证土地利用效率最大化的前提下，解决土地供需平衡的有效途径。优化土地利用结构是不需要追加土地面积投入的条件下获得土地供需平衡的结构效应的有力措施。

土地利用结构研究可以解决以下两个相关的问题，即国民经济各部门之间合理分配土地资源和实现土地利用效率最大化。土地利用效率可用平均单位土地面积的产出的大小或平均单位产出的占地大小来表示。土地利用效率最大化就是要尽可能地降低平均每单位产出的占地量或提高平均每单位土地的产出量。

## 第二节　土地利用结构系统及其特征

### 一、土地利用结构系统的组成

顾名思义，土地利用结构是由土地利用和结构两种要素综合而成的整体。土地的利用定义在第一章已有阐述，说到结构得从系统谈起，所谓系统系指由一组相互联系的单元组合起来的具有特定功能的有组织整体。根据系统论的观点，万物均以系统形式存在，以系统方式普遍联系。凡事物必构成系统，凡系统必有结构，凡结构必有功能。系统、结构、功能概念贯穿于各门科学。土地利用是由相互联系的土地利用类型子系统组成的系统，是一个土地质量特性上存在差异，人类社会经济发展对土地功能的需求上多

种多样的多目标系统。同时，它又是生态环境系统和社会经济系统的重要组成部分。即为

$$A=\{a_1, a_2, \cdots, a_8\}$$

式中：$A$ 为土地利用系统；$a_1$，$a_2$，…，$a_8$ 分别代表耕地、园地、牧草地等八类用地类型子系统。

## 二、土地利用结构系统的特性

### 1. 整体性

系统理论应用于土地利用规划，首先是指一定地域范围内（全国、省、市、县、乡）土地利用大系统看作一个由地域土地利用类型（用地类型）子系统组成的一个整体，$A_1=\{a_1, a_2, \cdots, a_8\}$，$A$ 为集合（大系统），$a_1$，$a_2$，…，$a_8$ 为集合的元素（子系统）。它犹如各子系统组成的有机体，但绝不是各子系统简单相加，系统理论注重研究大系统有机整体的最佳运转状态，并根据这项要求去设计各个子系统。各子系统的最佳方案的叠加，并不等于大系统的最佳方案。整体性原则要求各子系统的设计紧密配合，互相适应，相互关联，才能使大系统有良好的运转，处于最佳状态，使整体发展出更大的效益。即“系统的非加和性原理”、“整体大于部分之和”，令 $A$ 为系统整体，$A_1$，$A_2$，…，$A_n$ 是 $A$ 的组成部分，即 $A>$一个系统是由若干子系统按一定机制组成的一个有机整体。

### 2. 层次性

系统论把客观事物视作为一个有结构有序的、多层次等级结构的统一体，其多样性、统一性正是借助于层次性加以表现的。运用层次性原则，可以把土地利用系统按一定标准划分成不同层次的系统从纵向来看大致可分为全国、省、市、县、乡五级层次。从横向来看，若把一定地域范围内土地利用系统定为最高层以次系统，农业用地非农业用地和未利用土地组成土地利用系统（层次Ⅰ），农业用地、非农业用地和未利用土地内部再进一步分解下一层次土地利用系统，即土地利用子系统（层次Ⅱ），若需要还可以再细分，就土地利用总体规划来讲，应设计土地利用子系统（层次Ⅱ）即可满足要求。

### 3. 功能结构性

系统内元素之间相互作用，相互联系的方式称为系统的结构。系统结构反映系统内部各元素之间的内在联系，是系统具有一定功能的内在依据。也是系统之间区别的根本标志。元素和结构是系统内在规定性的两个方面，描述结构的重要概念是层次和子系统。系统功能反映系统与其环境之间存在相互联系、相互作用和关系，是对系统的外部描述，形成了系统的外部规定性。研究系统的进化与退化，必须进行功能分析，考察系统与环境的关系，功能结构性原则告诉我们结构决定功能，一定结构就有一定的功能，要具有某一特定功能，就必须设计、构造出有发挥这种功能所必需的特定结构，土地利

用系统设计的核心就是寻求其最优结构，在此前提下重新组合和调整各元素（子系统）的关系，并在空间和时间上加以合理布局。

4. 最优化（或满意度）

系统功能取决于系统结构，但不同结构的系统可以具备相同的或人们所需的功能。因此，就产生了在一定的条件下选择尽可能满足多目标要求的最优方案或能使各方面都满意的方案的问题。所谓最优是一个相对的概念，是一定条件和一定时期的最优。但却是得以实现的，绝非理想的最优方案，只有通过比较才能鉴别是否最优和最优程度。为此，必须应用数量优化方法来进行。

土地利用结构是一个多层次、多目标的优化问题，土地利用结构优化实质上是一组线性约束条件下使多个目标同时达到最佳水平的问题。这里提出“结构效应”的命题，所谓结构效应就是指在不增加投入的条件下，实现产出增长的目的。土地利用结构效应就是指在不增加土地资源数量投入的条件下，通过土地利用结构调整，寻求土地利用满意结构，实现土地资源供需综合平衡（表 10-1）。

如表 10-1 所示，若区域土地总面积 $P$＝10 000hm$^2$，可供选择用地类型为 $A$、$B$、$C$，其效益分别为 $K_A$＝600 元/hm$^2$，$K_B$＝400 元/hm$^2$，$K_C$＝200 元/hm$^2$，结构效应表现为不同用地结构所获得效益的差异。

**表 10-1　用地结构效应计算**

| 方案 | 用地结构/% | | | 用地效益/万元 | | | | 结构效应/万元 |
|---|---|---|---|---|---|---|---|---|
| | $A$ | $B$ | $C$ | $A$ | $B$ | $C$ | 小计 | |
| Ⅰ | 50 | 30 | 20 | 300 | 120 | 40 | 460 | ＋180 |
| Ⅱ | 30 | 20 | 50 | 180 | 80 | 100 | 360 | ＋80 |
| Ⅲ | 20 | 50 | 30 | 120 | 100 | 60 | 280 | 0 |

# 第三节　土地利用结构供选方案的拟定

## 一、拟定供选方案的原则和依据

1. 指导思想

应以建设有中国特色社会主义理论和党的基本路线为指导，坚决贯彻“十分珍惜和合理利用每寸土地，切实保护耕地”的基本国策与“一要吃饭，二要建设，三要保护环境”的方针。根据经济社会发展规划和社会主义市场经济发展的需要，合理调整土地利用结构，综合协调国民经济各部门的用地关系，在空间上合理布局用地，为国民经济和社会发展的持续、高速和健康地发展创造良好的土地条件。

2. 规划原则

**（1）切实保护耕地原则**

土地利用具有不可逆性的特点，某种用途一经确定很难改变。因此，规划必须认真贯彻“切实保护耕地”的原则，从宏观上解决过去遗留下来的土地利用不合理问题，防止今后土地资源的滥占和浪费，做到地尽其利，并提出切实可行的对策和途经。

**（2）统筹兼顾原则**

规划区域是一个整体，各类用地都是整体的组成部分，各类用地安排必须服从整体并取得最佳整体效益，同时土地利用关系到各行各业的切身利益，规划必须统筹全局，以农业为基础，兼顾各业对土地的需求，使之各得其所。农业生产要求有较好的立地条件，加之宜农土地资源又十分有限，因此质量好的宜农土地要优先保证农业的需要。

**（3）因地制宜原则**

由于我国各地自然条件和社会经济条件差异较大，需要解决土地利用问题也不尽相同。规划方案必须从实际出发，在规划内容、编制方法和设计深度上，都要因地制宜，讲究实效，以能解决当地土地利用的实际问题为宜，不搞形式主义，不搞千篇一律。

**（4）三效益统一原则**

土地利用是人们通过一定行动，利用土地性能，满足自身需要的过程，以获得土地利用的综合效益。这种效益不能只顾眼前而不顾长远，不能只顾经济和社会效益而不顾生态效益。对土地掠夺式利用而遭到自然惩罚的事例历史上不胜枚举。所以，规划必须遵循土地利用的客观规律，坚持经济、社会、生态三个效益统一的原则，坚持当前利益服从长远利益，使土地资源得以永续利用。

**（5）公众参与原则**

所谓“公众参与”是指同将来执行规划或与规划有关的部门代表广泛交换意见，共同参与规划决策的过程。公众参与可以保证熟悉情况的部门或单位有机会得以补充和纠正有关资料中的遗漏和错误，有利于有关部门之间的沟通、谅解，有利于规划的实施。

### 3. 主要依据

**（1）政策法律依据**

为了搞好规划方案，必须学习和掌握土地、森林、草原、水、矿产、渔业、环保、城市规划、水土保持、交通运输等方面的政策法律、法规中有关土地管理和土地利用方面的规定，这些规定都是拟定规划方案的重要依据。

**（2）计划规划依据**

国民经济与社会发展规划、上级的土地利用总体规划、农业区划、国土规划、农业区域开发规划、城市总体规划和土壤普查，均为拟定总体规划方案的主要依据。

**（3）土地供需依据**

通过土地利用需求结构的研究以寻求部门用地的特点和规律，作为拟定规划方案的主要依据。由于目前行业之间对用地分类系统存在问题，如林业部门称疏林地为林地，畜牧部门称为疏林草地，导致同一块地重复统计的情况，加之某些部门在预测过程中从自身利益考虑较多，因此，预测结果常带有一定的局限性，导致一个区域内需求的土地总面积大于区域的土地资源总量。尽管如此，需求结构仍不失为拟定规划方案的主要依据，从总体上看，需求结构可反映一个区域内土地的需求趋势，必须贯彻以供给制约和引导需求的原则，以保证土地资源持续利用和集约利用。

## 二、供选方案的产生

依据规划战略目标和规划前的各项工作基础，选取不同的投入水平和不同的产出水平，选用不同的计算参数值，得到不同的规划方案。下列有关省（自治区、直辖市）拟定土地利用总体规划供选方案的思路可供参考。

启东市土地利用总体规划中，依据土地利用战略研究成果，认为资金短缺、人多地少、土壤肥力低、人口素质差是最重要的制约因素，应用层次分析法（AHP）确定它们的权重分别为 0.42、0.213、0.127、0.102。这些因素严重地制约着规划目标的实现，据此拟订出高投入、中投入和低投入三种供选方案，分别确定三种水平的土地利用结构，最终达到三种水平的规划目标，即国内生产总值分别为 187.16 亿、165.73 亿和 147.23 亿元。

江苏省土地利用总体规划（1997～2010 年）中，依据该省土地资源的人口承载潜力研究成果和全省经济发展的阶段性与地区发展的不平衡性，参考国内的通用方法和发达国家及中国港台地区的消费水平结构，设计了温饱型、宽裕型、小康型和富裕型四个等级的营养消费水平，借用人均口粮分别为 223kg（宽裕型）、180kg（小康型）和 165kg（富裕型）；人均肉类产品消费水平分别为 12.5kg（宽裕型）、21kg（小康型）和 24kg（富裕型）。最后以人均粮食需求量分别为 496kg（小康型），537kg（富裕型），粮食总需求量分别为 3712 万 t（小康型）和 4018 万 t（富裕型），据此确定相应水平的土地利用结构，为编制土地利用总体规划提供决策依据。

大庆市土地利用总体规划（1997～2010 年）中，根据今后土地开发利用可能采取的方针和政策，对不同投入水平和不同需求条件下的土地利用结构进行了优化，据此分别得出，不同投入水平和不同需求条件的 9 个不同组合，即高投入高需求、高投入中需求、高投入低需求；中投入高需求、中投入中需求、中投入低需求；低投入高需求、低投入中需求、低投入低需求，并确定 9 个不同组合下的土地利用结构优化方案，供总体规划时参考。

山西省土地利用总体规划（1997～2010 年）中，为了构造供选方案，依据建立土地利用结构目标规划数学模型中的约束条件和目标函数，并在其粮食亩产、牛羊肉单产、人口增长率等项预测值的基础上，上下浮动一定幅度（分别为 3～5kg、0.2kg、20‰）形成不同组合的约束条件和目标函数，确定 4 个供选方案，这些方案在耕地保有量、粮食产量、林地比率和投入产出比 4 项目标上存在差别，最终得出相应水平的土地利用优化结构。

# 第四节　土地利用结构规划方案的编制方法

土地利用结构与布局问题是土地利用总体规划的核心内容，我国处于由计划经济体制向市场经济体制转型期间，土地利用规划的编制思路和土地利用结构优化方法的选用，应在认真总结已有经验与教训的基础上，吸取有关规划改革方面的新理念和新思路是十分有益的。

目前国内外编制土地利用结构优化（满意）方案常用如下 6 种方法：①基于面积均衡性的综合法；②基于土地适宜性的土宜法；③基于思维系统性的模型法；④基于计划与市场兼容型的弹性规划法；⑤基于质量与效益发展型的区域发展规划法；⑥基于生态优先型的泛目标生态规划法。

**(1) 基于面积均衡性的综合法**

我国第一轮（1998～2000 年）、第二轮（1997～2010 年）土地利用总体规划的编制时均采用此法。综合法是依据区域社会经济发展计划，在单项用地测算的基础上采取逐步逼近的方法，最后达到土地综合平衡即土地面积平衡和空间布局平衡。

综合法的基本依据是一定地区各类用地面积存在着相互联系，在数量上和空间上具有平衡关系和消长关系。由于一定地区的土地总面积是固定的，规划前后不能增加也不能减少，因此土地面积的总体性表现为其内部构成的各类用地之间比例结构存在此消彼长的关系。具体由下式所示，其中除规划前后土地总面积相等以外，一般来讲，规划前后各类用地面积均不相等即 $P_1 \neq P'_1$，$P_2 \neq P'_2$，$P_3 \neq P'_3$，…，$P_8 \neq P'_8$。即规划过程就是由现状结构向规划结构的转换过程，具体可应用土地利用综合平衡表来反映。

$$\text{规划过程} = \begin{cases} P = \underbrace{P_1 + P_2 + P_3 + P_4 + P_5 + P_6 + P_7 + P_8}_{\text{规划前土地利用结构(现状结构)}} \\ P' = \underbrace{P'_1 + P'_2 + P'_3 + P'_4 + P'_5 + P'_6 + P'_7 + P'_8}_{\text{规划后土地利用结构(规划结构)}} \end{cases}$$

土地总面积内部构成的平衡关系为

$$A = B$$

式中：$A$ 为期内各类用地面积增加量之和；$B$ 为期内各类用地面积减少量之和。基于面积均衡性的综合法所运用的土地利用综合平衡表，表 10-2 反映规划区域的基期和规划期用地面积以及规划期内各类用地转换的面积和方向。

规划期内各类用地面积变动情况可以下式表示

$$P_t = P_0 + C - D$$

式中：$P_t$ 为期末 $i$ 类用地面积；$P_0$ 为期初 $i$ 类用地面积；$C$ 为期内 $i$ 类用地面积增加量；$D$ 为期内 $i$ 类用地面积减少量。

表 10-2 反映了各类用地面积从基期至规划期的变化情况及土地用途变更面积的增减情况。在土地利用现状图上，绘制相应土地用途变更界线，做到变更前后图数相符，土地面积和空间位置均达到综合平衡。

表 10-2　土地利用综合平衡表

| 地类 | 基期用地面积 | 规划期用地面积 | | | | | | | |
|---|---|---|---|---|---|---|---|---|---|
| | | 耕地 | 用地 | 林地 | 牧草地 | 居民点及工矿用地 | 交通用地 | 水域 | 未利用土地 |
| 1 | $P_1$ | $P_1$-$E_5$-$F_6$ | | | | $E_5$ | $F_6$ | | |
| 2 | $P_2$ | | $P_2$-$B_2$ | $C_3$ | | | | | |
| 3 | $P_3$ | | | $P_3$-$D_4$ | $D_4$ | | | | |
| 4 | $P_4$ | | | $C_3$ | $P_4$-$C_3$-$H_4$ | | | | $H_8$ |
| 5 | $P_5$ | $A_1$ | | | | $P_5$-$A_1$-$F_6$ | $F_6$ | | |
| 6 | $P_6$ | | | $C_3$ | | | $P_6$-$C_3$ | | |
| 7 | $P_7$ | | | | | | | $P_7$-$H_8$ | $H_8$ |
| 8 | $P_8$ | $A_1$ | | $C_3$ | | | $F_6$ | | $P_8$-$A_1$-$C_3$-$F_6$ |
| | $\sum P$ | $P'_1$ | $P'_2$ | $P'_3$ | $P'_4$ | $P'_5$ | $P'_6$ | $P'_7$ | $P'_8$ |

注：$P_1$，$P_2$，…，$P_8$ 为基期各类用地面积；$P'_1$，$P'_2$，…，$P'_8$为规划期各类用地面积；$P_1+P_2+\cdots+P_8=P'_1+P'_2+\cdots+P'_8=\sum P$；$A_1$，$B_2$，$C_3$，…，$H_8$ 期内各类用地的变化值。

### (2) 基于土地适宜性的土宜法

土宜法是建立在土地质量评价的基础上，依据土地质量评价成果资料（表 10-3），结合国民经济各部门对土地的需求和区域土地适宜性种类与适宜程度，将各类用地对土地质量的需求和土地适宜性阈值加以比配，最终借以确定较为满意的土地利用结构。

表 10-3　规划区域内土地适宜性面积及其类型　　（单位：$hm^2$）

| 适宜类别 | 适宜上限面积 | 适宜下限面积 |
|---|---|---|
| 宜农 | 62 159.3 | 33 521.3 |
| 宜林 | 27 723.1 | 21 341.6 |
| 宜牧 | 6151.2 | 2206.9 |
| 宜建筑 | 5031.1 | 2451.0 |

注：表里数据为假设数据；土地适宜性评价依据 FAO《土地评价纲要》(1976) 进行，将土地适宜性分为高度适宜、中等适宜、一般适宜以及不适宜。

土地适宜性分析是土宜法的核心，是确定较为满意的土地利用结构方案的基础。形态法是最早用于土地利用规划的土地适宜性分析方法，其工作过程包括四个步骤：①根据实地调查或提示资料，将规划区域划分为不同的同质小区即评价单元；②根据土地利用要求，制定土地利用类型的适宜性评估表，定性描述每一个评价单元的潜力与级别；③分析每一个评价单元对某特定土地利用类型的适宜性级别；④根据规划目标将不同土地利用类型的适宜性图叠合成区域综合适宜性图件。最终成果反映规划区域中宜农、宜林、宜牧和宜建筑地的上下限面积，在此基础上综合考虑国民经济发展对各类用地的需求加以合理的协调比配，经过多方案比较，以寻求最为满意的土地利用结构方案（图 10-1）。

对以上两种方法可以作出如下评价，综合法简便易行，操作方便；土宜法的应用土地质量评价成果为前提，能使最终用地配置符合土地面适宜性阈值，便于做到因地制宜

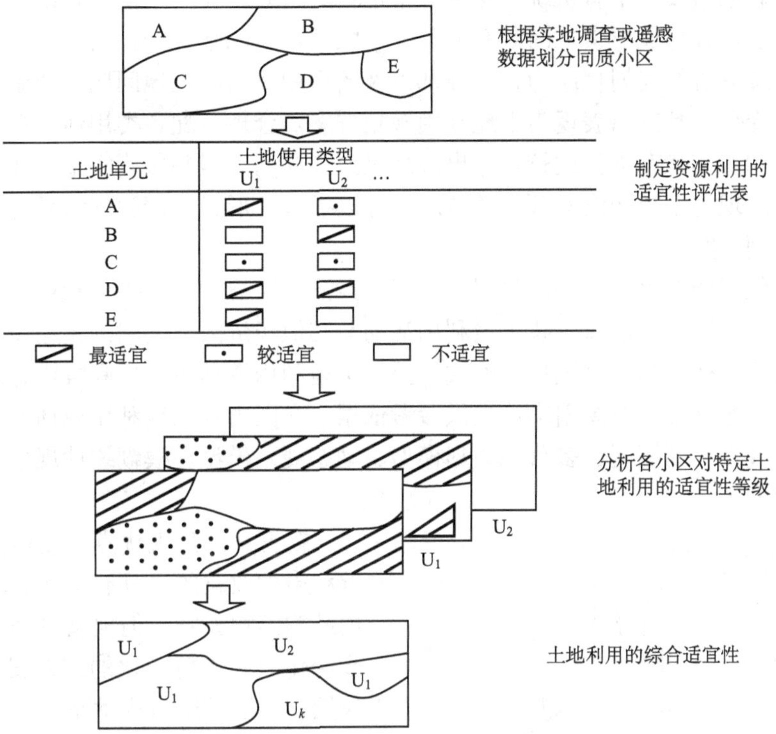


图 10-1　形态法土地适宜性分析过程

安排用地；但两种方法均存在共同的问题是用地量规定性较差，无法鉴别最终采用的土地利用结构方案的最优性（满意性），这也是我国规划实践中经常遇到的难题和普遍存在的问题。也就是说，在规划文本中均阐述土地利用结构的内容，但是缺乏论证调整后的结构是否是最优的或满意的。因为最优结构一定是综合平衡的，但综合平衡的不一定就是最优结构，即 1＋1＝2 易得，而 1＋1＞2 难求。由于土地利用多目标性、多宜性和外部性，并受制于多种因素的约束，不同用地的利用效益十分悬殊，如何在多目标规划中寻求最佳结合点，以达土地利用社会、经济、生态综合效益最大，规划实践迫切要求寻找新的方法思路，于是基于思维系统性的模型法应运而生。

**(3) 基于思维系统性的模型法**

寻求土地利用综合效益最大化的前提下的土地资源部门合理分配，从而形成最优（或满意）的土地利用结构，这个复杂性问题的解决有待于系统思维的支撑，采用系统工程方法才能得以解决。系统工程把土地利用系统看成是一个整体，同时把研究过程也视作为一个整体，要求从土地利用系统整体的角度对土地利用系统与其子系统（土地利用类型系统）之间的矛盾加以整体协调，对有限的土地资源的部门间和产业间合理分配，就需要从全局整体来协调，关键在于综合，“综合即创造”，通过对各子系统的整合才能取得单一子系统无法实现的效益。

模型法的基础是系统分析。系统分析的理论基础是：任何一种存在，不论是实体还是概念，都是由彼此相关的多种要素组成的。这些要素之间存在一定的组织和结构，并按照一定的联系组成一个有机统一体或合乎逻辑的系列。任何系统的各组成要素执行某一特定的功能，各组成要素之间既有分工又有联系，共同组成一种结构。

基于系统分析的规划程序为，在外部条件的作用下引起土地问题并产生土地利用结构和方式的变异，其产出表现为土地利用规划方案，合理分配各类用地。在此过程中需对规划预期和现实状态进行比较，作出规划决策和规划方案并付诸实施。在实施规划过程中，可能发现规划初期没有预料的情况，并以投入的形式反馈到规划系统，从而诱发形成新的规划方案。

模型法依据调查收集的基础数据，以国民经济发展规划主要指标和规划期望达到的目标，建立数学模型，借以反映土地利用活动与其他经济因素之间的相互关系，借助计算机技术求解，获得多个供选择的解式，揭示土地利用活动对多项政策措施的反应，从而获得数个供选方案，对规划决策提供参考依据。在国内外土地利用规划实践中常用的数学模型有线性规划模型、多目标规划模型、动态规划模型、模糊线性规划模型和灰色线性规划模型等。

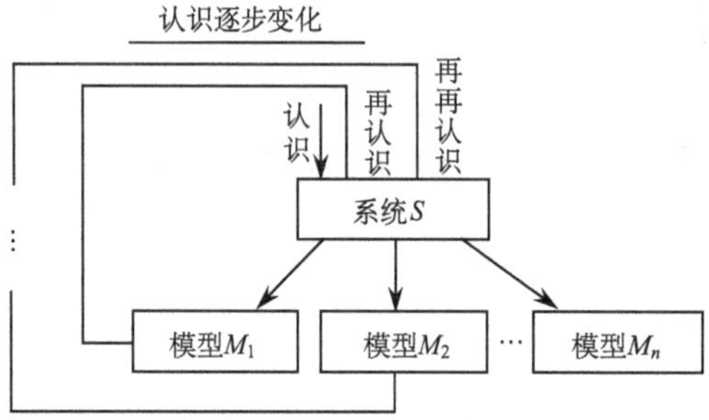

图 10-2　模型随认识深化而逐步精确的过程

模型法的最大优点是能提供多目标需求和多种效益的、具有量规定性的土地利用结构满意方案。但模型也是随着认识逐步深化而逐步精确化的。如图 10-2 所示，应用模型法求解过程就是“认识—再认识—再再认识”的反复过程，也是一个不断修改完善模型的过程。根据有关系统的一些信息，先建立系统模型 $M_1$，它往往并不很精确，但用它研究系统 $S$ 时总会获得一些新信息，利用这些新信息改进原模型 $M_1$ 后就能建立新的系统模型 $M_2$，然后用改进过的模型 $M_2$ 研究系统 $S$，这样就会有新的发现，再用它进一步改进模型，如此循环下去，直到系统模型 $M_n$ 达到给定的精度，这就是模型法随认识深化而逐步精确的过程。

**(4) 基于计划与市场兼容型的弹性规划法**

弹性规划是市场经济的产物，早在 20 世纪 60 年代，波兰、法国等国家就开始探讨弹性规划法，同时作出若干不同方案，供决策部门评价选择。市场经济中许多变化因素的不确定性、不可预见性、不可预测性迫切需要规划人员编制具有广泛适应性的灵活机动的规划①。未来越是朦胧，计划越有必要，规划越有弹性②。目前我国正处于经济转型期，应用基于计划与市场兼容型的弹性规划法具有重要的现实意义。

弹性（elasticity）作为物理学名词，意指某一物质对外界力量的反应力。引入经济学中是指当经济变量之间存在函数关系时，一变量对另一变量变化反应的灵敏程度。在规划学中，所谓弹性系指规划思路和指标体系对于随机性的市场经济发展的适应程度。

---

① 刘金勋，《论持续发展有效规划、生态系统建设与区域持续发展研究》，测绘出版社，1997。

② 普雷姆詹德 A，《预算经济学》，中国财经出版社，1989。

如果把规划作为因变量，市场作为自变量，则规划（$P_R$）可看作市场（$S_i$）的函数，即 $P_R=f$（$S_1$，$S_2$，$S_3$，…，$S_n$）$=f$（$S_i$），式中，$S_1$，$S_2$，$S_3$，…，$S_n$ 表示具有不确定性的市场因素，只要其中某一市场因素发生变化，就会导致规划本身的相关反应，这种反应的灵敏程度就是弹性。如图 10-3 所示，规划接受市场变动的信号（$M$），通过政府干预（$N$）和市场调节机制，使规划对市场变动信号作出相应的调整，从而实现在市场经济条件下弹性规划的机制。实线表示信号刺激，虚线表示机能反应，弹性规划过程就是在 $M$ 和 $N$ 刺激下通过市场调节和行政干预实现相应调整的过程（图 10-3）。

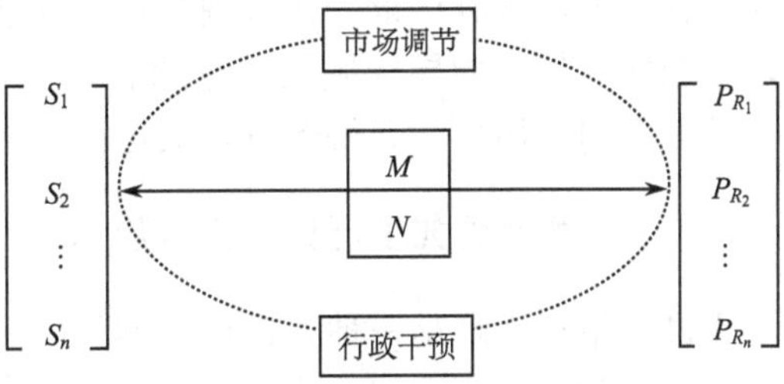

图 10-3　弹性规划的实现机制

弹性规划的有效性衡量标准是保证弹性和调控程度的平衡。一个变量对于另一个变量的反应程度，可用两变量变化的百分比求得，即

$$W=\frac{\Delta P_{RK}}{P_{RK}}:\frac{\Delta S_{RK}}{S_{RK}}=\frac{\Delta P_{RK}}{\Delta S_{RK}}\cdot\frac{\Delta S_{RK}}{P_{RK}}$$

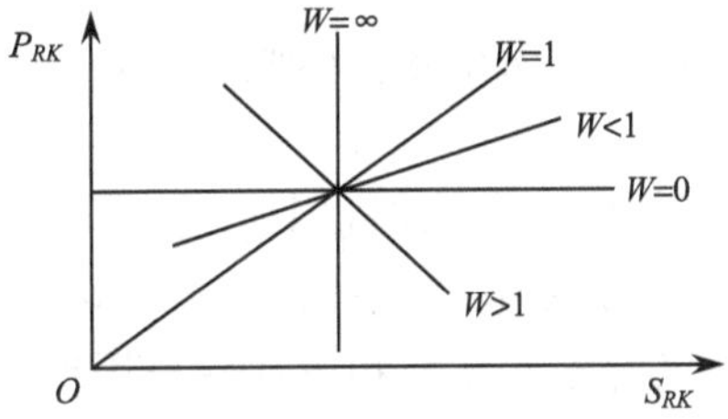

图 10-4　弹性规划的几何测度

式中：$W$ 为弹性规划；$\Delta P_{RK}$ 为规划因素变化增值；$\Delta S_{RK}$ 为市场因素变化增值；$P_{RK}$ 为规划因素总变化率（%）；$S_{RK}$ 为市场因素总变化率（%）；$\Delta P_{RK}/P_{RK}$ 为规划因素变化的相对值；$\Delta S_{RK}/S_{RK}$ 为市场因素变化的相对值。

如图 10-4 所示，规划弹性的几何测度为：$W=0$，规划无弹性；$W=\infty$，规划弹性无穷大；$W=1$，最佳弹性；$W<1$，弱弹性；$W>1$，强弹性。为适应市场经济发展，必须将原来以行政手段为主的计划型规划转变为以价值手段为主的计划与市场兼容型的弹性规划。

**（5）基于质量与效益发展型的区域发展规划法**

质量与效益发展型规划是我国经济增长方式实现由粗放型向集约型转变对规划提出更高要求。多年来的经验表明，讲发展，难就难在把速度和效益有机地结合起来。问题往往出在偏重数量扩张，单纯追求增长速度，而忽视经济质量，效益不理想，整体素质不高。当今规划界对区域发展有的学者认为就是区域经济增长，有的学者则认为区域发展就是社会与人的全面发展与进步，经济增长只是一种手段，主要目标是社会进步，包括均衡发展、消除贫困和失业等。根据可持续发展原理，量的增长是有限的，而质量的发展长期维持，因此，必须从根本上改变过去粗放型经济增长方式，由速度增长型转变为效益发展型，为此规划实现质变，由过去重速轻效，重量轻质的速度与增量型规划转变为质量与效益型规划。

从规划的全过程看，规划编制工作的完成，仅仅是规划成功迈出的第一步，规划能够实施，在实践中具有可操作性，则是规划成功的关键，它直接影响着规划的生命力与应用前景。大量规划实践证实，规划工作者往往规划时习惯于采用理论上认为正确而实践中恰恰行不通的思维逻辑，规划最终要以决策者的标准去衡量，规划者只处于辅助决策的位置，这就是规划的认可优先原则，当领导者和公众对一些问题的认识不如规划者透彻时，规划者需要通过宣传引导方式把自己的主张融合到规划中，以图得到实施。对于规划者来说，只有尽量去认可现实，才能被现实认可，才能编制出切实科学可行的规划，才能使规划在指导区域发展中永葆旺盛的生命力。总之，一部既科学又实用的规划，既可面向“用户”夺得市场，又可面向社会赢得效益。

**(6) 基于生态优先型泛目标生态规划法**

泛目标生态规划是一种人机对话的生态系统规划方法。它是以生态控制论的原理为指导，以调节生态系统的功能为目标，以专家系统为工具，定量和定性方法相结合，决策、科研和管理人员相结合，对人工生态系统进行规划和调控的一种智能辅助决策方法。其决策方法的数学表达式可简化为

$$O_{pt}F$$

$$s.t.\ F(x,t) \in N(t)$$

$$N(t) = [N^{t}(t), N^{u}(t)]$$

式中：$F$ 为目标系统的组分间的关系；$F$（$x$，$t$）为在某一现实生态位空间 $N$（$t$）内；$N^{t}(t)$，$N^{u}(t)$ 为生态位因子的上限和下限向量。

俞孔坚（2003）认为用逆向思维的方式去编制规划。编制城市建设用地规划，传统的做法往往依据难以预测的自变量（如人口），从而使规划总是趋于滞后和被动状态。“反规划”就是反过来做规划，城市建设规划和设计应该首先从规划和设计建设用地入手，先做城市生态基础设施建设规划，之后再进行城市建设用地规划。

泛目标生态规划中的“泛”字有三层含义：一是规划目标广泛；二是规划对象广泛；三是规划结果多样。泛目标规划中最优解并不在由所有目标构成的多面体的顶点和边缘，其确切的位置取决于决策的意见和建议。泛目标规划不是指出最优点在何处，但能向决策者提供调节实际系统的学习工具。泛目标规划的整个规划过程是一个智能辅助决策支持过程。在每次迭代运算过程中，不断吸取专家的支持和多种信息，更新生态信息系统。

## 第五节　土地利用规划中常用数学模型

### 一、常用数学模型

模型法就是依据调查提供的基础资料，建立数学模型，反映土地利用活动与其他经济因素之间的相互关系，借助计算机技术求解、获得多个可供选择的解式，揭示土地利用活动对各项政策措施的反应，从而得到数个供选方案。在土地利用系统中许多因素的发展既受客观因素的制约，又受决策者主观因素的影响，确定科学的土地利用结构，就是具体确定土地利用结构系统中最优的主观控制变量，使总体目标优化。常用的优化数

学模型有

$$\begin{cases} opti \quad Z = f(x) \\ s.t. \quad g(x) \geqslant B \\ \qquad\quad x \geqslant 0 \end{cases}$$

式中：$opti$ 为目标函数；$Z$ 取最大值或最小值；$s.t.$ 为约束；$g(x)$ 为约束函数；$B$ 为具体的约束条件；$x$ 为主观控制变量（决策变量）。

## 1. 线性规划模型

当 $f(x)$ 与 $g(x)$ 均为线性函数时，上述模型为线性规划模型

$$\begin{cases} \max(\text{或} \min) \quad Z = CX \\ s.t. \quad \boldsymbol{A}X \geqslant B \\ \qquad X \geqslant 0 \end{cases}$$

式中：$\boldsymbol{A} = \begin{bmatrix} a_{11} \cdots a_{1n} \\ \vdots \quad \vdots \\ a_{m1} \cdots a_{mn} \end{bmatrix}$；$B = (b_1, b_2, \cdots, b_m)^T$；$X = (x_1, x_2, \cdots, x_n)^T$；$C = (c_1, c_2, \cdots, c_n)$。

线性规划模型可用单纯形法求解。在此之前，需将模型标准化，即将目标函数 $f(x)$化为统一求极大值（因 $\min f(x) = -\max f(x)$），而将不等式约束方程在其左边加上一个变量（称为松弛变量）或减去一个变量（称为剩余变量），化为等式约束方程。在引入剩余变量的约束式中，为了构成初始矩阵，往往还要引入一个“人工变量”。这些引入的变量统称为附加变量，而原来约束中的变量称为结构变量，同时还应将 $B$ 化为非负，这样线性规划问题就化成了标准线性规划模型

$$\begin{cases} \max \quad Z = CX \\ s.t. \quad AX = B(B \geqslant 0) \\ \qquad X \geqslant 0 \end{cases}$$

## 2. 多目标规划模型

实际工作中选择方案时往往要同时考虑多个目标，如经济目标、社会目标和环境目标，这种同时考虑多个目标规划问题称为多目标规划。

具体构建多目标规划模型时，一般应遵循两条原则即“化多为少”原则，即在满足规划需要的前提下，进行全面分析，尽量减少目标的数量，常用办法有剔除从属性和必要性不大的目标，将类似的几个目标加以合并，把次要目标变为约束条件，或者把几个目标通过同度量、平均或构成函数的办法，形成一个综合目标。$C = (c_1, c_2, \cdots, c_n)$。其次可对目标进行排序，选择方案时首先考虑重要目标，淘汰那些满足不了重要目标的方案，然后再考虑次要目标选择方案。

多目标规划现有几十种方法，其中常用的有综合效用值法、主目标优化法、目标规划法和层次分析法。

**(1) 综合效用值法**

效用是指规划者对损益的一种独特的反应或感觉。效用值用来衡量人们对同一笔货币在主观上的价值，它的取值范围为 0～1 的无量纲数值，因此，只要将各目标值转换成效用值，即可对各目标的效用值相加，最后选择综合效用值最大的方案。如对于有 $n$ 个目标的规划，存有 $m$ 个供选方案，则对于第 $i$ 个方案，可得到第 $j$ 个目标的效用值为 $u_{ij}$。令第 $j$ 个目标的重要性加权系数为 $\omega_j$，则第 $i$ 个方案的综合效用值为：$u_i=\sum_{j=1}^{n}\omega_j u_{ij}$。若第 $K$ 个方案的综合效用值 $u_k=\max u_i$，则 $K$ 方案为所选方案。

**(2) 主目标优化法**

在多目标规划中，分清了主要与次要目标后，可使主要目标优化，并兼顾其他目标，此法称为主目标优化法。

若有 $n$ 个目标 $f_1(x)$，$f_2(x)$，…，$f_n(x)$，且 $x\in R$，求 $F(x)=[f_1(x),f_2(x),\cdots,f_n(x)]^T$ 的最优值。若 $f_1(x)$ 是最主要目标，这时可将其他目标降为约束条件 $f_i'(x)\leqslant f_i(x)\leqslant f_i''(x)$，因此，多目标规划就化为下列单目标的数学规划模型

$$\max_{x\in R'} f_1(x) \text{ 或} \min_{x\in R'} f_1(x)$$
$$R'=\{x \mid f_i'(x)\leqslant f_i(x)\leqslant f_i''(x) \quad i=1,2,3,\cdots,n,x\in R\}$$

**(3) 目标规划法**

设 $F(x)=\{f_1(x),f_2(x),\cdots,f_n(x)\}$，规划者对其中每个目标预先给定希望达到的目标值为 $F''=\{f_1'',f_2'',\cdots,f_n''\}$。令目标的偏差变量为 $D=\{d_1,d_2,\cdots,d_n\}$，且

$$d_i=|f_i(x)-f_i''|=\begin{matrix} d_i^-(\text{当 } f_i(x)<f_i'' \text{ 时,则 } d_i^+=0) \\ d_i^+(\text{当 } f_i(x)\geqslant f_i'' \text{ 时,则 } d_i^-=0)\end{matrix}$$

式中：$d_i^+$ 和 $d_i^-$ 分别称作第 $i$ 个目标所能达到的值与它的目标值之间的正、负偏差。这样多目标优化问题就可为一个单目标规划问题来求解，其数学模型为

$$\begin{cases} \min\sum_{i=1}^{n}(d_i^-+d_i^+) \\ s.t. \quad f_i(x)+d_i^--d_i^+=f_i'' \\ x\geqslant 0,d_i^-\geqslant 0,d_i^+\geqslant 0 \end{cases}$$

如考虑目标重要性的大小，则上述模型可化成加权后的目标规划模型

$$\begin{cases} \min\sum_{i=1}^{r}P_i[\sum_{k}(\overline{w}_k^-d_k^-+\overline{w}_i^+d_k^+)] \\ s.t. \quad f_i(x)+d_i^--d_i^+=f_i'' \\ x\geqslant 0,d_i^-\geqslant 0,d_i^+\geqslant 0 \quad i=1,2,\cdots,n \end{cases}$$

式中：$P_i$ 为第 $i$ 个优先权等级的优先因子，它们间的关系是 $P_i \geqslant P_{i-1}$（$1 \leqslant i \leqslant r$）。当几个目标具有相同的优先权等级时，它们应具有相同的 $P_i$ 值。$\varpi_k$ 为具有相同优先权等级的几个目标的加权系数。

**(4) 层次分析法**

AHP 法是一种把复杂问题中的各种因素通过划分相互联系的有序层使之条理化，根据对一定客观现实的判断就每一层次的相对重要性给予定量表示，利用数学方法确定表达每一层次的全部元素的相对重要性，并通过排序来分析和解决问题的方法。

层次分析法的步骤大致可分为：明确问题，对因素进行分层研究即目标层、策略层、约束层、准则层和措施层；构造判断矩阵；层次单排序。

### 3. 模糊线性规划

模糊数学（Fuzzy Mathematics）是 1965 年由美国控制论专家扎德（Zadeh L A）首先提出来的。所谓模糊概念系指客观事物差异的中间过渡的“不分明性”。对于土地利用中模糊性问题，如土地质量优、中、劣；土地利用效益好、中、差等，必须应用模糊数学来处理。把线性规划中的线性目标函数 $Z=CX$ 和线性约束条件 $AX \leqslant B$ 模糊化，即构成模糊线性规划模型。这类模型可分为：

1）第一类模糊线性规划：约束条件是模糊的，而目标是确定的，即

$$\begin{cases} \max Z = CX \\ s.t.\ AX \leqslant B \\ \qquad X \geqslant 0 \end{cases}$$

式中：$s.t.$ 表示模糊约束，$AX < B$ 表示 $AX$ 大约小于 $B$ 这一模糊约束。

2）第二类模糊线性规划：约束条件和目标均是模糊的，即

$$\begin{cases} \max CX \leqslant Z_0 \\ s.t.\ AX \leqslant B \\ \qquad X \geqslant 0 \end{cases}$$

式中：$Z_0$ 为决策人员提出的期望水平，此类模型表示在 $AX$ 等于小于 $B$ 的模糊条件下，期望目标 $CX$ 大约小于水平 $Z_0$。

3）第三类模糊线性规划：约束条件是明确的而目标是模糊的，即

$$\begin{cases} \max CX \leqslant Z_0 \\ s.t.\ AX \leqslant B \\ \qquad X \geqslant 0 \end{cases}$$

### 4. 灰色线性规划

灰色系统理论是我国学者邓聚龙于 1982 年首先提出来的。灰色系统不同于模糊数学，灰色系统着重外延明确、内涵不明确的对象，而模糊数学着重外延不明确、内涵明确的对象。灰色线性规划不同于白色线性规划，灰色线性规划模型中约束条件的约束值

可以随着时间变化，而不是一个特定值；模型系统可以在一定范围内漂移（变化），具有上限、下限和区间白化值；目标函数不一定是数学上的极值（极大值 max 或极小值 min），而是相对优化值或者是一个灰区间值（灰靶）；灰色线性规划模型提供的可用信息多，决策时选择余地大，经过模型运转得到若干个优化解，可以从若干可行方案中选定相补、综合等功能，得到多种可供选择的优化方案。

灰色线性规划的数学模型为

$$optif(x) = \otimes(c)X^{\mathrm{T}} \rightarrow \max(\text{或} \min)$$

式中：$\otimes$为灰色参数；$\otimes(c)=[\otimes(c_1),\otimes(c_2),\cdots,\otimes(c_n)]$；$s.t.\ \otimes(A)X\leqslant\otimes(B)$；$x\geqslant 0$。

其中，
$$\otimes(A)=\begin{bmatrix}\otimes(a_{11}) & \otimes(a_{12}) & \cdots & \otimes(a_{1n})\\ \otimes(a_{21}) & \otimes(a_{22}) & \cdots & \otimes(a_{2n})\\ \cdots & \cdots & \cdots & \cdots\\ \otimes(a_{m1}) & \otimes(a_{m2}) & \cdots & \otimes(a_{mn})\end{bmatrix}$$

$$\otimes(B)=[\otimes(b_1),\otimes(b_2),\cdots,\otimes(b_m)]$$

## 二、土地利用结构优化模型实例

以下以南京市土地利用结构线性规划模型为例，说明土地利用结构优化模型的设计与运行过程。

### 1. 系统模型建立

规划中采用线性规划的方法来寻求土地利用最佳结构。建模过程中，约束方程和目标函数出现非线性时，将其转化成线性来解决。具体采用一组线性方程作为系统模型的约束条件，来反映南京市土地利用总体规划目标年——2000 年的经济平衡和生态平衡的要求以及人力、物力、财力的限制和采用数学函数来表达土地利用结构优化的目标，以评价不同结构方案的效益，即构成南京市土地利用结构优化的数学模型：

约束条件为

$$\begin{cases}\sum_{j=1}^{n} a_{ij}x_j = (\geqslant,\leqslant) b_i & i=1,2,\cdots,m\\ x_j\geqslant 0 & j=1,2,\cdots,n\end{cases}$$

式中：$x_j$ 为各种类型土地面积（$\mathrm{hm}^2$）；$a_{ij}$ 为约束系数（单位依具体情况而定）；$b_i$ 为约束常数（单位依具体情况而定）。

目标函数

$$f(x)=\sum_{j=1}^{n} c_j x_j = \max(\text{或} \min)$$

式中：$x_j$ 为各种类型土地面积（$\mathrm{hm}^2$）；$c_j$ 为利益系数（元/$\mathrm{hm}^2$）；$f$（$x$）为产值（万元）。

模型中一组解 $\{x_j\}$ 为最优解即最优的土地利用结构。

南京市土地利用结构模型由 16 个变量 33 个约束条件组成。具体说明如下：

1）变量设置。以土地利用现状分类为基础，根据南京市土地资源的特点以及土地利用总体规划的要求，共设置 16 个变量（表 10-4）。表 10-4 中，耕地 $x_1$ 不包括菜地，而将菜地 $x_2$ 单独列出，这是考虑到南京是特大城市，建设“菜篮子工程”的重要性；城市用地 $x_6$ 指城市建设范围的用地；建制镇用地 $x_7$ 包括县城在内；水利、养殖水域 $x_{14}$ 包括湖泊水面、水库水面、坑塘水面；未利用土地 $x_{16}$ 包括荒草地、沼泽地、沙地、裸土地、裸岩与石砾地、田坎等。

**表 10-4　模型中变量说明**

| 变　量 | 土地类型 | 现状面积/$hm^2$ | 变　量 | 土地类型 | 现状面积/$hm^2$ |
|---|---|---|---|---|---|
| $x_1$ | 耕　地 | 308 443.2 | $x_9$ | 独立工矿用地 | 17 002.8 |
| $x_2$ | 菜　地 | 12 912.5 | $x_{10}$ | 铁路用地 | 902.1 |
| $x_3$ | 园　地 | 9825.8 | $x_{11}$ | 公路用地 | 3001.5 |
| $x_4$ | 林　地 | 62 066.7 | $x_{12}$ | 农村道路用地 | 6771.4 |
| $x_5$ | 牧草地 | 1735.1 | $x_{13}$ | 航空用地 | 395.0 |
| $x_6$ | 城市用地 | 7329.7 | $x_{14}$ | 水利、养殖水域 | 77 149.3 |
| $x_7$ | 建制镇用地 | 4570.9 | $x_{15}$ | 其他水域 | 68 683.9 |
| $x_8$ | 农村居民点用地 | 58 226.9 | $x_{16}$ | 未利用土地 | 20 964.2 |

注：现状面积是详查修补测的面积。

2）约束条件。包括 12 个方面 33 个约束条件。为了保证规划的动态性，约束系数 $a_{ij}$ 和约束常数 $b_i$ 采用趋势预测、回归预测和灰色预测 GM（1，1）等多种方法求得。

**① 土地总面积约束**　各类用地面积之和应等于土地总面积，即

$$\sum_{i=1}^{n} x_i = S$$

$$x_1 + x_2 + x_3 + x_4 + x_5 + x_6 + x_7 + x_8 + x_9 + x_{10} + x_{11} + x_{12} + x_{13} + x_{14} + x_{15} + x_{16} = 659\ 980.9$$

式中：$x_i$ 为各类土地面积；$S$ 为土地总面积 $I$；$n$ 为土地利用类型数（变量个数）。

**② 人口总量约束**　农用地和城镇用地承载的人口应控制在 2000 年规划人口之内，即

$$aP_1 \sum x_j + aP_2 \sum x_k \leqslant P$$

式中：$aP_1$ 为农用地的平均人口预测密度；$aP_2$ 为城镇用地的平均人口预测密度；$P$ 为市域规划总人口；$x_j$ 为农用地类型；$x_k$ 为城镇用地类型。

$$3(x_1 + x_2 + x_3 + x_4 + x_5 + x_6 + x_7 + x_8 + x_{12} + x_{14}) + 115(x_6 + x_7) \leqslant 5.60 \times 10^{10}$$

**③ 宏观计划约束**　大农业用地不得少于国民经济计划所规定的面积，即

$$\sum x_j \geqslant A$$

式中：$x_j$ 为大农业用地类型，包括耕地、菜地、园地、林地和牧草地；$A$ 为计划面积。

$$x_1 + x_2 + x_3 + x_4 + x_5 \geqslant 379\ 133.3$$

各主要建设用地应以宏观计划的上限量为控制。

城镇用地（城市＋建制镇）（$x_6+x_7$）：$x_6+x_7 \leqslant x'_6+x'_7+B_6+B_7$

铁路用地（$x_{10}$）：$x_{10} \leqslant x'_{10}+B_{10}$

公路用地（$x_{11}$）：$x_{11} \leqslant x'_{11}+B_{11}$

航空用地（$x_{13}$）：$x_{13} \leqslant x'_{13}+B_{13}$

水利、养殖水域（$x_{14}$）：$x_{14} \leqslant x'_{14}+B_{14}$

式中：$x'_6$、$x'_7$、$x'_{10}$、$x'_{11}$、$x'_{13}$、$x'_{14}$为各类建设用地的现状数量；$B_6$、$B_7$、$B_{10}$、$B_{11}$、$B_{13}$、$B_{14}$为各类建设用地的计划上限量。$x_6+x_7 \leqslant 35\ 200.7$，$x_{10} \leqslant 999.6$，$x_{11} \leqslant 4843.7$，$x_{13} \leqslant 1061.6$，$x_{14} \leqslant 77\ 149.3$。

**④ 市场经济约束** 社会主义市场经济条件下，土地利用系统中物质流、能量流、价值流、信息流的流动性很强，系统内外不断交换。土地利用总体规划应考虑社会主义市场经济条件下的商品交换，如粮食、蔬菜、林果品和水产品有可能调入，也有可能调出。

$$\text{耕地}(x_1)\text{：}\beta_1 x_1+I_F-E_F \geqslant D_F$$
$$\text{菜地}(x_2)\text{：}\beta_2 x_2+I_V-E_V \geqslant D_V$$
$$\text{园地}(x_3)\text{：}\beta_3 x_3+I_G-E_G \geqslant D_G$$
$$\text{牧草地}(x_5)\text{：}\beta_5 x_5+I_P-E_P \geqslant D_P$$
$$\text{水利、养殖水域}(x_{14})\text{：}\beta_{14} x_{14}+I_W-E_W \geqslant D_W$$

式中：$\beta_1$、$\beta_2$、$\beta_3$、$\beta_5$、$\beta_{14}$为平均单产；$I_F$、$I_V$、$I_G$、$I_P$、$I_W$ 为系统外调入量；$E_F$、$E_V$、$E_G$、$E_P$、$E_W$ 为系统内调入量；$D_F$、$D_V$、$D_G$、$D_P$、$D_W$ 为满足生产和生活的产品需求量。

规划中主要考虑粮食约束，其他因资料不完备而未列出。

经综合预测，南京市 2000 年粮食平均单产 58 951kg/hm$^2$，为满足全市人民生产、生活的需要，以小康水平为标准测算，需要粮食总量 27.5 亿 kg，其中包括口粮、饲料粮、种子用粮和工业生产原料用粮。为此净调入 11 亿 kg，调出不作考虑。

$$5895x_1+1.1\times10^9 \geqslant 2.75\times10^9$$

$$x_1 \geqslant 279\ 898.3\text{kg}$$

**⑤ 劳动力资源约束** 劳动力资源分为农业利用和非农业利用两方面。

• 农业利用

$$\sum a'_i x_i \leqslant L'$$

式中：$a'_i$为 $i$ 类农业用地单位面积劳动力数量；$x_i$ 为各类农业用地面积；$L'$为可供使用的农业劳动力数量。

$$2.1x_1+3.15x_2+3.90x_3+1.95x_4+2.1x_5+0.75x_{14} \leqslant 935\ 000$$

• 非农业利用

$$\sum a''_j x_j \leqslant L''$$

式中：$a''_j$ 为 $j$ 类非农业用地单位面积劳动力数量；$x_j$ 为各类非农业用地面积；$L''$为可供给的非农业劳动力数量。

$$54x_6+36x_7+1.5x_8+21x_9+16.5x_{10}+27x_{11}+18x_{12}+16.5x_{13}+0.75x_{15} \leqslant 2\ 925\ 780$$

⑥ **用水量约束**

$$\sum b_i x_i \leqslant W$$

式中：$x_i$ 为各类用地面积；$b_i$ 为单位面积需水量；$W$ 为可供水总量。

$$7560\ (x_1+x_2+x_3+x_4+x_5)\ +6825\ (x_6+x_7+x_8+x_9)\ \leqslant 2.55\times 10^9$$

⑦ **用电量约束**

$$\sum d_i x_i \leqslant E$$

式中：$x_i$ 为各类用地面积；$d_i$ 为单位面积需电量；$E$ 为可供电总量。

$$1860\ (x_1+x_2+x_3+x_4+x_5+x_8+x_{14})\ +504\ 300\ (x_6+x_7+x_9)\ \leqslant 2.9\times 10^{10}$$

⑧ **生态平衡约束**

• 森林覆盖率

$$x_4 > t'S/t''$$

式中：$t'$为规划林木覆盖率；$S$ 为土地总面积（$\mathrm{hm}^2$）；$t''$为换算系数。

$$x_4 > 20\%\times 659\ 980.9/1.97=67\ 003.14$$

• 基本农田保护约束

$$q(\sum x_k - \sum x_{k'}) \leqslant (1-t_2)(x_1+x_2)$$

式中：$q$ 为换算系数；$\sum x_k$ 为各类建设用地规划面积；$\sum x_{k'}$ 为各类建设用地现状面积；$t_2$ 为农田保护率。

$$x_5+x_7+x_8+x_9+x_{10}+x_{11}+x_{12}+x_{13} \geqslant 12\ 200.0$$

• 水土流失约束

$$\sum h_i x_i \leqslant N_1$$

式中：$h_i$ 为单位面积水土流失量；$N_1$ 为控制流失量。

• 环境污染约束

$$\sum k_i x_i \leqslant N_2$$

式中：$k_i$ 为单位面积污染物排放量；$N_2$ 为控制排放量。

水土流失、环境污染因资料不完备而未作考虑。

• 土宜性约束　适宜耕种的土壤总面积约束：$x_1 \leqslant 3.2\times 10^9$

• 未利用土地开发约束　$x_{16}=(1-r)\ x'_{16}$，其中，$r$ 为未利用土地开发率；$x'_{16}$ 为未利用土地现状面积。

⑨ **资金约束**

$$\sum g_i x_i + I_m - E_m \geqslant M$$

式中：$g_i$ 为单位土地面积资金投入量；$I_m$ 为调入资金量；$E_m$ 为调出资金量；$M$ 为资金总需求量。

考虑到南京为全省政治、经济、文化中心的区位优势和系统开放性，资金流动性大，所以约束可以略去考虑。

⑩ **协调发展约束**　国民经济各部门用地之间有其规律性，经济的协调发展也有一定的宏观计划性。

• 农业内部用地

$$x_1 : x_2 : x_3 : x_4 : x_5 = 4.00 : 0.20 : 0.17 : 1.00 : 0.02$$

$$0.2x_1 - 4x_2 = 0$$

$$0.17x_2 - 0.20x_3 = 0$$

$$x_3 - 0.17x_4 = 0$$

$$0.02x_4 - x_5 = 0$$

- 基本建设用地

$$x_6 - 1.73x_7 = 0$$

$$73x_{10} - 15x_{11} = 0$$

$$10.3x_{14} - 11.6x_{15} = 0$$

$$16x_{11} - 73x_{13} = 0$$

**⑪ 实际情况和经济约束** 城市用地、建制镇用地、独立工矿用地和铁路、公路、航空用地一般大于现状面积，而其他水域面积一般保持不变。即

城市用地（$x_6$）：$x_6 \geqslant 7329.7$

建制镇用地（$x_7$）：$x_7 \geqslant 4570.9$

独立工矿用地（$x_9$）：$x_9 \geqslant 7002.8$

公路用地（$x_{11}$）：$x_{11} \geqslant 3001.5$

航空用地（$x_{13}$）：$x_{13} \geqslant 396.2$

其他水域（$x_{15}$）：$x_{15} = 68\ 683.9$

**⑫ 数学模型要求约束**

变量非负约束：$z_i \geqslant 0 \quad i=1, 2, \cdots, 16$

3）目标函数。

$$\begin{aligned} f(x) =& 8250x_1 + 11\ 250x_2 + 10\ 500x_3 + 5250x_4 + 9000x_5 + 2\ 913\ 750x_6 \\ &+ 1\ 940\ 130x_7 + 120\ 000x_8 + 903\ 870x_9 + 34\ 246x_{10} + 28\ 695x_{11} + 376x_{12} \\ &+ 9768x_{13} + 500x_{14} + 800x_{15} + x_{16} \end{aligned}$$

上式中各项系数为单位土地面积上的国内生产总值，按当年价计算。各项系数为预测数，采用灰色预测、回归预测、趋势预测和经验预测等多种预测方法求得。未利用土地 $x_{16}$ 的系数取 1，只是考虑到模型计算的需要，而对目标函数值的影响极小。

## 2. 系统优化

### （1）结构优化分析

从运算结果可看出南京市土地利用结构的最优解。现将优化后的土地利用结构和现状土地利用结构作一比较，见表 10-5。

目标函数的最大值为 $9.33 \times 10^{10}$，即在以上优化结构条件下，2000 年南京市国内生产总值为 933 亿元，这和南京市国民经济和社会发展战略目标（1000 亿元）基本一致。

**表 10-5　土地利用结构现状和优化比较**

| 变　量 | 代表意义 | 现状面积/hm$^2$ | 比重/% | 优化面积/hm$^2$ | 比重/% | 变化比例/% |
|---|---|---|---|---|---|---|
| $x_1$ | 耕地 | 308 443.2 | 46.74 | 282 290.8 | 42.77 | −3.97 |
| $x_2$ | 菜地 | 12 912.5 | 1.96 | 15 447.8 | 2.34 | +0.38 |
| $x_3$ | 园地 | 9825.8 | 1.49 | 11 997.4 | 1.82 | +0.33 |
| $x_4$ | 林地 | 62 066.7 | 9.40 | 70 572.7 | 10.69 | +1.29 |
| $x_5$ | 牧草地 | 1735.1 | 0.26 | 1411.5 | 0.21 | −0.05 |
| $x_6$ | 城市用地 | 7329.7 | 1.11 | 21 539.1 | 3.26 | +2.15 |
| $x_7$ | 建制镇用地 | 4570.9 | 0.69 | 12 627.6 | 1.91 | +1.22 |
| $x_8$ | 农村居民点用地 | 58 226.9 | 8.81 | 5734.2 | 8.64 | −0.17 |
| $x_9$ | 独立工矿用地 | 17 002.8 | 2.58 | 20 708.3 | 3.14 | +0.56 |
| $x_{10}$ | 铁路用地 | 902.1 | 0.14 | 995.3 | 0.15 | +0.01 |
| $x_{11}$ | 公路用地 | 3001.5 | 0.45 | 4843.6 | 0.73 | +0.28 |
| $x_{12}$ | 农村道路用地 | 6771.4 | 1.03 | 7884.2 | 1.19 | +0.16 |
| $x_{13}$ | 航空用地 | 395.0 | 0.06 | 1 061.6 | 0.16 | +0.10 |
| $x_{14}$ | 水利、养殖水域 | 77 149.3 | 11.69 | 77 352.7 | 11.72 | +0.03 |
| $x_{15}$ | 其他水域 | 66 683.9 | 10.41 | 68 683.9 | 10.41 | 0.00 |
| $x_{16}$ | 未利用土地 | 20 964.2 | 3.18 | 5530.3 | 0.86 | −2.32 |
| $S$ | 合计 | 659 981.0 | 100 | 659 981.0 | 100 | 0.00 |

### （2）影子价格分析

影子价格是衡量生产资源达到最优配合的一种尺度。它是运用线性规划计算出来的反映限制性最大的生产资源的盈利能力，一个与“价格”有关的信息。这种“价格”不是由市场竞争决定的市场价格，而是决定于资源数量有限性的大小，实际上它就是可投入生产的资源的边际价值。不过，如果不是限制性最大的资源，即使增加一个单位的资源使用量，也不能使产值增加。因此，它的影子价格等于零。

计算结果表明，约束条件 $E$、$G$ 等所对应的影子价格为正，即可看出，农业劳动力、非农业劳动力、用电量皆为限制性资源，其中农业劳动力为限制性最大的资源。而 $F$ 所对应的影子价格为 0，说明水资源不是限制性资源，能够满足南京市国民经济发展的需要。

### （3）灵敏度分析

灵敏度分析又称为最优化后分析。在利用线性规划方法求得南京市土地利用结构的最优解后，有时由于实际情况发生了变化，因而要研究这些变化对求得的最优解的影响。当然，可以重新计算变化后的线性规划问题，但这样做太麻烦了，而且也不必要，可以利用单纯形表结构的特点，对目前的最优解稍加分析后就可达到目的。南京市土地利用结构优化的线性规划模型的灵敏度分析分为两个方面：一是对约束条件右端常数范围的分析；二是对目标函数系数的范围的分析。

1）约束条件右端常数范围（即约束条件 $b_i$）的分析。从应用的角度出发，仅对松弛变量取 0 值的约束条件右端常数进行灵敏度分析。这类约束条件对应的影子价格不为零，在数学上，这类约束条件称为“紧的”约束。

2）目标函数系数的范围（即利益系数 $c_j$）的分析。对非基变量的目标函数系数的灵敏度分析，除了保持数学模型的可行性外，还要注意实践上的可行性，二者缺一不可。

在灵敏度分析的基础上，可以看出具体独立变化的常数 $b_i$ 和 $c_j$ 的范围以及对国内生产总值（GDP）的影响。所以方案的选择在一定的范围内最优基不变，否则就要进行进出基变换。在保持最优基不变的前提下，选择南京市土地利用的规划结构。现将优化的土地利用结构和实际规划结构作一比较。

表 10-6 中的优化面积耕地是变量 $x_1$ 和 $x_2$ 优化面积之和，即包括耕地、蔬菜地的面积；居民点及工矿用地包括变量 $x_6$、$x_7$、$x_8$ 和 $x_9$ 优化面积之和；交通用地为变量 $x_{10}$、$x_{11}$、$x_{12}$ 和 $x_{13}$ 优化面积之和；水域为变量 $x_{14}$ 和 $x_{15}$ 优化面积之和。

**表 10-6　土地利用结构优化和规划比较**

| 变　量 | 优化面积/万 $hm^2$ | 规划面积/万 $hm^2$ | 变化比例/% |
|---|---|---|---|
| 耕　地 | 29.77 | 30.0 | +23 |
| 园　地 | 1.19 | 1.80 | +61 |
| 林　地 | 7.06 | 6.80 | −26 |
| 牧草地 | 0.14 | 0.24 | +10 |
| 居民点及工矿用地 | 11.20 | 10.40 | −80 |
| 交通用地 | 1.49 | 1.60 | +11 |
| 水　域 | 14.60 | 14.40 | −20 |
| 未利用土地 | 0.55 | 0.76 | +21 |

# 第六节　土地利用空间布局

土地利用结构一经确定之后，应当将其在土地上加以布局，以达到全面实施土地资源合理配置的目的。土地利用结构的时空布局形式常称做土地利用总体规划模式。常见的土地利用总体规划模式有土地利用分区模式和土地利用类型模式。土地利用分区在规划区域内是唯一的，不可重复出现；而土地利用类型则允许在规划区域内重复出现。分区模式中区内可能含有一种或数种土地利用类型；类型模式中区内仅含一种土地利用类型。

## 一、土地利用分区模式

### （一）土地利用分区概念

由于规划区域内的自然和社会经济条件客观上存在着区域差异性，土地利用的方式和结构受自然和社会经济条件的影响，也具有区域差异性。土地利用上的差异性表现为土地质量、土地利用方式、利用潜力、利用特点和利用方向上的区域差异性。在落实土地利用规划结构时，必须深入进行调查研究、认识和揭示土地利用的地域分异规律，在此基础之上进行土地利用分区，以指导今后土地利用的合理组织和科学管理。对土地利用进行分类划区是实行分类指导，为宏观控制和微观指导土地利用提供科学依据。事物具有两重性，土地利用现状存在着地域分异的属性，也有相对同一的属性，即在同一个区域内有若干小区，若干单位，以某种衡量准则和差别标准来看，在一定范围内又有着相似与接近，存在着同一性，这种同一性正是土地利用分区的重要依据。

土地利用分区一般可分为土地利用地域分区和用地分区。在地域分区的基础上进而进行用地分区。原国家土地管理局《关于省级土地利用总体规划编制要点》的规定：土地利用地域分区和用地分区是土地利用总体规划的重要组成部分，同时，由其批准的《县级土地利用总体规划编制规程》还规定，县级土地利用总体规划仅作土地利用用地分区。

## （二）土地利用地域分区

地域分区是一项内容复杂、技术性很强的工作。地域分区所涉及内容极为广泛，不仅需要综合考虑规划区域自然条件的分异规律、资源的区域特征、土地利用现状和社会经济发展水平的差异，还要结合社会经济发展规划和土地利用规划结构，进而揭示各地域特征，指出地域内的土地利用方向、结构与布局，确定用地控制区域以及保护与改造的途径。

地域分区应遵循综合分析与主导因素相结合的原则、土地质量差异原则、土地适宜利用原则和保持行政区划界线完整性原则。在综合自然区划、综合农业区划、土地适宜性和土地自然生产力分区以及土地经济等级分区的基础上综合分析，突出主导因素的相似性，把条件近似的区域单元划入同一地域内。地域的相似性和差异性可借助于一系列指标加以反映。如山东省地域分区时选用土地适宜性结构比、土地利用现状结构比、山丘/平原比、气候条件（年均温大于0℃的积温、年降水量、相对湿度）、森林覆盖率、土壤类型、人均产值、耕地产量等。指标对比法与逐步逼近法相结合，定性与定量方法相结合，完成地域分区（地域—亚地域）。最后按地域分区统计各类用地面积并指出今后土地利用的方向和结构。

## （三）土地利用用地分区

土地利用用地分区又称土地利用控制分区。用地分区是在土地适宜性特点的基础上，结合国民经济与社会发展以及今后土地利用结构调整的需要划分的用地区域。在土地利用总体规划中采用用地分区与土地利用指标相结合的规划模式，是目前我国编制土地利用总体规划，落实土地利用规划结构、地域分解用地指标的基本方法。

用地分区时应遵循土地利用现状与土地适宜用途一致性原则、土地利用主导用途原则、土地利用地域差异性和相似性原则、尽可能保持行政区界完整性原则等。按土地主要用途在图纸上划分土地利用用地分区，如重点建设项目用地、城乡居民点、基本农田保护区和经济技术开发区。具体可分为农业用地区（再分为耕地区、园业用地区、林业用地区、牧业用地区等）、建设用地区（再分为城镇规划区、村镇规划区、独立工矿用地区、开发区、工业小区等，把建成区和规划区加以区别）和未利用地区。最后按土地利用用地分区分别统计汇总各类用地面积，对规划区域土地利用结构和用地指标进行区域分解，把宏观控制与微观规划具体结合，使总体规划方案落到实处。

## 二、土地利用分区方法

常用的分区方法有：综合分析法、主导因素法、叠置法和聚类法。

**（1）综合分析法**

又称经验法，是一种定性分区法，主要适用于土地利用方式区域差异显著、分区界限明显易定的情况，要求具体操作人员非常熟悉当地的实际状况。

**（2）主导因素法**

是在基层乡镇土地利用方式划分的基础上，适当加以归并，逐步扩大土地利用类型区，再将地域相连的类型区合并成为土地利用用地区域，以主导土地用途作为用地区域名称。

**（3）叠置法**

又称套图法，适用于规划图和区划图齐全的情况。具体操作时将有关图件上规划界线重叠在一起，以确定共同的区界。对于不重叠的部分要具体分析其将来的主导土地用途并据以取舍。

**（4）聚类法**

聚类法是一种定量的分区方法，是根据“物以类聚”的道理，对土地利用指标进行分类的一种多元统计分析方法。由于模糊数学和灰色系统理论的引进，常常应用模糊聚类法和灰色多元聚类法。

模糊聚类是一种多因子综合分析法，其基本思路是应用相似性尺度来衡量事物之间的亲疏程度，据以确定分类关系，在选定分类指标后，模糊聚类可按数据标准化、标定和聚类三步加以实现。

## 三、土地利用分区实例

应用模糊聚类方法进行土地利用规划分区。模糊聚类是数理统计领域研究“物以类聚”的一种多元综合分析方法，其基本原理是根据研究对象的自身属性，选用适当的聚类因子，构造模糊相似性矩阵，进而依据一定的隶属度对研究对象进行分型划类。土地利用受多种因素共同影响，而各因素本身又带有一定的模糊性和不确定性，一般不能用传统的“二值”逻辑即“是”与“非”来判断，必须借助于模糊统计方法加以解决。现以 2010 年如东县土地利用为对象，其所辖八大行政区及垦区作为 9 个评价单元即样本，通过模糊聚类方法，对其进行规划分区。

### 1. 选择聚类因子

不论是土地利用现状评价还是规划评价，选择聚类因子都是一项相当复杂的问题，相比较而言，后者更具有复杂性、模糊性和不确定性。为了从复杂的关系中比较全面而准确地反映 2000 年如东县土地利用状况，使规划分区更加合理、可行，必须首先建立起土地利用规划分区指标体系，如图 10-5 所示。

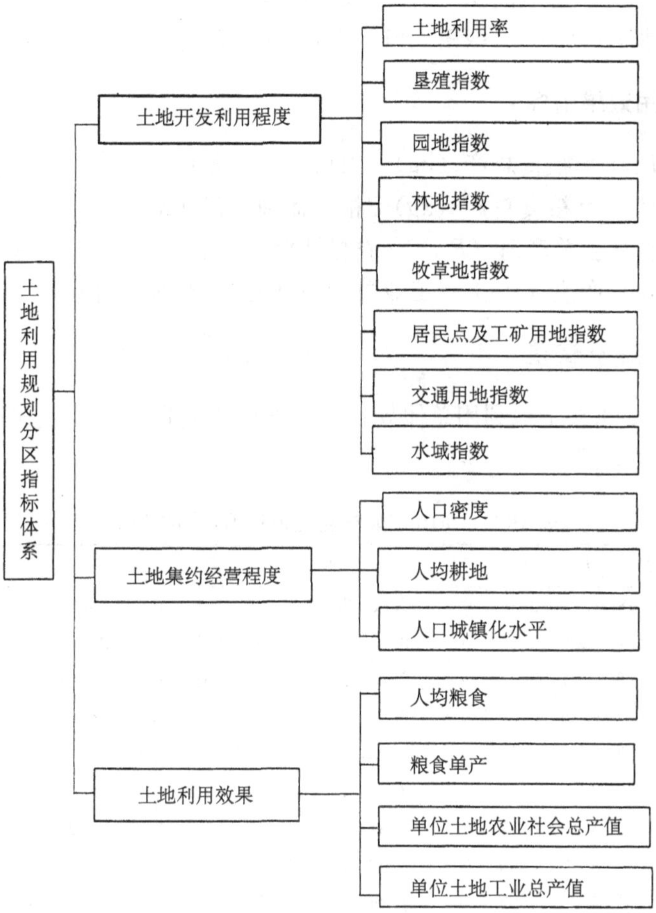


图 10-5 土地利用规划分区指标体系

各项指标的计算公式如下：

**(1) 土地开发利用程度指标**

土地利用率（$P_1$）＝已利用土地面积/土地总面积×100%
垦殖指数（$P_2$）＝耕地面积/土地总面积×100%
园地指数（$P_3$）＝园地面积/土地总面积×100%
林地指数（$P_4$）＝林地面积/土地总面积×100%
牧草地指数（$P_5$）＝牧草地面积/土地总面积×100%

居民点及工矿用地指数（$P_6$）=居民点及工矿用地面积/土地总面积×100%
交通用地指数（$P_7$）=交通用地面积/土地总面积×100%
水域指数（$P_8$）=水域面积/土地总面积×100%

**(2) 土地集约经营程度指标**

人口密度（$P_9$）=人口总量（人）/土地总面积（$km^2$）
人均耕地（$P_{10}$）=耕地面积（亩）/人口总量（人）
人口城镇化水平（$P_{11}$）=城镇人口（人）/人口总量（人）×100%

**(3) 土地利用效果指标**

人均粮食（$P_{12}$）=粮食总产（kg）/人口总量（人）
粮食单产（$P_{13}$）=粮食总产（kg）/粮食播种面积（亩）
单位土地农村社会总产值（$P_{14}$）=农村社会总产值（元）/土地总面积
单位土地工业总产值（$P_{15}$）=工业总产值（元）/土地总面积

## 2. 对各项聚类因子赋值

根据2010年如东县土地利用总体规划及各部门规划资料，对上述指标体系内各项聚类因子赋值见表10-7。

**表10-7　2010年如东县土地利用规划指标值**

| 地区 | $P_1$ | $P_2$ | $P_3$ | $P_4$ | $P_5$ | $P_6$ | $P_7$ | $P_8$ | $P_9$ | $P_{10}$ | $P_{11}$ | $P_{12}$ | $P_{13}$ | $P_{14}$ | $P_{15}$ |
|---|---|---|---|---|---|---|---|---|---|---|---|---|---|---|---|
| 掘港区 | 100 | 60.58 | 1.74 | 0.20 | 0 | 15.55 | 2.53 | 19.40 | 858 | 1.06 | 53.59 | 451 | 380 | 10 500 | 7600 |
| 掘东区 | 99.96 | 66.91 | 2.28 | 0.30 | 0 | 9.41 | 2.25 | 18.81 | 695 | 1.44 | 25.00 | 456 | 289 | 8200 | 4100 |
| 苴镇区 | 100 | 57.22 | 9.21 | 0.38 | 0 | 10.17 | 2.42 | 20.60 | 563 | 1.54 | 34.41 | 747 | 345 | 7500 | 3700 |
| 丰利区 | 99.95 | 52.69 | 4.15 | 0.38 | 0 | 12.74 | 4.24 | 25.75 | 760 | 1.04 | 27.19 | 745 | 375 | 7700 | 3800 |
| 拼茶区 | 99.97 | 58.19 | 5.12 | 0.52 | 0 | 14.03 | 2.59 | 19.52 | 757 | 1.15 | 21.42 | 648 | 404 | 7400 | 3600 |
| 双甸区 | 100 | 60.49 | 3.70 | 0.10 | 0 | 13.95 | 2.92 | 18.84 | 678 | 1.34 | 20.48 | 618 | 360 | 7000 | 3300 |
| 岔河区 | 100 | 61.79 | 3.19 | 0.12 | 0 | 12.81 | 2.76 | 19.33 | 609 | 1.52 | 24.98 | 826 | 425 | 8500 | 4900 |
| 马塘区 | 100 | 62.24 | 3.90 | 0.05 | 0 | 13.69 | 2.98 | 17.14 | 585 | 1.59 | 32.00 | 775 | 420 | 10 200 | 5500 |
| 垦　区 | 97.52 | 50.31 | 4.35 | 3.07 | 0.14 | 11.24 | 1.37 | 27.04 | 222 | 3.40 | 28.85 | 400 | 200 | 5600 | 2000 |

## 3. 建立模糊矩阵

设计模糊聚类Basic程序，运用IBM-PC电子计算机操作运行，其流程如图10-6所示。

运行中，通过比较4种原始数据处理方法及4种相似系数矩阵计算方法，以数据标准化变换与相关系数法计算的相似系数矩阵效果最好，其相似系数矩阵见表10-8。

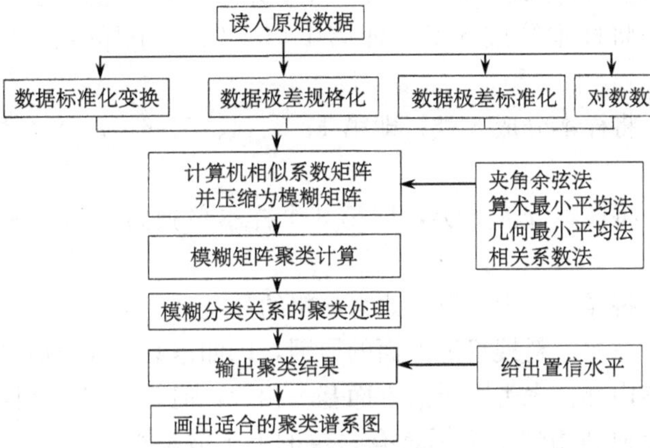


图 10-6　模糊聚类分析流程

**表 10-8　模糊相似矩阵**

| | | | | | | | |
|---|---|---|---|---|---|---|---|
| 1 | | | | | | | |
| 8 692 171 | 1 | | | | | | |
| 533 241 | 533 241 | 1 | | | | | |
| 9 381 636 | 8 692 171 | 533 241 | 1 | | | | |
| 8 929 664 | 8 692 171 | 533 241 | 8 929 664 | 1 | | | |
| 8 692 171 | 9 365 339 | 533 241 | 8 692 171 | 8 692 171 | 1 | | |
| 9 854 151 | 8 692 171 | 533 241 | 9 381 636 | 8 929 664 | 8 992 171 | 1 | |
| 8 929 664 | 8 692 171 | 533 241 | 8 929 664 | 9 964 332 | 8 692 171 | 8 929 664 | 1 |
| 8 550 159 | 8 550 159 | 533 241 | 8 550 159 | 8 550 159 | 8 550 159 | 8 550 159 | 1 |

## 4. 模糊聚类

分类结果与阀值 $\lambda$ 的取值大小有关。一般地，$\lambda$ 取值愈大，划分的类数愈多，即分得愈细；$\lambda$ 低到某一值时，所有样本均归入一类。现根据不同水平的 $\lambda$ 值进行系统聚类，具体如图 10-7 所示。

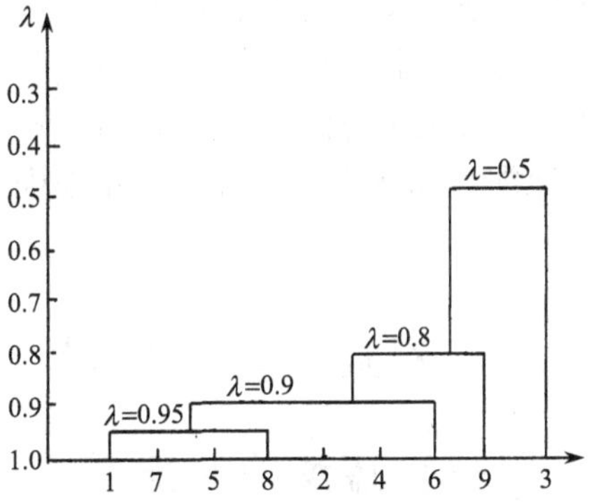


图 10-7　动态聚类谱系图

当$\lambda=1.0$时，将样本分成9类，即每一样本分为一类，此为最细的分类；

当$\lambda=0.95$时，将样本分成6类，即第1、5、7、8个样本归并为一类，其余各一类；

当$\lambda=0.90$时，将样本分成3类，即第1、2、4、5、6、7、8个样本归并为一类，其余各一类；

当$\lambda=0.80$时，将样本分为2类，即第3个样本单独为一类，其余各样本归并为一类；

当$\lambda=0.50$时，将样本分为1类，此为最粗的分类。

必须指出，由于原始资料搜集等方面的原因，以如东县八大行政区及垦区为9个样本单元，虽然各样本内部在聚类因子诸方面基本相近，但并非完全相同；同时，不同样本之间，由于各项土地利用规划指标具有一定的上下波动性。因此，在最后确定分区时，遵照区域整体性和便于实施管理的分区原则，将模糊聚类结果作了适当的调整和改进，使其接近于未来发展目标，最终形成了以下3个区：①中部土地利用区包括掘港区、马塘区、岔河区及掘东区的华丰乡；②西北部土地利用区包括苴镇区、丰利区、拼茶区及双甸区；③沿海土地利用区包括掘东区及垦区。

## 四、土地利用类型模式

土地利用类型模式是依据土地利用结构调整方案，在考虑土地适宜性条件和各类用地对土地质量要求的前提下，在时空中选择适宜各种用地的地段。各种用地的配置要求详见第七节内容。

# 第七节　各类用地的区位选择

用地布局和用地分布是相互联系又有区别的两个概念。用地分布是指已经形成的土地利用空间形式，是已经实现的现象，通常又称做土地利用现状；用地布局又称用地配置，则指土地利用的再分布，是规划中的设想，是有待实现的现象，是实现规划的结果。

用地布局具有重要的国民经济意义，由于土地是任何物质生产部门不可或缺的物质条件，用地布局常常同生产布局互相联系在一起，合理的用地布局对于区域经济与社会发展、地区优势的发挥、资源合理利用与保护均有重大影响。

用地配置可分为农业用地配置和建设用地配置，用地配置的实质就是用地的区位选择。

## 一、农业用地的配置

### （一）蔬菜地的配置

蔬菜是一种高度集约经营的产品，具有费工多、投资大的特点，由于蔬菜含水分多

（一般为85%～95%），脆弱柔嫩，一般不耐储藏或不宜储藏和运输。因此，应尽可能把蔬菜地配置在居民点和畜牧场附近。蔬菜地要求土壤肥沃，土地平整，水源充足，水质良好。缓坡下部、河滩和湖滨滩地是配置蔬菜地的好地方，应充分利用老菜园地。有一些蔬菜（如圆白菜、番茄、黄瓜等）要先育苗，后栽培，蔬菜露地栽培地应尽可能靠近温床、温室，以便减少幼苗的运输量。

就地形而言，蔬菜地不宜过于平坦或坡度过大，以免积水和不利灌溉。蔬菜是喜温热的作物，蔬菜地最好配置在南坡和西南坡上，北坡完全不适于配置蔬菜地。蔬菜地要求外形规整，以便于蔬菜地内部规划和机械作业。

温室常用封闭土壤，以便于温室内植苗与全年种植蔬菜作物，温床通常仅为早生蔬菜和苗类在露天土壤上成长之用。将温室温床配置在乡镇工业附近，以利于余热加温。温室温床应配置在南坡（不应在风口处），以保证地段有较高温度和充足的光照条件。地势平坦、干燥，地下水位应低于温室温床土面以下1.5m。温室温床用地附近应有足够的水量和良好的水源以供其灌溉用。最好在温室温床周围有天然或人工屏障，以利温室温床的保温。

## （二）大田作物用地的配置

大田主要生产粮食作物、经济作物和油料作物。应该把土壤肥沃、宜于大田作物生长的土地全部划作大田作物用地。一般大田作物用地应满足下列条件：①土壤肥沃、土层深厚和水源充足；②地形坡度条件便于耕作，一般来讲，45°以上的坡地，人的行走已很困难，30°以上坡地大牲畜难于活动，15°以上不利于拖拉机耕作；③土地集中连片，外形规整，以便发挥机械作用和便于其内部规划设计。

以种植水稻为主的用地要求耕作层厚度一般不少于17～23cm，且富含养分，有机质一般不低于2%，含氮水平为1‰，并且略有渗漏性，一般要求每日能进水4cm左右，酸碱度（pH）为5.5～7.5，含盐量不超过0.1%。

以种植棉花为主的用地，应具有深厚的土层，疏松且排水良好，最宜配置在冲积土上，pH为6.5～7.5。棉花是深根作物，怕水淹，要求地下水位距地面1～1.5m。

## （三）林业用地的配置

### 1. 果园配置

果树具有花工多，需水、肥量高，不宜储藏和运输的特点。为了便于组织果树生产和管理，通常把果园配置在居民点附近，具有便利的交通条件。果园附近应有良好的水源，以便于灌溉和喷药。果园的位置应满足果树生长的需要。苹果适宜栽培的年平均气温为8～14℃，生长期降水量以450～500mm为宜，喜中性或微酸性土壤（pH为5.5～6.7），喜地质疏松的沙壤土且有机质丰富，喜深厚土层。梨是喜温、喜光、需水多的果树，适宜的年平均气温为15～23℃，年降水量500～800mm，空气相对湿度为60%～80%，光照要充足，对土壤酸碱度要求不严，在pH为5.8～8.5的条件下均能正常生长。

在同一坡地上配置果园，应根据不同树种、品种的生物学特征和对外界条件的要求进行配置，可以把耐旱的树种配在上坡，而在下坡配置不耐旱的树种。在山区配置果树时，应注意坡向、坡度和海拔高度，要结合防护林配置，尽量把果园配置在山腰以下，背风地段，以防止寒风侵袭。为了管理方便，可把粗放的果树（如核桃）配置在上坡，把下坡地段让给需要管理精细的果树（如苹果）。工业比较发达的地区，建立果园时还应注意到煤烟等毒害。

### 2. 桑园配置

在山区建立桑园时，对地势、坡向、坡度、土层厚度的选择较为重要。不同的地势和坡向对桑树的生长发育差异很大。一般来说，阳坡上的桑树发芽早，生长快，产量高，阴坡的日夜温差大，易受晚霜的冻害。阴坡日照短，温度低，桑树发芽晚，生长较差，但秋叶硬化也迟。桑树一般要求表土达 0.7m 厚即可。在山区丘陵区栽桑，必须注意水土保持。一般坡度在 25°以上不栽桑，以 5°～10°栽桑最宜，15°以上就必须修筑梯田。

在平原建立桑园，对地下水位的要求严格，一般要求距地表 3m 为宜。地下水位高，桑根生长就要受到限制，易发生萎缩病。桑树对土壤要求不严，而且也较耐盐碱，一般地区均能生长。桑树最适宜栽在微酸的土壤上和沙质土壤上，在含盐量为 0.1%～0.2%的土壤上桑树也能生长，含盐量超过 0.2%、排水不良和保水差的土壤上，则应先加以改良再行栽桑为宜。

### 3. 茶园配置

茶树是喜温好湿的植物，对自然条件要求比较特殊，在配置茶园时应考虑下列诸项条件：茶树适宜酸性土壤，最适宜的酸碱度为 4.5～6.5，要求土层深厚，至少在 1m 以上，土质疏松，富含有机质，土壤含水量在 60%～80%。

茶树好湿，对于茶树生长，空气湿度越高越好。茶树适宜生长的相对湿度在 80%左右，年降雨量 1500mm 左右，并要求分布均匀，生长期中每月降水量最好在 100mm 以上。茶树适宜生长的平均气温是 20～30℃，气温下降到 10℃以下时茶树就停止生长，最低临界温度（茶树冻死的温度）是－18～－6℃。当平均气温在 30～31℃以上时，在太阳连续数日的照射下，空气、土壤湿度急剧下降，茶树就会发生枯萎和灼伤的现象。

在山区栽茶时，应注意水土保持。在 10°以下山坡上可建立平地茶园，多采用直行种植茶树；11°～20°山坡不必建立梯式茶园，可依山坡等高条植；25°～30°山坡上必须建造梯式茶园；30°以上坡地不宜栽茶，可结合植树造林，在荒山上建立茶园，要在前一年修成梯田，并深耕熟化土壤。

茶园应选择背风向阳，靠近水源，土层深厚，土壤酸性的南北坡，这种地形所形成的小气候环境有利于茶树生长和安全越冬。由于茶树耐阴性强，在大气中水分多、云雾多的条件下，形成的漫射光，最适宜茶树生长，有利于提高茶叶品质。名茶都是产于高山上，素有高山产名茶的说法，就是因为高山上云雾多，空气湿度大的缘故。

### 4. 木本油料作物用地配置

#### （1）油茶

又叫茶子树，是多年生木本油料作物，种子一般含油率达 30%，出油率为 24%。从种到收，只要 5 年左右，受益期一般长达 50～60 年，甚至达 100 年以上，群众把油茶林叫做“打不烂的战备油库”。油茶树属阳性树种，宜栽种在南坡或东南坡。它具有耐干旱、耐贫瘠的特点，对土壤条件要求不高，种茶树可以不占耕地，在荒山坡上都可以种植。

#### （2）花椒

含油丰富，含油率达 25%～30%，出油率约 16%～20%。花椒对土壤要求不严，在地边、休田地、小面积山坡地都可以种植，以土层较厚，水分较多的沙壤土为好（分布在平原及低山丘陵），在石灰质土壤上生长也很良好，酸性及中性土壤亦可生长，只要光照充足就可以得到大量收获。

#### （3）油桐

多年生木本油料植物，属浅根、落叶的阳性树种，适合生于向阳、背风的山坡或山麓，要求土层深厚、疏松、肥沃的沙质壤土。

#### （4）乌桕

多年生木本油料植物，为阳性树种，喜气候温暖、雨量充沛，在水边、堤岸、平地、丘陵地都可栽植。

#### （5）毛竹

最宜生长在气候温暖、年最低温在－12℃以上及降雨量 1400mm 以上的地区。毛竹怕风，宜选三面环山、向阳背风的山丘，或坡度在 35°以上的山地或平地，栽竹土壤以微酸性或中性、疏松、肥沃、土层厚、排水良好又有浇水条件的沙质壤土或黄泥土最好，切忌在低洼积水处栽竹。

### 5. 水土保持林用地配置

地处丘陵山区应根据地形起伏情况设置水土保护林，以吸收和调节地表径流，防止土壤侵蚀，调节河川流量和丰富地下水源。

#### （1）水流调节林

一般配置在山腹坡长大约 300m 以上的地方。但在土壤侵蚀严重地区坡长小于 300m，也应设置水流调节林。水流调节林常呈带状配置在斜坡中处。设置此种林带的位置与坡形有关，在凸形的斜坡上，应设在坡度较陡之处；在凹形斜坡上，上部分尽可能营造水源涩养林，下部分在斜坡坡度较平之处设置涵养林；在阶梯上，水流调节林应设在坡转折处。具体位置以沿等高线设置为宜，林带方向与径流相垂直，并要与轮作区和田块的边界相协调。林带宽度决定于林带的吸水能力和分散径流的能力以及林带以上斜面长度。

**(2) 固沟林**

主要设置在土壤侵蚀严重的地区，目的在于防止沟壑继续发展和涵养水分。为了使侵蚀不再向长、宽、深三方面发展，必须沿侵蚀沟的边缘沟坡和沟底进行全部造林，以求彻底控制沟壑的发展。沿边缘造林必须与沟沿保持 1m 以上的距离，不许占用农田。林带宽度一般为 10m 以上，应为乔灌木混交的复合林。

**(3) 护岸护滩林**

其目的在于防浪护岸，减少蒸发和绿化环境，在河岸、湖边、池塘和水岸的周围，顺着堤岸，在比高水位稍低处营造宽 10m 左右的林带。

## (四) 人工饲料地配置

一般如无特殊需要，不规划专用饲料地。饲料地一般可分为人工饲料地和天然放牧地、割草地。人工饲料地按其位置和作用又分为畜牧场附近饲料地和野营饲料地两种。

畜牧场附近饲料地主要生产多汁饲料（如块根作物和青储饲料），而精、粗饲料部分主要依靠大田生产解决。由于多汁饲料水分多、体积大、运输困难、不易储藏，且费工多，因此，该种饲料地应配置在畜牧场附近，以便于运输和减少牲畜空行。划拨地段的土壤和其他自然条件应能满足多汁饲料作物的正常生长。外形规整连片，以便于合理组织生产。如有可能，这种饲料地也可与蔬菜地结合在一起。

野营饲料地以生产青饲料为主和生产少量多汁饲料。实际上是人工种植的草地，是一种水土保持的有效措施，一般配置在山谷地和水土流失区易冲刷的山坡地上，特别是坡度变化的地段上。另外，这种饲料地应配置在靠近牲畜野地附近，水源比较充足的地方，还可在不影响水土保持的原则下充分利用荒山荒地，以及休闲地、田边、地角、屋间等零星空地。应充分利用水面，培植可作饲料的水生植物。

## (五) 副业用地配置

### 1. 养蜂场选址

①养蜂场离蜜源植物不应超过 2km，最好设在蜜源作物的中央，因为，蜜蜂采蜜距离均为 2km。我国南方蜜源十分丰富，一年四季都有，如紫云英（红花菜）、油菜、苕子、棉花、荞麦、洋槐、枇杷等都是很好的蜜源。②场地必须干燥、空气流通、阳光充足。③场地最好设在起伏不平的小丘陵的南坡，蜂门不要向北或西北方向，要注意不要让高屋和树木遮住阳光，影响工蜂工作的时间和效率。④养蜂厂应选择比较安静、环境优美和比较清洁的地方。不要把蜂厂设在大河、水库旁边，这样下大雨时容易把蜜蜂

刮到水里淹死。同时，也不要设在大路旁边、公共场所和畜群附近，工矿企业烟雾大，烟灰多，妨碍蜜蜂群的正常飞行，所以，也不要设在大工厂附近。更不要设在糖厂和农产品加工厂附近，否则蜜蜂飞入车间会遭到死亡。蜂场要远离家禽场和葱蒜地。

2. 养蚕室选址

①要选择四周宽敞、环境清洁、地势高空气干燥、水源良好、交通方便，并离粪池或牲畜畜舍较远的平地或斜坡。②蚕室向南偏东或稍偏西为好，正南向亦可以，但切忌西向或东向。蚕室四周植乔木林，以调节室内温、湿度与空气。③房基要求略高于地基，房屋四壁用砖或厚土墙，南北装对流窗，屋顶留有换气孔。饲养室大小，一般为宽4.5m，长为10m，高为4m，约可养蚕种5张。平房可修地垄保温。④当选用旧房作养蚕室时，要注意房子是否能防止雨、露和霜的侵袭及虫、鼠的危害等，能否调节温度和经常保持室内的空气新鲜。

3. 柞蚕场选址

①应选择避风向阳的山坡作柞蚕场，切忌阴湿。②朝向以东向或南向为最好，西向次之。③放养场土壤以土层深厚为好，夹沙者次之，沙土多石者最不利。

4. 蓖麻蚕室选址

①在炎热气温高的条件下，应选择空气流通的南北向的房屋，最好能有凉井洒水，保持湿润阴凉。②要求场地四周环境清洁，室内外无鼠、蝇及虫害。

5. 养鱼池选址

①鱼池要靠近水源，以便定期换水，凡无工厂污水流入的江河、湖泊、水库的水都可作为鱼池的良好水源。如果没有就近水源，也可通过渠道注水。②培养鱼种的塘，面积以0.067～0.333hm$^2$为宜；饲养成鱼的塘，一般以0.333～0.667hm$^2$为宜。水面宽大，风浪显著，以利水中含氧的补充。养鱼池的水深以2～3m为宜，太浅蓄水量小，水温变化大，水质不稳定；太深则上、下水层对流小，深层水温低，氧气少。③池塘以长方形为好。池岸最好整齐，塘底要平，深度要均匀，池塘周围没有高大的树木和房屋。

## 二、建设用地的配置

### （一）居民点用地选址

一般来说选择居民点用地时应考虑下列各项要求：

1. 组织生产和生活的要求

应把居民点布置在其服务范围内的适中位置，以保证居民点对外具有方便的联系，缩短运输距离。应避免行车密度较大的高级公路横穿乡镇，最好两者之间保持150m距离。居民点用地应具有水量充足、水质良好的水源。选址时应考虑未来的供水方式。

## 2. 建筑要求

### (1) 地形朝向

用地要求地形平坦，具有良好的朝向，具体地讲居住区的坡度一般不应大于6%(相当于4°左右)。如工业生产车间台式布置，坡度可增大。有关地形坡度和朝向的具体要求可参考表10-9、表10-10。

**表 10-9　各项建筑用地适用坡度**　(单位:%)

| 建筑项目 | 适用坡度 | 建筑项目 | 适用坡度 |
|---|---|---|---|
| 工业建筑 | 0.5°～2° | 铁路站轨 | 0～0.25° |
| 居住建筑 | 0.3°～10° | 对外主要公路 | 0.4°～3° |
| 主要道路 | 0.3°～6° | 绿化地 | 可大可小 |
| 次要道路 | 0.3°～8° | | |

**表 10-10　建筑适宜朝向范围**

| 地　区 | 纬　度 | 适宜朝向范围 | 最佳朝向范围 |
|---|---|---|---|
| 北　京 | 39°57′ | 南偏东45°至南偏西30° | 正南至南偏东30° |
| 郑　州 | 34°43′ | 正南至南偏西30° | |
| 武　汉 | 30°38′ | 南偏东30°至南偏西30° | 南向或偏东不大于15° |
| 上　海 | 30°12′ | 南偏东30°至南偏西15° | 南偏东15° |
| 杭　州 | 30°20′ | 南偏东 | 南偏东18° |
| 重　庆 | 29°30′ | 南偏东30°至南偏西15° | 南偏东15°至南偏西10° |
| 南　京 | 32°00′ | 南偏东 | 正南至南偏东 |
| 桂　林 | 29°15′ | 南偏东22°至南偏西20° | 南偏东10°至南偏西5° |
| 广　州 | 23°00′ | 南偏东25°至南偏西15° | 南偏东15°至南偏西5° |

### (2) 水文和水文地质条件

用地建筑的地下水位不应过高(表10-11)，一般要离地面不小于1.5m，距埋藏较深的基础底面应保持0.5m，以确保建筑物的安全，降低工程造价，并为居住卫生创造良好的条件。在选择用地时，洪水最高水位以0.5%～1.0%的频率考虑，以保证50年到100年一遇的洪水发生时不被淹没。

**表 10-11　建筑物对地下水位深度的要求**　(单位：m)

| 建筑类型 | 地下水位应低于基础地面 |
|---|---|
| 低层建筑 | 0.8～1.0 |
| 三层以上建筑 | 1.0～1.5 |
| 有地下室的建筑 | 1.5～3.0 |
| 道路 | 1.0 |

(3) 土质条件

用地土质要求坚固，在不经人工处理的条件下能承载建筑物的压力，对于一般住宅要求土壤的承压力为：一层建筑应不小于 0.5～0.7kg/cm$^2$，二层建筑应不小于 0.7～1.2kg/cm$^2$，三、四层建筑应不小于 1.2～1.5kg/cm$^2$。建筑工厂厂房的土壤承压力要在 2kg/cm$^2$ 以上。为此，在选址和基础设计之前，必须勘察用地的地质情况，作必要的土质试验，弄清各层土的厚度和力学性能。

(4) 安全条件

用地应不受洪水威胁，在选用河流岸边修建乡镇建筑时，应保证拟用土地的高度超过历年最高洪水水位 1m 以上，不应选在地层断裂带、滑坡回填地上面，也不应选在大型水利工程、水库的下方。此外，还应注意避免选在蕴藏有地下矿藏的地段上，或由于地下开采而会导致沉陷的地带。

(5) 节约用地条件

选择用地时，尽可能利用原有村庄的基础，少占或不占好地，并在节约用地的原则下，保证乡镇有足够的土地面积。适宜种植果树蔬菜和各种树木，供作群众自留地和绿化之用。灌溉农业地区还要考虑灌水条件。

3. 卫生保健要求

1) 用地应尽可能选择风景优美，环境舒适，靠近河流、湖泊、水库和天然林木处，不受风、雨、雪水的危害。一定要和周围自然环境有机结合起来，对周围自然景观尽可能加以“借景”，从而构成一个完整的生态系统。

2) 用地不宜选在沼泽死水塘等蚊虫滋生的地方，应当远离墓地和行车密度较高的公路，以保持居民点内的清洁卫生环境。

3) 用地应在工厂的上风上游，避免工厂“三废”的污染。同时应避开高压线和易燃易爆的仓库区。

4) 当在居民点内布置畜牧场时，应注意使牧场和其他生产建筑处于住宅区的下风向。在地形上处于下坡，以使居民免受臭气和污水的危害。

4. 兽医防疫要求

1) 畜牧场应距最近的公路最好在 100m 以上，以防止病菌带入畜牧场，如设有绿化、围墙时，其间距可以适当缩短。

2) 在居民点内设置畜牧场，不应让畜群放牧时穿过住宅区，死亡畜群埋葬地应距居民点、畜牧场 1km 以上。

## (二) 工业用地选址

工业企业布局是一项相当复杂的规划工作，要考虑许多方面和要求，一般来讲，工业企业选址要求如下：

### 1. 厂址应选择产品到达消费地的完全计划费用最小的地点

完全计划费用包括产品生产费用、产品流通费用和生产流通环节资金占用量×平均资金利用率或基本建设投资标准效果系数。由于各企业产品的特点不同，落实这项要求的具体做法不尽相同：

1）对于多数农产品、矿产品的初步加工工业（如轧花厂、榨油厂、制糖厂、洗煤厂、选矿厂等）一般趋向接近原料地即所谓原料指向，因为这些产品在生产过程中，原料的失重程度很大，单位产品的原料消耗量数倍甚至十几倍于成品数量。有些农产品原料在运输和储藏过程中损失较大，靠近原料产地建厂，外运成品比工厂建在消费地大量运输原料更合算。

2）对原料失重程度小，甚至增重，成品不便运输或运输过程损耗大，不便利用管道等廉价运输方式的工厂，如硫酸厂、玻璃厂、家具厂、食品厂、日用消费品厂、专门设备制造厂和一部分炼油厂等，一般多靠近消费地建厂，即所谓消费地指向。

3）许多耗电大工业的厂，如铝、镁、钛冶炼厂、铁合金厂、电石厂、人造纤维厂等，应选择在动力基地特别是能提供廉价电能的大型水电站附近，即所谓能源指向。这些产品成本中电费占20%～30%，高达50%，这类厂若靠近电站，可以减少输电损失，完全可以补偿原料半成品调运过程中的劳动消耗。

4）劳动密集型行业的工厂，如纺织厂等，资金有机构成低，工资开支占产品成本的绝大部分，厂址应选在劳动力充裕、待业人员多的地点，即所谓劳动力指向。

5）知识密集型、技术密集型的工厂，如精密仪表、电子计算机等，为了创造技术协作条件，一般多选在科学技术中心设置的城市近邻处，即所谓技术指向。

### 2. 在布局和选址时，必须因地制宜，发挥优势

充分利用地区分工的绝对利益和比较利益，使企业的生产费用和基本建设投资费用达到最小。“绝对利益”和“比较利益”是生产力布局中的两个学术名词。

“绝对利益”原则是指，一地区以自行生产那些凡低于其他地区生产成本的所有产品而无须调入为有利。具体来讲，是指两个（或几个）地区，甲地区A产品的生产费用低于乙地区，B产品的生产费用高于乙地区。甲地区生产A产品，乙地区生产B产品，比甲乙两地同时生产A、B两种产品有利（表10-12）。

“比较利益”原则是指一地区集中生产那些在该地区生产成本最低的产品来运出，以换取那些虽比其他地区生产成本为低但在该地区内并非成本最低的产品调入则更有利。具体来讲，是指两个（或几个）地区，甲地区A、B两种产品的费用都低于乙地区，但两种产品地区生产费用的差幅不一，甲地区生产差幅大的产品，乙地区多生产差幅小的产品，仍然比两地区自给自足时有利（表10-13）。

**表 10-12　绝对利益计算表**

| | 产品 / 指标 / 地区 | A产品 | | | B产品 | | | 生产费用/元 |
|---|---|---|---|---|---|---|---|---|
| | | 需要量/t | 生产量/t | 单位产品生产费用/（元/t） | 需要量/t | 生产量/t | 单位产品生产费用/（元/t） | |
| 地区自给时 | 甲地区 | 50 | 50 | 2 | 100 | 100 | 3 | 100＋300＝400 |
| | 乙地区 | 100 | 100 | 3 | 50 | 50 | 2 | 300＋100＝400 |
| | 甲、乙两地区生产费用总额 | | | | | | | 800 |
| 地区分工时 | 甲地区 | 50 | 150 | 2 | 100 | — | — | 300 |
| | 乙地区 | 100 | — | — | 50 | 150 | 2 | 300 |
| | 甲、乙两地区生产费用总额<br>分工利益 800－600＝200 元 | | | | | | | 600 元 |

**表 10-13　比较利益计算表**

| | 产品 / 指标 / 地区 | A产品 | | | B产品 | | | 生产费用/元 |
|---|---|---|---|---|---|---|---|---|
| | | 需要量/t | 生产量/t | 单位产品生产费用/（元/t） | 需要量/t | 生产量/t | 单位产品生产费用/（元/t） | |
| 地区自给时 | 甲地区 | 50 | 50 | 2 | 100 | 100 | 3 | |
| | 乙地区 | 100 | 100 | 4 | 50 | 50 | 4.5 | |
| | 甲、乙两地区生产费用总额 | | | | | | | 1 025 |
| 地区分工时 | 甲地区 | 50 | 150 | 2 | 100 | 50 | 3 | |
| | 乙地区 | 100 | — | — | 50 | 100 | 4.5 | |
| | 甲、乙两地区生产费用总额<br>分工利益 | | | | | | | 900<br>1 025－900＝125 元 |

### 3. 符合生产和建筑的要求

①厂区占地外形应能满足厂房和各种建筑物布置的要求。②厂区地形力求平坦而略有坡度（不超过 5%～10%）以减少土地平衡的土方工程量，便于地面排水。③工程地质、水文地质条件较好的地段，地下水位应尽可能低于地下建筑物的基准石，在 1.5m 以上。④尽可能靠近水源，并便于污水排放。⑤便于供电、供热和其他协作条件的取得。⑥需铺设铁路专用线的企业，应尽量接近铁路线，并便于与距离最近的车站接轨。

### 4. 维护生态系统平衡的要求

在这里十分强调工业企业布局应遵守生态系统平衡的原则。这是因为非农业用地单位的扩建会影响或改变该地区的生态系统的原来面貌，形成一个人工的生态系统。例如，建设煤炭基地不仅需要建筑许多矿井群，占用大量土地。随着生产的增长，人工石山煤炭厂、洗煤厂等还要占去大量土地，在不间断地采煤排水和大量洗煤、发电用水条件下，会引起地下水位下降，而在地面上必须建筑排水污渠道，除此以外，还要建筑仓库，运输系统和为生产、生活服务的其他措施。这一切必然改变该区生态系统的面貌。

从遵守生态系统平衡的原则，选择最优的布局方案，就应从以下两方面着手：一方面从宏观水平出发，研究非农业用地单位对自然资源（包括土地资源）的开发利用与生态系统的关系；另一方面，从微观水平出发，分析和评价具体单位的布局对周围环境的影响。当然，我们这里所说的平衡应该理解为发展中的平衡，是动态平衡，而不是静止的原始平衡。

此外，还要十分注意布局的社会效果，这就是说，不仅要分析新建企业具体经济活动效果，即以最小的劳动消耗（包括人力、物力、财力）取得同样的效果或因同样的布局所引起的自然或农业生态系统平衡变化状况在内的社会经济效果，达到“外部经济性”的要求。

为了保护周围环境和自然资源，对于每个企业的布局方案进行环境质量的预断评价。环境质量预断评价是环境质量评价工作中的一个重要组成部分。其目的是要把环境保护工作做在环境污染之前，摆脱环境保护工作的被动状态，要使环境保护与工厂建设同步进行。

首先要了解评价对象的生产计划规模、工艺流程及排放污染物的种类和数量、拟采用的环境保护措施、目前的环境质量状况，为了确定新建企业的污染参数，可以在不同行业中选择有代表性的企业，研究其工业产值、产量与“三废”产生之间的系数关系。根据规划地区的自然条件如气象条件、水文条件和土壤类型等确定环境容量（是一个变量，具体是指一个环境单元对污染物的允许容纳量），结合环境中污染物迁移转化规律，对环境质量进行预断评价。评价时，可以建立各种环境质量预断评价的数学模型来评价环境污染的未来趋势及其影响，如区域内原料输入量的计算模型、产品产值和污染物的换算模型、污染物对环境影响的计算模型、工业企业布局的最佳模型等，既可以按上述分模型计算，也可以将它汇总综合起来构成一个总体模型。

对于排放大量有毒气体的企业，应避免建在沟谷高风带，以防止“烟雾罩沟谷，绕久不散”，重污染型企业严禁布局在城镇的上风、上游和生活区内。

## (三) 公路选线

### 1. 现有公路网的调查

对现有公路网的调查，其目的在于全面了解进一步利用现有公路及其附属建筑物的可能性，以减少修建新路的费用。具体调查内容应包括：①现有公路的位置和长度；②路面状况；③公路附属建筑物的种类和状况；④筑路需用建材（沙子、黏土、砾石等）的地点；⑤现有公路网存在的问题；⑥现有公路网经营情况（单价等）。经调查收集的资料应填入调查表，并绘制出公路网布局现状图。

此外，还要收集所在地区公路建设的远景设想和经济发展规划的有关数据。

### 2. 确定主干道路的走向

为了确定主干道路的走向，必须了解掌握货运和非货运的数量与方向，为此，根据远景规划确定各点（如农业企业中心、村、车站、码头、农畜产品加工地点等）的货运和客运数量。农业货运量可分为两类：①农业企业中心、村与农田之间的货运，包括运送种子、肥料、农药、燃料和农畜产品等；②农业企业中心与农畜产品加工、储存和销售地点、车站、码头之间的货运，包括工业品、生活日用品、商品粮食和畜产品等。货运方向决定着主干道路的走向。为了显眼起见，可以根据上述资料（货运量和货运方向）绘制运输路线示意图。

3. 公路选线的原则

1）应贯彻工程经济与运营经济相结合的原则。充分利用有利地形，尽量避开不利地形和工程地质不良的地段，做到路线短捷平直，保证行车安全，注意工程经济效果。这就要求在不过分增加工程造价的情况下，尽量提高技术标准；在不降低技术标准的情况下，尽量降低工程造价。

2）充分利用现有道路及其各种附属建筑物，在可能的条件下，应尽量结合过境的国家公路。少占或不占耕地，把筑路、造田、建村、治水有机地结合起来。尽可能与主干渠道相结合，沿着农田边界布置，避免斜穿农田，为田间各项规划和机械作业创造良好条件。公路相交尽可能成正角或交角不应小于45°。

3）道路与林带结合布置时，为了保证路面的干燥，应把道路设在林带南面、西面或东南面。对于南北走向的林带，林带两面受阳光的程度大体相等，道路最好布置在迎风一面。在山区的道路尽可能布置在林带地势较高的一侧。

4）主干道路最大纵坡不应大于8%（大约7°），最小平曲线半径在平原微丘区不应小于50m，山岭、重山区不应小于15m。

当坡度大于8%，而纵坡较长时，必须每隔400m左右设一段坡度比较平缓的路段以便车辆恢复能力（不应大于3%，长度不小于50m）。在沿河流选线时，还要考虑洪水水位因素，对于四级和等外级公路来说，则可根据一般年景洪水水位考虑以保证路基高出一般年景的洪水水位0.5m以上。

5）主干道路应远离人口密集的居民点和大型畜牧场，以保证居民区的安静、卫生条件和牧畜的兽医防疫条件。一般来讲，主干道路应距离居民点150m以上，距离畜牧场在100m以上。

公路选线时往往会出现几种方案，必须通过对整个路线或某段路线的不同方案进行经济评价，以选择其中的最优方案。

## （四）渠道配置

灌溉渠道规划布置关系到整个灌区的土地规划、灌溉效益和工程造价以及今后管理养护等一系列有关全局的问题，一定要解决好。正如前述，干渠是输水渠道，担负着全灌区的输水任务，其规划关系着灌溉控制范围大小和以下各级渠道以及渠系建筑物的规划布置。因此，干渠规划布置的要求与支、斗、农各级配水渠道应有所不同，但基本原则是共同的。本节着重介绍主渠道（干、支两级）规划布置，至于田间渠道（斗、农和临时渠道）将放在第八章里介绍。渠道规划布置时，应考虑以下各项基本原则：

### (1) 灌溉排水渠道在水源和容泄区水位既定的条件下，尽可能获得最大的自流灌溉和排水面积，即所谓“居高临下”

根据这项原则，灌溉干渠应尽可能布置在灌区的最高地带或沿着分水岭。选定较小的纵向比降，在实际工作中，常常采用两种布置形式：①干渠沿等高线布置，采用较小的纵坡，支渠则垂直于等高线布置。这种形式常见于地形呈一面倾斜的地区。②干渠垂直于等高线布置，其纵坡视地面坡度而定，支渠自干渠两侧分出，形如马鬃，这种形式常见于地形呈脊状隆起浅丘岗地。

相应于灌溉渠系要布置排水系，根据国内有关资料表明，灌溉前地下水埋藏深8～10m的地区，若没有排水系统设施，一般灌溉后六七年就要返盐。布置时要在确定好排水的条件下，把排水渠道布置在地势较低部分或利用天然沟道，无论是丘陵山区或平原地区，一般都要灌溉、排水两套系统，即灌排分开，最末一级排水渠道尽可能与地区等高线和地下水位等值线相垂直，以便承受容泄更多的地面水和地下水。

根据上述渠系布置原则，一般要求干渠布置在灌溉区较高地带，干沟布置在排水区较低地带，但是干渠位置并不一定是越高越好，在有些情况下，根据地形条件的变化，放弃自流灌溉部分高地，改为提水灌溉，可以减少较多的工程量。排水干沟也存在类似情况。为了避免承泄区水位顶托的影响，或者为施工创造方便条件，排水干沟位置亦可以适当提高。对于低地采用机电抽排或作为临时蓄水区。总之，对于上述原则，应均衡利弊得失，因地制宜地加以应用。

### (2) 渠道布置应保证工程费用少，渠道输水损失小

布置渠道时，应紧密结合地形，在设计流量已定的条件下，如选用较大的纵坡，则会加大流速，断面尺寸可减少，节省工程量和投资。但这样一来，水位大的段易坍塌的松散岩层和风化坡会积成土石地带。

在丘陵山区修筑盘山渠道时，必须截断天然汇流途径。暴雨时山洪夺渠而入，便会冲毁渠堤和建筑物，淹没农田和村庄。因此必须解决渠道的防洪，即解决被盘山渠道截断的排水出路问题。为了减少工程量和输水损失，应布置最短的渠线，使渠线尽可能平直些，尽量避免不必要的弯曲，以提高渠水的工作流速。一般来讲，渠道的弯道半径采用$R=5B$（$R$为弯道半径，$B$为渠道正常水面宽）。

### (3) 渠道选线应尽量少占或不占耕地

把开沟挖渠与新造农田结合起来，扩大农田面积，保证较高的土地利用率，对于现有排灌系统进行合理调整，特别是支渠以下渠道要充分利用和改造原有水利设施。丘陵山区的原有的小型塘、堰、水库等更应充分发挥它们的调节作用，组织“长藤结瓜”的水利系统。在老河网圩区，在改造和利用关系上，立足于改造；在有条件的地区，如果取土方便又不影响蓄水要求，可以填旧渠筑新渠。

在具体设计时，在满足农田水分要求的同时，尽可能节约土地。此外，有条件的地区可采用地下渠道形式。总之，规划布置时，在不影响农田水分合理调节下，尽可能做到该排灌系统所占土地与其所控制的土地总面积之比为最小。

### （4）上级渠道的布置应为下级渠道的合理规划和其他土地规划项目的合理规划创造良好的条件

上、下级渠道最好是垂直相交，但根据地形、地势条件，允许有一定的偏角（约20°～30°）。同级渠道最好同向等距平行布置，以保证其所控制地段外形规整。支渠以下渠道宜控制灌溉一个行政单位，以便于经营管理和工程维修、协调灌排系统规划与其他土地规划项目和其他部门用地要求之间的关系。此外，支渠以下渠道应为田间机械作业创造良好条件，要比降大，可控制自流灌溉面积就会减少，而且流速加大还会引起冲刷；反之，可以增大自流灌溉面积，但会加大工程量，且易于积泥沙。因此，应尽力使渠道的比降与地面比降近似，以减少其工程量。在地面坡度较陡的地区，尽可能使渠道获得集中的落差，便于水利的综合利用（发电、航运等）。随着各级渠道流量的逐渐减少，其允许纵比降逐渐加大。各级渠道纵比降参考数值见表10-14。

**表10-14　各级渠道纵比降参考数值**

| 渠道级别 | 地　形 | 适宜纵比降 |
|---|---|---|
| 干渠 | 较陡 | 1/5000～1/2000 |
| 支渠 | 平坦 | 1/10 000～1/5000 |
| | | 1/3000～1/1000 |
| 斗、农渠 | | 1/1000～1/200 |

在布置渠道时，尽可能避开岗丘、洼地、池塘、山溪和高级公路，若沿着等高线随弯就弯，这样势必增长渠线，输水损失增加；如果采用直穿的形式通过沟谷地段，必然要修筑填方渠道和地下涵洞、虹吸管、渡槽等建筑物。究竟采用哪种方式为好，需对规划方案的工程量和水量损失等方面进行全面比较后加以确定。

为了减少渠道输水损失，防止渠道坍塌，保证工程安全，选择渠线时，要充分注意沿线的地质情况，尽可能避开透水性强的地带，与田块、道路、林带、居民点等规划综合考虑，合理布置。

以上所述系渠道规划布置的基本原则，具体规划应结合地区特点因地制宜地加以利用。平原地区由于地形较平坦，渠道布置与山区、丘陵地区相比往往可以设计出更多的方案，这就要求对方案进行工程量计算与经济评价，据以选择其中最合理方案。

# 第三篇　土地利用专项规划和详细规划

# 第十一章 基本农田保护区规划

## 第一节 基本概念

### 一、耕地的概念

耕地是经人们开发用以种植农作物、蔬菜、花卉的土地（周进生，2002）。全国农业区划委员会和原国家土地管理局1984年制定的《土地利用现状调查技术规程》将耕地定义为：耕地是指种植农作物的土地，包括新开荒地、休闲地、轮歇地、草田轮作地；以种植农作物为主，间有零星果树、桑树或其他树木的土地；耕种3年以上的滩涂和海涂；耕地中包括在南方宽＜1.0m和在北方宽＜2.0m的沟、渠、路、田埂。该规程将耕地分为灌溉水田、望天田、水浇地、旱地、菜地等5个二级类。

在《全国土地分类》[①] 中，将耕地定义为：耕地是指种植农作物的土地，包括熟地、新开发复垦整理地、休闲地、轮歇地、草田轮作地；以种植农作物为主，间有零星果树、桑树或其他树木的土地；平均每年能保证收获一季的已垦滩地和海涂。耕地中还包括南方宽＜1.0m，北方宽＜2.0m的沟、渠、路和田埂。也将耕地分为灌溉水田、望天田、水浇地、旱地、菜地等5个二级类。

FAO将农地分为可耕地（arable land）、多年生作物的土地（land under permanent crops）、永久性草场和牧地（non-arable land and non-permanent crops）、森林和林地（forests and woodland）和其他土地（other land）等。其中，arable land（其含义为耕地、可耕地）在统计中只采用“耕地”这一含义，指种植短期作物的土地（种植两季作物的土地面积只计算一次），供割草或放牧的短期性草场，供应菜市场的菜园和自用菜园所用的土地以及暂时休闲的土地（不超过5年，因轮作而休闲的土地不包括在内）。

### 二、基本农田

基本农田是耕地的一部分，与耕地不同的是耕地属于土地资源学范畴，是土地利用的一种方式，并不具体涉及与人口和社会发展之间的数量关系；基本农田属于人口生态学范畴，是人地关系的反映，其内涵具有时代性，不同时期内容侧重点不同。我国“基本农田”一词提出大致为20世纪60年代初。1963年11月，黄河中下游水土保持会议上，便有“通过水土保持，逐步建立旱涝保收，产量较高的基本农田”之说。20世纪60年代，有人称之为高产稳产基本农田，也有人称之为旱涝保收高产稳产基本农田。虽然称谓不同，但中心内容均是高产和稳产，强调了基本农田与一般耕地之间的质量差

① 引自2001年国土资源部颁布的新的《全国土地分类》（试行）。

异，反映了土地内在肥力特征和生产特征。但是产量高和稳并没有明确标准和科学依据，而且这种标准有一定的地域性。直到20世纪80年代末，基本农田仍是指生产力高、抗灾能力强的高产稳产农田。进入20世纪90年代，随着人口增加，耕地减少，人地关系逐渐紧张，国家开始重视基本农田数量保护，强调基本农田与人口以及社会发展之间的关系。

1994年我国颁布的《基本农田保护条例》[①]中规定，基本农田是指按照一定时期人口和社会经济发展对农产品的需求，依据土地利用总体规划确定的不得占用的耕地。其中包括：①经国务院有关部门或者县级以上地方人民政府批准确定的粮、棉、油生产基地内的耕地；②有良好的水利与水土保持设施的耕地，正在实施改造计划以及可以改造的中、低产田；③蔬菜生产基地；④农业科研、教学试验田；⑤国务院规定应划入基本农田保护区的其他耕地。

总之，基本农田内涵应该包括三个组成部分：①强调基本农田与一般耕地的内在肥力差异，即耕地自然生产力高低；②明确基本农田与一般耕地所处地段的不同，即农田区位条件的优劣；③基本农田是一定时段内人地关系状况的反映，即时段性特征，它赋予了基本农田的动态内容。因此，对基本农田的理解，应当考虑农田内在肥力特征、所处区位条件以及不同时期对基本农田的需求状况。综上所述，基本农田是指根据一定时期人口和国民经济对农产品的需求以及对建设用地的预测而确定的长期不得占用的耕地[①]。

## 三、基本农田保护区

基本农田保护区是指为对基本农田实行特殊保护而依据土地利用总体规划和依照法定程序确定的特定保护区域。基本农田保护可以理解为三层含义：①基本农田的数量保护，即根据区域社会和经济发展需要维持区域必需的基本农田数量，通过立法、行政手段保持区域基本农田面积的稳定；②基本农田的质量保护，即维持基本农田的物质生产力水平，并采用生物、工程等措施将划为基本农田的中低产田改造为高中产田；③基本农田的环境保护，即采用行政和科学手段，对现有基本农田的环境、基础设施与利用方式等进行监督和管理。基本农田保护具有区域性、综合性、层次性、时段性和政策性。

区域性是由基本农田分散性和经济差异性所决定。它表现在两个方面：①不同区域基本农田保护侧重点不同，如平原地区侧重农田数量保护，山区更重视农田质量保护；②不同区域基本农田数量指标、保护目标和保护方式不同，如在城市边缘带和经济开发区，基本农田面积比率略低于农业区，农田保护目标偏重于环境保护；③区域之间基本农田保护相互协调，基本农田保护是基本国策，地方应服从国家利益，但国家应当协调农田保护区与农田非农化利用区之间的利益均衡，这是处理国家与地方、地方与地方之间基本农田保护数量指标矛盾的基础。

综合性表现为基本农田保护是一项复杂的系统工程，其对象、目标、理论和方法中均存在着自然、社会、经济的广泛交叉和联系，表现为保护的综合性特征。它要求：

---

① 引自1994年7月4日国务院第22次常务会议通过的《基本农田保护条例》第二条。

①基本农田保护应与区域发展规划、土地利用总体规划及城市规划相协调，把基本农田保护纳入土地利用总体规划范畴；②基本农田保护应与土地生产条件和自然环境保护结合，不能单纯就农田而保护基本农田；③基本农田保护应协调上下级之间、各部门之间利益关系，由各相关部门和各级政府共同参与完成。

层次性是由基本农田空间分布、保护内容和管理机构的等级层次所决定。不同层次上，基本农田保护目标、内容不同，保护方式也不同。根据我国实际，基本农田保护可在五个层次上进行，即国家级、省级、市（区）级、县级和乡级。一般，国家层次主要是制定有关政策、法规、指导与监督全国基本农田保护，从宏观上控制和协调省区之间基本农田保护数量指标，县乡则是具体落实层。

时段性表现为基本农田保护不仅受人地关系的影响，还取决于农田资源面积和质量状况。这些因子均随时间变化而变化，因此保护区基本农田面积稳定仅是相对的。为满足一定时期人口生活和国民经济发展需要，必须维持区域基本农田面积和质量的动态稳定，这是基本农田保护宗旨。时段性要求对基本农田进行动态监测和管理，以便及时维护基本农田面积及其生态环境，维持区域内基本农田与人口需求的动态平衡。

基本农田保护是一种政府行为，是政策性很强的一项工作。国家和地方政府为保护基本农田制订了一系列法律和技术规程以指导基层工作。为满足国家需要，各地必须开展基本农田保护工作。基层基本农田保护应结合当地实际执行有关政策，工作中取得的经验以及发现的问题，也将为有关政策完善提供参考。

## 第二节　规划的目标与原则

当前我国基本农田保护主要以划定保护区的形式组织实施。基本农田保护规划时，确定基本农田保护数量和布局，划区定界并落到实地，制定基本农田保护和管理措施，实施基本农田保护。基本农田保护规划是划定基本农田保护的重要组成部分，是基本农田实地划区定界的基础和前提。所以，科学合理地编制基本农田保护规划成为区域切实有效保护基本农田的关键，同时也是实现区域农业可持续发展的必要手段。

### 一、指导思想

1）认真贯彻“十分珍惜和合理利用土地，切实保护耕地”的基本国策。

2）对基本农田实行特殊保护，保证基本农田数量长期稳定，质量逐步提高。

### 二、规划目标

基本农田保护规划以实现基本农田的合理有效保护为根本目标，基本农田保护规划的具体目标为：

#### 1. 合理确定基本农田面积，实现严格的数量保护

根据区域人口及农业生产状况，预测未来满足人口增长与社会经济可持续发展所必

需的基本农田数量，同时根据土地利用总体规划确定的耕地面积以及上级下达的基本农田保护指标，合理确定区域实际应该保护的基本农田数量，并确保该数量只能增加，不能减少，实行严格的农田数量保护。

2. 科学进行基本农田布局，保证农田的质量要求

在基本农田布局中，应将质量状况好或区位条件优的耕地优先划为基本农田，并将《基本农田保护条例》中规定的几类特殊耕地划为基本农田。这样才能确保划入基本农田保护区耕地的质量要求，才能真正实现保护优质高产农田的目标。

## 三、规划原则

1. 切实保护耕地的原则

“十分珍惜和合理利用每寸土地，切实保护耕地”是我国的一项基本国策，划定基本农田保护区，其重点是保护耕地资源，以满足人口高峰年对耕地的需求。

2. 综合协调的原则

基本农田保护区的划定应以土地利用总体规划为依据，在区域内的各类用地进行综合协调和统筹安排的基础上，正确处理好吃饭与建设的关系，使非农业建设用地与农业用地得到合理配置，形成最佳的社会经济效益。

3. 双轨并行的原则

基本农田保护区划定必须遵循由上而下和由下而上相结合的双轨并行原则，基本农田保护控制指标由省（自治区、直辖市）、市、县（市）、乡（镇）逐级下达，以乡（镇）行政辖区为基本核定单位。基本农田保护区划定方案经上一级人民政府审核后，提请同级人民代表大会常务委员会审议通过，并报省人民政府备案。基本农田保护区的保护与管理实行由下对上逐级负责的保护方法，逐级签订基本农田保护责任书。

4. 区划完整性的原则

为了便于基本农田保护区的划定、建档和管理，完善土地管理体系，基本农田保护区的划定不宜打破村级行政界线。

## 四、规划要求和依据

### （一）规划要求

国务院颁布的《基本农田保护条例》中要求县级人民政府有关土地管理部门组织实施基本农田保护区划区定界工作，并且将生产条件好、产量高、长期不得占用的耕地，划为一级基本农田；生产条件较好、产量较高、规划期内不得占用的耕地，划为二级基

本农田。以及划定的基本农田保护区不能随意改变其用途性质，如确实根据有关实际情况，需要改变用途性质的，占用一级基本农田 33.33$hm^2$（500 亩）以下的，必须报省、自治区、直辖市人民政府批准；占一级基本农田超过 33.33$hm^2$（500 亩）的，必须报国务院审批。

《基本农田保护条例》规定："各级人民政府应当确定基本农田保护的数量指标和布局安排，并逐级分解下达。"基本农田保护指标应当根据国民经济发展和人口增长对主要农产品和建设用地的需求，参考历年耕地变化情况和工业化、城市化发展趋势，对基本农田控制指标进行测算，并经过自上而下和自下而上的反馈和修正，最后确定基本农田保护面积的控制指标。按照规定，各省、自治区、直辖市划定的基本农田应当占本行政区域内耕地的 80%以上。

基本农田布局应当依据有关法律、法规进行。依据《中华人民共和国土地管理法》和《基本农田保护条例》的规定，下列耕地应划入基本农田保护区，严格管理：①经国务院有关部门或者县级以上地方人民政府批准确定的粮、棉、油生产基地内的耕地；②有良好的水利与水土保持设施的耕地，正在实施改造计划以及可以改造的中、低产田；③蔬菜生产基地；④农业科研、教学试验田；⑤国务院规定应划入基本农田保护区的其他耕地。

根据土地利用总体规划，铁路、公路等交通沿线，城市和村庄、集镇建设用地区周边的耕地，应当优先划入基本农田保护区；需要退耕还林、还牧、还湖的耕地，不应当划入基本农田保护区。

### （二）规划依据

1）《中华人民共和国土地管理法》，1998 年 8 月 29 日全国人民代表大会常务委员会第四次会议通过，1999 年 1 月 1 日施行。

2）《基本农田保护条例》，国务院令第 257 号，1998 年 12 月 27 日。

3）《中华人民共和国土地管理法实施办法》。

4）其他相关法律法规。

## 第三节　控制指标与规划程序

### 一、控制指标

基本农田保护区规划控制指标是指经批准的土地利用总体规划的主要控制指标，主要包括基期年和规划年指标：

1）人口和建设用地指标包括：总人口；城镇人口、城镇用地总规模和人均用地面积；农村人口、农村居民点用地总规模和人均用地面积。

2）耕地保有量指标包括基期年和规划年耕地保有面积。

3）基本农田保护面积指标包括基期年和规划年基本农田保护区面积和保护率，要求做到基本农田保护区面积和保护率两个指标不变。

4）建设用地指标包括：①规划期建设用地控制指标；②城镇和村建设用地指标；③交通用地指标；④水利用地指标。

## 二、规 划 程 序

规划程序包括：①耕地现状和耕地后备资源潜力分析；②耕地需求量预测；③基本农田保护面积指标的确定；④基本农田的布局；⑤规划成果整理和绘图。

# 第四节　主要指标的测定

## 一、基本农田保护面积的测算

基本农田保护面积主要采用直接测定法和间接测定法进行测算。

### （一）直接测定法

此法主要包括农产品需求量预测法和人口-土地-经济系统模型预测法两种：

#### 1. 农产品需求量预测法

按照目标年农产品的需求量和供给量来测算基本农田的保护面积，具体分成三步：①农作物单产预测。采用定性和定量相结合的方法，根据当地的实际情况，预测出目标年的单产水平。②农产品需求量预测。根据国民经济发展规划以及有关部门对于人民生活不同发展水平的消费需求预测，测定满足人口发展所需的农副产品（粮食、油料、蔬菜及动物性食品等）数量，再加上一定的输入输出产品量，即可求得目标年全社会的农副产品需求总量。③基本农田保护面积的测定。将目标年总供给量与总需求量进行平衡，即可测定出基本农田保护面积（一级保护面积）。

#### 2. 人口-土地-经济系统模型预测法

基于耕地的变化与社会、经济环境、人口系统的动态变化之间有着密切相关关系，随着城市化、工业化水平的不断提高，经济发展对用地的影响将日益明显，根据这一思路，建立人口-土地-经济系统的计量经济模型，进而计算出基本农田保护面积。

### （二）间接测定法

此法的具体思路是基本农田保护面积为现有耕地面积与预测建设用地面积之差，可采用人口预留法和系数预测法两种主要方法：

#### 1. 人口预留法

人口预留法即按历年人口增长趋势，参照计生部门人口发展规划，预测人口增长高峰年和高峰年的人口总数；然后按建设部门规定的人均用地标准，测算出建设用地总需求量，其与现有耕地面积之差即为基本农田保护面积。可用下式表示：

基本农田保护面积＝现有耕地面积－人口高峰年城镇预测人口×城镇居民人均用地标准－人口高峰年农村预测人口×农村居民人均用地标准

从上式可见，人口预留法的关键在于测算出三个因素：时间期限（人口增高峰年）、人口（人口总量、城镇人口、农村人口）和建设用地指标（城镇居民用地标准、农村居民用地标准）。

### 2. 系数预测法

国家对各地建设用地占用耕地面积每年都有控制指标，根据这一指标可以测算出从现在至人口增长高峰年期间的耕地减少量，据此即可计算出基本农田保护面积。

## 二、重要指标的测定

### 1. 农作物单产预测方法

#### （1）趋势推导法

把农作物产量看成是光、热、气、土壤等环境因素与科技、投入水平和政策等因素综合作用的结果，从时间序列分析可以反映变化的历史趋势和规律，所以由历史资料可以外推出目标年的单产。趋势推导法中常常用的方法有灰色系统预测法、回归分析法等。

#### （2）专家系统法

影响农作物单产的因素是繁多的，有些因素是无法定量和无资料可借鉴的，特别是未来农作物的品种、耕地栽培技术和种植制度等，就需要采用专家咨询方法，请专家们依靠长期积累的资料和经验作出预测。

### 2. 农产品需求量预测方法

农产品需求量的预测可以通过历史人口生活消费的分析，来掌握消费水平变化的长期趋势，从而预测未来的消费水平。以农副产品的消费支出及结构为基础和依据，分析不同生活水平下消费支出与实物量的关系，估算出来不同时期农副产品的实物量需求标准。

### 3. 人口预测法

常采用人口自然增长法和劳动平衡法。

### 4. 建设用地需求量预测

建设用地需求量预测主要采用两种方法：①根据人口增长高峰年城镇预测人口和农村人口增加数，以及建设部门确定的城市化水平和人均用地指标，求得建设用地增加数。②以农业生产为主的乡镇，用系数推算法与定额指标相结合的方法测算建设用地需求量。

## 第五节　划区定界的方法和步骤

划区定界系指县级人民政府土地管理部门会同同级农业行政主管部门，组织实施经上一级人民政府批准的基本农田保护区规划，将基本农田保护区规划的一、二级基本农田保护区及建设预留地的范围，在实地确定界线并落实保护标志位置。

### 一、划区定界的方法

划区定界的方法，以优先保护耕地为出发点，一般采用圈定城镇、乡村建设留用界线和置换用地的反推法。

### 二、划区定界的程序

**室内初定**　在1∶10 000土地利用现状图上初步圈定建设留用地和置换用地，余下的耕地划为基本农田保护区。

**实地踏勘**　实地丈量以逐块确定可定位的留用地。基本农田保护区的耕地实行全面定位划定，由专人实地丈量建设留用地面积，划定界线，拐点处理设界桩，或以明显的地物作为拐点标志，界桩以村为单位统一编号。

**绘制图件**　在实地踏勘丈量的基础上，对原在室内图纸上确定的基本农田保护区图进行修正，将界桩的实际点位，桩号标注到1∶10 000的基本农田保护区图上。

**登记造册**　在图上对划定的基本农田保护片、块、区和建设预留地进行统一编号、统计面积并填写报表。内容包括四至、面积、利用类型、保护级别和用地类型。

**签订公约**　在土地登记的基础上，签订保护公约，确定保护责任人，明确责任人的保护面积、界线、责任和奖惩制度。

**设置标志**　在保护片、块、区的界线上设置标志，标志牌上应有保护片、块和区分布示意图，包括保护范围，本保护片、块、区内基本农田面积、等级、期限、保护措施(村规民约等)。保护标志一般应以县为单位统一制作。

**复查检验**　保证规划指标、规划图与空间布局三者统一。

### 三、规划成果

主要包括：①现状经济社会调查资料、土地资源利用特点及存在问题；②人口（包括小城镇集聚人口）规模的计算方法和依据；③基本农田保护面积的测算方法和依据；④村镇建设发展控制用地的测算方法和依据；⑤土地利用总体规划布局，主要突出基本农田保护区、村镇建设发展控制用地和道路的布局；⑥规划的实施措施，包括基本农田建设和保护管理办法等；⑦其他专题规划说明；⑧规划成果图件包括土地利用现状图(1∶10 000)、基本农田保护区分布图（1∶10 000)。

# 第十二章　土地整理复垦开发规划

## 第一节　土地整理规划

### 一、土地整理规划的基本概念与特性

#### （一）土地整理的概念

土地整理，英文为 land readjustment，land rearrangement，land consolidation，land replotting or land assembly，该词最早出现于德国、法国和俄罗斯等欧洲国家。我国土地整理的历史可追溯至公元前先秦时期的井田沟恤制。井田沟恤制始于夏朝经过商朝到西周时已达到较完善的地步。

1. 广义的土地整理

广义的土地整理是指在一定区域内，按照土地利用规划或城市规划所确定的目标和用途，采取行政、经济、法律和工程技术手段，对土地利用状况进行综合整治和调整改造，以提高土地利用率和产出率，改善生产、生活条件和生态环境的过程，既包括对现有已利用土地的整理，以提高其利用的集约度，也包括未利用地的开发和废弃地的复垦以增加耕地总量，从地域上来看可涵盖城市和农村。实质是调整土地关系和合理组织土地利用。土地整理的范畴广泛，从地域表现形态角度可分为农地整理和市地整理两方面内容，而农地整理主要指农用地整理和农村建设用地整理（图 12-1）。

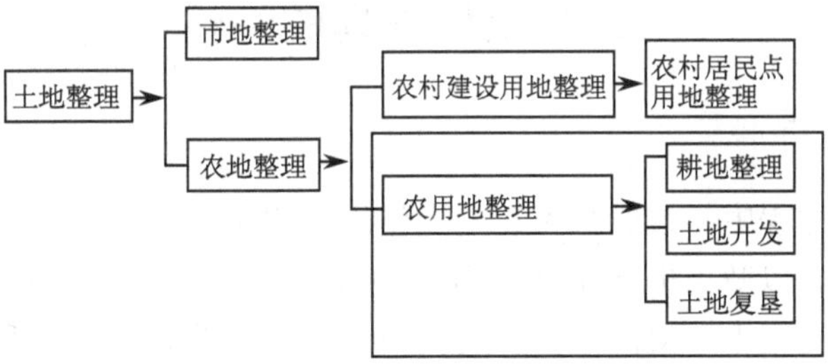


图 12-1　土地整理范围界定示意图

**（1）农地整理**

农地整理是我国当前和今后相当长一段时期土地整理的主要内容。其特点在于以增加有效耕地面积并提高耕地质量为中心，通过对田、水、路、林、村实施综合整治开发，改善农业生产和土地利用条件，居住环境和生态环境。农地整理包括以下主要内容：

1）农田整治。兴建或改造沟渠和田间道路，建立或健全节水、节地和高效的排灌系统，建立农田防护林带，清除耕地中的坟头，填平农田中的废坑塘以及平整土地等。

2）农地改造。以提高耕地质量为主要目的，如改造中低产田和盐碱地、坡地改为梯田等。

3）地块调整。重点是把细碎、零散的地块加以集中，便于规模化经营和机械化作业。

4）土地结构调整。主要是开发利用滩涂、水域、荒草地等，以替换占用良田的园田、鱼池、牧草地，从而保持和增加耕地面积。

5）宜农荒地的开发。通过对未利用土地的适宜性评价，确定宜农地的分布与数量，然后有序地进行开发复垦。

6）农村建设用地整理。它包括村庄的治理，缩拼零散的小村落，增设公共和公益设施。

#### (2) 市地整理

市地整理主要是立足于内部挖潜，集约利用土地，充分利用建成区内的闲散地，并对已被利用的土地结合产业结构调整和提高城市功能的需要，在用途和布局方面重新优化配置，从而全面提高城市整体功能并改善城市环境。

### 2. 狭义的土地整理

现阶段我国狭义的土地整理主要指的是农村土地整理，包括农用地整理和农村建设用地整理。农用地整理的概念界定为：以增加耕地面积，提高耕地利用率和产出率为根本目的的，按照土地利用总体规划的要求，对农田、水域、道路、农田防护林网用地进行综合整理的措施和手段，既包括已利用农用地的结构调整和土地整治（即耕地整理），也包括土地开发和土地复垦等。

## (二) 土地整理的特性

### 1. 政府行为的主导性

在农用地整理过程中，政府行为起主导作用。这是因为农用地整理是在国家鼓励、政策支持的前提下，以政府制定的土地利用总体规划和专项规划为依据而进行的。同时，在农用地整理过程中，又涉及诸多组织和个人产权关系的调整和利益分配等问题。因此，只有在政府的指导下，农用地整理按规划进行，才能真正达到改善生产条件和生态环境，增加有效耕地面积的目的。

### 2. 整理目标的多元性

农用地整理是一个多元目标行为，即：一是通过农用地整理，提高土地利用率，从而增加土地的经济产出，实现经济目标；二是通过农用地整理，调整土地占有与分配关系，实现农用地整理的社会目标；三是通过农用地整理改善土地资源开发利用的生态环境条件，实现农用地整理的生态目标。这三项目标是统一的，都是为了实现区域土地资源的可持续利用和最优化配置。但是，在具体阶段和具体对象上有时又是矛盾的，主要表现是，有时以经济目标为中心，而造成土地资源可持续生产能力下降或土地占有的不公平性；有时以社会政治目标为中心，而造成经济效益低下，生态环境恶化。因此，为实现多元目标体系就要求必须在协调社会、经济和生态三项目标的基础上，通过土地资源在不同产业、区域之间的均衡分配和合理利用来实现土地资源的可持续利用。

3. 整理过程的长期性

农用地整理是一项长期和艰巨的工作。这是因为：具体的农用地整理行为是在一定社会经济环境及技术条件下产生的，当环境条件发生变化时，人们就要求重新调整土地占有关系，使土地利用方式和结构适应社会经济发展的客观需要。

4. 整理工作的复杂性

农用地整理工作广泛涉及法律、社会、经济、自然和科学技术等方面。从法律角度来看，农用地整理工作要有完善的法律制度为基础；从社会角度看，农用地整理涉及用地者以及不同主管部门之间相互关系问题，土地行政主管部门与土地使用者以及农业、城建、道路和基层政府等部门之间的协调问题；从经济角度来看，农用地整理过程也就是土地收益分配关系的调整过程，公平而有效地完成这一调整过程，至关重要；从生态角度来看，农用地整理工作又要因地制宜，以实现土地资源可持续利用的目标。

5. 整理区域的差异性

由于不同地区的社会经济技术发展水平，土地资源及其环境条件的差异，农用地整理的内容、目标、手段亦不同。根据东南部及西北部资源禀赋的差异，东南部农用地整理应着重针对耕地、林地、水域等地类，以促进粮棉、林业及水产业的发展，而西北部应着重针对牧草地，以及发展畜牧经济为主要目标。

## 二、土地整理规划的依据和原则

### (一) 土地整理规划的依据

①有关土地整理和利用的法律、法规，如《中华人民共和国土地管理法》、《中华人民共和国环境保护法》等；②各级人民政府制定的有关土地整理利用的政策、措施；③当地国民经济和社会发展规划；④土地利用总体规划、城市和村镇规划、农业区域开发规划等；⑤土地整理潜力调查分析资料等；⑥国民经济统计资料等。

### (二) 土地整理规划的原则

1）依法整理原则。编制土地整理规划必须符合《中华人民共和国土地管理法》等法律、法规的规定。

2）规划控制原则。土地整理规划仅是土地利用总体规划的专项规划，其主要目标和布局安排应当与土地利用总体规划相衔接。

3）协调性原则。土地整理规划不能孤立进行，既要符合土地利用总体规划，又要与区域内流域规划、村镇规划及其他各项建设规划等紧密配合，为区域社会经济发展提供有利的土地条件。

4）公众参与原则。土地整理涉及千家万户的利益，必须发动广大群众参与规划。

5）时序性原则。土地整理规划是一项长期性规划，在编制土地整理规划时，制定土地整理的总方向和总目标，避免土地整理过程中的盲目性。在规划内容上，应分清主次和先后顺序，抓住主导整理工程，使规划有计划、有步骤地实施。

## 三、土地整理规划的基本内容

土地整理分为农用地整理和建设用地整理，前者包括农用地调整、农用地改造、地块调整、基础设施配套、零星农民住宅的迁并等，后者包括村镇用地整理、城镇用地整理、独立工矿用地整理、交通和水利设施用地整理等。土地整理规划的基本内容一般是：

**（1）选定土地整理范围**

按照土地利用总体规划的统一部署，本着先易后难的原则，选取待整理地区并确定其范围和边界。

**（2）整理区实地调查**

调查内容包括：①整理区的土地利用现状；②整理区的道路、沟渠、塘库等基本设施状况；③整理区内的农村居民点分布状况与房屋建筑状况；④整理区的地形、地貌、水文状况；⑤整理区的农业生产情况；⑥整理区的人口及社会经济发展状况等。

**（3）土地整理潜力分析**

具体包括：①土地整理增加可利用土地面积的潜力；②通过整理提高土地利用率的潜力；③通过整理，改善土地生产条件，提高土地产出的潜力。

**（4）确定土地整理的目标和方向**

根据待整理地区的土地利用现状、资源条件，土地整理的资金投入和技术条件，合理地确定土地整理应达到的目标和要求。

**（5）划定土地整理区**

土地整理区分为土地单项整理区和土地综合整理区，前者是指单项内容（如整理耕地、整理林地、整理村镇用地等）为主的土地整理区，后者是指两种或两种以上内容的土地整理区。土地整理区的划定应根据土地整理潜力的调查分析，确定土地整理区的类型、规模、位置、整理目标、整理时间等；要尽量结合自然地形，兼顾行政区划界限；

要有利于集约用地和土地适度规模经营；要注重景观和生态保护，改善生产条件和生态环境，提高农业现代化水平。

**（6）土地利用结构和布局调整**

根据土地整理目标、整理潜力和整理要求，结合典型整理项目的分析，提出土地整理区土地利用结构和布局调整方案。

**（7）确定土地整理的重点项目**

将潜力大、投资小和效益好的整理区或项目确定为土地整理的重点项目。

**（8）土地整理的投资预算与效益分析**

依据整理规划方案，按照需要修建的各种工程设施的类型、规模、标准、土方工程等，推算土地整理所需资金。同时根据整理后可净增农地面积，土地产出率提高的幅度，生产成本的节约情况等预测分析土地整理所产生的效益。

**（9）规划实施计划**

主要包括：①土地整理资金的筹措与分担；②整理后的土地使用调整；③土地整理的时间计划安排；④土地整理的运行管理等。

**（10）整理规划成果**

主要包括土地整理技术报告和工作报告，土地整理图件等。

## 四、土地整理规划的程序

### （一）土地整理的规划管理程序

土地整理是一项长期的战略任务，是土地利用总体规划的重要内容，是完善、落实土地利用总体规划的重要措施和手段，必须按我国五级土地利用总体规划的原则和要求开展。

国家级规划管理应当规定土地整理的方针、政策和法规。全国土地利用总体规划纲要也应提出土地整理的政策等要求。对土地利用内部挖潜、土地整理提出指导性意见。

省级规划管理要依据国家的要求，应进一步细化国家政策、法规等。省级土地利用总体规划纲要也要因地制宜，提出制定土地利用挖潜，土地整理的目标；确定土地整理的指导性指标、技术规范及开展土地整理的重点区域等。

地（市）级规划管理按照上级要求，应制订土地整理的实施办法和保障措施，组织协调跨区域土地整理规划设计等。地（市）级土地利用总体规划要根据省级土地利用总体规划纲要的要求，落实土地整理重点区域，并在分析本地土地整理潜力的基础上，确定土地整理区域并分解下达土地整理指标等。

县（市）、乡（镇）级规划管理，要按上级要求，落实资金、技术、组织等具体措施。县（市）、乡（镇）级土地利用总体规划按照土地用途分区、基本农田保护等的要求，确定土地整理区范围，对田、水、路、林、村等提出综合整治的具体要求。有条件的地方，应坚持零散居民点向中心村、小城镇集中，村办、乡镇企业向工业园区集中，小块耕地向连片集中。同时，县、乡（镇）级应按照土地利用总体规划的要求，特别应按照县、乡（镇）级土地利用总体规划的要求，进行土地整理专项规划设计，其中包括农村居民点、道路、水利、工业园区、农地等规划工程设计；土地整理、配置方案；以及土地整理资金预算方案等，为土地整理提供依据。

## （二）土地整理的规划运作程序

土地整理的规划程序可以归纳为五个步骤：

1）选择土地整理单元。包括收集有关土地利用的自然和社会经济资料，分析研究土地整理的潜力，准备土地整理的资金和技术条件，确定土地整理的目标和要求。经与初选区域有关单位和个人充分协调，取得理解和支持后，选定开展土地整理的单元并予以公告。

2）编制土地整理规划方案。根据选定单元土地利用规划的原则要求，编制土地整理规划设计，并经广泛征求土地整理参与者的意见，修改完善规划和设计后申请批准。

3）审批土地整理方案。依据制定的法律或政策性规定，通过一定的法律程序，审查土地整理规划设计，经批准并向社会公告后的规划方案准许实施。

4）组织土地整理实施。按照批准的土地整理规划和设计，在区域范围内动员人力、物力和财力，开展土地整理活动。土地整理实施通过调查和测量确定权属，进行工程建设，经过土地评估并重新配置后，经登记发证以确认整理成果。

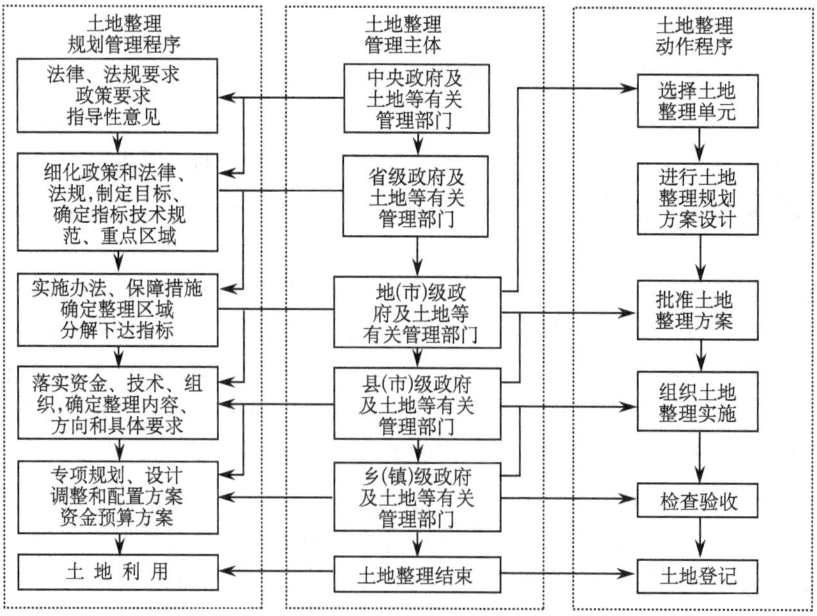


图 12-2　土地整理规划程序

5）土地整理成果检查验收。在完成土地整理任务，达到预定目标后，开展地籍更新、资料汇总和归档等工作并形成报告，经法律规定的程序审查验收。土地整理的规划程序具体见图 12-2。

## 五、农用地整理的运作

### （一）农用地整理的运作步骤

国内外研究与实践经验表明，农用地整理是增加耕地面积，提高土地利用率，实现耕地总量动态平衡和有效缓解人地矛盾的重要途径和手段。但农用地整理投资大耗时长，对社会经济生态影响重大。因此，其运作应在政府的统一领导和组织下进行，具体的运作形式如图 12-3 所示。农用地整理的运作主要分为三个阶段即目标确定、方案选择、整理实施。

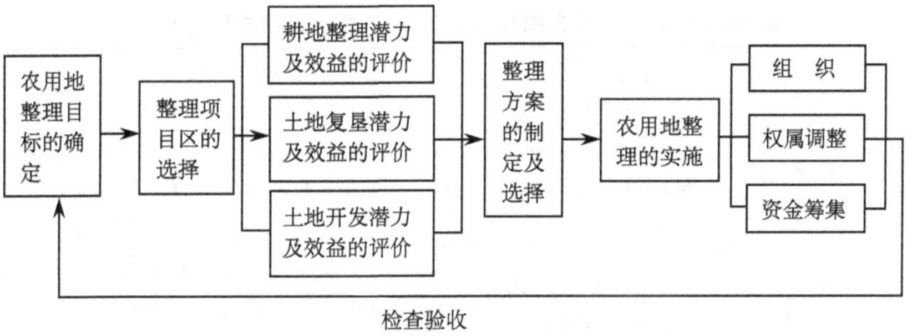


图 12-3　农用地整理运作图

### （二）农用地整理的组织模式

农用地整理是以政府行为为主导的，从编制规划、制定政策、筹措资金到组织实施都应在政府的统一领导下有条不紊地进行。主要表现为建立机构（图 12-4）、搞好协调、开展示范和实行目标管理。

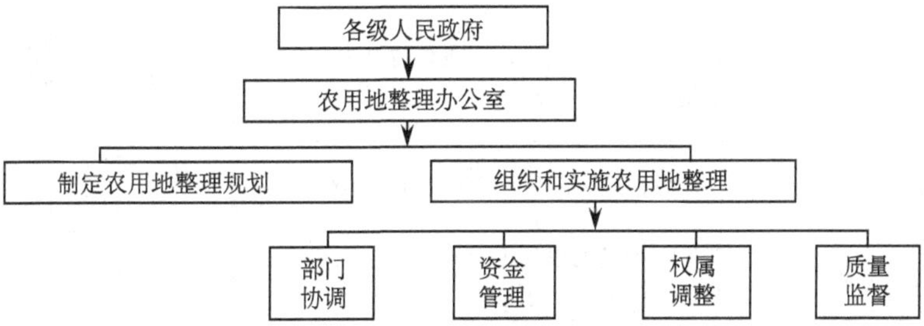


图 12-4　农用地整理机构设置图

## 1. 按农用地整理内容

### （1）综合整理模式

综合整理模式即把整理区域内的全部土地作为整体进行统一规划，侧重对土地深度的整理，强调土地的生态设计与建设。这种模式的特点是一步到位，见效快，成效显著，但一次性投资较大，必须有较强的经济实力做后盾，适宜于经济发达地区。

### （2）专项整理模式

专项整理模式即根据各地目前的社会经济水平和自然条件，本着先易后难、重点突破的原则，对田、水、路、林、村的某一项或某几项进行整理，待发展到一定阶段后，逐步向综合整理完善。这种模式特点是因地制宜，一次性投资小，易于操作，资金易落实，见效也快，适宜于经济欠发达地区。如表 12-1 所示，综合整理模式与专项整理模式比较。

**表 12-1 综合整理组织模式与专项整理组织模式比较分析**

| | 适合区域 | 待整理区土地利用特点 | 模式内容 | 特点 |
|---|---|---|---|---|
| 综合整理组织模式 | 经济发达地区 | 耕地短缺，后备不足，对农用地整理要求迫切 | 侧重对土地深度的整理，强调土地的生态设计与建设 | 一步到位，见效快，成效显著，但一次性投资大，要有较强的经济实力做后盾 |
| 专项整理组织模式 | 经济欠发达地区 | 人地矛盾不突出，土地利用程度低 | 对田、水、路、林、村的某一项或某几项进行分项整理，逐步完善 | 因地制宜，一次性投资少，易于操作，资金易落实，见效也快 |

## 2. 按农用地整理组织主体

不同的组织主体构成不同的模式，具体包括农户整理模式、集体整理模式、联合开发模式、公司模式、国家模式和专营公司模式（表 12-2）。

**表 12-2 农用地整理组织模式**

| 模式 | 适用范围 | 特点 |
|---|---|---|
| 农户整理，政府适当补偿 | 开发范围小，工程量小的闲散地 | 易于保证质量，费用低，技术要求低 |
| 集体组织开发整理 | 乡村有一定经济实力，有成片待开发整理的地 | 集体投资，农民整理、承包经营，承包费用回收再利用于整理，形成良性循环 |
| 土地入股，联合开发整理 | 经济较发达地区，市场经济较活跃地区 | 融资能力强，充分利用企事业单位闲散资金，解决投资问题 |
| 农用地整理公司集中整理 | 高难度，大型的农用地整理项目，农户或集体经济组织无力组织 | 技术力量强，资金相对集中 |
| 国家统一组织的整理模式 | 项目区规模较大，涉及众多因素 | 统一组织，利于综观全局，兼顾经济、生态、社会效益 |
| 专业经营为主的整理模式 | 以追求较高的经济回报力为主要目标 | 技术要求高，市场的应变能力强 |

## （三）农用地整理的融资方式

### 1. 投资体系

农用地整理是一项涉及面广工作量大的系统工程，需要大量资金投入，这是开展农用地整理的关键。目前常见的是建立以国家和地方投资为主，鼓励农户积极参与的投资模式，形成国家、集体和农户三方为主体的投资体系（图 12-5）。

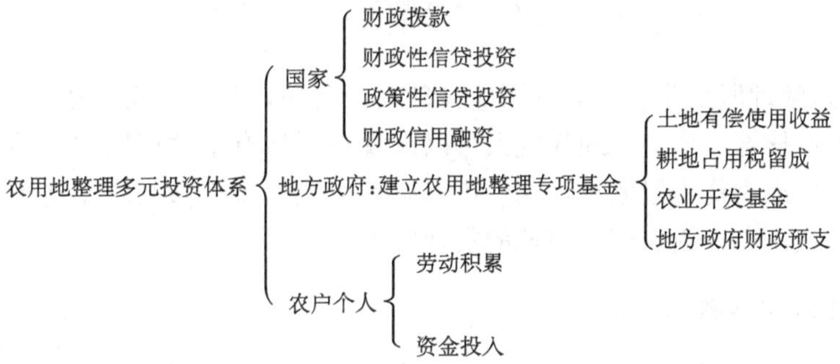


图 12-5　多元投资体系示意图

### 2. 融资方式

农用地整理毕竟是一项耗资巨大的长期工程，主要依靠国家政府投入，在地方和农户个人经济实力不够强大的情况下，单一的融资方式还是不能解决农用地整理的耗资问题。目前较为流行的融资方式主要有以下几种：

#### （1）农用地整理证券化

农用地整理证券化是指通过证券手段为农用地整理及开发融通资金，也就是说，将农用地整理的投资与收益通过证券形态联系起来，小额投资者通过股票、债券和投资基金受益券等证券方式参与农用地整理，获取收益，并使投资者所拥有的有价证券的债权得以体现，以实现农用地整理的资本大众化、产权证券化和开发专业化（图 12-6）。

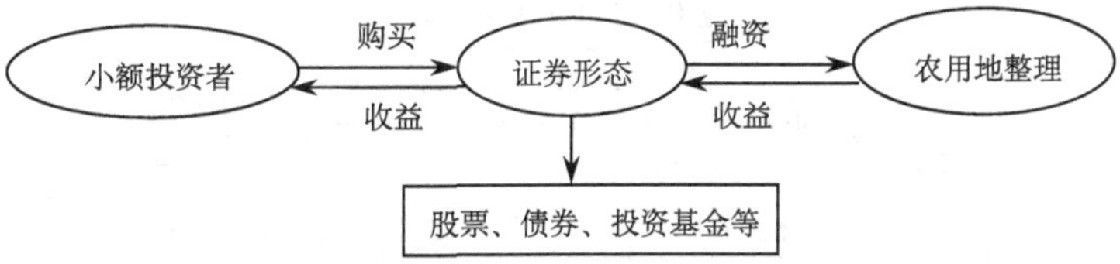


图 12-6　农用地整理证券化简单图示

农用地整理证券化是农用地整理的一个有效筹资途径，其筹资模式可以设想为信托和股份化。

1）农用地整理信托。信托是指资产的所有人按照自己的目的或利益，将其所拥有的资产委托给他人或信托机构代为管理或处理的一种经济行为。采用这种模式，需要成立农用地整理信托事务所，受农用地整理委员会的委托负责进行土地规划、整理和开发工作（图 12-7）。

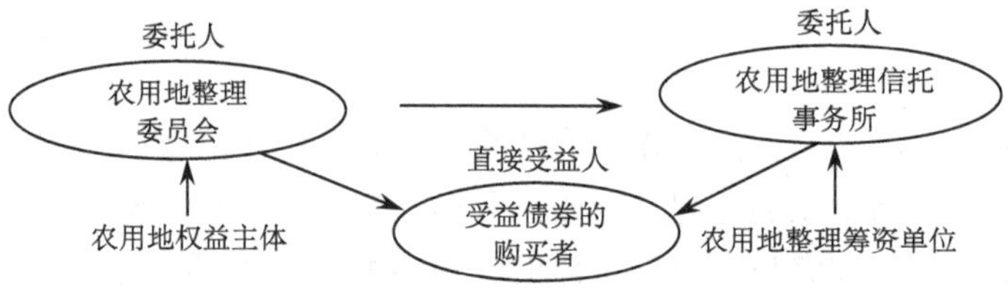


图 12-7　农用地整理信托简单示意图

2）农用地整理股份化。成立农用地整理股份公司，公司总资产以农用地整理完成后的土地总价值核算。所有土地权益人可以以现在所拥有不动产的权益的评估值入股。土地权益人可以成为优先股股东，这样可以调动土地权益人参与农用地整理的积极性，而筹集到的资金可以作为农用地整理的资金费用。

**（2）BOT 农用地整理融资模式**

BOT 是 build-operate-transfer（建设-运营-移交）的英文缩写，是 20 世纪 80 年代以后在国际上兴起的一种新的投资合作方式。BOT 模式主要用于公共基础设施建设，代表着一个完整项目融资的概念。其基本思路是，由项目所在国政府或所属机构为项目的建设和经营提供一种特许权协议作为项目融资的基础，由本国公司或者外国公司作为项目的投资者和经营者安排融资，承担风险，开发建设项目并在有限的时间内经营项目获取商业利润，最后根据协议将该项目转让给相应的政府机构。该模式由项目的最终所有者（项目发起人）、项目的直接投资者和经营者（项目经营者）以及贷款银行三部分人员组成。

农用地整理是一项公共基础设施建设，我国实行社会主义的土地公有制，必须由政府发起和管理。农用地整理在我国应由县级或县级以上政府（代表国家行使）发起和管理。农用地整理项目的发起人应是县级或县级以上政府，特许权经营协议结束后土地使用权及其他权益归县级或县级以上政府或农村集体所有（图 12-8）。

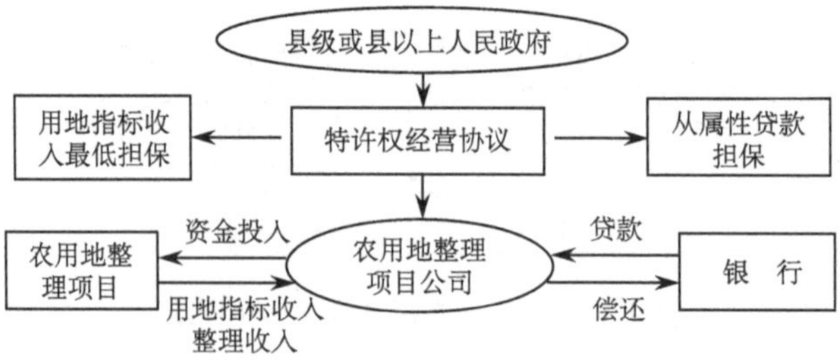


图 12-8　农用地整理项目融资 BOT 模式图

# 第二节　土地复垦规划

## 一、土地复垦的概念和意义

我国1988年11月8日国务院第19号令发布的《土地复垦规定》中的第二条和第三条明确指出：凡是在生产过程中，因挖损、塌陷、压占等造成破坏的土地，采取整治措施，使其恢复到可供利用状态的活动，称作土地复垦。凡从事开采矿产资源、烧制砖瓦、燃煤发电等生产建设活动，这些人为造成土地破坏和废弃的都属土地复垦范围。还有各种污染、自然灾害造成破坏废弃的土地以及村庄四旁坑、洼、塘、废弃宅基等也属土地复垦范围。按其形成的原因废弃地类型可分为：①矿区开采废弃地（含地下开采废弃地和露天开采废弃地）；②燃煤发电排出的粉煤灰储灰场地；③砖瓦窑废弃地；④兴修水利、交通而挖废和占压的废弃地；⑤农村废宅基地和废坑塘等各种废弃地；⑥因灾害和污染造成的各种废弃地。

我国人多地少，土地问题已成为国民经济发展严重的制约因素。近年来我国有计划地开发荒地以缓解人地矛盾。但在各项生产建设中存有大量土地遭到破坏。据1990年原国家土地管理局资料，我国每年因生产建设破坏的土地达2万～2.67万$hm^2$（30万～40万亩），并测预到2050年全国因生产建设而人为破坏的土地将达到400万$hm^2$（6000万亩）。这些被破坏的土地，不但使耕地减少，并使环境恶化，特别是采掘工业，不仅破坏和改变着地表以下200～400m以内地层，而且严重影响地表的生态环境，常常引起塌陷、污染、水土流失和滑坡等灾害。此外，占用耕地还会引出农民的生产与生活安置等社会问题。基于上述问题，土地复垦对于增加土地资源，改变生态环境，改善工农关系，保障农民群众的生产和生活均具有重要意义。

## 二、土地复垦规划的依据、原则和程序

### （一）土地复垦规划的依据

1）有关土地利用的法律、法规，包括《中华人民共和国土地管理法》、《土地复垦规定》、《中华人民共和国矿产资源法》、《中华人民共和国环境保护法》等。

2）国务院及地方人民政府制定的有关土地复垦利用的政策措施。

3）当地国民经济和社会发展规划、土地利用总体规划以及工矿企业的生产建设计划。

4）待复垦土地资源调查、评价以及其他为编制土地复垦规划而设置的专项研究成果等。

5）国民经济统计资料等。

## （二）土地复垦规划的原则

1）从实际出发，因地制宜。本着“宜农则农、宜林则林、宜牧则牧、宜建则建”的原则，科学合理地确定其用途，将被破坏的土地恢复利用。

2）局部利益服从整体利益，近期利益服从长远利益。

3）土地复垦要和生产建设统一规划，做到切实可行，合理安排，并结合生产情况，逐年实施。

4）土地复垦规划要在土地利用总体规划的控制和指导下进行，并与城镇规划以及矿区规划等相协调，做到地区建设布局合理化，有利生产、方便生活、美化环境，促进生态良性循环。

## （三）土地复垦规划设计的程序

土地复垦规划设计的程序是可行性研究报告—设计任务书—经有关部门批准—土地复垦规划—复垦工程设计—规划设计实施。

# 三、土地复垦规划的基本内容和方法

**（1）复垦区土地现状调查**

调查的内容主要有：①区域地表特征，即地形、地貌、水文、植被等；②环境因素，即气候、气象、城镇、居民区分布，矿山开采前该地区环境状况及开采后对环境造成的影响；③地表地层的理化性质，即厚度、有机质含量、pH、盐渍度、土壤水分状况、渗透性、微量元素、抑制植物生长的有毒有害物质等；④矿床开采方法，废石及尾矿的堆放方法，废弃地状况及其复垦可能性，复垦后的土地种植及综合利用途径、复垦周期与经济效益，工矿企业的经营状况，土地复垦的投资能力，现有设备及其在复垦方面的通用性等。

**（2）复垦土地预测**

对于矿山开采造成土地挖废、压占、塌陷等进行采前规划的，要进行复垦规划预测，可以分阶段预测，远期的要预测全部矿物采完时的土地破坏程度，中期的可预测较短周期（5～10 年）的土地破坏程度。

**（3）待复垦土地适宜性评价**

对待复垦土地进行适宜性评价，目的是通过评价来确定复垦后的土地用途，以便合理安排复垦工程措施和生物措施。评价方法可采用因素限制法和相关因素分析法进行。因素限制法同常规的土地评价原理一样，即根据当地的实际情况和复垦后不同用途的要求，选择地形、土壤质地、土层厚度、地下水位、地面堆积物、塌陷深度等若干因素，并确定相应的指标来衡量复垦后可能达到的程度，以确定其适宜的用途。相关因素分析法是根据废弃地的自身条件，即废弃地性质、堆积物数量、塌陷程度、压占面积等，工矿企业的经济能力，拟采用的复垦方法，复垦后期望的状态（包括平整状态、坡度、复土厚度、复土性质等）以及客观需求（社会经济和生态）的可能性等经综合分析评价后，确定其复垦用途。

**(4) 确定复垦方案**

在对复垦区的土地利用状况与环境状况调查和待复垦土地预测、适宜性评价的基础上，具体确定复垦的对象、范围、面积；复垦土地的利用目标与方向；复垦的具体方案及工艺特征等。

**(5) 土地复垦工程设计**

复垦工程设计应与矿山设计及生产建设协调进行，内容包括：①复垦区的划分与平面布置，合理确定填、挖范围；表土堆积场，废弃物充填区，采运路线，复垦后不同用途的界线等；②表土与底土的剥离储存；③废弃岩石的合理排废与采空区的回填、平整。

**(6) 确定土地复垦主要技术经济指标**

按复垦土地用途分类，分别列出以下主要技术经济指标：①复垦利用的土地面积；②复垦率；③主要工程量，钢材、木材和水泥“三材”总耗量；④工程总投资和单位面积复垦费；⑤人员定额；⑥设备类型与数量；⑦年收益预测。

**(7) 整理成果**

编写土地复垦规划文本及其技术报告和土地复垦规划图件。

## 第三节　土地开发规划

### 一、土地开发的概念和意义

对尚未被利用的土地资源应用垦殖和工程等手段，合理加以开发，充分发挥资源优势和潜力，使之为人类造福。广义的土地开发，是指通过工程、生物和技术等措施，使各种未利用土地资源，如荒山、荒地、荒滩、荒水等，投入经营与利用；或使土地利用由一种利用状态改变为另一种状态的活动，如将低效利用的建设用地或农地开发为高效的城市建设用地。狭义的土地开发，仅指采取一定措施使未利用土地投入经营与利用的活动。

土地开发实际上是为合理而有效地利用土地创造必要条件而进行的经济、技术的投入过程，其结果是可利用土地面积的增加和土地利用条件的改善，土地利用率和产出率的提高。我国是一个人多地少、土地资源相对短缺的国家，随着社会经济的发展，大量农用地不断地被各项建设事业占用，人地矛盾越来越突出，因而必须通过广泛筹集资金，加大对土地开发的经济技术投入力度，使有限的土地后备资源得以开发，土地利用条件得以改善，扩大土地利用空间与利用深度，以满足社会经济发展对土地不断增长的需求。由于科学技术的不断进步，经济条件和其他因素的不断演化，资源开发的深度和广度是不断发展的，资源利用程度也不断提高，但是，土地的开发程度应当适可而止，不能以牺牲环境为代价。

## 二、土地开发规划的依据和原则

### 1. 土地开发规划的依据

1）有关土地开发利用的法律、法规，如《中华人民共和国土地管理法》、《中华人民共和国环境保护法》、《中华人民共和国城市规划法》等。

2）各级人民政府制定的有关土地开发利用的政策、措施。

3）当地国民经济和社会发展规（计）划。

4）土地利用总体规划以及农业区域开发规划等。

5）待开发土地资源调查资料以及为土地开发而设置的专项研究成果等。

6）国民经济统计资料等。

### 2. 土地开发规划的原则

**符合土地利用总体规划原则** 土地利用总体规划是对一定区域土地利用全局性的战略安排，土地开发作为土地利用的重要内容，必须在土地利用总体规划的控制下进行。土地开发规划既要参与土地利用总体规划中的用地平衡调整；还要与其相衔接，并对土地利用总体规划中所提出的开发指标加以落实。

**生态优化原则** 土地开发实质上是将自然生态系统转化为人工生态系统的过程，是打破土地固有状态的行为，对于生态环境必然产生很大的影响。土地开发规划必须以建立良好生态环境为基础，既要保护好原有的良好生态环境，又要进一步改善生态环境条件。严禁在生态脆弱的地区进行盲目开垦。

**最佳利用原则** 在开发能力许可的条件下，以最小的投入获得最大的产出，同时，尽可能挖掘潜力和发挥利用优势。

**可行性原则** 开发规划必须在开发目标、开发规模、开发利用方向等方面进行可行性论证，保证规划在经济、技术和生态方面可行。

## 三、土地开发规划的基本内容和方法

土地开发规划可分为农用地开发规划和城镇土地开发规划，两者内容各有侧重。

### （一）农用地开发规划

农用地开发是以农林牧渔为中心的土地开发，大型的农用地开发还包括水利、道路设施和保护水土的生物工程设施的配置，综合性垦区要设置居民点。农用地开发规划比较复杂，开发规模、时间和地点的确定，既要考虑社会经济技术条件的制约，还要适合土地资源特点；待开发土地的利用规划要统筹协调和总体部署。一般情况下，农用地开发规划应包括以下内容：

**(1) 待开发土地资源调查评价**

在勘测调查待开发土地的类型、数量、质量和分布等基础上，对土地及其形成要素进行评价，分析土地开发的有利条件和限制因素，确定土地的适宜性和生产力。

**(2) 土地开发的可行性论证**

在调查评价基础上，从社会、经济、技术和生态等方面评价土地开发的可行性。主要包括：社会经济条件的分析；开发工程技术的选择；开发后社会和生态环境效应；开发期限与投资核算；开发后社会经济效益的测算等。

**(3) 编制土地开发规划方案**

包括确定土地开发目标和方向，编制待开发土地利用结构和布局的调整方案，划分土地开发区。根据调查和可行性研究的结果，对待开发土地今后的利用方式、工程措施和环境保护等进行统筹安排。保护生态是土地开发的中心环节，编制规划时，要分析预测土地开发可能引起的生态破坏和土地污染，采取措施，积极预防。

**(4) 土地开发规划方案的实施措施与计划**

主要确定土地开发的时间、地点、资金、方式和方法，安排好土地开发的重点项目。土地开发的资金来源一般为国家设立投资组织、国家财政计划、地方集资以及外资的引进。开发模式包括国家大规模开发、集体组织开发、农户承包开发、土地开发公司集中开发等，要根据实际情况，选择适宜的土地开发模式。

## (二) 城镇土地开发规划

城镇土地开发有多种形式，根据城镇土地开发所在区位的不同，可分为旧区开发和新区开发。旧区开发是在原有城镇建成区范围内进行的，必须符合城镇建设总体规划。而新区开发是在原有城镇建成区范围以外进行的，开发前需要编制规划。要处理好新区与建成区的有机结合。一般来说，城镇土地开发规划主要包括以下内容：①土地勘测调查和社会经济情况的调查；②土地开发方案的可行性论证；③开发区的总体布局与功能分区；④水、电、道路等基础设施的规划布局；⑤小区规划设计；⑥土地开发实施计划，包括开发时间、规模和地段开发顺序等。

# 第四节　规划效益和规划成果

## 一、效益分析

### （一）经济效益分析

1. 实际投入量

1）土地开发复垦整理规模：包括宜农荒地开发、废弃地复垦面积和农地整理、农村居民点迁建、沟渠、林、路等各类土地整理面积。

2）土地开发复垦整理工程量：以土、石方量，投工量和工期等量化指标反映。

3）土地开发复垦整理资金预算：根据土地开发复垦整理规模和工程量及有关定额标准，概算土地开发复垦整理所需资金，包括直接投资和投劳折资。

2. 预期产出量

1）土地开发复垦整理净增加耕地面积通过下式计算：

$$S_{\triangle} = S_1 - S_2$$

式中：$S_{\triangle}$为净增加耕地面积；$S_1$为开发复垦整理后耕地面积；$S_2$为开发复垦整理前耕地面积。

2）净增加耕地面积可创造的产值：选择宜种植的作物，按当地同等耕地单位面积产量（$n$），预测净增加耕地可创造的产值（$N_1$），可用下式计算：

$$N_1 = S_{\triangle} \cdot n \cdot a$$

式中：$a$为农作物平均市场价格。

3）改造中低产田可增加的产出量（$N_{\triangle}$）。可用下式计算：

$$N_{\triangle} = N_1 - N_0$$

式中：$N_1$为改造后耕地产值；$N_0$为改造前耕地产值。

4）其他农用地产出量可参照耕地产出量计算方法。

3. 投入产出比

对于农用地的开发整理应计算每百元投入的产出量，对于建设用地的开发整理应计算土地开发整理前后土地价格的增加值，以分析土地开发整理投入经济可行性。

### （二）生态效益分析

生态效益分析是衡量土地可持续利用的重要内容。土地开发整理的生态效益分析内容包括评估土地开发整理实施后，通过疏浚河道、兴修水利、植树造林等增加森林覆盖率、减少水土流失面积、增强洪涝灾害抗御能力，优化生态结构、改善生态环境所取得的效益。生态效益分析可采用定量分析与定性分析相结合的方法。

### （三）社会效益分析

社会效益分析也是衡量社会可持续发展的重要内容。土地开发整理的社会效益分析内容包括在农村通过改造旧村庄，归并农村居民点，节省基础设施建设，改变农村环境面貌，提高农民居住水平和生活质量的效益；在城市通过对存量土地的消化利用，优化用地布局，提高城市现代化水平，加速存量土地资产的流动和重组，促进国企改革和国有经济布局调整的效益。由于各地开展土地整理的内容不同，土地整理的社会效益采取不同的评价指标，因地制宜地采用定量分析与定性分析相结合的方法进行。

## 二、规划成果

土地开发整理复垦规划成果包括规划文本、规划说明、规划图件和规划附件。

### （一）规划文本

**前言** 规划的目的、任务、主要依据和规划期限。

**基本情况** 开发地区整理复垦的自然地理概况、人口状况、城市化程度、土地利用简况等。

**土地开发整理复垦潜力** 拟开发整理复垦土地资源的类型、数量、位置、适宜性及开发前景和存在问题。

**土地开发整理复垦的目标和任务** 规划总目标、分阶段目标和具体任务。

**土地开发复垦整理规模与布局** 土地开发复垦整理规模的确定及其依据，以及空间布局。

**土地开发整理复垦的重点区域（或重点工程）和重点项目**

**实施规划的政策措施**

**附表和附图** 文本后应附必要的简表和有关图件。

### （二）规划说明

1）编制规划的简要过程。

2）编制规划原则。

3）主要规划内容。

4）规划的多方案比较和可行性分析。

5）规划的协调情况和不同意见的处理。

### （三）规划图件

包括土地开发整理复垦规划图、重点工程（项目）分布图和潜力分析图。比例尺一般应与同级土地利用总体规划一致。土地开发整理复垦规划图应以土地利用现状图作为底图，上图内容包括：各类整理复垦开发区界线；县、乡、村行政界线；村、镇、独立工矿及占地面积大的用地单位的规划用地范围；沟、路、林、渠等的规划走向和位置等。土地开发整理复垦重点工程（项目）分布图应以土地利用现状图为底图，上图内容主要包括：项目位置、范围、利用方向、规模等。土地开发整理复垦潜力分析图应在土地利用现状图上加工绘制，主要内容有：可整理土地的范围，适宜用途与等级；可复垦废弃地的范围、适宜用途与等级；可开发未利用土地的范围、适宜用途与等级等。

## （四）规划附件

包括专题研究报告、基础资料及其他相关资料、工作报告等。

# 第十三章　土地整治规划

土地整治系指改变土地利用的不利生态环境条件的综合措施。土地整治规划是指为了使土地资源得以永续利用旨在创造土地生态环境所采取的途径和措施的总体安排。一般来讲，土地整治类型有水土流失地、盐碱地、沼泽地、风沙地、红黄壤低产地和海涂的整治。

## 第一节　水土流失地整治规划

任何陆地，几乎不存在绝对无侵蚀的土壤。严格地说，当其侵蚀量超过成土速度，或土壤的生产能力降低，即超过了永续利用的准则所能允许的侵蚀速度，才称为土壤侵蚀。以水为主要侵蚀动力的称水土流失。根据土壤学家的估计，在30年内形成25mm土层的成土速度，大约相当于1.8t/（$hm^2$・a)，为侵蚀极限即侵蚀标准。国际上一般认为200～1100t/（$hm^2$・a）为土壤允许流失量范围。我国原水利电力部颁发《关于土壤侵蚀类型划分和强度分级标准的规定（试行）》中指出：“由于各流域的成土自然条件的差异，可按实际情况确定土壤允许流失量的大小，可以从200、500、1000t/（$hm^2$・a）算起，但不得小于200或超过1000t/（$hm^2$・a)”。就是说，在允许侵蚀范围内可以不采取水土保持措施，超过了允许范围一定要采取水土保持措施。

### 一、水土流失地现状调查

通过调查了解和掌握该地区水土流失的程度，分析产生的原因，以及当地的经济状况和进行整治的能力，为编制规划提供依据。

水土流失测定的方法较多，如野外进行坡面、沟道典型地区侵蚀量调查，利用小型水库和坑塘的多年淤积量进行推算，最好获得下游水文站的输沙量资料，淤积量和输沙量之和为上游小流域面积的侵蚀量。一般可根据水土保持试验站实测坡沟泥径流资料进行分析和采用“通用土壤流失方程式”进行计算。

通用土壤流失方程式由魏斯曼于1961年提出，1963年被美国土壤保持局确认。其公式如下：

$$A = R \times K \times L \times S \times C \times P = RKLSCP$$

式中：$A$为单位面积的土壤侵蚀量（$t/hm^2$)；$R$为降雨因子；$K$为土壤可蚀性因子；$L$为坡长因子；$S$为坡度因子；$C$为林地管理因子；$P$为土壤保持措施因子（如梯田耕作、等高带状耕作)。

## 二、水土保持生物措施规划

水土保持生物措施是解决水土流失问题的根本措施之一。通过植被保持水土，降低地面径流。在“通用土壤流失方程”中，$C$ 值的变化范围为 0.001～1（0.001 代表管理很好的茂密森林，1 代表无草的休闲地）。因此，通过植被管理，可把侵蚀量降低到 0.001。

不同植被类型，其保水能力不同。在 10°～20°的坡地上，在不同植被类型下，径流造成雨水损失的百分数见表 13-1。

**表 13-1　径流损失占降雨量的比重**　（单位：%）

| 项目 | 比重 | 项目 | 比重 |
|---|---|---|---|
| 裸露的休闲地 | 30～35 | 草地（永久性） | 5～10 |
| 轮作的一年生农作物 | 7～12 | 阔叶林 | 2～3 |

从表 13-1 雨后径流量的减少顺序可以看出：林地和草地径流量较小。因此，解决水土流失地区的水土保持问题及水土保持生物措施，应着重从种草种树方面去考虑。

水土流失地区植树种草主要有：水土保持林、水源防护林和护堤护岸林几种类型，并结合具体情况种草。

### 1. 水土保持林的配置

水土保持林具有减轻地表径流速度，使水分大量渗入土层变为地下水，以及利用树木根系固结土壤等作用。造林时应根据不同的地貌部位进行布局，一般有分水岭防护林、水流调节林和沟谷防护林等类别。

#### （1）分水岭防护林

分水岭防护林主要配置在丘陵区的“墚”和“峁”上。营造这种防护林，可控制径流起点，涵养水源，防止侵蚀发展与保护农田。根据墚峁类型及土地利用特点，分水岭防护林有以下两种情况：顶部浑圆形墚峁防护林（图 13-1）和顶部尖削分水岭防护林（图 13-2）。

图 13-1　顶部浑圆形墚峁防护林

图13-2　顶部尖削分水岭防护林

**(2) 水流调节林**

为了防止地表径流破坏作用的扩大，并使之转化为地下水，在坡耕地上每隔一定距离配置具有特殊功能的水流调节林，使地表水受到阻滞，以减低流速，分散水坡和增加渗透以防止冲刷，并减少进入溪流中的泥沙量（图 13-3）。根据斜坡地形起伏的不同，林带配置可分为以下四种形式：凸形坡、凹形坡、直线坡和阶梯形坡（图 13-4）。

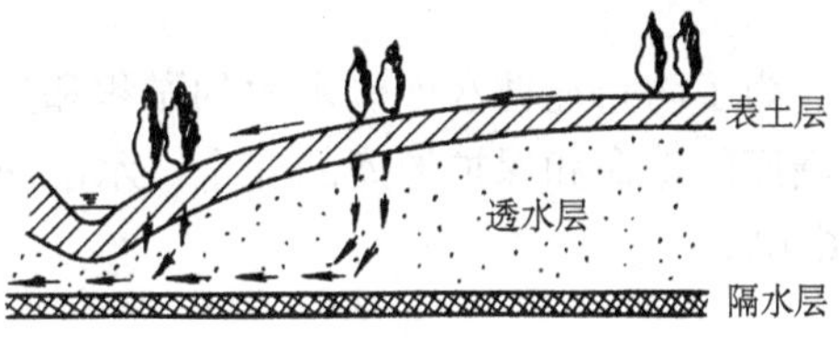

图 13-3 水流调节林

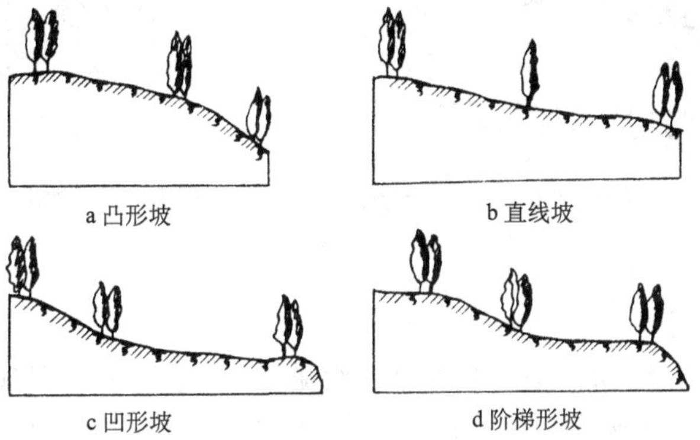

图 13-4 不同坡形水流调节林

水流调节林带的宽度，在有效阻滞斜坡径流的原则下，应尽量少占地，一般带宽 20～30m，防护林间距为林带宽的 4～6 倍，最大为 10 倍。林带组成为乔灌混交林。

**(3) 沟谷防护林**

在丘陵山区为防止沟头、沟岸及沟底因受地表径流的侵蚀、冲刷而继续塌陷下切，并带走大量泥沙淤塞河流和水库，在水土流失严重地区，应沿侵蚀沟的边沿、沟坡和沟底全部造林。沟谷防护林包括沟头、沟岸、沟坡及沟底造林四部分，以减低进入沟头的水流速度，稳定沟坡，防止侵蚀扩张和制止沟底继续下切淤淀泥沙（图 13-5～图 13-7）。

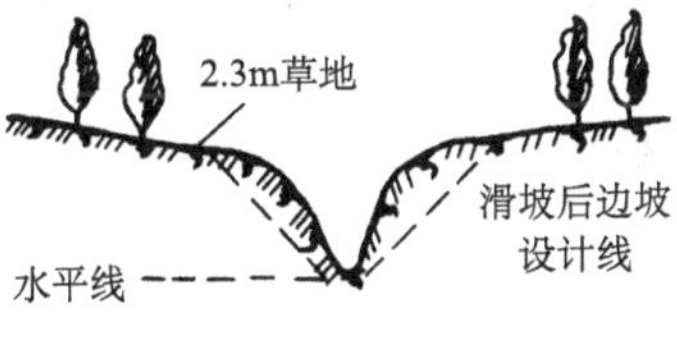

图 13-5 沟头防护林

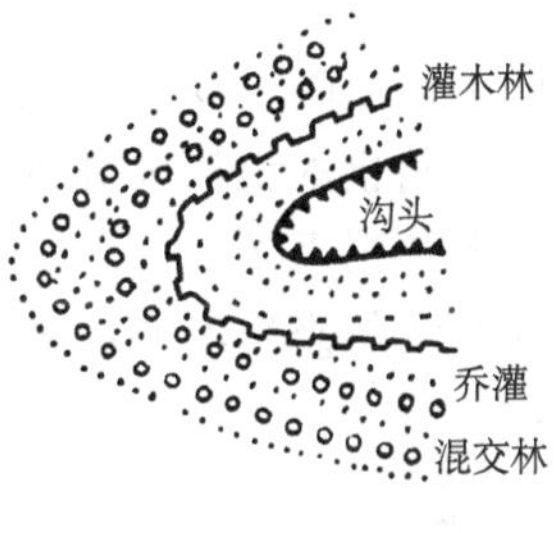

图 13-6 沟岸防护林

作为水土保持的树种，应具备易繁殖、生长快、保土能力强，并有一定的经济价值等特点，同时为了适应水土流失区陡坡上的立地条件，还应有耐旱、耐瘠薄等特点。

### 2. 水源防护林的配置

为了防止池塘水库等水源的淤积和边坡崩塌，应在塘库周围地区营造保护林，以延长塘库的寿命和保护塘库的安全。水源防护林一般由库岸、沟道和坝坡造林三部分组成（图 13-8）。

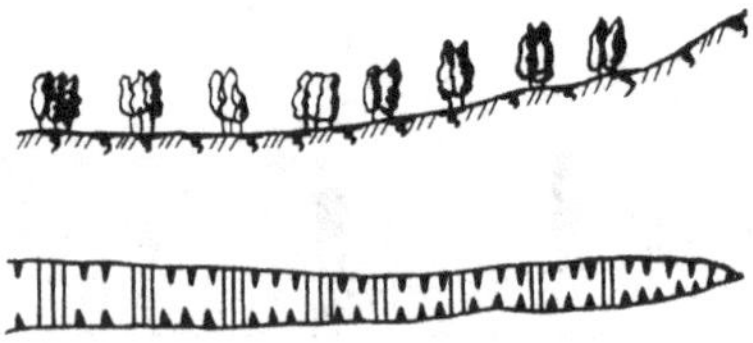

图 13-7　沟底造林

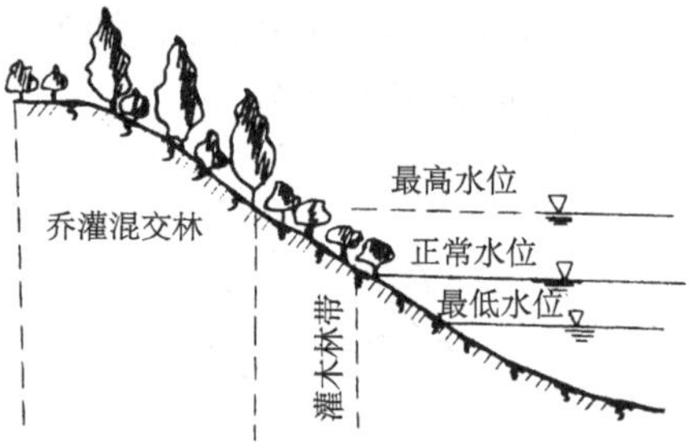


图 13-8　水库池塘防护林

### 3. 护堤护岸林的配置

为了阻止河流两岸土地崩塌，防止河水泛滥，应结合工程治理营造护堤护岸林，以保护附近农田和扩大耕地，保障河流附近村镇的安全，同时建立用材林和薪炭林基地（图 13-9、图 13-10）。

图 13-9　护堤护滩林

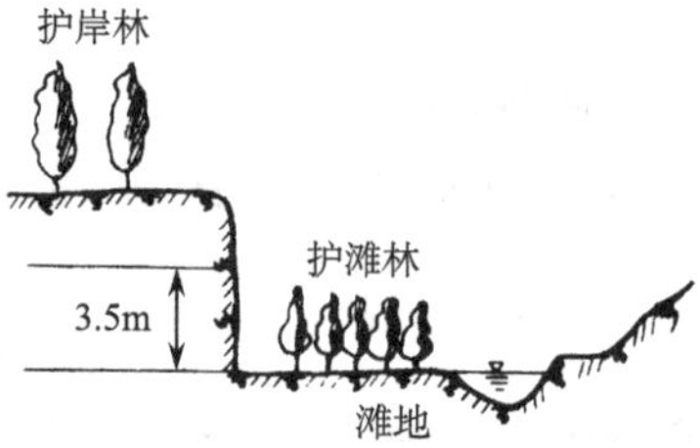


图 13-10　高岸护岸林

## 三、水土保持工程措施规划

水土保持工程措施主要是通过改变局部地形、蓄水保土和建设基本农田等一整套工程措施，以达到制止水土流失和提高地力。这类措施的特点是实施周期短，见效快，但一次性投资较大和用工多。

最有效的办法是修建不同形式和不同规格的梯田。梯田的规划设计和实施是治坡工程的主要内容。

### 1. 梯田的种类

以梯田的断面形式分类，有水平梯田、坡式梯田、隔坡式梯田和波浪梯田（图 13-11）。

其中以水平梯田为主。以田坎的建筑材料分类，有土坎梯田和石坎梯田，其中以土坎梯田为主。以种植的作物分类，有水稻梯田、旱作梯田、果园梯田、茶园梯田、橡胶园梯田以及其他各种经济种植园梯田等，其中以种植水稻和旱作梯田为主。

### 2. 梯田配置

应考虑下列条件要求：

1）梯田一般应规划在25°以下的坡耕地上，25°以上的坡耕地原则上应退耕还林还牧，发展多种经营。

2）配置时要统筹兼顾，对远离水源、村庄近的坡地，应优先考虑修筑梯田，这样能使梯田尽快发挥其增产效果。

3）要注意坡地机械化和水利化。在进行梯田规划设计时，充分利用当地一切水源发展灌溉，合理布置灌溉渠系。一般梯田长度最好在150m以上，有条件的可达300～400m；山地和丘陵地形破碎也应力争达到100m左右。为了灌溉输水方便，梯田的纵向应保持1/500～1/100的比降。

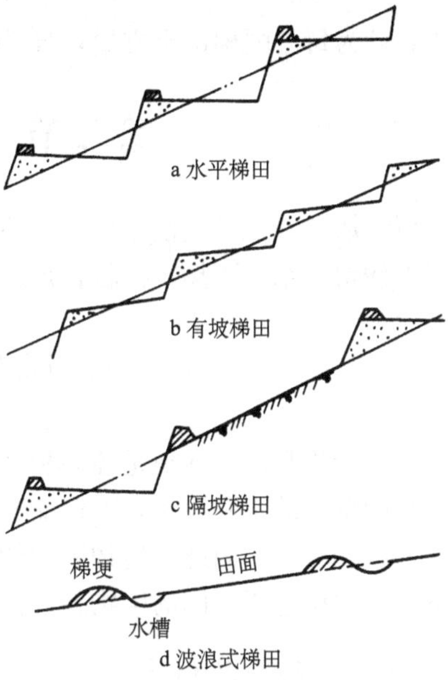

图 13-11　梯田

### 3. 水平梯田设计

主要是确定田面宽度、田坎高度和田坎坡度的规格。这个三方面是互相联系的，梯田的宽度和田坎的高度，需根据原地面坡度、土壤情况而定，并考虑省工、机耕和灌溉的要求。一般说来，田面宽度要适当，太窄了不能适应机耕和灌溉，太宽了工程量太大，浪费人力、物力、财力，延缓建设速度（图 13-12）。

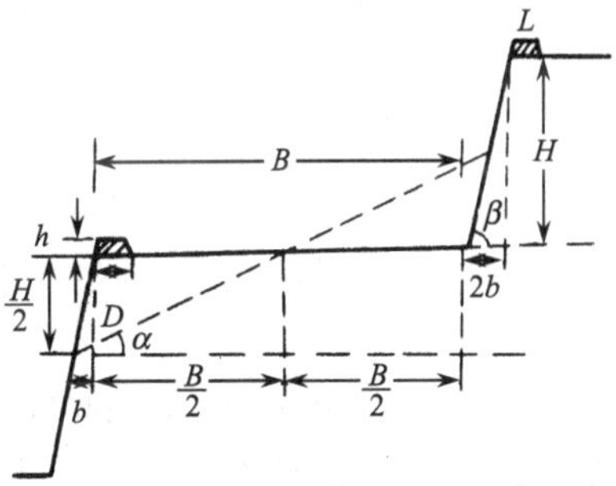

图 13-12　水平梯田断面图

在梯田断面要素中，除地面坡度是客观存在的外，其余各数值都可以通过三角函数关系求得。其断面设计从本质上看，主要是田面宽度和田坎坡度的设计，这两个数值确定后，其余数据只要进行一般计算就可求得。

根据水平梯田断面图，采用下列关系式计算：

田面宽度　$B=H(\text{ctg}\alpha-\text{ctg}\beta)$

田坎高度　$H=L\cdot\sin\alpha=\dfrac{B}{\text{ctg}\alpha-\text{ctg}\beta}$

田坎占地宽　$2b=H\cdot\text{ctg}\beta$

田坎占地（%）　$\dfrac{2b}{B+2b}\times100\%$

式中：$L$ 为斜坡距离（m）；$B$ 为田面宽（m）；$b$ 为田坎占地宽（m）；$D$ 为田埂底宽

(m)；$H$ 为田坎高（m）；$h$ 为田埂高（m）；$\alpha$ 为地面坡度；$\beta$ 为田埂坡度。

梯田土方量的计算，在挖填方相等时可用下式计算：

$$V = 1249.5 \cdot H$$

式中：$V$ 为每公顷梯田土方量；$H$ 为田坎高度。

## 第二节　风沙地整治规划

所谓风沙地是指气候干燥、沙源丰富、植被稀疏和风力大而且频繁的地区，在风蚀下砾面残留，细土飞扬，沙粒在地表流动以至蔓延的土地。

### 一、风沙地生物措施规划

生物措施整治风沙地是控制和固定流沙量的一项根本而又经济的措施。在风沙区栽植固沙的草、灌木和乔木，不仅能起到长期固定流沙和防止风沙危害，而且能生产出饲料、燃料和材料。因此，生物固沙能达到除害兴利相结合一举两得的效果，应根据风沙区不同的部位选择不同的生物整治措施，如三北防护林体系、护村林和防风固沙林等。

#### 1. “三北”防护林体系

“三北”防护林体系工程建设，是作为改善相关地区农牧业生产条件，促使生态系统良性循环和改善产业结构的关键性环节来考虑的。

“三北”防护林体系的布局是根据因地制宜和因害设防的原则，在万里风沙线上兴建大规模的防沙林、固沙片林；在黄河中游黄土高原水土流失地区按山系和流域，成片地营造沿边林、沟头林、护坡林、薪炭林、经济林和用材林；在广大农田和基本草牧场上，营造农田林网和基本草牧场防护林。营造新林新草时，要尽量使其连片，以便更好地发挥其防护效益。

#### 2. 防风固沙林

营造防风固沙林可以固定流沙，变沙地为农牧业生产用地，是风沙地区发展农牧业生产的重要措施。

沙漠造林不易成活或虽成活但生长不良，必须实行乔木、灌木和草相结合的办法，以促进幼林正常发育。目前配合乔、灌木的草种主要是沙蒿。具体造林方法有人工沙堆法、拉平沙丘两次造林法（图 13-13）和利用前挡后拉造林法（图 13-14）。

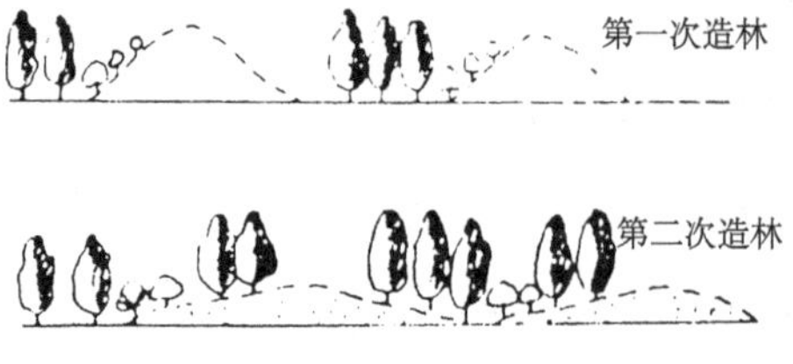


图 13-13　拉平沙丘两次造林法

图 13-14　前挡后拉林带

### 3. 护村林带

当沙漠未被固定时，为防止流沙威胁村庄，常在沙流边缘营造护村林带。为了防止林带被流沙埋没，采用高秆造林或使林带距沙丘有一定距离，待沙丘移动至林带时，林木已长高，不怕沙埋。林带距离 $L$ 由下式求得：

$$L=\frac{H}{S}\times V$$

式中：$L$ 为林带距沙丘的距离（m）；$H$ 为沙丘高度（m）；$S$ 为林木每年生长高度（m/a）；$V$ 为沙丘每年前进速度（m/a）。

一般林带宽 20～50m，多为乔、灌木混交紧密型结构，树种与农田防护林相同，以杨、柳、沙枣为主，灌木选用各种适生品种。

## 二、风沙地工程措施规划

整治沙漠的工程措施种类繁多，我国在风沙区试验的有草方格沙障，黏土沙障，乳化沥青固沙，卵石、砾石固沙及引水拉沙等。总的来说，工程措施都是一种临时性的措施，需要与生物治沙措施结合。工程措施见效快，但需要大量材料，费工和成本较高，一般在局部风沙严重威胁交通线和主要工矿基地的情况下可采取工程防治措施，如草方格沙障、乳化沥青固沙和引水拉沙。

# 第十四章　旅游地规划

## 第一节　旅游地概念

关于旅游地概念至今尚未有统一的定义，与之相关的概念很多。旅游吸引的是旅游产品的要素，用以吸引游客，决定游客选择旅游的地点和气候、历史文化、风景名胜等。风景名胜区是指风景资源集中、自然环境优美，具有一定规模的游览条件，经县级以上人民政府审定命名划定范围，供人游览、观赏、休息和进行科学文化活动的地域。旅游区是指经行政管理部门批准成立，有统一管理机构，范围明确，由若干旅游点组成的旅游地域。主题公园是通过一系列围绕一个或多个历史或其他主题的吸引物为游客提供娱乐和消遣的地方。森林公园是以森林自然环境为依托，具有优美的环境和科学教育、游览休息价值的地域。旅游度假区是一个相对自给自足的目的地，为满足游客娱乐、放松需求而提供的可以广泛选择的旅游设施与服务。综合上述，旅游地泛指各种不同规模，形式和特征的旅游风景地域。作为概念，旅游地有两个基本的含义：一是指旅游者浏览、观光和访问的目的地即旅游活动与旅游资源的所在地，二是指土地利用方式，如同农业用地、林业用地一样，系指旅游设施和机构、旅游郊区设施所形成的一定地域空间。

## 第二节　旅游地规划的程序

旅游地规划大致分为四个步骤，即规划准备阶段、规划制订阶段、规划论证修改阶段和规划实施与调整阶段。

### 一、规划准备阶段

具体内容包括：①分析旅游资源开发价值和开发能力；②成立旅游规划系统或规划研究组；③提交旅游规划任务书和规划大纲；④收集相关资料与分析整理。

### 二、规划制订阶段

具体内容包括：①结合资料整理与分析，组织实地考察；②旅游资源评价、客源市场分析、旅游开发评价；③旅游开发可行性研究；④构建旅游地整体形象、产品和项目形象的创意策划；⑤旅游地开发的功能分区和提高规划文本、图件。

## 三、规划论证阶段

具体内容包括：①对旅游地规划文本和图件进行审查和初评；②修改完善规划文本和图件；③二次审查并形成最终规划文本和图件，提供组织实施。

## 四、规划实施阶段

具体内容包括：①经当地政府讨论审议后，即可组织实施；②实施中可能发生情况变化，应对原规划进行重新调整或制定调整性规划。

# 第三节 旅游地规划的内容

旅游地规划的内容目前尚无统一的规定，参照国家旅游局 2000 年 10 月 26 日公布的《旅游发展规划管理方法》，结合旅游地规划的实际，其规划内容应包括：

**旅游地背景条件分析** 包括区位条件分析、自然地理条件分析、社会经济条件分析、历史文化条件分析等；

**旅游地旅游资源调研评价** 包括旅游地旅游资源类型、分布、组合、质量、特色等，以及旅游资源的开发条件等；

**旅游地旅游发展的客源市场研究** 包括旅游当地旅游发展的客源市场定位、客源规模预测等；

**旅游地旅游发展战略** 包括旅游地发展方向、旅游开发的重点产品、发展目标、空间布局等；

**旅游地旅游产业建设研究** 包括基础设施、旅游设施、资源开发等安排和动态组合等；

**旅游地环境保护** 包括旅游地区环境保护目标、景区景点保护等级、整体环境整治以及相应的对策措施等；

**旅游地旅游发展效益分析** 包括旅游发展的经济效益、社会效益、环境效益的分析评价；

**旅游地旅游规划实施的对策措施** 包括法律法规性的、行政管理性的、经济性的、宣传促销性的、人员培训提高与管理性的等多方面的对策措施。

# 第四节 风景名胜区规划

按照 GB 50298—1999 中华人民共和国国家标准《风景名胜区规划规范》，风景名胜区是指风景资源集中，环境优美，具有一定规模和游览条件，可供人们游览欣赏，休憩娱乐或进行科学文化活动的地域。风景名胜区按其景物的观赏、文化、科学价值和环境质量、规模大小和游览条件等划分为国家重点风景名胜区、省级风景名胜区和市（县）级风景名胜区。

风景名胜区规划应分为总体规划，详细规划两个阶段，对于大型而复杂的风景区，可增编分区规划和景点规划，一些重点地段可以增编控制性详细规划，或修建性详细规划。

## 一、风景名胜区规划的内容

**资料收集与现状分析** 包括基础资料收集、整理与分析，资源开放利用的方向，潜力、条件和利弊分析，土地利用结构、布局分析、在此基础上明确提出风景名胜区发展的优势与动力，矛盾和制约因素，规划对策与规划重点等；

**风景资料评价** 在现场勘查与资源分析相结合，综合评价景观的特征，评价单元的特征，评定风景资源的等级；

**规划目标的确定** 在确定风景名胜区范围和性质的前提下，制定风景区的发展规划目标，促进风景点与社会、经济和生态三者协调发展；

**风景区分区与分布** 在风景区规划分区，使游人、空间、景观、用地、经济和职能等因素形成不同的职能结构，使节点、线、片区等网点的有机结合，构成风景区的整体结构网络，并进行空间布局；

**风景区的生态阈值** 合理确定风景区游人容量，综合分析并满足风景区的生态允许标准、游览心理标准、功能技术标准，合理确定风景区的容人量和用地量，如针对林地每公顷 2～3 人，每人用地 3300～5000$m^2$；浴场沙滩每公顷 1000～2000 人，每人用地 5～10$m^2$ 等。

**专项规划** 包括保护培育规划、风景游赏规划、曲型景观规划、游览设施规划、基础工程规划、居民社会调控规划、经济发展引导规划、土地利用协调规划和分期发展规划。

## 二、土地利用协调规划

人均占地少和人均风景区面积少是我国基本国情。必须充分合理利用土地和风景区用地。在协调土地利用规划编制时，要突出体现风景区土地的特有价值，在土地资源分析评估的基础上，处理风景用地和生产生活用地之间关系，突出风景区土地利用的重点与特点，扩大风景用地，保护风景游赏地、林地、水源地和优良耕地，因地制宜的合理调整土地利用，发展符合风景区特征的土地利用方式与结构。风景区土地利用类型一般分为风景区规划用地、风景游赏用地、游览设施用地、居民社会用地、交通与工程用地、林地、园地、耕地、草地、水域和其他滞留用地。

# 第五节　生态旅游地规划

## 一、生态旅游的概念与内涵

目前关于生态旅游的名称很多，如软旅游、绿色旅游、低影响旅游、替换旅游、责任旅游、正确旅游和可持续发展旅游等。各个名称侧重点不同，强调旅游活动的某一方面，但共同点即是旅游发展与当地环境的和谐统一和协调。

关于生态旅游的概念一般认为是以自然为基础的旅游、可持续发展旅游、环境保护旅游和环境教育旅游的交叠部分，包括狭义和广义两种概念。狭义的生态旅游主要是指到较原始的、人类影响较小的、偏僻的自然生态环境中进行探险、考察、回归自然和观赏植物等项旅游活动。广义的生态旅游包括回归、亲近自然等旅游活动，又包括民族文化生态旅游、土地退化生态旅游等。

生态旅游地主要包括自然保护区、国家公园、森林公园、生态实验站点和风景名胜区等。

## 二、森林公园规划

森林公园是以森林自然环境为依托，具有优美的环境和科学教育，游览休息价值的地域，经科学保护和适度建设，为人们提供旅游、观赏、休息和科学文化活动的特定场所。

森林公园根据地域特点和综合发展的需要可划分为下列功能区：①游览区。为游客游览的景观区域，由特色群落、古树名木、自然山水组成，是公园开展各种旅游项目的主体部分。②野营区。开展野营、露宿、野餐等活动用地，多为森林茂密较为平坦的地区，坡度一般 10°以下。③游乐区。建立大型游乐与体育设施，一定要体现当地特点。④狩猎区。选择地型较为封闭，远离游览区、野营区和娱乐区，适宜野生动物繁殖的生活地段开辟狩猎区。⑤旅游商品生产区。用于开展服务于森林旅游需要的种植业、养殖业和加工工业区域。⑥生态保护区。以保持水土，涵养水源，维护公园环境生态平衡的区域。⑦生产经营区。以从事木材生产、加工等非旅游业的各种林业生产区域。⑧接待服务区。用于相对策划建设的宾馆、饭店、购物、娱乐、医疗等接待服务项目及配套设施。⑨行政管理区。为行政管理用地。

## 三、自然保护区规划

自然保护区的主要作用是通过自然保护区的建立与保护，使人类认识和掌握自然界变化的规律及人与自然的协调关系，以便更合理地开发自然，使自然资源得以持续利用。

自然保护区内一般功能分区为核心区、缓冲区和试验区。

**核心区** 是保护区的核心和最重要的地段，为各种原生性生态系统保存地。这个区域严禁任何砍伐和狩猎等，主要任务是保护生物多样性，使之尽量不受人为干扰，能自然生长和发展，成为遗传的基因库，用作生态基本规律研究和作为对照区监测环境的场所。

**缓冲区** 一般位于核心区外围，包括部分原生性生态系统类型和由演替类型所占据的半开发地段。既可预防核心区受到外界的影响和破坏，起到一定的缓冲作用，又可用于某些试验性或生产性的科学试验。

**试验区**　在缓冲区的周围最好划出相当面积区域，主要用作发展本地特有的生物资源生产，最好能包括部分原生或次生生态系统类型。

## 四、观光农业区规划

对观光农业的理解不一，有休闲农业、都市农业、体验农业、观赏农业、田园农业和多种旅游业，可分狭义和广义的概念，狭义的观光农业是指用来满足游客对农业观光需求的农业；广义的观光农业只是指具有吸引力，能给旅游者增加奇趣、野趣、土趣、尝趣、乐趣、买趣并拥有观赏、参与、习技、科考、健身、阅历等旅游功能的农业。

观光农业区规划包括确定规划性质和开发方向、确定观光农业规划的开发项目、总体布局、分区与开发、导向和企业形象策划等内容。

## 五、旅游度假地规划

旅游度假地又称旅游休假地或旅游度假区，是为以消遣、保健和娱乐为目的的旅客提供综合服务的区域。旅游度假地所处的地理区位、自然条件等，一般又可分为海滨旅游度假地、湖滨旅游度假地、高山滑雪旅游度假地、山地森林旅游度假地和泉水旅游度假地。

旅游度假地规划，应遵循三区结构，其核心是严格保护自然区，限制乃至禁止游客进入。围绕自然区布置娱乐区，区内设有野营、划船、越野和观赏点等设施与服务，最外层是服务区，为游客提供各种服务，包括饭店、餐厅和商店等。

# 第十五章　居民点用地规划

## 第一节　居民点和居民点用地

### 一、居民点的形成

人类聚居是人类生存和发展整体的一个重要组成部分，人类聚居是人类生存和发展的基本起点，也是人类生产活动的最终目的和人类文明成果的集中体现。人类社会处于原始社会阶段，生产力水平十分低下，人们过着游牧渔猎生活。随着社会生产力的逐步提高，从牧业中分离出农业，出现了人类历史第一次社会大分工，从事农业耕作的人逐渐从游猎活动中分离出来定居于土地上，历史上出现人类居住的村落，我国西安市半坡博物馆里展品中古老的半坡村就是这样的村落。当人类社会有了剩余的粮食，农民中产生了专业的手工匠人，他们从土地上解脱出来，出现了人类历史第二次社会大分工，手工业与农业的分工为城市的产生提供了重要条件。据历史考证，世界上第一批城市诞生在距今 6000 年之前，主要分布于亚洲西部的幼发拉底河和底格里斯河两河流域、非洲北部的尼罗河流域（埃及古国）、地中海沿岸、印度河-恒河流域和我国的黄河流域。这些地区是世界城市的发祥之地，是人类文化的摇篮。

在我国的古代，“城”是指四面围以城墙、扼守交通要冲、具有防卫意义的军事据点。城墙外面有一道水壕称为池，合称城池，如汉朝古书《古今注》中写道：“筑城以卫君，造郭以守民”。“市”是指产品交易场所，如战国时期左书《周礼地宫》中指出：“大市，日晨而市，百姓为主；朝市，朝时而市，商贾为主；夕市，夕时而市，贩夫贩妇为主”。随着社会经济发展，城里人口渐渐增加，“市”便在“城内”或“城郊”出现，“城”与“市”逐渐结合形成统一的集合即城市。

城市是由乡村演化而来的，高度集中与相对分散是两者区别的本质特征。乡村可视为一个广袤的“面”，城市则不过是散布其间的一些人口高度密集的“点”。居民点是城市、城镇和乡村的总称，是人们聚居和建筑物、构筑物、生产资料集中配置的场所。

近代人类聚居持续发展研究认为，人类聚居与土地和环境联系极为紧密。随着宇航技术的发展，改变了人们的地球观，地球是有限的，这个蔚蓝色的星球是目前为止的人类家园，人类聚居地是有限的。研究中提出“人类住区”（habitat）的概念，它有别于“人类聚居”，又不同于“居住区”（residence）。“人类住区”是指人类拥有的一切由自然的和人工的因素所组成的人类聚居实体。“人类聚居”重视其本质和内容，而“人类住区”则强调外在表现形式。至于居住区是指某一具体的，仅用于日常起居或家居式生活的建筑物群体。

## 二、居民点的分类

居民点分类历来是人口分布研究中的重要课题，早在1887年国际统计协会就曾建议，人口在2000人以上为市，2000人以下为镇，结果未被各国所采用。1938年国际统计大会再次建议以2000人作为行政上的城市与乡村的界线。联合国则以2万人作为城市人口规模的下限，乌干达和丹麦规定100人的聚居地都可以称为城市，加拿大规定1000人，美国规定2500人，日本是10万人称为城市。因此，各国规定的城市最低人口限额不同，导致所公布的城市人口数和城市化水平的口径不一致而缺乏可比性。此外，职业构成作为划分城市的标准，反映人口聚居地的经济活动，即非农业人口比重，如前苏联规定非农业人口占总人口的比重为70%以上的居民点方可设市。人口密度反映密集于狭小区域的人口数量，较人口虽多却分散于宽广的地域内更具城市色彩。日本规定人口密度为4000人/$km^2$方可为城市，澳大利亚则提出人口密度为500人/$km^2$等。综上所述，至今世界上尚没有统一的城镇划分标准，一般以人口下限数量、职业构成和人口密度等指标中的一项或数项为标准加以划分，但具体数值不具有可比性。

1993年国务院对1986年的设市标准又作了调整，采取了分类指导的原则和增加了考察指标，见表15-1。

**表15-1　我国现行的设市标准**

| 指标 | | 县级市 原来县的人口密度/（人/$km^2$） | | | 地级市 |
| --- | --- | --- | --- | --- | --- |
| | | ＞400 | 100～400 | ＜100 | |
| 人口 | 县城镇人口中非农产业人口/万人 | ≥12 | ≥10 | ≥8 | 市政府驻地 |
| 人口 | 非农业户口人口/万人 | ≥8 | ≥7 | ≥6 | 非农业户口人口720万人 |
| 人口 | 县总人口中非农产业人口/万人 | ≥15 | ≥12 | ≥10 | 市区人口中非农产业人口 |
| 人口 | 比重/% | ≥30 | ≥25 | ≥20 | ＞25万人 |
| 经济 | 全县乡镇以上工业产值/亿元 | ≥15 | ≥12 | ≥8 | 市区工农业总产值＞25亿元 |
| 经济 | 占工农业总产值/% | ≥80 | ≥70 | ≥60 | 工业产值占总产值比重＞80% |
| 经济 | 全县GDP/亿元 | ≥10 | ≥8 | ≥6 | 市区GDP＞25亿元 |
| 经济 | 全县第三产业产值占GDP/% | ＞20 | ＞20 | ＞20 | 第三产业产值占GDP＞25% |
| 经济 | 地方预算内财政收入 | ≥100元/人<br>≥6000万元 | ≥80元/人<br>≥5000万元 | ≥60元/人<br>≥4000万元 | 地方预算内财政收入＞2亿 |
| 基础设施 | 自来水普及率/% | ≥65 | ≥60 | ≥55 | |
| 基础设施 | 道路铺装率/% | ≥65 | ≥55 | ≥50 | |
| 基础设施 | 排水系统 | 较好 | 较好 | 较好 | |

注：转引自许学强、周一星等，城市地理学，高等教育出版社，2000年。

由于我国市镇设置标准多次变动，且各次变动之间不能衔接，使得标准日趋复杂，特别是引入产值指标和在地域上整县设市、整乡设镇，使我国的城乡划分同其他国家标准存在差异。自 1979 年以后，愈加感到以前我国城镇人口统计口径偏小，不足以反映我国城市化的实际水平。1982 年第三次人口普查时重新使用 1955 年的标准，公布当时我国城镇人口占全国人口比重为 20.6%，1990 年第四次人口普查公布城镇人口占全国总人口比重为 26.23%。长期以来由于我国简单地用市镇的行政界线来代替城乡界线，忽视中国市镇的行政区与城镇实体概念之间严重脱节，前者远比后者大，导致我国城镇地域概念和城镇统计口径的混乱状况，一直困扰着国内外的城市研究和城乡土地利用研究亟待完善。

居民点分类中除划分城乡居民点以外，还有城镇之别。在我国居民点体系由城市、城镇、乡村三层次组成，每个层次面未统分。城市分特大城市（>100 万人）、大城市（50 万～100 万人）、中等城市（20 万～50 万人）和小城市（<20 万人）。城镇分县城和集镇（建制镇和乡（场）镇）。乡村分中心村、基层村和村落。关于集镇，其人口数量上限应为“市”的人口数量的下限。如上所述各国规定的城市人口数量下限不统一，许多国家规定的人口数量下限低于 2 万人，标准最高的是我国，为 10 万人。为便于进行对比研究，联合国区域发展中心规定划分“城市”人口数量下限为 2 万人。也就是说，集镇的人口数量一般在 2 万人以下。我国集镇包括建制镇和场（乡）镇，是指县城以下一定区域内工商业比较发达，具有一定的市政工程设施和服务设施的农村小区域的政治、经济、文化、科技和服务中心。我国政府文件中常将集镇划归小城镇范畴。小城镇包括的范围很广，大到设市以下几万人口的县城和建制镇，小到丘陵山区几百人口的最低层次的乡镇。《中华人民共和国城市规划法》把建制镇定义为城市。1989 年中国城市规划学术委员会小城镇学科组界定 3 万人以上的尚未设市建制的县城和镇为小城镇，县域和县属镇属于城市型城镇。

## 三、居民点用地

居民点用地又称为居住地，为土地利用现状分类体系中重要的组成部分。居民点用地由于在其上附着的人口、产业集聚和城市社会支持系统，源源不断地投入大量资金和社会劳动而有别于自然土地、农林牧业用地和矿业用地，具有功能多样性（工作、居住、交通、休息等）、各种用地功能相互关系复杂性及很大的使用价值和级差收益。一般来讲，工业用地的价值为农业用地的 100 倍，商业用地的价值又为工业用地的 100 倍。据 1980 年资料，占日本国土面积 6%的城市土地价值，为全国土地价值的 80%，超过当年日本国民生产总值 1 倍。我国城市建成区面积为 12 900km$^2$，占国土面积的 0.134%。据有关研究估算，我国城市土地资产总值约为 15 万亿元。创造全国 46%的工业净产值（1983 年），平均每平方公里城市土地提供产值 70 万元。说明城市土地使用价值和效益随着劳动的追加和资本投入呈不断增加态势，用公式表示为

$$L \rightarrow G \rightarrow L'$$

$$(L+V) \rightarrow G' \rightarrow L'$$

式中：$L$ 为效用；$G$ 为效益；$V$ 为追加社会劳动；$G'=G+\Delta G$，$L'=L+\Delta L$。

因此，合理规划居民点用地对于提高其使用价值和价格有着重要的作用。

居民点用地是一个不完整的生态经济系统，其中绿色植物的比重很小，根据 1998 年资料，我国 668 个城市绿化覆盖率为 15.4%，每人平均绿地面积为 6.1$m^2$。表现在单位面积上的人类活质重量远远超过植物活质重量，两者之比北京为 8∶1，东京为 10∶1。居民点用地属开放型生态经济系统，居民所需生产资料和生活资料均系从系统外输入，据不完全的统计，每人每天需投入 316kg 物资和排出 302kg 的废弃物。这一切说明居民点用地对于其他生态经济系统具有很大的依赖性。工业化城市的“生态足迹”通常要比其政治边界或地理边界大。居民点用地由于居住人口众多，建筑密度高，具有较高的聚集性，由此得到聚集效益，据 1993 年有关资料表明，占全国总人口 21% 的城市人口、占用全国土地面积 0.4%的城市土地，却创造了占全国 46%的工业净产值。

人类住区的规划和居住用地管理是人类住区发展的一项重要内容。我国城镇人口尤其是大中城市人口的急剧增加是影响人类住区可持续发展的重要因素。近十年我国城镇人口年均增长 0.53%，高于世界平均水平。城市流动人口已达 8000 万，今后流动人口将会大幅度增长，解决这部分人口的生活、居住问题也是人类住区可持续发展的一个重要方面。此外，我国城市中居住和基础设施用地紧张，而且规划利用不合理。城市人均用地 67.5$m^2$，为世界平均数的 81%，其中工业用地占 26.4%，乡村中乡镇企业和居住占用大量耕地，构成对人类住区可持续发展的潜在威胁。

据有关统计资料表明，近年来城市数量增长快，城市用地增长弹性系数大。1985～1992 年我国城市数量由 324 个增加至 517 个，共增加 193 个，年均增速为 6.9%；城市人口由 25 094 万人增加至 32 372 万人，共增加 7278 万人，年均增速 1.58%。市区占地面积由 82 万 $km^2$ 增加至 129.9 万 $km^2$，约增加 47.9 万 $km^2$，年均增速 6.8%。据有关专家研究证实，在 20 世纪 80 年代我国城市人均用地 60$m^2$ 的情况下，城市用地增长率略高于城市人口增长率，城市用地增长弹性系数（城市用地增长率/城市人口增长率）为 1.12 较为适宜。进入 20 世纪 90 年代，我国城市人均用地已超过 100$m^2$，该系数应适当减少，但 1995 年我国城市用地增长弹性系数为 1.36，城市用地增长明显高于城市人口增长。据原国家土地管理局对北京、天津、上海等 31 个特大城市卫星资料分析，这些城市用地增长弹性系数已达 2.29，说明我国特大城市用地规模增长过速。此外，随着我国农村经济的发展和农村人口的增长，农村居民点建设占用了大量耕地，据有关资料表明，农村居民点用地已达 0.16 亿 $hm^2$，人均用地为 192 $m^2$，超过了《全国土地利用总体规划纲要》规定 2000 年我国农村居民点用地 0.14 亿 $hm^2$ 的计划要求。“八五”期间我国农村居民点建设平均占用耕地 9.67 万 $hm^2$，实际在 20 万 $hm^2$ 左右。当前我国城镇土地利用存在着诸如城市平面扩展占用大量耕地、城市土地过度利用与闲置并存、城市土地空间利用不充分、城市用地结构不合理和城市土地产出效益低等问题，均有待于通过合理规划加以解决。

综上所述，人类住区是人类生存和持续发展的重要物质基础。居民点用地是一种重要的土地消费形式，一定要以可持续消费观为指导，合理规划居民点用地，是土地资源持续利用和社会可持续发展的重要内容。居民点用地规划的行政管理重点在于合理地确定居民点用地规模与布局，协调好居民点建设用地与耕地保护之间的关系。

# 第二节　城镇化问题

## 一、城镇化的概念

关于“城镇化”一词，英文是 urbanization，在我国有“城镇化”、“城市化”、“都市化”等多种译法，相比之下，“城镇化”或“城市化”较为贴切，两者完全同义，在我国则广泛应用“城镇化”这个术语，意在结合我国国情更强调“镇”的作用。所谓城镇化，包含三层意思：一是反映一个地区、一个国家或全世界居住在大小城市中的人口占城乡总人口的比例日益增加；二是集聚程度达到称为“城市”的居民点的数目日益增加；三是单个城市的人口和用地规模日益增大。

由于人们对城市的概念理解不一，致使对城镇化的认识和量度方法相差很大。人文生态学家认为，城镇化是人口由农村迁移至城市的过程，以城镇人口占总人口的百分比为其衡量标志。人类学家认为城镇化意味着人类生活方式的转变过程，即由乡村生活方式转为城市生活方式。社会学家认为城镇化是人际关系的改变过程，即人际关系逐渐趋向专门化与单一化的过程。地理学家认为城镇化意味着人口由从事农业活动转向非农业活动的过程。综上所述，“城镇化”一词反映城市中心对乡村腹地影响的传播过程，是全社会人口逐步接受城市文化的过程，是人口集中的过程（包括集中点的增加和每个集中点的扩大），是城市人口占全社会人口比例的提高过程。

城镇化像工业化、信息化一样，日益成为当今时代社会发展的主导趋势，显示出其世界性、区域性和连续性的特点。城镇化水平是区域经济发展程度的重要标志，由于农业专业化生产与农村劳动力过剩导致城镇化，现代工业、商业和交通运输的发展也加速了城镇化的进程。一般来讲，城镇化可采用主要指标法和复合指标法加以量度。

所谓主要指标系指城镇人口占总人口的比例。主要指标法已成为当今世界各国衡量城镇化进展情况的最基本方法，广为采用。此外，尚可从土地性质和地域范围上来说明城镇化水平，即以非城镇用地转变为城镇用地（如工厂、商业、住宅、文教等用地）的比率来表述。因指标统计困难，使用不广泛。随着遥感技术的应用和普及，此法将具有应用前景。

所谓复合指标法系指选用与城镇化相关的多项指标借以考察城镇化的进展情况，常选用城镇人口占其所在区域总人口的比例、人口密度（即城镇（建成区）中单位土地面积的人口数）、城镇（建成区）面积和城镇（建成区）之间的平均距离，即

$$S = 2(A/N\pi)^{1/2}$$

式中：$S$ 为城镇（建成区）之间的平均距离；$A$ 为规划区域面积；$N$ 为规划区域内的城镇（建成区）数量。

## 二、世界城市化

城市化开始形成世界规模是第二次世界大战以后产生的，由发达的工业国向发展中国家扩展。1950 年世界城市化水平为 29.2%，1980 年上升至 39.6%，增加 10.4 个百

分点。预计2010年达到51.8%。其中发达国家为76.6%，发展中国家为46.2%。从20世纪70年代起，发展中国家城市人口数开始超过发达国家，到2000年时，两者之比为2∶1，2020年将为3.5∶1，这表明发展中国家的城市化已构成当今世界城市化的主体。当今世界城市化的一个重要特征是大城市化趋势明显，使人口和财富向大城市集中，大城市数量急剧增加，出现了超级城市（supercity）、巨城市（megacity）、城市集聚区（city agglomeration）、大都市带（megalopolis）等新的城市空间组织形式。在大城市中百万人以上的特大城市1960年时世界上有114个，其中发达国家62个，发展中国家52个，特大城市人口占城市总人口29.5%；1980年增至222个，其中发达国家103个，发展中国家有119个，特大城市人口占城市总人口34.0%；2000年增至408个，其中发达国家129个，发展中国家279个，特大城市人口占城市总人口40.8%。第二次世界大战战后若干发达国家从乡村到城市人口迁移渐退居次要地位，出现大规模的城市人口流动的逆过程。据统计，占美国总人口的1/4（约4000万人）流向城市郊区外围地带，这就是所谓郊区城市化。20世纪70年代以来，一些大都市区、中心市区和郊区人口同时向外迁移，出现了人口负增长，国外学者将城市人口迁向离城市更远的农村和小城镇，使城市人口出现负增长的过程称之为逆城市化（counter-urbanization）。世界城市化的最后一个特点就是发展中国家的城市化仍以乡村向城市移民为主的形式，即所谓生计城市（subsistence urbanization）。乡村人口进城以寻找工作机会和较佳的生存条件。20世纪70年代以来许多国家随着交通的兴建和完善，沿着铁路和高速公路形成一种新的像走廊一样界于城乡之间的“城市外圈”、“发展走廊”，形成城乡土地利用的结合部和消长区域，国际上称这些区域为“灰色区域”（desakota），反映土地利用的多元化和混杂性特点。

## 三、我国城镇化

1949年以后我国步入城市化进程。早在20世纪50年代末，随着建国初期国家重点工业项目的陆续完成，我国城市化进程出现了第一个高峰，全国城市数量曾达到208个。同时，我国出现了城市粮食需求增长、农村粮食供给不足的情况，为了解决这个问题，国家实行了粮食统购统销和农业生产合作化的决策。结果由于人民公社吃大锅饭和三年连续自然灾害等原因，农村粮食供给能力根本无法满足城市粮食需求。为此，国家不得不采取行政措施，把2000万城市人口迁移农村生活，让其自给自足，以减轻粮食缺口的问题压力，将城市建制压缩至150多个，以限制粮食需求量增长。1960～1964年我国城市化进程中断，跌入低谷，城市人口比例从19.7%急剧下降至14%。之后数千万知识青年和城市无业人员上山下乡，城市化进程缓慢，直至1980年城市人口由于自然增长原因才回升到19%的历史最高水平。

从20世纪80年代以来我国城镇化进入快速发展时期，据1998年城市统计年报表明，1998年底全国有设市城市668座，城市人口37 338.6万人，其中非农业人口19 824.1万人，占城市总人口的53%；城市面积813 146.2 $km^2$，其中建成区面积21 347.2$km^2$；城市范围人口密度459人/$km^2$，城市化水平30.4%。1998年底全国有建制镇17 015个（不含县城关镇）。集镇29 118个，村庄总数3 557 700个，村镇总人口

98 333.73万人，其中非农业人口 8229.72 万人，占村镇总人口 8.37%。预计到 2010 年，我国设市城市数量将达到 1000 座以上，建制镇将超过 20 000 个，城市化水平将达到 40%。与世界城市化水平相比，目前我国城市化水平还很低，不仅低于欧美发达国家平均城市化水平（70%左右），而且低于世界平均城市化水平（42%）。我国城市化严重滞后于工业化，1997 年我国人均国民生产总值达 860 美元，根据国际统计经验值判断我国城市化水平应达到 44%。我国城市化水平呈现区域差异性，1995 年我国东部沿海地区城市化水平达到 52.8%，中部地区为 37.54%，西部地区仅为 28.66%。

## 第三节　城镇体系规划

### 一、城镇布局理论

居民点体系是指构成一定区域内相互依存且有机结合在一起的居民点群体。城镇居民点布局是土地利用总体规划的重要内容。由于我国长期受小农经济的影响，加之对宏观规划重视不足，在城镇居民点总体布局理论方面研究得很不充分。目前国外比较适用的城镇布局理论有反磁力吸引体系理论、门槛理论、带形城市理论等。

#### （一）反磁力吸引体系理论

反磁力吸引体系理论是现代城市规划学中的一种新学说。在英国把这个理论称做反磁力吸引体系，在日本称做广域城市理论，在前苏联称做组群式居民点分布系统，在法国称做平衡发展。这个学说把大城市对人口的吸引，称之为磁力吸引；而把为摆脱这种磁力吸引所采取的一系列措施，称之为反磁力吸引体系。

反磁力吸引体系理论认为城市并不是孤立存在的，它和其所在区域的关系是点和面的关系。每个城市都有与它相应的地域吸引范围，同时，一定地区范围内也必须有其相应的区域中心，这就是城市。在一个地区内，城镇也不是孤立存在的，而是互相联系在一起，地区内各城镇之间组成一个统一的整体，这就是城镇居民点体系。城镇居民点体系的合理布局，使地区内均衡地分布生产力和人口，应根据工农业、交通运输及其他事业的需要，在分析各城镇建设条件和充分利用原有城镇的基础上，明确各个城镇在地区内的分工协作关系，进一步明确主要城镇的性质和方向，以便把区域内的城镇居民点组成一个互相联系的有机整体。

要使城镇群成为反磁力吸引体系，就要建立构成系统经济基础的地区性生产综合体，以此作为反磁力吸引体系的先决条件，组建行政、文化和科技服务中心体系，为所有的城镇综合安排便捷的交通路线、完善的生活服务设施网和群众性体育活动场所等。

在组建地区性的生产综合体、行政中心、文化中心和科技服务中心的基础上，将各城镇联结成为反磁力吸引体系，使整个体系具有多种功能，各个组成部分具备专业化和多样化的特色，以便从中划分出主要城市，发挥多功能中心的作用。

反磁力吸引体系的布局，目前在世界各国已有初步的尝试。在英国为了疏散伦敦人口，在远离伦敦的布莱奇雷、纽伯里—享格福德、索斯安普敦—朴次茅斯地区，建立了三个反磁力吸引中心，并在此建立多种经济基地和良好的居住条件与服务设施，来吸引涌向伦敦的人流。在日本提出建立以东京为中心的大都市区，来分担东京市区的压力，建立各种类型的卫星城（如卧城、科学城、游览城、休养地等），并对高速铁路沿线条件较好的城镇改造成为工业卫星城。法国政府为了减少人们对巴黎的向往，在统一考虑全国生产力配置的基础上，计划建立 8 个大的都市区，均匀分布于全国，使这些都市区既具有城市的职能，又在国民经济发展中各自发挥独特的作用。

## （二）门槛理论

门槛理论是波兰学者在讨论居民点规划经济问题的著作《城市建设经济》一书中提出的。门槛理论认为在居民点发展中，有三种限制条件，即门槛：一是地理环境条件；二是基本工程管网状况与铺设的技术限制；三是居民点结构改建上的限制。这些限制都是相对而言的，为了克服上述限制，必须增加基建投资。第一类门槛能在用地上具体规定，如地形地貌限制，或土地已另有用途不宜改变或要改变需要花费较大投资；第二类门槛是扩大居民点用地所必需的基本建设投资，包括供水、排水、电力、交通管网的铺设与改建；第三类门槛体现在城市结构上，因人口增加和生活标准提高而导致改造原有居民点结构，迁移公共中心，兴建集贸市场。

城市规模的增大，会导致城市设施和城市生存条件的承受力逐渐饱和，甚至会出现超载。城市规模是一个增量和变量，城市设施和城市生存条件需要适应规模变量而不断得到改善。为了克服这些矛盾，必须不断追加投资。小额投资只能解决修补任务。当小额投资无济于事时，就需要一次性巨额投资。这类巨额投资便构成因城市规模增大而带来的门槛成本，往往可以被克服门槛限制后形成的效益所补偿。

城市发展门槛理论对认识城市发展的进程有着重要的指导意义。门槛理论首先应用于方向性规划的编制工作，通过确定城市发展到达门槛的时间来具体计算方向性规划的年限，并提供进一步发展用地和跨门槛时应采取的建设方针与政策。此外，门槛理论对编制一个省或全国的居民点布局规划也有着指导意义。对所有居民点在这个门槛范围内确定跨越门槛的效果，能容纳的人口规模以及跨越门槛相应的代价，就可能对这些居民点的规模进行逐个比较和全面确定，为规划区域内居民点结构布局提供重要的科学依据。应用门槛理论确定城市的合理规模，有着重要的现实意义。城市太大或太小都不能正常地发挥其基本功能。在太小的城市里居民不可能享受齐全的服务设施，而在太大的城市里居民生活的生态环境和社会条件恶化，并且继续发展所需的城市造伤越来越高。这些都说明“门槛”所起的作用。应用门槛理论研究城市的合理规模，在这个界限内城市能够合理地发展，既能满足居民的需求，又不会过于增加投资。根据近年各国学者对此项研究的结果认为，城市规模界限应在 2.5 万～40 万居民之内。

## （三）带形城市理论

带形城市规划理论起源于 19 世纪，当时西班牙的萨尔达及索利亚依·麦达两人于 1882 年发表了一篇论文，指出交通是城市形成的主要因素，并相应地提出了带形城市规划理论。这个理论在马德里近郊的苏达村作了部分实践。这个理论认为，城市的公共交通路线和公用事业设施可以形成一个无限扩展的带形区域。“在带形的城市里，可以有火车和电车、水管、煤气、电线、蓄水库和公园，可以间断地布置在需要的地域内……”按照这个理论建设的城市，能解决拥有大量居民的城市在居民生活中的一系列复杂的问题。这个建议在当时仅是一种探索性的设想，到了20世纪60年代，戈登·柯伦重新将这个理论提了出来，并把这种理论称为“爱尔康”城镇理论。它的主要特征是使城镇分布在一条带形区域内。这个带形区域可以构成封闭环形形式，以利公共交通的运转。每个居民只需步行几米，就可通过公共交通系统，到达工作地点、商场、学校或文娱场所。环状城市的中间是公共绿地地带，使交通安全而流畅。由于城市呈带形发展，所以用地比较灵活。为了不致占用大片农田，往往可以利用原有城镇加以改造或利用边角地、山地等修建新城镇。每个环状带形城镇是一个完整的独立城镇，各环状的带形城镇可由区域公路连贯起来，形成一个新的城镇群，以利于区域发展。

## 二、区域城镇体系规划

### (一) 城镇体系的概念及其基本特征

城镇体系（urban system）又称城市体系或城市系统，系指区域内一系列规模不等、职能各异、相互联系、相互制约、相互依存的城镇组成的有机整体，简言之，城镇体系是指一定空间区域内具有内在联系的城镇集合。这是因为，地表上的任何一个城市都不可能孤立地存在，城市既是物质的生产者，又是物质的消耗者。为了维持城市正常的活动，城市与城市间、城市与外部区域间总是在不断地进行着物质、能量、人员和信息的交换与交流作用。正是这种作用使地面上相互分离的城镇结合为具有一定结构与功能的有机整体。

城镇体系规划系指在一定地域范围内妥善处理各城镇之间，单个或数个城镇与城镇群体之间以及群体与外部环境之间的关系，以达到地域经济、社会、环境效益最佳的发展总目标而进行的规划。

城镇体系具有所有“系统”的共同特征：整体性、层次性、动态性。城镇体系的各组成要素按其作用大小分为许多等级，上下级体系之间相互制约和衔接，其中任何一组成要素的变化均能通过其交互作用和反馈作用而影响整个体系。城镇体系随社会经济发展而发生变动。

就城镇体系的个性特征而言，是兼有自然、经济、政治、文化等多种层面的社会系统。这个系统具有开放性的特点，使城镇体系容易受到来自外部的、难以预料的复杂的影响，这种影响趋势具有很强的不确定性，这也是确定城镇体系发展变化的难点。

在总结过去以单个城市为发展目标，“就城市论城市”的规划思路违背城市的本质特征。从20世纪80年代始，含城镇体系规划内容的区域规划、国土规划在我国受到重视和得到普遍开展。

1989年底全国人大常委会通过施行的《中华人民共和国城市规划法》明确规定：“全国和各省（自治区、直辖市）都要编写城镇体系规划，用以指导规划的编制，设市城市和县城的总体规划应当包括市或县的行政区划的城镇体系规划”。城镇体系规划处于衔接国土规划、区域规划和城市总体规划的重要地位。土地利用总体规划应对规划区域土地利用作出总体安排，理所当然地包含城镇体系规划及其用地规划与布局。城镇体系规划是居民点用地规划的重要依据。图 15-1 为济宁市域城镇体系空间网络规划示意图。

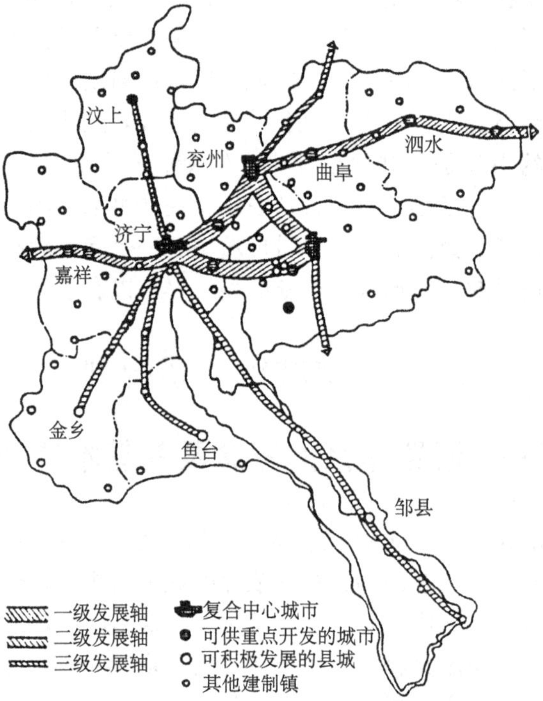

图 15-1　济宁市域城镇体系空间网络规划

## （二）我国城镇体系结构

从历史资料可知，我国城镇体系结构发生了很大的变化，城镇体系结构和城镇人口规模是反映城镇化演变的重要指标，鲜明地反映着一个国家或地区人口向城镇转移的改变和调整，在很大程度上也反映一个国家的城镇化政策。

城镇的存在历来不是独立的，其等级性、层次性和递进性构成了城镇体系的特点，从理论上分析，每一个城或镇都有各自存在的合理性，有着各自不同而又不能相互替代的特殊职能。因此，分析不同规模城镇结构的演变有助于掌握中国城镇化的结构特征（表15-2）。

从表 15-2 可以看出，1949 年我国有特大城市和大城市 14 个，占全国城市总数 12.1%，1997 年城市数上升到 81 个，所占比重为 12.1%。中等城市数量上升较大，1997 年为 203 个，比 1949 年的 17 个增加 186 个，增长 10.9 倍，占全国城市总数比重由 14.6%提高到 30.4%。小城市数也有所增长，但所占比重由 1949 年的 73.3%下降到 1997 年的 57.5%。

**表 15-2　不同规模城市数及占城市总数比重的变化**

| 城市规模 | 1949 年 | | 1953 年 | | 1965 年 | | 1980 年 | | 1982 年 | | 1985 年 | | 1988 年 | | 1991 年 | | 1997 年 | | 1949～1997 年城市增长数 |
|---|---|---|---|---|---|---|---|---|---|---|---|---|---|---|---|---|---|---|---|
| | 城市数/个 | 占总数/% | 城市数/个 | 占总数/% | 城市数/个 | 占总数/% | 城市数/个 | 占总数/% | 城市数/个 | 占总数/% | 城市数/个 | 占总数/% | 城市数/个 | 占总数/% | 城市数/个 | 占总数/% | 城市数/个 | 占总数/% | |
| 特大城市 | 6 | 5.2 | 9 | 5.4 | 12 | 7.0 | 15 | 6.7 | 20 | 8.2 | 22 | 6.8 | 28 | 6.5 | 31 | 6.5 | 34 | 5.1 | 28 |
| 大城市 | 8 | 6.9 | 16 | 9.6 | 19 | 11.1 | 30 | 13.5 | 28 | 11.4 | 30 | 9.3 | 30 | 6.9 | 30 | 6.2 | 47 | 7.0 | 39 |
| 中等城市 | 17 | 14.6 | 28 | 26.9 | 44 | 25.7 | 71 | 31.8 | 71 | 29.0 | 94 | 29.0 | 110 | 25.3 | 112 | 25.5 | 203 | 30.4 | 186 |
| 小城市 | 85 | 73.3 | 113 | 68.1 | 96 | 56.2 | 107 | 48 | 126 | 51.4 | 178 | 54.9 | 266 | 61.3 | 296 | 61.8 | 384 | 57.5 | 299 |
| 合计 | 116 | 100 | 166 | 100 | 171 | 100 | 223 | 100 | 245 | 100 | 324 | 100 | 434 | 100 | 479 | 100 | 668 | 100 | 552 |

另外从城市人口规模结构的变化分析，各类城市人口都有不同程度的增长，有些城市虽然等级规模没有变化，但城市人口依然有所增长。从表 15-3 可以看出，增长最快的是大城市，由 1952 年的 19.1%上升到 1986 年的 30.3%。大城市人口增长较快的主要原因是：①全国重点建设项目和大量改建扩建工程主要集中在特大城市和大城市；②大约有 2/3 以上的大城市和特大城市是由原来的中、小城市甚至小城镇跃升至大城市或特大城市。从不同规模城市人口增长可看出，特大城市和大城市人口占 57.6%，中等城市占 26.8%，小城市人口占 15.6%。特别是 1986 年小城市人口占总人口的 2.8%，大大低于 1952 年的 22.5%。

**表 15-3　不同规模城市人口占城市总人口比重**　　（单位：%）

| 城市规模 | 1952 | 1965 | 1982 | 1986 | 1952～1986 年城市人口增长 | |
|---|---|---|---|---|---|---|
| | | | | | 数量/万人 | 比重 |
| 特大城市 | 41.1 | 43.0 | 43.3 | 46.9 | 3828 | 49.6 |
| 大城市 | 19.1 | 20.5 | 20.5 | 30.3 | 6151 | 8.0 |
| 中等城市 | 17.4 | 20.7 | 22.4 | 20.0 | 2070.2 | 26.8 |
| 小城市 | 22.5 | 15.8 | 13.8 | 2.8 | 1201.1 | 15.6 |
| 合计 | 100.0 | 100.0 | 100.0 | 100.0 | 7714.4 | 100.0 |

以上是我国 40 多年来城镇结构的基本格局。今后要积极发展中小城市，逐步扭转我国城镇结构的规模失衡，以适应社会主义市场经济发展的需要。

## （三）区域城镇体系规划的主要内容

### 1. 分析中心城市的吸引范围

城镇体系所在的区域是不能从大区域任意肢解或以若干个小区域任意拼接的，它应当是一个相对完整的区域，即这个区域应当和中心城市的直接吸引范围大体一致。城镇体系规划从理论上应当在一个相对完整的区域内进行，但为了组织规划和实施便利起见，常以行政地域为单位开展，这就要求规划人员对地域不完整情况提出调整的建议，规划时应当考虑区域的不完整性特点。

2. 城镇体系的基础条件分析

基础条件分析一般是分析城镇体系发展的历史背景、演变规律；分析城镇体系发展的区域基础，涉及到自然资源和自然条件、环境生态结构、劳动力状况、经济技术基础、区域交通条件、地理位置等项内容；分析城镇体系发展的经济基础，深入分析各产业部门的现状及其特点、发展条件和方向，并落实到每个城镇。

3. 城镇发展条件的综合评价

在市、县城镇体系规划中应以乡镇为基础单元，在省城镇体系规划中应以县为单元。多因素的综合评价必须采用定量方法进行，因素之间可以采用特尔菲法确定权重。最后应将评价结果落实到基本单元之上。至于人口和城镇化水平预测前已叙述，这里不再复述。

形成城镇体系的等级规划结构是区域城镇体系规划的重要内容之一。分析城镇化人口规模的变动趋势和相对地位，结合预测未来的发展动态，制订较为合理的城镇等级规模结构。各城镇的规划人口规模之和要与城镇化水平预测的城镇人口基本一致。

城镇体系的职能结构应当结合经济发展，在分析现存的城镇职能结构的基础上加以调整，以形成充分发挥各自区位优势的专业化与综合发展有机结合的新的职能结构。

城镇体系的空间结构就是把不同职能、不同规模的城镇落实到空间土地上，是城镇体系规划的综合集中体现。必须因地制宜地规划城镇体系的空间结构，后者没有统一的和固定的模式，要依靠规划工作者的创造性思维才能获得较为理想的成果。

## 第四节　居民点规模

### 一、居民点规模的概念

在一定区域内因居民点所处的外部条件的不同，会形成居民点间不同的职能分工，同时也形成不同的居民点规模。居民点规模依据不同的目的可以有不同的衡量标准，一般来讲，居民点规模具有人口规模、用地规模、活动规模和辐射规模。因人口规模数据较为容易取得，居民点人口规模常常成为居民点极为重要的一种综合性特征。对于土地利用规划来讲，居民点用地是重要的土地利用类型，规划时既要研究居民点现状用地规模，又要预测未来居民点用地规模。由于居民点用地规模（$F$）为居民点人口规模（$P$）和人均居民点用地标准（$N$）的函数——$F=f(P\cdot N)$，可以依据 $P$ 和 $N$ 间接地预测未来居民点用地规模，也可以应用相应方法（如用地指标法和数学模型法等）直接地预测未来居民点用地规模。

居民点人口规模存在三种计算标准：城市非农业人口数量（指城市内从事非农业活动的人口数量）、城市行政辖区人口数量（指市域内人口数量，包含农业人口和非农业人口）和城市建成区人口数量（城市建筑连片区内人口数量）。

居民点用地规模相应地划分为城市建成区用地规模、城市规划区用地规模和城市行政辖区用地规模。城市建设用地规划区不同于市域、市区和规划区，有其自身特定的含义。城市建设用地规划区系指一定时期内用以安排城市建设用地的宏观控制区域①，一般应尽可能与城市规划中的“规划区”相一致。但是，有的城市“规划区”划得很大，甚至包括整个行政辖区，此时应在“规划区”内划出城市建设用地规划区，用以安排城市建设用地扩展空间。

居民点活动规模系指城市的经济活动规模或产业活动规模，即工业、商业、交通运输业活动规模，常以工业生产总值、商品批发和零售总额、外贸出口总额、港口吞吐量等项指标加以表述。

居民点辐射规模系指居民点的影响范围或吸引范围，取决于其经济实力和产业特点、政治实力和文化实力，以及地理位置和交通条件。

关于城市最佳规模（合理规模），古代哲学家就认为，极小聚落的不足，庞大聚落的压抑和混乱，以及其发展与衰落的剧痛。这些都说明了一个道理，即一个城市就是一个生物体，有一个适当的规模，在那个规模上它就会平稳发展①。现代经济学认为，城市是人口和生产从分散走向集中的产物，城市具有集聚效益。城市的发展受到资源和环境等外在条件的限制，而且城市自身发展也不是越大越好。城市规模不能“没有极限的增长”。20世纪60年代经济学家提出“最佳城市规模”（optimal city size）认为城市规模一旦超过一定的限度，物质要素的增长反而将带来集聚效应的下降。从理论上说，当城市集聚收益与外部成本之差最大时，城市就处在最佳规模或者说合理规模上，这就是经济学对于城市最佳规模或合理规模的解释。对此，也有一些学者表示了不同看法，理查德森（Richardson）在1972年提出，关于最佳城市规模理论未能充分考虑其他能够解释城市集聚经济的因素，认为不同城市的功能与结构，其规模的有效范围可能变化极大；Henderson和Camagni提出，由于城市拥有不同的功能和专业特点，新古典方法在经济计量分析中用同一城市生产函数来估计所有城市的最佳规模具有某种局限性；一些学者认为最佳城市规模没有考虑城市所处的空间背景。运用“城市生命周期”理论来充实最佳城市规模理论的静态框架；网络城市理论则认为，在现实世界中，城市规模并不总是与功能特征相联系的，据此提出“有效规模”（efficient city size）概念，并以58座意大利城市为对象，分析得出了在不同的规模级别、产业特征、对外联系程度下，城市规模变化所带来的正负效应改变，总结出了一些有说服力的规律②。

城市规模多大为宜？美国多伦工程专家吉布森（Gibson J E）在其《新城市设计》一书中，专门有一章讨论新建独立城市的合理规模（最佳规模）问题。他指出，3万人的城镇规模可以称为是适合的“人的尺度”（human-scale）的“自然规模”（natural size），在这样的城镇中可以有一种令人满意的环境，人与人之间可以普遍地直接交往。随着人口规模的增长，经济效益呈上升趋势。当城市规模达到25万人左右时，人们就会开始享受“大城市的好处”（metropolitan benefits），吉布森的结论是：按城市的“自然规模”概念，不考虑经济效益，则不超过5万人口的小城镇是恰当的；但从经济及其他因素考虑，一个独立新城市的合理规模范围应为25万～200万人，而以80万～

① 凯文·林奇，林庆恰等译，《城市形态》，华夏出版社，2001。

② Blowers A, Planning for A Sustainable Environment London: A Report by the Town and County Planning Association, Earthscan, 1993。

120万为最好[①]。英国、法国、德国、日本、原苏联等国许多学者通过大量的定性分析和对大量数理统计资料的定量分析，倾向于推荐15万～45万人口。从市场均衡地租曲线可知，当城市均衡地租支付超过农业地租时，农业土地转化为城市土地，也就是说，在完全竞争条件下，市场均衡租金曲线与农业用地竞标地租曲线的相交点，决定了城市用地的总规模，此时的城市地租等于其机会成本即农业地租。

城市规模弹性系指城市的人口与占地规模应有一个变化的幅度。城市规模是由政治因素（国家政治体制、政治制度）、自然因素（区域资源、地理位置、地质地貌）、经济因素（产业结构、劳动力水平、交通运输）、物质要素（市政服务设施、公共设施规模）等决定的。城市规模的弹性不仅表现大、中、小三个层次的差异，就是在每个层次也有巨大的差异。认为当某城市总体规划不断地修改，控制不住其人口规模的原因之一就是对城市的规模弹性认识不足，或没有规定城市规模弹性而造成的。城市规模弹性自由度系指规模的最大与最小两者极限值之间的变化幅度。城市规模弹性是依据城市自然要素、经济要素和物质要素而决定的。在区城规划中提出以城市可能得到的水量为限，确定城市的最大允许发展的规模，作为弹性自由度的上限。因为人口培养和经济发展受水资源的制约。对于水源充足的城市，可以考虑由自然因素的其他方面或物质要素、经济要素来确定城市人口的规模上限，如城市产品生产成本、城市交通所能承担的最高限度等。城市规模弹性的下限点根据经济因素、物质因素确定的，如为了保证公共设施的效益，使用人数或占用时间的下限值；地铁每天载定量不应少于多少人等。

城市规模弹性是城市规模的重要系统依据。根据城市规模弹性去制定城市规划不会再出现人口的膨胀和用地超过限度。才能保证在规划中不能就城市说城市，就规划论规划，只有从区域经济，从宏观经济的高度确定城市规模弹性，才能使规划具有规律性和宏观效益性。有了规划的上限和下限近期实施多项规划，可按上限控制，按下限设计，使这期规划近期实施，近期建设有这期规划为依托，将两者有机结合起来。应当允许城市人口和用地具有一定的弹性，有利于城市竞争优势的发挥、利于形成城市最优规模[②]。

近年来可持续发展理念的提出，城市作为人类生产生活的特定空间，有着一定的承受限度和发展宏量（或称“阈值”），有关学者提出以适度环境容量为基础确定城市规模的理论。限制城市环境容量的最主要自然条件是用地条件和用水条件。所谓土地容量是指一定时间和工程技术条件下，城市区域所能提供的城市建设用地总量。合理的建设用地总量的确定，除了考虑供应的可能，还需要综合考虑区域农业用地和产业能力和必要的林业生态用地等多种因素。目前有一种把土地容量规模演变为极限规模，即对城市区域内所有已建设用地进行全覆盖规划开发的趋势，这是对土地容量的误解[③]。

城市建设用地总量是对城市用地规模的直接反映，由于用地总量与城市人口和经济总量直接挂钩，因此不同城市难以直接相比，城市人均建设用地能加以取而代之，用以

---

① 城市规划译文等，中国建筑工业出版社，1980。

② 林德金，《实用省市地县现代规划（理念、政策、方法、模型、案例）》，光明日报出版社，1990，第131～132页。

③ 郭培章，《中国城市可持续发展研究》，经济科学出版社，2004年。

对不同城市用地规模加以横向比较。改革开放以来，随着城镇数量和规模迅速增加，我国城市用地规模逐步扩展。据中国城市建设统计年鉴的有关数据证实，2001 年我国 662 个设市城市人口为 35 747.31 万人，其中非农业户口 21 545.5 万人，城市建设用地面积为 24 192.73km²（表 15-4）。表中“城市人口”采用的是以户籍为基础的经济指标，与实际居住状况有较大的偏差，以此计算的人均建设用地只能作为参考；以市区非农业户口、农业人口、居住一年以上的暂住人口之和的城市实际居住人口计算人均建设用地，可以反映实际用地状况，但无法获取这样的数据。“城市实际居住人口”是指城市建设用地范围内非农业人口平均比例为 65%～75%计算的①，系统也不完全正确，但有较好的参考价值。

**表 15-4　2001 年中国不同地区、不同规模级城市建设用地情况**

| 地区和城市分类 | 城市人口/万人 | 市区非农业人口/万人 | 城市建设用地/km² | 人均建设用地/m² | | |
|---|---|---|---|---|---|---|
| | | | | A | B | C |
| 全国 | 35 747.31 | 21 545.49 | 24 192.73 | 67.68 | 112.3 | 78.6 |
| 东部 | 16 358.74 | 10 830.22 | 12 646.60 | 77.30 | 116.8 | 81.8 |
| 中部 | 11 431.37 | 7279.71 | 7750.39 | 67.80 | 106.5 | 74.6 |
| 西部 | 7957.20 | 3435.36 | 3795.74 | 47.70 | 110.5 | 77.4 |
| 大于 200 万 | 7067.00 | 5241.21 | 5242.69 | 74.20 | 100.0 | 70.0 |
| 100 万～200 万 | 4719.69 | 3491.08 | 3303.02 | 70.01 | 94.6 | 66.2 |
| 50 万～100 万 | 5757.36 | 3902.68 | 3913.89 | 68.00 | 100.3 | 70.2 |
| 20 万～50 万 | 9592.99 | 4686.42 | 5566.63 | 58.00 | 118.8 | 83.2 |
| 小于 20 万 | 8612.27 | 4224.10 | 6166.50 | 71.60 | 146.0 | 102.2 |

资料来源：根据《中国城市建设统计年鉴》（中国建筑工业出版社，2000 年）整理；人均建设用地 A 按城市人口、B 按市区非农业人口计算和 C 按实际居住人口计算。

鉴于目前对于城市用地扩展的合理性难以评判，这主要是因为各个城市具体情况各异所致。有些城市的用地扩展较其他城市而言可能是过快，但有其自身的人口和经济增长的需求；有些城市用地扩展幅度虽然不大，但已经超过其自身发展的需求，因此，不能仅以用地规模扩展速率和面积来加以衡量，应用单位产值占地率来判定城市用地规模合理性就应运而生②。

一般来讲，城市经济效益是衡量城市用地规模合理性的基本出发点，根据 1996 年全国 34 个特大城市的市区 GDP（$Y$）和市区总人口（$X_1$）和市区用地面积（$X_2$）有关数据进行回归分析，其结果为

$$Y = -57947.77 + 23232.96X_1 - 1088.27X_2 \qquad R^2 = 0.88, F = 114.73$$
$$(0.12) \qquad (14.54) \qquad (5.06)$$

$F$ 检验和 $t$ 检验均显著，表明与经济效益与人口和用地之间的高度相关性，而自变量 $X_1$ 和 $X_2$ 前面为正、负系数说明在人口数量一定情况下用地面积越大，经济效益越小。在此项研究成果的基础上，应用 1996 年全国 34 个特大城市的有关数据，设定单位

① 依据 1999 年中国城市规划设计研究院调查数据。

② 余庆年，我国各级城市用地规模合理性比较研究，中国人口·资源与环境，2001 年第 2 期。

产值占地率（$Y$）作为因变量，市区人口密度（$X$）作为自变量，经计算机软件处理，模拟的函数式为

$$\log(Y) = -10.1421 - 1.3187\log X \qquad R^2 = 0.89, F = 265.11$$
$$(-63.20) \qquad (-16.28)$$

$F_{0.05}$（2.31）=3.32，$t_{0.025}$（32）介于 2.042 和 2.021 之间，$F$ 检验和 $t$ 检验均显著：$R^2$=0.89，说明模型拟合度高，可以认为 34 个样本城市的单位占地率和人口密度之间存在较为合理的关系。

将应用上列模型测算出来的单位产值占地率（$\hat{Y}$）为理论值，与有关城市实际的单位产值占地率（$Y$）相比较，以其比值来衡量城市用地规模的合理性和合理程度。$Y/\hat{Y} \leqslant 1$说明城市用地规模现状为合理，其比值越小，说明在一定的人口密度下，城市每万元产出所要用地越小；反之，$Y/\hat{Y} > 1$，说明城市用地规模现状不尽合理，在相应的人口密度下，每万元产出所需用地更多。从表 15-5 中可以看出，昆明、杭州、福州、大连等市的用地规模较优，齐齐哈尔、贵州、西安、抚顺等市用地规模较劣，其余居中。城市用地规模属于基本合理。

**表 15-5　1996 年我国特大城市单位产值占地率系数比较**

| 城市 | $Y/\hat{Y}$ | 城市 | $Y/\hat{Y}$ | 城市 | $Y/\hat{Y}$ |
|---|---|---|---|---|---|
| 昆明 | 0.57 | 沈阳 | 0.97 | 北京 | 1.18 |
| 杭州 | 0.59 | 徐州 | 0.98 | 石家庄 | 1.22 |
| 福州 | 0.62 | 包头 | 0.98 | 郑州 | 1.23 |
| 大连 | 0.62 | 乌鲁木齐 | 0.99 | 太原 | 1.23 |
| 广州 | 0.63 | 吉林 | 1.01 | 哈尔滨 | 1.27 |
| 上海 | 0.82 | 长春 | 1.02 | 重庆 | 1.30 |
| 济南 | 0.82 | 鞍山 | 1.05 | 齐齐哈尔 | 1.39 |
| 淄博 | 0.84 | 兰州 | 1.06 | 贵州 | 1.39 |
| 青岛 | 0.87 | 唐山 | 1.07 | 西安 | 1.60 |
| 南京 | 0.89 | 长沙 | 1.10 | 抚顺 | 1.62 |
| 天津 | 0.93 | 成都 | 1.15 | | |
| 武汉 | 0.95 | 南昌 | 1.18 | | |

应用相同方法可以对我国大、中、小城市用地规模合理性加以评判。随着我国城市化进程的推进，城市用地向外扩展势必会占用周围农地，导致其非农化，致使农用地其中包括耕地面积的减少，耕地保护与城市化是摆在我们面前的两难选择，必须加以妥善协调处理。相对于日本 1955～1994 年耕地减少 52%，韩国从 1965～1994 年耕地减少 48%而言，我国 1949～1994 年，城市化水平提高 18%，耕地净减少 297.5 万 $hm^2$，减少率为 3%，应该是相对较少的。但我国城市用地扩展的绝对数量仍相当多，不少城市用地效益有待提高。

综上所述，城市化为土地利用由低级向高级方向发展提供了契机，由农业活动转向非农活动、由简单利用土地的物质生产功能到综合利用土地的服务功能，本身就是一种进步。然而，我们不应仅仅满足于土地利用形式上的改善，而应进一步关注城市土地利

用的经济、社会和生态效益，促进土地利用综合效益的提高和社会经济的可持续发展。在我国人口众多，以土地为核心的空间资源极为紧缺的情况下，应当以我国土地同 为指导，妥善处理好积极推进城镇化和有效保护土地资源的关系，创造集约化的、多维的城市空间与用地结构，实现城市用地规模的可持续增长。

合理利用城市土地，首先要制定科学合理的规划，包括城市规划和土地利用规划，并要强化政府依法和依据规划调控城市土地开发利用能力，以及对城市用地增长和土地利用的管理。依照国家规定的标准，实事求是地确定城市建设用地规模和用地布局、合理配置和利用土地资源，既要满足城市发展的合理用地需求，又切实保护土地尤其是耕地资源，并落实上一级政府下达的土地利用规划指标。城市建设和发展要严格按照批准的规划，从实际出发，量力而行，分步实施，要做到尚有余地，不宜把可建设用地在近一、两代人甚至一、两届政府手里开发完。在可以预见的时期内，对于多数城市来说，基于有限的资源与发展的需求之间的矛盾，在我国实施城镇化进程中应当适度控制城市的外延扩展，切实注重城市土地的内涵集约利用，使增加的城市功能活动不通过或少通过扩大土地的方式，包括城市土地的适度密度开发，内部挖潜和城市向竖向空间（空中和地下）扩展加以承载。要运用规划和经济杠杆，优化城市用地结构，提高土地利用综合效益。应在规划的引导下，运用土地级差地租的经济杠杆，从调整城市产业结构入手，将不宜在城区发展的工业企业外迁，腾出用地发展金融、商业、贸易、管理、服务业等，同时应完善城区的公共设施和环境条件，改善交通条件，提供城区土地的社会和生态效益。

地下空间的开发是解决资源有限与发展需求之间矛盾的有效途径，也是城市经济高速增长，城市空间严重不足，城市土地大幅度升值时所采取的有力措施，这也为发达国家许多大城市为了解决城市发展空间的必由之路。根据国际经验，城市地下空间可以进行多层次利用。城市基础设施地下化自不必言，将来建设深层地下都市也在构想之中。20 世纪平面的都市功能在 21 世纪将从地上、地下两个方面重新进行立体利用和合理配置。地下空间的开发深度可达 100～150m。根据北京市规划院的计算，以北京而言，旧城区 62.5$km^2$ 范围内浅层地下空间资源可供合理开发利用的有 41.2$km^2$。当开发深度为 10m，合理开发系数为 0.4 时，地下空间资源为 1.65 亿 $m^3$；以地下建筑为三层计，可提供建筑面积 0.55 亿 $m^2$，相当于旧城区现有建筑面积。

从上述数字可知，地下空间在扩大城市空间容量上的巨大的潜力可以产生难以估计的经济效益和社会效益。

## 二、城市的合理规模和规模分布

城市规模问题可分解成两个相互关联又有区别的问题即城市合理规模和城市规模分布。

城市合理规模问题吸引了经济学家、规划学家、社会学家、社会心理学家和环境生态学家的广泛关注。城市合理规模是一个与城市发展历史一样古老的问题，早在古希腊的柏拉图和亚里士多德时代就开始研究从城市用地规模和形状以及福利设施角度探讨居民点的合理规模问题。20 世纪以来，许多学者或机构对此都先后提出研究成果，认为便于管理的最优城市人口规模最高达 100 万人（英国地方政府皇家委员会与邓肯，1956），最低只有 9 万人（Baker，1910）。

决定城市规模的两个重要经济原因是规模经济效益和聚集经济效益。整个城市经营过程中，效益和费用随着规模的不同而发生变化，超过一定规模，则效益递减，费用递增。边际效益和边际成本在城市某一规模水平上相等，城市规模的增长超过此水平时，则导致边际成本大于边际效益。

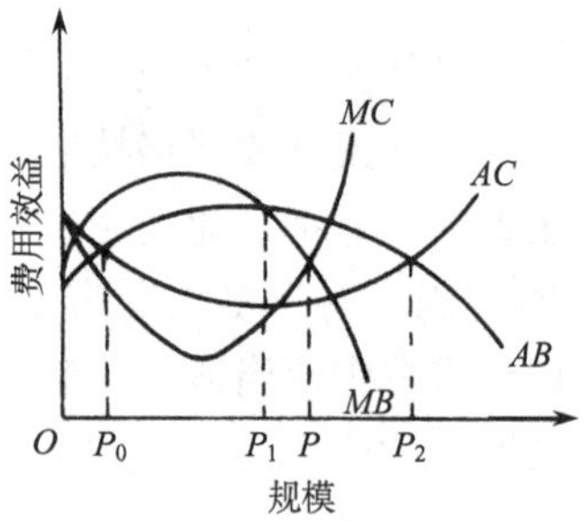

图 15-2　规模与费用效益曲线

如图 15-2 所示，平均生活费用曲线 $AC$ 与平均效益曲线 $AB$ 有两个交点，对应的规模为 $P_0$ 和 $P_2$。$P_0$ 为城市最小规模，$P_2$ 为城市最大规模。曲线 $AB$ 和 $AC$ 交点表示城市在 $P_2$ 规模时，人们平均生活费用等于人均效益。边际效益和边际成本在城市规模 $P_2$ 时相等。$P_2$ 为城市合理规模，它是整个城市运行的盈亏分界点。

大量研究表明，城市合理规模的确定是一个极为复杂的问题，应当承认，每一类型城市的发展均有一个较为合理的规模，它受到自然、经济、政治、文化、技术诸因素的制约。有的学者提出城市规模弹性的概念，即指城市人口与占地规模应有一个变化的幅度。将自然因素中水资源数量作为城市中的最大允许发展的规模，作为弹性自由度的上限，以有利于发挥城市公用设施的规模效用，如地下铁路载客人数、吞吐货物量等作为城市规模弹性自由度的下限，以保证规划的整体性和有效性。

江苏省小城镇研究资料（1988 年）表明，不同人口规模小城镇的经济效益各异，规模为 3 万～4 万人的小城镇经济效益最高，其次是 1.6 万～2 万人的小城镇，再次是 1.4 万～1.6 万人的小城镇。研究中以人均社会总产值、工业企业劳动生产率、工业企业产值利润率、人均工业产值等指标来评价经济效益。以镇区工业总产值指标表示小城镇工业聚集规模，普查小城镇的工业总产值大多数在 510 万～2500 万之间，尤以 1001 万～2500 万元的小城镇工业聚集规模最大。

所谓城市规模分布是指一个国家或区域内，城市人口规模的层次分布。通过城市规模分布的研究，指导一个国家或区域的城市人口是集中在一两个大城市里，还是成比例地分布在不同等级的城市里。许多研究证实，一个国家或区域的城市规模分布明显地分为两种类型：序列式分布（rank-size rule）和首位式分布（primary）。序列式分布是 1913 年奥埃贝奇（Anerbach F）提出的。序列式分布可依据

$$P_i = K/R_i$$

式中：$P_i$ 为序列 $i$ 的城市人口；$R_i$ 为序列（1，2，3，…，$n$）；$K$ 为最大城市即首位城市的人口数（常数）。

用 $K$ 估算任意序列城市的人口规模。如 $K$=100 万人，$R_i$=4，$P_i$=100/4=25 万人。表明一个国家或区域的城市规模分布体系中，大、中、小城市均有，城市数目随着城市规模的减少而有规律地增加。

首位式分布是 1939 年马克·杰斐逊（Jefferson M）提出的。首位式分布是将一个国家或区域的最大城市称首位城市，应用首位度（即第一大城市与第二大城市的人口比

值）来衡量首位城市的地位。研究表明多数国家城市首位度在 3 以上。为了改进首位度两城市指数的简单化，有的学者提出 4 城市指数（$S=P_1/(P_2+P_3+P_4)$）和 11 城市指数（$S=2P_1/(P_2+P_3+\cdots+P_{11})$）。所谓正常的 4 城市指数和 11 城市指数都应为 1，2 城市指数则应为 2。

江苏省小城镇研究资料表明，1988 年普查县份的城镇首位度（第一大城镇的人口数/第二大城镇的人口数）是：吴江 1.41，江阴 5.41，溧水 5.46，海安 3.98，盐郊 7.03，宿迁 7.62，沛县 1.82。4 城镇指数（第一大城镇人口数/第二、三、四大城镇人口数）是：吴江 0.64，江阴 2.27，溧水 2.01，海安 1.62，盐郊 2.45，宿迁 2.84，沛县 1.09。

## 三、居民点用地规模的预测

根据居民点形成的历史过程、城市建设用地发展历史和有关调查资料，依据《城市用地分类和规划建设用地标准》(GBJ 137—90)，应用下列方法进行居民点用地规模的估算和预测：

**历史推断法** 根据居民点用地不同时期扩展数据加以分析确定未来每年用地扩展数量，据以确定规划期居民点用地规模。如某市按历史惯性推算，城市用地年均增加 0.75～1.35km$^2$，以 2000 年该市用地规模 138.56km$^2$ 为基准，预计 2000～2010 年将增加 7.5～13.5km$^2$，2010 年某市用地规模将为 146.01～152.0km$^2$。

**规划指标法** 依据国家标准（GBJ 137－90）对现有城市的规划人均建设用地指标采取“双因子控制”，即以人均建设用地指标和允许调整幅度来表示。预测中调整幅度限定在 60.1～75.0m$^2$ 和人口预测数 306 万人，即可预测某市 2010 年建设用地规模为 174.29～217.50km$^2$（表 15-6～表 15-9）。

**表 15-6　规划建设用地结构**

| 用地类别 | 占建设用地比重/% |
|---|---|
| 居住用地 | 20～32 |
| 工业用地 | 15～25 |
| 道路广场用地 | 8～15 |

**表 15-7　人均建设用地现状、规划和调整幅度**　（单位：m$^2$）

| 人均建设用地水平现状 | 允许采用的规划指标 | | 允许调整幅度 |
|---|---|---|---|
| | 指标级别 | 人均建设用地规划指标 | |
| ≤60.0 | Ⅰ | 60.1～75.0 | +0.1～25.0 |
| 60.1～75.0 | Ⅰ | 60.1～75.0 | >0 |
| | Ⅱ | 75.1～90.0 | +0.1～+20 |
| 75.1～90.0 | Ⅱ | 75.1～90.0 | 不限 |
| | Ⅲ | 90.1～105.0 | +0.1～+15.0 |

续表

| 人均建设用地水平现状 | 允许采用的规划指标 | | 允许调整幅度 |
|---|---|---|---|
| | 指标级别 | 人均建设用地规划指标 | |
| 90.1～105.0 | Ⅱ | 75.1～90.0 | －15.0～0 |
| | Ⅲ | 90.1～105.0 | 不限 |
| | Ⅳ | 105.1～120.0 | ＋0.1～＋15.0 |
| 105.1～120.0 | Ⅲ | 90.1～105.0 | －20.0～0 |
| | Ⅳ | 105.1～120.0 | 不限 |
| ＞120 | Ⅲ | 90.1～105.0 | ＜0 |
| | Ⅳ | 105.1～120.0 | ＜0 |

**表 15-8　人均单项建设用地规划指标**

| 用地类别 | 用地指标/$m^2$ |
|---|---|
| 居住用地 | 18.0～28.0 |
| 工业用地 | 10.0～25.0 |
| 道路广场用地 | 7.0～15.0 |
| 绿地 | ≥9.0 |
| 其中：公共绿地 | ≥7.0 |

**表 15-9　不同级别用地指标**

| 指标级别 | 用地指标/$m^2$ |
|---|---|
| Ⅰ | 60.1～75.0 |
| Ⅱ | 75.1～90.0 |
| Ⅲ | 90.1～105.0 |
| Ⅳ | 105.1～120.0 |

**分区测算法方法**　与规划指标法的不同在于城市内分区依次预测，扣除区内现有用地潜力，估算各区用地增加数，汇总后即得全市用地规模。应用此法预测结果，2010年某市用地规模为171.40～207.46$km^2$。

**模型预测法**　城市用地规模常用预测方法有趋势预测、回归预测和线性规划模型预测等。线性规划模型方法应用用地参数和效益参数，建立最大或最小的约束方程组，求算各类城市建设用地的最优结构条件下的用地规模，即

在满足约束条件 $XP=B$，$X\geqslant 0\left(\text{即}\ \sum_{j=1}^{n}x_j p_{ij}=b_j,\ x_i\geqslant 0\right)$下，

求

$$\min S = CX = \sum_{j=1}^{n} x_j x_j$$

$$\text{投入产出系数}\ P=\begin{vmatrix} p_{11} & p_{21} & \cdots & p_{1i} & \cdots & p_{1m} \\ p_{21} & p_{22} & \cdots & p_{2i} & \cdots & p_{2m} \\ \vdots & \vdots & \cdots & \vdots & \cdots & \vdots \\ p_{j1} & p_{j2} & \cdots & p_{ji} & \cdots & p_{jm} \\ \vdots & \vdots & \cdots & \vdots & \cdots & \vdots \\ p_{n1} & p_{n2} & \cdots & p_{ni} & \cdots & p_{nm} \end{vmatrix}(j=1,2,\cdots,n;i=1,2,\cdots,m);$$

$$\text{效益系数}\ C=(c_1,c_2,\cdots,c_{10},\cdots,c_n);$$

$$\text{资源约束}\ B=(b_1,b_2,\cdots,b_i,\cdots,b_m)。$$

式中：决策变量 $X=(x_1, x_2, \cdots, x_{10}, \cdots, x_n)$，$x_1, x_2, \cdots, x_{10}, \cdots, x_n$ 分别代

表居住用地、公用设施用地、工业用地、仓储用地、对外交通用地、道路广场用地、市政用地、设施用地、绿化用地和特殊用地等。

居民点用地规模预测属综合预测性质，应用多种方法进行预测，对预测结果加以科学分析，以其中某一种预测结果为基准，参考其他数据加以适当调整，作为最终用地规模预测结果。

# 第五节　居民点布局

## 一、居民点布局的形式

在土地利用规划中，居民点布局是重要的规划项目。从土地利用角度来看，决定一个区域整体布局合理与否的主要因素是居民点和交通线，它们起着骨架的作用。合理地确定居民点和交通线，就可以决定总体布局，而居民点的布局又是决定交通、电信线路的前提条件，其他用地安排都在一定程度上受其布局的影响，如蔬菜地、果园、工业用地等。因此，居民点的布局是一项具有控制作用的规划项目。居民点的空间分布在很大程度上是由居民点的性质、规模和类型来决定的，它是随着各地自然、经济条件、人口密度和生活习惯等不同而变化的。但总的来说，一般都实行分级布置，按管理体制在整个区域内形成城镇居民点网。就目前我国现状而言，居民点大致有以下四种布局形式：

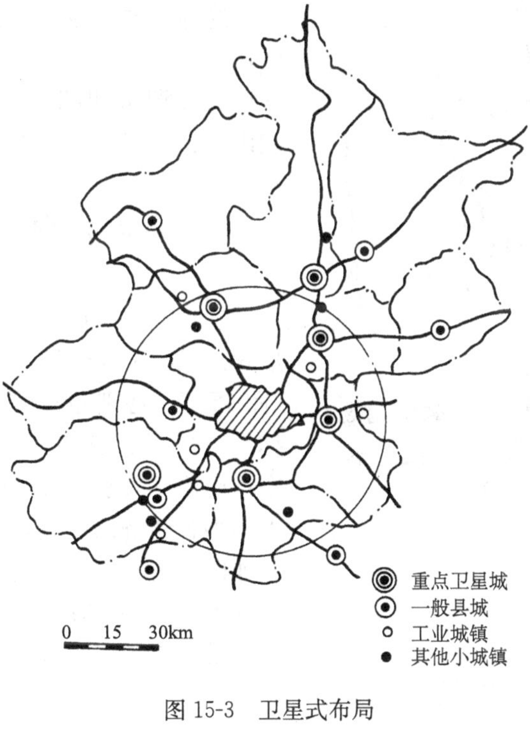


图 15-3　卫星式布局

## (一) 卫　星　式

这种形式一般以大城市为中心，在其周围发展重点卫星城和一般城镇。图 15-3 所示是我国某市域城镇的布局。目前市域内共有大小卫星城点 24 个，若以距离市区 40km 划界，该范围包括了占总数 2/3 的卫星城和所有 5 万人以上的主要城镇，同时也是近十年城镇发展最快的地域。

## (二) 带　状　式

大小居民点分布呈带状，目前最主要的是沿着铁路干线、大型河流或国家级公路而设立，形如串珠一般，如武汉市、鄂城市、黄石市等沿长江成为一条带。潼关市、渭南市、西安市、咸阳市、宝鸡市等沿陇海铁路成为一串珠布局。如在苏南地区苏州市、锡山市、常州市沿着沪宁铁路和高速公路布置在农村，有的沿一条山坡、一条河流、一条公路形成许多居民点。

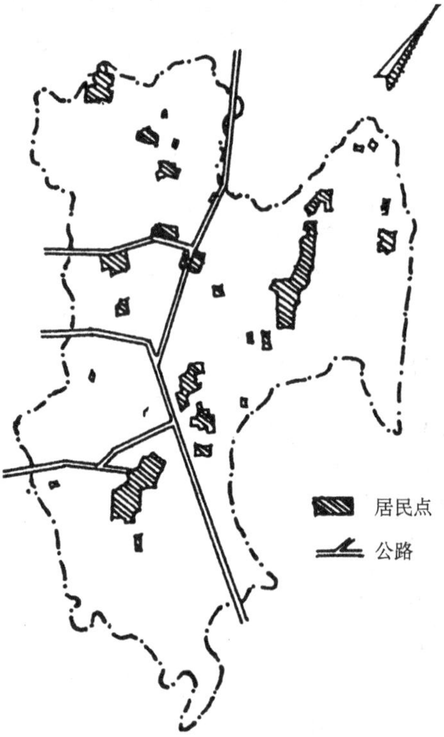


图 15-4　自由式布局

## (三) 多边形式

这种形式一般分布在经济发达的平原地区，按形状可分为三角形、四边形等，如长沙市、株洲市和湘潭市为三角形，沈阳市、鞍山市、本溪市和抚顺市为四边形。

## (四) 自　由　式

这是我国居民点最常见、最广泛的布局形式。居民点布局呈“满天星”式(图 15-4)。特别是在我国南方的农村中，可称是：“一去二三里，沿途四五家，店铺六七座，遍地住人家”。这种现象是生产力水平低下的小农经济的产物。在农业现代化过程中若加以改造和集中，进行村庄整理一般可以节约 1/3～1/2 的占地，这是我国平原地区耕地后备资源的主要来源。

## 二、居民点布局的原则

### （一）服务半径合理，区域布局完整

所谓经济服务半径是城镇在组织社会生产和居民生活方面所产生的经济服务影响的地区范围。不同层次的城镇的经济半径，因各地自然条件、人口密度和社会经济发展水平而有差异。在经济发达地区，人口密度大，城镇数目多，经济半径就小一些，反之则大些。费孝通教授在江苏省小城镇调查中提到，县属镇的经济半径为5km左右，乡镇为3km左右，村镇为1km左右。据陕西省调查，澄城县南部的韦庄镇服务半径在8km左右。因此，在居民点布局时，要结合当地的具体情况，合理确定居民点的经济半径。

一个区域的居民点布局，必须从区域经济建设远景出发，使全区居民点形成一个按不同层次、不同功能、相互协调的有机整体，且应与全区内的山、水、田和林的综合治理和农业、工业、商业、文教卫生和交通通信等部门合理配置结合起来，做到全面规划和统筹安排。

### （二）利于生产和生活

随着社会经济的发展和经济体制的改革，城市和农村的关系发生了很大的变化，城乡各种协作关系得到发展，交流范围不断扩大。城市向农村输送的不仅是工业品，而且把工业的零部件加工、附件生产，甚至生产车间扩散到农村，用技术和设备武装乡镇企业。农村不仅是城市工业的原料基地，而且把加工制作的产品，如食品、医药、服装、工艺品和建筑材料等送到城市销售，从而逐渐改变了城乡的传统观念。许多农民，特别是小城镇、集镇的居民，具有了亦工亦农的职业特点。在农村居民点布局时，既要考虑到居民便于到工厂、商店上班，又要考虑到便于下地劳动。

从上述要求出发，在对现有居民点前景分析时，要看哪些居民点有发展前途，可建设成为中心城镇，哪些居民点需要缩小、搬迁，甚至淘汰。

### （三）合理利用土地，尽量少占耕地

目前我国农村集镇和其他居民点，多为自然形成的历史产物。表现在其规模小、布局分散，兴建住房时求大求宽，多占耕地。所以，在进行居民点布局时，既要考虑到每个居民点建筑在其经营土地范围的适中位置，又要准确地确定其合理用地规模，做到尽量少占或不占耕地。

节约用地的原则要求居民点布置紧凑，规模合理，以发挥聚集效益，减少不必要的交通和其他设施用地。合理控制用户的用地面积标准，充分利用山地、坡地和边角废地。应用生态学原理，合理组织住宅屋顶利用，发展种植，推广生态建筑，实现屋基占地的生态还原。如浙江永康县的生态住宅、江苏扬州市郊屋顶鱼池等。

## 三、居民点布局方案择优

居民点布局涉及的面很广，在具体布局时需要考虑的因素很多，加上居民点布置至今又没有固定的模式，应当因地制宜地满足许多技术上和经济上的要求。由于规划单位的具体条件不同，经常会在某些项目的安排上，某些技术或经济的满足程度上产生一些矛盾和问题。如居民点布局有时迁就现状，以节省建筑投资，但加大了对外经济联系半径，对今后发展经济不利；又如将某工厂建立在城镇里，便于职工工作和利用社会福利设施，但由于“三废”的排放、机器的噪声和运输量的加大会给居民点带来安全、环境和卫生方面的问题。因此，居民点布局时就会产生多个供选方案，应对其择优选定。常用方法有：

### （一）指标比较法

通过经济指标和社会效益的分析比较，从供选方案中筛选出最佳或满意的方案。一般应按居民点布局的原则逐步进行评述。其中主要指标可参考下列几项：

**经济服务半径** 它是从生产、生活上评价居民点合理布局的重要指标。可根据各地的自然条件、人口密度和社会经济条件，并总结居民点布局的经验加以确定。

**交通运输条件** 居民点布局状况与全区域对内对外交通联系、道路建设投资以及运输成本有着密切的关系。因此需将不同布局方案的交通运输距离、预计的货物运输量，结合道路规划，概算出不同方案的年度费用，然后加以比较，从中择优选用（表 15-10）。

**表 15-10 不同方案年度运输费用**

| 方案 | 交通运输平均距离/km | 年货运费 | | | 年折旧费 | | | 年度总费用 |
|---|---|---|---|---|---|---|---|---|
| | | 货运强度/t | 吨公里运费/(元/t) | 货运费/元 | 总投资/万元 | 使用年限 | 年折旧费/元 | |
| 1 | | | | | | | | |
| 2 | | | | | | | | |
| 3 | | | | | | | | |
| ⋮ | | | | | | | | |

**居民点占地面积比较** 选择占地面积少而又能满足其他要求的方案。

**原有居民点的利用率** 在符合居民点总体布局各项要求的情况下，尽量利用原有居民点的设施，以节约投资。

**安全卫生条件** 居民点所在地的地理位置、地形地貌、坡度、地下水位、土质和地基承压能力等，是否受洪水淹没、地震、滑坡、积涝等自然灾害的威胁；用水的水源和水质是否符合生活饮用水卫生标准；绿化条件如何，土壤有无盐碱化趋势，是否适合种树的要求；有无严重的地方病和污染源等。

## （二）运输重心法

当投资项目厂址的其他因素基本相同，运输费用作为厂址选择的重要因素，可用重心来选择厂址。以原材料运输费用为例，设某项目所需的多种原材料由各地供应，已知各原材料产地在某段时间内（如 1 年）的供应量为 $Q$；各原材料产地的相互位置为已知，并把它们标明在直角坐标图上，如图 15-5 所示，根据坐标公式可计算得"重心坐标"位置，此点的运输费用最小。求重心坐标的公式为

$$X_0=\frac{\sum_{i=1}^{n}Q_iX_i}{\sum_{i=1}^{n}Q_i}$$

$$Y_0=\frac{\sum_{i=1}^{n}Q_iY_i}{\sum_{i=1}^{n}Q_i}$$

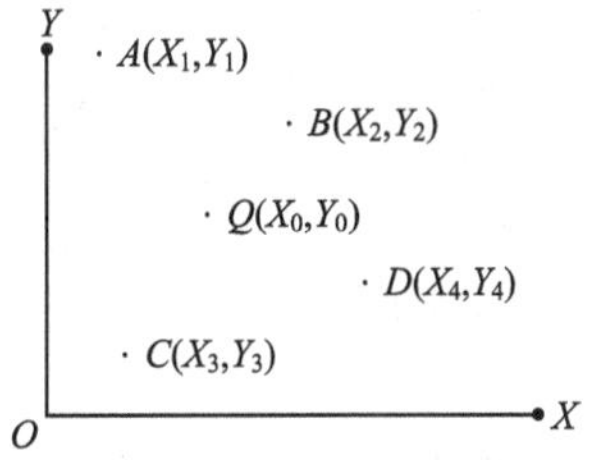


图 15-5　重心法选址示意图

式中：$X_i$ 为第 $i$ 种材料供应地离中心城市在 $X$ 方向上的垂直距离；$Y_i$ 为第 $i$ 种材料供应地离中心城市在 $Y$ 方向上的垂直距离；$X_0$、$Y_0$ 为选定的厂址离中心城市在 $X$ 方向和 $Y$ 方向的垂直距离；$n$ 为主要材料供应地的数目。

在实际运用过程中还应考虑运输价值的差异。重心法确定的厂址仅是一种粗略的估计，尚需根据选择厂址的其他技术条件和运输条件来最终确定厂址。

## （三）分级评分法

分级评分法是指对不同的厂址方案中的所有因素进行评分，并根据分数值的高低来确定最优厂址的一种方法。具体操作时首先要列出影响厂址选择的所有因素，然后按照因素的重要程度应用特尔斐法确定其权数。每一个影响因素依其影响的不同程度划分为等级（最佳、较好、一般、最差），其相应地等级系数为 4、3、2、1。再将权数和等级系数相乘便得到因素分，将各因素分相加得到该地点的总分数，最后以得分最高的地点为较佳地点。如表 15-11 所示，方案Ⅲ得分最高，可作为合适厂址。

**表 15-11　厂址选择分级评分法计算**

| 影响因素 | 权数 | 可供选择的厂址 | | | | | | | |
|---|---|---|---|---|---|---|---|---|---|
| | | 方案Ⅰ | | 方案Ⅱ | | 方案Ⅲ | | 方案Ⅳ | |
| | | 得分 | 等级 | 得分 | 等级 | 得分 | 等级 | 得分 | 等级 |
| 地理条件 | 7 | 14 | 2 | 21 | 3 | 28 | 4 | 7 | 1 |
| 气候 | 3 | 9 | 3 | 6 | 2 | 9 | 3 | 3 | 1 |
| 交通运输 | 6 | 12 | 2 | 6 | 1 | 18 | 3 | 12 | 2 |
| 货源 | 7 | 7 | 1 | 14 | 2 | 28 | 4 | 21 | 3 |

续表

| 影响因素 | 权数 | 可供选择的厂址 | | | | | | | |
|---|---|---|---|---|---|---|---|---|---|
| | | 方案Ⅰ | | 方案Ⅱ | | 方案Ⅲ | | 方案Ⅳ | |
| | | 得分 | 等级 | 得分 | 等级 | 得分 | 等级 | 得分 | 等级 |
| 能源供应 | 8 | 16 | 2 | 24 | 3 | 32 | 4 | 24 | 3 |
| 水源 | 7 | 14 | 2 | 14 | 2 | 28 | 4 | 21 | 3 |
| 排水 | 7 | 14 | 2 | 21 | 3 | 28 | 4 | 7 | 1 |
| 扩展余地 | 2 | 2 | 1 | 6 | 3 | 4 | 2 | 8 | 4 |
| 环境保护 | 8 | 8 | 1 | 16 | 2 | 24 | 3 | 32 | 4 |
| 安全 | 8 | 24 | 3 | 24 | 3 | 32 | 4 | 32 | 4 |
| 生活条件 | 6 | 12 | 2 | 18 | 3 | 24 | 4 | 6 | 1 |
| 协作 | 8 | 16 | 2 | 24 | 3 | 32 | 4 | 8 | 1 |
| 劳动力来源 | 5 | 5 | 1 | 10 | 2 | 15 | 3 | 10 | 2 |
| 产品销售 | 8 | 24 | 3 | 24 | 3 | 32 | 4 | 8 | 1 |
| 料场 | 6 | 18 | 3 | 24 | 4 | 18 | 3 | 24 | 4 |
| 投资费用 | 6 | 12 | 2 | 18 | 3 | 24 | 4 | 6 | 1 |
| 合计 | 100 | 183 | | 270 | | 376 | | 229 | |

## （四）费用比较法

费用比较法适用于对数个厂址供选方案的投资费用和经营费用进行比较，以最终确定厂址。首先将各供选方案的有关费用逐项填入表 15-12 内，再应用下列方法选择其中最优方案。

**表 15-12　厂址选择方案费用比较**

| 指标 | 方案Ⅰ | 方案Ⅱ |
|---|---|---|
| 总投资费用 I/万元 | 783.00 | 1320.33 |
| 区域开拓费用 | 5.40 | 26.70 |
| 房屋拆迁 | | 17.30 |
| 购地费用 | 5.40 | 9.40 |
| 基础建筑费用 | 258.00 | 475.00 |
| 土方工程费用 | 17.00 | 476.00 |
| 铁路专用线 | 28.00 | 18.00 |
| 车皮费用 | 50.00 | |
| 专用码头 | | 72.00 |
| 挖河费用 | | 13.00 |
| 运输皮带及走廊费用 | | 26.20 |
| 供水建筑费用 | 374.00 | 177.80 |
| 排水建筑费用 | 13.10 | 17.23 |
| 供电建设费用 | 10.50 | 18.40 |

续表

| 指标 | 方案Ⅰ | 方案Ⅱ |
| --- | --- | --- |
| 年运营费用/万元 | 135.28 | 107.02 |
| 产品运至某港口费用 | 58.4 | |
| 专用码头至某港编组及轮船费用 | | 45.62 |
| 码头及皮带折旧 | | 5.30 |
| 每人及行政管理费用 | | 10.00 |
| 车皮折旧 | 8.30 | |
| 供水系统折旧 | 31.20 | 14.00 |
| 排水系统折旧 | 0.88 | 1.15 |
| 供电水费 | 36.50 | 30.05 |
| 总消耗费用/（万元/a） | 252.73 | 305.05 |

### 1. 投资回收期法

投资回收期的计算公式为

$$T=(I_1-I_2)/(C_1-C_2)$$

式中：$T$ 为投资回收期；$I_1$ 和 $C_1$ 为方案Ⅰ的投资费用和经营费用；$I_2$ 和 $C_2$ 为方案Ⅱ的投资费用和经营费用。

若 $T$ 值小于国家和部门规定的标准投资回收期，则表明投资大的方案较好，反之投资小的方案较好。由于投资回收期的倒数就是投资效果系数，因此，若计算的投资效果系数大于国家规定的标准值，则投资大的方案较好。

### 2. 年等值费用法

年等值费用为各方案的经营费用与按年分摊的投资费用之和。其计算公式为

$$A=I/T_0+C$$

式中：$A$ 为年等值费用；$I$ 为投资费用；$C$ 为年经营费用；$T_0$ 为标准投资回收期（不含建设期）。年等值费用最小的方案为最优方案。

### 3. 年生产费用法

年生产费用的计算公式为

$$Z=C+E\cdot I$$

式中：$Z$ 为年生产费用；$C$ 为年生产总成本；$E$ 为投资效果系数（$E=1/T$，$T$ 为投资回收期）；$I$ 为方案建设总投资。年生产费用小的方案为佳。

以上各项评价指标和评价方法在具体应用时，可根据各地情况加以增减，也可以视地区不同有所侧重。居民点位置一经确定以后，即着手选址和计算其占地面积。接着就是居民点用地的详细规划。

# 第六节　居民点用地的总体布局

## 一、居民点用地总体布局的任务和内容

如前所述，居民点布局规划最终达到选址的目的，在这之后，即可着手进行居民点用地的内部规划。在选定的居民点用地范围内，从总体上进行用地功能分区布局，将各种功能地段布置在合适的地点，所谓居民点用地总体布局就是在已确定的居民点用地范围内进行功能地段和骨架工程用地的统筹安排，合理布局，使其各得其所，组成一个协调的有机整体。

居民点用地总体布局的核心是居民点用地功能组织。根据居民点的性质和规模，在分析城市用地和建设条件的基础上，将居民点各组成部分按其不同功能要求有机组合，以保证合理的用地布局。

居民点用地总体布局的内容包括居民点用地功能分区和生活区用地与生产区用地规划。

## 二、居民点用地的功能分区

由于居民点的各类建设项目都有其特定的功能属性，相应的各类用地的功能也各异，道路用地是供人们和车辆通行；住宅用地供人们起居生活；生产建筑用地是供人们从事生产活动；公共建筑用地如医院、商店、邮电、学校、水厂、公园、市场等，为人们提供文化教育、卫生娱乐、服务和商品交换的场所。把功能性质相似的用地地段组合在一起，可以避免相互干扰，有利于更好地发挥各功能用地的作用，同时这样组织用地还可以节省占地和建设费用，有利生产，方便生活。居民点用地功能分区又称为用地功能布局或功能组织，就是把整个居民点用地按照各类用地的功能要求划分成若干个部分，既能体现各个地段的功能特性，又组成相互协调、相互配合的方便生活和有利生产的有机统一体。一般来讲，居民点用地可以分成两大部分即生活区和生产区。生活区内集中配置住宅和公共建筑物；生产区内集中配置各种生产性建筑。在一些城市和县城里可在生活区内再划出一个公共中心区。在生活区和生产区内再根据用地和建筑物的功能性质划分不同的功能地段。这些功能地段依据居民点用地的原有基础和地形条件可能集中于一处也可能分散于几处。

新兴居民点较原有居民点在用地功能分区方面较为容易。对于一些污染严重、噪声大、影响人们身心健康的工业用地要坚决将其迁出居住区。行车密度较高的公路穿过居民点，并以路作市，既影响交通，又不安全，应当加以搬迁改造。

从乡村城市化的角度来讲，用地功能分区是乡镇规划建设的基本手段，是评价其规划水平的重要标志。必须从现在起，运用好功能分区这一手段，在乡镇现有建设水平的基础上，本着从实际出发，面向乡村与城市化的未来，全面权衡，做好居民点用地的总体布局。

功能分区应考虑下列各项要求：

## (一) 经济合理要求

居民点要与其周围经济影响地区作为一个整体来考虑。必须联系居民点所在地区的自然和社会经济条件，把居民点作为一个点，所在地区作为一个面，做到点面结合。地区的工农业生产、交通运输、水利及矿产资源的综合利用对于居民点用地总体布局和功能分区均有着影响。

居民点用地功能分区要保证生活区和生产区以及它们与所在地区之间具有方便的联系。生活区与生产区短边相对的位置为好，以便其间的交通组织。各区内建筑物应力求布置紧凑，外形整齐，利用相邻地段的规划设施。要保证生产区内各部分之间联系方便，并为在生产上综合利用工程设施和动力设备创造良好条件。用地功能分区要注意留有发展余地。

## (二) 环境保护要求

分区时不要让来自生产区的活水、烟灰、臭水污染了生活区，尽量减轻生产区噪声对生活区的影响，以保证生活区具有良好生活条件。因此，从环境保护角度，应将生产区布置于生活区的地形下方，主导风向的上风向和河流流向的上游。各种建筑物之间应保持规定的卫生和防火间隔。如图 15-5 所示，风向对居民点内部空间结构的影响，使居住区处于盛行风向的上风向。

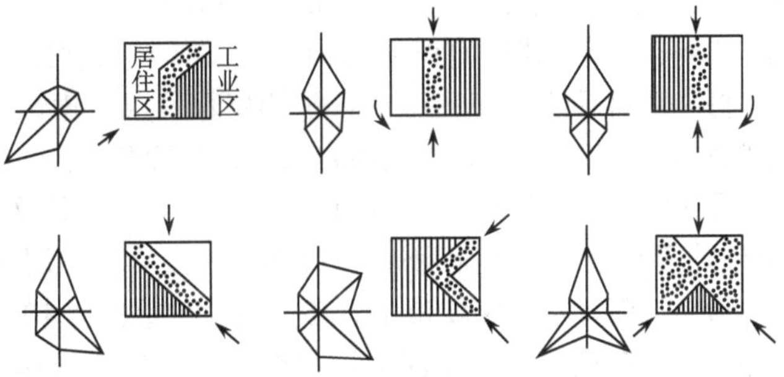


图 15-5　风向对居民点内部空间结构的影响

## (三) 建筑技术要求

各种建筑用地的土地承压力，地形和地下水位都应满足建筑的要求，尽可能不采用人工基础，以减少基础投资费用。地基允许承载力是指在保证地基稳定的条件下，房屋和建筑物的沉降量不超过允许值的地基承载力。确定地基承载力时因考虑地基土堆积年代、地基土成因、地基土性质、地下水情况、建筑物基础和建筑物性质等。在一些特殊土壤上建造建筑物，必须采取专门的人工技术。地形条件中地面坡度对于建筑工程影响最大，从建筑角度考虑，平原最为有利，丘陵困难多，山地则需要更大的工程措施和投资。地下水位应低于最深基础底面 1m 以上。

## 三、居民点用地的功能组织

居民点活动概括为生产、居住、交通、休息四项，都必须安排相应的不同功能的用地。

居住用地是居民点用地的基本功能之一。据 1990 年全国 455 个城市统计资料表明，居住用地 4884.9 $km^2$，占城市建设总用地面积为 11608.9$km^2$ 的 42.1%。居住用地应选在居民点内良好地段，因地制宜地选择人口密度、建筑密度和容积率，使居住用地达到安宁舒适、便利生活、赏心悦目，有完善的现代基础设施、服务设施、文教设施。近年来我国新建的居住小区多层单元或住宅人均居住用地约为 17～26$m^2$ 左右，合 500～600 人/$hm^2$。国外一般 70～150 人/$hm^2$，人均居住用地约 150$m^2$。根据建设部下达的规划定额标准，远期居住区用地定额指标为 40～56m 居住用地中的主要部分是住宅小区。20 世纪 80 年代新建的 2000 个住宅小区实践表明，五六层高的住宅仍占绝大多数，在一些特大城市，沿海开放城市和特区，小区中配建一定数量的高层住宅。集镇中住宅层数相对偏低，但每户建筑面积平均为 80～114$m^2$，住宅建筑密度较城市为低。从总体上看，住宅小区的容积率（全部建筑总面积/全部占地总面积）有较大差异。

为了节约土地，应鼓励修建多层住宅。在集镇多建城市型住宅，可把每户建筑面积 50～60$m^2$ 作为规划居住用地时推算用地指标之用，但不作为集镇各时期修建住宅建筑面积的每户标准。以平均每户建筑面积 50～60$m^2$，平面系数（建筑面积中使用面积所占比重）50%～60%，平均每户居住面积 25～36$m^2$，平均每户 4.5～6 人计，平均每户居民居住面积约为 5.5～6.0$m^2$，建筑面积 10～11$m^2$。对于城市型住宅按平均每居民居住面积 5.5～6$m^2$ 控制，平面系数 50%～60%，平均层数三层，建筑密度 26%～28%，则平均居民居住用地面积为 12～14$m^2$，平均每户居住用地面积为 54～84$m^2$。

工业用地在我国居民点用地中尤其在城市所占比重很大，仅次于居住用地。据 1990 年 455 个城市统计资料表明，工业用地 3070 $km^2$，人均工业用地 27.81$m^2$，占城市建设总用地的 26.45%，而发达国家城市中，工业用地比重仅为 10%～15%，居城市道路用地之后。20 世纪 80 年代以前，我国工厂占地计算以生产规模为用地计算单位，与单位用地两者之乘积。如水泥厂占地依据年产每吨产品为用地计算单位，单位用地为 0.25～0.3$m^2$。计算工业用地的另一种方法是依据工厂职工人数确定其用地指标，美国费城按不同工业分类，规定其用地容积率和人均占地面积。香港规定，无污染和轻无污染的甲类工业为 25$m^2$，有污染的乙类工业为 50$m^2$，按此标准，结合不同容积率，推算每一职工用地面积。如容积率为 1，则每职工平均用地分别为甲类工业 25$m^2$，乙类工业 50$m^2$；容积率为 2，则分别为 12.5$m^2$ 和 25$m^2$①。

对于劳动密集型的轻工业、手工业工厂，由于其规模较小，运输量不大，对环境污染影响较小，为了便于职工上下班，利用城市生活服务设施，可将这些工厂布置在城区内与居住区邻近之处。对于运输量较大或对环境有一定污染危害的工厂，应将其布置于

---

① 宋启林，《中国现代城市土地利用学》，中国建筑工业出版社，1992。

城区的边缘处。乡镇工业尽量不要放在乡镇内，应将其相对集中于工业小区布置。

充分发挥地价因素在工业用地选址中的作用，应把地价作为工业用地布局重要的调控手段，应将一些效益差，污染严重的工业企业逐渐从城区中迁出，这将是原有城市中旧城改造的重要途径，也是提高城市土地利用经济效益和生态效益的重要手段。

公共建筑用地随着第三产业的兴起，在居民点用地中比重逐渐提高。第三产业是除取自然界的第一产业和对初级产品再加工的第二产业之外其他所有产业，从这个意义上讲，公共建筑用地就是第三产业用地。据粗略统计，第三产业用地占城市总用地的 1/4 以内，但这些用地却是城市用地中的精华。

第三产业的名目繁多，大致包括交通运输业、邮电通信业、商业、饮食业、物资供销、仓储业、金融保险、房地产、公用事业、市政工程、文化教育、医疗卫生、科学研究、社会福利以及社会公共服务机构等。第三产业用地一般沿主要街道底层布置，或集中配置于商业和金融中心处。居民日常使用的公共建筑，如中小学、幼托、生活日用品商店、粮油菜场、医院等，需要按其服务半径均匀布置，可以根据城市不同的公共生活内容组织若干个公共生活中心，如文化活动中心、体育活动中心、商业购物中心等。居民点用地中的公共绿地应因地制宜地加以布局，可以结合公共绿地适当设置一些文化、体育设施丰富居民生活，美化城市环境。总之，公共建筑用地规模和项目的设置，面积定额的确定，所涉及的因素较复杂，必须进行调查研究，因地制宜加以确定。城市公共建筑用地面积可按照建设部颁布的公共建筑项目及面积定额指标，即依据千人定额和单位用地面积确定千人用地面积，如小学，千人定额为 110～140 座，单位用地面积为8～9$m^2$，则千人用地面积为 880～1260$m^2$ 等。此外，也可以采用经验用地定额指标，如乡镇公共建筑用地指标每居民 5～10$m^2$，道路和广场用地每居民 6～10$m^2$，公共绿地用地指标每居民 2～4$m^2$。

# 四、居住区用地规划

## （一）居住区用地规划的内容

居住区用地规划是居民点用地规划的重要组成部分。在日常生活中，人们在住宅内及其附近停留活动的时间每天约为 10～20h，而老人和学龄前儿童则更长。因此，居住区用地规划可为居民提供环境优美、交通方便、教育发达、市场繁荣的生活居住条件，关系到千百万群众的切身利益。生活区用地规划包括公共中心用地规划、公共建筑用地规划和住宅建筑用地规划以及绿地和环境保护用地规划。其中住宅建筑用地规划是生活区用地规划的重点。

人们理想的居住环境是良好的通风和日照条件、安静的环境、安全、卫生、空气清新、环境优美、完善的服务设施（商业服务、医疗保健、文娱体育等）、便捷的交通条件、齐备的基础设施（上、下水道、电气、通信、供气、供热等）。为了争取实现上述理想的居住环境就必须解决各种矛盾，合理地规划布局建筑物，提高土地利用的综合效益。

居住区是人们居住生活相对集中的地段，在居民点用地布局中可能集中于一处，也可能分散为数处。居住小区是居住区内由街道网围成的、规模适度的生活居住地块，是居住区的基本用地单元。居住小区是实现上述理想的生活居住环境的最佳空间，即可获得方便的交通，又形成不被机动车辆穿越的地段。居住区用地规划通过具体的居住小区用地规划加以实现。

根据人们使用各项基本的公共设施的内容，项目和服务半径等项条件，居住小区规模宜为 1 万人居住，占地 16～22$hm^2$。具体来讲，居住小区的规模一般以小学的合理规模作为计算小区人口规模的下限，以日常公共设施的最大服务半径为小区用地规模的上限。住宅至各项公共设施的步行距离 150～300m，与附近的街道及公共汽车站距离 200～300m，小区用地包括住宅建筑用地、公共建筑用地（小学、幼托、日用百货店、粮油副食、早点饮食、理发浴室、文体设施、小区运动场地、公园绿地、保健站、清洁站、居委会、邮电所、储蓄所、房管维修等）、道路、广场和绿地、工程设施用地（电力、电信、给水、排水、煤气、热力等）。

居住小区用地规划结构系有居住小区、居住生活单元、组团三种结构形式。居住生活单元是由小区级干道划分范围的块段，一般由 2～3 个居住组团，共用一套单元级公共设施组成。在居住生活单元内很少交通干扰，人们活动处于一个安全、宁静的环境之中。居住组团系由成组成团地布置居住建筑而形成一组较为完整的空间，配有小型绿地广场、自行车存车、零售服务点等公共设施（图 15-6）。

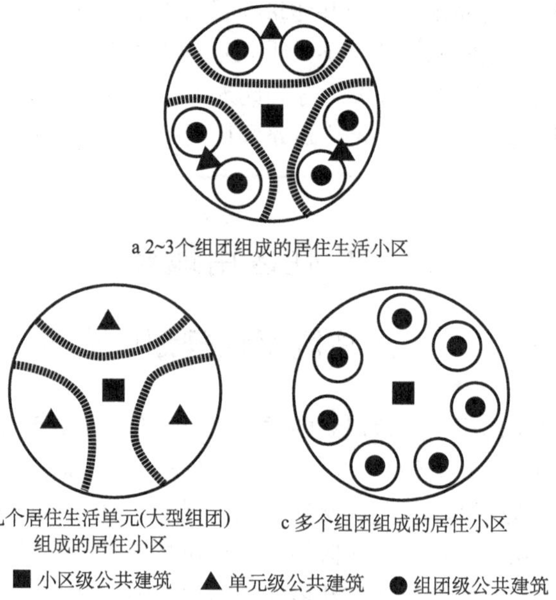


图 15-6　小区规划结构

## （二）住宅建筑用地规划

住宅建筑通常是成片成组地规划和修建的，从而形成住宅组群。住宅组群用地是住宅建筑用地的主要组成部分，住宅建筑用地规划实质上是住宅组群用地规划。

## 1. 住宅布置形式

住宅组群的布置受许多因素如气候、地形等的影响，一般平面布置有以下几种形式：

### （1）条式组群

这是住宅群体的基本组合形式，根据当地良好的朝向和合理的间距依次排列各幢住宅，其特点是各排住宅等距离排列，各排横列对齐。能满足各幢住宅的日照要求，对工程管网和道路布置较为有利，在平面上和空间上均有一定的韵律感、节奏感。为了克服一定的单调性，应当结合道路、朝向、风向等因素作适当变化，从而形成各种形式的条式组群。

1）行列式。又分为平直行列式、不等距行列式、错接行列式、错排行列式、斜列式（图 15-7a、图 15-7b、图 15-7c、图 15-7d、图 15-7e）。

2）周边式。沿街坊院落的四周布置住宅，使中心形成一个比较封闭的空间，用以安排街坊的公共绿地、小型公共建筑及休息、游戏园地（图 15-7f）。

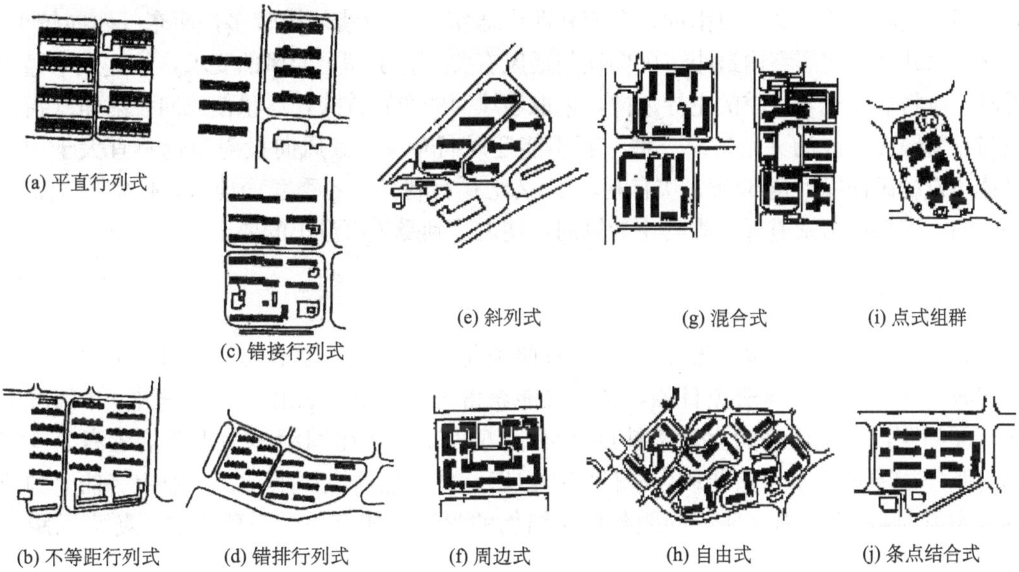


图 15-7　住宅布置形式示意图

3）混合式。综合行列式和周边式的布置方法，大部分住宅采用行列式，转角处布置东西向组合体，有利于沿街商业建筑的设置和美化街景，同时在日照、通风、室外管线布置，建设用地等方面均为有利（图 15-7g）。

4）自由式。根据自然地表或利用道路、江河池塘所造成的用地平面形式的变化，依山傍水较为自由地布置各种建筑物（图 15-7h）。

#### （2）点式组群

点式（或塔式）住宅单元平面上的特点是长、宽比较接近且一般外形多变。在狭长地段或零星破碎用地上，点式组群可以采取较好的朝向，充分利用建筑用地。尤其沿水面、河流之滨布置点式住宅，由于长宽对比，加上水中倒影陪衬，则显得住宅群更加挺拔活泼，更丰富住宅区的空间（图 15-7i）。

#### （3）条点结合式

行列式与点式结合的形式（图 15-7j）。

### 2. 影响住宅建筑布置的因素

#### （1）朝向

地理纬度、局部气候特征和建筑用地条件等因素均影响住宅的朝向。我国大部分地区处于北温带、房屋“坐北朝南”是尽人皆知的良好朝向，可以保证冬暖夏凉。良好的朝向应能保证冬季有适量并有一定质量的阳光射入室内，炎热季节尽量减少太阳直射室内和屋外墙面。实践证明，冬季以南向、东南和西南居室内接受紫外线较多，而东、西向较少，东北、西北和北向居室内最小。朝向还与通风有关。为了满足通风的要求，住宅成单幢布置时，应将居室朝着夏季的主导风向，采取迎风面的布置方式，尽量使风向投射角（指风向与有窗墙面法线的夹角）小一些。若不能迎风向布置，其风向投射角也不宜大于 45°。群体建筑的风向投射角 60°比 30°有利，30°又比 0°有利。在冬季寒冷地区，住宅建筑布置的朝向，应保证居室避开冬季的主导风向，使之达到受风面最小的要求。

#### （2）间距

住宅建筑之间的距离应保证良好的日照和通风条件。我国地处北半球温带地区，居住建筑与布置应在夏季避免日晒，冬季又能获得充分的阳光照射。一般来讲，中纬度地区房屋间距以 2 倍屋高为宜，南纬度地区（45°以南）房屋间距多为 1.5 倍屋高。良好的间距应能保证夏季自然通风以降低室内温度，从自然通风要求看，一般应将住宅的长轴与主风向呈 45°左右。防火间距与房屋结构的耐火性能有关，一般来讲，防火间距一般在 6～12m 之间。

#### （3）地形

住宅建筑布置应考虑对地形的利用，以便尽量减少填挖方的土方量和避免过分地加深基础。当地面坡度小于 1％时，住宅布置可不按等高线方向；当地面坡度为 1％～2.5％时，应平行等高线布置，对于建筑物长度小于 50m，可不受此限制；当地面坡度为 2.5％～4％时，建筑物应平行等高线布置，仅对建筑物的长度小于 30m 时，可垂直于等高线布置；当地面坡度为 4％～8％时，所有建筑物一律平行等高线布置或采用阶梯式底层可垂直于等高线布置；当地面坡度为 8％或更大时，全部建筑物采取阶梯式平面布置（图 15-8）。

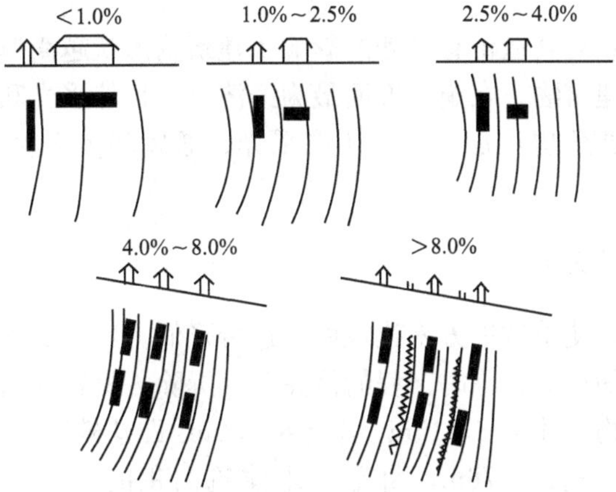


图 15-8　根据地形条件布置住宅形式

## 3. 住宅建筑的合理密度

节约用地是住宅建筑用地规划的重要原则，住宅的层数、平面形状、尺寸大小、周长和层高等项因素对于占地和造价均有着重大影响。合理密度是衡量用地的标准，用以衡量层数和空地率之间的关系，寻求人们居住、生活的最佳空间环境。

### （1）住宅的层数

根据我国民用建筑设计规范的规定，1～3 层为低层，4～9 层为多层，10 层以上为高层。在近期，乡村住宅提倡建 2 层，小集镇建 2～3 层，小城市以 4～5 层为主，大中城市以 5～6 层为主，特大城市适当发展高层。住宅的层数直接影响人口密度和建筑面积密度。目前在建项目中人口毛密度达 800 人/$hm^2$，居住建筑面积毛密度为 13 000$m^2$/$hm^2$。12～16 层住宅人口密度比 5～6 层住宅高出 60%～90%，而建筑密度可降低 10%，每公顷的建筑面积从 1500$m^2$ 提高到 2500～2800$m^2$，大量实际证明，在有限的土地上，建筑只能向高空、向地下发展，高层才能缓解高人口密度的压力。

建筑高层住宅有利于节约市政设施投资，对于多层住宅小区，市政工程的一次性投资约为建筑造价的 25%～30%。对于高层建筑，同样面积可以节约一次性投资约 1/4。以合理密度和土地价值概念作为标准，才能评定住宅层数的合理性，并分别依据不同地形地段，制定出不同的密度标准。地形复杂的地段，处于城镇较边沿地区，新建区的人口密度和建筑面积密度应稍低，而地形平缓、处于城镇中心地区，更新旧区等密度就要高些。

根据有关研究资料表明，增加层数，从 4～7 层，建筑面积密度有所增加，但其增长比率在缩小，从 7 层增至 13 层，密度仅增长 6.5‰，效果甚微，但可明显地降低建筑密度，提高空地率。

**(2) 建筑物的平面形状**

建筑物的平面形状对其造价有显著的影响。建筑物形状越简单，它的单位造价就越低。最简单的正方形建筑物，在施工方面最为经济，但自然采光和通风条件均差。矩形建筑物增长其周长，造价也增加，但由于在采光、通风和美学功能方面得到较好的满足，所以被广泛应用。

**(3) 建筑物的尺寸大小**

建筑物尺寸，可以使单位平方米建筑面积造价降低。这是由于建筑物平面尺寸的增加，工程项目杂费（如运输、临时工程的修建及其拆除、材料和构件储存场地等）不随之而增加的，当建筑物尺寸由 $8\times15m^2$ 增至 $8\times30m^2$ 即建筑面积由 $120m^2$ 增至 $240m^2$ 时，外墙长度由 46m 增长至 76m，每平方米建筑面积的外墙长度从 383mm 降低至 317mm，即降低了 17.25％。

**(4) 住宅的层高**

我国过去住宅室内净高 2.68～2.88m。据有关资料表明，净高 2.2～2.4m 较为适宜。因此，我国住宅室内净高以 2.5m 为最佳，南方可稍高一些达 2.6m 为宜。增加住宅的层高，有利于提高建筑密度，降低建筑物的总高度，缩短房屋之间的间距、节省用地和节约投资。

## (三) 公共建筑用地规划

公共建筑是人们社会生活的活动场所。公共建筑包括的类型比较多，常见的有：医疗建筑、文教建筑、办公建筑、商业建筑、体育建筑、交通建筑、邮电建筑和纪念建筑等。

### 1. 公共建筑用地的要求

公共建筑对用地的要求一般来讲和住宅用地的要求基本相同，应根据城镇总体规划，从实际需要出发结合可能的条件，进一步提出具体的项目与规模，为建筑单价设计和物业管理提供依据。

1）根据建筑物的性质和使用要求结合道路规划统一安排，一般公共建筑物，通常都采取集中布置。

2）商业、服务、文化、集市贸易市场等公共建筑不宜沿过境公路的两侧布置，否则，就会降低公路的通行能力，造成交通阻塞和交通事故，同时还会给居住环境带来噪声、烟尘和气味的污染。

3）注意公共建筑项目的配套，考虑其合理的服务半径，与居民日常生活关系密切的，可以均匀地分布在住宅地段中以贴近居民。

### 2. 公共建筑用地指标

公共建筑用地指标应根据国家规定的建筑项目和面积定额指标加以确定。目前县城及重点建制镇可参考采用，至于一般建制镇和乡村集镇至今国家尚无制定统一指标，可采用经验数据，每居民为 5～10$m^2$，其中集镇级 4～8$m^2$，小区级 1～2$m^2$。公共建筑用地指标应因地而异，不能不加分析地套用外地指标。在制定定额指标时，应多做调查，积累资料，从实际出发，突出地方特点，逐步制定适合本地区公共建筑用地指标。

### 3. 公共建筑用地配置

公共建筑用地配置时应考虑其功能和服务半径，以保护环境和节约用地的要求。

1）机关办公建筑用地一般应结合集合广场，放在居民点的中心部位，以方便联系和往来。

2）商服建筑用地可以采取既集中又分散的方式，统一布置。等级较高的商服建筑集中布置于居民点中心地段主干道路西侧；等级较低的商服建筑宜分散于居位小区配置，以便服务于群众。

3）医疗卫生建筑用地应配置在距离中心区附近的地方既要方便群众，又要远离水源，位于居住区的下风位。

4）学校建筑用地宜配置环境安静，确保安全远离交通站点，阳光充足的地段。

5）集市用地的配置应视其污染状况于居住区适当地点和边缘地段。

### 4. 公共中心用地规划

公共中心是居民的社会活动中心，具有特殊重要的作用。公共中心的形状有长方形、正方形、圆形、半圆形、梯形和任意形几种，最常见的为长方形和圆形。公共中心的建筑艺术结构主要取决于建筑空间的封闭性，形状紧凑和建筑物主要尺寸与广场长宽度之间比较协调。长方形广场边长之比以 2∶3 或 1∶2 为好。广场占地面积与居民点人口规模有关。居民点人口规模为 1000 人和 5000 人，其广场占地面积分别为 0.25～0.3$hm^2$，和 0.5～0.7$hm^2$。广场周围的公共建筑物的高度与广场边长之比一般来讲为 1∶5～1∶10。对二层建筑其比例为 1∶6，对四层建筑为 1∶5。长方形广场依黄金分割法，其长宽比一般应以 3∶2 或 2∶1 为宜，长度不应大于宽度的 3 倍。

## 五、生产区用地规划

生产区用地包括工业建筑用地，仓库用地、集市贸易用地、农业和畜牧建筑用地等。

## （一）工业建筑用地规划

工厂按生产性质可分为冶金企业、机械工业、石油化工、矿山开采、轻工业、国防工业和一般民用工业等。工业建筑用地适宜地形如图 15-9 所示。

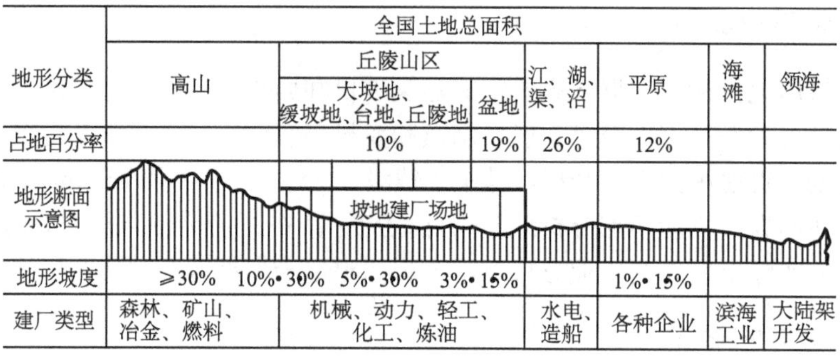


图 15-9　工业建筑用地适宜地形

居民点中工业区是以地域联合为基础来配置企业及有关协作项目的，是其有机组成部分。一般应根据生产特点和生产中的协作关系，组成各种不同的工业区。

工业区与居住区的布局应当做统一安排、就近平衡，解决好它们之间的交通联系。根据实际情况和规划经验，可以采取以下布置方式：

工业区与居住区平行布置，两区长边相邻；工业区与居住区垂直布置，短边相邻；两区混合布置，但要对居住区无影响；工业区相对独立于居住区，但要组织好两区之间的交通。工业区主要由生产厂房，各类仓库，运输设施，动力设施、管理设施、绿地和发展备用地等组成。生产厂房一般包括生产车间和辅助车间，在我国生产厂房用地面积约占总用地的 26%～50%。

工业区依其主体工业的性质和三废污染情况，货运量和用地规模以及其对居民点的影响程度，可采用市内配置，城市边缘配置和远离城市配置三种形式。

工业区内各组成部分的联系和要求，并结合用地和环境特点进行功能分区：工业企业及有关设施的生产区、动力和仓库设施区、运输设施区，公共活动中心区，卫生防护区。对于卫生有害或易燃的企业应布置在其他企业的下风向并远离居住区；职工人数多的企业，最好尽量接近居住区；辅助性设施尽量布置于零星和不规划的地段；动力设施和仓库应布置在工业区各企业的负荷中心，并与外界接线联系方便；工业区内的主要运输线（铁路、道路等）应与居民点内外的干线相联系，并与港口码头、车站、仓库区等处有便捷的联系；公共中心的布局应便于为工业区内职工服务，最好设在工业区的中心地带，并与居住区取得有机联系。

工业区内工业建筑的布置常采用组合带布置方式，分为单列组合带布置（图 15-10a），区内主要交通线和主干道为界，在呈带状的界区内布置企业组群；双列组合带布置（图 15-10b），用以布置卫生级别相同或相近，而运输方式有所不同的企业；多列组合带布置（图 15-10c），用以布置卫生级别不同的企业和项目，把污染严重的企业远离居住区布置。

自解放以来我国用于工业、交通和其他基本建设的用地已超过 15 万 $hm^2$，约占全国耕地面积的 7%。节约用地是一项重要技术政策，在工业区用地规划中必须加以执行。要处理好农业用地与工业用地的关系，充分利用坡地和荒地建厂，尽量少占良田好地。另一方面，在工业区内部合理、紧凑布置工业建筑，可以保证生产流程的连续性、

a 单列组合带布置

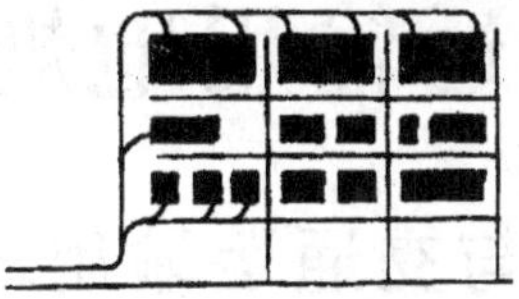

b 双列组合带布置

c 多列组合带布置

图 15-10　组合带布置示意图

短捷性，缩短运输线路和工程管线长度、减少能量消耗、节约运输费用、节省基建投资，提高单位用地面积的利用效益。

在工业用地规划实践中创建了极为丰富的节约用地的经验，如充分利用地形，发挥用地的效能；合理紧凑布置，提高建筑密度，合并厂房，集中布置、提高建筑物的层数；合理利用荒滩地建厂等。

## （二）仓库用地规划

生产区内仓库依其功能分为储备仓库、转运仓库和生活仓库。仓库用地与居民点职能、人口规模、发展方向和储存物资有关。目前中小城市每一居民 2～3$m^2$ 仓库用地。乡镇仓库用地则可按每居民 1.0～2.5$m^2$ 计算。工业仓库用地在以公路运输为主的居民点里可以不单独设置，将工业物资分散储存于工业企业自行设置的专用仓库，粮、油、棉产品也宜与加工厂合并布置。在以铁路、水运为主的居民点，可在车站、码头附近适当布置转运仓库。生活仓库用地应根据居民点性质，人口增长、经济发展趋势，在交通方便、接近商业中心的地方，适当设置独立的生活仓库。储备仓库用地可根据国家和地方储备量的要求，在水陆交通方便的地点设置储存用仓库。特种仓库用地宜布置在居民点的主导风向的下风位、河流的下流并满足卫生、安全、防火要求的独立地段上。

## （三）贸易集市用规划

贸易集市用地应布置于交通方便，且避开主要干道处。既要便于它本身的使用，又要与商业服务性经营业有机结合，以便于经营管理。对于有碍环境卫生的牲畜市场，应将其布置在远离居住区的独立地段。原有集市用地应予以改造利用，适当考虑远景发展。贸易集市用地按每一居民 0.5$m^2$ 计算，为节约用地可建造楼房式市场。

# 第十六章　交通运输用地规划

## 第一节　交通运输与交通运输用地

### 一、交通运输用地的功能

交通运输是各种运输和邮电的总称，即人、物和信息的载运和输送。交通运输是独立于物质生产部门，同时是社会物质生产过程中的必备条件之一。生产领域的运输是生产过程的直接组成部分，而流通领域的运输则是生产过程的继续。交通运输也是社会生产领域和消费领域的中介、纽带和桥梁。

由于交通运输本身不生产新的物质产品，只改变运输对象的空间位置即变动场所，因而交通运输工程的布局必须与工农业生产以及城乡居民点的布局相适应；包括交通线路，设备的数量、能力、规模和运量相适应；线路走向与客货流向相适应；线路站港的布点与城乡生产基地的位置相适应。交通运输是国民经济的动脉，是现代工业的先驱，生产越是以交换价值为基础，交换物质条件、交通运输工具对生产来说就越是重要。社会生产建设和人民生活不仅离不开交通运输，而且随着经济的发展和人民生活水平的提高，其对交通运输的依赖性就更大，加上交通运输工程需要投资较多，建设周期也较长，使其形成综合生产能力要有一个过程。因此，交通建设需占用大量的土地，因而在进行土地利用规划时，必须编制交通运输用地规划。

交通运输业的发展水平是制约资金周转速度、提高经济效益的重要因素。运动中的产业资金采取货币资金、生产资金和商品资金三种不同形式进行循环，即

$$G-\begin{cases}W\\A\end{cases}\cdots P\cdots W'-G'$$

$$\text{预付货币资金}-\begin{cases}\text{商品生产资料}\\\text{劳动力}\end{cases}\cdots\begin{matrix}\text{生产}\\\text{资金}\end{matrix}\cdots\begin{matrix}\text{商品}\\\text{资金}\end{matrix}-\begin{matrix}\text{增值了的}\\\text{货币}\\\text{资金}\end{matrix}$$

式中：$P=G$，但 $W'>P$，$W'=P+$剩余价值 $m$，即预付价值的增值。

交通运输业的发展能够缩短产销距离，以达到减少资金的流通时间，加速资金周转的目的。在商品运往市场的整段时间里，资金被完全束缚在商品资金的形态上，在其他条件不变的情况下，商品生产地离市场越远，资金被束缚的时间越长，因而商品的出售时间也越长，资金的周转就越慢，反之，资金周转就会越快。缩短流通时间的主要方法是改进交通，交通可以在一定程度上克服地理位置的自然差别对于资金周转速度的消极限制。没有运输，就没有流通。要加快资金循环和周转，就必须加速流通环节的速度，发展交通运输。资金周转速度可以表示为运输效率的函数，即

$$u = f(\phi) = 12/a + b/\phi$$

式中：$u$ 为资金周转速度（次/a）；$a$ 为生产时间（月）；$b$ 为极限流通时间（月）；$\phi$ 为运输效率系数（$0 < \phi < 1$）。

运输效率越高，资金周转越快，从而使年利润总额增加。由此可见，交通运输的发展在经济中起着重要作用。

我国有的学者应用系统工程技术的目标规划法建立了以交通运输业为基础的产业结构模型（5 个决策变量，9 个规划目标，20 个约束方程），把交通运输业在国民经济中的地位与作用通过数学模型进行定量分析，从定量角度研究交通运输业与其他产业的关系，进一步揭示了交通运输业是整个国民经济的"瓶颈"。这项研究结果表明，优先发展交通运输业能够有力地推动其他产业的稳定发展。模型计算出 5 大产业部门较合理的发展速度，即工业 6.1%，农业 5.7%，建筑业 6.6%，交通运输业 9.3%，商业 8.2%，这在相对意义上反映了产业间应有的协调关系。

土地位置上的差别是形成级差地租Ⅰ的重要条件，土地位置上的差别反映在不同地块与市场、车站和码头之间的距离各异。这里所指的距离除由自然里程所决定的绝对距离以外，还指由于交通条件所决定的相对距离（即经济距离）。随着交通条件的改善，可以改变土地位置上的差异，缩短土地与市场之间的相对距离，节省商品运输费用，降低生产成本，从而直接影响土地级差地租Ⅰ。由此可知，交通条件是形成级差地租Ⅰ的重要条件，同时对于农业土地利用集约化水平的提高有着巨大影响。

交通运输业的发展意味着交通运输设施的兴建，土地作为其载体，由此而引起交通运输设施占用地。交通运输用地是土地利用类型体系中的重要类型，是区域土地利用结构中的重要构成部分。在全国土地利用现状结构（1996 年）中，交通用地面积为 547 万 $hm^2$，占 0.58%。交通运输用地规划是土地利用总体规划的重要项目，应与其他产业用地规划同步加以编制。

土地是交通的自然基础，土地在不同的地理位置上，它所包含的地形、地质、水文、气候等自然要素具有不同的特点，对各种运输方式有着不同的影响。具体来讲，土地及其构成要素直接影响运输方式的选择，影响交通线路的经由、走向和港点、机场的选址，影响交通线网标准的选择、建设投资和运营支出。

综上所述，土地是交通的基础设施的载体，土地转化为交通的直接生产力，转化为基本生产资料，还必须在土地的自然力的基础上追加劳动的技术生产力以形成交通的基础设施。由于交通是社会生产力系统的脉管和神经，交通线网所到之地，这些土地就成为社会生产力系统中的有机组成部分，土地中潜在的各种自然力随之转化为社会经济力，土地的使用价值因交通而迸发出来。因此，土地因交通设施的建设而日益贵重起来，交通自身因在土地上运行而必然占用大量土地，借助土地利用规划，把两者有机结合，使在发展交通运输的同时特别注意节约占地。

## 二、我国交通运输业的现状

新中国成立 50 多年来，我国的运输通道建设取得了相当大的进展。到 1998 年底，各种交通线路总长（不含电讯）达 297.5 万 km。全国运输业完成客运量 137.7 亿人次，旅客周转量10 324.6亿人·km；完成货运量126.4亿t，货物周转量37 111亿t·km。运输体系内部结构趋向合理，铁路6.64万km。“九五”期间，铁路建设投资450多亿元，新增6000多公里。公路里程为127.85万km，其中等级公路占83%，二级以上的有14.9万km。全国一级公路网“五纵”、“七横”分别为1.55万km，和2.03万km。到2000年我国有高级主干公路6.8万km，其中高速公路11 060km，时速可达160km，在美国、加拿大之后，居世界第三位。广大农村有98.7%的乡镇和88.7%村通了公路。水路内河运输11万km，水深在1m以上的航道6.67万km。远洋轮船600多条，载货能力有2400万t，居世界第九位，通往世界170多个国家和地区的1200多个港口，仅青岛集装箱港站每年吞吐量在100万标准箱以上。近年来，航空运输能力也大大增强。全国有机场143座，能起降波音747的机场就有20多座。当今发达国家中短途客运大都以公路为主，长途客运为航空运输，公路成为短途货运的主力。油、气运输则以管道为主要方式。内河与近海运输发展迅速，有船只37万艘，运输能力为450万t，我国渐成世界上的水运大国。

民用航空事业亦有很大的发展。1998年民航总周转量为93亿t·km，自1978年以18.8%的速度递增；客运量年递增17.4%，1998年客运量达到5755万人次。货物邮运量140万t，年递增16.7%，目前我国民航货运业居第十位，客运周转量占第七位。现有航线1122条，里程218万km。国内967条，通往135个城市；国际131条，通往33个国家63个城市。有国外43个国家的57家航空公司通往我国的13个城市。我国引进的客机有B（波音）777、B747、B767、B757、B737；A（安）340、A300、A310、A320；MD（麦道）11、MD82、MD90等民航机523架，大中型占85%，8.2万个座位，商载吨位1.1万t，能起降B747的有21个机场，起降B737的有103个机场。

管道运输在我国从无到有。到1998年底全国有输油、气管道2.47万km（延展长度），其中输原油的管道1.11万km，输送天然气的管道1.17万km，输送成品油的0.14万km，其他管道0.05万km，通达27个省（自治区、直辖市）。1998年原油输送量1.46亿t，天然气1161万$m^3$，输送成品油、气量0.16亿t。输送原油周转量573.6亿t·km，输送天然气周转量25.2亿$m^3$·km，成品油6.9亿t·km。

交通运输还包括邮政和电信。到1998年底，邮路总长285.4万km，其中航空邮路148.2万km，铁路邮路20万km，汽车93万km，水路7万km。我国电信到1998年底已建成“八纵”、“八横”网络光缆骨干网，长途干线19万km，通达全部省会和90%以上的县（市）。全国公用通信网光缆总长100万km，卫星电路2万多路，数字微波达6万多km。改革开放20多年来，我国交通运输事业迅猛发展，不仅调整了原有许多不合理的结构，而且有许多方面已跻身于世界行列。铁路运输随着线路的电气化和列车的速度提高，大大地增强了运输能力和货物周转时间。各大城市之间的客运列车基本达到夕发朝至，既增加了乘客的舒适度，又提高了工作效率。由于公路建设速度加快，汽车数量、质量跟不上要求。全国目前汽车拥有量仅相当于美国加州的车辆数，更重要的是合格的驾驶员数量级不足，应从完善交通管理设施入手，同时提高司乘人员素质，使公路运输健康发展。水运也是一支强大的运输队伍，但由于生态环境恶化，河道淤积，河水变浅且污染物增多，严重地限制了通航能力和通航里程，必须加强环境建设和河道治理，以充分利用水运资源。

## 三、交通运输方式和结构

交通运输结构系指各种运输方式的组成和比例。交通运输方式有铁路运输、公路运输、水路运输、航空运输和管道运输等几种方式。由于各种运输方式采用不同的交通工具，所以有各自的特点，对于其建设用地的布局也有不同的要求。

### （一）铁路运输

铁路运输的特点是载运量大，行驶速度快，运行一般不受气候条件的影响，连续性强。一列货车由一台机车牵引，一般可拉车皮 50 节左右，以每节车皮载重 50t 计算，一列货车可拉帮结派 2000～3000t 的货物，客运时一列车可运送 1000 多位旅客。火车的运行速度一般在每小时 100km 左右，高于汽车和轮船，而且除特别的气候外，一年四季和昼夜都可以正常运行，具有高度的可靠性。缺点是铁路的造价高，一般平原地区 700 万～800 万元/km，消耗金属材料多，占地面积大，短途运输成本高，只适合长途大宗货物运输。

### （二）水路运输

水路运输的特点是载运量大，耗能少、成本低。海上运输一艘轮船可装载成千上万吨，甚至几十万吨，内河航运每条船也可装货几百吨至几千吨，不仅载运量大，而且还长途运输重达几百吨、长达几十米的特大件。这是其他运输工具所不能比拟的。据有关资料表明，每千吨公里的水运能耗仅为铁路的 60%左右，运输成本也只有铁路的 1/3～1/2；建设投资低，不占农田。据广东省有关部门测算，开发西江航道，平均每公里约定价 27 万元，而且水运是利用天然河道或海域，不占用农田，而修理 1km 铁路则需要占用 5.07$hm^2$ 土地。水运的劳动生产率高，以长江航运为例，其劳动生产率就相当于铁路的 112%。水运的缺点是受自然条件的限制大，连续性差，速度慢，转运条件更差。因此，水路运输适合对速度要求不高的货物运输。

### （三）公路运输

公路运输的优点是对不同的自然条件适应性强，机动灵活，空间活动范围大，可以直接深入广大的中小城镇和偏僻的山区农村，实行门对门的直接运输，减少转运环节，而且投资较铁路少，速度快，在短途及某些货物的中途运输中具有明显的优势，又能与其他运输方式配合，承担客货的集散。缺点是装运量小，能耗大，成本高，劳动生产率低，而且占用土地多，对环境有较强的污染性。即便如此，公路运输在我国的现在和将来都将是一种主要的运输方式。

### （四）航空运输

航空运输的特点是速度快，每小时可达 1000km 左右，而且航程长，能够达到地面运输方式难以达到的地区。由于速度快，其劳动生产率也高，航空线路不占耕地。缺点是载运量小，即便是大型的波音 747 客机，也只能装载 76t，而且投资大，成本高。因此，只适宜于远距离、急需、贵重、时间性较强的运输。

### （五）管道运输

这是由大型钢管、泵站和加压设备等组成的一种运输方式，通常用以输送石油、汽油等流体货物。其优点是连续性强，货物在运输过程中损耗少，没有运输设备的空间问题，运输成本低，安全可靠，管理和使用简便，而且不占用土地，也没有污染。缺点是一次性投资大，消耗钢材较多，而且运输对象限制较大，只适宜于液体（原油）、气体（煤气）等流体货物。

综上所述，各种运输方式都有其优点和缺点，它们适合于不同的条件，若将其技术性能加以比较，其位次排列见表 16-1。

**表 16-1　各种运输方式的性能比较**

| 运输方式 | 运价低 | 速度快 | 连续性强 | 灵活性大 | 运载能力 |
|---|---|---|---|---|---|
| 铁路 | 4 | 2 | 1 | 3 | 3 |
| 内河 | 3 | 5 | 6 | 4 | 2 |
| 海洋 | 1 | 4 | 5 | 5 | 1 |
| 公路 | 5 | 3 | 3 | 1 | 5 |
| 航空 | 6 | 1 | 4 | 2 | 6 |
| 管道 | 2 | 6 | 2 | 6 | 4 |

以上是各种基本运输方式的特点及其适应能力，在一个区域内究竟采取哪一种或几种运输方式，要根据当地的条件而定，就大多数地区来说，公路运输是最主要的运输方式，河网较多的地区，水运是主要的运输方式。随着经济的发展，运输量将急剧增加，运输方式及其载运能力也必须作出相应的布局与规划。

## 第二节　远景交通量的预测

交通运输的基本职能是满足运输对象位移的需要，而运输对象的位移要求又反映在两个基本方面：一是运输数量的要求；二是运输流向的要求。其前提是安全、迅速、经济。在进行区域性交通建设工程布局时应在当地交通现状调查的基础上，根据社会经济发展的趋向，进行远景交通量的预测并按其流向分布和当地的具体条件作出相应的规划。所谓交通量又称货运量，系指各种运输工具实际运送的货物重量，其计量单位是“吨”。客运量系指实际运送的旅客人数，其计量单位为“人次”。货物周转量系指实际运送的各批货物重量分别乘其运送里程的综合运输量，其计量单位是“t·km”。客运周转量系指实际运送的旅客人数乘其始发站到终点站间的里程，其计量单位是“人·km”。

## 一、远景交通量的预测方法

交通量的预测方法最常用的是回归模型预测。应用函数来表示交通量与人口或各种经济指标之间的关系，并借助于统计方法将其定量化，求出变量之间的相关关系，从而预测远景交通量。

最简单的情况是两个变量，在确定交通量与某个经济指标之间的相关关系时，设经济指标为 $x$，交通量为 $y$，则一元线性回归模型为

$$y = a + bx$$

式中：$y$ 为远景交通量的预测值（因变量）；$x$ 为人口或某种经济指标值（自变量）；$a$、$b$ 为模型中的参数（常数）。

在预测时，必须先计算出常数 $a$ 和 $b$，方法是将统计数据代入 $x$ 和 $y$，用最小二乘法使 $\sum[y-(a+bx)]^2$ 最小，即求得 $a$ 和 $b$。这是简单回归分析的计算方法，当确定常数 $a$ 和 $b$ 后，就可以根据自变量 $x$，推算出因变量 $y$（远景交通量）的预测值。

上述计算方法中，只有一个自变量，所以这种方法只适宜于社会结构简单的地区。事实上，一个地区的交通量除了与人口有关以外，还与其他多种因素有关，预测时，常常采用两个以上变量的多元回归分析法。

$$y = a_0 + a_1x_1 + a_2x_2 + \cdots + a_mx_m$$

式中：$a_0$，$a_1$，$a_2$，…，$a_m$ 为模型中的参数（常数）；$x_1$，$x_2$，…，$x_m$ 为远景交通量的限制因子（自变量）。

计算方法同简单回归分析，把数值代入 $x_1$，$x_2$，…，$x_m$ 及 $y$ 中，应用最小二乘法计算出常数 $a_0$，$a_1$，$a_2$，…，$a_m$，然后根据 $x_1$，$x_2$，…，$x_m$ 的预测值推算出远景交通量。

## 二、远景交通量的预测实例

### 1. 客运量预测模型

影响客运量的因素繁多，一般来说，有工农业总产值、人口数量、人均收入和生活水平等，但是对于一个区域而言，最基本和最主要的影响因素是工农业总产值和人口数量。

设 $y_1$ 为远景客运量，$y_2$ 为远景客运周转量，以农业总产值 $x_1$、人口数量 $x_2$ 作为自变量，建立两者关系的回归模型 $y=a_0+b_1x_1+b_2x_2$，将规划区域 1972～1984 年的有关因素数据代入模型，得到下列模型

$$\ddot{y}_1 = -576.0922 + 0.01669\,x_1 + 6.0492\,x_2$$

$$\ddot{y}_2 = -1772.452 + 0.3391\,x_1 - 32.4048\,x_2$$

上述模型可以预测规划年的客运量和客运周转量。

### 2. 货运量预测模型

影响货运量的因素中，将工业总产值视为主要的影响因素，故采用一元回归模型加以预测。具体来说，设远景货运量为 $y_1$，远景货运周转量为 $y_2$，工业总产值为 $x$，将多年的有关因素数据代入模型，经运算得到下列预测模型

$$\ddot{y}_1 = 56.745 + 0.003\,x$$

$$\ddot{y}_2 = 2947.105 + 0.153\,x$$

应用上述模型可以预测规划年的货运量和货运周转量。

### 3. 公路交通量的预测

上述预测实例中应用的工业总产值指标，常受产品价格调整、币值变动的影响。为克服此项不利影响，预测时常采用不变价格。采用实物指标如能源等进行预测，可以避免上述影响。这样就可以利用某些发达国家的历史数据来预测我国的同类数，这是曲线的外延，距离历史资料年代越远，误差可能越大。利用一些国家历史上曾经达到过的经济水平来预测我国将来可能达到的某些指标，则是曲线的内涵，即寻找曲线上的一个相应点，这种方法比曲线外延把握可能大些。

交通部公路规划设计院关于利用能源对我国公路运输量的影响及其关系的研究，揭示了工业总产值和能源消费量与公路运输量之间的关系。由工业总产值和能源消费量可推算公路周转量和货运量，公式为

$$Q_{fk} = 6.944PF^{1.4655} + 2.5P$$

$$Q_f = 0.5562PF^{1.0228} + 0.06P$$

式中：$Q_{fk}$ 为由能源推算的公路换算周转量（亿 t・km）；$Q_f$ 为由能源推算的公路换算货运量（亿 t）；$P$ 为全国人口数（亿人）；$F$ 为消耗标准燃料数量（亿 t）。

$$Q_k = 0.007384PI^{1.55} + 2.5P$$

$$Q = 0.004678PI^{1.0818} + 0.06P$$

式中：$Q_k$ 为工业总产值推算公路换算周转量（亿 t・km）；$Q$ 为由工业总产值推算公路换算货运量（亿 t）；$P$ 为全国人口数（亿人）；$I$ 为人均工业总产值（以 1980 年不变价计）（元）。

应用上述方法，从工业总产值与能源两种渠道预测的公路换算运输量仅有2.62%～3.72%之差。一些国家有关学者应用有关数据证实上述方法可行，如美国、英国、日本、法国、德国等国的能源消费量与公路运输量之间的关系式为

$$Q_{fk美} = 0.1259F_{美}^{1.2698}；Q_{fk苏} = 0.0313F_{苏}^{1.8235}$$

$$Q_{fk日} = 0.1878F_{日}^{1.5346}；Q_{fk法} = 0.2647F_{法}^{1.3681}$$

$$Q_{fk德} = 0.1438F_{德}^{1.5493}$$

式中：$Q_{fk美、苏、日、法、德}$分别为美国、原苏联、日本、法国、德国由能源推算的公路周转量（$10^3$ 亿 t·km）；$F_{美、苏、日、法、德}$分别为美国、原苏联、日本、法国、德国的标准燃料消耗量（亿 t）。

## 第三节　公路用地规划

公路是交通运输的主要组成部分。由于公路建设受其他条件制约较少，就是崇山峻岭也可盘旋上下，尤其三、四级公路，工程造价较低，建筑材料以泥土、砂石为主，所需要钢材、木材、水泥不多，可因地制宜，就地取材，所以，公路较容易普及到全国各地，形成覆盖面最为广阔的交通网络。同时，公路运输机动灵活，中转装卸环节少，可直接将物资运送到工矿、商店、仓库和农村田头，在生产和消费之间起着联系的作用。尤其是在改革开放的今天，公路建设的先行作用更是举足轻重。

公路是和土地连接在一起、建立在土地之上的基础设施。承载基础设施的土地是有价值的，这类土地会转移价值作为超额利润进而转化成为级差地租，从而使其具有价格。合理规划公路用地对于改善土地的经济状况、节约用地具有重要的作用。

### 一、公路和公路用地

公路是经过专门勘察、设计和建造，供人和机动车、非机动车通行的人工构筑物，它主要由路基、路面、桥梁、涵洞、排水系统、安全防护设施以及绿化和监理系统组成。公路是国民经济的重要基础设施，也是构成公路运输的重要物质基础之一。

路基是路面的基础，根据不同的地形，又分路堤（高于天然地面的填方路基）、路堑（低于天然地面的挖土路基）和半填半挖路基（图 16-1）。

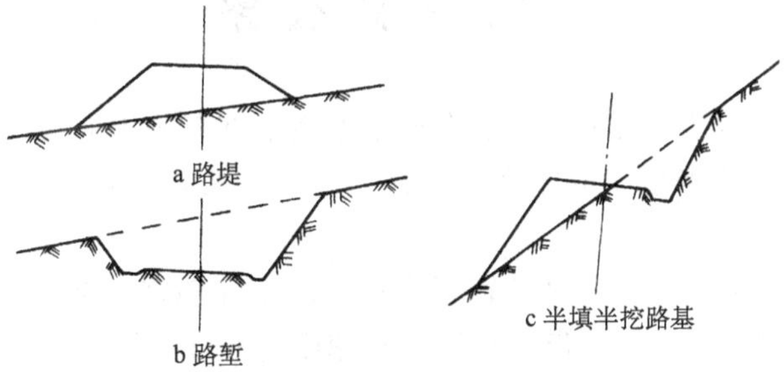


图 16-1　路基的形式

路面是直接承受汽车碾压的行车地面，通常是用各种坚硬材料（沥青、水泥混凝土、碎石等）做成的。路肩是指路面两侧路基边缘以内的地带，它是用来支持路面，临时停靠车辆和供行人步行之用。为了保证路基的稳定和路面的干燥，必须修建排水系统。边沟是用以排除路面水的。当公路跨越较大水流时，需要建造桥梁，而跨越较小的水流时，可修筑涵洞。对于低级公路可允许宽阔较浅的季节性水流从路面流过，也可建造过水路面，以减少工程投资。

在修建山区公路时，还需要修筑各种防护工程及特殊构造物，如挡土堤、石砌边坡、护脚、护栏等，甚至在地形复杂地区，要修筑隧道等。

公路线路的线形，由于地形、地质等自然条件的限制，在平面上由直线和曲线段组成，在纵面上由上坡段、下坡段及竖曲线组成，因此，它是一条空间线。在测设工作选线、定坡就是选定这条空间线的具体位置。为了便于具体分析和进行设计，通常将公路分成三个投影面来研究。在平面上的投影称为公路平面图，在平行路中线的立面上的投影称为公路纵断面图，在垂直于路中线的立面上的投影称为公路横断面图。

公路根据交通量及其使用任务和性质分为两类 5 个等级。

## (一) 汽车专用公路

高速公路，一般能适应根据各种汽车（包括摩托车）折合成小客车的年平均昼夜交通量为 25 000 辆以上。各种车辆的折算系数分别为：小客车 1.0，载重汽车 2.0，载重汽车带挂车 3.0，摩托车 0.2。为连接特别重要的政治和经济中心，专供汽车分道高速行驶并全部控制出入的公路。计算行车速度为 200km/h。

一级公路，一般能适应按各种汽车（包括摩托车）折合成小客车的年平均昼夜交通量为 10 000～25 000 辆以上，为连接重要的政治和经济中心，通往重点工矿区、港口、机场，专供汽车分道行驶并部分控制出入的公路。计算行车速度为 120km/h。

二级公路，一般能适应按各种汽车（包括摩托车）折合成中型载重汽车的年平均昼夜交通量为 5000～10 000 辆以上，各种车辆的折算系数是：载重汽车 1.0，载重汽车带挂车 1.5，小汽车 0.5，自行车 0.1，畜力车 0.8。为连接政治和经济中心或大工矿区、港口、机场等专供汽车行驶的公路。计算行车速度为 100km/h。

## (二) 一 般 公 路

二级公路，一般能适应各种车辆折合成中型载重汽车的年平均昼夜交通量为2000～5000 辆，为连接政治和经济中心或在工矿区、港口、机场等地的公路。计算行车速度为 80km/h。

三级公路，一般能适应按各种车辆折合成中型载重汽车的年均昼夜交通量为 2000 辆以下，为沟通县以上城市的公路。计算行车速度为 60km/h。

四级公路，一般能适应按各种车辆折合成中型载重汽车的年平均昼夜交通量为 200 辆以下，为沟通县、乡（镇、村）等的公路。计算行车速度为 40km/h。

按其技术经济性质和使用特点，不同等级的公路铺设不同的路面。路面分为高级、次高级、中级和低级四个等级。我国常用的公路有碎石路面、砾石路面和加固路面，适用等级不高的公路；沥青、水泥混凝土路面适用等级较高的公路。路面等级及采用的面层类型（表 16-2）。

**表 16-2　路面等级及采用的面层类型**

| 路面等级 | 面层类型 | 适用的公路 |
|---|---|---|
| 高级 | 水泥混凝土路面；沥青混凝土路面；黑色碎石路面；整齐石块或条石路面 | 高速公路、一级或二级公路 |
| 次高级 | 沥青碎砾石路面；沥青配石路面；沥青表面处治；半整齐石块路面 | 二级或三级公路 |
| 中级 | 碎石砾石路面；石灰、沥青、水泥加固土路面；石灰交合土路面；不整齐石块路面 | 三级或四级公路 |
| 低级 | 粒料加固路面；改善土路面 | 四级公路 |

# 二、各级公路的主要技术指标

根据我国交通部 1988 年 12 月 3 日发布的《公路工程技术标准》(编号为 JT J01—88 实行日期为 1989 年 5 月 1 日)，各级公路的主要技术指标（表 16-3）。

**表 16-3　各级公路主要技术指标**

| 公路等级 | 汽车专用公路 | | | | | | | | 一般公路 | | | | | |
|---|---|---|---|---|---|---|---|---|---|---|---|---|---|---|
| | 高速公路 | | | | 一 | | 二 | | 二 | | 三 | | 四 | |
| 地形 | 平原微丘陵 | 重丘陵 | 山岭 | | 平原微丘陵 | 山岭重丘陵 | 平原微丘陵 | 山岭重丘陵 | 平原微丘陵 | 山岭重丘陵 | 平原微丘陵 | 山岭重丘陵 | 平原微丘陵 | 山岭重丘陵 |
| 计算行车速度/(km/h) | 120 | 100 | 80 | 60 | 100 | 60 | 80 | 40 | 80 | 40 | 60 | 30 | 40 | 20 |
| 路面宽度/m | 2×7.5 | 2×7.5 | 2×7.5 | 2×7.0 | 2×7.5 | 2×7.0 | 8.0 | 7.5 | 9.0 | 7.0 | 7.0 | 6.0 | 3.5 | |
| 路基宽度/m 一般值 | 26.0 | 24.5 | 23.0 | 21.5 | 24.5 | 21.5 | 11.0 | 9.0 | 12.0 | 8.5 | 8.5 | 7.5 | 6.5 | |
| 路基宽度/m 变化值 | 24.5 | 23.0 | 21.5 | 20.0 | 23.0 | 20.0 | 12.0 | — | — | — | — | — | 7.0 | 4.5 |
| 极限最小半径/m | 650 | 400 | 250 | 125 | 400 | 125 | 250 | 60 | 250 | 60 | 125 | 30 | 60 | 15 |
| 停车视距/m | 210 | 160 | 110 | 75 | 160 | 75 | 110 | 40 | 110 | 40 | 75 | 30 | 40 | 20 |
| 最大纵坡/% | 3 | 4 | 5 | 5 | 4 | 6 | 5 | 7 | 5 | 7 | 6 | 8 | 6 | 9 |
| 桥涵设计车辆荷载 | 汽车—超 20 级<br>挂车—120 | | | | 汽车—超 20 级<br>挂车—120<br>汽车—20 级<br>挂车—100 | | 汽车—20 级<br>挂车—100 | | 汽车—20 级<br>挂车—100 | | 汽车—20 级<br>挂车—100 | | 汽车—10 级<br>履带—50 | |

## (一) 计算行车速度

它是指在保证行车安全的前提下，公路受限制部分（如弯道）所能允许汽车达到的最大行车速度，是公路路线规划设计中的主要指标和依据。表 16-3 内除高速公路和一级公路系指小客车的速度外，其他级公路均为载重汽车的速度。

## （二）行车道宽度

各级公路的行车道宽度，一般规定如表16-3所示。当高速公路的交通量超过4个车道的容量时，其车道数可按双数增加，车辆组成中大型车辆比重较大的平原、微丘陵区汽车专用二级公路，其行车道宽度可采用9m。平原、微丘陵区的四级公路，当交通量较大时，行车道宽度可采用6m。

## （三）路　　基

公路路基宽度为行车道与路肩宽度之和。当设有中间带、变速车道、爬坡车道、紧急会车带时，应当包括这些部分的宽度。

各级公路路基宽度，一般规定如表16-3所示。四级公路一般采用3.5m的行车道和6.5m的路基。当交通量较大或有特殊需要时，可采用6.0m的行车道和7.0m的路基。工程特别艰巨的路段以及交通量很小的公路，可采用4.5m的路基，但应在适当距离内设置错车道。错车道应在有利地点，并使驾驶人员能看到相邻两错车道间驶来的车辆。错车道的路基宽度≥6.5m，有效长度≥20m。

## （四）平曲线半径

公路在平面拐弯地形成的圆弧称平曲线，圆弧的半径即为平曲线半径。各级公路的最小平曲线半径如表16-4所示。一般情况下，应尽量采用大于或等于表列一般最小半径，以提高公路的使用质量。当受地形条件或其他情况限制时，方可采用表列极限最小半径。

**表16-4　各级公路最小平曲线半径**　　（单位：m）

| 公路等级 | 汽车专用公路 | | | | | | | | | | | |
|---|---|---|---|---|---|---|---|---|---|---|---|---|
| | 高速公路 | | | | 一般公路 | | | | | | | |
| | | | | | 一 | | 二 | | 三 | | 四 | |
| 地形 | 平原微丘陵 | 重丘陵 | 山岭 | | 平原微丘陵 | 山岭重丘陵 | 平原微丘陵 | 山岭重丘陵 | 平原微丘陵 | 山岭重丘陵 | 平原微丘陵 | 山岭重丘陵 |
| 极限最小半径 | 650 | 400 | 250 | 125 | 400 | 125 | 250 | 60 | 125 | 30 | 60 | 15 |
| 一般最小半径 | 1000 | 700 | 700 | 200 | 400 | 100 | 400 | 100 | 200 | 65 | 100 | 30 |
| 不设超高最小半径 | 5500 | 4000 | 2500 | 1500 | 4000 | 1500 | 2500 | 600 | 1500 | 300 | 600 | 150 |

当改建公路利用现有公路路段时，二级公路山岭、重丘陵区的极限最小半径可采用50m；三级公路山岭、重丘陵区的极限最小半径可采用25m。采用以上极限最小半径时，宜相应增加超高横坡度。为保证行车安全，位于平地或下坡的长直线的尽头不得采用小半径的平曲线。

## （五）停车视距

为了确保汽车行驶的安全，应使驾驶员自看到前方障碍物时起，至到达障碍物前安全停车止，所需的最短行车距离称为停车视距。其计算公式为

$$S = \upsilon/3 + \upsilon^2 /254(\Phi \pm i)\ k + i_0$$

式中：$S$ 为停车视距（m）；$\upsilon$ 为计算行车速度（km/h）；$k$ 为汽车制动器使用系数，一般采用 1.2～1.4；$\Phi$ 为轮胎与地面的附着系数，在干燥的路面上，$\Phi$ 值约为0.5～0.7；在潮湿的路面上，$\Phi$ 值与车辆、路面种类、轮胎表面状况等关系很大，中速时平均值约为0.4～0.5，车速越高，$\Phi$ 值越小；当路面泥泞或有滞水、薄冰时，$\Phi$ 值将降低到0.2以下；$i$ 为路线纵坡度，上坡时取"＋"，下坡时取"－"；$i_0$ 为安全距离，取 5～10m。

## （六）纵　　坡

这也是公路纵断面设计中的重要控制指标，是公路选线中的重要内容。纵坡控制得合理，直接影响到公路的路线长短、使用质量、行车速度、交通安全以及运输成本和整个工程造价。各级公路的最大纵坡，不应大于表 16-5 中的规定。高速公路受地形条件或其他特殊情况限制时，经技术经济论证合理，最大纵坡可增加 1%。

在海拔 2000m 以上或严寒冰冻地区的山岭、重丘陵区四级公路，最大纵坡不应大于 8%。各级公路的长路堑路段，以及其横向排水不畅的路段，均应采用不小于 0.3%的纵坡。山岭、重丘陵区的二、三、四级公路，当连续纵坡大于 5%时，应在所规定的长度处设置缓和坡段如表 16-5。缓和坡段的纵坡不应大于 3%。

**表 16-5　纵坡长度限制**

| 纵坡坡度（$i$）/% | 坡长限制/m |
|---|---|
| $5<i\leqslant6$ | 800 |
| $6<i\leqslant7$ | 500 |
| $7<i\leqslant8$ | 300 |
| $8<i\leqslant9$ | 200 |

在海拔 3000m 以上的高原地区，各级公路的最大纵坡值应按 3000～4000m 折减值为 1%，4000～5000m 为 2%，5000m 以上为 3%。最大纵坡折减后，如小于 4%，则仍用 4%。

# 三、公路的选线及其方案择优

## （一）公路选线

所谓公路选线是根据路线基本走向和技术标准，结合地形、地质条件，考虑安全、环保、土地利用和施工条件以及经济效益等因素，通过全面比较，选择路线方案的全过程。

## （二）选线原则

①是要适应远景交通流向和运输量的需要；②是因地制宜，根据当地的地形条件，使路线布置在地势高燥、地质良好（包括工程地质、水文地质）、便于施工的走向上，并符合工程技术要求；③是要根据城镇和农村居民点的布局状况，做到路线顺直短捷，节约用地；④是要与其他交通线路布局协调统一，形成一个较为完善合理的交通网；⑤是要经济合理，一方面要在不增加工程造价的情况下，尽量提高技术标准，或在不降低技术标准的情况下，尽量降低工程造价；另一方面要综合考虑提高工程经济效益和运营经济效益，选择既经济又合理的选线方案。

## （三）不同类型地区选线的特点

### 1. 平原、微丘陵地区

这类地区地面比较平坦，高差变化不大，但居民点密度大，水路、河汊湖泊较多。

1）平原地区，地形平坦，没有纵坡限制，应力求取直短捷，一般允许设置几公里以上的长直线，为确保汽车安全，在长直线尽头不应设置小半径的平曲线。在微丘陵地区，受坡度约束小，为节省土石方工程量，路线往往沿地形布设。

2）路线应尽量避免穿越城镇、工矿区及较密集的居民点，但为了方便使用也不能离开太远，必要时可修支线联系，做到靠村不进村，利民不扰民，既方便运输又保证安全。当路线与铁路和其他公路相交时，尽可能正交或不小于45°的斜角通过。

3）合理处理路桥关系，对于小桥涵洞的位置，原则应服从路线走向，但当斜交过大（一般在桥轴线与洪水流向的交角小于45°时）或河沟过于弯曲时，采取改河（沟）措施或适当改移路线，调整斜交角度，以免增加施工困难和加大工程费用。

### 2. 山岭、重丘陵地区

这类地区地形复杂，山坡陡峻，溪流湍急，沟谷多而曲折，层浅薄，地形复杂，公路选线较为困难。

1）在复杂的山岭、重丘陵区自然条件下，公路应有足够的稳固性。

2）充分利用地形展线，减少工程数量，降低造价，保证今后养护和运营费用最经济。

3）密切配合农田水利建设的需要。筑路材料供应方便，便于施工和养护。

山岭、重丘陵地区的公路路线受自然条件的限制，使路线不是顺沿溪谷、山坡选线就是翻山越岭，其线形可归纳为沿溪线、山坡线、山脊线和越岭线几种。

沿溪线就是沿溪流岸铺设的路线，选线时应综合考察定位（路线位置的高低）、选岸（选择走溪流的哪一岸）和桥位选择（路线选择在何处跨桥）三方面的问题。

路线定位首先考虑洪水位，根据规定，沿河或受水淹的路基高度，一般高出洪水位0.5m以上。各级公路考虑的设计洪水位频率为：高速公路和一般公路为1/100，二级公路为 1/50，三级公路为 1/25，四级公路则按具体情况而定，通常按常年洪水位为定位的依据。

选岸的问题必须对溪流两岸的地形、地质、水文、险段等条件进行调查对比，尽量避开困难地地段，适当跨河以充分利用有利的一岸。当路线所沿的河流越大，水面越宽且河水越深时，建桥工程就越大，此时对跨河要慎重考虑，没有特殊原因，尽可能不要改换河岸。如果路线需要改换河岸时必须从政治、经济和工程量大小等方面反复比较后确定。

桥位的选择应根据“大、中桥位服从路线总方向，路、桥综合考虑；小桥涵洞位服从路线走向”。在纵面上，桥面标高须满足设计水位要求，并尽可能照顾到与两岸引道的衔接。在平面上，要注意与桥头引道之间的配合，尽量避免采用较小的弯道半径，以确保行车安全。

跨河主要有下列三种形式：

1）在支河（沟）口直跨（图 16-2）。这种形式路线短、线形好、标准高，但桥梁跨径较大，基础较难处理。一般适用于一些高等级或行车密度较大的公路。

2）向支河（沟）上游绕进一定距离后跨越（图 16-3）。这种形式使路线增长，线形较差，往往采用较小半径的平曲线，土石方数量常常增大，但桥梁的基础较好，孔径亦较小。

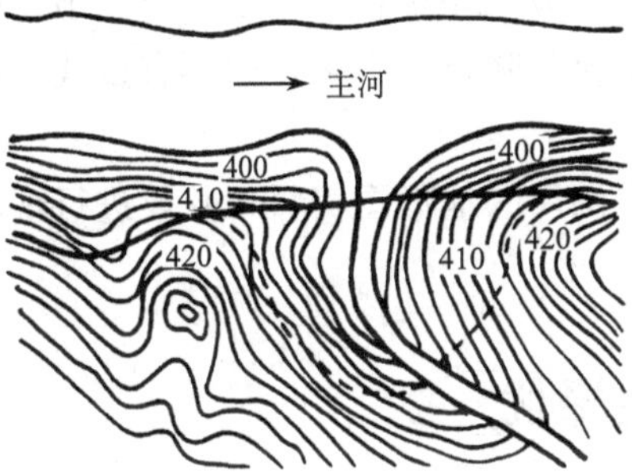


图 16-2　沿溪线跨河的形式（一）

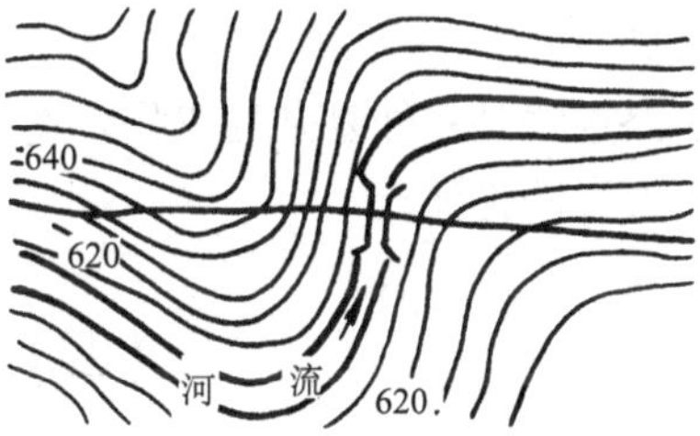


图 16-3　沿溪线跨河的形式（二）

3）在 S 形河湾跨河时，桥位应设在 S 形河湾的腰部，因为此处河床较稳定，线形比较顺直，一般不需要设平曲线（图 16-4）。

越岭线是山区公路中常见的一种线形，当公路从山岭这一面翻到另一面时，要求选择适当的垭口（在山脊上两个山头间最低的地方称垭口）。在平面上受地形约束，形成弯道多，而且曲线半径小。越岭线选择时，重要的问题是如何恰当地选定垭口，这关系到路线的走向和展线长短，以及线形标准与工程难易。越岭线在平面布局时：

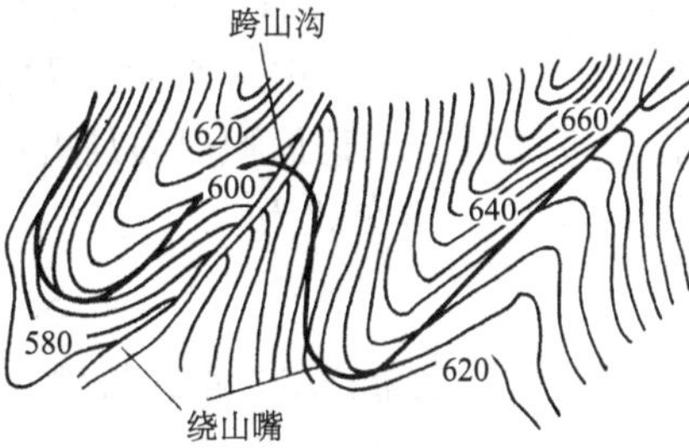


图 16-4　跨沟与绕山嘴路线

1）应充分利用自然地形展线，常见展线形式有跨沟线（从沟的一岸傍山顺水而下，到接近沟底时，跨沟另一岸傍山逆水升坡）、绕山嘴展线（当路线顺沟而下，转入另一个山沟时，常常绕两沟相夹的山脉突出的山嘴）（图 16-4）。

2）回头曲线，如果沿线方向没有适宜的垭口，则可考虑采用隧道方式穿过山脊，或采用回头展线的方案。在布置回头展线时，应选择横坡较缓，比较宽阔的地方（图 16-5）。以便能布置回头曲线的上、下两个路基和边沿。

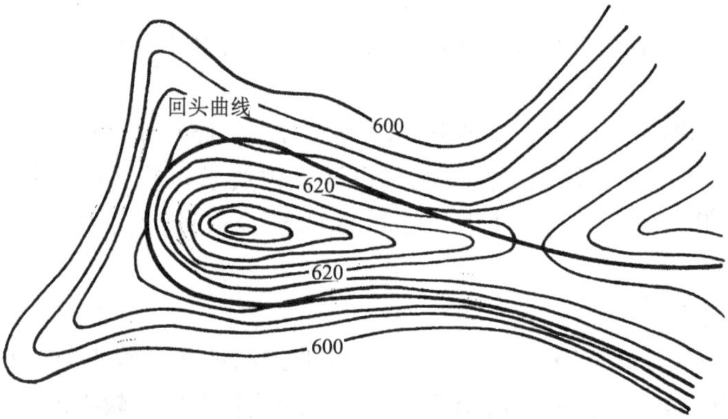


图 16-5　设置回头曲线

3）山脊线和山坡线，山脊线是走在山脉顶部的曲线，但是有利于路线通过的平直连续的山脊是很少的，在大多数情况下是山脊线与山坡线相结合的路线。布设山脊线要求山脊地形开阔，能有足够的宽度铺设路基。对于狭窄陡险的山脊，则不宜设线，而要沿山坡展线。

公路选线是一件复杂的工作，选线时应有大比例尺的地形图资料，并要进行现场选线和多方案的论证。

## （四）选线方案择优

公路选线时往往会出现几个方案，必须通过对整个路线或某段路线的不同方案进行经济评价，以选择适合当地条件的最优方案。评价时可采用下列三项指标：①道路的工程造价；②年度运营费用；③占地面积损失。公路工程造价，包括公路及其工程物（桥涵、堤等）的兴建费用 $W_0$，年度运营费用包括货运费 $S_1$、道路及其工程物的折旧费 $S_2$ 和养路管理费 $S_3$。占地面积损失是指不同方案道路占地面积及其经济损失。

货运费 $S_1$ 计算公式为

$$S_1 = N \times L \times a$$

式中：$N$ 为年货运量；$L$ 为路线长度（km）；$a$ 为吨公里运费［元/（t·km)］。

道路及其工程物的折旧费 $S_2$ 的计算公式

$$S_2 = W/n$$

式中：$S_2$ 为道路及其工程物折旧费（元）；$W$ 为道路及其工程物兴建费用；$n$ 为使用年限（年）（一般到大修前，土路使用年限为 4～5 年，砾石路使用年限为 8～10 年，沥青路为 10 年）。

养路管理费 $S_0$ 可根据路面类型、行车密度和其他条件确定，或参照有关定额估算。

例如，某公路选线时，跨河段产生了两个方案。方案Ⅰ采用直跨形，路线长为5km，需建两座桥。方案Ⅱ是从一侧绕行而不修桥，路线长为7km，试问哪一种方案最优?

下面通过有关表格进行计算，见表16-6、表16-7、表16-8。

**表16-6 公路工程投资计算表**

| 方案 | 路长/km | 占地面积①/$hm^2$ | 每公里造价/(元/km) | 公路修建费/元 | 建桥数量/座 | 桥造价/(元/座) | 桥投资/元 | 总投资/元 |
|---|---|---|---|---|---|---|---|---|
| Ⅰ | 5 | 3.25 | 14 000 | 70 000 | 2 | 100 000 | 200 000 | 270 000 |
| Ⅱ | 7 | 4.55 | 14 000 | 98 000 | — | — | — | 98 000 |

注：①平原四级公里路基宽6.5m。

**表16-7 年运营费用计算表**

| 方案 | 路长/km | 年货运费 | | | 年折旧费 | | | 管理费②/元 | 年运营费/元 |
|---|---|---|---|---|---|---|---|---|---|
| | | 货运量/t | 吨公里/[元/(t·km)] | 货运费/元 | 公路修建费/元 | 使用年限①/年 | 折旧费/元 | | |
| Ⅰ | 5 | 40 000 | 0.55 | 110 000 | 70 000 | 7 | 10 000 | 1500 | 121 500 |
| Ⅱ | 7 | 40 000 | 0.55 | 154 000 | 98 000 | 7 | 14 000 | 2100 | 170 000 |

注：①高速公路，一级公路为20年，二级公路为15年，三级公路为10年，四级公路一般为7年，也可根据具体情况适当缩短；②管理费按每公里300元计。

**表16-8 公路选线方案经济评价**

| 方案 | 工程总投资额/元 | 年运营费/元 | 公路占地年经济损失①/元 |
|---|---|---|---|
| Ⅰ | 270 000 | 121 500 | 24 350 |
| Ⅱ | 98 000 | 170 100 | 34 100 |
| Ⅰ～Ⅱ | +172 000 | −48 600 | −9750 |

注：①公路占地年经济损失每公顷按7500元计。

# 四、公路用地面积概算

在公路选线之后，即可进行公路占地面积概数。公路精确占地面积尚待公路技术设计后方可确定。首先应确定公路的技术等级。如前所述，根据我国交通部发布的《公路工程技术标准》的规定，公路的技术等级主要依据其昼夜交通量加以确定。

应用偿还年限法对上述两方案择优。设 $\Delta T$ 为方案Ⅰ比方案Ⅱ多花的投资费用

$$\Delta T = T_1 - T_2 = 270\ 000\text{元} - 98\ 000\text{元} = 172\ 000\text{元}$$

设 $\Delta M$ 为方案Ⅰ比方案Ⅱ节省的年度运营费：

$$\Delta M = M_2 - M_1 = 170\ 100\text{元} - 121\ 500\text{元} = 48\ 600\text{元}$$

设 $\Delta P$ 为方案Ⅰ比方案Ⅱ节省的占地经济损失：

$$\Delta P = P_2 - P_1 = 34\ 100\ 元 - 24\ 350\ 元 = 9750\ 元$$

偿还年限（或回收年限）的计算公式为：

$$t = \frac{\Delta T}{\Delta M + \Delta P} = \frac{172\ 000\ 元}{48\ 600\ 元 + 9750\ 元} \approx 2.9\ 年$$

根据以上计算确定方案Ⅰ为设计方案。

昼夜交通量一般采用下列经验公式计算

$$A = 2N/DP$$

式中：$A$ 为昼夜平均交通量（车辆数）；$N$ 为年平均货运量（t）；$D$ 为汽车运输天数；$P$ 为每辆汽车的平均载重量（辆）。

严格地讲，除货运量外还应包括客运交通量。在上述总交通量的基础上，确定公路技术等级。公路用地是指公路两侧边沟（或者水沟）及边沟（或者截水沟）外侧不少于1m范围内的土地。公路用地宽度＝路面宽度＋两侧路肩宽度＋两侧边沟宽度＋其他用地宽度。式中路面宽度＋两侧路肩宽度＝路基宽度，边沟宽度＝边沟底宽＋2×边坡×沟深。根据公路技术等级，确定该级公路的路基宽度，再结合路沟和绿化带占地宽度，加总即为公路占地宽度。一般来讲，一级公路总用地宽度为65m，二级公路为30～40m，三级公路为25～30m，四级公路为20～30m。

公路宽度（m）乘该路线长度（km，应化为m）再除以10 000（m），即为该路的占地面积（$hm^2$）。再加上养护公路用地和沿线设施用地（注意设施用地，不要重复计算）即为此条公路总用地面积。

根据上述计算方法，可以计算出该区域每条不同等级的公路占地面积，加总后即为该区域公路占地总面积。

## 第四节　水运用地规划

### 一、水运航道规划

水运航道是江河、湖泊、水库、渠道及港湾等水域中供一定标准尺度的船舶航行的通道，可分为天然航道和人工航道两类。

进行区域性水运航道规划时，一要考虑分析区域内的水域条件，进行水域可行性研究；二要根据远景运输量的要求，进一步研究水运能力；三要从当地实际出发，提出航道、港口和其他水运设施的布局方案和建设规划。

在一般情况下，水运多利用天然航道，有的是直接利用，有的则需要经过疏通改造，在需要而又可能的情况下，可开挖人工水道，利用灌溉为主的大型渠系以发展水运。

由于各水系分布不一，在利用天然水道发展水运时，水运航道的布局就取决于天然水道的分布情况。在规划时，应进行水系的全面考察，根据流量、流速、水深、河床宽度和客货流向、运量等因素，确定水运工具、水运能力和相应的港口码头、船闸、导航设施等规划方案。就农村来说，水运规划主要考虑的是内河小吨位船舶的短距离运输，水运设施也较为简单。

水运航道规划的基本内容如下：

### （一）航行条件的分析

航行条件是指为适应船舶安全航行必须具备的航道的自然条件和通航设施状况，包括航道及跨道建筑物的尺度、航道建筑物的尺度和运用情况、水流流速、风浪以及航行标志情况和通航期等。根据上述情况的分析，便可以进一步确定通航标准。

### （二）航道等级的确定

根据国家统一的航道标准，将已有的航道或计划开发的航道确定级别。我国将通航载重 50～3000t 船舶的航道分为六级，每一级的航道宽度、通航建筑物、跨河建筑物、通航净空和船型、船的尺寸、最低最高通航水位、通航流速及导航设施等（表 16-9）。规划时应根据航道的航行条件及航道开发的可能确定其等级。

**表 16-9　我国航道的分级**

| 等级 | 通航驳船 | | 枯水期最小航道尺寸/m | | | | | 船闸尺度 | 桥梁净空/m | | |
|---|---|---|---|---|---|---|---|---|---|---|---|
| | 吨级/t | 船长(m)×宽(m)×满载水 | 天然及渠化河流 | | 人工运河 | | 曲率半径 | 长、宽、门槛水深/m | 净跨 | | 净高 |
| | | | 浅滩水深 | 底宽 | 水深 | 底宽 | | | 天然 | 人工 | |
| 一 | 3000 | 90×14×13.2 | 3.2 | 75～100 | 5.0 | 60 | 900～1200 | 245×18×5.0 | 70 | 50 | 12.5 |
| 二 | 2000 | 86×14×2.5 | 2.5～3.0 | 75～100 | 4.0 | 60 | 850～1100 | 230×10×4.0 | 70 | 50 | 11 |
| 三 | 1000 | 70×12×1.8 | 1.8～2.5 | 60～80 | 3.0 | 50 | 700～900 | 190×16×3.0 | 60 | 40 | 10 |
| 四 | 500 | 58×19×1.5 | 1.5～1.8 | 40～60 | 2.5 | 40 | 600～700 | 160×12×2.5 | 44 | 28～30 | 7～8 |
| 五 | 300 | 45×8×1.2 | 1.2～1.5 | 35～50 | 2.5 | 30 | 200～500 | 130×12×2.0（2.5 拖） | 32～38.5 | 25 | 4.5～5.5 |
| 六 | 50～100 | 32×5×1.0 | 1.0～1.2 | 20～30 | 2.0 | 15 | 150～400 | 110×9×1.5 11.0×7×2.0(拖) | 28～30 | 13 | 3.5～4.5 |

### （三）航道建设工程规划

根据航道的航行条件和通航标准的要求，制定具体的建设工程规划，包括修建水工建筑物、疏浚、炸礁等工程项目，以使航道经过整治后，在航道宽度、水深、曲率半径和水流条件等方面能达到航道等级的要求。

## 二、港口码头用地规划

港口码头是水运交通的枢纽，是客货运输的集散地。因此，要做好港口码头的用地规划，其规划基本内容有：

## （一）港址的选择

港址选择要求：①船舶能安全方便地出入，能在港内水域中顺利地航行；②进港航道和水域必须稳定，不受回淤波浪、水流、流冰等的影响；③能保证容纳计算船型的水深要求，有方便的停泊锚地和水上装卸作业的锚地；④有足够的陆域（港口的陆上面积），能适应港口作业区和建筑物合理布置的要求；⑤有方便的陆上交通，以适应客货的中转运输等。

## （二）港口沿海水域规划

港口水域包括进港航道，供船舶避风和调动的停泊区及水上装卸作业等。进港航道是为船舶自主航道安全驶向码头而设置的，当船舶顺流抵港时，由于船舶靠停码头必须顶流，因而必须调头，所以码头前的沿海地区应留有3～4倍设计船宽的水域。停泊区（港地、锚地）为避免形成波浪，其长度不宜超过1km，其宽度应满足停船数量和转头的要求。

## （三）港口码头陆域规划

港口码头陆域包括作业区用地和港口后方用地两部分。前者区内布置各种港口设备（装卸机械、前方铁路或公路段、货棚或仓库等）；后者区内设置各种辅助设备和管理建筑（修理厂、车库、消防站、办公室及文化福利设施等）。从功能上分析，港口码头用地可分为装卸、储存和疏运三大系统，其相应建筑物及设备有码头、库场、装卸运输机械、道路和各种辅助设备。码头线长取决于停靠的船位数和船距（一般为0.1～0.15倍船位长度）。

# 三、水运用地面积概算

从港口码头用地规划中提出各项用地项目要求，根据货物吞吐量和其他因素，具体计算出各项用地面积，然后加总即为水运用地面积。河港客运站用地参考面积见表16-10。

**表16-10　河港客运站用地面积概算**

| 等级 | 旅客聚集量/人 | 建筑面积/$m^2$ | 用地参考面积/$m^2$ |
|---|---|---|---|
| 一等站 | ＞1500 | ＞5000 | ＞10 000 |
| | 1001～1500 | 3200～44 500 | 6200～900 |
| 二等站 | 501～1000 | 1500～3000 | 3000～6000 |
| 三等站 | 201～500 | 650～1250 | 1300～2500 |
| | ＜200 | 120～500 | 240～1000 |

# 第五节　铁路用地规划

铁路线路是行驶铁路机车车辆的路线，由路基、桥梁、涵洞、隧道和轨道等组成。按线路数量划分，铁路可分为单线、复线和多线铁路；按轨距划分，则可分为标准轨距、宽轨和窄轨铁路。

铁路是一项大型建设工程，通常由国家统一规划和经营，也有一部分由地方修建和经营。

轨距是指一条线路两钢轨轨头内侧之间的距离。限界是指机车、车辆与邻近线路的设备或建筑物之间距离。线间距是指两条铁路中心线之间的距离。

## 一、铁路的等级和选线

### （一）铁路的等级

铁路等级划分的主要依据是其在整个铁路网中的作用和年运输能力。一般分为以下三级：

Ⅰ级铁路保证全国运输联系，具有重要政治、经济、国防意义和在铁路网中起骨干作用的铁路，远期计划年运输能力大于 800 万 t，行车最高速度为 120km/h。

Ⅱ级铁路具有一定的政治、经济、国防意义，在铁路运输网中起联络、辅助的铁路，远景计划的年运输能力为等于或大于 500 万 t，行车最高速度为 100km/h。

Ⅲ级铁路为某一地区服务，具有地方意义的铁路，远期计划的年运输能力小于 500 万 t，行车最高速度为 80km/h。

除以上等级外，铁路还可以按服务范围和运输性质分为干线、地方线（支线）和专用线三类。

### （二）铁路线路的技术标准

铁路和公路一样也有很多技术标准，现将其主要的技术标准介绍如下（表 16-11，表 16-12）。

**表 16-11　各级铁路主要技术指标**

| 铁路等级 | 最大限制坡度/‰ | | 最小曲线半径/m | | 最大加力牵引坡度/‰ | 设计洪水频率/（次/a） |
|---|---|---|---|---|---|---|
| | 一般地段 | 困难地段 | 一般地段 | 困难地段 | | |
| Ⅰ | 9 | 12 | 800 | 400 | 20 | 1/100 |
| Ⅱ | 12 | | 600 | 400 | 20 | 1/100 |
| Ⅲ | 15 | | 600 | 350 | 20 | 1/50 |

表 16-12　各类铁路线路主要技术指标

| 铁路类型 | 最大限制坡度/‰ | | 最小曲线半径/m | |
|---|---|---|---|---|
| | 一般地区 | 困难地区 | 一般地段 | 困难地段 |
| 干线 | 9～15 | 12～20 | 600～800 | 350～400 |
| 地方线（支线） | 8～20 | 30 | 400 | 300 |
| 专用线 | 10 | 20～30 | 300 | 200 |

在铁路的轨距上，一般采用标准的轨距 1435mm，标准轨距的铁路称为准轨铁路。在个别情况下，如运输量不大适合地形困难的地方性铁路，也可以采用窄轨-轻便铁路，其轨距大致有 1067mm、1000mm、762mm 和 600mm 等。此外，还有宽轨铁路，其轨距有 1524mm、1600mm 和 1676mm 等。

## （三）铁路线路的选线

铁路的选线受许多因素的影响和制约，既要满足政治、经济、国防上的要求和运输性质、运量大小、运量增长的情况，又要考虑沿线的地形、地质、水文和气象等自然条件。上述因素往往是互相矛盾的，例如：在山区要缩短线路的长度，就可能增加隧道的数量，从而建筑费就要增加；又如，要减少线路的运费和养护费用，就要求坡度小，曲线半径大，这就会增加线路长度，加大工程量和建筑费用等。因此，在选线时要全面考虑，精心研究，统筹安排，并尽可能进行多方案比较，以便能选定一条最合理的路线。如图 16-6 所示，出现了三个选线方案，即河谷方案、山坡方案和山脊方案。山坡方案比较理想，因为由甲站到乙站距离最短。

铁路选线和公路一样，在平原地区比较容易，而在丘陵、山区较为困难，而且常常采用河谷线、越岭线、山脊山坡线等各种形状的展线。在桥位选择时要考虑水文、地形、地貌、地质、地物和通航的要求（图 16-7）。

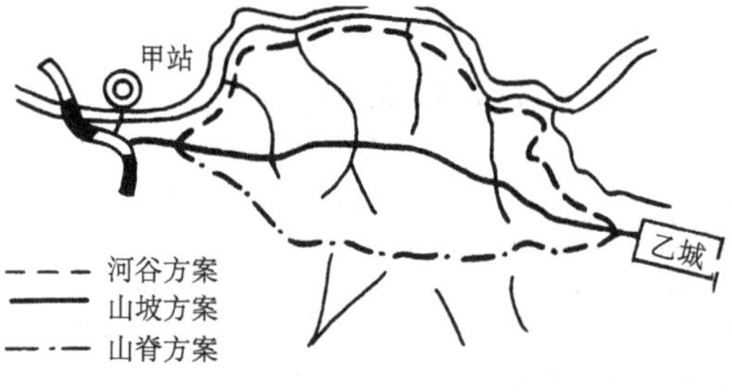


图 16-6　选线方案

图 16-7　河谷线

### 1. 水文要求

①桥位应选在河道顺直、槽深、主流稳定、河槽通过流量较集中的河段上，不宜选

在不稳定的河汊，泥沙、冲淤严重地带，水流汇合口，急弯卡口和具有滞洪作用的河段或洼地上。②在水深流急的山区峡谷河段上，桥位宜选在可以一孔跨越处。否则，宜选在河谷比较开阔、水深较浅和流速较缓处。③桥位选择应注意河道的自然演变和修桥后对天然河道的影响，平原蜿蜒河段上的桥位，还应注意河湾的可能下移。④在平原分汊河段上应了解沙洲消长范围，桥位宜选在深泓线分汊点以上或深泓线汇合点以下处。⑤桥梁轴线宜与中、高水位时的流向正交，如不能正交则应在孔径及基础设计中考虑其影响。⑥如城市和重要工业区有特殊防洪要求时，桥位宜选在上游跨越。⑦在结冰河上，桥位不宜选在容易发生冰塞、冰坝的河段上。

2. 地形要求

①应利用山嘴、高地等不易冲刷的稳定河岸作为桥头的依托。对公、铁路两用桥的桥位，宜选在两岸地形较高并便于和既有公路或规划公路网连接的地点。②应避开上下游有山跸、石梁等干扰水流畅通的地形。③在冲积扇上宜选在上游狭窄河段或下游收缩河段，不宜跨越中游扩散河段。如必须通过扩散河段时，宜采取一河多桥，使各桥位大致位于同一等高线上。④应避免地下既有设施的拆迁，较长桥梁的引桥可以设在大半径的弯道上，但是不宜设在反面曲线上。⑤应考虑施工场地、材料运输和施工架等方面的要求。⑥在城市范围内的桥位选择，应与城市规划相配合。

3. 地质要求

①应选在基本岩层或坚实土层埋藏较浅处。②不宜选在断层、滑坡、溶洞、盐渍土和泥沼地等不良地段。③特大桥引桥很长时，应探明引桥范围内的地质条件。

4. 通航要求

①桥位应该选在航道比较稳定的河段上。②桥位应该远离滩险、弯道和汇流口。③桥位应选在船队编组或排筏编组场的上游，应离开既有水工设施、港口作业区和锚地有一定距离。④桥位处应有足够的通航水深，通航期内水的流向与桥轴法线的夹角不宜超过5°。

## 二、铁路用地面积概算

铁路用地主要包括区间路基用地、站场用地和其他用地（如独立生活区、给排水设施、地理通信楼、水电段、供电段、牵引变电所及其岔线等），根据铁道部1989年颁发的《工业企业标准轨道铁路设计规范》，对新建铁路的区间直线路基面宽度和曲线路基外侧加宽值的规定（表16-13，表16-14）。

铁路用地面积概算时，参照以上两表的路基面宽度和曲线路基外侧加宽值。分段计算出线路宽度。Ⅰ级铁路单线用地宽度为12m，双线用地宽度为20.2m，乘上各段的长度即为线路用地面积，再加上其他用地面积即为铁路用地面积（表16-15）。

路基是支撑铁路上部建筑的基础，因为线路与路面标高的差距，路基横断面有路堤、路堑、半路堤和半路堑等类型。正线用地宽度可按图16-8所示进行计算。

**表 16-13　曲线路基外侧加宽值**　　　　（单位：m）

| 铁路等级 | 曲线半径 | 加宽值 |
|---|---|---|
| Ⅰ | 400 及以下 | 0.4 |
| | 400～450 | 0.3 |
| | 450～700 | 0.2 |
| | 700～3000 | 0.1 |
| Ⅱ | 400 及以下 | 0.3 |
| | 400～450 | 0.2 |
| | 450～1200 | 0.1 |
| Ⅲ | 300 及以下 | 0.3 |
| | 300～450 | 0.2 |
| | 450～1200 | 0.1 |

**表 16-14　区间直线路基面宽度**　　　　（单位：m）

| 铁路等级 | | 单线 | | | | | | 双线 | | | | | |
|---|---|---|---|---|---|---|---|---|---|---|---|---|---|
| | | 非渗水土 | | | 岩石、渗水土 | | | 非渗水土 | | | 岩石、渗水土 | | |
| | | 道床厚度 | 路基面宽度 | | 道床厚度 | 路基面宽度 | | 道床厚度 | 路基面宽度 | | 道床厚度 | 路基面宽度 | |
| | | | 路堤 | 路堑 | | 路堤 | 路堑 | | 路堤 | 路堑 | | 路堤 | 路堑 |
| Ⅰ | A | 0.4 | 6.2 | 5.8 | 0.30 | 5.6 | 5.2 | 0.40 | 10.3 | 9.9 | 0.30 | 9.6 | 9.2 |
| | B | 0.4 | 6.2 | 5.8 | 0.25 | 5.4 | 5.0 | 0.40 | 10.3 | 9.9 | 0.25 | 9.4 | 9.0 |
| Ⅱ | | 0.35 | 5.6 | 5.6 | 0.25 | 4.9 | 4.9 | | | | | | |
| Ⅲ | | 0.30 | 5.4 | 5.4 | 0.20 | 4.8 | 4.8 | | | | | | |

**表 16-15　准轨铁路线路用地宽度和占地面积**

| 线路类型 | | 线路用地宽度/m | | 线路占地面积/（$hm^2$/km） | |
|---|---|---|---|---|---|
| | | 单线 | 双线 | 单线 | 双线 |
| 城市区 | 非渗水土 | 14～25 | 18～30 | 1.4～2.5 | 1.8～3.0 |
| | 岩石 | 12～25 | 16～30 | 1.2～2.5 | 1.6～3.0 |
| 线路区间 | 一般黏土堤直线段 | 25～27 | 30～35 | 2.5～2.7 | 3.0～3.5 |
| | 一般黏土堤曲线段 | 25～55 | 30～66 | 2.5～5.5 | 3.0～6.4 |
| | 粗、中沙路堑直线段 | 25～80 | 30～85 | 2.5～8.0 | 3.08.5 |
| | 岩石路堑曲线段 | 25～100 | 30～105 | 25～10 | 3.0～9.8 |

# 第六节　航空运输用地规划

航空运输是一种现代化的交通方式，它除了承担客货运输外，还有多种专业性用途，如飞播造林、护林防火、航空摄影、航空探矿、测绘地图、地质调查、铁路选线、防治虫害、人工降雨和抢险救灾等。

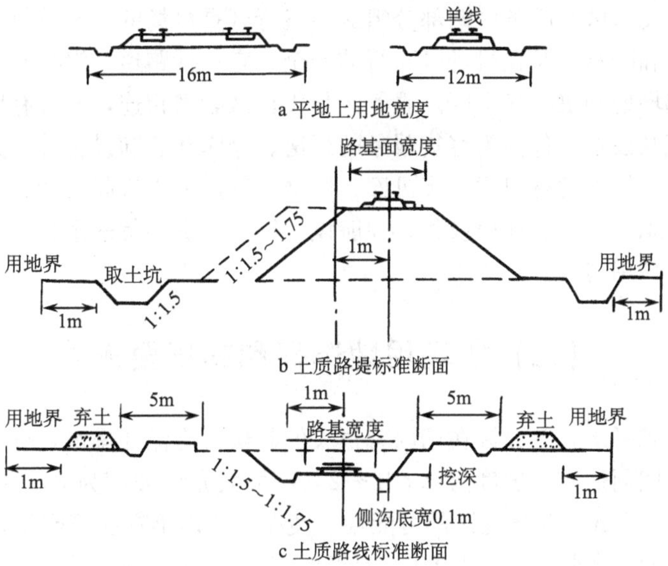


图 16-8 区间正线用地宽度

# 一、选线的特点和要求

由于飞机是在空中完成运输和作业任务的，因而除高山峻岭地区外，其交通线一般不受地面条件的限制，在起点和终点之间通常为直线或折线，而且在空中线路上没有交通设施。因此，航空运输的布局与规划主要是各地起止点的飞机场布局与规划问题。

# 二、机 场 布 局

## （一）机场的等级及规模

根据机场的用途和适用的主要机型，我国民航机场共分为四级（表 16-16）。

**表 16-16 我国民航运输机场分级表**

| 机场等级 | 用途 | 适用主要机型 | 飞机最大起飞全重/t | 跑道长度/m | 跑道宽度/m |
|---|---|---|---|---|---|
| 一 | 供国内和国际 | 波音 747 | | | |
| | 远程航线使用 | 波音 707 | | | |
| | | 伊尔 62 | 160 | 2800 | 45 |
| | | 三叉戟 | | | |
| 二 | 供国内和国际 | 伊尔 18 | 70 | 2000 | 45 |
| | 中程航线使用 | 三叉戟 | | | |
| 三 | 供近程航 | 安 24 | 22 | 1400 | 40 |
| | 线使用 | 伊尔 14 | | | |
| 四 | 供短途地 | 运五 | 5.5 | 450（道面） | 30（道面） |
| | 方航线使用 | | | 400（土面） | 40（土面） |

机场一般由飞行区和服务区两部分组成。飞行区是机场的主要组成部分，其作用在于保证飞机起飞和降落以及在机场区飞行的安全，它包括跑道、滑行道、停机坪等建筑物所占用的全部场地和机场净空区。服务区与飞行区紧密相连，并设有保证航行业务与运输业务的建筑及设备，包括为客货服务的厂房、仓库和装卸设备等，为来往飞机进行技术服务和停放、修理的材料库、飞机库、修理厂等，为飞机起飞和着陆指示方向和保证航行安全的标志、信号、通信设备、导航设备等，为供客货往来和转运的公路、铁路支线以及行政管理用房等。

### （二）机场用地选择和布局要求

机场用地要求平坦，不允许在场内有很大的起伏，为保证排水，场内应有一定的坡度，场地中央至四周适宜的坡度为0.5%～2%，最大允许坡度为2%～3%；另外应保证有辟出宽度3～4km的监降地区的可能性，使净空区内不存在障碍物，水文地质条件要好，并注意风向、风频、风速和雾时能见度。为保证飞机可以从空中自由降落，场地高度要和周围地区相同或略高一些，不宜位于盆地或低地。

在机场布局上应注意下列要求：①由于飞机要求逆风起飞或降落，跑道应顺着当地的主导风向，并位于城镇的两侧，以避免在城镇上空起飞和降落。②机场与城镇之间应保持一定距离，既要考虑减少干扰，保证净空要求，又要便利旅客来往和货物转运。因此，民用机场与城镇之间不能过近或过远，以10～20km较为适宜，最好不要超过40km。③由于飞机起飞、降落的噪声很大。因此，在机场附近不宜布置生活区和精密仪器工业区，而且机场也不宜邻近污染源和排烟量大的工业区，以保证飞行的能见度条件。④机场通往城镇的道路要求便捷通畅，不要与铁路线平交，也不宜与繁忙的公路混杂，并注意沿线的绿化与市容。

## 三、空运地面设施用地面积概算

空运地面设施用地有飞行区用地和服务区用地两部分，这两部分用地之和就是机场的用地面积。机场的面积一般都比较大，大型机场通常超过1000$hm^2$，一般机场也达到200～500 $hm^2$。我国民用机场用地面积和世界主要机场概况详细（表16-17，表16-18）。

**表16-17　我国民用机场用地面积参考表**（单跑道）

| 机场等级 | 用地长度/m | 用地宽度/m | 用地面积/$hm^2$ |
|---|---|---|---|
| 一 | 3200 | 800 | 256 |
| 二 | 2400 | 700（精密近跑道） | 168 |
| 二 | 2400 | 500（一般跑道） | 120 |
| 三 | 1700 | 600 | 102 |
| 四 | 550（土面） | 550 | 30.2 |
|  | 500（道面） | 500 | 25.0 |

**表 16-18　世界主要机场概况**

| 机场名称 | 国家 | 面积/$hm^2$ | 离市中心距离/$km^2$ | 跑道数 | 主跑道尺寸/m |
| --- | --- | --- | --- | --- | --- |
| 北京首都机场 | 中国 | — | 45 | 2 | 3800×60 |
| 布鲁塞尔 | 比利时 | — | 12 | 4 | 3600×45 |
| 法兰克福 | 德国 | 1020 | 10 | 2 | 3800×45 |
| 希恩罗（伦敦） | 英国 | 1101 | 24 | 5 | 3900×90 |
| 奥利（巴黎） | 法国 | 1600 | 14 | 3 | 3320×60 |
| 维也纳 | 奥地利 | — | 18 | — | 2960×60 |
| 阿姆斯特丹 | 荷兰 | 1700 | 12 | 5 | 3450×60 |
| 香港 | 中国 | 610 | 8 | 1 | 2540×60 |
| 肯尼迪（纽约） | 美国 | 2050 | 24 | 5 | 4450×45 |
| 羽田（东京） | 日本 | 407 | 19 | 3 | 3150×60 |

# 第十七章　水利工程用地规划

## 第一节　水资源和水利工程用地

### 一、世界和我国水资源概况

水是自然资源的重要组成部分。自然界的水资源包括存在于地球表面上的海洋、湖泊、冰川、河川径流、土壤水和地下水、大气水等多种水体，全世界水资源总量约有 $1.45\times10^{10}$ 亿 $m^3$，其中海洋和陆地储水量各为 $1.37\times10^{10}$ 亿 $m^3$ 和 $0.08\times10^{10}$ 亿 $m^3$，分别占 94.5%和 5.5%。地球陆地面积占地球总面积的 29.2%，且有 79%的地区河流的径流直接流入海洋，称为外流区，其余 21%地区河流的径流直接流入内陆的湖泊、沼泽或沙漠，称为内流区。在陆地水中，98%为深部和矿化度较高的地下水，全球淡水资源约占地球总水量的 2%，分布于南极大陆的冰川占 85%，其余的 15%左右的淡水资源中，只有很小一部分开发利用较易，对于人类生活和工农业生产密切相关，这就是通常所说的淡水资源，大约 40 万亿 $m^3$，包括浅层地下水、淡水湖泊、土壤水和河川径流。陆地上淡水资源的补给主要依靠降水。

我国水资源总量为 28 100 亿 $m^3$，次于巴西、前苏联、加拿大、美国、印度尼西亚，占世界第六位，人均水量 2730$m^3$，每公顷土地平均水量 28 050$m^3$，分别为世界人均、每公顷土地平均水量的 1/4 和 3/4。世界上人均水量最多的国家是加拿大，人均水量为 13 万 $m^3$。世界上每公顷土地平均水量最多的国家是印尼，每公顷土地平均水量为 198 000$m^3$。

我国水资源在地区分布上极不平衡。就全国而言，我国年降雨量分布是东南多、西北少，等雨量线从东北走向西南，连接东北大兴安岭和西藏拉萨的 400mm 的等雨量线，差不多把中国分成了西北和东南两半，东南年降雨量达 1000～1500mm 以上，西北年降雨量在 400～1000mm 以下。我国年降雨量最多的地方在台湾省北端基隆南侧的火烧寮，1906～1944 年的平均年降雨量高达 6557.8mm，1912 年甚至高达 8409.0mm；年降雨量最少的地方是新疆塔里木盆地中心部分，平均年降水量不足 10mm，有些年份甚至全年无雨。

长江流域和长江以南径流量占全国的 82%，耕地只占全国的 36%；黄河、淮河、海河三大流域，径流量只占全国的 6.5%，而耕地却占全国的 40%，南北水土资源空间分布差异极大。

我国水资源在时间分配上极不均匀。由于受季风气候影响，我国降水量和径流量年内分配极不均匀，年际变化很大，年变化率差异悬殊，并且有少水年和多水年持续出现的特点。这是我国历史上水旱灾害出现频繁、农业生产极不稳定的主要原因。我国大部分地区冬季少雨，多春旱；夏秋多雨，多洪涝。全年降水量大部分集中在夏季湿润高温的时期，且多以暴雨形式出现。

综上所述，充分合理利用土地资源，往往以水资源合理开发利用为其先行条件，无论是荒地的垦殖，扩大耕地面积，还是开展农田基本建设，提高现有耕地的集约化水平，建设优质高产高效农田，必须首先解决好水的问题。另外，从我国和世界农业生产发展和土地利用的变化情况可以充分说明，发展灌溉和充分利用水资源对土地利用集约化程度的提高和农作物产量大幅度增长具有重要作用。

## 二、水利工程用地规划

土地是水利工程设施的载体，而构成水利工程用地。在土地上各项水利工程设施一经建成，就与土地组成不可分割的整体，从而提高了这些土地的肥沃度和集约化水平，增加了土地利用级差收益，最终提高了土地价格。因此，水利工程用地规划是土地利用规划的重要组成部分。

水利工程用地可分为水利骨干工程用地和田间工程用地两种类型，前者为非农业用地，属于基本建设范畴，后者为农地规划的内容。本章重点介绍水利骨干工程用地规划，其规划大致包括如下内容：①水资源类型及其开发利用方式；②供水工程用地规划；③灌排工程用地规划。

## 三、水利工程用地的类型和等级

### （一）防洪工程

防洪工程是通过修建水库、分洪或蓄洪工程和堤防、河道整治、开挖新河等保护城市、工矿区和农田免遭洪水危害。防洪工程应根据防洪对象的要求，统一考虑河流上中下游两岸、干支流、近远期和大中小型工程相结合等因素，合理确定防洪任务。就保护农田面积来说，可分为以下四级：①33.33 万 $hm^2$ 以上的为大Ⅰ型；②6.67 万～33.33 万 $hm^2$ 的为Ⅱ型；③2 万～6.67 万 $hm^2$ 的为中型；④2 万 $hm^2$ 以下的为小型。

### （二）灌溉工程

灌溉工程是通过修建蓄水、引水和提水工程，为农作物提供必需的水量。兴建灌溉工程时应尽量考虑使蓄、引、提相结合，充分利用当地水资源，在平原地区“井渠”结合，山地、丘陵地区实行“长藤结瓜”。按灌溉面积分为如下五级：①10 万 $hm^2$ 以上的为大Ⅰ型；②3.333 万～10 万 $hm^2$ 的为Ⅱ型；③0.333 万～3.333 万 $hm^2$ 的为中型；④0.033 万～0.333 万 $hm^2$ 的为小Ⅰ型；⑤0.033 万 $hm^2$ 以下的为小Ⅱ型。

### （三）治涝工程

治涝工程可以通过设置排水闸、排水站或挡潮闸等工程措施，来治理洼地、坑田的渍涝灾害。建设治涝工程应根据农业高产稳产的要求，考虑涝区的地形、土壤、水文、气象和渍涝情况，正确处理大中小、近远期、上下游、泄与蓄、自排与抽排以及工程措施与其他措施等的关系，合理确定防涝任务和设计标准。防涝设计标准一般以涝区发生一定的暴雨不受渍涝为准，重现期一般为 5～10 年。

### (四) 水电工程

水力发电工程、引水式电站和抽水蓄能式电站，应根据工农业用电需要、综合利用要求和电站建设条件，合理确定水电站的规模，其规模的大小是根据装机容量确定的。按装机容量，水力发电工程可分为如下五级：①75 万 kW 以上的为大Ⅰ型；②5 万～75 万 kW 的为大Ⅱ型；③2.5 万～25 万 kW 的为中型；④0.05 万～2.5 万 kW 的为小Ⅰ型；⑤0.05 万 kW 以下的为小Ⅱ型。

### (五) 输水工程

按总投资分级，总投资在 2000 万元以上的为大中型；2000 万元以下的为小型；城市、工业输水工程总投资 1000 万元以上的为大中型；1000 万元以下的为小型。

## 第二节　水资源的类型和开发利用方式

水资源通常是指逐年可以得到更新的淡水数量，它是一个动态的不可代替的资源。

## 一、水资源的类型和特点

一般来讲，可供开发利用的水资源类型主要有地表水、地下水、城市污水与工业废水三种类型。它们的补给来源都是大气降水。在土地利用规划时必须建立“三水”统管的思想，即充分利用大气水，大蓄大保地表水，合理开发地下水。

### (一) 地表水

地表水包括河川径流和当地地面径流。河川径流指江河来水，其集水面积比较大，往往在规划区域以外，河流是主要的水源。其特点是水源丰富，但河流水情（流量、水位等）是随着时间变化而变化的。当地地面径流是指规划区内或附近地区因降雨而产生的径流。当地地面径流主要用做灌溉水源，在一些丘陵、山区，当水源比较充足时，可以通过建筑水库，进行蓄水发电。地面径流的特点是受季节影响大，雨季径流多，旱季径流少。无论在平地或是山区都可以选择适当地点兴修塘库，将地面径流蓄积起来用做农田灌溉。

## （二）地　下　水

地下水是指地球上除地表水以外，在地壳中人们不能直接用眼睛观察到的地方蕴藏着的可供人们利用的水量。地下水的主要来源是大气降水渗入地下而形成的，它是干旱半干旱地区的主要水源，它既可用做灌溉水源，又可用做工业用水和城乡居民生活用水。地下水有以下特点：①地下水受气候、季节影响小；②地下水比较分散，分布广，开发利用的工程量小，容易施工；③地下水受地面污染小、水质良好；④开发利用地下水占地少，管理方便，灌溉及时；⑤在地下水位高的地区开发利用地下水，有利降低地下水位，一般地下水不含泥沙，不致淤积渠道。

## （三）城市污染与工业废水

这类水源主要是再利用的问题。污水灌溉是指用经过一定处理的生活污水、工业污水或工业和生活混合污水灌溉农田。据估计，污水中通常含氮量为13～35mg/L，含磷量9～18mg/L，含钾量10～20mg/L，利用污水灌溉还能增加肥源和改良土壤。这里应当按照农田灌溉用水水质标准的规定，控制灌水定额，禁用未经处理的污水灌溉农田，以免给人体和环境带来危害。

# 二、水资源开发利用方式

## （一）地表水开发利用方式

### 1. 河川径流

河流是农业灌溉、工业用水和居民生活用水的重要水源，也就是利用河流的供水功能。生活用水和工业用水要求水质好，应符合用水标准。一般河流供水量和供水时间保证率较高。河流引水方式一般有下列三种：

**（1）渠道方式**

引水渠没有筑坝，在农业灌溉中，为了实现自流灌溉，在河流水位高于两岸附近农田地面高程的情况下，利用河流河床的自然坡度，在河流上游选择适当地点开渠引水（图17-1）。

**（2）有坝渠道引水**

在河流水位较低，采用无坝引水不能得到所需水量，或渠道太长不经济时，一般可在河流上游适宜地点修筑拦河坝，用以抬高水位，引水入渠（图17-2）。坝址处河段要比较平直稳定，坝基坚固不渗水。

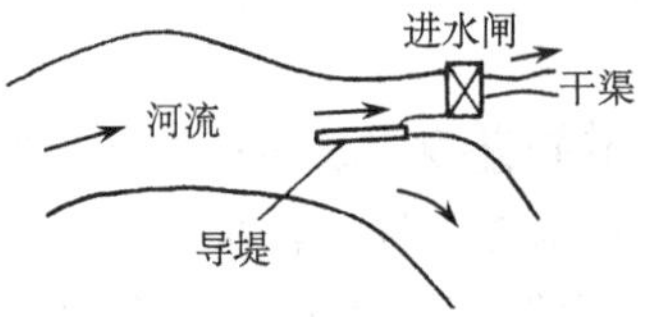

图 17-1　无坝渠道引水

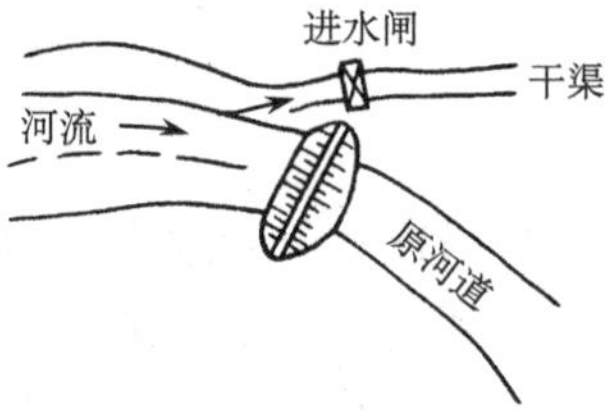

图 17-2　有坝渠道引水

**(3) 机械提水**

有的地区由于地势较高，无法实现农田自流灌溉，在这种情况下，必须借助机械提水进行灌溉。在河流下游平原地区多采用这种引水方式。

2. 当地地面径流

为了充分利用当地地面径流，必须选择适当地点修建水库或蓄水池（又称坡塘）。在平地上开挖的，称平塘；在山谷谷口筑坝，利用自然地形拦蓄坝址以上的地面径流，称为山塘。蓄水池的修筑简单易行，不需要复杂的技术和数量较多的建筑材料，利于群众兴办。平塘布局与丘陵山区农田分散的特点紧密结合，使用方便，有利于充分利用当地水土资源。在山溪、谷地的适当地点筑坝，将坝址以上流域面积内的地面径流拦蓄起来，就形成了水库。

水库库容的估算方法有以下三种：

**(1) 地形图法**

在规划较大水库时常运用此法。应用地形图法首先要对库区进行实地测量，结果得到一张库区地形图，根据拟建坝高，在地形图上可以求出水库的淹没面积和水库库容。具体做法是：先算出每一条等高线与坝轴线之间所包围的面积，从最里面一条等高线开始，逐步扩展至外面的等高线，再根据等高距即可算出两个水平面之间所包围的体积。以此类推，把计算结果累计起来即为库容（表 17-1，图 17-3）。为了便于规划时实际应用，常常根据上述资料绘制出水位-库容关系（根据水位求出相应的库容）曲线(图 17-4)和水位-面积关系（根据水位求出相应的水面积）曲线。

**表 17-1　地形图法库容估算**

| 等高线（蓄水位）/m | 面积/$m^2$ | | 水层厚度（高差）/m | 库容/$m^3$ | |
|---|---|---|---|---|---|
| | 水层面积 | 平均 | | 每层 | 累计 |
| 50 | 10 240 | | | | |
| 55 | 32 000 | 21 120 | 1.0 | 21 120 | 21 120 |
| 60 | 38 920 | 35 460 | 1.0 | 35 460 | 56 580 |
| 65 | 152 540 | 95 730 | 1.0 | 95 730 | 152 310 |

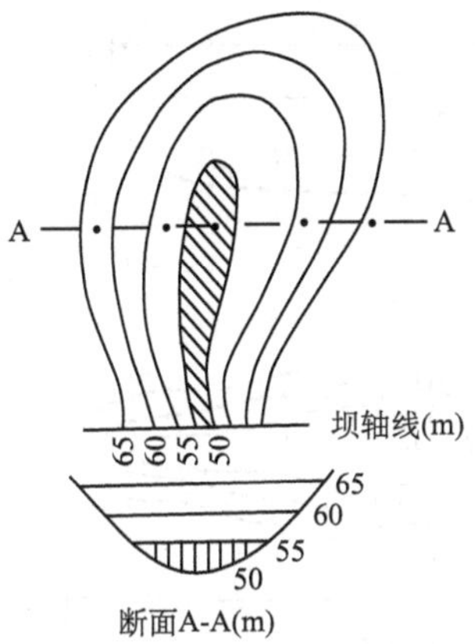


图 17-3　水库库容估算示意图

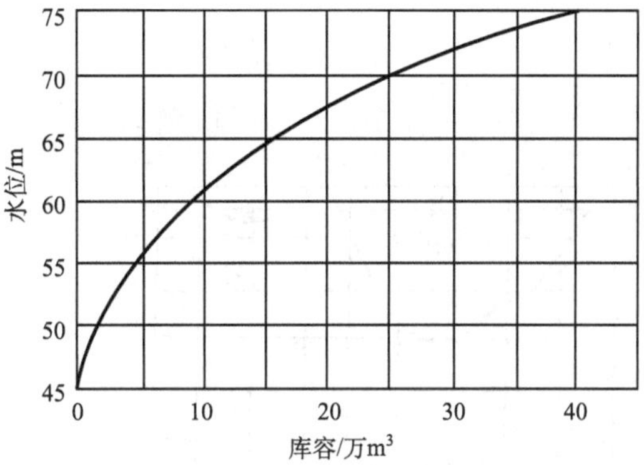


图 17-4　水位-库容关系曲线

**(2) 断面法**

小型水库常用此法估算库容。具体做法是：首先测出坝轴线处的横断面，然后在库内沿河道施测一条与坝轴线相垂直的纵断面，其桩号位置应根据两边山坡及河槽河滩变化定出，量出桩号间的距离，并测出各桩号处的横断面。估算库容时，在各横断面图上以相同水位为顶线，分别计算出各横断面的面积，然后将相邻断面面积平均值乘以其间的距离，便得出此两个横断面之间的容积。以此类推，最后累计计算结果得库容数值（表 17-2）。最后绘出水库的水位-面积关系曲线和水位-库容关系曲线，供规划用（图 17-5、图 17-6）。

**表 17-2　断面法库容计算**

| 断面号 | 横断面面积/$m^2$ | 平均面积/$m^2$ | 断面间距/m | 库容/万 $m^3$ |
|---|---|---|---|---|
| 1 | 1375 | 1850 | 100 | 18.50 |
| 2 | 2325 | 2350 | 100 | 23.50 |
| 3 | 2375 | 2213 | 100 | 22.13 |
| 4 | 2050 | 1062 | 150 | 15.93 |
| 5 | 75 | 38 | 65 | 0.25 |
| 6 | 0 | | | |
| | | | | 总库容 80.31 |

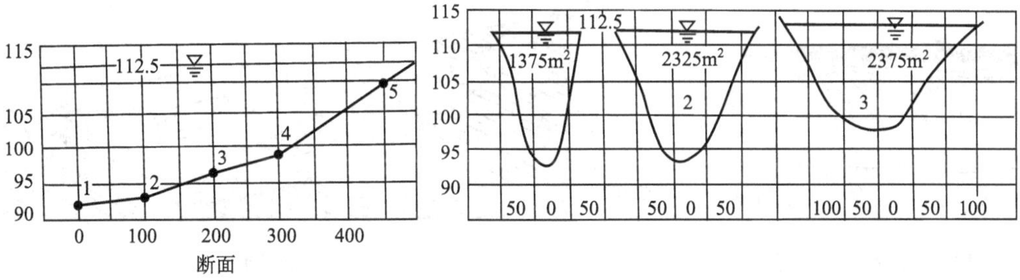


图 17-5　水库纵横断面的水位-面积关系曲线

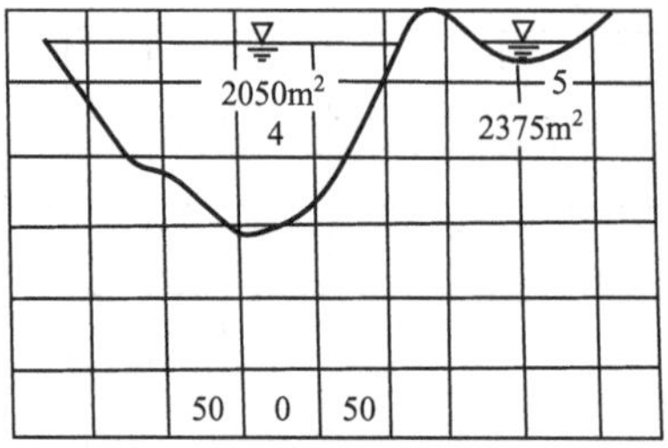


图 17-6　库容断面法估算
（水位-库容关系曲线）

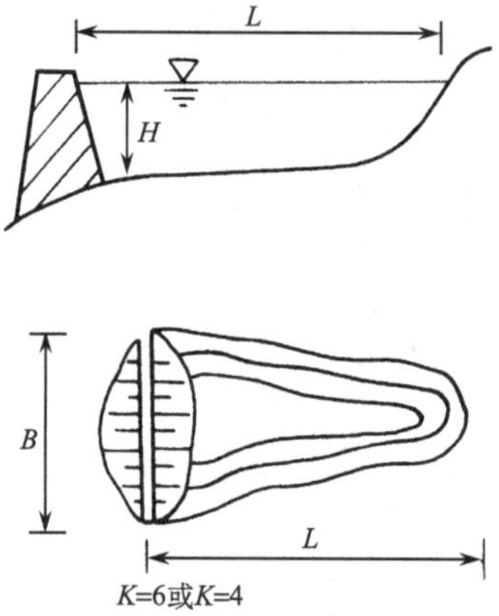


图 17-7　库容系数法估算

**（3）系数法**

以上两种方法都要使用测量仪器，如果没有仪器便无法进行库区测量，亦可采用系数估算法（图 17-7）。其计算公式为

$$V = HBL/K$$

式中：$V$ 为水库库容（$m^3$）；$H$ 为近坝处水库蓄水深度（m）；$B$ 为近坝处水面宽度（m）；$L$ 为水库内水面长度（m）；$K$ 为系数，峡谷地形 $K$ 为 6，开敞地形 $K$ 为 4。

## （二）地　下　水

据科学家估计，在地球上地下水的总量达 $4\times10^9$ 亿 $m^3$。地下水不仅存在于接近地面的地层中，也可以在距地面较深的地层中找到。

地下水是埋藏在地面以下，运动和储存在土层或岩层空隙中的水的总称。地下水常以液体状态出现，当岩层温度在 0℃以下时，也可以成为固体状态的冰，气体状态的地下水常和空气一起充满在土壤和岩石的孔隙和裂缝中。

地下水大体上可分为浅层水（潜水）和深层水（层间水）两种（图 17-8，图17-9）。

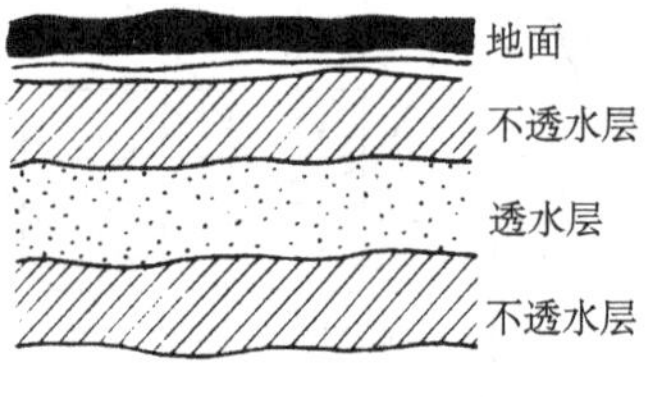


图 17-8　透水层和不透水层

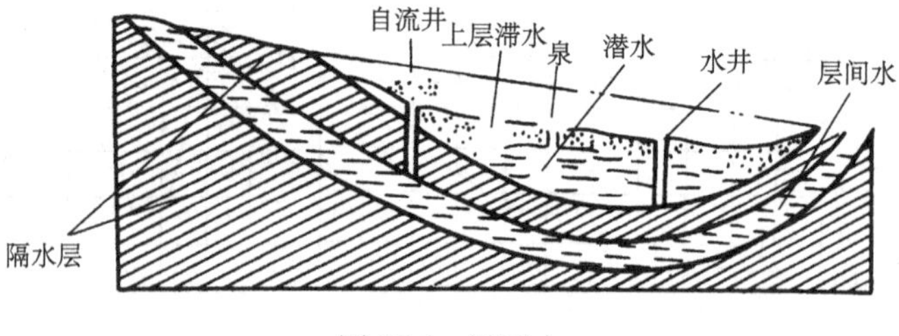


图 17-9　深层水

浅层水是地表和第一个不透水层之间的水，农村中的水井都是利用浅层水。浅层水分布的面积广，但水量不够大。且受气候的影响，天旱时井水位显著下降。深层水是埋藏在两个不透水层之间的地下水，大部分是有压力的，有时能压上地面形成自流井，这种水的来源远，出水量比较稳定，水质好，最适宜农田灌溉。长期以来，我国劳动人民在寻找地下水方面有着丰富的经验。一般来说，可根据以下三个方面来观察是否有地下水源，水量是否丰富，即观察地面干湿、地形地势和活标志。深层水应采用水文地质勘探和电法勘探来寻找。

地下水资源评价是合理开发利用地下水，做好井灌区规划的重要依据。正确评价地下水可采资源是一个复杂问题，目前尚无成熟的评价方法。现介绍我国北方平原地区估算地下水开采资源的两种简化方法，供规划时参考。

### 1. 利用降水入渗补给量方法

可按下式计算：

$$W_{采} = 1000PFa$$

式中：$W_{采}$ 为地下水可开采量（$m^3$）；$P$ 为多年平均降水量（mm）；$F$ 为计算面积（$km^2$）；$a$ 为雨水入渗补给系数（表 17-3）。

**表 17-3　不同水文年降雨入渗补给系数**　　（单位：%）

| 地下水埋深/m | 1~2 | | 2~4 | | 4~6 | | 7 | |
|---|---|---|---|---|---|---|---|---|
| 土质 | 亚沙 | 亚黏 | 亚沙 | 亚黏 | 亚沙 | 亚黏 | 亚沙 | 亚黏 |
| 丰水年 | — | 26 | 26 | 22 | 21 | 19 | 21 | 18 |
| 平水年 | — | 21 | 20 | 18 | 17 | 15 | 17 | 14 |
| 干旱年 | — | 16 | 14 | 13 | 12 | 11 | 12 | 10 |

### 2. 利用调节量方法

按下式计算：

$$W_{采} = \mu \cdot \Delta h \cdot F \times 10^6$$

式中：$W_{采}$ 为地下水可开采量（$m^3$）；$F$ 为指接受大气降水的计算区全部面积（$km^2$）；$\Delta h$ 为地下水变化幅度（m），计算多年平均可开采量时，可采用多年平均最高和最低水位之差值；$\mu$ 为含水层给水系数（表 17-4）。

**表 17-4　各种土质（岩层）的给水系数**

| 土质（岩层） | 给水系数 | 土质（岩层） | 给水系数 |
|---|---|---|---|
| 黏土 | 0.01~0.02 | 粗沙 | 0.07~0.11 |
| 亚黏土（壤土） | 0.02~0.04 | 细沙 | 0.12~0.16 |
| 粉沙质亚沙土（粉沙壤土） | 0.02~0.05 | 中沙 | 0.18~0.22 |
| 亚沙土（沙壤土） | 0.05~0.07 | 粗沙 | 0.22~0.26 |

在利用地下水源灌溉农田时，对于地下水的质量应有一定的要求，否则，非但妨碍作物的生长，还可能促使土地盐碱化。因此，当找到足够数量的水源以后，决定其能否利用于灌溉，则必须对地下水质量加以评价，鉴定地下水的物理性质和化学成分。地下水的物理性质，主要包括地下水的温度、颜色、气味、味道、透明度等。地下水的化学成分，主要决定于各种盐类的含量。

在评价某地区的地下水能否用于灌溉时，一般应考虑下列几方面要求：①地下水的温度，一般以20℃左右为宜。②地下水的矿化度，一般认为，如果不超过1.7g/公升，是可以用来灌溉农田的。此外，在考虑地下水的矿化度时，应该同时兼顾到土壤的透水性和作物对地下水的矿化度的适应能力。③盐类成分，对地下水含盐种类应作具体分析。试验证明，地下水中所含的钙盐类，对作物是无害的，而地下水中所含的钠盐类，尤其是苏打（$Na_2CO_3$）对作物生长不利。

开发和利用地下水的形式很多，有截潜流、挖水柜、打筒井和管井等。具体选择时，应充分考虑当地地形、位置、水文地质等条件。

### （三）城市污水和工业废水

目前我国一些地区（如珠江三角洲平原、陕西、山东、河南等地）已发现和开发利用地下肥水进行灌溉。地下肥水就是地下水中含有一定量的氮素（主要是硝态氮），可供农作物吸收利用，提高农作物产量。实践证明，当地下水中含氮量大于15mg/kg时，便有明显的肥效。地下肥水的开发利用对农业生产发展具有较大的现实意义。

此外，近来年利用矿化度较高的地下盐水或者在海滨地区直接利用海水灌溉沙地的试验，在一些国家获得成功，从而为人类在干旱地区发展农业生产闯出了一条新路子。我国干旱和半干旱地区约占全国土地总面积的1/3，其中极端干旱的荒漠地带约占全国土地总面积的1/5，而沙漠和戈壁占全国土地总面积的1/10左右，此外还有不少海滨沙地。因此，利用盐水灌溉在我国有着十分广阔的前景。

## 三、水资源的科学分配和水土资源平衡

水资源是人类生活中最基本的自然资源之一，国民经济各部门都需要水，尤其是农业生产更是与水资源有着密切的关系。但是，水资源在各地区的分布是不均衡的。因此，在一定区域发展经济时，必须综合考虑水资源的状况，并要求对水资源进行科学合理的分配。据统计，世界工农业用水量占人类社会总耗水量的85%以上，其中农业占75.6%，工业占12.9%，农业用水为工业用水的5.8倍（表17-5），“水利是农业的命脉”极为深刻地阐明了水对农业生产的重要性。

水土资源平衡就是综合考虑地区内水资源的供应能力和需求状况，分析本地区水资源的余缺情况，合理协调水资源的供求关系，以寻求水土资源的平衡。水土平衡计算是一项复杂而细致的工作，往往贯穿于规划的始终。通过水土平衡计划，把来水总量与需水总量加以比较可以发现本地区的水量余缺情况，进一步挖掘水资源的潜力，确定水量调节措施，以达到水土资源的平衡与合理利用，促进经济的发展。

**表 17-5　一些国家工业农业用水比较**

| 国家名称 | 农业用水 | | 工业用水 | | 农业用水/工业用水 |
| --- | --- | --- | --- | --- | --- |
| | 水量/$km^3$ | 占总用水量/% | 水量/$km^3$ | 占总用水量/% | |
| 美国 | 1730 | 44 | 1841 | 46.8 | 0.94 |
| 加拿大 | 31 | 14 | 187 | 82 | 0.17 |
| 墨西哥 | 412 | 88.1 | 245 | 5.2 | 16.8 |
| 日本 | 500 | 72 | 127 | 18.3 | 4.93 |
| 印度 | 3090 | 95.5 | 27 | 0.8 | 114.5 |
| 法国 | 145 | 43 | 140 | 41 | 1.03 |
| 原苏联 | 1304 | 59 | 783 | 36 | 1.67 |
| 全世界 | 25 000 | 75.6 | 4250 | 12.9 | 5.88 |

## （一）水土资源平衡的重要作用

### 1. 水土资源平衡是进行水资源的区域再分配，是合理利用水土资源的重要依据

如上所述，各种水资源均来源于大气降水，由于受地理位置（纬度、距海洋的远近、地形等）的影响，大气降水的分布是很不均衡的，这就造成了水资源在地区间的不平衡分布，使得有的地区水多，有的地区缺水。通过各个地区的水土平衡计算，就可以根据地区间的水量余缺情况，进行水资源的区域再分配，以盈补缺。就我国的水土资源组合情况来看，从沿海到内陆，从南方到北方，水资源的数量相差悬殊。南方湿润多雨，水量多有剩余；北方干旱少雨，缺水十分严重（表 17-6）。因此，实现南水北调，水量相济，已成为我国水土资源利用，乃至整个国民经济发展的一项战略措施。

**表 17-6　我国南北方水土资源对比**

| 流域/片 | 年径流 | | 流域面积 | | 耕地面积 | |
| --- | --- | --- | --- | --- | --- | --- |
| | 亿 $m^3$ | % | 万 $km^2$ | % | 亿 $hm^2$ | % |
| 南方四片 | 21 737 | 82.4 | 347.3 | 36.3 | 0.38 | 37.8 |
| 北方六片 | 4643 | 17.5 | 608.7 | 63.7 | 0.624 | 62.2 |
| 其中：黑龙江、辽河 | 1678 | 6.3 | 124.2 | 13.0 | 0.19 | 18.7 |
| 海滦河、淮河 | 1058 | 4.0 | 64.0 | 6.8 | 0.27 | 26.8 |
| 黄河 | 688 | 2.6 | 79.5 | 8.3 | 0.12 | 11.0 |
| 内陆河 | 1219 | 4.6 | 340.4 | 0.73 | 0.31 | 5.7 |

注：南方四片包括长江流域、珠江流域、东南沿海和西南诸河。

### 2. 水土资源平衡是确定水量调节措施，兴修水利工程措施的基本依据

通过水土资源计算，如果本地区水量充足有余，就应当考虑向外区调水；如果本地

区水量不足，就应当考虑从区外引水，并兴建相应的水利工程设施。

3．水土资源平衡是确定土地利用方式的重要依据

土地资源的利用是受水资源制约的，通过水土平衡计算，可以根据水量的余缺情况改进土地利用方式，以达到水土资源的最佳配合。若来水量有余，可以根据当地季节、劳动力等具体情况，扩大灌溉面积，调整作物布局和轮作制度，以提高土地利用的集约度。反之，就应适当减少灌溉定额，以提高水资源的有效利用率。

## （二）水土资源平衡计算

1．地区水量平衡计算

当考察一个地区的水资源状况时，一般用该地区的水量盈亏来表示。地区水量平衡方程式如下

$$(P+G+A+B)-(S+E+Q)=\pm \Delta Q$$

式中：$P$ 为降水量；$G$ 为来自外区的地下水量；$A$ 为土壤水；$B$ 为外区流入本区的地面径流量；$S$ 为流至外区的地面径流量；$E$ 为总蒸发量；$Q$ 为流出该区的地下水量。

当 $\Delta Q$ 为正值表示该地区水量盈余，$\Delta Q$ 为负时，则表示该地区水量不足。闭合流域的水量平衡可采用下面的一般方程：

$$P=(E+R)+\Delta S$$

式中：$P$ 为降水量；$E$ 为蒸发量；$R$ 为流域出口断面处的径流量；$\Delta S$ 为流域蓄水量。对于多年平均而言，$\Delta S$ 接近于零，所以闭合流域多年平均水量平衡方程为：

$$\overline{P}=\overline{E}+\overline{R}$$

式中：$\overline{P}$、$\overline{E}$、$\overline{R}$ 分别为多年平均降水量、蒸发量、径流量。

2．水量供需平衡计算

要计算来水量和需水量两个部分。来水量指地区内可以利用的一切水源；需水量则指灌溉用水、工业用水、城乡居民生活用水、畜禽用水和水运、水电、水产养殖等需水量。一般来讲，水运、水电、水产养殖对水资源是用而不耗（不包括水体的蒸发）。因此，在计算用水量时，可以不包括在内。水量平衡计算可按下列步骤进行：

**（1）选择用水保证率**

水量平衡是一个相对的概念，是指在一定保证率下的水量供需平衡。进行水量供需平衡计算时，首先从本地区的水土资源状况出发选择合适的用水保证率，满足经济合理的要求。如果用水保证率选得过高，如 100%，就是在 100 年中任何一个年份都能保证供水，这样就会增加水利工程的投资和管理费用；如果用水保证率选得过低，如 40%，即在 100 年中 60 年不能保证供水，则不能满足生产的需水要求。不同保证率供水和用水定额是不同的，因此，在水土资源平衡计算时，要考虑气象、水源、土地面积、土壤质地、各类作物产量指标和灌水定额等因素，正确确定本地区的用水保证率。一般取中

等干旱年作为选择保证率的依据。

**(2) 来水量计算**

来水量包括规划区域内可以利用的一切水资源，如河川径流、当地地面径流和地下水等。下面分别介绍其计算方法：

1）河川径流计算。由于引水的方式不同，计算的方法亦不同。

① **无坝渠道引水** 水量可按下式计算：

$$W = 86\,400 \cdot Q \cdot T$$

式中：$W$ 为河流可供水量（$m^3$）；$Q$ 为在设计保证率下的供水流量（$m^3/a$）；$T$ 为引水时间，以天计算；86 400 为单位换算系数，表示一天的秒数。

② **有坝渠道引水** 引水量大小取决于截引面积的大小、年径流量及分配过程和引水渠的断面尺寸，一般可用下式计算：

$$W = \sum_{i=1}^{12} \frac{1}{10} F \cdot Y \cdot i \cdot \eta$$

式中：$W$ 为可引水量（万 $m^3$）；1/10 为单位换算系数；$F$ 为截引面积（$km^2$），即河坝与引水渠拦截的集水面积；$Y$ 为月径流量（mm）；$i$ 为月份；$\eta$ 为径流利用率，与月径流量的大小、引水渠的大小和沿渠土质有关，一般为 0.7～0.8；

③ **机械提水**

抽水站提水量可按下式计算：

$$W = 3600\, Q \cdot t \cdot n$$

式中：$W$ 为抽水站提水总量（$m^3$）；3600 为单位换算系数；$Q$ 为抽水站设计流量（$m^3/s$）；$t$ 为抽水站每天开机时间（h），一般取 20～22；$n$ 为抽水天数（d）。

2）当地地面径流计算。当地地面径流一般是通过修建塘库蓄积起来，以供当地农业灌溉用水。

④ **水库来水量** 其计算公式如下：

$$W = 1000F \cdot C \cdot P$$

式中：$W$ 为水库来水量（$m^3$）；$F$ 为水库集水面积（$km^2$）；$C$ 为该地区年径流系数，即每年从地面直接流入水库的雨水占全年降雨量的百分比，与库区地形、植被、土质等因素有关，一般为 0.3～0.5；$P$ 为年降雨量（mm）；1000 为单位换算系数。

⑤ **塘堰可供水量** 在南方丘陵山区，塘堰蓄水对农田灌溉有着重要作用(表 17-7)。由于塘堰类型多样，计算其供水量较为困难，一般采用下列两种方法进行估算：

复蓄次数法，其公式为

$$W = N \cdot V$$

式中：$W$ 为塘堰供水量（$m^3$）；$V$ 为塘堰有效容积（$m^3$），为总容积减去因养鱼等需要留下的垫底容积；N 为塘堰复蓄次数，指塘堰在一年之内蓄满的次数，因不同地区而异。

塘堰径流法，其公式为

$$W = 0.001\alpha \cdot P \cdot f \cdot \eta$$

式中：$W$ 为塘堰供水量（$m^3$）；$\alpha$ 为径流系数；$P$ 为降雨量（mm）；$f$ 为塘堰汇水面积（$m^2$）；$\eta$ 为塘堰蓄水利用系数，一般为 0.5～0.7。

**表 17-7　湖南省、湖北省塘堰复蓄次数**

| 省份 / 项目复蓄次数 / 塘堰种类 | 湖南 | 湖北 |
|---|---|---|
| 孤立塘堰 | | 丰水年或平水年 1.5～2.0 |
| 孤立塘堰 | 0.7～1.2 | 中旱年 1.0～1.5 |
| | | 干旱年 0.5～1.0 |
| 结瓜塘堰 | 1.2～1.5 | 比孤立塘堰小 5～1.0 |

3）地下水量计算。地下水的来源主要是靠大气降水入渗补给，因此，在计算一个地区的地下水量时，可以用分区降水入渗系数估算地下水量。计算公式如下：

$$W = \beta \cdot P$$

式中：$W$ 为地下水量（mm）；$\beta$ 为降水入渗系数，与降雨量、土质等因素有关，在华北地区平均为 0.22 左右；$P$ 为降水量（mm）。

利用调节量方法估算，计算公式如下：

$$W = \mu \cdot \Delta h \cdot F \cdot 10^6$$

式中：$W$ 为地下水可开采量（$m^3$）；$F$ 为指接受大气降水的计算区全部面积（$km^2$）；$\Delta h$ 为地下水变化幅度（m），计算多年平均可开采量时，可采用多年平均最高和最低水位之差值；$\mu$ 为含水层给水系数（表 17-8）。

**表 17-8　各种土层（岩层）的给水系数**

| 土质（岩层） | 给水系数 | 土质（岩层） | 给水系数 |
|---|---|---|---|
| 黏土 | 0.01～0.02 | 粉沙 | 0.07～0.11 |
| 亚黏土（壤土） | 0.02～0.04 | 细沙 | 0.12～0.16 |
| 粉沙质亚粉土（粉沙壤土） | 0.02～0.05 | 中沙 | 0.18～0.22 |
| 亚沙土（沙壤土） | 0.05～0.07 | 粗沙 | 0.22～0.26 |

可利用单井实际抽水量计算（表 17-9）。

**表 17-9　年单井抽水量计算**

| 项目 | 1 | 2 | … | 20 |
|---|---|---|---|---|
| 每时抽水量/$m^3$ | 45 | 50 | | 70 |
| 日抽水量/（$m^3$/d） | 10 | 12 | | 10 |
| 日抽水量/（$m^3$/d） | 450 | 600 | ⋮ | 700 |
| 年灌溉历时/d | 90 | 90 | | 90 |
| 年单井抽水量/$m^3$ | 40 500 | 54 000 | | 63 000 |

4）调入水量。在以行政区域为单位进行土地利用规划时，规划区往往是一个大型灌溉区的一部分，这种水量实际上指的是灌溉区的配合水量，其来水量可按灌溉区水资源分配方案确定，它不包括流经规划区的过境河流引水。

5）其他来水量。如工业和生活废水等可用水量应根据水质、环境要求、污水处理水平等情况具体确定。

**(3）需水量计算**

需水量包括规划区域的一切用水，根据上述用水项目逐项进行计算：

1）居民生活用水。用水量计算公式为

$$W = C \cdot P$$

式中：$W$ 为规划区域内居民生活用水量（$m^3$）；$P$ 为规划区域内居民人口总数；$C$ 为平均每个居民日用水量（每人每日平均用水 20～40L）。

2）工业用水。用水量因工业种类、设备、工艺水平而不同，可参考表 17-10。

**表 17-10　工业用水量标准参考**

| 工业种类 | 用水量标准/（$m^3$/t） | 工业种类 | 用水量标准/（$m^3$/t） |
|---|---|---|---|
| 钢铁 | 20 | 毛织物 | 600 |
| 水泥 | 1.5～2.0 | 造纸 | 200 |
| 化肥 | 2～5.5 | 人造丝 | 2660 |
| 制砖 | 0.7～1.2 | 屠宰 | 1～2$m^3$/头 |
| 榨油 | 7～10 | | |

3）农业灌溉用水。在用水量计算中，最主要的是农作物灌溉用水。在计算农作物灌溉用水时，首先要制定农作物灌溉制度，它是指在一定的气候、土壤和农业耕作的条件下，为了保证农作物丰产，满足农作物各个生育阶段对水分的要求所规定的一种适时适量的灌水制度，包括灌水定额、灌水时间、灌水次数和灌溉定额。灌溉制度随着作物的种类、品种、自然条件、农业技术措施及灌溉方式的不同而异。

在灌溉制度确定之后，就可以根据农作物结构、面积和灌溉定额确定本地区的灌溉用水量。其计算公式如下

$$M = m \cdot A \cdot n$$

式中：$M$ 为灌区灌溉用水总量（$m^3$）；$m$ 为综合毛灌溉定额（$m^3/hm^2$）；$A$ 为灌溉面积（$hm^2$）；$n$ 为复种指数。

上式中的综合毛灌溉定额可用下式计算：

$$m = m'/\eta$$

式中：$m'$为灌区综合净灌溉定额，$m' = \sum q_i m_i$；$q_i$ 为各种作物种植比例；$m_i$ 为相庆作物的灌溉定额；$\eta$ 为渠系水利用系数，其值见表 17-11。

4）家畜家禽用水。家畜家禽种类不同，其用水量亦不同，见表 17-12。

表 17-11　渠系水利用系数参考值

| 灌溉面积/$hm^2$ | <0.07 | 0.07～0.67 | 0.67～3.33 | 3.33～6.67 |
|---|---|---|---|---|
| 渠系水利系数 $\eta$ | 0.85～0.75 | 0.8～0.7 | 0.75～0.65 | 0.7～0.6 |

表 17-12　家畜家禽用水量

| 家畜家禽种类 | 用小量/［L/d·头（只）］ |
|---|---|
| 牛 | 50～60 |
| 马 | 40 |
| 驴 | 40 |
| 骡 | 40 |
| 母猪 | 60 |
| 育肥猪 | 20 |
| 羊 | 5～10 |
| 鸡 | 0.5 |
| 鸭 | 1 |

**（4）水量供需平衡计算**

在分别计算了规划区内可能的来水量和用水量之后，对其进行比较，就可发现水量的余缺情况（表 17-13 为水量供需平衡计算指标），并依此确定水量调节措施。

表 17-13　水量供需平衡表　（单位：万 $m^3$）

| 地区 | 来水量 | | | | | 用水量 | | | | 水量平衡 | |
|---|---|---|---|---|---|---|---|---|---|---|---|
| | 来水总量 | 河川径流量 | 当地地面径流量 | 地下水可开采量 | 工业和生活废水 | 工业用水总量 | 灌溉用水量 | 工业用水量 | 畜禽用水量 | 余（+） | 缺（-） |
| 总计 | | | | | | | | | | | |
| 1 | | | | | | | | | | | |
| 2 | | | | | | | | | | | |
| ⋮ | | | | | | | | | | | |

经过上述水量供需平衡计算之后，除水量供需平衡以外会出现下列两种情况：

1）供过于求。在这种情况下，一切水利设施的规划方案，应以总需水量为准，不能因水源丰富，规划超过需求量的水利工程设施。对用水来说不能进行过量灌溉，这不仅会引起地下水位上升，产生土壤盐碱化，还会增加投资。

2）供不应求。如有条件进行调水规划，如果没有这种可能，在制定水利设施规划时，应以可利用来水量为依据，切不可搞“小马拉大车”的用水规划，否则会使一些水利设施弃而无用，不能发挥其作用而造成浪费。

我国许多地方水资源分布很不平衡，尤其是干旱半干旱地区，水资源不足是个普遍现象，加上管理跟不上，用水不合理，造成浪费。为了解决这一问题，除采取植树造林，涵养水源外，应着重采取下列措施，如加强水资源管理，进行科学用水，提高水的利用率，实行跨流域调水，合理开发利用地下水等。

## （三）线性规划在水土资源平衡中的应用

### 1. 灌溉方案优化

要求编制面积分别为70 000 $hm^2$、30 000 $hm^2$、20 000 $hm^2$和40 000$hm^2$的1、2、3、4四块地的灌溉方案，已知灌溉水源为河流1、2和3，其灌溉能力分别为90 000 $hm^2$、30 000 $hm^2$和40 000$hm^2$；各地块由不同河流取水的每公顷年费用（表17-14）。求解年费用最少的灌溉方案。

**表 17-14 线性规划模型基本数据**

| 灌溉水源（灌溉能力） | 各地块上每公顷灌溉年费用/元 | | | |
|---|---|---|---|---|
| | 地块1（70 000$hm^2$） | 地块2（30 000$hm^2$） | 地块3（20 000$hm^2$） | 地块4（40 000$hm^2$） |
| 河流1（90 000$hm^2$） | 200 | 300 | 400 | 300 |
| 河流2（30 000$hm^2$） | 500 | 300 | 100 | 200 |
| 河流3（40 000$hm^2$） | 200 | 100 | 400 | 200 |

**（1）约束条件**

1）灌溉面积约束为

$$\sum_{i=1}^{3} x_{ij} = b_j$$

式中：$x_{ij}$为由$i$河流灌溉的$j$地块的面积（$i$=1，2，3；$j$=1，2，3，4）。

$$x_{11} + x_{21} + x_{31} = 70\ 000$$

$$x_{12} + x_{22} + x_{32} = 30\ 000$$

$$x_{13} + x_{23} + x_{33} = 20\ 000$$

$$x_{14} + x_{24} + x_{34} = 40\ 000$$

2）灌溉能力约束为

$$\sum_{j=1}^{4} x_{ij} = b_i$$

$$x_{11} + x_{12} + x_{13} + x_{14} = 90\ 000$$

$$x_{21} + x_{22} + x_{23} + x_{24} = 30\ 000$$

$$x_{31} + x_{32} + x_{33} + x_{34} = 40\ 000$$

3）非负约束为

$$x_{ij} \geqslant 0\ (i = 1,2,3; j = 1,2,3,4)$$

**(2) 目标函数**

$$\sum_{i=1}^{3}\sum_{j=1}^{4}C_{ij}x_{ij} \rightarrow \min$$

$$Z = 200x_{11} + 300x_{12} + 400x_{13} + 300x_{14} + 500x_{21} + 300x_{22} + 100x_{23} + 200x_{24} + 200x_{31} + 100x_{32} + 400x_{33} + 200x_{34} \rightarrow \min(\text{最小值})$$

**(3) 求解**

应用单纯形法求解，决策变量为

$$x_{11} = 70\ 000\text{hm}^2 \quad x_{14} = 20\ 000\text{hm}^2 \quad x_{12} = x_{13} = 0$$

$$x_{23} = 20\ 000\text{hm}^2 \quad x_{24} = 10\ 00\text{hm}^2 \quad x_{21} = x_{22} = 0$$

$$x_{32} = 30\ 000\text{hm}^2 \quad x_{34} = 10\ 00\text{hm}^2 \quad x_{31} = x_{33} = 0$$

$$200x_{11} + 300x_{14} + 100x_{23} + 200x_{24} + 100x_{32} + 200x_{34} = 2900\ \text{万元}$$

灌溉年费用为 2900 万元作为最优灌溉方案。

## 2. 灌溉方法优化

需要灌溉的面积为 100hm$^2$、150hm$^2$ 和 160hm$^2$ 的三块地段，可采用地面自流灌溉和喷灌两种方法，喷灌面积因设备限制为 80hm$^2$。各地段单位面积产量与灌溉方法有关，有关数据见表 17-15。求解总产量最高的最优灌溉方法方案。

**表 17-15 线性规划基本数据**

| 灌溉方法 | 地块单产/（kg/hm$^2$） | | |
|---|---|---|---|
| | 地块 1（100hm$^2$） | 地块 2（150hm$^2$） | 地块 3（160hm$^2$） |
| 喷灌 | 3800 | 3000 | 2400 |
| 地面自流灌溉 | 3600 | 2600 | 2200 |

**(1) 约束条件**

- 喷灌面积约束：$x_{11} + x_{12} + x_{13} \leqslant 80$
- 地面灌溉面积约束：$x_{21} + X_{22} + X_{23} \leqslant 410$
- 地块面积约束：$x_{11} + x_{21} \leqslant 100$

  $x_{12} + x_{22} \leqslant 150$

  $x_{13} + x_{23} \leqslant 160$
- 非负约束

**(2) 目标函数**

求下列线性函数的最大值：

$$Z = 38x_{11} + 30x_{12} + 24x_{13} + 36x_{21} + 26x_{22} + 22x_{23} \longrightarrow \max(\text{最大值})$$

**(3) 求解**

应用单纯形法求决策变量值为

$$x_{11}=0 \quad x_{12}=80 \quad x_{13}=0$$

$$x_{21}=100 \quad x_{22}=70 \quad x_{23}=160$$

$$Z=30\times80+36\times100+26\times70+22\times160=11\ 340\times10^2\text{kg}=1\ 134\ 000\text{kg}$$

由此可知，要取得最高产量为1 134 000kg，必须地块1和地块3完全采用地面灌溉（$x_{21}=100$，$x_{23}=160$），地块2则采用两种灌溉方法，70hm$^2$ 采用地面灌溉法（$x_{22}=70$），80hm$^2$ 用喷灌（$x_{12}=80$）。

# 第三节　供水工程用地规划

## 一、供水工程用地的类型

由于水源的类型不同，供水工程（又称水源工程）用地类型包括水库用地、抽水站用地、机 井用地等。水电站一般是结合水库、河流拦水而修建的，也可看做是供水工程的一部分。

## 二、供水工程用地的要求

### （一）水库用地要求

水库库址选择是供水工程规划的首要问题。对于其他土地利用规划项目起着控制作用。库址选择要做到经济合理，以求达到省工高效之目的。

**库址地形**　地形要肚大口小。所谓肚大是指库址谷底宽广平缓、蓄水多；口小即谷狭窄，以缩短坝长，节省工料，降低工程投资。

**库址水源**　水源丰富，要有足够的集水面积。大中型水库一般是拦河兴建，小型水库主要是拦蓄地面径流，若集水面积过小，则会造成水源不足，水库蓄不满水；集水面积过大，则洪峰流量过大，溢洪道的工程量加大。库址最好选在有常年流水的泉溪地方。

**河段落差**　为了利用水库发电，库址河段应有适当的落差，同时应能集中满足发电要求的流量。

**坝址地质条件**　筑坝地点（坝址）地质条件好，基础稳固不沉陷、不漏水。库底和山坡上若有裂缝和洞穴，必须能够补塞。在靠近坝址附近，要有适合开挖溢洪道的山坳，坝址附近要有足够数量的建筑材料（黏土、石料、沙等）。

**灌溉条件**　库址距离灌溉区要近，地形要高于灌溉区地面，以使引水渠道短，沿渠水量损失小和建筑物少，并能保证自流灌溉。

**淹没损失**　库区淹没损失要小，淹没农田、村庄和交通设施少，避免大规模的人口迁移。同时水库泄洪路线要避开人口稠密地区和城市、重要工矿区及交通干线，保证水库下游国家和人民生命财产的安全。

## （二）抽水站用地要求

平原湖区往往以抽提河水、湖水作为灌溉水源，同时由于平原湖区地形平坦，渍涝频繁，抽水站常常是起灌排两用的作用。

1. 站址位置

抽水站位置应选在灌排适中的位置。从灌溉要求考虑，站址应选在地势较高的地方，以便控制更多的灌溉面积；从排涝要求考虑，站址应选在地势较低处，并靠近容泄区，以提高排涝控制面积。灌排两用站应选在靠近低田的地势较高的位置，以便灌排兼顾。

2. 站址地形

站址地形要使抽水站工程和灌排渠系布置方便、经济合理，并靠近水源，有足够的灌溉水量供应。

3. 取水口位置

灌溉取水和排涝出水口最好设在不冲不淤的稳定流段，如因其他条件限制，冲淤有矛盾时，一般是宁冲勿淤。站址基础应坚定稳固，避免流沙或淤泥层。机房基础最好在地下水位以上。

4. 交通条件

站址应尽量选择在交通方便、村庄附近的地方，以便于施工、维修和管理。电力排灌站应尽可能靠近电源，以减少抽水站输变电工投资。

## （三）机井用地要求

在北方干旱半干旱平原地区，由于地表水源缺乏，常开采地下水进行农田灌溉，其井位用地应满足下列要求：

**井位布局** 布置服从农田基本建设的总体安排，一般应靠近渠、路和沟布置，多设在田块的角上。

**井位条件** 井位选择在田块高处，以利输水和控制较大的灌溉面积，同时井应尽量设在灌水田块的适中位置（不是在田块的中央），以减少渠道水量损失和缩短灌水时间。当地形为一面坡时，井位应设在灌水地段的上部，以减少渠道填方量。

**水量条件** 井位应选在富水带，以提高出水量。为减少井群抽水干扰和便于拦截地下水，机井应排列成行，并尽量与地下水流向垂直，前后机井要错开，以免影响出水量。

**灌水组织**　在渠井结合灌区，要使井位与灌溉渠系很好地结合，以便利用多井汇流，扩大灌溉效果。

## 三、水库用地规划

### （一）水库库容的确定

水库库容由两部分组成：在放水涵洞以上和正常蓄水位以下之库容称为有效库容，可供农田灌溉和人畜用水、发电之用；放水涵洞以下库容称为死库容，用以满足养鱼、沉淀泥沙和水库上游通航等要求。

1. 有效库容（$V_{有效}$）的确定

由于水库的来水与用水之间往往是不相适应的，这种不适应性反映在一年之内不同的月份，或反映在年与年之间，不论哪种情况都必须对径流进行调节。前者称为年调节，后者称为多年调节。因此，设计低水位确定以后便可根据水库的来水和供水资料进行调节计算。其目的在于确定水库的有效库容，有效库容就是水库的供水量。

2. 死库容（$V_{死}$）的确定

死库容的大小取决于水库下游农田自流灌溉、沉淀泥沙和水库养鱼等因素的要求，一般来讲，修筑水库的主要目的是为了农田灌溉。因此，死库容的确定主要满足下游农田自流灌溉所要求的引水位高程，以保证放水建筑物泄放渠道设计流量具有的最低水位。

### （二）水库供水量估算

依据水库供水量和需水量计算成果，分析水量供需情况确定水库的有效库容。当供水量＞需水量时，以需水量作为水库有效库容；当供水量＜需水量时，以供水量作为水库有效库容。

### （三）水库用地规划

水库用地由水库建筑物用地组成。水库建筑物由拦水坝、溢洪道和放水涵管所组成，规划时，必须确定建筑物的位置，选择其建筑形式，据以计算其用地面积。

1. 拦水坝

拦水坝是横控河道的拦水建筑物，用以拦蓄水量和抬高水位。坝体设计应包括坝高、坝顶宽和坝坡等项设计。

**(1) 坝高的确定**

坝顶高程为正常蓄水位即水库设计水位、溢洪道水深、风浪高和安全超高之和(图 17-10)。其计算公式如下：

$$H = h + h_1 + h_2 + \delta$$

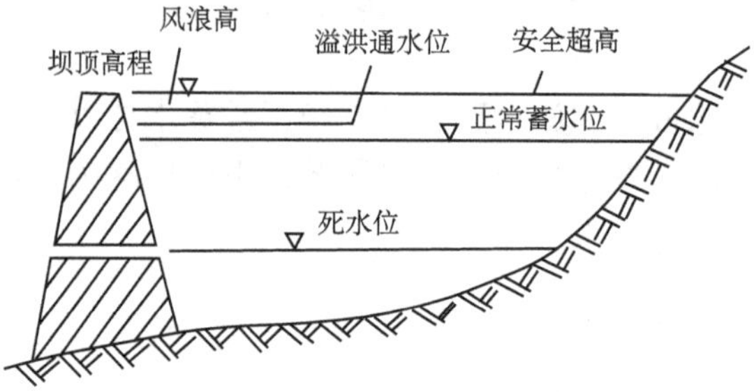


图 17-10　坝高组成部分

式中：$H$ 为坝顶高程（m）；$h$ 为正常蓄水位（m）；$h_1$ 为溢洪道水深，即涨洪时溢洪道上最大水深，一般可采用 0.5～1.0m：$h_2$ 为风浪高（m），与坝边坡、护坡类型有关，一般可取 0.5m 左右；$\delta$ 为安全超高（m），与坝高有关，一般取0.4～0.6m。

**(2) 坝顶宽度的确定**

坝顶宽度考虑到施工、构造、防汛抢险、交通等要求。坝顶宽度是根据坝高来决定(表 17-16)。

**表 17-16　坝顶宽度参考值**　　（单位：m）

| 坝高（$H$） | 5～7 | 8～9 | 10～12 | 13～16 |
|---|---|---|---|---|
| 坝顶宽度 | 3.0 | 3.5 | 4.0 | 4.5 |

**(3) 拦水坝边坡的确定**

坝边坡应根据坝高、坝型、土料特性、基础和渗透条件等情况加以确定。土质拦水坝边坡可参考表 17-17。

**表 17-17　土质拦水坝边坡参考数值**

| 土坝高度/m | 上游坝坡（迎水面） | | | | 下游坝坡（背水面） | | | |
|---|---|---|---|---|---|---|---|---|
| | 第一级 | 第二级 | 第三级 | 第四级 | 第一级 | 第二级 | 第三级 | 第四级 |
| 5 | 1∶2.0 | | | | 1∶1.5 | | | |
| 10 | 1∶2.0 | 1∶2.5 | | | 1∶1.5 | 1∶2.0 | | |
| 15 | 1∶2.0 | 1∶2.5 | | | 1∶1.5 | 1∶2.0 | | |
| 20 | 1∶2.0 | 1∶2.5 | 1∶3.0 | | 1∶1.5 | 1∶2.0 | 1∶2.5 | |
| 25 | 1∶2.0 | 1∶2.5 | 1∶3.0 | | 1∶1.5 | 1∶2.0 | 1∶2.5 | |
| 30 | 1∶2.0 | 1∶2.5 | 1∶3.0 | 1∶3.5 | 1∶1.5 | 1∶2.0 | 1∶2.5 | |

为了增加坝身的稳定和减少暴雨对坝坡的冲刷，坝高 5m 的土坝采用一坡到底；坝高 9m 以上的土坝采用分级坝坡（坝高 10～15m 采用二级坝坡，坝高 20～25m 采用三级坝坡，坝高 30m 以上采用四级坝坡）。在下游坝坡上应加设戗台，戗台宽度为 1.0～1.5m，戗台位置如图 17-11 所示。戗台上顺坝轴线方向应修排水沟，以收集坝坡雨水并排至坝外。

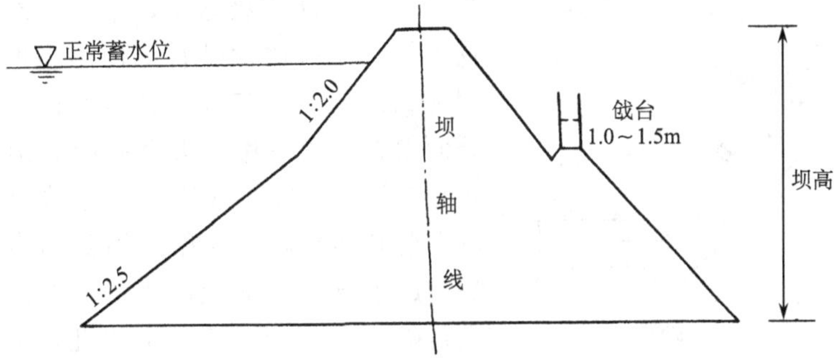


图 17-11　土坝断面

## 2. 溢洪道

溢洪道是水库宣泄过量洪水、确保土坝安全的建筑物，如图 17-12 所示。

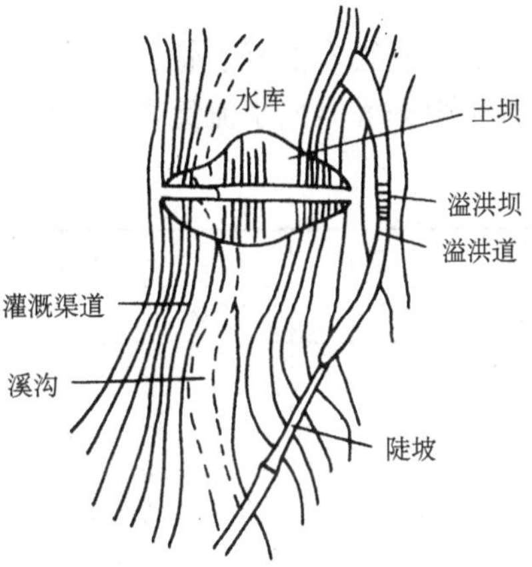


图 17-12　溢洪道和放水涵洞布置图

为了及时宣泄进库的过量洪水，避免洪水漫溢坝顶威胁水库安全，必须修筑溢洪道。溢洪道位置的选择极为重要。如果水库周围有天然山凹，其高度和蓄水高度相近，下游又有泄水的地方，这是开挖溢洪道比较理想的位置。如果不具备这种有利地形，可在坝两端较平缓山坡上开挖。溢洪道尽量避免设在土坝上，应与土坝保持一定距离。一般来讲，溢洪道的进口距坝端最少在 20m 以上。其出口至坝脚距离不应小于 50～60m，以保证土坝的安全。

溢洪道的断面尺寸的确定是关系水库工程造价的重要问题。其尺寸大小与暴雨强度、集水面积、地面坡度及植被覆盖率等情况有关，必须根据当地情况因地制宜加以确定。表 17-18 所示溢洪道的断面尺寸供参考。

**表 17-18　溢洪道断面尺寸参考**

| 溢洪道深度/m \ 集水面积/$hm^2$ | 20 | 40 | 60 | 80 | 100 |
|---|---|---|---|---|---|
| 0.2 | 14.00 | 28.00 | | | |
| 0.3 | 7.60 | 15.20 | 22.80 | | |
| 0.4 | 5.00 | 10.00 | 15.00 | 20.56 | 25.00 |
| 0.5 | 3.52 | 7.04 | 10.56 | 14.08 | 17.60 |
| 0.6 | 2.68 | 5.36 | 8.04 | 10.72 | 13.40 |
| 0.7 | 1.75 | 3.50 | 5.24 | 7.00 | 8.70 |
| 0.8 | 1.28 | 2.50 | 3.75 | 5.00 | 6.25 |

3. 放水涵管

放水涵管是利用水库进行灌溉的重要建筑物，通过它把库内水引入下游灌溉渠道，以保证农田灌水。小型水库的放水启闭设备通常采用分级放水卧管，如图 17-13 所示。这种卧管自上而下地逐级取水，水温较高，利于农作物生长。建造这种卧管可使用当地材料，不需用金属的闸门及启闭设施。所以，易被群众掌握而得到广泛应用。坝身一旁的山坡与放水涵管相连接，最好建在坚实的原状土质或石质基础上避开坝身，以避免因坝身不均匀沉陷而折裂。放水管的上端应高出水库最高蓄水位，管上每隔 0.3～0.6m 设一放水孔，平时用孔盖封闭，用水时，随水面下降逐级打开，让库水由孔口流入卧管内，再经涵洞放至水库下游。

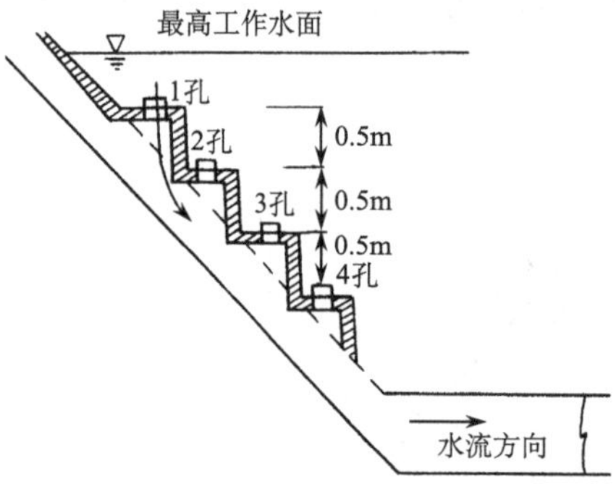


图 17-13　放水卧管

放水涵管有混凝土管、木管、瓦管和竹管等，其形状有圆形和方形。放水涵管断面尺寸是根据灌溉放水流量来决定的（表 17-19）。

**表 17-19　放水涵管断面尺寸**

| 项目<br>流量/($m^3$/s) | 输水涵洞纵坡 1∶200/cm | | 卧管/cm | |
|---|---|---|---|---|
| | 圆涵(内径) | 方涵(宽×高) | 圆涵(内径) | 方涵(宽×高) |
| 0.05 | 25 | 25×25 | 20 | 20×20 |
| 0.1 | 40 | 37×37 | 25 | 25×25 |
| 0.2 | 50 | 48×48 | 35 | 32×32 |
| 0.3 | 55 | 56×56 | 40 | 37×37 |
| 0.4 | 65 | 63×63 | 45 | 42×42 |
| 0.5 | 70 | 68×68 | 45 | 45×45 |

# 四、供水工程用地面积概算

## （一）水库用地面积估算

水库用地面积包括库区面积、库区被静水库容水体淹没的面积和拦水坝、溢洪道等水库枢纽工程的占地面积。关于水库枢纽工程占地面积的估算可根据前面介绍的各枢纽工程的实际用地规划情况进行推算。一般情况下，水库占地面积的估算主要是对库区的淹没面积进行估算。

水库库区面积主要取决于库址的地形与水库规模。当坝址选定后，通常库区面积即为拦水坝以上的全部集水面积，一般通过库区地形图上可以量算出水库的库区面积。而库区内被静水库容水体淹没的面积（即水面面积），可从前面介绍的水位-库容和水位-

面积关系曲线上求得。在估算水库占地面积时，一般可根据水库库容达到防洪库容上限时，即水库水位达到设计供水位时，库区被淹没的面积即为水库占地面积，其值可从水位-面积关系曲线上直接求得。有时候，有些要求较高的水库，要考虑遭遇到比设计洪水更大的校核洪水，其溢洪时，所达到的最高洪水位称为校核洪水位，此时还不允许漫过坝顶。这时估算水库占地面积，则以水库水位达到校核洪水位时，库区被淹没的面积为水库占地面积。水库的特征水位及相应库容如图 17-14 所示。

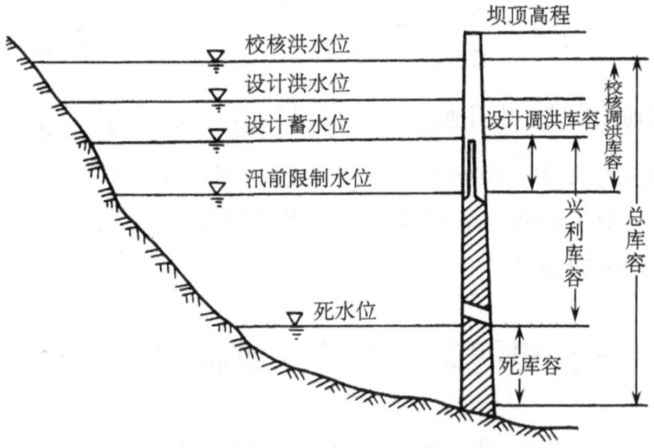


图 17-14　水库的特征水位及相应库容

### （二）抽水站和机井用地面积概算

抽水站用地面积估算，主要根据抽水站平面布置和规模大小进行估算，每个抽水站用地面积一般为 2000～7000m²。机井用地面积包括井位占地和配电设备占地，每单井用地面积一般为 130m² 左右。

## 第四节　灌排工程用地规划

在农用地规划中，为了将水源引到用水地点或田间灌溉农田和将洪涝地区或田间多余的水排到田外，就必须建立一套灌排工程系统，该系统所占土地叫灌排工程用地，它和道路一样起着骨架作用。它的规划是否合理，对土地利用总体规划方案具有重大影响。

### 一、灌排工程用地的类型

一个完善的灌排水工程系统应包括渠道取水枢纽、输水配水系统、田间调节系统、排水汇水系统和灌排渠系上的建筑物。另外，在丘陵山区，包括塘坝蓄水工程；在平原低洼地区包括堤防、圩垸和排水枢纽工程。

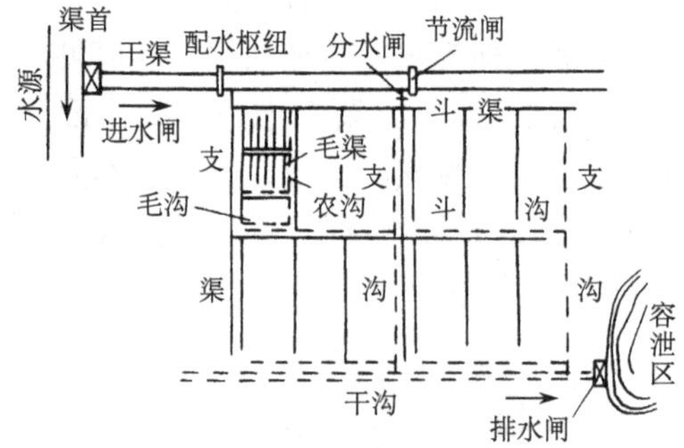


图 17-15　平原地区灌排系统用地规划

## （一）取水枢纽

取水枢纽是工程控制的关键部位，其主要丘陵山区的取水枢纽，排灌站是平原低洼地区的取水和排水枢纽（图 17-15）。

## （二）输水配水系统

其任务在于从灌溉水源引取灌溉水量，通过各级渠道输送和分配到田间。灌溉渠道一般分干、支、斗、农四级，大灌区可多于四级，小灌区可少于四级。各级渠道是土地利用规划项目的重要组成部分，与其周围的土地组成不可分割的整体。

## （三）田间调节系统（或称田间工程）

包括毛渠、输水沟、灌水沟、灌水格田等临时渠道，其任务是把来自农渠的水分送到田块，以满足作物需水要求。

## （四）排水泄水系统

指从田间到排水出口的各级排水渠道。一般包括农、斗、支、干级排水渠道，其任务是将田间多余的水量排至容泄区。

## （五）排水枢纽和排水容泄区

把洪涝和田间多余水量排入容泄区的工程设施叫排水枢纽，包括各种排水设施。容泄储存洪涝等多余水量的地区叫容泄区。

## （六）灌溉排水系统上的建筑物

为保证渠道顺利通过各种天然地物和人工建筑物等障碍而修建的渠系建筑物主要有：调节水位、控制流量、宣泄洪水的各种水闸，跨越谷地、山沟、水道的渡槽和倒虹吸管，穿过山涧的隧洞，穿过道路、土坝和填方渠道的涵洞，连接坡度较大的陡坡、跌水、船闸及量水建筑物等。

从以上灌排工程系统的各组成部分的功能及其用地布局与分布位置的相关性等因素考虑，整体上看，灌排工程用地可划分为三大类型：取水枢纽用地，灌排渠道输水工程用地及容泄区与排水枢纽用地；三类用地分别位于灌区（区域）内的上、中、下游地段。其中灌排渠道输水工程用地包括灌溉渠道工程、排水渠道工程、渠系建筑物及田间工程等部分，各部分紧密相关，往往用地不可分割。灌排渠道输水工程用地是灌排工程用地的主体，其用地规划必须与灌溉水源和排水容泄区紧密配合，以“水利”为根本，以“水土资源平衡”为原则，因地制宜建立科学合理的综合性灌排工程系统。如，我国劳动人民在长期生产实践中创造了适宜山区、丘陵区水土资源特征的“以蓄为主，蓄、引、提相结合的长藤结瓜式水利系统”(图 17-16)，其主要特点是蓄水以塘坝为基础，水库为骨干，通过开渠引水、机电提水把河流和灌区内部的塘库等蓄水工程连结起来，形成一个分散蓄水、统一灌溉的完整水利系统，充分利用水资源扩大灌溉面积，并对防止山洪和保护土地有很大作用，是一种理想的灌排工程用地规划的类型。

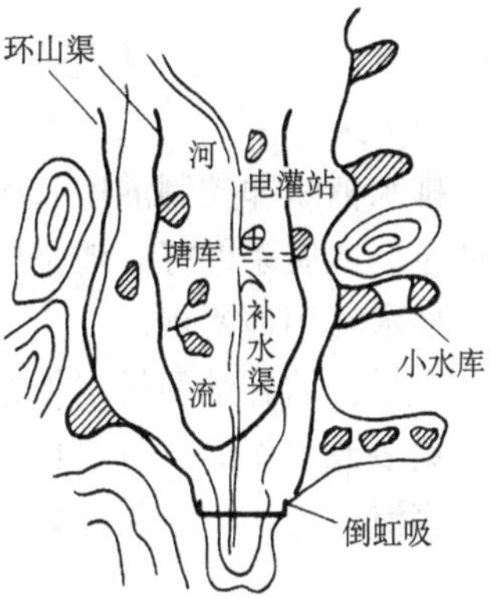

图 17-16　丘陵山区长藤结瓜式水利系统

## 二、灌排工程用地要求

### (一) 骨干渠道输水工程用地要求

骨干渠道输水工程主要包括干、支两级灌排渠道。骨干渠道输水工程的布局关系到整个灌溉地区的土地利用规划、灌排效益和工程造价及管理养护等一系列有关全局性的问题。因此，在进行骨干渠道输水工程用地布局选线时，既要考虑渠道本身对用地的要求，还应注意其他有关问题，一般应考虑如下要求：

1) 在水源和容泄区水位既定的条件下，灌溉渠道应尽量布置在灌溉区的最高地带，排水渠道应尽可能选在较低位置。

2) 渠道选线应尽量少占或不占耕地，并尽量改造和利用原有水利设施。

3) 在地形上应使渠道纵坡比降适中，不致造成渠道的冲刷或泥沙淤积。渠道纵坡比降，一般干渠采用 1/10 000～1/2000，支渠为 1/3000～1/1000，斗、农渠为1/1000～1/200。

4) 渠道应尽可能短顺平直，沿线地质坚固稳定，透水性弱。渠道选线时要避开透水性强及大段易坍的松散岩层和风化坡、积土石地带。

5) 渠道配置应保证工程费用少，尽量减少工程量，输水损失小，工程效益大，满足经济合理的要求。为此，渠道布置时，要尽可能避免深开挖、高填方，要考虑有利于配置渠系建筑物，有利于与道路相结合。有时个别地段干渠不一定越高越好，对个别高地，可采用提水灌溉。低洼地区，有时为避免容泄区水位顶托，排水干沟位置则可适当提高，让局部劣地改为机电抽排和临时蓄水区。

6) 上级渠道的布置应为下级渠道的合理规划和其他土地利用规划项目的合理规划创造条件。

## （二）排水枢纽与容泄区用地要求

排水枢纽即控制灌区（区域）用于排水的建筑物，如排水闸、排水站等。排水枢纽地址应选地质条件好，地基坚固稳定，外河水流平稳，不冲不淤的地段，其他要求参见前述抽水站用地要求。

容泄区即容纳经排水枢纽排泄出去的多余水量的场所。容泄区一般为天然河流、湖泊、塘堰或水库等。有时也选择一些低洼地作为行洪蓄洪区，但应选择淹没损失小的圩区。容泄区地势应越低越好，最好能做到自流排水，同时要求容泄区有足够的承容量。

# 三、灌排工程用地规划

## （一）骨干渠道输水工程用地规划

根据骨干渠道输水工程的用地要求，其用地规划布置常见有以下几种形式：

### 1. 干渠沿等高线布置

采用较小的纵坡，支渠则垂直等高线布置这种形式适用于地面向一侧倾斜的地区，干渠一般沿等高线走向布置在灌溉区的最高位置（图 17-17）。

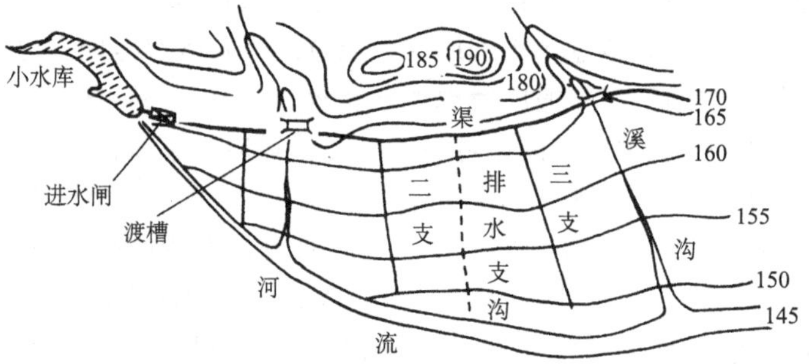


图 17-17　干渠沿等高线（m）布置示意图

### 2. 干渠垂直等高线布置

其纵坡比降视地面坡度而定干渠一般沿地面岗脊线布置，排水沟沿山谷线布置，支渠从干渠两侧分出，沿等高线布置。这种形式适用于地形呈脊状隆起的浅丘岗地（图 17-18）。

### 3. 合理穿绕布置

丘陵山区布置渠道会遇到各种障碍，如岗、冲、溪、谷等。这时应根据具体的地形条件和经济合理的原则，采取适当布置形式，如盘山渠、干渠直线通过（图 17-19，图 17-20）。

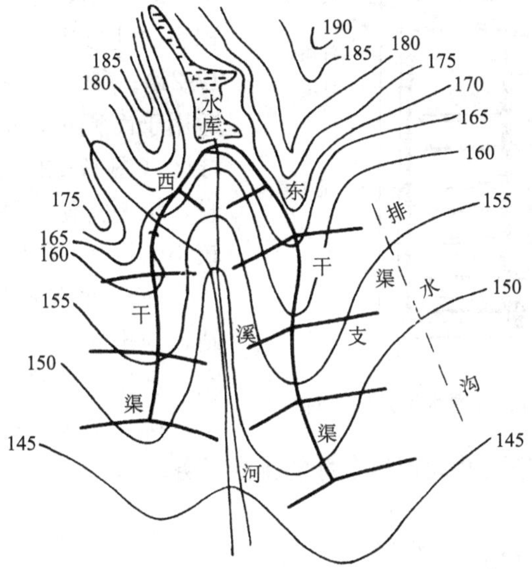


图 17-18　干渠垂直等高线（m）布置

图 17-19　盘山渠

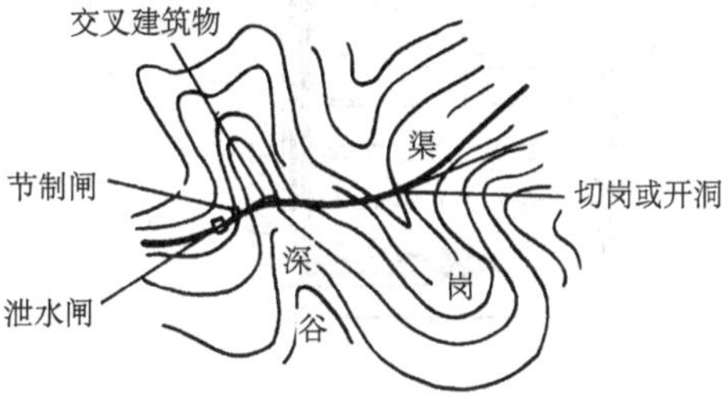


图 17-20　干渠直线通过

合理穿绕布置可概括为：浅冲盘山走，深谷直线过，跨谷寻窄浅，穿岗求单薄。具体说，通过山冈的方式有：①绕岗（山冈宽厚）；②挖明渠（山冈薄，挖深 10m 以下）；③开隧洞（挖明渠深度在 10m 以上时）。通过冲谷的方式有：①绕冲（平缓开饲的浅冲）；②修填方渠道（谷口窄浅，山洪小时）；③修渡槽（谷口窄深，山洪大，洪水位低时）；④修倒虹吸（谷口窄深，山洪大，洪水位高时）。

### 4. 河网化布置

在平原圩区，一般是结合圩区土地利用规划，通过改造老河道开挖新河道，组成纵横交错的“丰”字形河网。河网与灌溉渠系相结合的布置有以下几种形式：

1）排灌完全结合为一套水利系统，不另设专门的灌溉渠，即河网为排灌两用，以提水灌溉为主。

2）河网与灌溉渠部分结合，即以部分河网作灌溉两用。

3）排灌完全分开为两套水利系统。灌溉渠系一般采用干、支两级到田，和干沟（中心河）、支沟（生产河）相对布置。这种形式应用较多，又分为以下三种布置方式：

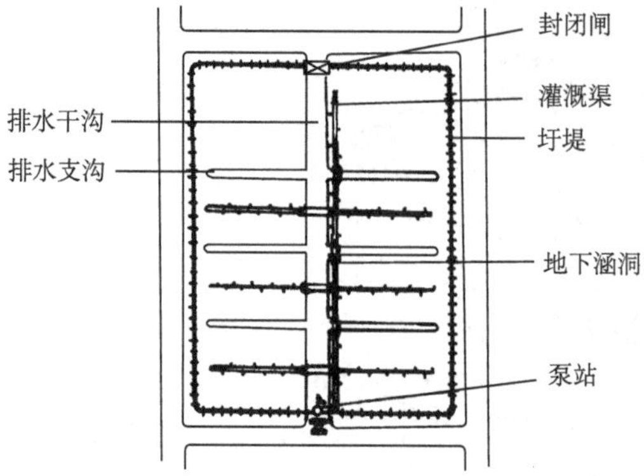

图 17-21　一圩一站、排灌沟渠并列布置

①一圩一站，排灌沟渠并列，适用于面积小，地形中间高，周边低的圩区（图17-21）；②一圩一站，干渠沿圩边布置，适用于面积小，地形四周高、中间低的圩区（图 17-22）；③一圩多站，分片灌溉，统一排涝，适用于面积较大，高差较小的圩区(图 17-23)。

前两种方式圩区内只设一座抽水站，为排灌两用；第三种方式则布设数座抽水站，灌溉渠道以站为单位分片布置，排水系统全圩统一布局，一般也呈“丰”字形，各抽水站还要共同担负全圩的排涝任务。

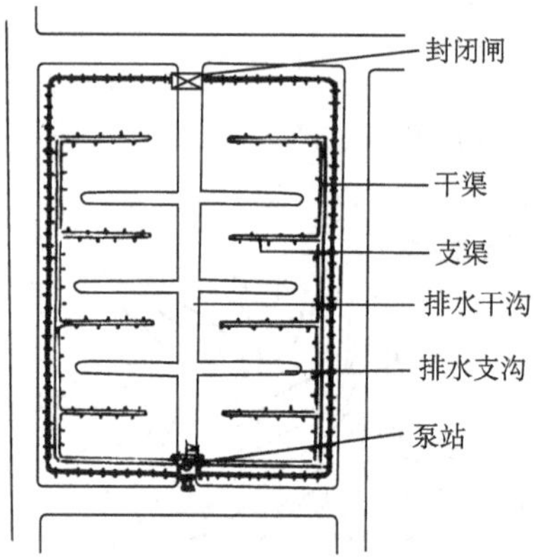

图 17-22　一圩一站、干渠沿圩边布置

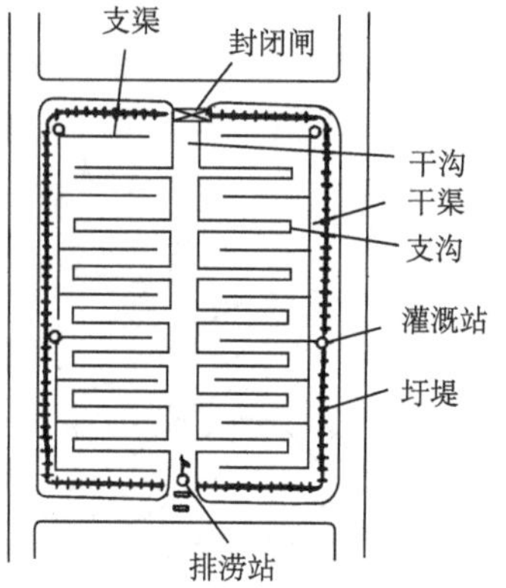

图 17-23　一圩多站，分片灌溉，统一排涝布置

## （二）容泄区与排水枢纽工程用地规划

容泄区用地可以利用当地天然河流、湖泊或低洼坑地、劣地等场所，与渠道系统进行整体规划，尽可能使农田多余水量自流或部分自流排入。因此，在排水渠道进入容泄区的出口处，根据实际需要规划好排水闸。在雨量较多、地势低洼的地区，为保证“遇涝排水”顺利进行，则必须布设排水站。

排水站装机流量（即排水流量），按当地排涝标准确定。排涝标准是指对某一频率下的定时段雨量产生的涝水在一定时间内排除的要求，各地不一，如湖南省洞庭湖区为10 年一遇 3 日暴雨 3d 时间内排至作物耐淹深度。一般在控制排水面积较小（$<50km^2$）时，可采用平均排除法计算设计排水流量。

抽水站的规划布置，要根据地形不同采用不同的布置形式：①对于地面高差较大的圩区，可采取等高截流分区一级排水的形式，即分区建站，高水高排，低水低排。②对于面积较大，地面高差也较大，又有内湖的圩区，则可采取等高截流分区分级抽排的形式，即遇暴雨时，可由内排站（二级站）将部分涝水抽排入内湖临时存蓄，与外排站（一级站）相结合进行分区分级排水，其特点是充分发挥了内湖调蓄作用，延长了一次暴雨的总排水时间。③对于常见的那些地势平坦的圩区，通常采用一级外排的形式。当圩区面积较小时，为一圩一站，集中外排（图 17-21，图 17-22）；当圩区面积较大时，则为一圩多站，分区外排（图 17-23）。

## 四、灌排工程用地面积概算

前面已介绍，从整体上看，灌排工程用地可划分为三类，实际上，灌排渠道输水工程用地是主要用地。另两类即取水枢纽用地和容泄区、排水枢纽用地，面积相对都较小，特别是大多数容泄区结合河流、湖泊基本上不占地。对这两类用地面积概算可参见前述有关内容。下面主要介绍灌排渠道用地面积概算。渠道用地面积是由渠道长度和宽度决定的。渠道路线布置确定后，渠道长度也就确定了。而渠道的占地宽度，则取决于渠道的流量、横断面形状等水力要素。

### （一）灌排渠道用地面积估算

#### 1. 渠道设计流量的计算

灌溉渠道设计流量与渠道控制面积、作物组成、作物灌溉制度等因素有关，一般按下式计算：

$$Q_{设} = \frac{\sum_{i=1}^{n} m_i \cdot A_i}{86\,400 \cdot T \cdot \eta}$$

式中：$Q_{设}$ 为渠道的设计流量（$m^3/s$）；$m_i$ 为各种作物的灌水定额（$m^3/hm^2$）；$A_i$ 为控制的各种作物的灌溉面积（$hm^2$）；$T$ 为允许灌水的延续天数（d）（旱作区 10～15d，水稻区 7～10d）；$\eta$ 为渠系水有效利用系数，与渠道控制面积、流量大小、土质等条件有关，小型渠道为 0.7～0.9 左右，中、大型渠道变化在 0.6～0.8 之间，表 17-20 可供某些渠道设计时参考。

**表 17-20　渠系水有效利用系数**

| 土壤类别 | 旱作区 | | | 水稻区 | | |
|---|---|---|---|---|---|---|
| | 支渠 | 斗渠 | 农渠 | 支渠 | 斗渠 | 农渠 |
| 黏壤土 | 0.70 | 0.75 | 0.80 | 0.80 | 0.85 | 0.90 |
| 中壤土 | 0.65 | 0.70 | 0.75 | 0.75 | 0.80 | 0.85 |
| 沙壤土 | 0.60 | 0.65 | 0.70 | 0.70 | 0.75 | 0.80 |

排水渠道设计流量可采用排水模数经验公式法或平均排除法（参见前述排水站装机流量确定），其中平均排除法计算原理与灌溉渠道相似（无有效利用系数一项）。

## 2. 渠道用地面积与渠道设计流量等水力要素的关系

灌排渠道用地面积与渠道断面设计密切相关。因为渠道占地宽度取决于渠道横断面尺寸（图 17-24），确定横断面尺寸关键在于搞好渠道占地宽度水位以下过水断面的设

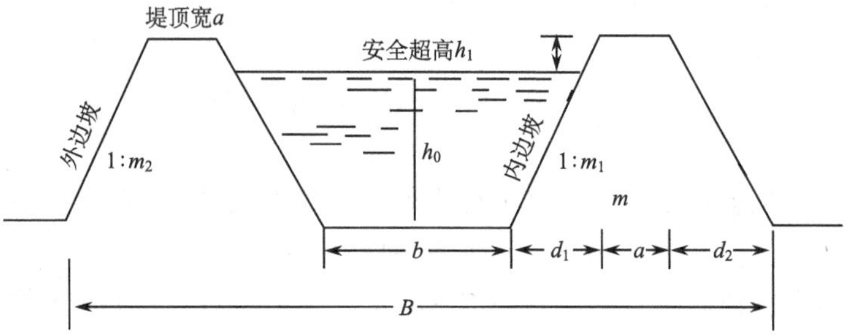


图 17-24　渠道占地宽度

计。渠道横断面尺寸是根据渠道设计流量、渠道纵坡比降等水力要素一般按明渠均匀流速公式计算，即

$$Q = \omega \cdot V = \omega \cdot C \cdot \sqrt{R \cdot i}$$

式中：$Q$ 为流量（$m^3/s$）；$\omega$ 为过水断面面积（$m^2$），与底宽、水深及边坡系数相关；$V$ 为平均流速（m/s）；$i$ 为渠道纵坡比降；$R$ 为水力半径（m），$R = \omega/x$，$x$ 为湿周（m），指水位以下，渠道横断面被水湿润的周长，也与底宽、水深及边坡系数有关；$C$ 为流速系数，取决于渠床粗糙率 $n$ 和水力半径 $R$，$n$ 值是反映渠床边界粗糙程度的一个系数。求 $C$ 值可采用两种方式：

1）巴甫洛夫公式：$C = \dfrac{1}{n} \cdot R^y$

适用于 $R$ 值在 0.1～3.0 之间和 $n$ 值在 0.011～0.040 之间。当 $R < 1$m 时，近似计算可取 $y = 1.5\sqrt{n}$；当 $R > 1$m 时，取 $y = 1.3\sqrt{n}$。

2）满宁公式：$C = \dfrac{1}{n} R^{1/6}$

## 3. 渠道占地宽度计算渠道横断面形状常见的是梯形断面（包括矩形和复式断面）

渠道横断面结构一般有挖方渠道、填方渠道和半挖半填渠道（图 17-25）。

三种横断面结构形式的渠道占地宽度都可参照图 17-24 及公式确定：

$$B = b + 2a + 2m_1 h + 2m_2 h = b + 2a + 2d_1 + 2d_2$$

$$h = h_0 + h_1$$

式中：$B$ 为占地宽度（m）；$b$ 为过水断面设计底宽（m）；$a$ 为堤顶宽（m）；$m_1$、$m_2$ 分别为内、外边坡系数；$h$ 为渠道设计深度（m），$h$ = 设计水深 $h_0$ + 安全超高 $h_1$；$d_1$、$d_2$ 分别为内、外坡占地水平宽度，计算挖方渠道占地宽度时可不考虑 $d_2$ 项，但深挖方渠道 $d_1$ 项有时要增加戗道宽度。

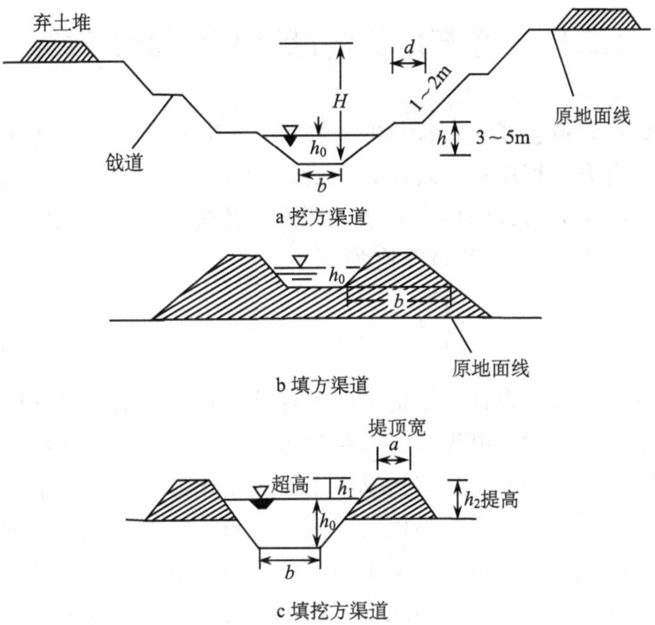


图 17-25　渠道断面结构

渠道边坡系数 $m$ 值一般根据土壤质地或渠床砌护材料而定，较大渠道可查找有关的渠道设计规范。小型土质渠道黏土（重壤土、中壤土）、轻壤土、沙壤土和沙土的研值可分别为 1.0、1.25、1.5 和 2.0 左右。渠床用砖石等材料衬砌护面时，优值可取0～0.5（优=0 时即为矩形断面）。一般选外边坡系数略小于内边坡系数 0.25～0.5 左右。另外，当排水渠道挖深大于 1.5～3.0m 时，通常其边坡系数优值要增加 0.5～1.0 左右，以保边坡稳固。

堤顶宽度与道路结合时，可按交通要求确定。一般情况下渠道安全超高与堤顶宽度可参见表 17-21。

**表 17-21　渠道堤顶宽与安全超高**

| 渠道流量/（$m^3/s$） | 超高/m | 堤顶宽/m |
|---|---|---|
| ＜0.5 | 0.2～0.3 | 0.5～0.8 |
| 0.5～1.0 | 0.3～0.4 | 0.8～1.0 |
| 1.0～5.0 | 0.4～0.5 | 1.0～1.5 |
| 5.0～10 | ≥0.5 | 1.5～2.0 |

在渠道占地宽度计算中，渠道设计底宽 $b$ 和设计水深 $h$ 要利用上述明渠均匀流公式反复试算来确定。试算过程中，$b$ 值和 $h$ 值的增减变化是互为反相关的，渠道过水断面宽深比 $b/h$ 的确定，即 $b$ 值和 $h$ 值的确定是一个要深入探讨的问题。

## （二）渠道节地经济断面用地面积估算

用对上述明渠均匀流公式进行计算时，在 $Q$、$i$ 及 $n$ 已知的情况下，都希望得到最小的值，以减少土石方工程量；或者说，在 $Q$、$i$ 及 $n$ 一定的条件下，使 $Q$ 最大，水力学把满足上述条件的断面形式叫做水力最优断面。通过数学运算推导得到，梯形渠道水力最优断面水力半径 $R=1/2$，其宽深比为

$$\frac{b}{h}=2(\sqrt{1+m^2}-m)$$

按水力最优断面宽深比设计的渠道横断面往往是窄深式的，这种形式在施工和应用方面，对大型渠道来说一般不够理想（大型渠道多为宽浅式的）。但对中小型渠道而言，宽度不大，深度较小，易于施工，造价基本上取决于土方量，所以水力最优断面是经济断面。作者认为，水力最优断面，不仅可以减少土石方工程量（既减少挖方，而且由于渠道宽度变窄，在高填方处又可大大减少填方并缩小占地宽度），还可以节省占地面积，从长远来看，节地经济价值更大，因此，我们把水力最优断面称之为节地经济断面。另外，现代化农业要求渠道建设在不断向着高标准高质量方向发展，特别是田间渠道断面砌石（砖）、混凝土、水泥护面等方式在大力发展，这一趋势更有利于采用节地经济断面。节地经济断面，由于设计过水断面为最小，则引起设计流速增大，在进行水力计算中，要求设计流速不大于渠道最大允许不冲流速；而采用砌护的渠道则可大幅度增大允许不冲流速，可完全满足设计流速的要求。另一方面，节地经济断面，具有最小的湿周，因而节省了砌护的材料，节约了资金，更加显示出它的优越性。可见，节地经济断面有很大的发展优势。

为了方便设计工作，作者根据梯形节地经济断面的宽深比等特征值，代入明渠均匀流公式，推算得到了不必反复试算直接求得 $b$、$h$ 值的简便式。

令 $\alpha=2\sqrt{1+m^2}-m$，$\beta=2\ (\sqrt{1+m^2}-m)$，则可得

$$b=\beta\cdot h$$

用巴甫洛夫公式求流速系数 $C$ 值时

$$h=\left(\frac{2^{0.5+y}\cdot n\cdot Q}{\alpha\cdot i^{0.5}}\right)^{\frac{1}{2.5+y}}$$

式中：$R<1\mathrm{m}$ 时，$y=1.5\sqrt{n}$；$R>1\mathrm{m}$ 时，$y=1.3\sqrt{n}$。

用满宁公式求 $C$ 值时（我国实际应用中常采用本公式）

$$h=\left(\frac{1.587\cdot n\cdot Q}{\alpha\cdot i^{0.5}}\right)^{3/8}$$

为方便计算，上式中 $\alpha$、$\beta$ 可参见已算好的 $\alpha$、$\beta$ 值表，见表 17-22。

表 17-22　不同 $m$ 值的 $\alpha$、$\beta$ 值

| $m$ | 0 | 0.25 | 0.50 | 0.75 | 1.00 | 1.25 | 1.50 | 1.75 | 2.00 | 2.50 |
|---|---|---|---|---|---|---|---|---|---|---|
| $\alpha$ | 2 | 1.81 | 1.74 | 1.75 | 1.83 | 1.95 | 2.11 | 2.28 | 2.47 | 2.89 |
| $\beta$ | 2 | 1.56 | 1.24 | 1.00 | 0.828 | 0.702 | 0.606 | 0.531 | 0.472 | 0.383 |

实际工作中，可根据渠道设计流量 $Q$、渠道纵坡比降 $i$、渠床糙率 $n$ 和边坡系数 $m$，利用上述简便设计公式很方便地直接求出节地经济断面的设计水深和设计底宽，因此，估算渠道节地经济断面占地宽度和用地面积也非常方便。

# 第十八章　农业用地规划

农业用地包括耕地、园地、林地、牧草地及水产用地。据土地利用现状调查，1996年全国农业用地面积为65 545万$hm^2$，占土地总面积的68.95%，其中耕地面积为13 004万$hm^2$，占土地总面积的13.68%；园地面积为1002万$hm^2$，占土地总面积的1.05%；林地面积为22 761万$hm^2$，占土地总面积的23.94%；牧草地面积为26 606万$hm^2$，占土地总面积的27.99%；水面面积为2171万$hm^2$，占土地总面积的2.28%。农业用地是粮、棉、油、果品、林副产品、畜产品和水产品的主要生产基地，对国民经济的持续稳定发展具有重要作用。因此，集约利用农业用地、提高其利用率和产出率是农业用地规划的重要任务。农业用地规划包括耕地规划、园地规划、林地规划、牧草地规划和水产用地规划。

## 第一节　耕 地 规 划

### 一、耕地组织形式

耕地是人类食物的重要生产基地。根据Whittake R H的估算，世界耕地年初级生产量为$11.30\times10^{16}$kJ，占地球的年初级生产量的5%。耕地一年内所生产的食物量只有$21.88\times10^{15}$kJ，占19%，说明耕地生产利用的潜力是很大的。

耕地组织形式系指实施作物种植结构和作物轮作制度的耕地利用方式。目前我国耕地主要有轮作田和耕作田两种组织形式。

#### （一）轮作田区组织形式（固定轮作或分区轮作）

为了落实作物布局和种植结构，将耕地按照轮作周期的年限划分成若干个面积基本相等、肥沃度近似的轮作田区。所谓轮作田区是指作物轮换种植的基本单元。在轮作田区之间按照一定的顺序，在时间和空间上轮换种植作物。如三年五作轮作方式见表18-1。

**表18-1　三年五作轮作周期表**

| 田区＼年度 | 第一年 | 第二年 | 第三年 |
|---|---|---|---|
| 第Ⅰ区 | 中稻—大元麦或油菜 | 中稻—绿肥 | 中稻—大元麦 |
| 第Ⅱ区 | 中稻—绿肥 | 中稻—大元麦 | 中稻—大元麦或油菜 |
| 第Ⅲ区 | 中稻—大元麦 | 中稻—大元麦或油菜 | 中稻—绿肥 |

实行轮作田区组织形式应当具备下列条件：①具备本地区科学的轮作制度；②种植计划比较稳定，年际间作物种植面积变幅不超过5%～10%；③土地使用范围稳定和产权明晰，土地集中连片，农田基本建设标准较高，以保证年际作物产量较为均衡。

轮作田区利用组织形式的不足之处是对于作物种植按照市场经济的要求变动适应性和灵活性较差。

### （二）耕作田块组织形式（单田轮作）

耕作田块组织形式是在同一块耕地上按时间先后安排作物的轮换顺序，各田块之间不存在作物的轮换关系，而且这种耕地组织形式对田块大小没有特定的要求，很适合当前农户经营的特点。这种形式过去在我国长期存在并被普遍采用。它的优点是比较灵活机动而且能随市场需求改变种植计划。其不足之处在于易造成年际间作物种植比例和作物产量不稳定，作物配置较分散。

## 二、耕作田块配置

耕作田块是最基本的耕作和管理单位，它的规模、长度、宽度、方向、形状等要素配置的合理与否，直接影响到田间灌排渠系、田间道路、护田林带等作用的发挥及机耕效率的提高。所以正确配置耕作田块是耕地规划的一项重要内容。

### （一）耕作田块的长度

适宜的田块长度有利于提高机械作业效率、灌溉效率和合理组织田间生产过程。

为了提高拖拉机的工作效率，要求耕作田块具有一定的长度。田块越长，则拖拉机在地头空行转弯的次数相对地越少，工作效率也越高，耗油量也随之减少，机件磨损也小。如东方红-54进行耕翻时，当田块长度为300m时，机组空转弯时间占有效作业时间的30%，而当其长度为1000m时，它的空转弯时间仅占有效作业时间的4%。田块长度与机组的工作效率有着密切的关系（表18-2）。

**表18-2　某拖拉机耕地工作效率与田块长度的关系**

| 田块长度/m | 50 | 100 | 200 | 400 | 600 | 800 | 1000 |
|---|---|---|---|---|---|---|---|
| 行程利用率/% | 51 | 68 | 88 | 89 | 93 | 94 | 95 |
| 班工作量/$hm^2$ | 3.67 | 4.33 | 4.87 | 5.20 | 5.40 | 5.47 | 5.53 |
| 所占比例/% | 67.00 | 97.70 | 88.50 | 95.30 | 97.70 | 99.00 | 100.00 |
| 亩耕油量/kg | 1.73 | 1.45 | 1.30 | 1.21 | 1.18 | 1.16 | 1.15 |
| 所占比例/% | 150.00 | 126.00 | 113.00 | 105.50 | 102.50 | 101.00 | 100.00 |

从表18-2可以看出，机械作业效率随着田块长度的增加而提高，但不成正比例。当田块长度在400m以下时，作业效率的变化非常明显，但超过400m以上，其变化幅

度就不太显著，而田块长度在500m左右时，其行程利用率即可达到90%以上。因此从机械作业要求情况来看，田块长度不能太短，但也不是越长越好。从我国目前情况来看，农业机械化还是有选择性的进行，在一个相当长的时期内，许多田间作业，还要人、畜力去完成，所以田块长度也要兼顾人、畜力作业的要求。

其次，田块的长度还要考虑灌溉的要求，在灌溉区，耕作田块即灌水地段，因此要根据末级固定渠道要求的适宜长度和控制面积来确定田块的长度。根据有关试验，农渠长度为400～600m是适宜的。

田块的长度一般在500～800m或更长一些。在平原地区田块长些，而丘陵地区要短些；在旱作地区可长些，而在水稻区则短些。

## （二）耕作田块的宽度

在平原地区机械化较高的条件下，田块的宽度要便于机械顺利作业在划分作业小区进行耕作时，田块宽度最好为作业小区整数倍。如康拜因采用回形法收割时，其作业小区宽一般为200～300m，而拖拉机带一台或两台犁进行耕翻时，作业小区宽约为50～100m。由于各种机组的工作幅宽不同，所以在具体确定田块宽度时，可参照当地使用量最大的机组的工作幅宽的整数倍来定。

灌溉区田块的宽度即末级固定渠道的间距，据试验以200m左右为宜，最大不超过300m，以便于水稻田的灌溉管理。田块过宽，往往使田块内小地形不一致，增加平整土地的工作量。

风害地区要考虑护田林带的间距，主林带沿田块长边配置，其间距即为田块的宽度，林带的间距取决于有效防风距离，一般为树高的25～30倍，若树高10～12m，护田林带间距则为250～350m。

综上所述，在平原地区田块宽度可在200～400m左右。水稻地区可窄些，旱地水浇地可宽些。

在需要排水的地区，田块宽度要结合排水沟的有效间距来确定，以保证将地下水位控制在临界深度以下这时排水沟间距与土壤质地、作物对地下水位深度的要求、沟的深度及机械作业要求等因素有关。一般在非盐碱地区，沟深1.0～1.5m时，排水沟间距可采用200m左右，在盐碱地区，沟距可适当缩短。

## （三）耕作田块的规模

根据上述耕作田块的适宜长度和宽度，其规模大致为10～13.33$hm^2$。反之，在一定的独立地段上，由于面积已定，也限制了田块的长和宽，所以田块的长宽与规模是相互制约的。

在不同地区由于采取不同的经营方针，种植不同的作物种类田块规模差别很大。一般在平原机械化旱作地区，要求田块具有较大的规模，而在丘陵水田地区，规模就不可能太大。在水稻田内还要进一步划分格田，以便精细平整土地，更好地控制稻田的灌排水和田间作业，格田的规模一般在0.33～0.4$hm^2$长度为50～150m，宽度为20～40m。

据湖南省岳阳县新开乡调查，该乡丘陵连绵起伏、冲谷小垄遍布，田块小且形状不规则，有的村每块田平均 0.063hm$^2$。而陕西关中地区，田块规模一般长 300～400m，宽 100～300m，面积为 6.67hm$^2$ 左右。新疆条田约长 600m，宽 300m，面积为 18hm$^2$ 左右。黑龙江省平原地区，田块长约 500～800m，宽 200～400m，面积为 15～32 hm$^2$。

## （四）耕作田块的外形

为了便于机械作业和田间管理，田块的外形要力求规整，尽量做到：①田块最好是长方形、方形，其次是直角梯形，平行四边形；②田块的两个长边要呈平行和直线；③不能把梯形和平行四边形田块的短边设计得过斜；④不能把田块设计成形状不规整的三角形和多边形。据有关资料表明，在较小的三角形田块上耕翻土地时，空转率要比相同面积长方形田块增加 1.5 倍。

在不规则外形的地段上划分耕作田块时，要力求外形规整。三角形、梯形地段的设计如图 18-1 所示。

在自然边界（河流、沟谷、山等）较多的地区，最好把自然界线设计成田块的短边，这样既不影响机械作业又不浪费土地（图 18-2）。

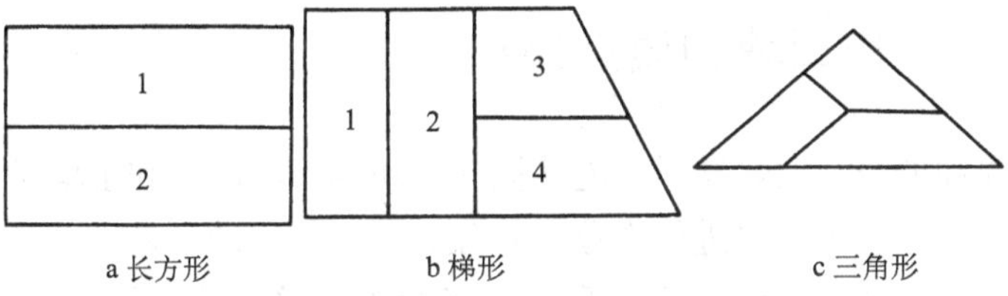


图 18-1　不同形状地段田块设计

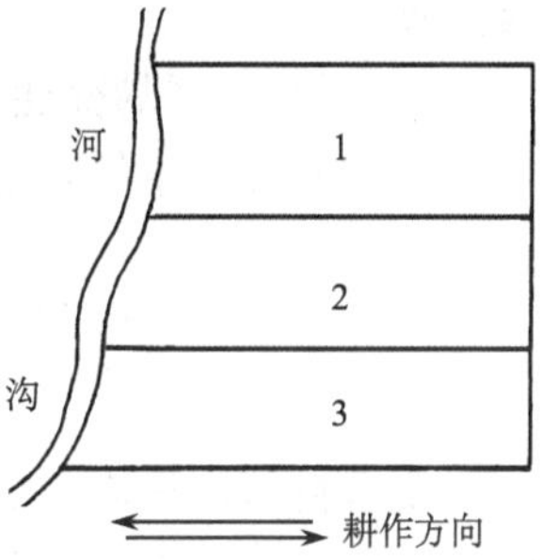


图 18-2　田块短边在曲线边界上

## （五）耕作田块的方向

耕作田块的方向系指田块的长边方向。在选择田块方向时应考虑下列要求：

1）要为作物生长发育创造良好的光照条件。田块方向应保证作物从早到晚一天当中能够尽量多吸收太阳的光热。根据日出与日没的方位移动，太阳光线投射到作物东西行向和南北行向的时间不同，如夏半年（春分到秋分）太阳出没偏北，太阳照射到东西行向的株间的时间比南北行向的株间长，温度也较高，这对春播和喜温作物有利，所以夏半年作物东西行种植为好。而冬半年（秋分到春分）太阳出没偏南，投射到南北行的株间时间比夏半年要长，这对越冬作物有利，所以冬半年以南北行种植作物为好。至于某些耐阴作物或有特殊要求的作物要具体分析，恰当安排。

2）要有利于机械作业和水土保持的要求在坡地上，田块方向影响到地表径流的大小和土壤的侵蚀量（表 18-3）。

**表 18-3 田块方向分别为顺坡与横坡时土壤侵蚀量**

| 雨量/mm | 降雨次数 | 地面坡度 | 耕作方向 | 细沟密度/(m/m²) | 片蚀点密度/(m/m²) | 侵蚀量/(kg/hm²) |
|---|---|---|---|---|---|---|
| 12.2 | 4 | 10°～13° | 顺坡 | 1.84 | 0.9 | 35 775 |
| 12.0 | 4 | 10°～13° | 横坡 | 0.20 | 3.1 | 4200 |

注：参考北方旱区农业学术讨论会论文选编，1993 年，第 116 页。

从表 18-3 可以看出，在降雨量、降雨次数和地面坡度基本相同的条件下，由于耕作方向不同，顺坡比横坡土壤侵蚀量大 8.5 倍。其次影响机械作业效率，当拖拉机机组顺坡耕作时，为了克服爬坡阻力，势必加大拖拉机的功率消耗。试验结果表明，当机组爬坡时每上升 1°，消耗功率 16.5%；当田块方向平行等高线时或沿等高线变化不大时，每上升 1°只消耗功率 0.25%。可见田块的长边应沿等高线方向配置。

3）要有利于降低地下水的要求 在盐渍土地区，降低地下水位，排碱洗盐是生产中的关键问题。所以末级排水沟（农沟），应垂直地下水流向布置，以利截排地下水。所以应使田块的长边垂直于地下水流向。

4）要有利于防风要求一般主林带沿田块长边方向配置，使主林带与主害风方向垂直，防风效果最好，因此在设有护田林带地块上，耕作田块长边应与主害风方向垂直或接近垂直。

5）要有方便的交通运输条件要使耕作田块的方向与居民点的位置保持最短的距离和最便利的交通条件，避免由于田块方向设计的不合理引起绕道而行。

### （六）耕作田块的质量组成

要求耕作田块内土壤、坡向和坡位一致，这样才能使同一田块内土壤肥力和土壤耕性一致，从而使作物生长发育一致，便于同时进行作业、管理和获得稳定的产量。

综上所述，配置耕作田块时受多种因素的影响，它们之间既相互影响又相互制约，应根据不同地区特点，抓住主要矛盾，首先应满足主要要求，综合考虑其他要求，使耕作田块得到合理配置。

## 三、田间灌排渠系配置

田间灌排渠系系指末级固定渠道（农渠、农沟）以下及耕作田块内的临时渠道（毛渠、毛沟、灌水沟、畦等）。由于地区和灌水方式的不同，田间灌排渠道布置形式亦多种多样，以下主要介绍地面明渠方式下田间灌排渠系的配置。

### （一）一般要求

1）要与其他有关规划项目紧密配合，要结合田块、林带、道路的配置综合考虑一般应将田间沟、渠沿田块界线配置，做到田块规整，便于耕作和灌排。

2）要考虑地形条件和机耕要求，尽量利用田间原有工程设施，以减少工程量和财力消耗。

3）布置田间渠时应注意与上一级渠道的水位衔接，以利灌溉和排水。

## （二）平原地区

田间灌排渠系的布置形式（图 18-3）如下：

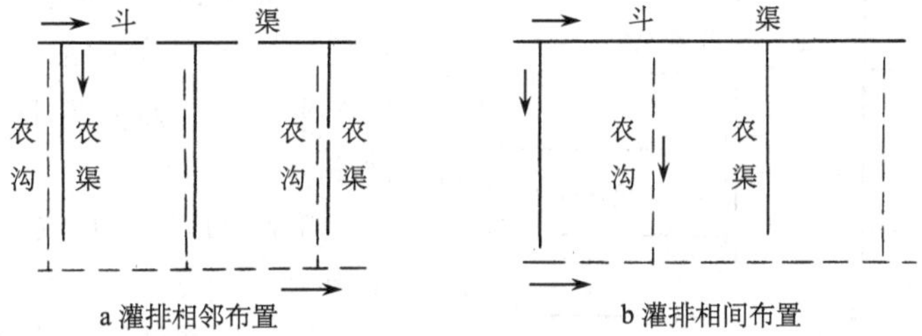


a 灌排相邻布置　　b 灌排相间布置

图 18-3　田间灌排渠系布置形式

### 1. 末级固定渠道（农渠、农沟）的布置形式

1）灌排相邻布置，即农渠与农沟相邻布置。这种形式适用于一面坡地地形区。

2）灌排相间布置。即农渠向两侧灌水、农沟承泄两侧的排水。这种形式适用于小地形起伏地区。将农渠布设在高处，农沟布设在低处。这种形式有利于两面排水，减少渠道的渗漏损失，但修渠工程量大，减少了田面宽度，对机耕效率有影响。

3）上灌下排与灌排合一。上灌下排形式也叫竖向结合形式，即排水沟为暗沟，暗沟上面为灌水渠。灌排使用同一条渠道，为灌排合一形式。这两种形式的优点是节约耕地，但投资较大，不便于控制地下水位，影响作物产量和增加灌溉用水量。

### 2. 田间临时渠系的布置形式

**纵向布置**　灌溉水从毛渠通过输水沟进入灌水沟、畦。毛渠布设方向与灌水沟、畦方向一致，为田间灌溉创造良好条件（图 18-4a）。

**横向布置**　灌溉水直接从毛渠输送到灌水沟、畦。毛渠布设方向与灌水沟、畦方向垂直。这样布设使灌水沟、畦沿地面最大坡度方向，以利于灌溉（图 18-4b）。

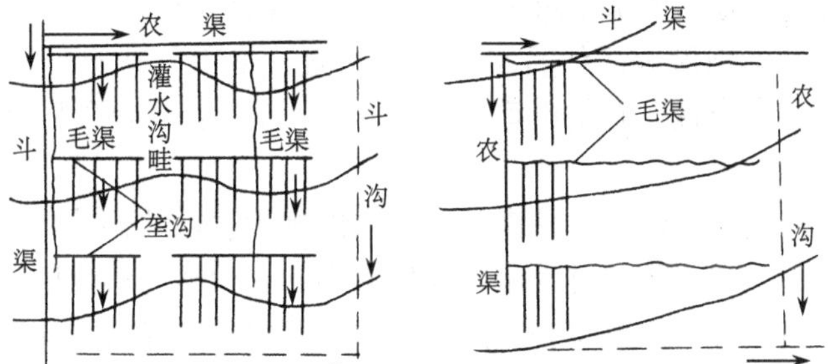


a 纵向布置　　b 横向布置

图 18-4　田间临时渠系布置形式

毛渠的间距，当采用纵向布置时，输水垄沟的长度一般在 50～80m，若双向控制，则间距加倍。当采用横向布置时，毛渠的间距即灌水沟的长度一般在 50～100m，若双向控制，为其两倍，毛渠的长度即农渠的长度一般为 200～400m。

畦田是整地播种时，修筑 15～25cm 高的纵横小埂，形成一块块狭长的畦田，田面坡度介于 1/1000～1/300，一般畦长 30～100m。

在水田地区，种植水稻多采用淹灌法，将灌水地段由毛渠所控制的范围内用田埂分隔为若干格田，在格田内进行精细地平整土地，并且具有独立地进、泄水口（图 18-5）。

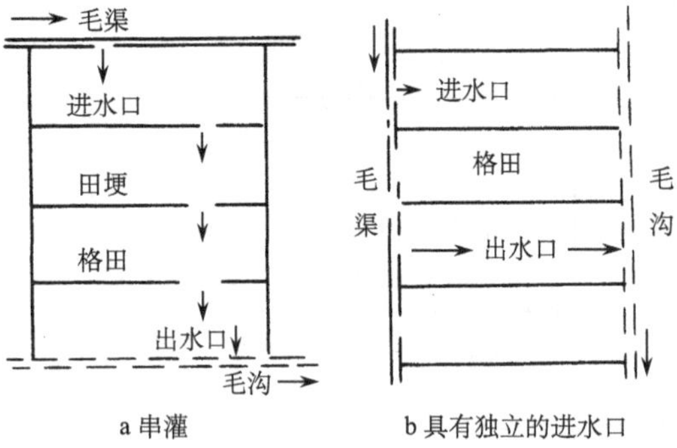


图 18-5　格田灌水方式

格田的地面坡度应小于 1/1000，格田长度一般为 50～150m。其宽度，一般根据地面坡度大小及田间管理工作的方便而定，格田宽度大致可按下式计算：

$$B=\frac{h_2-h_1}{i}\approx\frac{5h_0}{i}$$

式中：$B$ 为格田宽度；$i$ 为格田的纵向坡度；$h_1$ 为格田上缘的水层深度；$h_2$ 为格田下缘的水层深度；$h_0$ 为格田内平均水层深度。

一般 $h_2$、$h_1$ 之差不允许大于 5cm，故 $h_2-h_1\leqslant 5h_0$。设 $h_0=1\text{cm}$，坡度 $i=1/1000$，则格田宽度 $B=50\text{m}$。

## （三）山丘地区

南方山丘地区的耕地根据地形特点和所处部位，分为冈田、旁田、冲田三种类型，冈田为位于冈顶上的耕地，冲田为介于山冈之间的低平地，旁田是冲冈之间坡地上的耕地。

冈田地势高，两边坡水，主要怕旱，一般沿冈脊布置斗渠，在斗渠两侧开农渠，排灌结合。在冈头部分按地块的宽窄可分为宽冈头和窄冈头两种形式：①宽冈头，农渠垂直于等高线布置，毛渠则沿等高线呈水平方向布置，格田（畦田）呈长方形；②窄冈头，斗渠垂直于等高线布置，农渠也垂直于等高线，毛渠沿等高线随弯就势布置，格田（畦田）呈扇形。

冲田地势低洼，地下水位高，易涝易渍，应以排为主，结合灌溉。在小冲田，一般不开冲心沟，在坡水大的一侧开排水沟，在坡水小的一面开排灌两用渠。垂直冲田走向开排水腰沟多条，呈“月”字形布置。在较宽大的冲内，一般增开冲心沟，呈“用”字形布置。上小下大的冲田，排水布局在上部呈“月”字形，下部呈“用”字形布置。

旁田地面倾斜，坡度较大，按等高线修成梯田。旁田怕旱，应以灌为主结合排水。一般采用斗、农两级渠道。斗渠平行等高线布置，农渠垂直等高线布置。

## （四）低洼排水地区

末级固定排水沟的间距直接影响排除地表水的速度、降低地下水的深度及土壤脱盐程度。在确定排水沟的深度和间距时，一方面要考虑不同作物对地下水深度的要求，另一方面要考虑土壤的质地。一般来说，沟愈深，沟距就愈宽，土壤渗透性好，排水沟的间距宜宽些。在非盐渍土地区，一般沟深 1～1.5m，沟距可采用 200m 左右。在盐渍土地区，为了排盐，间距应适当缩小。

## （五）井　灌　区

在降雨比较缺乏而地下水资源比较丰富的地区，应合理开发利用地下水，以补充作物的需水量。在开发利用地下水时，应注意解决好以下三个问题：

### 1．井数的确定

在一定范围内井数应根据单井灌溉面积和灌溉耕地面积来确定。单井灌溉面积愈大，则井数愈少。井数可按单井灌溉面积除以井灌区总面积加以确定。单井灌溉面积计算公式如下：

$$S=\frac{Q\cdot T\cdot t\cdot \eta}{m}$$

式中：$S$ 为单井灌溉面积（$hm^2$）；$Q$ 为单井出水量（$m^3/h$）；$T$ 为轮灌天数（d）（即整个灌溉面积灌一次水所需时间）；$t$ 为每天抽水时间（h）；$\eta$ 为井灌渠系水利用系数；$m$ 为灌水定额（$m^3/hm^2$）。

### 2．井距的确定

一般可按单井灌溉面积确定井距（如以正方形网状布井），计算公式如下：

$$D=\sqrt{\frac{10\,000\cdot Q\cdot T\cdot t\cdot \eta}{m}}$$

式中：$D$ 为井距（m）。

或按单井影响半径确定井距，单井之间的最小间距可参考表 18-4。

**表 18-4　单井之间的最小间距**

| 含水层性质 | 单井出水量/（$m^3/h$） | | |
|---|---|---|---|
| | 100～150 | 15～100 | 15 以下 |
| | 井的间距/m | | |
| 裂隙岩层 | 200～300 | 100～150 | 60 |
| 沙　层 | 150～250 | 50～100 | 50 |

### 3. 井位的确定

井位一般呈行状并垂直于地下水流向，各行井位之间应错开，呈棋盘式。井位一般设在田块地角上，靠近沟、渠、路、林，布置在田块高处，便于自流灌水和控制较大的灌溉面积。在井渠结合的灌区，要使井位与渠系很好地结合，以便尽可能多水汇流，发挥灌溉效果。

## (六) 喷 灌 区

在干旱半干旱地区，由于水源缺乏，应大力发展喷灌等节水灌溉，喷灌与田块配置关系密切的是管道与喷头布置。

### 1. 管道的布置

对于固定式喷灌系统，需要布置干、支管；对于半固定式喷灌系统，需要布置干管。

1）在地形平坦地区，支管尽量与作物种植和耕作方向一致，这样对于固定式系统可减少支管对机耕的影响；对于半固定式系统，则便于装拆支管和减少移动支管对作物的损伤。

2）在丘陵山区，干管应在地面最大坡度方向或沿分水岭布置，以便向两侧布置支管，从而缩短干管的长度。

3）以水源为水井，井位设在田块中心为好，使干管横贯田块中间，以保证支管最短。

4）喷灌田块要求外形规整（正方形或长方形），田块长度除考虑机耕作业的要求外，要能满足布置喷灌管道的要求。

在管道上应设置适当的控制设备，以便于进行轮灌，一般在各支管上装上闸阀。

### 2. 喷头的布置

喷头的布置与它的喷洒方式有关，应以保证喷洒不留空白为宜。为了全部喷灌地块受水均匀，应使相邻喷头喷洒范围内的边缘部分适当重复，即采用不同的喷头组合形式使全部喷洒面积达到所要求的均匀度。如果喷灌系统采用定点喷灌，各喷头之间应当合理地加以组合。在设计射程相同的情况下，喷头组合形式不同，则支管或竖管（喷点）的间距也就不同。

喷头的喷洒方式有圆形和扇形两种，圆形喷洒能充分利用喷头的射程，允许喷头有较大的间距，喷洒强度低，一般用于固定、半固定系统。喷头布置形式可参考表 18-5。

**表 18-5 喷头布置形式**

| 喷洒方式 | 喷头布置形式 | 喷头间距（$L$） | 支管间距（$b$） | 实际受益面积（$S=L\cdot b$） |
|---|---|---|---|---|
| 圆 形 | 正方形 | $1.412R$ | $1.412R$ | $2R^2$ |
| | 正三角形 | $1.732R$ | $1.5R$ | $2.6R^2$ |
| | 矩 形 | $R$ | $1.456R$ | $1.456R^2$ |
| | 矩 形 | $R$ | $1.63R$ | $1.63R^2$ |

续表

| 喷洒方式 | 喷头布置形式 | 喷头间距（$L$） | 支管间距（$b$） | 实际受益面积（$S=L\cdot b$） |
|---|---|---|---|---|
| 扇　形 | 矩　形 | $R$ | $1.732R$ | $1.732R^2$ |
| | 三角形 | $R$ | $1.865R$ | $1.865R^2$ |

# 四、田间道路配置

田间道路是田间生产和运输的动脉，它联系着县与乡、乡与村、村与村、村与田间的通道，因此妥善的布置田间道路，对提高劳动生产率有着重要作用。

## （一）田间道路的种类

**拖拉机路**　是由乡（镇）通往各村或主要居民点的道路，供拖拉机和车辆行驶，服务于几个村，在旱作区路宽6m左右，水田区要窄些。

**主要田间路**　由居民点通往田间作业的主要道路，路面宽4～6m，一般多设在耕作田块的短边，服务于一组田块。

**辅助田间路（田间小道）**　是联系主要田间的道路，主要起田间运输的作用，服务于1～2个田块，路宽2m左右，一般多沿田块长边布置。

## （二）田间道路配置要求

1）要保证居民点与田间有方便的交通联系：线路直，往返距离短，可以顺利达到每一个耕作田块。

2）田间道路应沿田块边界布设，并与渠道、护田林带相协调。同时，应注意与干路取得衔接，以便形成统一的农村道路网。

3）应尽量减少占地面积路、沟、渠、林要结合配置，道路宽度和密度应按实际需要而定。应使道路跨越沟渠尽量减少，以节省桥涵工程的投资。

4）要注意田间道路的技术要求：主要道路的纵坡度不宜太大，在平原丘陵地区不宜超过6%，在山区最大不应超过11%。道路选线应在坚实的土质上，避开低洼沼泽地段。

# 五、农田防护林配置

农田防护林能够降低风速，减少水分蒸发，改善农田气候，减轻风沙和干旱的危害，为农作物生长发育创造有利的条件，从而起到护田增产的作用。配置农田防护林应注意解决下列问题：

## （一）林 带 结 构

林带结构系指造林类型、宽度、密度、层次和断面形状的综合体。一般采用林带透风系数，作为鉴别林带结构的指标。林带透风系数指林带背风面林缘 1m 处带高范围内平均风速与旷野的相应高度范围内平均风速之比。林带透风系数 0.35 以下为紧密结构，0.35～0.6 为疏透结构，0.6 以上为透风结构（图 18-6）。

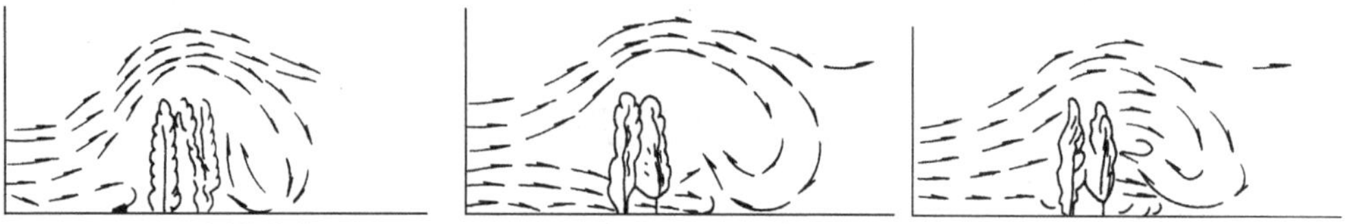


图 18-6　林带结构

1. 紧密结构

由乔木、亚乔木和灌木组成，三层树冠，树叶茂密，几乎不透风，防风距离较短，相对有效防风距离为 $10H$（$H$ 为树高），而且风积物容易沉积于林前和林带内。农田防护林不宜采用这种结构（图 18-6a）。

2. 疏透结构

由数行乔木两侧各配一行灌木组成，上下透风均匀，相对有效防风距离为 25H。不会在带内和林缘造成积雪和淤沙，所以在风沙严重的地区，可采用此种结构（图 18-6b）。

3. 透风结构

只由乔木组成，不搭配灌木，大量透风，防风距离最大，所以风害地区多采用这种结构。但在带内和林缘处风速大，易引起近林带处风蚀（图 18-6c）。

从林带的横断面来看，对于疏透结构林带来说，最好的断面形状是矩形。

## （二）林带方向

林带方向取决于主害风方向和地形条件，根据因害设防的原则，主林带应垂直于主害风（指 5 级以上大风，风速≥8m/s）方向，防风效果最佳。若由于地形条件或地界的变化，不能完全垂直时，可允许偏角有 30°左右的变化，但不宜超过 45°，否则防风效果显著下降（图 18-7）。

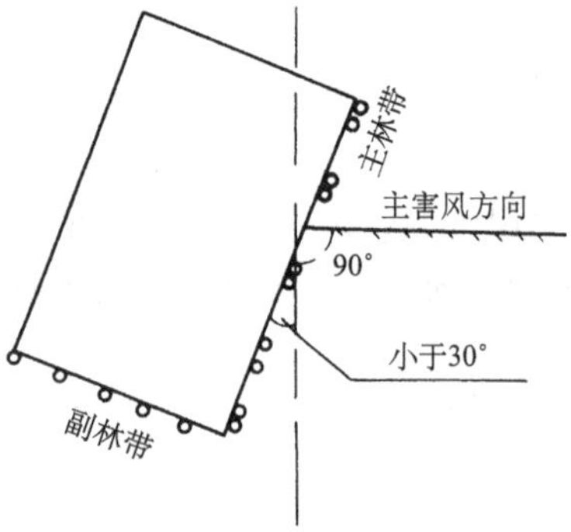


图 18-7　主林带与主害风方向

## （三）林带间距

林带间距的大小，决定于林带的有效防护距

离，这种距离与树高成正比，同时与林带的结构有关。据有关观测资料表明，林带有效防风距离为树高的20～25倍，最多不超过30倍。

## （四）林带宽度

林带宽度以节约占地和保持适当透风程度所需最小宽度或者树的行数确定。在干旱半干旱地区营造4～5行树的林带比较有效而且经济。林带并不是越宽越好，林带过窄防风效果差，过宽也不一定好（表18-6）。

**表 18-6　不同宽度林带的防风效果**　（单位：%）

| 林带宽度（行） | 20*H* 内平均防风效率 | 25*H* 内平均防风效率 |
| --- | --- | --- |
| 2 | 9.7 | 9.6 |
| 4 | 39.8 | 36.73 |
| 5 | 30.3 | 25.3 |
| 9 | 29.2 | 24.7 |
| 18 | 21.0 | 16.4 |
| 25 | 26.7 | 20.0 |

从表18-6可以看出，林带在4～9行树时防风效果较好。林带宽度（由速生树种组成的林带）和计划设计的林带纯收入之间存在如下关系式

$$\Pi = 183 - 0.71X$$

式中：$\Pi$ 为每公顷防护面积上每年的纯收入（20年平均）；$X$ 为林带宽度（$7.5 \leqslant X \leqslant 20$）。

可见随着林带宽度的增加，所取得纯收入反而减少，因为树木之间互相影响遮阳和争水肥。林带宽度计算公式为

$$B = (n-1)D + 2S$$

式中：$B$ 为林带宽度；$n$ 为植树行数；$D$ 为行距，一般取1.5m；$S$ 为由田边至林缘的距离，一般取1～2m。

## （五）林带交通口

为了便于拖拉机和各种农机具的运行，在林带长边和短边的交接处应设交通口。一般在主林带的长边，每隔400～500m处设一宽度为6～7m的交通口，两条林带交通口的位置要错开，以免形成风洞，林带的交叉处交通口应交错配置（图18-8、图18-9）。

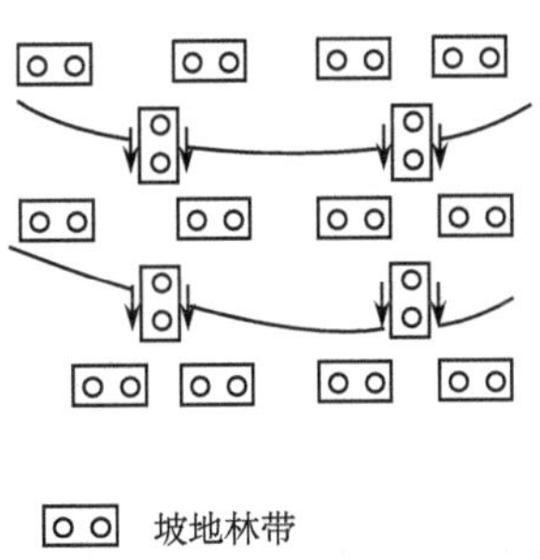


图 18-8　坡地林带交通口位置

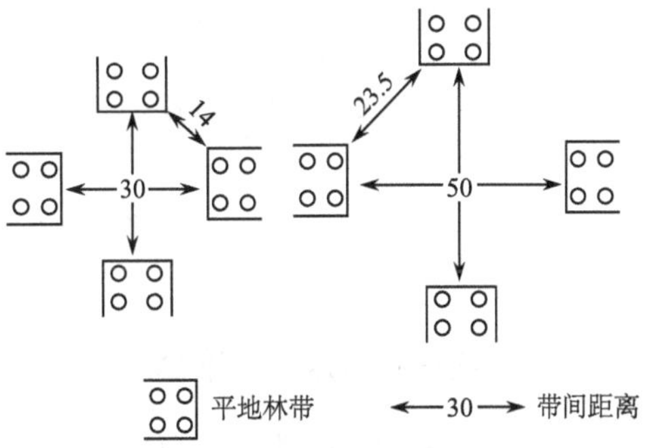


图 18-9　平地林带交通口位置

## （六）树种选择与搭配

树种选择适宜与否影响到树木的正常生长发育，树种搭配则影响林带的结构，所以树种的选择和搭配都直接影响农田防护林带的效益。

树种选择要按照“适地适树”的原则，选择最适合当地土壤气候和成林快的树种，还应以枝叶茂密、不串根、干形端直、不易给农作物感染病虫害的树种为主。

在树种搭配上一条林带只宜采用单一的乔木树种，不宜采用多种乔木树种进行行间、株间混交的搭配方式。因为不同树种的生长速度不同，生长慢的会受到抑制，形成不整齐的断面形状，有的甚至只残留一两行乔木，起不到应有的防护作用。

# 六、田间设施综合配置

田、沟、渠、路和林等项目的配置必须综合考虑和有机结合。

在旱作区，拖拉机路一般两侧植树，开排水沟，形成一路两林四沟，沟起排水、护林的作用。主要田间路和辅助田间路为减少林带对作物遮阳，道路东西走向时，林带栽在道南，南北走向时，林带栽在道西，但在坡地上，道路应布置在林带上方，以保持路面干燥。

在灌溉区，一般拖拉机路与林带设在灌水渠与排水沟之间，这样渠沟位于所服务田块的一侧，可以减少渠、沟与道路之间的交叉工程物，同时林带对路沟渠均起到良好的防护作用。有一路两林两渠两沟的形式，也有一路两林一渠一沟的形式。

主要田间道路由于设在灌水地段上端和下端的不同，具体布置有以下两种形式：

**（1）道路设在灌水地段上端与斗渠结合布置**

这样布置道路的位置高，路面干燥，但道路与下一级渠道交叉须设建筑物（图18-10）。

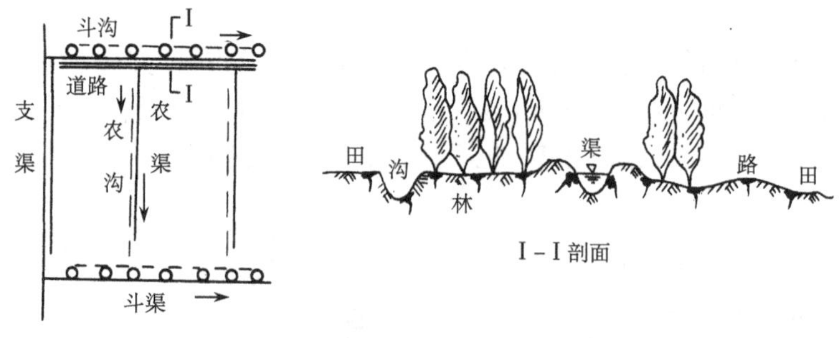


图 18-10　田-沟-林-渠-路

**（2）道路设在灌水地段下端，与斗沟结合布置**

这样布置节省基建费用，只需在斗沟与农沟相接处理涵管即可，不过道路的位置较低。如图 18-11 所示。

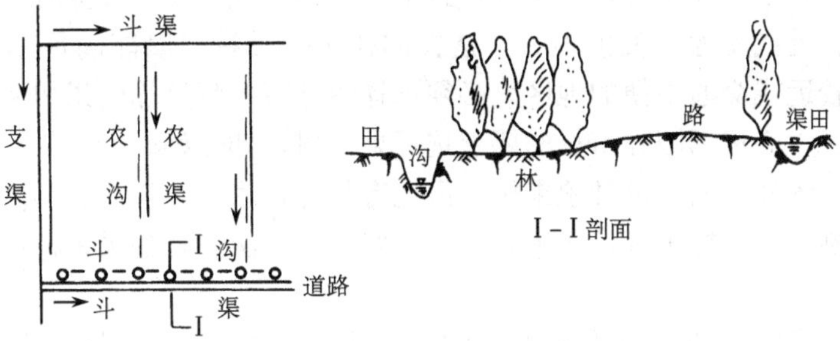


图 18-11　田-沟-林-路-渠

辅助田间道路一般结合农渠农沟设置，林带设在农渠农沟之间，辅助田间道路设在农沟外侧，直接与田块相接（图 18-12）。

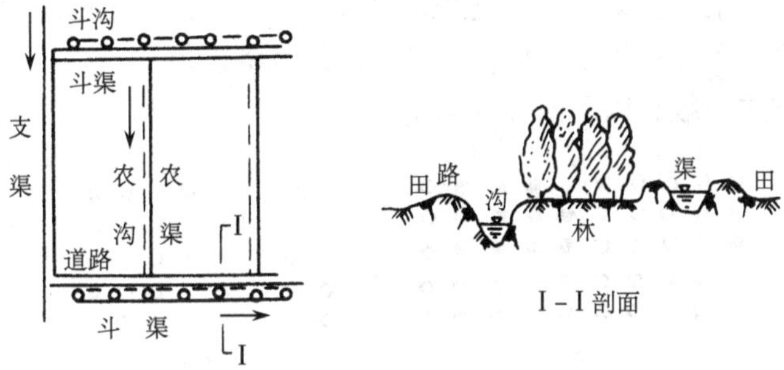


图 18-12　田-路-沟-林-渠

# 第二节　园地规划

园地包括果树、茶园、桑园、橡胶园和其他经济园地。果园是农业生产的重要组成部分。发展果园业，对于繁荣市场经济，增加农民收入，提高人民生活水平，改善农业生产条件和美化环境均具有重要的作用。以下重点介绍果园配置和茶园配置的有关内容，可供桑园、橘园、热带作物园和橡胶园配置时参考。

## 一、果园配置

### （一）果树树种与品种的选择与配置

果树树种和品种繁多，我国常用果树树种，南北方有所不同。北方主要果树树种有：苹果、梨、桃、杏、葡萄、枣、核桃、板栗、柿子等，南方主要果树树种有：柑橘、枇杷、荔枝、龙眼、香蕉、菠萝等。此外，每种果树又可以有许多品种，如苹果又分秦冠、国光、黄元帅、红富士等。不同树种和品种具有不同的生物学特性，对于气候、环境会有不同的反应。因此，在选择果树树种和品种时应注意选择那些适应当地气候、土壤、地形和水文地质等自然条件，且抗逆性强的优良树种和品种。

在距城市较近或交通方便的地方，选择的树种、品种，以能满足鲜果长期供应为好。在距城市较远或交通不便的地区，必须选择耐储藏、耐运输的果树树种和品种。有外销任务的产区，应根据国际市场的要求选择果树树种和品种。

一般来讲，各种坡向均可种植果树，但也有差异，耐旱、喜光、喜高温的树种可配置在阳坡，如桃、杏、柿子等，而苹果、梨最好种在西南坡，如果种植在阳坡，容易发生日灼。

对于不同坡度的地段，应采取不同的工程措施：在 7°～12°坡地上修筑梯田；在 20°～25°的陡坡上修撩壕，在坑内种果树，在地面坡度起伏不平的地方可进行平整，为灌溉创造条件。

果树大多为异花授粉，配置时应注意选择一定比例的授粉品种，保证优质高产。授粉树选择应具备下列条件：①能适应当地环境条件，管理要求一致；②与主栽品种的开花期一致或稍早，结果期、果树成熟延缓期也基本一致；③产生的花粉量多，且与主栽品种有良好的授粉亲和力；④丰产优质，有较高的经济价值。

授粉树配置方式一般有以下四种（图 18-13）。

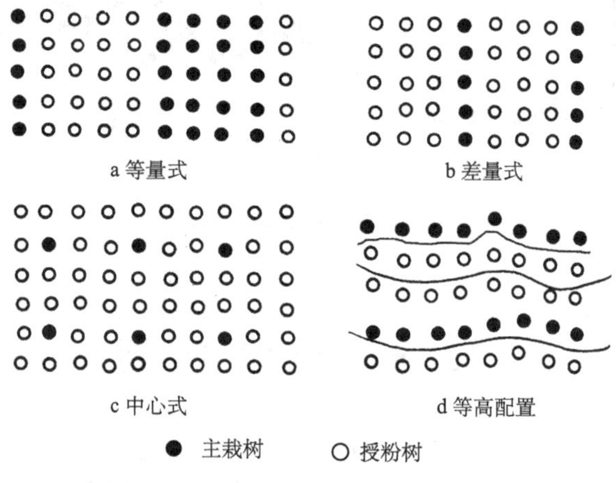


图 18-13　授粉树配置方式

**等量式**　主栽品种互为授粉树或主栽与授粉树数量相等，可采用 2∶2 或 4∶4 排列。

**差量式**　授粉树少于主栽树，如按 5∶1，3∶1，4∶1，6∶2 等排列，授粉树约占 20%～30%。

**中心式**　当授粉树很少时，可每 9 株主栽树中心配置 1 株授粉树，授粉树占 11.1%。

**等高配置**　在山地果园，沿等高线在主栽树的上部配置授粉树。

## （二）果园小区规划

果园小区是被道路、灌排渠、防护林等所分隔的地段，种植一种果树（包括互相授粉的几个品种），是耕作管理的基本单位，在规模较小的果园，可不划分小区。

**小区的面积和长宽度** 小区面积大小主要取决于果园规模、地形条件和机械作业程度。在平原机械水平较高的地区，小区面积可大一些。约在 3.33～13.33$hm^2$。在山地、丘陵地区划分小区应考虑水土保持、排灌系统、自然割裂情况，一般约 2～3.33$hm^2$，在切割程度大的地区可在 2$hm^2$ 以下。

小区的长度在采用机械作业时，尽可能在 400m 以上，在畜力作业时，可在 200m 左右。小区的宽度要便于果树行间到四周道路上产品运输和有效防风距离，一般宽度为 150～200m。

**小区的方向和形状** 小区的方向应与最适宜的果树栽植行向一致，以利增加光照和提高温度，在有风害的地区，小区长边方向应与主要害风方向垂直，在地形复杂、坡度较大的地区，小区长边方向应沿等高线布置，有利水土保持。

小区的形状，在平原地区以长方形为宜。在丘陵地带，也最好呈带状长方形，也可沿等高线方向有所弯曲。

## （三）防护林配置

一般在果园的边界上配置防护林，果园面积较大的在其内部沿小区也配置防护林，主林带沿小区长边垂直于主害风方向，其间距一般为 150～200m；副林带配置在小区短边上，并与沟、渠、路的规划相结合，其间距即小区的长度，一般为 200～400m。主林带由 5～7 行树木组成，副林带由 2～3 行树木组成，林带结构除果园周围主林带可用紧密型外，为造成园内通风透光的良好条件，其他一般采用疏透或透风型结构。

防护林树种的选择，应选择适应性强、生长快、寿命长、病虫害少，并具有一定经济价值的树种。为了避免林带遮阳影响果树生长，同时也便于机械耕作时的转弯，林带与边行果树应有 12～15m 的间距。

## （四）灌排渠系配置

平地果园，水源主要靠河流或打井，这时最好使水源布置在果园园地的中心，山地果园的水源可依靠河流、水库或提水灌溉。水库最好位于果园上部，以自流引水。若无水库，可在果园中选适当地点拦洪蓄水，修小塘或建机站，以动力抽水上山。水从水源通过干渠引至果园，再通过支渠引到小区中，一般沿果园小区短边配置，然后通过灌水沟将水引至果树行间，直接灌溉树盘。灌水沟与小区长边一致，干渠比降在 1/1000 左右，支渠比降在 1/500 左右。

果园的排水系统在下述情况下设置：①果园地势低洼，易积水形成土壤过湿或渍涝；②土壤透水性不良或有不透水层；③果园临近江河湖泊，地下水位高；④山地、丘陵地区果园水土流失严重的地方。

平地果园的排水系统由毛、支、干沟组成毛沟设在果树行间，支沟沿小区界线设置，干沟可沿干道设置，干沟的末尾为出水口，泄入容泄区。

山地果园的排水，一般在山坡上部挖拦水沟，将水汇入自然沟中，在梯田或撩壕的内侧设排水沟，连通两侧自然沟或排水沟，将水排出园外。

## （五）道路配置

果园的运输量大，管理费工，必须设置道路网。在平地，大中型果园一般设干路、支路和小路三级，小型果园可不设小路，干路一般设在果园中部，呈十字形或井字形布置，把果园分成几个大区。外与居民点、公路相通，内与支路相接，通往各个小区，一般路宽8～10m。支路一般垂直干路，设在小区边界上，路宽5～6m。小路以人行为主，为便于小区作业而设置，间距50～100m，路宽1～3m与支路垂直。

山地、丘陵果园道路应结合地形条件布置，丘陵地干、支路应尽量设在分水岭上，山地道路应按照地形修筑成迂回盘道，在道路内侧修排水沟，截排坡面来水，保持路面干燥。

根据需要设置作业站、工具房、仓库、包装场等辅助建筑物。位置应选在适中地点，并且交通方便。还应结合果园生产发展养蜂业，促进果树授粉，充分利用蜜源，增加收入。养蜂场应分散设在各小区内，每3.33$hm^2$至少养一箱蜂，对苹果、梨园最好每0.67$hm^2$设1～2箱蜂。

## （六）果树栽植方式

果树栽植方式主要指果树株行距、每公顷株数和排列形式。排列方式有：正方形、长方形、三角形和带状式（图18-14）。

图18-14　果树行列配置方式

各种配置方式定植株数计算公式如下：

$$长方形或正方形株数 = \frac{栽植面积(m^2)}{行距(m) \times 株距(m)}$$

$$三角形株数 = \frac{栽植地面积(m^2)}{行距(m) \times 株距(m) \times 0.866}$$

几种主要果树的适宜栽植株行距（表18-7）。

**表 18-7　主要果树栽植密度及株行距**

| 树　种 | 栽植方式 | 株行距/m | 每公顷株数 | 备　注 |
| --- | --- | --- | --- | --- |
| 苹果 | 正方形 | 8×8 | 150 | |
| | | 7×7 | 195 | |
| | | 6×6 | 270 | |
| | | 5×5 | 405 | |
| | 长方形 | 6×8 | 210 | |
| | | 5×7 | 285 | |
| | | 4×6 | 420 | |
| | 三角形 | — | 525 | |
| | 双行式 | (10+4) ×4 | 360 | |
| | | (8+5) ×5 | 300 | |
| | | (7+4) ×4 | 450 | |
| 葡萄 | 单篱架 | 2～3×1.5～2 | | |
| | 双篱架 | 2.5～3.5×1.5～2 | 1650～3300 | |
| | 大棚架 | 8×2.5 | | 架长 7～10 |
| | 小棚架 | 12×2.5 | | 架长 7～10 |
| | | 6×2 | | 架长 5～6 |
| | | 7×2 | | 架长 5～6 |
| 桃 | | 4×5 | 375～450 | 平地 |
| | | 2×6 | 450～825 | 山地 |
| 杏 | | 6～7×6～7 | 375～450 | 平地 |
| | | 4～5×4～5 | 450～750 | 山地 |
| 李 | | | 375～450 | 平地 |
| | | 4×6 | 450～750 | 山地 |
| 广柑 | | 3.6×2.6 | 1020 | 平地 |
| | | 3.3×2.6 | 1125 | 山地 |
| 广州蜜橘 | | 3×2.6 | 1245 | 平地 |
| | | 3×2.3 | 1350 | 山地 |

# 二、茶 园 配 置

## (一) 茶园小区规划

为了便于茶园生产管理，必须将茶园划分为若干个生产小区。在浅丘地区（5°以下，一般不修梯层。小区长度 100～150m，宽 30～50m。在丘陵地区（5°～25°），为了水土保持，一般采用等高梯层栽植，梯层宽 4～20m，长 100m 左右，小区长边沿等高线设置。

茶树的栽植方式有条植和丛植两种，以条植较好，条植时又分单条植与双条植两种，单条植比双条植的茶树发育好，且便于中耕除草，但双条植防止水土流失较好。

单行条植时，行株距视茶树类型而定。灌木状茶树，行距为 1.3m，株距为 0.3～0.4m；半乔木状茶树，行距为 1.5m，株距为 0.4～0.5m。在较陡坡地上必须建筑梯式茶园，为了适应地形和增加株行的要求，行距不必完全相等，可缩小到 1.0m 或放宽到 1.8m。

### （二）道路配置

茶园道路一般有干道、支道和步道三种。干道是联系居民点、加工厂、县级公路的主要道路，路宽 5～8m。支道主要连接生产小区，路宽 3～5m，一般布置在小区边界上。步道是供生产作业、采茶、送肥、运送青叶之用，路宽 1～1.5m，茶园道路可按小区规模、茶行作业需要而灵活设置。

### （三）灌排渠系配置

茶园一般采用灌排结合形式的渠道网，可采用明渠灌排，也可采用喷灌或地下渠道。灌溉水源可以是小型水库，最好位于茶园以上部位，可以自流灌溉，也可以采用抽水站提水灌溉。在茶园与周围山林交界处应挖截水沟，一般沟宽 0.7～1.0m，深 0.5～1.0m。干沟可顺坡配置，可修筑成梯级形，既防冲又拦蓄雨水，支沟平行于茶行配置，与干沟垂直，设于梯层内侧，排灌兼用。在等高栽植的茶园，可每隔 16～20 行茶树设一条支沟。

### （四）防护林配置

在茶园四周或内部设置防护林，以减少茶树受旱、受寒和过强的光照，改善茶园小气候，提高茶叶品质。防护林的宽度一般为 10～20m。为了减少阳光照射，调节气温，增加湿度，常在茶园内设置遮阳树，例如，在茶园内间作梨树等。据有关研究表明，茶园内遮阳覆盖率以 30％左右为宜。为此，一般茶园每隔 4～5 行茶树种一行遮阳树，树种尽量采用当地有发展前途的经济树木。

## 第三节　林地规划

## 一、林地功能和分类

### （一）林地的功能

林地是地球生物量最大的生态经济系统。根据 Whittake R H 的估算，世界林地年初级生产量为 $10.59\times10^{17}$kJ，占整个地球年初级生产总量的 49.0％。

林地具有群落整体性、结构层次性、更新长期性、效用外溢性和潜力巨大性等特征。实践证明，以木本植物生产粮、油、纤维等比草本植物便于经营且不占用好地，光合效率高且经济有效。

林地具有经济功能、生态功能和社会功能。据日本林业厅对日本森林生态经济效益的测算结果达 12.8 万亿日元，我国吉林省环境保护研究所对长白山自然保护区生态经济效益测算结果达 76 亿元人民币。森林生态系统对气候、土壤、水文等环境因素均有着重大影响。每公顷林地每天吸收二氧化碳 900kg，呼出氧气 600kg。所以，林地是非常珍贵的土地利用类型。规划好林业用地具有重要的国民经济意义，也是社会经济可持续发展的重要内容。

### （二）林地的分类

根据我国森林法把森林分为防护林、用材林、经济林、薪炭林和特种用途林五类用地。

**防护林** 以防护为主要目的的森林、林木和灌木丛，包括水源涵养林，水土保持林，防风固沙林，农田、牧场防护林，护岸林和护路林。

**用材林** 以生产木材为主要目的的森林，包括以生产竹材为主要目的的竹林。

**经济林** 以生产果品、食用油料、饮料、调料、工业原料和药材等为主要目的的林木。

**薪炭林** 以生产燃料为主要目的的林木。

**特种用途林** 以国防林、实验林、母树林、环境保护林、风景林、名胜古迹和革命纪念地的林木及自然保护区的森林。

## 二、林地的配置

在树种选择和配置时，都要根据造林的目的和要求，按不同树种的生态习性，结合“适地适树”的原则来进行。为了更好地进行森林经营活动，要划分营林区、林班和小班。

营林区要从生产、生活方便，护林防火工作量的大小划定管理范围。其面积大小要依据地形地势、居民点分布情况、树种特性、火险等级、交通条件等而定。其管理半径，以步行最远处不超过 1.5h 路程为宜。其界线最好是结合自然物，如河流、沟谷、山脊等。

林班是营林区内划分的具有永久性经营管理的地段。它是森林资源调查统计的基本单位。通常林班多为两山夹一沟，且以固定道路为界线，其面积一般为 50～200$hm^2$。小林场的林班面积可在 50$hm^2$ 以下。林班应集中连片，外形力求规整，规划时应对其统一编号。

小班是在林班内根据经营要求和林木特性，划分不同的林分地段（小班）。具体划分应考虑土壤、林种、优势树种、龄级。郁闭度、林型、地位级、出材率、林权等条件。所划同一小班的自然条件应基本一致。小班最小面积应根据使用图纸比例尺大小，以在规划图纸上能明显、准确地反映出来为原则。当使用比例尺为 1∶2.5 万时，小班面积应在 3$hm^2$ 以上。此外，在配置林地时，还应结合道路网及附属建筑物的配置。

道路是开发利用森林资源的基本条件，应根据采伐、集材、营林、护林的要求布置道路网，并与林外道路衔接，尽量做到投资少、服务范围广、平均距离短、运营条件好。

还应布置瞭望台、防火设施、储木场、仓库、机械修理站、林业工人居住区和林场、分场办公室、林科站等建筑物。

## (一) 用材林配置

树种选择，一般多选用速生、丰产、优质树种，如落叶松、杨树、泡桐、刺槐、水杉、马尾松、杉木和竹类等。落叶松立地条件：1000m 以下山地、丘陵，喜欢酸性、较湿润肥沃的土壤，最耐寒，喜光，适宜在我国东北、西北、华北、西南等地区生长。马尾松可在 1000m 以下山地、丘陵、酸性、干旱、瘠薄的土壤中生长，对气候要求不耐寒，喜光，耐风，一般在我国淮河以南种植。泡桐可在平地、轻沙地、石灰性、湿润肥厚，耐旱、不积水土壤中生长，不耐寒，喜光，在我国华北、华中地区适宜种植。水杉可在山脚，溪边的酸性、中性，湿润的土壤中生长，不耐寒，喜光，在我国华中地区适宜生长。杉木可在 1500m 以下山地、丘陵，酸性、湿润肥厚的土壤中生长。喜温喜湿，怕风怕旱，在我国淮河秦岭以南适宜种植。刺槐无论在平地、沙地、黄土丘陵、低山均可生长。对土壤适应性广，很耐干瘠，耐寒，喜光，在我国西北、华北、西南地区适宜种植。

## (二) 经济林的配置

经济林是以生产果实或其他林产品为目的，在配置时一般密度不宜过大，特别以取果实（如油茶、油桐、乌桕等）为目的的林分，应以树冠发育程度最大来确定其密度，如油茶以 1050～ 1200 株/$hm^2$，千年桐 150～300 株/$hm^2$；三年桐 750～900 株/$hm^2$，乌桕 225～300 株/$hm^2$ 为好，使树冠得到充分的光照条件，以保证丰产。而割漆的漆树以 450～900 株/$hm^2$ 为宜。

## (三) 薪炭林的配置

薪炭林要求高密度，它要求较高的生物量。个体栽得密一些就能充分利用太阳光能和土地潜力，从而提高林分群体的生物量。薪炭林生产周期短，只有密植才能充分利用空间，以促使树木的干枝向燃料价值高的干材增加（即营养多存于树干，少生枝叶），从而提高薪炭林的质量。其密度可在 6000～15 000 株/$hm^2$。

## (四) 风景林的配置

风景林与公园绿地是为城市居民创造幽美的环境和净化的空气，因此栽树的种类、方式、密度都要按绿化规划设计要求配置。如公园里栽树既要有观赏意义，又要有经济价值。通常在干道两旁栽植高大、浓荫的行道树；环园周围可栽用材林或果树林；树坛中因地制宜合理搭配常绿树与落叶树，乔灌草结合，药用树与果树，观叶树与观花树结合，做到叶美花盛，四季争妍，景色宜人。一般树种有雪松、银杏、玉兰、女贞、梧桐、合欢、樟树、桉树等，南方还有木棉、榕树、南洋杉、棕榈等。

## （五）防护林的配置

防护林因防护的对象和作用的不同，其配置的要求亦不一样。如农田防护林要求一定的结构和透风系数；而水土保持林、沟谷防护林等则要求树的根系发达，有很强的分蘖性，地上部分也很密以防雨滴击打和径流冲刷。

# 三、苗圃用地配置

## （一）苗圃地址选择

1）苗圃的用工量和运输量大，其地址应尽可能选在用苗范围的中心位置，且接近居民点的地方。

2）要求地势平坦且排水性良好，坡度不超过 3°，土壤肥沃疏松，最宜沙壤土、壤土，土层厚度不应小于 0.25～0.3m。

3）地下水位要在 1.5m 以下，同时要有充足的灌溉水源且通风良好没有风害的地点，如接近森林时，其边界与林缘距离不应小于 20～30m，以免遮阳。

4）不要选在有金龟子幼虫危害的土地上，以及长期种植容易感染枯萎病作物（如棉花、马铃薯等）的地点。

## （二）苗木的需要量

苗圃地所需用地面积取决于苗木的需要量，后者又取决于林木配置方式。一般根据每株林木所占营养面积来计算苗木需要量，由于林木的配置方式和株行距不同，所需苗木的数量也不一样，具体计算方法如下：

1）正方形（或长方形）配置苗木需要量计算公式如下：

$$E = \frac{F}{M \cdot V}$$

式中：$E$ 为单位面积需苗量；$F$ 为造林面积；$M$ 为株距；$V$ 为行距。

2）三角形配置苗木需要量计算公式如下：

$$E = \frac{F}{M^2} \times 1.155$$

式中：1.155 为三角形植树与正方形植树相互比较而来，即在同样面积林地上，造林植树距离相同情况下，采用三角形栽植的株数是正方形株数的 1.155 倍。

3）带状配置根据正方形（或长方形）配置计算出来的 $E$ 乘以带状面积的比例，即得带状配置的苗木需要量。

# 第四节　牧草地规划

## 一、牧草地规划的内容

根据 Whittake R H 估算，世界草地的年初级生产量为 13.18×1016kJ，占地球年初级生产量的 9.2%，人类每年从草地上获得的食物量为 13.77×1014kJ。

牧草地规划的内容包括放牧地规划和割草地规划。

## 二、季节牧地的划分

季节牧地划分的种类和比例，应根据气候变化、牧草生长特性、地形地势条件、水源状况、家畜种类和头数、经营习惯和管理水平而定。一般可分为两季（夏秋、冬春）、三季（冬、春秋、夏）、四季（春、夏、秋、冬）。如草地面积不大，牲畜又多，可划分两季牧地。一般冬天寒冷、时间又长的地区，冬季牧地占的比重就大些，而夏季牧地，草层生长旺盛，其比重可相对小些。例如，内蒙古草原季节牧地的划分是："夏放梁，冬放洼，春秋两季放沟汊"。具体划分季节牧地应满足以下要求：

1）冬季牧地应配置在低洼、避风、向阳的地方，前有高山挡风，后有洼地积雪，牧地位于高山与洼地之间，这是最好的地形条件。植被枝叶覆盖率大，不易被雪埋没或被风吹走。距离居民点、割草地、饲料地和基本牧场较近，减轻饲料运输压力，从而保证受灾时补饲比较容易。

2）春季牧地配置要求与冬季牧地相近，但地形要开阔、向阳、风小，植被萌发较早。

3）夏季牧地配置在地势较高，通风凉爽，蚊蝇较少之地，如高坡、台地、梁地等，且有可靠水源。

4）秋季牧地配置在地势较低，平坦开阔，植被茂盛多汁而枯黄较晚的草地上。

在配置季节牧地时除考虑上述要求外，还应按轮牧顺序相邻配置，尽量做到不相互插花和便于轮换牧地。具体界线要尽量结合自然边界，使各季节牧地界线分明，避免重牧现象。各季节牧地要集中连片，外形规整，最好配置在整个坡或整个滩上，以便对畜群放牧地段和轮牧小区进行配置。

## 三、放牧地段的配置

各种牲畜及同种家畜的不同品种、性别、畜龄、产品率的畜群，其生活习性和管理方式不同，对放牧地的要求也不尽相同。因此，在放牧地配置时，应首先进行畜群编组及畜群规模的确定，其次计算各畜群所需的放牧地面积，然后为各畜群配置放牧地段。

### 1. 畜群编组及畜群规模的确定

按轮牧制度中的放牧方式不同，畜群编组有两种方法：一是单纯畜群编组，即同一种牲畜按不同的品种、性别、畜龄、产品率来划分畜群；二是混合编组，即把各种牲畜组成一个畜群。前者适用于一般的划区轮牧及不同畜群的更替放牧方式，后者适用于混合放牧的方式，其目的是为了更充分利用草层，但管理不便。畜群规模应根据牧草地的生产力高低、饲养管理水平、牲畜种类、总头数、性别、畜龄及生产能力来确定。一般来说，大牲畜的畜群规模要小些，而小牲畜可多一些；平坦牧地畜群头数可多些，山地牧地要少些（表 18-8）。

**表 18-8　各种畜群规模**

| 牲畜种类 | 畜牧规模 |
|---|---|
| 乳牛 | <100 头 |
| 犊牛 | 58～80 头 |
| 1 岁以上小牛 | 100～150 头 |
| 育肥牛 | 100～150 头 |
| 繁殖母马 | 80～100 匹 |
| 2 岁以上成年马 | 100～200 匹 |
| 马驹 | 50～80 匹 |
| 带羔或怀孕母羊 | 200～300 只 |
| 去势羊 | 600～700 只 |
| 粗毛羊 | 500～600 只 |
| 细毛羊 | 200～300 只 |
| 羔羊 | 700～1000 只 |

### 2. 畜群放牧地面积的确定

畜群放牧地面积的大小应能保证畜群所需的饲草量。具体计算公式如下：

$$\text{放牧地段面积}(\mathrm{hm}^2)=\frac{\text{牲畜头数}\times\text{放牧天数}(\mathrm{d})\times\text{每头牲畜每日采食量}(\mathrm{kg})}{\text{单位面积草地的产草量}(\mathrm{kg/hm}^2)\times\text{可利用率}}$$

公式中的放牧天数是按季节牧地的适宜始牧期和终牧期来确定，单位面积草地产草量按季节最高产草量计算，不足部分可利用收割干草后的再生草和人工饲料地的青饲料补充。为提高草地生产力，往往还安排一定的轮牧休闲面积。

### 3. 畜群放牧地段的配置

配置畜群放牧地段需考虑以下要求：

1）根据不同畜群对牧草的要求，划拨其相应的放牧地段。不同的牲畜对草地的要求不同。牛喜食带甜味多汁的禾本科、豆科和杂草类，最适宜在草层密度大，具有中等高度的草甸草地上放牧。牛犊喜食柔嫩的草，1 岁以上幼牛可吃较干的草。马与牛的要求相似，但对粗硬牧草采食率低，也不喜食碱性较重的牧草，马喜走，可以远距离采食。羊的喜食范围较广，比其他牲畜更能利用低矮牧草，除由高大草类组成的草甸地和沼泽草地外，一般草地均可放牧。但细毛羊不喜跋涉，对粗硬牧草的采食率低，应安排在较好的草地上。

据试验，在 600 种草本植物中，乳牛只吃 56 种，马只吃 82 种，而羊却可吃 570 种之多。所以配置畜群放牧地段时，应首先满足乳牛的要求，其次是牛犊、马，再次是细毛羊，最后是山羊。

2）考虑放牧地的地形条件。各种牲畜的采食程度与地形密切相关。牛在较平坦的坡和坡顶，采食率达 80%，而在陡坡上采食率下降到只有 20%左右，所以牛适宜在平坦草地上放牧。而羊对地形陡峭的地区适应力较强，尤其是山羊在陡坡上仍能采食，但羊却不适宜在低洼潮湿的地方放牧，因为易感染疾病。所以一般先满足牛、马对放牧地地形的要求，然后将地形较差的地段放牧羊群。

在坡地上配置放牧地段时，应将地段的长边顺坡配置，这样可使放牧地段内包含从上到下生长的不同草层，以便牲畜食用，同时可避免由于坡水下泄导致畜群间传染疾病（图 18-15）。

3）每个畜群放牧地段应与水源、定居点、畜圈有方便的联系，且具有独立的水源，以减少驱赶距离和避免传染疾病。各种牲畜的有效经济驱赶距离（表 18-9）。

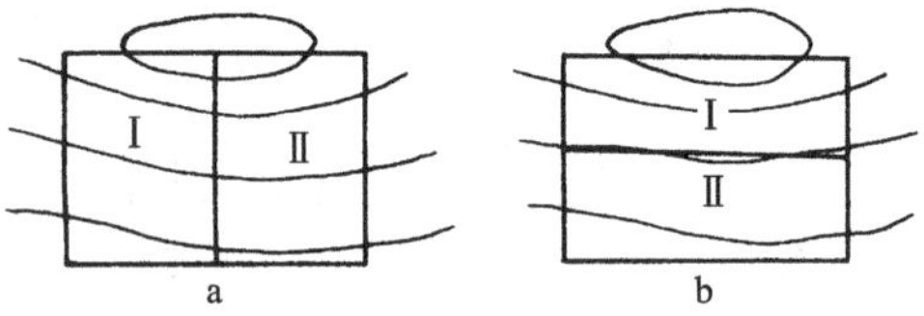


图 18-15　坡地上放牧地段配置方案

**表 18-9　各种牲畜的有效驱赶距离**　（单位：km）

| 牲畜种类 | 有效经济驱赶距离 |
| --- | --- |
| 1岁以上幼牛 | 2.5 |
| 乳牛 | 1～1.5 |
| 牛 | 0.5～1 |
| 马 | 4～6 |
| 骆驼 | 4～5 |
| 羊 | 2.5～3 |

4）在有人工饲料地时，天然放牧地应与之相邻配置，以便综合利用，减少驱赶距离和运输费用。

5）在地形平坦处，畜群放牧地段尽量设计成集中连片的规整的长方形或方形，以便于进一步设计轮牧小区。在地形割裂的地方，放牧地段界线应与自然界线相结合。

## 四、轮牧小区的设计

轮牧小区的数量和面积应与轮牧周期、小区放牧天数、放牧频率、草地生产能力、放牧季节和畜群种类等因素综合确定。

轮牧小区数量＝放牧周期/小区放牧天数＋休闲或割草小区数

轮牧小区面积＝畜群放牧地段面积/轮牧小区数量

轮牧小区的长宽度的确定应考虑轮牧小区的面积和畜群放牧宽度。

轮牧小区的配置要考虑光照、风向对放牧的影响，要与水源、畜圈保持最短的距离。

## 五、割草地的规划

割草地是牧草地利用的又一重要方式。秋季产草旺季时打草并加工成青饲料、干草或干草粉加以贮存，以供冬季使用。

根据割草地的总面积、轮割制度、地形条件、草地改良等条件划分数个轮割区，其间面积尽量使之相符。要使轮割区与放牧地、牲畜棚圈有方便的道路联系。

# 第五节　水产用地规划

## 一、水产用地的分类

### （一）水体资源类型

水体按其形成可分为两大类：自然水体，如沼泽等；人工水域，如水库、池塘和水田等。

### （二）水产用地分类

按水体资源类型，考虑水产业生产方式和管理上的区别，将水产用地划分为两类：

1）天然水产用地指近海、海涂及内陆江河和沼泽等，主要采用天然捕捞方式。

2）养殖水产用地指水库、湖泊、塘堰、人工鱼池、水稻田和人工海水养殖区等，主要采用人工养殖方式。

## 二、人工养殖场配置

人工养殖场种类繁多，包括养鱼、饲养珍稀水产品（如龟、鳖、鳝、虾、蟹和河蚌育珠等），栽培水生植物及进行海水养殖（贝类、海藻和鱼虾等）。

### （一）人工养鱼场配置

#### 1. 人工鱼池用地选择

人工鱼池的用地选择应具备以下几个条件：

1）位于水源充足且交通方便的地方，以有利于注水、排水及对鱼种、饵料和成鱼的运输。

2）水质要好。水是鱼类的生产环境，也是鱼类天然饵料的生产基地，水质好坏，直接影响着鱼的产量，对水质的要求为：水温要求为 25℃左右；pH 为 6.5～8.5；每升含溶解氧量 3mg 以上；透明度宜在 25～40cm 之间。

3）土质适宜建池。要求池底不漏水，以壤土为宜。

4）地形宜建池。平坦开阔为好，但不要占用农田，应充分利用废弃低洼地。

5）注意防洪安全。按 25 年一遇标准来考虑洪水概率。

6）便利的能源和饵料供应地。

## 2. 人工养鱼设施的配置

### （1）鱼池的布局

**阶梯式** 适用于倾斜的地面，即将鱼池成阶梯状排列，其优点是可充分利用水源，同一水源可流经各处，其最大的缺点是，一旦上段鱼池发生鱼病时，就会很快传染到下段鱼池，严重时甚至使鱼全部死亡。克服的办法是采用分池送水、排水的方法，以防鱼病传染。

**水平式** 就是将鱼池水平排列，适用于较平坦的地面，其特点是水源分别流入各池、互不相干，虽用水稍多，但不易传染鱼病。

平原区鱼池多为长方形、东西向（即东西为长边），其长宽比一般为 3∶2，也可用 2∶1，3∶1，这种结构的优点是池塘遮阳小，鱼池的日照时间长，有利于浮游生物的光合作用，夏季多东南风和西南风，水面起波，自动增氧，减少鱼的浮头。另外，管理也很方便，池埂是鱼池的四壁，具有蓄水和防鱼潜逃的作用，埂宽 2～2.5m，坡度一般为 1∶2，如埂坡坚实，也可采用 1∶1 或 1∶1.5 的坡度。

鱼池的面积应根据生产需要来确定，不宜过大或过小，面积过大操作困难，管理、投饵不便，一旦发生鱼病时损失也大；而面积过小，不仅浪费土地（池数多，池埂和空地就多），增加操作次数，水质也不够稳定。一般产卵池、孵化池约 0.033～0.067hm$^2$，鱼苗池 0.067～0.20hm$^2$，鱼种池约 0.20～0.333hm$^2$，成鱼池约 0.667hm$^2$。

鱼池的深度，鱼苗池一般在 1.5～2.0m 左右，鱼种池 2～2.5m，成鱼池 3m 左右，可确保鱼类越冬。池底较平坦，形如龟背，并稍向水口倾斜，这样捕捞、清池时，可将池内的水全部排尽，增强阳光照射。如果是产卵池，则池底常铺有 8～12cm 厚的沙砾以使水质澄清。鱼池结构如图 18-16 所示，含水口、滩脚、食场等。

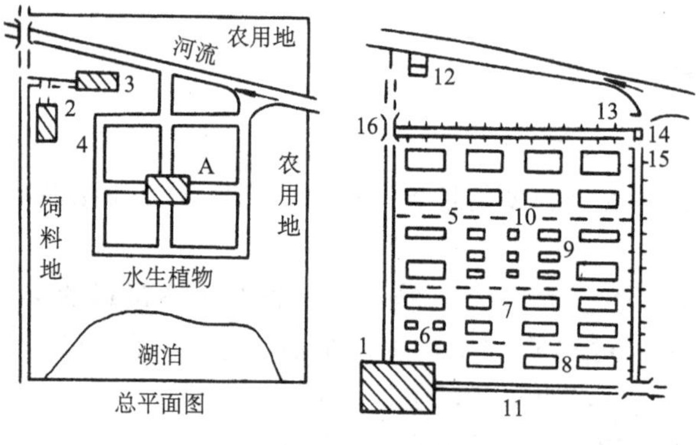


图 18-16 鱼池结构示意图

1. 场部；2. 畜牧场；3. 加工厂；4. 渠道；5. 活水沟（两鱼池一条）；6. 试验地；7. 成鱼池；8. 鱼种池；9. 鱼苗池；10. 肥料；11. 道路；12. 码头；13. 抽水站；14. 进排水闸；15. 拦鱼栅；16. 桥（下可通小船）等

### （2）养殖场房位置的选定

1）养殖场的办公室、实验室、职工住房等建筑，应设在养殖场的中心位置，便于饲养管理。

2）工厂厂房（如饵料加工厂、水产品加工厂等）和畜牧场等设在离鱼池较远的地方，最好在北面及河流的下游，以避免污染鱼池。

3）抽水机站应设在鱼池注、排干渠的水口处。

这种建场方式投资少，见效快，能充分利用水面（图 18-17）。

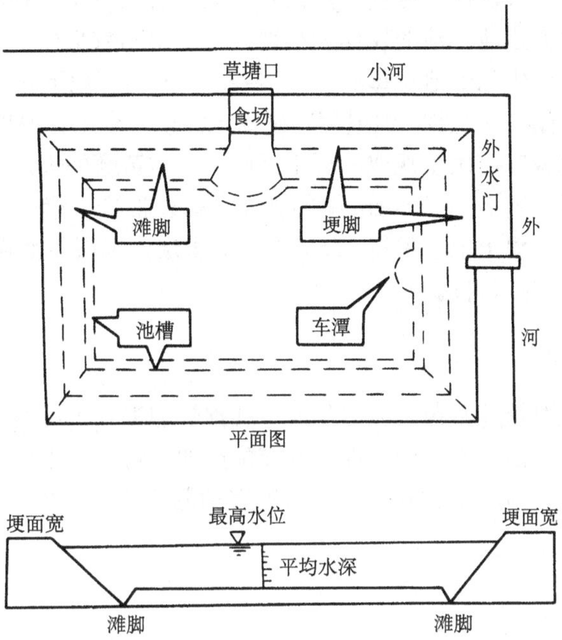


图 18-17　养殖场平面布置图

## （二）珍稀水产养殖池配置

在养殖场中，除一般的人工养鱼池之外，为了有效利用水面资源，提高经济效益，增加创汇或药用产品，常常因地制宜地建设一些珍稀水产养殖池，其中包括养龟、鳖、鳝、虾、蟹和河蚌育珠等池类。

### 1. 养龟池

养龟池应建在向阳避风、缓坡的坡脚，距沟、河近，进水、排水方便的地方。养龟池最好能做成数个池子，以便分批饲养。饲养池周围应用条石或砖砌筑成高 1m 以上的围墙，并堵实缝隙以免乌龟外逃或遭鼠类、野犬入场危害。池底要铺填淤泥，以利乌龟越冬，池水要清洁、常换，池中最好能栽种些水生植物。

### 2. 养鳖池

根据鳖喜阳怕风、喜洁怕脏、喜静怕惊的习性，养鳖池应建在背风向阳，进、排水方便，树林荫蔽，少有行人、道路的地方。

为避免互相残害，亲鳖、成鳖、幼鳖要分池饲养。成鳖池面积在 0.067hm$^2$ 以上，池底呈斜面由浅至深，深处可达 1.5m 以上，浅处在 0.8m 左右，便于鳖随气温变化活动于深浅之处，鳖池一般为泥底，四壁用条石或砖浆砌抹平，池埂应盖有一端伸入池中15～20cm 的石板。幼鳖池在 15～20$m^2$ 即可，池深 1.3～1.5m。

### 3. 养鳝池

黄鳝喜穴居生活，昼伏夜出寻食，能钻入泥土栖居或活动，养殖黄鳝首先选择避风向阳、水源方便的地方建池。池的规模大小视养殖规模和数量而定。个体家养一池 4～5$m^2$ 为宜；集体养殖可建几个池，每池为 10 多 $m^2$。池型有地下式、半地下式和地上式三种。池深 1.5m 左右，呈方形，池壁用砖砌抹水泥或三合土，厚度 3cm 以上，池壁上半部向内倾斜，池底夯实，用水泥或三合土做底，以防黄鳝外逃。

池底用水洗净后，铺上 30～50cm 厚的肥泥，掺以秸秆、猪、牛栏肥，再投以砖头或石块造成穴居环境。泥土上应保持 15cm 左右的水层，水层与池坎保持 30cm 的距离，并应设有进、排水口和拦鱼栅。

### 4. 池塘养蟹

养殖河蟹，首先要繁殖蟹苗。可以从海里捕捉怀卵蟹，也可将性成熟的亲蟹放入海水池（内地可用人工配制海水）中，促使其交配产卵，孵化。当由幼体变成蟹时，可投入湖泊、塘堰、水库、河汊中放养。由于河蟹有钻洞凿穴的习性，土坝附近不能养蟹，以防钻洞毁堤。

### 5. 河蚌育珠

珍珠是河蚌体内的赘生物。它是贵重的中药材，也是宝贵的装饰品，是创汇物资。河蚌喜在缓流水、泥沙底、浮游生物丰富的水域生活，所以，育珠场一般选在水源充足的塘堰、沟渠、湖汊、水库汊等富营养型水域，其中，尤以养鱼的塘堰为最好。根据食性，在育珠场可养草鱼和鳊鱼，既无争食之矛盾，又可促进河蚌生长，做到鱼、珠双收，但鱼的放养密度较单独放养减半。

其他如稻田养泥鳅、宽水面养青虾，都是合理利用水面资源的途径。

## （三）水生植物用地配置

为了充分利用水面资源，除因地制宜放养各种动物水产外，还应栽培一些水生作物。它们是莲藕、荸荠、慈姑、水芋、芡实和菱等淀粉植物；茭白、水芹、莼菜、水菜和豆瓣菜等水生蔬菜；席草、蒲草和芦苇等工业原料植物和绿萍、水花生、水浮莲和水葫芦等水生饲料绿肥。

# 第四篇　土地利用规划方法和规划实施

# 第十九章　土地利用规划环境影响评价

## 第一节　土地利用规划环境影响评价概述

为学术界广泛使用的“环境”一词，其含义是极其丰富的。从哲学的的角度来看，环境是一个相对的概念，当人们讲述周围的事物时，却暗含着一个中心事物，即环境是一个相对于主体而言的客体，否则“环境”一词就失去明确的含义。环境与其主体是相互依存的，它因主体（中心事物）的不同而不同，随主体的变化而变化。一般所谈及的环境均以人或人类为中心主体，其他生物和非生命物质被视为环境要素，构成人类的生存环境。

环境问题就是指作为中心事物的人类与作为周围事物的环境之间的矛盾。按其成因可分为自然的和人为的两类环境问题，又称为原生环境问题和次生环境问题。原生环境问题又称第一类环境问题是指自然界本身所原有的不平衡因素，如火山爆发、地震、台风、海啸等所造成的环境问题，制止这类环境问题影响是人类所不能的。由于人类社会经济活动造成的对自然环境的破坏作用称为第二类环境问题即次生环境问题。这类环境问题是科学研究的重点。为了研究方便起见，可将第二类环境问题又分为环境破坏和环境污染。由于人类不合理利用资源导致水土流失、土地沙漠化、盐渍化、潜育化、生态平衡失调、天气异常等属环境破坏范畴。由于人类向环境排放了超过环境自净能力的废弃物（废气、废水、废渣），以致使环境发生了危害人体健康、损害生物资源、恶化生活质量的有害变化的现象属环境污染范畴。

环境效应与环境影响是两个内涵相近但有区别的概念。“效应”可以被认为某项活动所引起的影响因子变化；而这一变化能否成为一种“影响”，则主要取决于它的性质、规模及其他一些特性。环境效应是人类行动所引起的环境因子变化；而环境因子变化对于人类，主要针对人类的健康或福利，以及人类生存所依赖的环境资源的作用（多为有害的作用）则为环境影响。可见，环境影响是对环境效应的性质（正面、负面、规模大、小的效应）及环境效应时空特征的表述。

环境影响评价（environmental impact assessment，EIA）被定义为对建设项目的环境变化，包括自然环境和社会环境的影响变化所进行的预测和评价，以及提出减缓环境变化的措施。EIA是一项涉及多种学科的综合性很强的业务工作，具体包含影响识别、预测和评价等项内容。中华人民共和国第九届全国人民代表大会常务委员会第十三次会议于2002年10月28日通过并于2003年9月1日起施行的《中华人民共和国环境影响评价法》中专门设立一章，将规划的环境影响评价确定为我国的一种环境影响评价制度，要求国务院有关部门、设区的市级以上地方人民政府及其有关部门，对其组织编制的土地利用的有关规划、区域、流域、海域的建设、开发利用规划，应当在规划编制过程中组织进行环境影响评价；同时，对环境影响评价提出新的定义，即环境影响评价是指对规划和建设项目实施后可能造成的环境影响进行分析、预测和评估，提出预防或减轻不良环境影响的对策和措施，进行跟踪监测的方法与制度。

战略环境影响评价（strategic environmental assessment，SEA）及其对这一术语的表述在国内学术界却出现于1995年以后。战略是为实现系统的长远目标所选择的发展方向，所确定的行动方针及资源分配方案的总纲。战略带有全局性、长期性、规律性和决策性等特点。从具体形式来看，战略范畴包括法律、政策、计划和规划等四种不同层次类型。政策是国家为实现一定历史时期的战略和任务而规定的行动准则；法律是以政策为内核，是政策的定型化和具体化；计划是指政策执行中的一系列相关的、具有时空特征的目标，是政策目标在时间和空间范围的具体化和细化；规划是由某一计划的具体落实而在某一区域、某一时期内具体实施的一系列项目或工程。战略环境评价是环境影响评价在政策、计划和规划层次上的应用，所以，欧美国家称为计划EIA或政策、计划和规划EIA（policy，plan，program EIA或PPPsEIA）。

## 第二节　土地利用规划环境影响评价的类型和内容

土地利用规划环境影响评价（LVPSEA）按规划等级可分为全国、省、市、县级土地利用规划环境影响评价；按规划内容可分为土地利用总体规划环境影响评价（LVOPSEA）、土地利用专项规划环境影响评价（LVSPSEA）、土地利用规划项目环境影响评价（LVPPSEA）；按介入时机可分为土地利用规划回顾性SEA、预测性SEA和监测性SEA。

土地利用规划预测性SEA发生土地利用战略研究阶段，是结合土地利用战略方案的可行性分析和方案选优进行的。土地利用规划预测性SEA是对土地利用战略及其替代方案环境影响进行的预测与评价。评价结论作为土地利用战略方案可行性分析及优选的主要内容和环境依据，最终体现在土地利用战略目标确定和战略方案设计上。土地利用规划预测性SEA，目的在于尽可能消除或降低土地利用战略内容、战略目标、战略方案、战略措施制定的缺陷而造成的环境影响，并对于战略内容引发的不可避免的环境影响提出相应的减缓和补救措施。

土地利用规划监控性SEA是土地利用战略实施阶段对土地利用战略组织、战略执行的环境影响进行监测与评价，并对评价结论通过决策者反馈到土地利用战略调整上，以便于采取针对性措施直至进行土地利用战略调整，以保证土地利用战略运行不偏离环境约束目标。

土地利用规划回顾性SEA又称规划后环境影响评价，是土地利用战略实施完成以后处于调整中的战略进行的，其主要任务是评价土地利用战略执行后已经产生的环境影响，其结论是关于战略环境价值的最终反映，对于土地利用战略过程及其系统的改进具有重要作用，同时也是检验和改进预测性SEA与监控性SEA理论与方法的重要依据。

《规划环境影响评价技术导则》（试行）中所建议的土地利用规划环境影响评价程序包括：①规划分析；②现状调查分析与评价；③环境影响识别与建立指标体系；④环境影响预测与评价；⑤替代方案；⑥规划环境影响评价减缓措施；⑦监测跟踪评价。具体程序可以与土地利用规划过程同步进行（表19-1）。

**表 19-1　与规划同步的土地利用规划环境影响评价程序**

| 土地利用规划过程 | 土地利用规划环境影响评价过程 |
| --- | --- |
| 规划利用规划过程 | 评价准备 |
| 收集资料与调查分析 | 生态环境调查与分析 |
| 土地利用现状分析 | 自然环境和经济环境识别 |
| 规划目标的确定 | 生态环境目标的确定 |
| 土地供需预测 | 环境容量和承载量预测 |
| 拟定规划供选方案 | 环境效益评价 |
| 规划可行性论证 | 环境替代方案 |
| 规划协调与公众参与 | 环境规划公众参与 |
| 拟定实施规划措施 | 减缓环境负面影响措施 |
| 规划实施动态监测 | 环境质量监测与跟踪评价 |

## 第三节　土地利用规划环境影响评价的理论基础

### 一、系统学理论

土地利用规划环境影响评价是通过人类利用土地行为这一中介来实现的，其评价过程涉及因素包括社会、经济和环境等方面，这些因素之间不是孤立的，而是存在着广泛的多层次的相互联系、相互制约、相互作用，且按照一定结构进行组合并表现出一定的功能即成为一系列的系统如土地利用系统、经济系统、环境系统。土地利用系统内部已由耕地、林地、牧地、水地、市地、工矿地和未利用地等子系统组成，这些子系统之间存在着相互影响与相互制约，同时又与土地利用大系统之间存在相互影响和相互制约，而土地利用大系统又与环境系统、经济系统相互影响和相互制约。土地利用规划环境影响评价时，要运用系统方法着眼于系统与要素、要素与要素、系统与环境的相互关系，揭示其间的系统性质和运动规律。

由于土地利用规划系统是信息不完全的灰色系统，具有系统要素、要素关系、系统结构和系统作用原理的不完全性，评价时可以运用灰色系统论及其特有的灰色关联分析、灰色预测、灰色决策等可行与可靠的研究方法。土地利用规划系统属于多因素、多层次、组织水平较高的复杂系统，具有很强的模糊性，具体表现为评价对象的模糊性、评价区域系统边界的模糊性、评价时间尺度上的模糊性和评价因子的模糊性，因此，可以用模糊数学方法包括模糊分析、模糊预测、模糊综合评价、模糊决策等于 SEA 中的战略分析、战略环境影响预测与评价的各个环节。

此外，系统学理论中尚有非线性系统理论包括耗散结构、协同学、突变理论、混沌与分形理论和开放的复杂巨系统理论。

### 二、环境经济学理论

土地利用的环境问题的实质是如何取得土地利用与社会经济和环境之间的协调，并最终实现社会、经济、环境可持续发展。

在完全竞争的市场经济条件下，要使资源达到最优配置，必须具备以下三个必要条件：①商品在消费者之间达到最优分配；②生产要素在生产者之间达到最佳分配；③以上两个条件必须同时实现。土地利用战略目标是否最终实现，具体体现为土地资源达到最优配置，这是 SEA 的一个评价依据。

外部性概念（externalities）是 19 世纪末马歇尔（Marshall，1890）在其名著《经济学原理》中最早提出的。他认为，在正常经济活动中，对任何稀缺资源的消耗，都取决于供求关系的对比，经济低效率的根源在于“外部的经济”。布坎南（1962）认为，外部性就是指某个人效用函数的自变量中包含了别人的行为。如植树造林的收益并不包括固生态环境改善而增进人们健康的受益（如减少医疗费用等）。在土地利用环境影响评价中应当测算土地利用外部效益。

由于稀缺性的存在，环境资源具有价值，具体包括直接使用价值、间接使用价值、选择价值、存在价值和遗传价值。而资源总价值包括直接价值＋间接价值＋选择价值＋存在价值＋遗传价值。对环境资源价值进行核算，有助土地利用规划 SEA 体系的改革与完善，客观地评价土地利用规划对社会经济发展的潜力，为保证环境质量提供有价值的信息。

### 三、可持续发展理论

可持续发展理论对传统经济学的修正，提出硬资源观。所谓硬资源（panresources）是自然资源概念的延拓，是对人类或非人类有用或有价值所有组分的集合。它包括硬资源如自然资源、人力资本及人造资本和软资源如科技资源、信息资源、社会权力资源、信息资源等。从这个意义上，规划也是一种软资源。软资源配置是指软资源在各种竞享之间的分配。

可持续发展经济理论可概括为一般经济均衡、人口均衡、资源均衡和生态平衡。这里的均衡是指“持续圈”与“行为圈”之间两种力量作用的优势，并通过这种力量达到二者之间的平衡状态。

## 第四节　土地利用规划环境影响评价的方法体系

在 SEA 方法体系中，按不同的分类依据可将其分成不同的类型。按方法来源可分为传统的 EIA 法、政策评价法和新发展的 SEA 方法；按表现形式可分为模拟模型、操作规程、技术路线、技术手段；按成果形式可分为定性方法、定量方法、半定量法、定性与定量相结合的方法；按应用范围可分为通用型 SEA 法（主观评价法、模糊模型法、定性和定量综合集成法）和专用型 SEA 法（战略分析、背景调查、环境影响识别、招标体建立、预测、评价、风险分析、公众参与等）。

土地利用规划环境影响评价是在环境识别和预测的基础上进行的，也是整个 SEA 工作实施的中心环节。环境影响评价就是评价者在全面考虑环境影响受体的敏感性的前提下，依据一定的原则或评价标准，运用评价方法对土地利用环境影响预测结果，即评价因子的显著性程度作出定性或定量的结论性描述。

由于 SEA 涉及到社会、经济、环境等不同领域的许多因子，并且各领域内如此众多的因子的特点、属性、运动规律复杂多样，就决定了应该针对不同因子，甚至同一因子的不同环境，采用不同的 SEA 方法。

土地利用规划对于经济环境影响评价，可以运用土地资源破坏经济损失概念来加以实施。研究土地资源破坏的经济损失，是制定和实施土地资源可持续利用战略的需要。当代的人与自然关系中最主要的冲突就是人类的经济社会活动引起的全球生态资源的破坏。由于人类的经济社会活动均与土地利用有关，都是在一定的土地空间内进行的。对这种破坏的经济损失进行计量，将使生态资源其中包括土地资源的多功能性和多价值性得到经济学表述，这将为制定自然资源利用与保护战略提供重要依据，并为建立包括着资源、环境内容的新的国民经济核算系统提供一个新的途径。

自然资源破坏的经济损失，传统意义上是在生产要素意义上进行计量的。它经历了一个由不计价到计价，由计价偏低到恰当计价的过程，自然资源其中包括土地资源是作为自然界的生态组分，具有多功能性和多价值性，因此，生态资源破坏的经济损失也应是多种价值的损失之和。一般来讲，生态资源破坏的经济损失应包括：①直接经济损失；②间接经济损失；③被破坏生态资源的恢复费用。

生态资源破坏经济损失计算的唯一目的是将生态资源破坏的实物型影响货币化。这一计算可以概念性地表示为

$$L_i = \sum_j ED_{ij} \cdot MV_{ij}$$

式中：$L_i$ 为生态资源 $i$ 破坏的经济损失；$ED_{ij}$ 为生态资源 $i$ 对应于其功能 $j$ 的实物型破坏量；$MV_{ij}$ 表示单位生态资源 $i$ 对应于其功能 $j$ 的货币型价值。

在实际使用中，$ED$ 和 $MV$ 往往通过复杂的关系式来推算，$ED$ 被称为生态资源的实用型破坏量函数，$MV$ 被称为生态资源单位实物量的功能价值函数。

# 第二十章　地理信息系统（GIS）在土地利用规划中的应用

## 第一节　地理信息系统的产生和应用

地理信息系统（geographic information system，GIS），是20世纪60年代中期开始逐渐发展起来的一门新技术。由于四五十年代计算机科学、地图学和航空摄影测量技术的发展，人们开始利用计算机汇总、处理和分析各种数据，并输出一系列结果作为决策过程的有用信息。20世纪50年代末和60年代初，计算机主要用于手工难以做到的空间数据的存储和处理，而计算机分析地图内容并提供信息，则是从自然资源的管理和土地规划任务开始的，并在此基础上诞生了世界上第一个地理信息系统——加拿大地理信息系统（CGIS）。20世纪80年代微型计算机和远程通信设备的出现，为计算机普及应用创造了条件。在系统软件方面，完全面向数据管理的数据库管理系统（DBMS）通过操作系统（OS）管理数据，系统软件和应用软件工具得到研制，数据处理开始和数学模型、模拟等决策工具结合。地理信息系统的应用从解决基础设施的规划（如道路、输电线等）转向更加复杂的区域开发，如土地的农业利用、城市化的发展、人口的规划和安置等，并开始用于解决全球性的问题，如全球的沙漠化、全球可居住区的评价、ALNINO现象及酸雨、核扩散等对世界环境潜在的影响等。

我国从20世纪70年代起开始研究地理信息系统，20世纪80年代进入全面试验阶段。随着改革开放的步伐加快，土地利用规划这项基础工作的重要性已得到人们重视。如何在土地评价的基础上编制土地利用规划已成为亟待解决的问题。我国土地评价和规划以往一般都是由长期从事土地科学和农业科学的工作人员通过实地调查，结合经验分析的方法进行的。调查工作量大，标准较难统一，空间定位精度差，有一定的主观随意性，不容易进行定量研究。采用地理信息系统方法有利于将立地条件调查与数据库管理相结合、土地评价实施与空间分析方法相结合、地域布局决策与应用模型库设计相结合，增强了空间分析和适时更新的能力，提高了地域的空间决策水平，特别是对于多目标和多因子的土地利用规划，具有广泛和潜在的优越性。

## 第二节　土地利用信息系统的功能

地理信息系统是在计算机软件和硬件的支持下，运用系统工程和信息科学的理论，科学管理和综合分析具有空间内涵的地理数据，以提供对规划、管理、决策和研究所需信息的技术系统。土地利用信息系统是地理信息系统在土地利用规划中应用的一个专题子系统。一个实用的地理信息系统通常具有：数据输入和检查、空间数据的处理和分析、建立数据库和数据库管理、显示和绘图输出、人机交互的友好接口等功能，如图20-1所示。

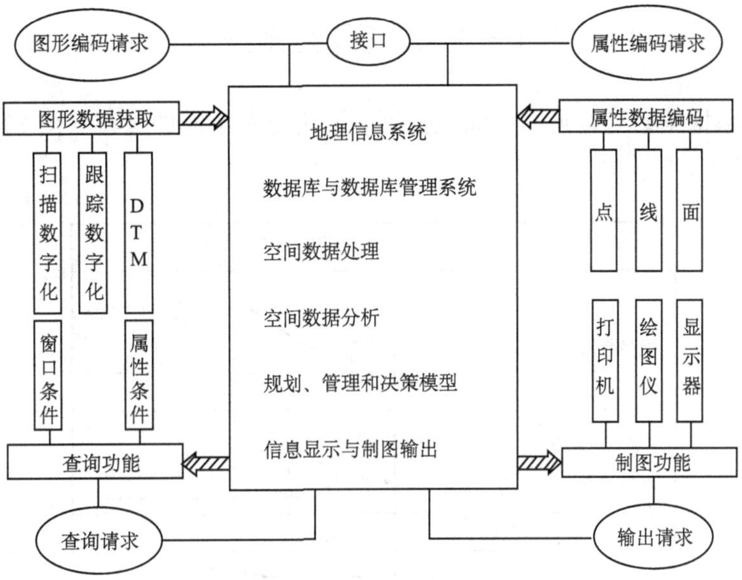


图 20-1 地理信息系统的构成

# 一、数据输入和检查

数据输入和检查是指按照地理坐标或特定的地理范围，收集图形、图像、和文字资料，通过有关的量化工具（数字化仪、扫描机和交互终端）和介质（磁带、磁盘和磁鼓），将地理要素的点、线、面图形转化为计算机能够接受的数字形式，同时进行编辑检查，输入系统。

土地利用规划中面对的数据可分为空间数据和属性数据，两者的差异较大，它们有各自的特征、类型、分类及表示方法，在将它们输入计算机之前，必须把各种土地数据用计算机能接受并能处理的代码表示，即进行编码。所谓编码就是将全部实体按照预先拟定的分类系统，选择最适宜的量化方法，将实体的属性特征和几何特征以确定的数据结构记录下来，以便输入计算机。土地数据的编码是土地利用信息系统设计中最重要的技术步骤，它代表现实世界与信息世界之间的界面（图 20-2），同时统一的编码系统对不同系统之间的信息共享有重要意义。

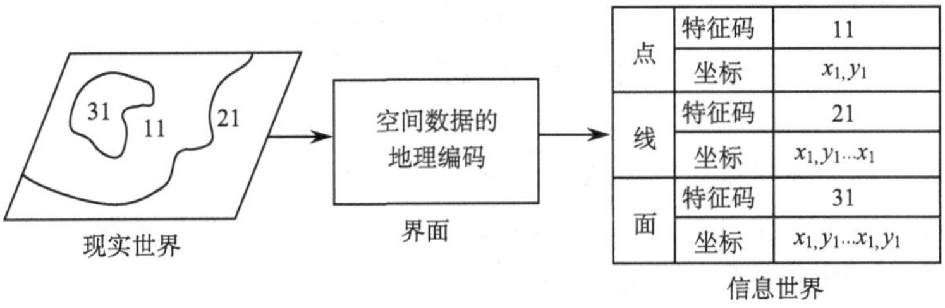


图 20-2 现实世界与信息世界之间的连接

## （一）拟定分类系统

1）空间数据类型与编码　空间数据可表示为七种不同的类型（图 20-3），它们各表示的内容如下：

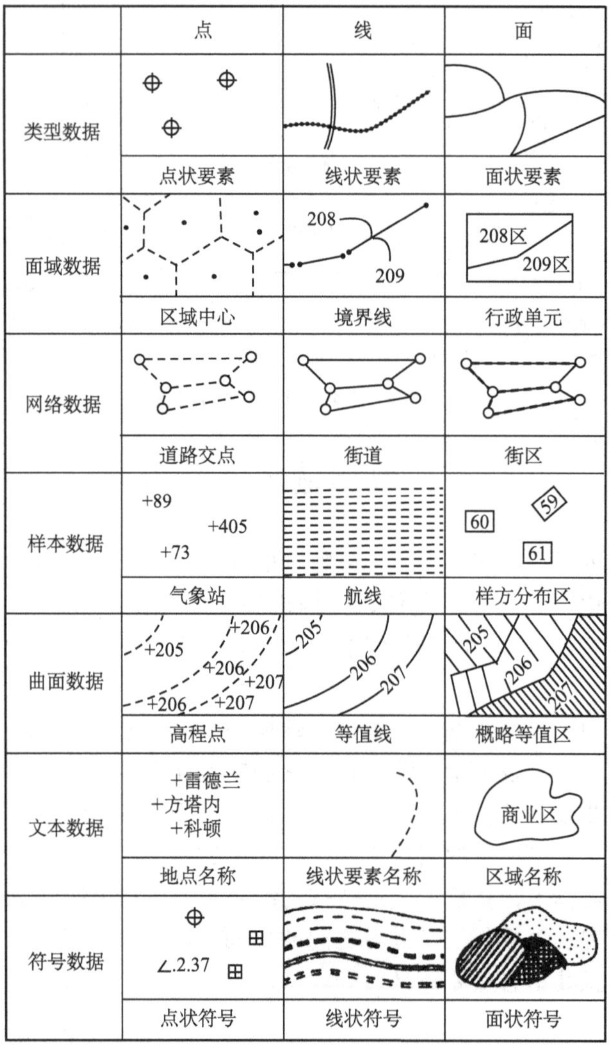


图 20-3　图幅数据的处理

**类型数据**　如考古地点、道路线和土壤类型的分布等。

**面域数据**　如随机多边形的中心点、行政区域界线和行政单元等。

**网络数据**　如道路交点、街道和街区等。

**样本数据**　如气象站、航线和野外样方的分布区等。

**曲面数据**　如高程点、等高线和等值区域。

**文本数据**　如地名、河流名称和区域名称。

**符号数据**　如点状符号、线状符号和面状符号（晕线）等。

所有这些不同类型的数据都可以分为点、线、面三种不同的图形要素，并可以分别采用平面坐标、地理经纬度或者网格法表示。空间数据的主要编码系统有栅格编码系统、多边形编码系统和 DIME 编码系统。

2）属性数据的分类与编码属性数据的内容非常广泛，如高程值、植被、矿产、人口和产值等。土地属性数据没有统一的编码系统，实际中遵循一定的原则，根据各自研究的需要，自行分类和编码。

### （二）选择量化方法

量化即指对实体图形进行数字化，以获取一系列定位数据。数字化方法包括栅格编码数字化、拓扑编码数字化、手扶跟踪数字化、自动跟踪数字化、光学扫描数字化和自动测量编码数字化（包括多波段扫描仪记录）等。

### （三）确定数据结构

数据结构是数据记录的编排格式及数据间关系的描述。不同类型的数据，只有按照一定的数据结构进行组织，并将它映射到计算机中去，才能进行存取、检索、处理和分析。土地利用信息系统常用的数据结构有两种，即栅格数据结构和矢量数据结构。

## 二、空间数据的处理

无论用何种方法获取的原始数据，都可能存在着：数字化过程不可避免地引入错误，数字化数据与使用格式不一致，各种数据来源的比例尺和投影不统一，各幅地图数据之间的不匹配，以及数据的冗余度等。因此必须通过数据处理，才能获得净化的数据文件，使存储的数据符合规范化标准，以及使提供的数据形式更便于和更符合进一步使用和分析的需要。数据处理的内容主要包括：数据编辑、图幅处理、数据压缩、数据类型的转换、空间数据的内插、数据之间的边沿匹配和数据提取等。

### （一）空间数据的编辑处理

空间数据编辑处理的目的是为了消除数字化过程中引入的错误，以及将数字化数据重新组织以便得到便于进一步处理和使用的格式。数字化过程引入的错误可能包括空间点位和线段的丢失或重复、线段的过长或过短、区域中心识别码的遗漏，以及结点代码和区域属性码不能符合拓扑一致性的要求等，空间数据编辑的方法和过程如图 20-4 所示。

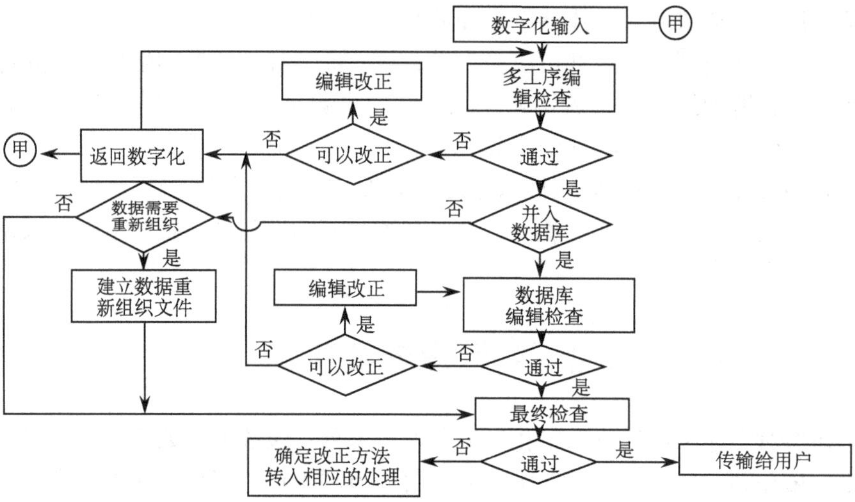


图 20-4　空间数据编辑过程

## （二）图幅数据的处理

各种地图的数字化数据，特别是手扶跟踪的数字化数据，是土地利用信息系统输入数据的主要来源。当使用数字化仪对地图进行图数转换时，由于数字化仪桌面坐标系与地图直角坐标系不一致，以及地图图纸发生变形等原因，数字化仪读出的坐标（$x$、$y$）不可能与地图的直角坐标（$x$、$y$）一致。有时不同来源的地图可能还存在着地图投影与地理坐标之间的差异，地图比例尺之间、地图比例尺与数字化仪的长度单位之间的不一致。因此为了获得与地图直角坐标一致的数据，为了使不同地图的投影坐标取得统一，必须进行图幅数据的处理。显然，图幅数据的处理就是图幅内（$x$、$y$）坐标的变换，它包括数字化坐标数据比例尺的变换、变形误差的消除、投影类型的转换以及坐标的旋转和平移（图 20-5）。

## （三）空间数据的压缩处理

用现代的数据采集系统来量化空间要素，其数据量是非常庞大的，不采取数据压缩技术，整个系统在存储空间和处理时间上都将承受巨大的压力，而导致系统的失败。此外，随着处理空间数据的比例尺发生变化，同样也存在数据压缩的需要。所谓数据压缩，即从取得的数据集合 **S** 中抽出一个子集 **A**，将这个子集作为一个新的信息源，在规定的精度范围内最好的逼近原集合，而又取得尽可能大的压缩比。设曲线的原点序 **A**：

$$\{A_1, A_2, \cdots, A_m\}$$

通过数据压缩处理后，获得新子集 $\mathbf{A}'$

$$\{A_{s1}, A_{s2}, \cdots, A_{sn}\}$$

则压缩比（$a$）为

$$a = \frac{m}{n} \geqslant 1$$

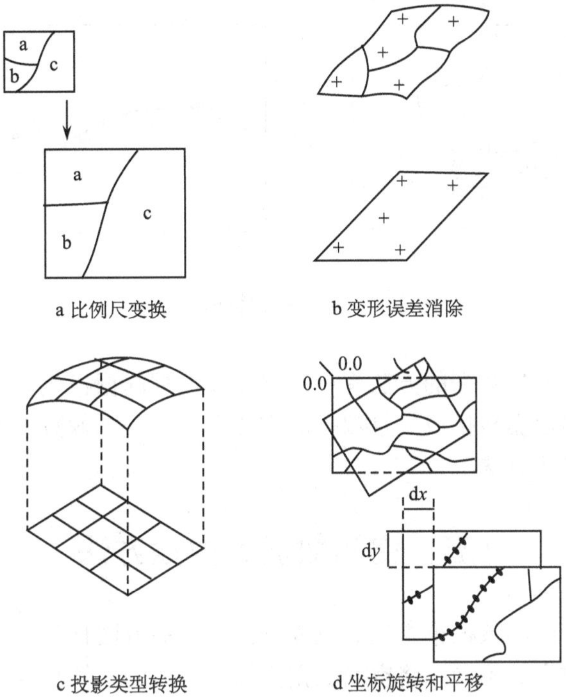


图 20-5　图幅数据的处理

$a$ 值的大小，既与曲线的复杂程度、缩小倍数、精度要求、数字化取点的密度等因素有关，又与数据压缩技术本身有关。

## （四）空间数据类型的转换

土地利用信息系统必须对矢量、栅格和专业数据进行共同管理和处理，以适应数字化仪输入、绘图输出装置对数据格式的要求及数据压缩的需要。这种共同管理和处理的主要内容就是矢量数据与栅格数据之间的互相转换、表示和运算。两种数据表示图形的方式如图 20-6 和图 20-7 所示。

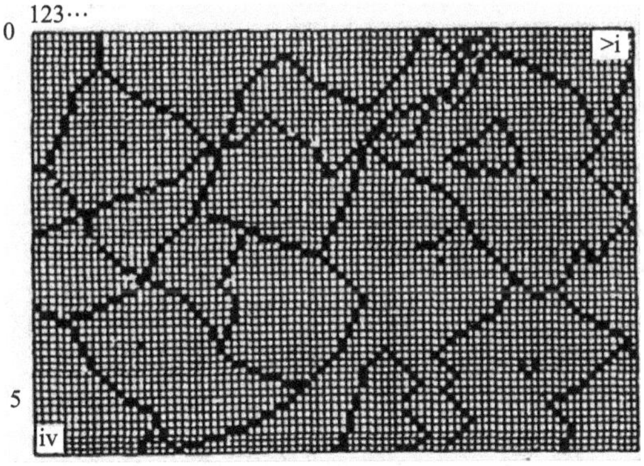


图 20-6　栅格格式数据示意图

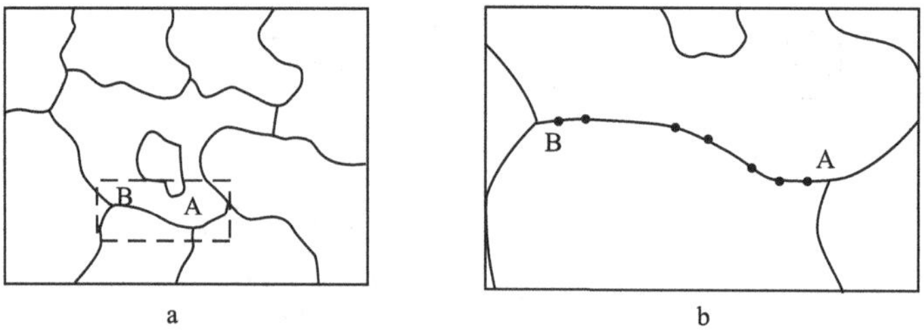


图 20-7　矢量格式数据示意图

矢量数据转换成栅格数据的方法有：基于弧段数据的栅格化方法和基于多边形数据的栅格化方法。栅格数据转换成矢量数据的方法有：基于图像数据的矢量化方法和基于再生栅格数据的矢量化方法。

## （五）空间数据的内插方法

通过已知点或分区的数据推求任意点或分区数据的方法称为空间数据的内插。根据已知点或已知分区数据的不同，将空间数据内插分为点的内插和区域的内插。它们是土地利用信息系统数据处理常用的方法之一，广泛应用于等值线自动制图、数字高程模型的建立、不同区域界线现象的相关分析和比较研究等。

### 1. 点的内插

点的内插是研究具有连续变化特征现象（如地面高程等）的数值内插方法。根据内插精度的不同，可以将点内插法分为精确的和概略的两类（图 20-8）。不论采用何种内插方法，建立按一定网格（如三角网、格网等）形式排列的地面高程数据，一般需要经过数据取样、数据处理和数据记录三个过程。数据取样是指数据点的选取和坐标的确定；数据处理是以数据点作为控制基础，用某一数学模型来模拟地表面，进行内插加密计算，确定三角网或格网节点处的特征值；数据记录是将建立的节点特征值记录于存储器内，以供分析应用。

点内插法
- 精确的
  - 按距离加权内插法
  - 多项式内插法
  - 样条函数内插法
  - 有限差分法
  - 克里金(Kriging)内插法
- 粗略的
  - 指数级数趋势面内插法
  - 傅里叶级数内插法
  - 最小二乘样条函数内插法
  - 按距离加权最小二乘内插法

图 20-8　点内插法的分类

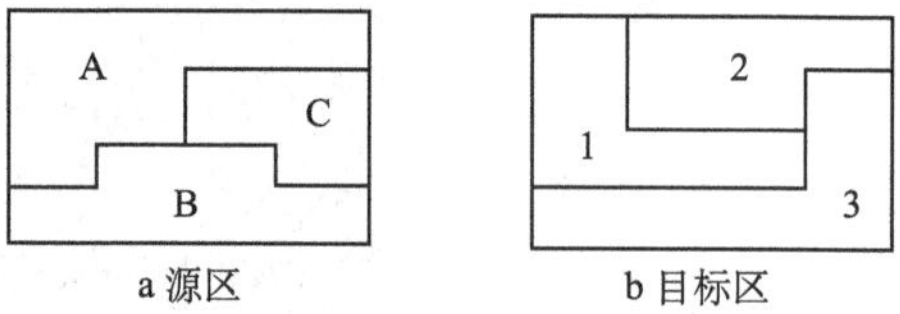


图 20-9　区域内插示意图

2. 区域的内插

区域的内插是研究根据一组分区的已知数据来推求同一地区另一组分区未知数据的内插方法。如图 20-9 所示，设一组已知数据的分区称为源区，需要内插的另一组分区称为目标区。根据源区的数据推求目标区的数据，可采用叠置法和比重法。

## （六）图幅数据边缘匹配处理

通常要将图幅的数字化数据连接在一起，组成连续统一的图幅数据，以便加入大型数据库或输出拼接后的图形（图 20-10）。这时在相邻图幅的边缘部分，由于原图本身数字化的误差，使得同一实体的线段或弧的坐标数据不能相互衔接，而且由于图幅的数字化数据不仅坐标系统不一致，编码方法也不统一。因此，要将这些分幅数据联系在一起，组成统一的数据文件，需要进行图幅数据边缘匹配的处理。边缘匹配处理的任务包括：识别和检索相邻图幅的数据、相邻图幅边界点数据匹配以及相同属性多边形公共界线的删除。

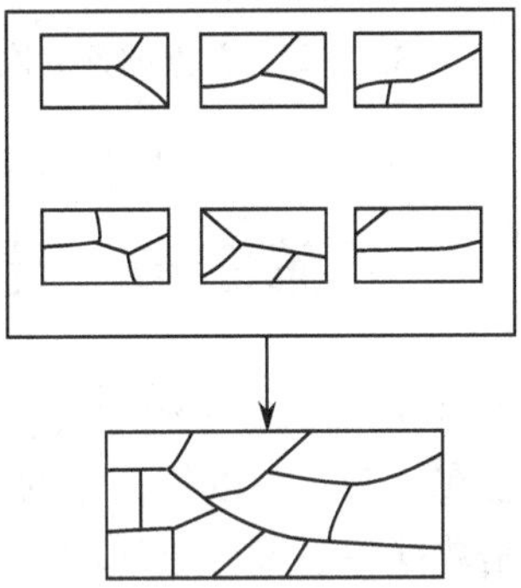

图 20-10　图幅数据边缘匹配示意图

## （七）数据的提取

数据提取是土地利用信息系统对所存储数据进行基本操作的一种主要形式。不仅在数据处理过程中经常需要进行数据提取，在数据分析和应用阶段，也需要借助各种检索手段，将已经处理好或存储在数据库中的数据搜索出来。数据提取包括基本提取、查询检索和布尔处理。基本提取是指系统允许用户按照属性或窗口找出所需要的数据。查询检索是指满足一定范围条件的限定性查询，它需要产生任意形状的查询窗，然后与同一幅的地理文件或多幅地图的地理文件进行叠置，检索出所需要的点、线、面信息。查询检索空间数据的方法有：

**相邻分析检索**　指采用相邻分析的技术方法，检索出与某一已知点有关的各个点。

**相关分析检索**　指凡是与查询窗有关的点、线、面信息，不论它们是整个地还是局部地落在这个窗内，都要检索出来。

**叠置分析检索**　指通过多边形叠置分析技术，检索出在窗口界线范围内的地理实体。

**边沿匹配检索**　指空间查询是在多幅地图的数据文件之间进行，这里需要应用边沿匹配处理技术，建立跨越图幅边界的多边形，提取与查询窗关联的图幅数据，然后将这些数据自动地组织在连续的范围内。

具体检索要求如图 20-11 所示。布尔处理是指根据用户规定的布尔标准或条件表达式所进行的限定性的多重属性的查询和数量统计，如图 20-12 所示。

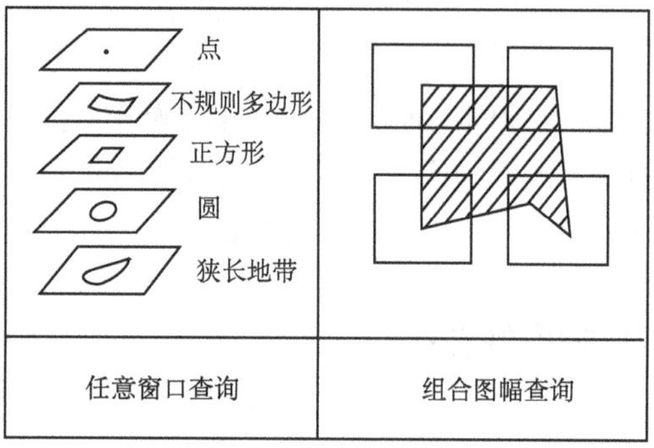


图 20-11　数据的查询检索

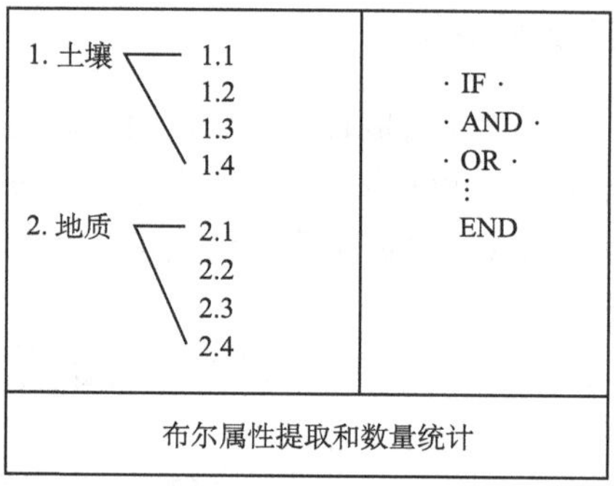


图 20-12　数据的布尔处理

## 第三节　土地利用信息数据库管理系统

土地利用信息系统的研究对象是土地，它利用现代计算机技术将土地要素信息有机地结合在一起，并以数据流的方式在信息系统中构成了一个复杂而有序的整体，这个整体就是数据库系统。土地利用信息既有空间定位意义，又有资源权属、经济属性的意义，它们以信息载体——数据（具体地说是代码）的形式存储在计算机系统中，形成的数据库系统通过数据库管理系统（data base management system，DBMS）来实现各功能模块和计算机硬件资源间的数据调用。可见，数据库管理系统是土地利用信息系统的心脏。建立数据库不仅是为了保存数据，扩展人的记忆，更主要是为了帮助人们去管理和控制与这些数据相关联的事物。

### 一、数据库和数据库系统

数据库技术是20世纪60年代初开始发展起来的一门数据处理自动化综合技术。它既克服了数据处理的初期阶段将应用程序设计和数据文件置于同一过程混为一体的原始数据处理方式，又克服了文件系统管理方式下对数据处理采取的不具有弹性和无结构的信息集合方法以及数据冗余度大、文件不易扩充的缺点。数据库的实质是一个所有存储在计算机中的相关数据所构成的集合，其基本思想是对所有的数据实行统一、集中、独立的管理，数据独立于应用程序而存在，并以最小的存储代价和灵活性供各类不同的用户共享使用。

数据库管理系统是一个帮助用户建立、使用和管理数据库的软件系统。一般来说，它具有数据库的定义、管理、维护和通信等功能。DBMS既是面向用户的，也是面向整个数据库系统的（图20-13）。它通常有三个组成部分：数据描述语言及其翻译程序、数据操作语言及其翻译程序、管理和控制例行程序。

数据库系统（data base system，DBS）是指计算机系统中引进数据库后的系统构成。一般而言，数据库系统由数据库、数据库管理系统、数据库管理员和用户组成。

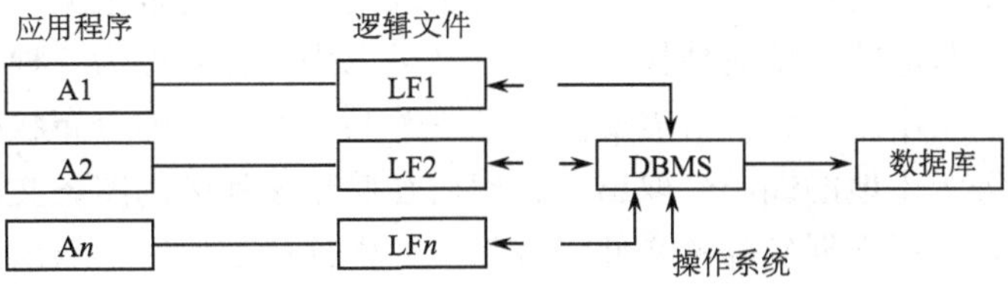


图 20-13　DBMS 在数据系统中的地位

## 二、数据字典

数据字典（data dictionary，DD）是关于数据库中数据描述信息集中的库，它包含每一数据类型的名字、意义、描述、来源、职能、格式、用途和其他数据的联系等，因此可称为数据的数据或元数据。这种作为特殊数据库的数据又称为元数据库，或叫关于数据库的数据库。数据字典在土地利用信息系统中的主要任务是：

### （一）建立用户与计算机沟通的渠道

虽说代码是用户与计算机沟通的工具，但在很多情况下仅靠零星的、孤立的代码是不够的，需要将这些代码组织起来，形成一个集合，表达一个意思或表述某种情况。比如需要用某种颜色代表某一级土地，这种颜色代码需要由用户给出。计算机数据库系统通过程序显示出各颜色的相应代码，然后逐等级请用户给出表示该等级的颜色代码，最后计算机程序将这些颜色代码自动填入图斑染色对照表中（表 20-1）。实际上这个表就是一个数据字典，它将用户的意图用数据表格形式通知计算机，由计算机实现用户的意图。

**表 20-1　图斑染色对照表**

| 图斑号 | 染色代码 |
|---|---|
| 10032 | 4 |
| 10045 | 2 |
| … | … |

### （二）架设属性数据与定位数据的桥梁

定位数据与属性数据的关系是指坐标链、坐标点以及图斑号代表的相应地物名称以及各种社会、经济资源属性之间的关系。它们是土地利用信息系统中基本的两类数据，这两类数据依靠数据字典联系起来。用矢量格式表述的一幅图件可用坐标链文件、弧段文件和图斑文件表述图件的点状地物、线状地物和面状地物的全部内容。也即点状地物、线状地物和面状地物分别在坐标链文件、弧段文件和图斑文件中有各自独立的记录号。所有这些号的后面都有一系列的属性，首先是名称，其次是人口、土地使用状况、土地自然条件、生产力状况等。如线状地物表示河流，它的属性有：河流名称、河流量、灌溉可利用程度、通航能力等。对于面状地物，如果面状地物表示地块，它的属性可以有：地块名称、使用者姓名、单位、地块分等级别、肥力等级、面积、使用状况等。将这些内容全部归纳在三个表中，由这三个表格，程序可以根据需要，以编码号为线索，将此编码号对应的一切属性检索出来；又可以用某种属性为一种尺度，将符合此尺度的定位数据检索出来。比如若需要统计某一等某一级土地的分布状况，程序通过此表格，将凡属该等级土地的编码号取出来，然后在属于该地区的图斑文件中将构成图斑的各弧段检索出来，再根据坐标链文件将各弧段的坐标链数值逐一取出，就可以将图斑的所有定位数据全部有序地调出来，在程序的指令下进行各种处理，如画图、统计面积、与其他类型专业图件叠加等。

### （三）提供用户扩展编程的工具

一个成型的信息系统总要允许用户根据实际应用的需要，在信息系统原有模块的基础上，编制新的应用程序。这时，用户就必须了解系统各种代码的含义、各种数据文件的框架设置。

为了完成这样的任务，数据字典的组织结构必须十分严密。通常数据字典按照层次模型树状结构组织数据。在数据字典中不仅要将代码的结构细节与代表的含义解释清楚，而且要将每一层本身的属性如省包括多少地区、地区拥有的人口、面积、资源分布等归纳在一起。此外属性与属性之间还有一定关系，如土地的坡度、土地的肥力、灌溉条件归类为农业适宜性属性等。

## 三、数据库模型

建立数据库系统的目的不只是将数据简单累积，而是要经过数据处理得出新的信息和知识，帮助人们去控制与之相关的事物，因此数据库系统不可能是一种纯粹的、孤立机制，而是作为某种信息系统的一个有机的组成部分。人们对客观事物的认识一般要通过对事物概念化、抽象化才能达到对客观事物的真正认识，这种抽象化的过程就是建立实体模型的过程。在数据库系统中将数据世界抽象化，实际上就是一个建立数据模型的过程。在数据模型的基础上实现数据的有序组织和有效利用。因此数据库的核心问题就是数据库模型。数据库中数据的联系主要通过数据库模型来实现。所谓数据库模型，就是表达实体和实体之间的联系形式，它是衡量数据库能力强弱的标志之一。数据库模型一般具有两种描述功能：数据内容的描述功能和数据之间联系的描述功能。目前在数据库领域中，常用的数据库模型有：层次模型、网络模型和关系模型。建立数据库应选择什么模型取决于问题的性质和所要表达的实体间联系的形式。

### （一）层次模型

层次模型（hierarchical model）是数据库系统中最早使用的一种模型，它的数据结构是树结构，它把数据按其自然的层次关系组织起来，以反映数据间的隶属关系。按照图 20-14 建立的层次模型如图 20-15 所示。

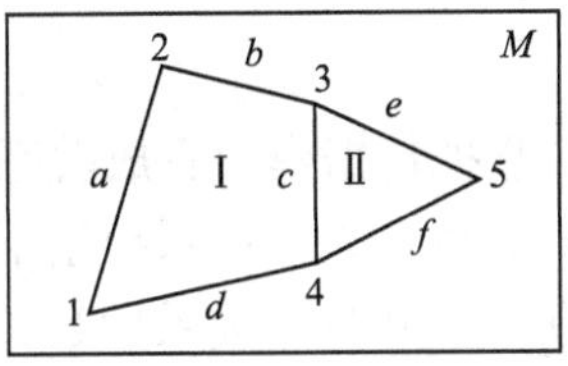


图 20-14　地图 $M$ 及其空间要素

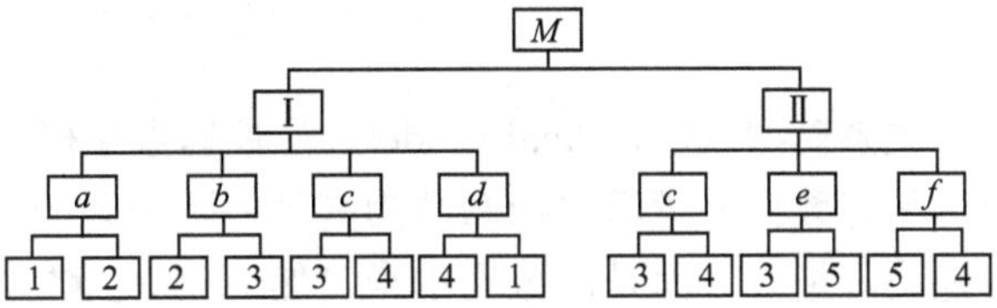


图 20-15　层次模型

层次模型在现实世界中应用相当普遍，如土地利用类型、土地利用分类体系编码、土地评价的划分及特性等都是层次模型的表现（图 20-16）。

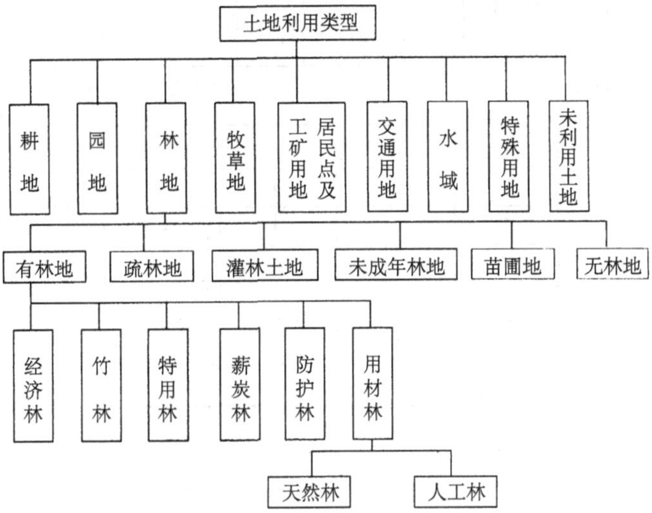


图 20-16　土地利用_林业用地层次图

## （二）网络模型

网络模型（network model）是数据模型的另一种重要结构，它反映现实世界中实体间更为复杂的联合，其基本特征是记录间没有明确的主从联系，任意记录可与任意其他多个记录建立联系，与层次模型相比较，大大压缩了数据的存储量。按图 20-14 建立的网络模型如图 20-17 所示。

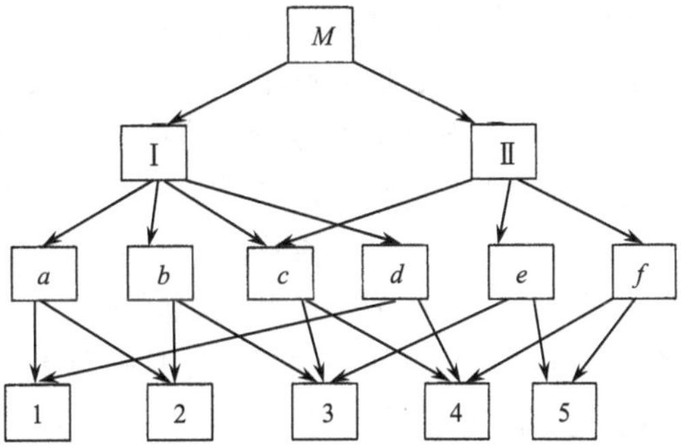


图 20-17　网络模型

### （三）关系模型

关系模型（relational model）是根据数学概念建立的，它把数据模型看成关系的集合，是将数据的逻辑结构归结为满足一定关系的二维表形式。也就是说关系模型不是人为地设置指针，而是由数据本身自然地建立起它们之间的联系，并且用关系代数和关系运算来操纵数据。图 20-14 地图 $M$ 的关系模型如图 20-18 所示。关系模型具有以下优点：数据结构灵活、清晰；可以通过布尔逻辑和数学运算规则进行各种查询、运算和修改；数据描述具有较强的一致性和独立性。

| | | |
|---|---|---|
| $M$ | Ⅰ | Ⅱ |

a 地图关系

| | | | | |
|---|---|---|---|---|
| Ⅰ | a | b | c | d |
| Ⅱ | c | e | f | g |

b 多边形关系

| | | | |
|---|---|---|---|
| Ⅰ | a | 1 | 2 |
| Ⅰ | b | 2 | 3 |
| Ⅰ | c | 3 | 4 |
| Ⅰ | d | 4 | 1 |
| Ⅱ | e | 5 | 5 |
| Ⅱ | f | 4 | 5 |
| Ⅱ | g | 4 | 3 |

c 线段关系

图 20-18　地图 $M$ 的关系模型

## 第四节　土地利用信息系统的应用模型

由于计算机的普及，国内外已经建立了大量的数据库和各种信息系统，信息的存储、查询、检索及制图都能方便、快速地实现。但这只是信息服务的起点，土地利用信息系统的最终目的是为土地利用规划提供辅助决策。要达到这样的目的就得依赖于模型的应用。

土地利用规划是通过土地适宜性评价及对不同评价结果的比较，阐明现有土地利用方式是否合适，并在此基础上寻求土地持久利用的最佳方式与结构。适宜性分析是土地针对某种特定开发活动的分析，这些开发活动包括农业应用、城市化选址、作物类型布局、道路选线以及选择重新造林的最适宜的土地等。因此建立适宜性分析模型，首先确定具体的开发活动，其次选择其影响因子，然后评判某一地域的各个因子对这种开发活动的适宜程度，以作为土地利用规划的依据。由于影响最佳土地利用方式与结构的因子众多，既有时间与空间的因素，而且随政策和规划的目标而发生变化，因此按其目标性质来说，土地利用规划是属于空间型的非常规决策。土地利用规划的模型系统如图 20-19所示。下面举例说明土地利用信息系统在解决不同土地规划任务中的作用、特点和潜力。

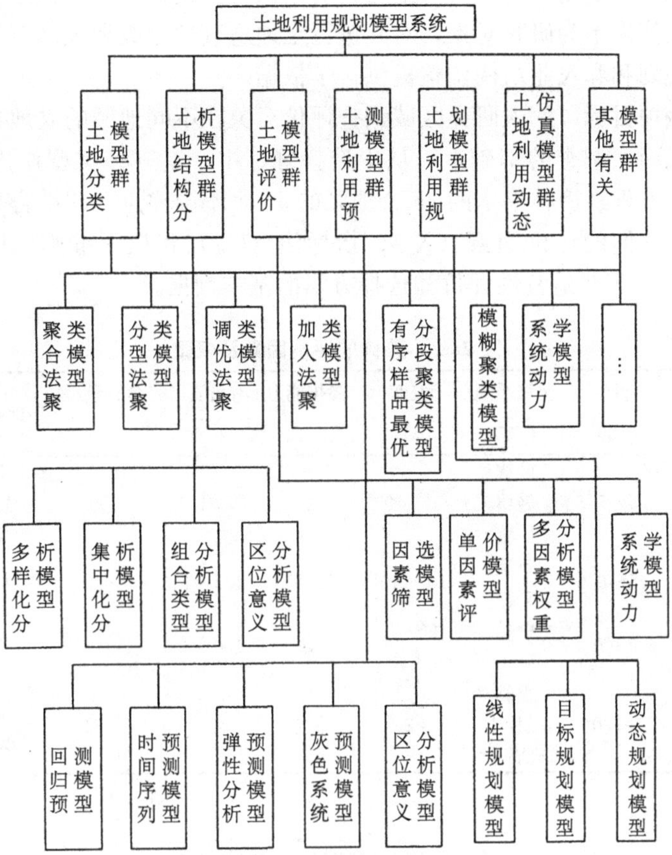


图 20-19　土地利用规划模型系统

# 一、土地利用规划模型

本试验区为江苏省溧阳县，它位于宁、镇丘陵山区的南端，全县总面积为 $1533km^2$。境内三面环山，地形复杂，有低山、丘陵、岗丘和平原圩区，其中低山、丘陵约占全县总面积的 65.1%，海拔不超过 500m。土壤包括黄棕壤、石灰岩土、潮土、沼泽土和水稻土等多种类型。年平均气温 15～16℃，年降水量为 1100～1150mm。这里的自然生态和开发历史曾经形成“山地林木，岗坡茶和果，旱地栽桑，田轮作粮食和棉花，冲田、平田和圩田是成片米粮川”的土地利用格局，历来享有亚热带经济林果木生产基地的盛誉。然而，在 20 世纪 60 年代末至 70 年代过分强调发展粮食生产，经济林果木面积日趋减少，导致经济效益下降，而且引起水土流失的加剧。为扭转这种状况，必须在土地评价的基础上开展土地利用的合理规划。

## （一）准备阶段

首先进行区域调查和特尔斐测定，发现问题、确定目标和拟定立地因子准则。在调查和预测的基础上，确定本研究所希望达到的结果为：选择茶果、板栗、桑树、杉竹和马尾松等五种经济果木为研究对象，对其进行土地适宜性分级和规划布局试验，以便为区域土地利用规划和和农业结构调整提供科学依据。

为了落实该项目标，深入研究区域调查评价对象在不同地域的立地条件、产量及历年变化趋势，在面上调查的基础上，从中选择好、中、差三种类型作进一步的典型调查，先后调查了五种经济林果木的25个地区的41个不同样点，并结合采用特尔斐测定法，分别确定了它们的评价因素（$X_i$）、指标值（$U_{ij}$）和权重准则（$W_i$）。以茶树为例，见表20-2。该表是适宜性评价和选择方案的基本判据。

**表 20-2　茶树的评价因素及权重**

| 等级 | 土层厚度/cm | pH | 土壤质地 | 坡度 | 渗排能力 | 有机质/% | 含石量/% | 地貌类型 | 参考产量/(kg/hm²) |
|---|---|---|---|---|---|---|---|---|---|
| | 0.24 | 0.20 | 0.18 | 0.15 | 0.10 | 0.08 | 0.05 | | |
| 1级 | >70 | 4.5～5.5 | 砂壤<br>轻壤<br>中壤 | 3°～10° | 好 | >1.5 | 无 | 冈地<br>山麓<br>缓坡 | >12 |
| 2级 | 70～50 | 5.5～6.0 | 重壤<br>轻黏 | 10°～15° | 较好 | 1.5～1.0 | <5 | 中缓坡 | 12～6.6 |
| 3级 | 50～35 | 6.0～7.0 | 中黏<br>砂土 | 15°～25°<br><3° | 差 | 1.0～0.5 | 18～5 | 中坡 | 6.6～3.6 |
| 4级 | <35 | >7.0 | 重黏<br>粗骨土<br>砾石土 | >25° | 很差 | <0.5 | >15 | 陡坡<br>低洼地 | <3.6 |

## （二）数据库管理

利用土地利用信息系统的数据库对表中因素准则数据进行存储，同时为方案设计、模型运行和产品输出提供所需要的数据。空间数据包括点、线、面实体的坐标数据以及与这些实体相联系的属性数据。本研究的空间数据按图幅单元管理，图幅的比例尺为1∶50 000，共划分为6个图幅单元。每个图幅单元的数据组织如图20-20所示。这种

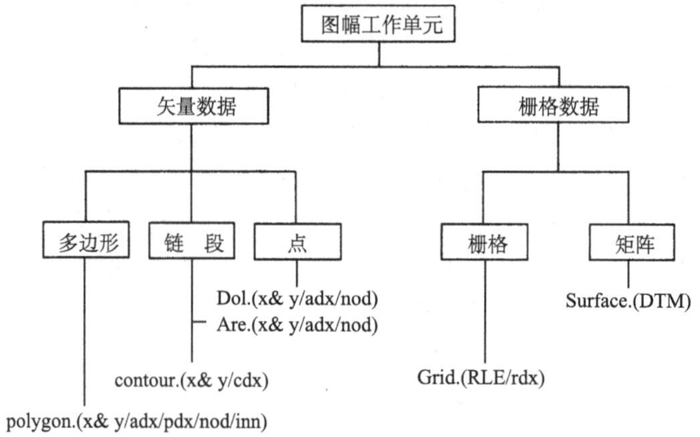


图 20-20　图幅单元的数据组织

数据组织的特点是矢量与栅格数据的相互兼容以及允许数据层次的递归调用。矢量数据有利于决策目标及其空间因素的图形精确化，栅格数据有利于多因子的叠加分析和决策过程 的信息复合分析。属性数据采用二维表结构的管理方法。

## （三）方法库管理

方法库是土地利用信息系统的核心，它提供设计决策方案的依据、支持模型构建的工具和作为派生分析数据的器件。面向土地利用规划的方法库由以下三类软件组成：

### 1. 数据处理软件

完成土地评价因素原始图形或数据的几何纠正、投影变换、类型转换、数据链接和边沿匹配等，以获得规范化的数据文件。

### 2. 空间分析软件

作为空间型非常规决策的构模工具和生成供模型分析所需要的数据。如土地适宜性评价模型中需要利用叠置分析和再分类分析方法来计算评价单元的分值，同时需要利用数据地形分析和扩散分析方法来生成如表 20-2 所列的坡度、渗排能力和地貌类型等评价因子及其属性值，而这些评价因子及其属性值按常规的地面调查方法是很难获得的，这是土地利用信息系统区别于一般决策技术的一个显著特点。图 20-21 为空间分析软件的类型及其功能构成图。

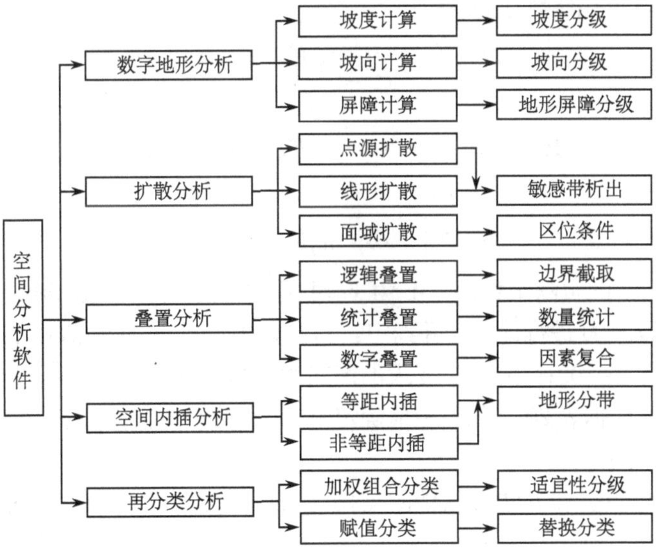


图 20-21 空间分析软件及其功能构成图

3. 辅助分析软件

如统计分析、欧氏距离分析、市场需求分析、经济效益和环境效益分析等，它为多目标的生产布局决策提供方案比较、可行性评价和信息反馈。

## （四）模型库管理

模型库是提供决策优先方案的基础。本研究首先构建土地适宜性评价模型，分别对目标 $T_1$（茶果）、$T_2$（板栗）、$T_3$（桑树）、$T_4$（杉竹）和 $T_5$（马尾松）作单项适宜性评价，确定各个目标的不同适宜级（$S_j$，$j=1$，2，3，4），然后构建生产布局决策模型，对研究区域进行多目标的规划布局。

1. 土地适宜性评价模型

设 $T_k$（$k=1$，2，3，4，5），每个 $T_k$ 对应一组参评因子 $x_1$，$x_2$，$x_3$，…，$x_m$；每个因子对应一个属性集 $V_i$：

$$V_i = [v_{i1}, \cdots, v_{ij}, \cdots, v_{in}]$$
$$i = 1,2,\cdots,m; j = 1,2,\cdots,n$$

显然，每个因子的属性都是一个对指定的 $T_k$ 从优到劣的全序集，且满足

$$v_{i1} > \cdots > v_{ij} > \cdots > v_{in}$$

这些参评因子及其属性值的取得由数据库提取或由空间分析软件生成，这些因子按其属性值的优劣，可用矩阵表示为

$$\boldsymbol{R} = \begin{bmatrix} w_1F_{11} & \cdots & w_iF_{1i} & \cdots & w_mF_{1m} \\ \vdots & \ddots & & & \vdots \\ w_1F_{j1} & \cdots & w_iF_{ji} & \cdots & w_mF_{jm} \\ \vdots & & & \ddots & \vdots \\ w_1F_{n1} & \cdots & w_iF_{ni} & \cdots & w_mF_{nm} \end{bmatrix}$$

式中：$F$ 为 $x_i$ 对 $T_k$ 的贡献函数值；$W$ 为 $x_i$ 对 $T_k$ 的权重值。$F$ 值的确定。根据贡献函数方程 $F$（$x_i$）$=Ax_i+B$ 进行计算，并约定：当参评因子 $x_i$ 的属性值在 $T_k$ 的 $S_1$ 要求区间或以上时，$F$（$x_i$）$=100$；当在 $S_3$ 要求的区间之外或以下时，$F$（$x_i$）$=0$；当介乎前述两者之间时，首先根据表 20-2 的指标值确定 $A$、$B$，然后再根据因子的实际属性值求取它的贡献函数值。

有了上述矩阵数据和方法库软件的支持，可以求出每个栅格单元的评分分值

$$R(T_k) = \frac{1}{100}\sum_{i=1}^{m} F_{ji}w_i$$

然后根据使

$$G(F_{ji}) = 1 - | R(T_k) - F_{ji}/100 |$$

的值为最大时的 $F$ 所对应的 $j$，即为所求的适宜级 $S_j$。显然当适宜级为 $S_2$ 或 $S_3$ 时，必

须同时确定其限制性因子。限制性因子的计算公式为

$$L(x_i) = f[\max\{(100 - F(x_i))w_i\}] \qquad 1 \leqslant i \leqslant m$$

## 2. 生产布局决策模型

根据单项适宜性评价模型，对于所有的 $T_k$ 都能求出空间域（即栅格单元）对它们的适宜等级。当一种以上的 $T_k$ 对同一空间域具有相同或相近的适宜性等级时，必须通过辅助分析方法或软件为多目标的生产布局决策确定最终的目标 $T_k$。如当单纯考虑土地本身的生产潜力时，通过将同一空间域 $m$ 个因子的属性值 $V_{ij}$ 与相应 $T_k$ 最佳要求的指标值 $u_{i1}$ 进行比较，分别求出它们的欧氏距离 $d$

$$d_k = \left[\sum_{i=1}^{m}(V_{ij} - u_{i1})^2\right]^{\frac{1}{2}} \qquad k = 1,2,3,4,5$$

显然根据最小 $d$ 所对 $j$ 应的 $k$，便可找到最佳选择的 $T_k$

$$P(T_k) = \min\{d_k\}$$

图 20-22 为土地利用信息系统支持的决策程序结构图。通过图 20-22 的分析过程，最后输出最佳选择的 $T_k$，作为区域多目标空间布局的依据（图 20-23）。

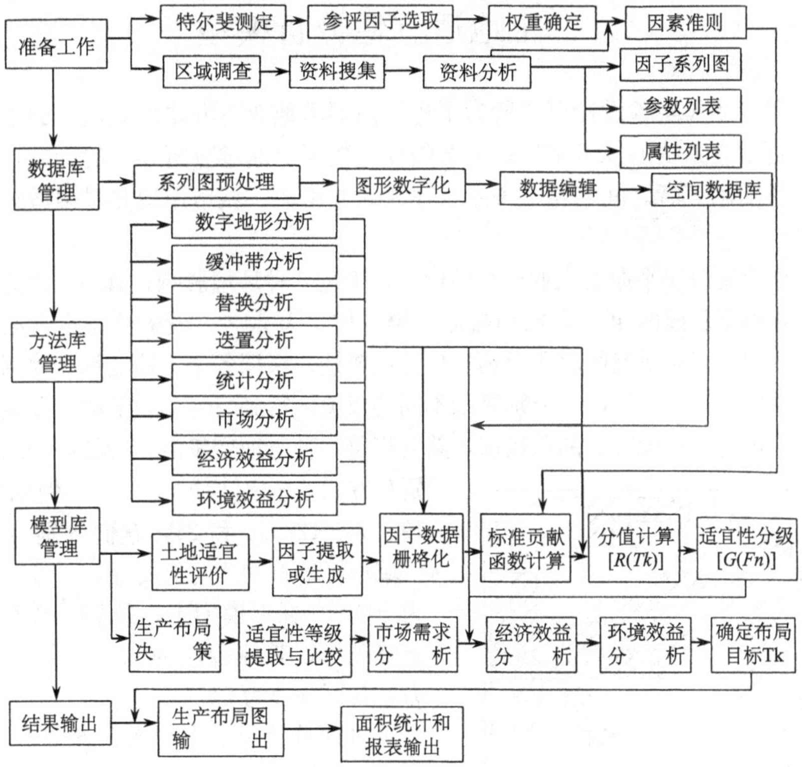


图 20-22 土地利用信息系统支持的决策程序结构图

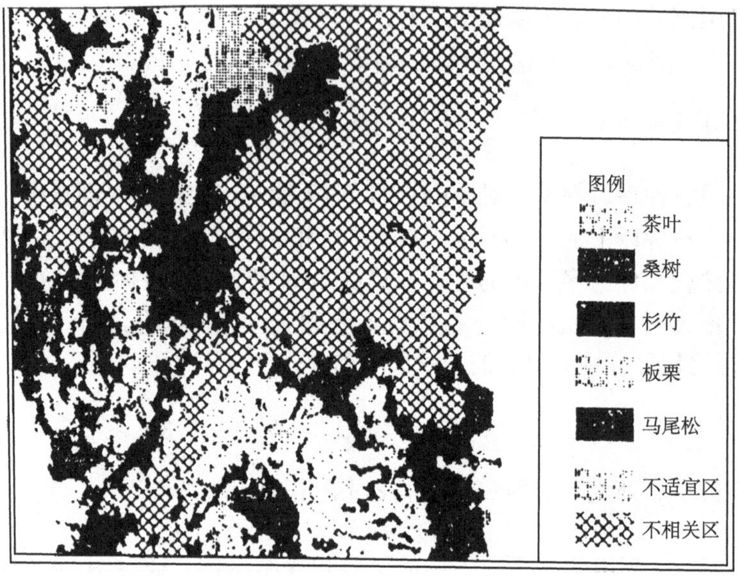


图 20-23　计算机输出的多目标土地利用布局图

## 二、土地适宜性分析模型

美国 POMONA 实验设计研究所为了进行西部圣地亚哥海岸平原地区的土地利用规划，借助地理信息系统的技术来处理复杂的环境数据。通过分析环境的影响，位置变量与具体的开发活动三者之间的相互关系，建立农业用地、城市用地和柑橘适宜性用地的评价模式。

对于圣地亚哥海岸平原的农业适宜性模型，确定 6 种环境影响，其中生产力赋以最大的权值，为该模型总值的 40%，农药搬运占第二位，为 20%，营养物搬运占第三位，为 15%，它们分别代表对研究区农业影响的相对重要性。根据各个土地变量在控制当前所研究的环境影响中重要性的不同，分别赋以不同的权值，得到每一列权值的总和应等于该列最下面已经给定的该环境影响的总权值，然后将每一种土地变量所在行的评分求和，并分别写在最右边对应的位置上，例如，得到 5、19、30、12、10 和 24，它们分别表示对研究区域环境影响的相对重要性，而且其总和也应为 100%。在本模型中，最重要的土地变量是土壤肥力，其评分值为 30%，其次是径流潜力，其评分值为 24%等。

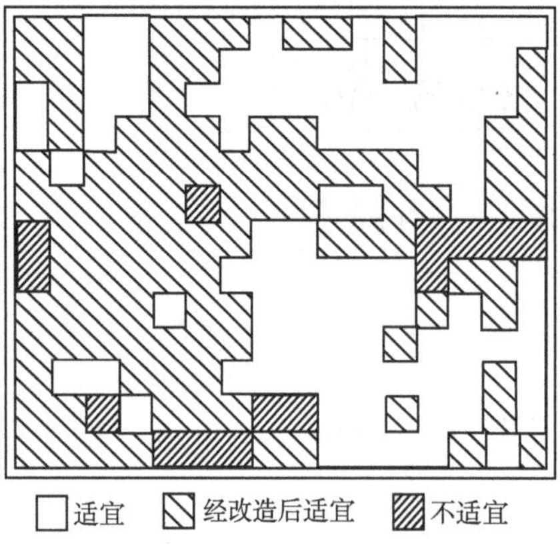


图 20-24　住宅适宜性分析图

将评分值分给每一种土地变量的不同属性，是根据各个变量的属性敏感范围或分级数来确定的。有了各个变量的属性值建立相应变量的栅格数据文件，并应用栅格叠置分析程序，由绘图仪输出适宜性分析地图。如图 20-24 为住宅适宜性分析图。

## 三、土地利用位置选择模型

土地利用位置选择是指按照规定的标准，通过空间分析的方法，确定厂址、电站、管线，或者交通路线等的最佳位置或路径。

位置选择的标准一般包括环境、工程和经济三个方面。其中首先考虑的是环境标准，如20%以上的坡度，主要的农业土壤分布区、湿地和湖区、文化活动区、国有林区、资源保护区，以及体育场和公园等。其次考虑的工程标准，包括地形条件、土壤的性质，气候因素，以及区域的生态特点等。最后是经济标准，包括开发成本、供水条件、铁路运输、空气质量等。只有首先考虑环境标准，才能识别出一般适合的位置，然后进一步研究工程的经济因素，从中筛选出优先考虑的位置，最后通过详细的环境和工程的综合论证，定出1～3个最佳的选址方案。

一般建立的土地利用位置选择模型如图20-25所示，分为数据准备阶段、综合影响

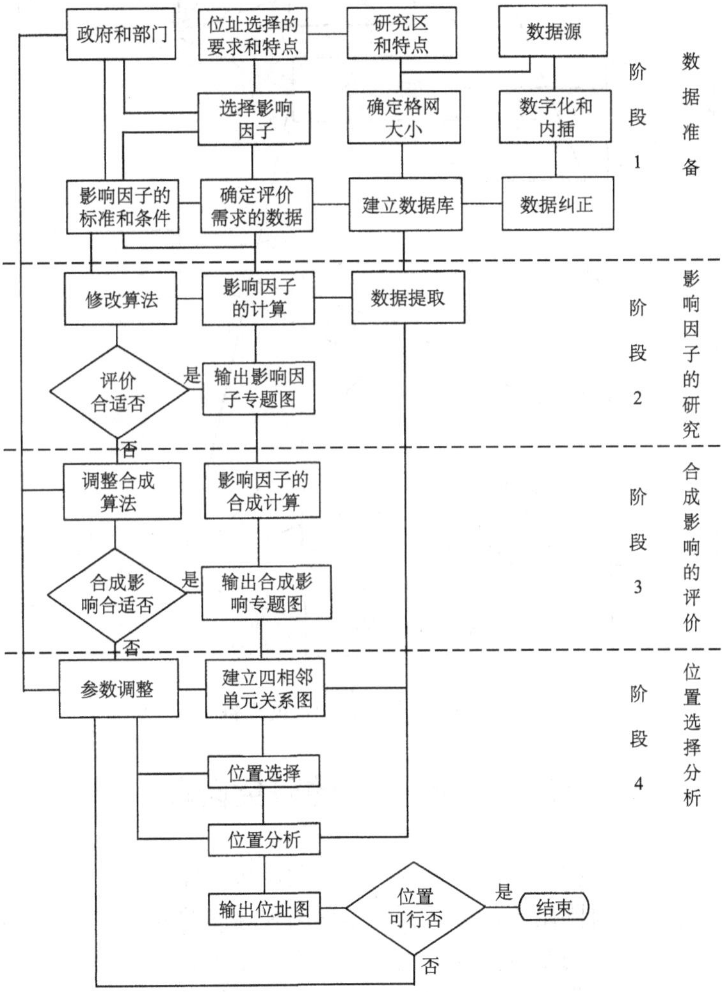


图20-25 土地利用位置选择模型

的评价阶段，以及选址分析阶段。

## （一）数据准备阶段

在数据准备阶段，要建立专家咨询组，明确选址的要求，选择影响因子，进行位置选择的数据准备。确定位置分析的格网单元的数据记录如图 20-26 所示。图中的 $V_1$、$V_2$，…，$V_m$ 分别表示高程、土壤、表面地质、水域、易泛区、湿地、森林覆盖、开阔地、市镇用地、居民地规划区、农田、公共土地、资源保护区、道路、土地利用等数据变量。

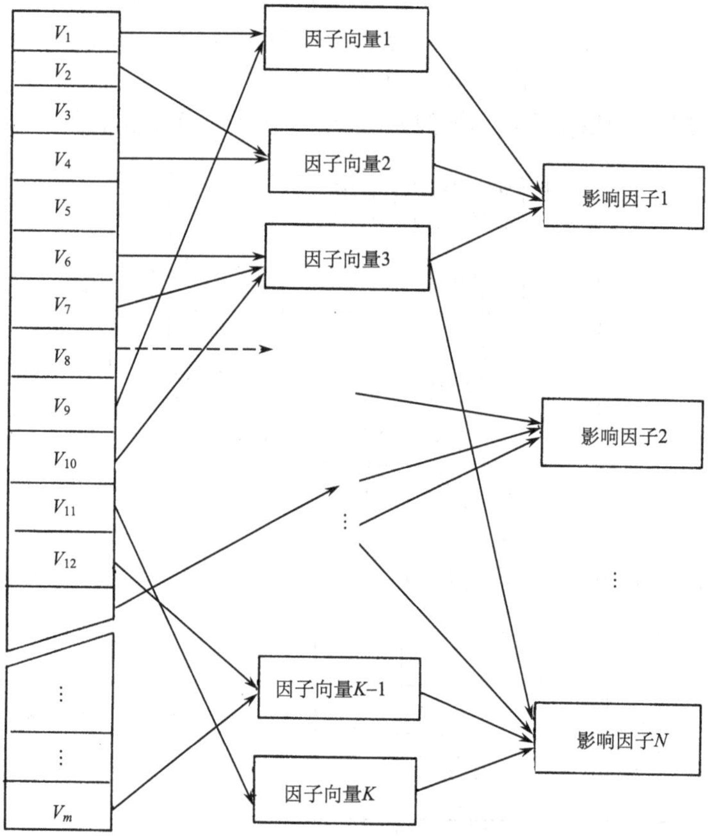


图 20-26　位置选择数据准备

## （二）影响因子的研究阶段

首先根据土地利用数据，进行位置的初步甄别，将环境的敏感区域和保护区域，从位置选择的空间范围中排除出去。然后利用地形图和存储的数据，分别计算影响因子的各个因素向量，各个因素向量按六级分类法，分为无影响、轻微影响、中等影响、重要影响、严重影响和禁止开发等。最后输出各个影响因子的分析图，同时建立影响因子的格网数据文件，提供综合评价和分析。

## (三) 综合影响评价阶段

综合评价阶段的任务是按照工程和经济可行性的要求，建立选址条件、综合评价的标准和算法，如

$$条件=(S \wedge C \wedge F \wedge L \wedge E)$$

式中：$S$ 为坡度<5%；$C$ 为开发成本适宜；$F$ 为离开居民区；$L$ 为土地耐力坚固；$E$ 为环境质量优良。

于是，根据各个影响因子可以进行综合影响的评价。

开发成本的计算根据区域单元的影响因子（表 20-3）和选址路线的距离(图 20-27)进行，如从 $CA$ 至 $CB$ 的成本，可按下式计算：

$$成本=DA \cdot A区因子+DB \cdot B区因子$$

**表 20-3　按影响级别确定的单位距离成本**

| 影响级别 | 成本 | | |
|---|---|---|---|
| | ($a$) | ($b$) | ($c$) |
| 0 | 0 | 0 | 0 |
| 1 | 1 | 1 | 1 |
| 2 | 2 | 2 | 2 |
| 3 | 4 | 4 | 4 |
| 4 | 8 | 8 | 6 |
| 5 | 16 | 16 | 256 |
| 6 | 32 | ∞ | ∞ |

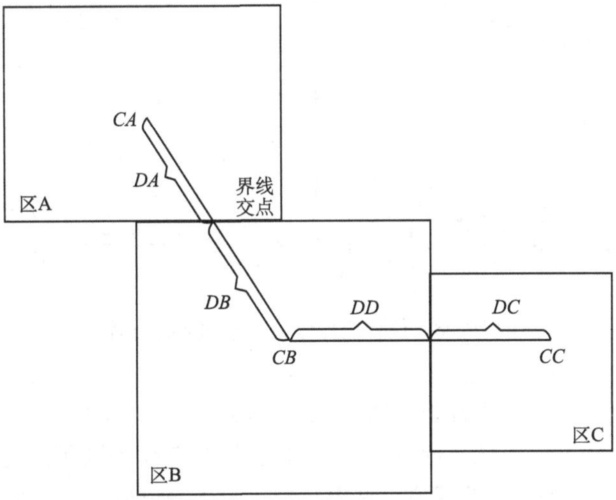


图 20-27　选址路线在格网中通过的距离

## （四）位置选择分析阶段

位置选择分析阶段的任务是实施位置的选择，并对结果进行分析评价。其运行过程如图 20-28 所示。

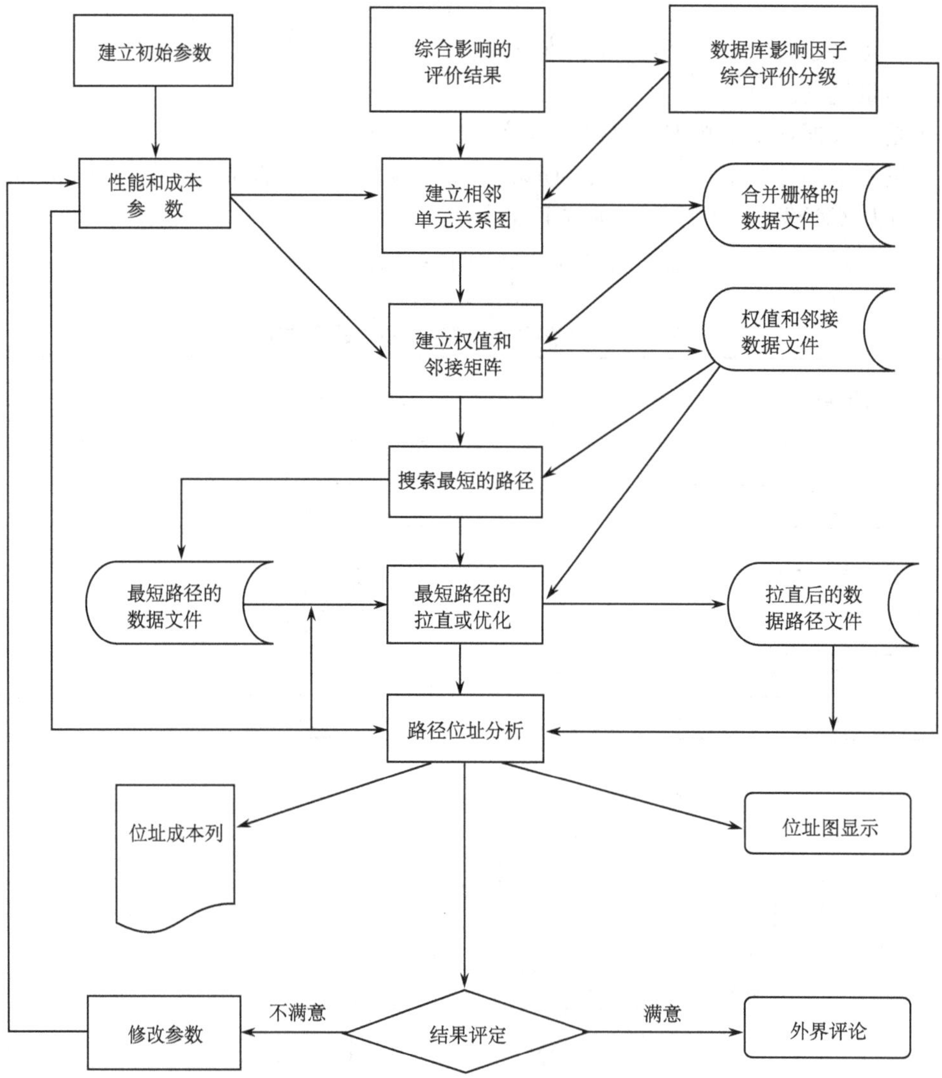


图 20-28　位置选择分析阶段的运行过程

实施位置的选择根据综合影响的评价数据（图 20-29）建立相邻单元关系图（图 20-30），由相邻单元关系图，通过交点之间数据的比较，建立顶点连接图（图 20-31）；由顶点连接图可以算出各条边的权值，见表 20-4；由该表可以建立对应于图 20-31 的权矩阵 $\boldsymbol{W}$。

$$\boldsymbol{W} = [W_{ij}]$$

式中：元素 $W_{ij}$ 为图中的边 $e_{ij}$ 的权，并规定 $W_{ij}>0$，当 $i$、$j$ 间有边相连接时，对于无向图，$W_{ij}=W_{jt}$ $(i\neq j)$；$W_{ij}=\infty$，当 $i$、$j$ 间没有边相连接时；输入权矩阵 $W$，根据戴克斯特拉（Dijkstra）提出的算法，可以进行最短路径的设计。图 20-32为通过最短路径计算得到的最短路径位置，图 20-33 为经过裁直处理后得到优化的路径位置。

| | | | |
|---|---|---|---|
| 1 | 1 | 5 | 1 |
| 1 | 1 | 6 | 4 |
| 4 | 3 | 3 | 3 |
| 1 | 3 | 3 | 3 |
| 2 | 3 | 3 | 3 |

图 20-29 综合评价数据

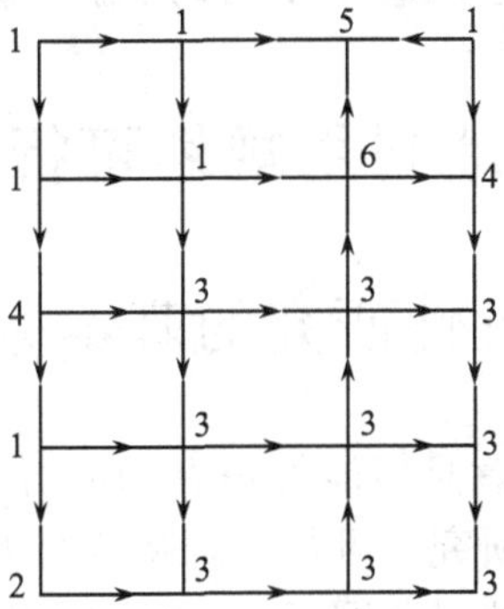


图 20-30 相邻单元关系图

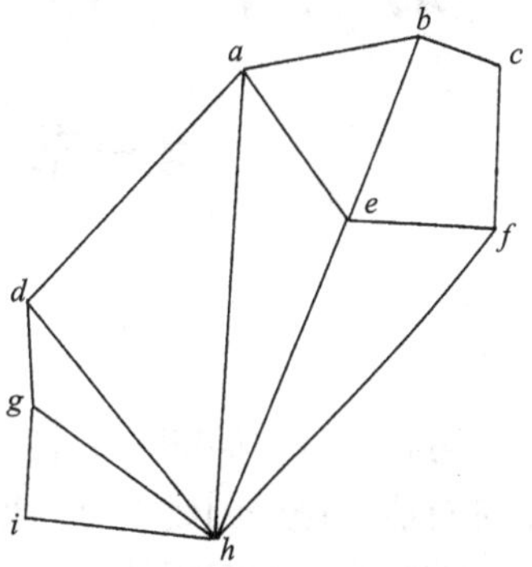


图 20-31 顶点连接图

**表 20-4 图 10-31 的各边权值**

| 边 | 权 |
|---|---|
| $(a, b)$ | 1.97 |
| $(a, e)$ | 1.97 |
| $(a, d)$ | 1.97 |
| $(a, h)$ | 2.92 |
| $(b, c)$ | 1.00 |
| $(b, e)$ | 1.00 |
| $(c, f)$ | 1.00 |
| $(e, f)$ | 1.00 |
| $(e, h)$ | 2.00 |
| $(f, h)$ | 2.23 |
| $(d, h)$ | 2.23 |
| $(d, g)$ | 1.00 |
| $(g, h)$ | 2.00 |
| $(g, i)$ | 1.00 |
| $(h, i)$ | 2.23 |

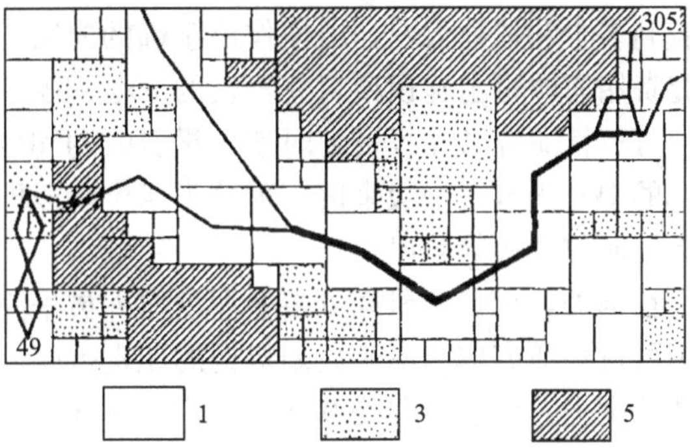


图 20-32 最短路径连接图

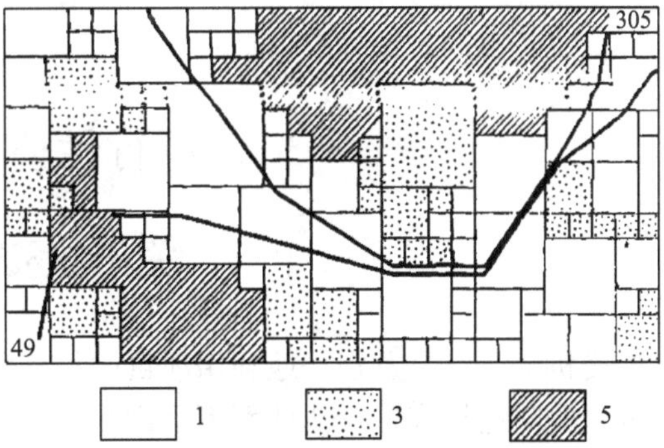


图 20-33 裁直处理后的最短路径图

# 第二十一章　土地利用规划的论证方法

## 第一节　土地利用规划可行性研究

### 一、可行性研究的基本原理

可行性（feasibility）按原文词意是指能做得到的或行得通的意思。可行性研究是指进行能否做得到或是否行得通的研究。可行性研究是近几十年来西方国家发展起来的新兴的综合性的实用的科学研究方法，美国于20世纪30年代开发田纳西（Tennessee）流域时开始采用，经过一些工业发达国家的总结推广，现已得到广泛的运用。在投资兴建项目以前，进行可行性研究，借以分析建设项目在技术上是否可行，经济上是否有利及获利多少和风险大小，以便作出正确的决策。据有关资料表明，西方国家用于可行性研究费用有时可占建设项目总投资的3%～5%。

可行性研究常在投资前时期、投资时期和生产时期进行。可行性研究是投资前时期工作的中心内容，一般来讲，可分为四个阶段即投资机会研究、初步可行性研究、详细可行性研究和决策阶段。

在国外，可行性研究可由企业组织人员来完成或委托咨询公司或工程公司进行。在我国可行性研究应当属于规划机构的职责范围。可行性研究各阶段费用占投资费用的百分数分别为：机会研究是0.2%～1.0%；初步可行性研究是0.25%～1.25%；详细可行性研究是1.0%～3.0%（小项目），0.2%～1.0%（大项目）。可行性研究的各个阶段，对于投资费用和生产成本估算的精确度要求如下：机会研究±30%，初步可行性研究±20%，详细可行性研究±10%。开始时可以把要求降低一些，逐步提高，但不能没有标准，也不能满足低标准。

### 二、可行性研究的内容

#### （一）关于投资机会研究

投资机会研究是鉴别土地利用项目的投资机会。机会研究在性质上是比较概略的，主要依据概略指标来进行估计而不是详细的分析。费用和成本的数据主要依靠与已建成项目进行比较获得的。投资估算常采用简单的方法以套用相近规模的单位能力建设费，如开垦1hm$^2$地需多少投资，开垦相同规模土地的农场总投资是多少，开垦1hm$^2$地需投资3 000元，拟开垦100hm$^2$地则需总投资30万元。

机会研究的结果如果认为可行，在我国目前的情况下，应该提出一份项目建议书，由上级主管部门审核后再进行初步可行性研究。

## （二）关于初步可行性研究

初步可行性研究可视作投资机会研究和详细可行性研究之间的中间阶段，其最终目的在于避免做虚功。当一个项目的经济指标缺少把握，尚需对其选址、实施和建设投产后的原料来源和产品出路等经济过程的进一步研究才能判断建设项目是否具有生命力时，就有必要进行初步可行性研究。若在机会研究阶段已经掌握了相当完备的数据，有时也可绕过初步可行性研究阶段而直接进行详细可行性研究。

初步可行性研究同样要求迅速省钱。通过初步可行性研究要求明确项目的概况，包括位置、规模、原料来源、产品出路等和项目总的经济指标。要依靠研究人员的经验把一些看来没有多大希望的选择筛除掉，仅对剩下的有限数量的选择加以较为深入的估算和估价。

## （三）关于详细可行性研究

详细可行性研究是为项目投资决策提供技术和经济依据。要求对一切可行方案进行详细的深入的分析比较得出最终结论，在以后阶段里不容许任意改变这些结论。可行性研究得出的结论，可以是推荐一个认为是最好的方案，也可以提出一个以上的可由决策选定的方案，分别列出各个方案的利弊，当然也可以得出“不可行”的结论。

详细可行性研究应首先确定市场的需求，结合原料供应、资源利用、位置选择来确定生产规模、产品、资源、原料、人力和进度等因素确定后才能进行比较的投资费用、生产费用的估算以及财务和经济评价。

## （四）关于财务和国民经济评价

任何规划项目在提供满足社会需要的产品和服务的同时，也必须具有较好的经济效果。一个项目的经济效果是投资决策的依据，也是可行性研究的核心内容。

财务评价是应用市场价格对项目经济效果的评价，即以利润和投资费用之间的关系加以表示，在我国可用利润加税金和总投资费用之比（资金利税率）为其主要指标。国民经济评价是从国家整体角度考虑项目的效益和费用，用影子价格、影子工资、影子汇率和社会折现率，计算分析项目给国民经济带来的净效益，评价项目经济上的合理性。

在我国建设项目经济评价分为财务评价和国民经济评价两个层次。多数项目应先进行财务评价，在此基础上对效益、费用和价格等加以调整后再进行国民经济评价。虽然这两种评价各具有不同的任务和作用，但一般来说应以国民经济评价的结论作为项目或方案取舍的主要依据。

# 三、财务评价指标

## （一）静态评价指标

静态评价指标系指不考虑资金的时间价值的评价指标，具有计算简便的优点，不足之处是因为没有考虑资金投入和回收的时间因素而无法预计整个项目存在期间的投资效果。

### 1. 投资回收期

投资回收期即投资返本年限，是以规划项目的净收益抵偿全部投资所需时间来反映项目财务上投资回收能力的重要指标，具体计算公式为

$$N = K/M$$

式中：$N$ 为投资回收期；$K$ 为规划项目的投资额；$M$ 为年平均净增收益。

计算所得的投资回收期 $N$ 应与部门或行业的基准投资回收期 $N_0$ 比较，当 $N \leqslant N_0$ 时，从财务上认为是可以接受的。基准投资回收期是为评价规划项目投资回收期所规定的标准期限。不同部门或行业由于投资结构、生产性质和技术装备等条件的不同，应分别规定不同的基准投资回收期。我国尚未确定各产业部门法定的统一的基准投资回收期，但有实际积累的平均数。

### 2. 追加投资回收期

追加投资指的是不同的规划方案所需投资之间的差额。追加投资回收期是指一个规划方案，用其费用的节约额来回收追加投资的期限。其计算公式为

$$T = \frac{K_1 - K_2}{C_2 - C_1} = \frac{\Delta K}{\Delta C}$$

式中：$K_1$，$K_2$ 为不同方案的投资额，$K_1 > K_2$；$C_1$，$C_2$ 为不同方案的年费用，$C_2 > C_1$；$T$ 为追加投资回收期；$\Delta K$ 为追加的投资额；$\Delta C$ 为节约的年费用额。

### 3. 投资效果系数

投资效果系数又称投资收益率，是规划项目实施后每年获得的纯收入与其所需总投资额之比，其计算公式为

$$E = \frac{M}{K} \times 100\% \text{ 或 } E = \frac{1}{N}$$

式中：$E$ 为投资效果系数；$M$ 为年平均净增收益；$K$ 为规划项目的投资额；$N$ 为投资回收期。

### 4. 比较效果系数

比较效果系数是追加投资回收期的倒数，是用来衡量追加投资经济效果的系数，其计算公式为

$$E_t=\frac{C_2-C_1}{K_1-K_2}=\frac{\Delta C}{\Delta K}=\frac{1}{T}$$

式中：$E_t$ 为比较效果系数；$C_2$，$C_1$ 为不同方案的年费用，$C_2>C_1$；$K_1$，$K_2$ 为不同方案的投资额，$K_1>K_2$；$\Delta C$ 为节约的年费用；$\Delta K$ 为追加的投资额；$T$ 为追加投资回收期。

## （二）动态评价指标

动态评价指标考虑了资金的时间因素，较为符合资金的运动规律，使评价结果更符合实际。常用的动态评价指标有净现值、净现值率和内部收益率。重视资金的时间价值，就是在进行投资分析时不仅考虑与项目有关的收入与支出的金额是多少，而且考虑收入与支出发生在什么时间。如果把不同时间发生的收入与支出相加和对比，则不可能得出正确的结论。为了保证规划期各年的收支具有可比性，必须把它们折合为同一时间的收入或支出，如换算成现值或者将来值，在此基础上，再进行有关指标的计算。

单利与复利是计算利息的两种方法。单利指的是本金在一定时间内所得到的利息。复利是指本金每期所得到的利息，在第二期一开始加入本金一起再计利息。本利和的计算公式为

$$F=P\ (1+i)^n$$

式中：$P$ 为现值；$F$ 为将来值；$i$ 为年利率；$n$ 为年数。

应用这个公式可把现值折合成将来值。常借助复利因素表计算本利和。

把未来时期发生的资金流量按一定的利率折算成现值称为贴现（或折现）。折算时所依据的利率称贴现率。现值的计算公式为：$P=F\ (1+i)^{-n}$，常借助贴现因素简化现值的计算过程。

### 1. 净现值

净现值（$NPV$）是指在贴现率已定的条件下，贴现后的资金流量的总和。净现值是反映规划项目在计算期内获利能力的动态指标。具体将期内各年的成本费用和效益折算为它们的现值，然后从全部效益折现值之和当中减去全部成本折现值之和，得出该项目的净现值。其计算公式为

$$NPV=P_B-P_C$$

式中：$NPV$ 为净现值；$P_B$ 为效益贴现值；$P_c$ 为费用贴现值。

$$P_B=\frac{B_1}{(1+i)}+\frac{B_2}{(1+i)^2}+\cdots+\frac{B_{n-1}}{(1+i)^{n-1}}+\frac{B_n}{(1+i)^n}$$

$$P_C=\frac{C_1}{(1+i)}+\frac{C_2}{(1+i)^2}+\cdots+\frac{C_{n-1}}{(1+i)^{n-1}}+\frac{C_n}{(1+i)^n}$$

式中：$P_B$ 为期内各年效益折现值之和；$B_1$，$B_2$，…，$B_n$ 为期内各年的效益；$S$ 为期末固定资产的残值；$P_C$ 为期内各年费用折成现值之和；$C_1$，$C_2$，…，$C_n$ 为期内各年的费用；$i$ 为贴现率；$n$ 为项目期限（a）。

若 $NPV\geqslant 0$，即 $P_B>P_C$，可以接受；若 $NPV<0$，即 $P_B<P_C$，则不可接受。

### 2. 净现值率

净现值率（NPVR）是净现值与所需投资现值（PVI）之比。在多方案比较时，应以单位投资所能得到的净现值即净现值率为依据加以选择。其计算公式为

$$NPVR=\frac{NPV}{PVI}$$

式中：$NPVR$ 为净现值率；$NPV$ 为净现值；$PVI$ 为投资现值。

### 3. 内部收益率

内部收益率（IRR）是反映项目获利能力的一项动态指标。内部收益率与净现值，均以贴现为基础，考虑时间因素。但两者不同的是，净现值的计算是先要选定贴现率，再计算项目的贴现值。内部收益率是选择为使净现值等于零时的贴现率。内部收益率可用试差法求得。假设 $i$ 个不同的折现率，求净现值。如果净现值是正数，则 $i$ 嫌小，再用更高的折现率试算；如果净现值是负值，则 $i$ 嫌大，反复试算，直至求得净现值趋于或等于零。在相距不太远的两个贴现率 $i_1$ 和 $i_2$，与其对应的净现值 $NPV_1$ 和 $NPV_2$，一正一负，意味着净现值 0 介于 $NPV_1$ 和 $NPV_2$ 之间，与净现值 0 相对应的 $IRR$ 就介于 $i_1$ 和 $i_2$ 之间。用内插值法计算内部收益率的公式为

$$IRR=i_1+\frac{NPV_1}{NPV_1+|NPV_2|}\times(i_2-i_1)$$

式中：$IRR_1$ 为内部收益率；$i_1$，$i_2$ 为两个相距较近的贴现率；$NPV_1$ 为与 $i_1$ 相对应的净现值，且 $NPV_1>0$；$NPV_2$ 为与 $i_2$ 相对应的净现值，且 $NPV_2<0$。

## 四、国民经济评价参数

国民经济评价参数除财务三率（贴现率、净现值率、内部收益率）以外，还包括影子价格、社会折现率、费用和效益，这些参数仅供项目评价和决策时使用，不作为正常经济活动和行为的依据。

### 1. 影子价格

影子价格是参加生产的资源在最优配置和利用时所应得到的价格，其经济含义是在最优计划下单位资源所产生的收益增量，也就是资源合理利用的社会经济效益。一般而言，影子价格并非现行价格，由于现实中供求不平衡的存在，使现行价格总是偏离均衡价格，正因为如此，导致某些资源因过度需求而出现严重不足，另一些资源则出现过剩闲置。所购置的资源实际价格低于影子价格，买者会获利；反之，就可能亏损。因此影子价格是盈亏的临界点，是衡量经济活动的重要标志。

影子价格反映各种资源的稀缺程度。影子价格越高的资源，其稀缺程度越严重。各种资源的影子价格就是在自由竞争的条件下长期形成的资源市场价格。资源的影子价格反映该资源的边际生产力，即在其他资源投入量保持不变的条件下，该资源投入量每增加一个单位所带来的总收益的增加量，也就是社会总收益对某种资源的一阶偏导数。

影子价格的数学意义就是线性规划对偶规划的最优解。在资源的限制条件下，如何最有效地配置和利用资源，以使总产出或利润最大，这是线性规划问题。其对偶问题则是求资源的内在价值即影子价格，使运用各种资源的成本最小。影子价格是人们对于资源作用的评价，是最优配置下资源所应得到的价格。

影子价格的理论计算如下：

设生产两种产品 $x_1$、$x_2$，耗费三种资源 $A$、$B$、$C$，每单位产品可获利润 $x_1=20$ 元，$x_2=30$ 元，资源数量的限制 $A=7$，$B=5$，$C=12$（表 21-1）。

**表 21-1　两种产品应用三种资源**

| 资源＼产品 | $x_1$ | $x_2$ | 资源数量的限制 |
|---|---|---|---|
| $A$ | 1 | 0 | 7 |
| $B$ | 0 | 1 | 5 |
| $C$ | 1 | 2 | 12 |
| 利润/元 | 20 | 30 | |

线性规划方程式组为

目标函数　$\max Z=20x_1+30x_2$

约束条件　$x_1\leqslant 7$

$x_2\leqslant 5$

$x_1+2x_2\leqslant 12$

解得　$x_1=7$，$x_2=2.5$

最大利润值为　$20\times 7+30\times 2.5=215$ 元。

线性规划的约束条件中各变量的系数矩阵为

$$\begin{bmatrix} 1 & 0 & 7 \\ 0 & 1 & 5 \\ 1 & 2 & 12 \\ 20 & 30 & 0 \end{bmatrix}$$

任何一个使目标函数极大化的线性规划问题，都有一个使目标函数极小化的对偶问题，反之亦然。

线性规划对偶解的方程式为

目标函数　$\min Z=7A+5B+12C$

约束条件　$1A+0B+1C\geqslant 20$

$0A+1B+2C\geqslant 30$

解得　$A=5$，$B=0$，$C=15$

$A$，$B$，$C$ 三种资源的影子价格为 5，0，15。

影子价格大于零，表示资源稀缺；影子价格为零，表示资源有富余。如果上例中 $A$ 资源由 7 增加为 8，则利润极大值为 220 元，利润增加 5 元；$C$ 资源由 12 增加到 13，利润极大值为 230 元，利润增加 15 元。说明有影子价格的资源 $A$、$C$，如增大供应量，即放宽约束条件，就可取得更大的利润。上述实例证明，通过影子价格可以研究提高经济效益的途径。

资源数量增加，导致利润极大值增加，其比值即为边际利润，随着资源数量和利润的变化，边际利润也相应变化，因而，影子价格可以认为是资源的边际价值。

从以上分析可以看出，采用影子价格评价规划方案的投入和产出，就能使资源最优利用，从而取得较好的国民经济效益。

除此以外，影子汇率和影子工资也是规划项目经济评价的通用参数。影子汇率是指外汇的影子价格，它反映外汇对于国家的真实价值，常常是官方汇率与实际汇率存在偏差时使用，如影子汇率定为1美元＝4.0元人民币。影子工资是指国家和社会为规划项目使用的劳动力所付出的代价。在国民经济评价中影子工资作为劳务费用计入经营成本。为方便起见，可将财务评价中的工资及提取的职工福利基金（合称为名义工资）乘以工资核算系数即可求得影子工资。

### 2. 社会折现率

社会折现率是规划项目经济评价的通用参数，在国民经济评价中用做计算经济净现值时的折现率，并作为经济内部收益率的基准值，是规划项目经济可行性的主要判别依据。

社会折现率的确定，首先将所有可供选择的项目，按照它们各自的经济内部收益率大小依次排队，从收益率最大的项目起依次累计它们投资额之总和，直到达到预计可能筹集的投资总额时为止，这最后一个项目的收益率就是社会折现率。资金供应量多，社会折现率就定得低，反之就高。根据我国目前的具体经济状况，社会折现率定为10％，以供经济评价时使用。

在财务评价中，土地征购等有关费用作为支出计入固定资产投资中。从国民经济角度看，这笔费用中除居民搬迁费等系社会项目增加的资源消耗仍应计为项目的费用外，其余支出系国民经济内部的转换支付，在国民经济评价中不应列为费用。国民经济评价中的土地费用，应能反映该土地不用于本项目所能创造的净效益及社会为此而增加的资源消耗（加居民搬迁费等）。若项目占用土地是没有什么用处的荒山野岭，其机会成本可视为零。若项目占用农业土地，其机会成本为原来的农业净收益。应按项目所占用土地的具体情况，计算该土地在整个占用期间的净效益。国民经济评价时一般计算项目占用土地在整个占用期间的净效益的现值之和，作为土地费用计入项目建设投资中。

### 3. 费用和效益

国民经济评价是从国家角度来考察项目的费用和效益。项目费用指国民经济为项目所付出的代价，包括直接费用和间接费用。项目效益是项目对国民经济所作的贡献，包括直接效益和间接效益。

## 第二节　土地利用规划费用效益分析

### 一、费用效益分析的基本原理

费用效益分析（cost-benefit analysis，CBA）简称费效分析，产生于19世纪。1844年法国工程师迪皮（Dupuit Jules）发表了一篇题为“公共工程效用的评价”的文章，提出了“消费者剩余”的思想。这种思想后来发展成为社会净效益的概念，成为费用效益分析的基础。1936年，美国把费用效益分析方法应用于著名的田纳西河流域工程规划。第二次世界大战期间，美国将费用效益分析方法用于指导有限资源的合理使用，并用于军事工程。战后，又进一步应用于交通运输、城市建设、文教卫生等方面的投资项目上。1973年美国颁布了《水和土地资源规划原则和标准》的文件，把评价重点放在国民经济发展、环境质量、区域发展和社会福利四个方面的正负效果上。目前，费用效益分析已在美国、英国、加拿大、日本等国广泛应用。

原苏联对投资经济效果的论证和计算始于20世纪20年代的全俄电气化计划。当时列宁提出了对电气化方案进行比较和计算其国民经济效果的思想。经过40年的研究和工作，终于在1959年制定了原苏联第一个《基本建设和新技术经济效果的标准计算方法》，直到目前已修订了三次。这种方法在保加利亚、捷克等国得到不同程度的应用。原苏联投资经济效果指标分为总效果指标和比较效果指标两大类。总效果指标等于投资成果（国民收入、净产值、利润的增长或成本降低额）与投资额之比，用于评价项目方案的质量，测定方案能否成立的条件。比较效果指标是折算费用（成本＋投资效果定额系数×投资），用以比较选择方案。国家对国民经济部门规定有投资总效果和比较效果系数定额，投资只有达到规定的定额才能成立。由于不存在充分的市场机制，难于客观地计算项目的效益，项目的取舍主要由计划决定，主要是选择费用最小的方案。在费用计算上，长期以来原苏联理论界不承认自然资源、利息、地租和利润是费用的组成部分，只有劳动才能创造价值，因此真正构成社会费用的就只是劳动消耗，认为不经劳动加工的自然资源不构成社会的费用。利息、地租和利润是在私有制条件下劳动创造的、资本家不劳而获的转移价值。在这种理论指导下，国家提供给工厂、农庄的资产都是不计利息的。这一切均导致希望得到越来越多的国家投资、成本越低的项目越好，使资金使用不当，资源大量浪费，使资金缺乏进一步恶化。

费用效益分析是以福利经济学（Welfare Economics）为基础，这个理论强调个人的福利以及个人和社会福利的变化。福利是指个人或集体的好处或者是得到的满足。费用效益分析是以帕累托（Pareto）关于可能改进福利的概念为基础，即一个人得到好处而不造成对其他人损失时的资源分配，在经济上是最有效的；或者说，获得者可以补偿损失者，即使实际的补偿没有支付。根据这个原则，社会净效益最大时，即总收益与总费用之差最大时，社会的资源利用最有效。

福利经济学是研究经济政策和经济活动对于个人或集团的福利水平的影响。对于不同的项目，传统的方法只能指出可能出现的不同效果，而福利经济学则依赖于一组优先原则来综合这些可能方案并建议采用可取得较多福利的某一特定方案。

如上所述，福利被定义为好处，首要的问题就是如何去度量它。个别人得到的好处是一种主观的度量，通常大部分人都可表达出经济活动对他带来的是好处还是坏处，但没有办法用一种统一的绝对数来度量这种好处或坏处有多大。由于缺少这种绝对度量的方法，集体的好处就无法从个人的好处中加总，也没有办法在不同人之间进行比较，如修筑一条公路，会给甲某带来节省交通时间的好处，却给乙某带来增加空气污染和噪音的坏处，在这种情况下，除非有公认的准则，否则就无法得出结论。

20 世纪初期，意大利政治经济学家帕累托提出两条著名的判定准则：①帕累托优胜准则。在两种社会经济状态相比较的情况下，社会经济状态Ⅰ比社会经济状态Ⅱ好，即至少有一个人判断状态Ⅰ比状态Ⅱ好，而没有人判断状态Ⅱ比状态Ⅰ好。②帕累托最优状态准则。社会经济状态处于没有可能在不伤害他人的利益情况下使一个人得到好处的状态。针对帕累托准则，回避社会福利的分配和比较的局限性，提出了补偿原则，讨论了社会中某些人的福利增加而同时一些人的福利受到损害的社会状态变化，因为项目费用效益分析实质就是受益和损失之间的比较，社会的一部分得益往往都在另一个部分损失的情况下得到的。所谓补偿准则是指社会状态从Ⅰ改变到Ⅱ，如果改变后的Ⅱ状态的得者可以补偿（但不一定要实现）失者并比原来的状态还要好，那么可认为这种状态的改变是一种改进。

费用效益分析对费用的定义是与效益的定义相一致的，即把费用定义为效益的“牺牲”。项目的任何有用物品的投入（耗用）都可以看作是其他可能产生的效益，视为其机会成本，将有助于寻求最有效的资源分配，把有限的资源用于最有利的投资机会上。

外部效果（external effects，spillover）是费用效益分析中又一个重要概念。外部效果是指那种与本项目并无直接关联者所招致的效益和损失。这种效果并没有在项目的收益或支出中反映出来，同时也不是项目本意要产生的那种效果。外部效果的范围很广，较明显的有生产者之间的外部效果和生产者对消费者产生的外部效果。某生产者的产出受其他生产者的产出的影响，而这种影响并未计价，如养蜂者的产出受油菜生产者的影响，对油菜生产者来说，有个积极的外部效果问题。又如造纸厂的排废，使附近水域鱼类生产下降，则构成负的外部效果。噪音、空气和水的污染是生产者给消费者带来的消极的外部效果。

外部效果可分为技术性的（technological）和货币性的（pecuniary）两种。确实使社会总生产和社会总消费发生变化的外部效果称为技术性外部效果。货币性外部效果是指由于造成相对价格的变化使第三者的效益发生变化，如修建水利设施使受益土地的粮食产量增加，由于粮食增产而粮价下降，进而使食品工业利润增加，以及畜牧场、餐馆、粮店、菜场直到食品消费者都会在一定程度上得到好处。这种效果是不应该算为水利设施的效益，而是消费者（如粮食购买者）与生产者（如粮食生产者）之间的一种转移支付，并没有使社会总效益增加。

项目直接的或外部的效果中包含有一类难以用货币计量的效果，称为无形效果（intangible effects）。如城市的犯罪率、安全和国防以及许多与人身舒适（amenity）有关的噪声、空气和水污染、绿化等项内容。这些效果不会在市场上出现，不会有市场价格，但它们确实是社会效果的重要组成部分，客观上也存在着支付意愿，问题在于不易觉察和估计。一般来讲，对于无形效果首先计算其实物指标如噪声指数、空气中含硫量等，在此基础上采用相应方法估计上述实物指标的货币价值。

## 二、效 益 评 价

### （一）市场价值法

市场价值法又称生产率法。这种方法把环境（土地）质量看作是生产要素。环境（土地）质量的变化导致生产率和生产成本的变化，从而导致价格和产量的变化，而后者是可以观察和测量到的。如土壤流失的减少可以保持甚至增加山坡地稻谷的产量，其效益可以用规划期限内稻谷增产产量乘以稻谷价格而得到；灌溉水质改善可以提高作物的生产率，化工厂的空气污染可对厂周围农作物的生产率产生不利影响等。环境（土地）质量的变化导致生产率的变化，从而对产量有影响，这种变化的价值可以用市场价格来计算，作为环境（土地）质量变化的效益或损失值。

1）要素价格不变用预计的产量变化乘以市场价格即可得到效益值。项目实现前后产出变化为 $\Delta Q$，产品价格为 $P$，实现规划的净收益为 $\Delta Q \times P$。

2）要素价格变化实现规划增加的产量为 $\Delta Q$，前后产品价格变化由 $P_1$ 改为 $P_2$，则效益值为 $\Delta Q \times (P_1 + P_2)/2$。

### （二）机会成本法

应用环境（土地）资源的机会成本来计量规划实施带来的经济效益或损失。机会成本是失去的最佳用途的社会净效益。机会成本亦称择一成本。由于资源有限，选择某一种使用机会就放弃了另一种使用机会，把其他使用方案中获得最大经济效益称为该资源的机会成本。如资源 $K$ 有 A、B、C 三种使用方案，它们所获得的净效益分别为 500 元、600 元和 700 元。若选择 A 方案，就失去 B、C 方案使用 $K$ 资源的机会。B、C 方案中最大净效益为 700 元，则 $K$ 资源选择 A 方案的机会成本为 700 元。机会成本并非实际支出，也不记入账册，但它是选择最佳投资方案或使用方案的重要依据。

若计算固体废弃物占用农田造成农业的经济损失，亦应用机会成本法，即每公顷地可堆放固体废弃物量乘以每公顷耕地的机会成本。取每公顷地可堆放固体废弃物量平均为 15 万 $t/hm^2$，每公顷耕地的机会成本：菜地为 8000 元/$hm^2$，一般耕地为750 元/$hm^2$。

### （三）替代市场法

替代市场法用替代的物品和劳务的市场价格作为确定不能用市场价格表示的物品和劳务价值的依据。替代市场法具体又可分为资产价值法、土地价值法、工资差额法和旅行费用法。

资产价值法属于应用更为广泛的替代市场法。固定资产的价值如土地、房屋和其他设施等于使用此资产所得到的未来净效益的现值。以房屋为例，应用资产价值法时首先建立房屋舒适性价值方程，其变量包括房屋的价格、房屋的特征（尺寸大小、新旧程度等）、四邻条件（交通便利程度、周围商店、学校等情况）和环境质量（如空气污染），并得出了由于 $NO_2$ 浓度变化引起房屋价值变化的中值为1613美元。在此基础上，建立支付愿望方程，得出了对空气污染边际改善的支付愿望。在其他条件相同的情况下，污染地区的房价要低于清洁地区的房价。

工资差额法是利用环境质量不同水平条件下工人工资的差异来估计环境（土地）质量变化造成经济损失或带来的效益。

旅行费用法是评价无价格商品的方法。利用旅行费用来计算环境（土地）质量发生变化后给旅游场所带来的效益上的变化，从而估算出环境（土地）质量变化造成的经济损失或效益。

### （四）调查评价法

通过对专家或资源使用者的调查，来估计资源价值或项目效益。调查评价法适用于没有市场价格的商品价值的评价，以及水、空气和具有美学、文化、生态、历史或给人以舒适感的资源价值的评价。美国曾应用此法对鲍威尔湖附近建造一个大型燃煤火力发电厂引起美学价值的损失进行了估计。在我国也曾对深圳河黑臭对舒适性的经济损失进行了评价，评价结果认为如果没有黑臭影响，则每年可增加13.71万元的舒适性效益。常用方法有特尔斐法、投标博弈法等。

## 三、费用评价

### （一）防护费用法

应用为消除或减少资源破坏的有害影响所愿意承担的费用来作为资源破坏带来的经济损失。应用恢复或更新由于资源破坏而损失的生产性资产所需费用作为资源破坏带来的经济损失。如由于土壤冲刷，养分散失而降低了农作物的产量，用于土壤和养分减少所需费用就是土壤养分的恢复费用。

### （二）影子工程法

影子工程法是恢复费用法的一种特殊形式。当资源遭受破坏后，人工建设一个工程来代替原来的资源利用效益，用建造新工程的费用来估计资源破坏所造成的经济损失。如地下水遭受污染使水源遭到破坏，可以用新建水源的费用作为地下水污染所造成的经济损失。

## 四、费用效益分析

费用效益分析要求对拟建项目对资源与环境质量的全部影响进行分析，包括间接的、无形的和难以计量的影响，对于能定量的并能以货币表示的应尽量数量化，对于其中不能定量者，或无法用货币计量的则加以定性描述，然后对各方案的全部费用和效益加以比较，从中选择出净效益值最大的方案。

费用效益分析是一种经济数量分析方法，与最优化问题有联系。最优化问题是以费用量小或效益最大为目标，而费用效益分析不是研究最优得以存在的条件，而是比较有限数个可行方案，从中找出最好的方案，但不一定是最优方案，因此，费用效益分析的特点是一种“短中取长”的方法。

费用效益分析必须考虑时间因素，考虑一定贴现率的费用或效益，称为费用或效益的现值，即把不同期间（年）的费用或效益化为同一水平年的现值，使之整个时期的费用或效益具有可比性，其计算公式为

$$PVC=\sum_{t=1}^{n}\frac{C_t}{(1+r)^t}$$

$$PVB=\sum_{t=1}^{n}\frac{B_t}{(1+r)^t}$$

式中：$PVC$ 为费用的现值；$PVB$ 为效益的现值；$C_t$ 为第 $t$ 年的费用；$B_t$ 为第 $t$ 年的效益；$r$ 为贴现率；$n$ 为时间（a）。

费用效益分析的计算公式如下：

$$PVNB=PVDB+PVEB-PVC-PVMB$$

式中：$PVNB$ 为项目净效益的现值；$PVDB$ 为项目直接经济效益的现值；$PVEB$ 为项目间接经济效益的现值；$PVC$ 为项目直接费用的现值；$PVMB$ 为项目间接费用的现值。

在最简单的情况下，效益与费用之差或之比（$B-C$ 或 $B/C$）作为决策的适当基础，即净效益 $B-C>0$，效费率 $B/C>1$。在决定是否将资源投入某项计划规划时，只有当效费率 $B/C>1$ 时方可实施。在数个互斥的对比方案中选择时，净效益最高者可取。

## 第三节　土地利用规划方案的可持续评价

### 一、可持续评价的目的和内容

土地利用规划项目涉及因素众多，后果影响重大且深远，因此，在规划项目决策中仅根据技术上可行、经济上合理来选择方案已很不完全，往往会造成许多未料想到的不良后果。为了保证决策的正确性，必须应用系统工程的思想和方法，对规划项目从政治、经济、社会、技术、生态、组织、资源及风险等多方面进行多维可持续评价。多维可持续评价强调以社会和国民经济发展为出发点，研究规划项目的必要性、合理性和经济性，首先考虑的不是项目消耗多少，收益多少，而是考虑社会经济发展是否需要规划，项目将对政治、社会、经济和生态等产生什么后果和影响，其次才是项目的消耗和收益，在对项目作出尽可能详细和客观的评价基础上，设计出较多的方案，并对方案作

出可持续评价，为决策方案选择提供充分而可靠的依据。项目多维可持续研究中所涉及的所有关联环节，包括因果关系、并列关系以及制约关系，均需认真仔细地加以研究与分析。

土地利用规划方案如同国民经济建设中任何计划和规划方案一样，需要进行可持续评价，其目的在于对土地利用规划方案加以全面审查和论证，判别方案的可持续效果优劣，并在多方案中选择可持续效果最佳的方案，为有关部门提供决策依据。

由于土地利用规划内容涉及到许多方面，土地利用规划方案一经实施必然会对政治、社会、经济、技术、环境和资源等方面发生影响，因此对土地利用规划方案的评价必须综合评价，只评价一个方面，而忽视其他方面，易于导致决策的错误。一般来讲，土地利用规划方案可持续评价应包括政治、国防、社会、技术、经济、环境和资源等七个方面的评价。

土地利用规划方案的可持续评价实际上是一个多目标的决策问题，即 $F(x)=[f_1(x), f_2(x), f_3(x), \cdots, f_n(x)^T]$，多目标最优化是在方案的选择和论证上取决于上述诸方面的若干指标时的决策方法。

## 二、可持续评价指标体系的建立

规划方案的可持续评价涉及的范围非常广泛，一般来讲，应从评价各方面内容加以筛选评价指标，建立可持续评价指标体系，借以可持续评价规划方案。评价的目的为决策提供依据，指标体系选择的不同，决策的结论也不尽一致，因此，评价指标的选择应持慎重态度。可持续评价指标体系可以和决策指标体系不同，但通过评价指标体系的若干运算应能完全获得决策指标体系的取值，也就是说，评价指标体系应覆盖决策指标体系，或评价指标体系与决策指标体系间存在一种映射。

选择评价指标时应遵守完全性原则、非相容性原则、简捷性原则、客观性原则。完全性原则是指所建立的指标体系应能全面反映工程建设的各方面特性，要克服重定性指标轻量性指标，重直接影响轻间接影响，重近期效果轻远期效果的倾向。非相容性原则是指指标完全相同或一个指标与另一个指标间只差一个常系数的指标，只选取一个。简捷性原则是指选用全面描述方案特点且尽量简捷的指标。客观性原则是指选用指标应持实事求是态度，不倾向于任何争论势力。除上述一般性原则以外，还需结合具体规划方案加以研究。

土地利用规划方案可持续评价指标体系主要由社会、经济和生态三方面指标组成，具体如下。

### （一）社会效益评价指标

总人口（万人）

人口出生率（‰）

人口自然增长率（‰）

人口密度（人/km$^2$）

人均寿命
城市化人口的比重
职工平均年工资额
每个农民年平均纯收入额
平均每人每年粮食、植物油、蔬菜、肉类、纺织品、日用品消费量
城市人均居住面积
农村人均居住面积
社会总产值增长率
人均国民收入增长率
人均热量（kJ/d）和蛋白质摄入量（g/d）
恩格尔系数
基尼系数
贫困人口比重
全社会居民人均收入
城镇与农村人均收入的比率
通货膨胀率
平均每千人拥有的医生数
平均每百人拥有电话机部数
每百万人非正常死亡人数

## （二）经济效益评价指标

社会总产值（亿元）
工农业总产值（亿元）
农业总产值（亿元）
工业总产值（亿元）
工农业产值比
国民生产总值（GNP）
人均国民生产总值
第一、二、三产业产值比
国内生产总值（GDP）
人均国内生产总值
国民收入（NI）
人均国民收入
万元产值利润
万元产值占地
万元产值耗能
万元产值用水
土地利用投入产出率

土地经济密度（净产值）
土地纯收入
土地利用投资效果系数
土地利用投资回收期
净现值（NPV）
净现值率（NPVR）
内部收益率（IRR）
社会折现率
费效率（B/C）

### （三）生态环境效益评价指标

能量产值投入比
光能利用率
复种指数
森林覆盖率
有效灌溉率
垦殖指数
土地利用率
土地农业利用率
土地非农业利用率
土地生产率
农产品加工利用率（%）
农产品增值率（%）
环境质量达标程度（水质、大气、噪声、土壤）
低产地占耕地面积比重
自然保护区面积占国土面积的比重
城镇人均绿地面积
环境保护投资占 GDP 的比重

## 三、可持续评价方法

为了对某一规划方案依据上述各项指标进行可持续评价，这个问题的实质是多目标决策问题。可持续评价方法有多种，下面主要介绍评价系数法。应用评价系数法时，首先对不同的规划方案的上述各项指标依次计算，后将具有不同量纲的指标化为无量纲的系数，在等权条件下即可将各项指标确定权系数，再将其乘以各项指标的评价系数，得可持续评价系数再行加总据以比较。

## （一）评价系数的确定

评价系数的计算公式如下

$$P_{ij}=\frac{x_{ij}}{\overline{x}_j}$$

式中：$P_{ij}$为第$i$方案第$j$项指标评价系数；$x_{ij}$为第$i$方案第$j$项指标数值；$\overline{x}_j$为第$j$项指标的平均水平。

在依据计算各方集各项指标的评价系数的基础上，计算各方案的评价系数和，借以评定规划方案的优劣程度，即

等权条件下

$$N_{ij}=\sum_{i=1}^{m}\sum_{j=1}^{n}P_{ij}$$

非等权条件下

$$N_{ij}=W_j\sum_{i=1}^{m}\sum_{j=1}^{n}P_{ij}$$

## （二）指标权系数的确定

指标权系数的确定可以应用定性方法和定量方法。常用的方法有特尔斐法、等差法、回归系数法、模糊综合评判法和灰色关联度法等。

### 1. 特尔斐法

特尔斐法（Delphi）是以希腊中部一古城特尔斐命名的，特尔斐城以预告未来的神谕之地而著称世界。特尔斐法的基本做法是：采用发信调查，分别向与评价指标有关的专家提出问题，然后将他们回答的意见综合整理，并归纳成几个类型的意见，再将这些意见用匿名的方式反馈给各位专家，请他们进一步考虑，征求对这些意见的看法，并再行综合归纳和反馈。一般经过三个回合，便可得出比较一致的意见。对回收的专家征询表，进行分因素整理和计算，均值计算公式为

$$E=\frac{1}{m}\sum_{i=1}^{m}X_i$$

式中：$E$为某指标的均值，反映专家意见的一致性（趋同性）程度；$m$为专家人数；$X_i$为第$i$位专家的评分值。

标准差计算公式为

$$\delta=\sqrt{\frac{1}{m-1}\sum_{i=1}^{m}(X_i-E)^2}$$

式中：$\delta$为标准差，反映专家意见的离散程度；$m$为专家人数；$X_i$为第$i$位专家评分值；$E$为某指标的均值。

### 2. 等差法

应用等差法确定评价指标权重时，先按评价指标的重要性大小依次排列（作用序列），然后按等差原则赋权，使两相邻指标的权重相差一个公差 $d$。公差 $d$ 可按等差级数公式计算求得 $i$ 即

$$d=(a_n-a_1)/(n-1)$$

式中：$a_n$ 为末项；$a_1$ 为首项；$n$ 为项数。

为了保证评价指标之间的可比性，把等差法确定的指标权重加以归一处理，计算其可比权重。可比权重 $W_i$ 计算公式为

$$W_i=\frac{P_i}{\sum P}\times 100\%$$

式中：$P_i$ 为第 $i$ 项指标等差权重；$\sum P$ 为各项指标等差权重之和。

### 3. 回归系数法

回归系数法是通过上述各项评价指标 $X$ 与土地利用规划最终效益指标 $Y$ 之间建立回归方程式，即

$$Y=\beta_1 X_1+\beta_2 X_2+\beta_3 X_3+\cdots+\beta_n X_n$$

式中：$\beta_1$，$\beta_2$，…，$\beta_n$ 为回归系数。回归系数标准化按下式计算：

$$\beta'_i=\beta_i\frac{S_X}{S_Y}$$

式中：$\beta'_i$ 为标准回归系数；$S_X$ 为 $X_i$ 的标准差，$S_X=\sqrt{\frac{\sum X_i^2}{n-1}}$；$S_Y$ 为 $Y$ 的标准差，$S_Y=\sqrt{\frac{\sum Y^2}{n-1}}$。

再将标准回归系数加以归一化处理求得各项指标的可比权重，即

$$W_i=\frac{\beta_i}{\sum_{i=1}^{n}\beta_i}\times 100\%$$

式中：$W_i$ 为指标的可比权重；$\beta_i$ 为标准回归系数；$\sum \beta_i$ 为标准回归系数之和。

### 4. 模糊综合评判法

模糊综合评判法是运用模糊变换原理和隶属度等特有方法对带有模糊性的客观事物进行综合评价的方法，它以连续函数的隶属度来代替阶梯函数的级分数。

$A$ 为模糊集，$\mu^A$（$\mu$）为在［0，1］区间上的一个数，称之为 $\mu$ 对 $A$ 的隶属度，它是 0～1 之间的数，越接近 1，隶属于某一级的程度越大。可以通过统计图像的方法来给每一评价指标赋一个隶属度，建立这种对应关系称为隶属函数。$R$ 为 $n$ 评价因素 $x_m$ 评价单元的关系矩阵

$$
\boldsymbol{R}=\begin{bmatrix} x_1 \\ x_2 \\ x_3 \\ x_4 \\ x_5 \\ x_6 \end{bmatrix}\begin{bmatrix} y_1 & y_2 & y_3 & y_4 \\ \mu_{11} & \mu_{12} & \mu_{13} & \mu_{14} \\ \mu_{21} & \mu_{22} & \mu_{23} & \mu_{24} \\ \mu_{31} & \mu_{32} & \mu_{33} & \mu_{34} \\ \mu_{41} & \mu_{42} & \mu_{43} & \mu_{44} \\ \mu_{51} & \mu_{52} & \mu_{53} & \mu_{54} \\ \mu_{61} & \mu_{62} & \mu_{63} & \mu_{64} \end{bmatrix}
$$

## 第四节　土地规划技术设计和现场铺图方法

### 一、土地规划技术设计方法

土地规划技术设计的主要任务在于根据初步设计所确定的各种用地的设计面积，在设计图上确定其精确的界线。如果说，面积计算是确定图上具有明显界线图形面积的大小，则技术设计就是根据既定面积的大小，确定其在图上相应的精确界线。故从程序上来说，技术设计是面积计算的逆运算，其采用的精度与方法基本上与面积计算相同。

根据对所设计的各种用地面积的不同精度要求、用地界线的性质、测量数据的多少等情况，进行技术设计时可分别采取下列基本方法：图解法、求积仪法和解析法。

应用上述任一种方法，均需通过“逐步逼近”的方式进行。即首先找出所设计界线的大致位置，而后逐步地确定其最终的精确界线。

#### （一）图　解　法

图解技术设计法是根据在设计图上量得的数据，通过相应的计算与作图，最后确定出所设计地段的精确界线。一般均按下列两个步骤进行：

1）按图上条件，首先划出面积近似于原设计面积（初步设计所确定的面积）的地块，并用任一种面积计算方法求出其精确面积，将其与原设计比较，算出应划入或划出的地块面积。

2）根据对所设计界线的不同要求，同三角形或梯形法确定划入或划出地块的精确界线。

**(1) 三角表图解法**

应用这种方法的前提是，所设计的界线必须通过某一已知点其原理是：根据已知三角形面积 $P$ 及在图上量得的高 $h$（或底边 $a$），求出三角形的底边（或高 $h$），即

$$a=\frac{2P}{h}$$

或

$$h=\frac{2P}{a}$$

如图 21-1 所示，$ABCDEF$ 为某土地使用单位界线的一部分，现须通过 $E$ 点设计一直线 $MN$ 使所成图形 $E'BCDE$ 的面积等于原设计面积 $P$。在这种情况下，用三角形法设计较为方便，其进行程序如下：

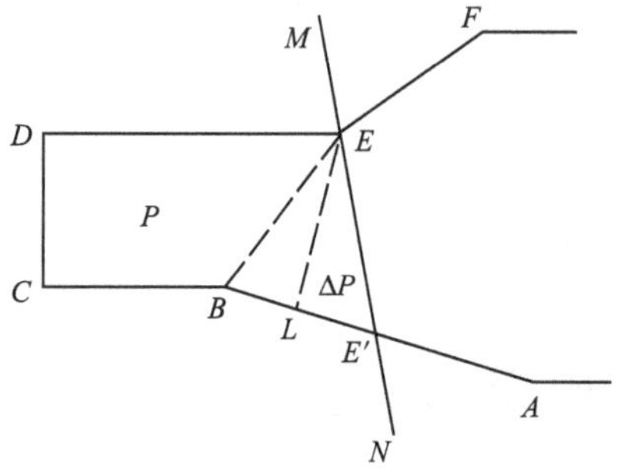

图 21-1

1）连接图上已知点 $B$、$E$，并用任一种面积计算方法算出所成四边形 $BCDE$ 的面积 $P_1$。如 $P=P+\Delta P\neq P_1$，则应在 $BE$ 线的右边划入一面积为 $\Delta P$ 的三角形。为此，由 $E$ 点作 $BA$ 的垂线 $EL$，并在图上量取其长度 $h$，则面积 $\Delta P$ 的三角形 $E'BE$ 的底边 $BE'$ 为

$$BE'=\frac{2\Delta P}{h}$$

2）用两脚规在 $BA$ 线上截取 $BE'$ 之长，再连接 $E'E$，则所成图形 $E'CDE$ 即为所求的面积等于 $P$ 的图形。

**（2）梯形图解法**

如所设计的界线需平行于某一已知直线，则应采用梯形图解法来设计。其原理是：根据已知梯形面积 $P$ 及中线 $S$（或高 $h$）求出梯形的高 $h$（或中线 $S$）。即

$$h=\frac{P}{S}$$

或

$$S=\frac{P}{h}$$

如图 21-2 所示，$ABCDEF$ 为某国营农场或乡土地界线的一部分，现需设计一平行于已知直线 $CD$ 的直线 $MN$，使所形成的图形 $HBCDEK$ 的面积等于原设计面积 $P$，设计程序如下：

1）由 $E$ 点作 $CD$ 线的平行线，并用任一种面积计算方法求出所成图形 $OECDE$ 的面积 $P_1$，再算出 $P_1$ 与原设计面积 $P$ 的差数 $\Delta P$。

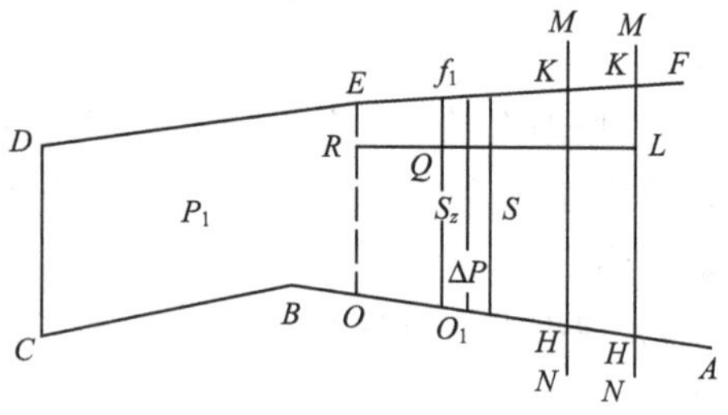

图 21-2

2）如 $P-P_1=+\Delta P$ 时，应在 $OE$ 线的右边划一平行于 $CD$ 的直线 $MN$，使所成梯形 $HOEK$ 的面积等于 $\Delta P$。划定时，可按下述步骤进行：①根据 $\Delta P$ 面积的大小，用目估法确定出 $MN$ 的近似位置 $M'N'$，并在图上量取所成梯形 $H'OEK'$ 的中线 $S_1$（所求梯形中线的第一近似值）；②根据 $\Delta P$ 与 $S_1$ 算出高度值 $h_1$。（所求梯形高度的第一近似值），即

$$h_1 = \frac{\Delta P}{S_1}$$

3）在 $EO$ 的垂线 $RL$ 上，截取 $QR=\frac{h}{2}$ 并通过 $Q$ 点作 $CD$ 线的平行线 $f_1O_1$。

4）如 $f_1O_1$ 不与 $S_1$ 重合，则需在图上量取所求梯形中线第二次近似值 $S_2$，再根据 $AP$ 与 $S_2$ 算出所求梯形高度的第二近似值 $h_2$，即

$$h_2 = \frac{\Delta P}{S_2}$$

用上述同样方法，再划出 $f_2O_2$，$f_3O_3$，…，直至 $f_nO_n$ 与相应的中线 $S_n$ 重合或误差在图解法容许精度范围内时为止。

上述计算的数据，均应记入计算表内，见表 21-2。

**表 21- 2　梯形图解法设计计算表**

| 地块编号 | $P$ | $P_1$ | $\Delta P=P-P_1$ | $S_1$ | $h_1$ | $S_2$ | $h_2$ | $S_3$ | $h_3$ |
|---|---|---|---|---|---|---|---|---|---|
| | | | | | | | | | |

## （二）求积仪法

如前节所述，求积仪法就是利用求积仪进行相应的面积计算。如欲确定某一设计面积为 $P$ 的图形界线时，首先应根据设计面积的大小，用目估法划出所求图形的第一近似界线，然后用求积仪求出设计面积 $P$ 的第一次近似值 $P_1$。按 $P-P_1=\Delta P$ 的大小，再划出所求图形的第二次近似界线及算出设计出面积 $P$ 的第二近似值 $P_2$……如此继续下去，直至 $P_n$ 与所求设计面积 $P$ 相等或其差数不大于求积仪面积计算的容许精度时为止。最后一次划出界线即为所求图形的界线。由此可见，用求积仪法来进行技术设计，往往需经过多次反复计算方能达到欲求结果。为提高工作速度和保证必要的精度起见，在实际工作中，求积仪法都与图解法配合使用，即先用求积仪求出设计面积 $P$ 的第一次近似值 $P_1$，而 $P$ 与 $P_1$ 之差数 $\Delta P$，则用图解法来设计。其技术设计计算见表 21-3。

**表 21-3　求积仪一图解法技术设计计算表**

| 地块编号 | 设计面积 $P$ | 求积仪读数 $n$ | 读数差 $n_2-n_1$ | 平均读数 | 面积 $P_1$ | $\Delta' P=P-P_1$ | 三角形的高 $h$ 或梯形中线 $S$ | 三角形的底 $a$ 或梯形的高 $h$ |
|---|---|---|---|---|---|---|---|---|
| | | | | | | | | |

## （三）解　析　法

解析法是根据在实地上量得的数据或它们的函数，通过相应的计算与作图，最后确定出设计地段的精确界线。因此，解析技术设计法的精度不受绘图或在图上量取线段等误差的影响，在所有设计方法中为最高。但解析法计算较为复杂，故只用于面积精度要

求较高的地段设计中。

在解析技术设计中，最常见的是三角形解析法与梯形解析法两种，现分述如下：

## 1. 三角形解析法

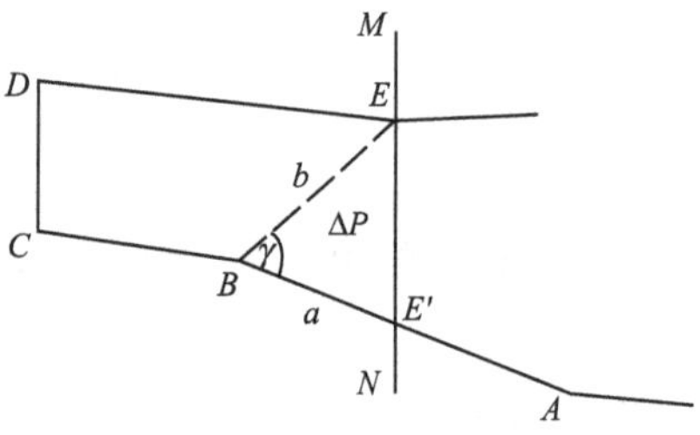


图 21-3

三角形解析法与三角形图解法采用的条件及设计原理基本相同，只是所用数据的来源不同而已。

如图 21-3 所示，$A$、$B$、$C$、$D$、$E$ 为设计图上的已知点。现需通过 $E$ 点设计一直线 $MN$，使所成图形 $E'BCDE$ 的面积等于原设计面积 $P$，其设计程度与方法如下：

1）连接已知点 $B$、$E$，并根据 $B$、$C$、$D$、$E$ 各点的坐标 $x$、$y$ 算出所成四边形 $BCDE$ 的面积 $P_1$。即

$$P_1=\frac{1}{2}\sum_{B}^{E}x_k(y_{k+1}-y_{k-1})\text{ 或 }P_1=\frac{1}{2}\sum_{B}^{E}y_k(x_{k-1}-x_{k+1})$$

式中：$k$ 为 $B$、$C$、$D$、$E$ 各点的顺序号。

2）如 $P-P_1=+\Delta P$ 时，则应在 $EB$ 线的右边设计一面积为 $P$ 的三角形，为此应求出所求三角形 $BEE'$ 之底边 $a$：

$$a=\frac{2\Delta P}{b\sin\gamma} \tag{21-1}$$

$b$ 与 $\gamma$ 值可由下列关系式求得：

$$b=\frac{y_E-y_B}{\sin\theta_{BE}}=\frac{x_E-x_B}{\cos\theta_{BE}} \tag{21-2}$$

式中：$x$，$y$ 为 $E$、$B$ 点的纵横坐标。$\theta_{BE}$ 为 $BE$ 线的象限角，其值可由下式求得

$$\mathrm{tg}\theta_{BE}=\frac{y_E-y_B}{x_E-x_B}$$

根据象限角与方位角之间的关系，再将 $\theta_{BE}$ 换算成方位角 $T_{BE}$

$$\gamma=T_{BA}-T_{BE} \tag{21-3}$$

将式（21-1）、式（21-2）代入式（21-3）中，就可求出三角形 $BEE'$ 的底边 $a$。

3）用两脚规在 $BA$ 线上截取 $BE'$，再连接 $EE'$，则所成图形 $E'BCDE$ 即为所求面积等于 $P_1+\Delta P=P$ 的图形。

## 2. 梯形解析法

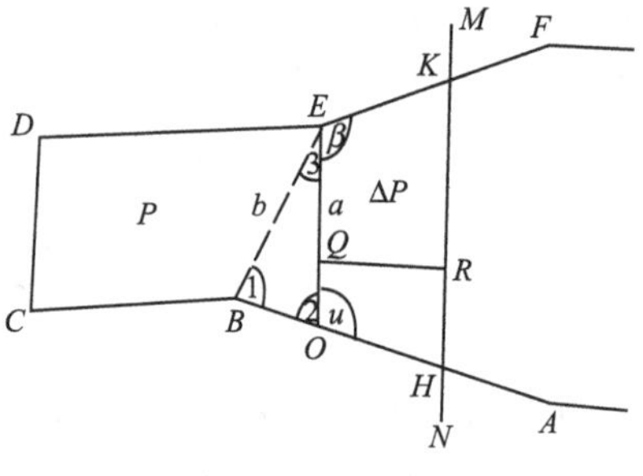


图 21-4

如所求界线需平行于某一已知直线时，则应采用梯形解析法来设计。

如图 21-4 所示，$A$、$B$、$C$、$D$、$E$、$F$ 为图上已知点。现需设计一平行于已知直线 $CD$ 的直线 $MN$，并使所成图形 $HBCDEK$ 的面积等于原设计面积 $P$。其设计程序与方法如下：

1）连接图上已知点 $B$、$E$，并根据 $B$、$C$、$D$、$E$ 各点坐标，算出所成四边形 $BCDE$的面积 $P_1$、$BE$ 线的长度 $b$ 及其象限角 $OBE$，再将 $OBE$ 换算成 $TBE$。

2）由 $E$ 点引 $CD$ 的平行线与 $BA$ 相交于 $E$，并根据下面公式算出所成三角形 $BEO$ 的面积 $P_2$。则

$$P_2 = \frac{1}{2}bc\sin\angle 1$$

或

$$P_2 = \frac{1}{2}ac\sin\angle 2$$

或

$$P_2 = \frac{1}{2}ab\sin\angle 3$$

式中：

$$\angle 1 = T_{BA} - T_{BE}$$

$$\angle 2 = T_{OE} - T_{OB} = T_{CD} - T_{AB}$$

$$\angle 3 = T_{ER} - T_{EO} = T_{EB} - T_{DC}$$

$$a = \frac{b\sin\angle 1}{\sin\angle 2}$$

$$c = \frac{b\sin\angle 3}{\sin\angle 2}$$

3）如 $P - P_1 - P_2 = +\Delta P$，则应在 $EO$ 线的右边设计一平行于 $CD$ 的直线 $MN$，使所成图形 $HOEK$ 的面积等于 $\Delta P$。设计时，可按下述步骤进行：

根据面积为 $\Delta P$ 的梯形底边 $a$ 及两个夹角 $\alpha$ 与 $\beta$ 求另一底边 $L$。

$$L = a^2 - 2\Delta P(\mathrm{ctg}\alpha + \mathrm{ctg}\beta)$$

式中：

$$\alpha = T_{OA} - T_{OE} = T_{BA} - T_{CD}$$

$$\beta = T_{EO} - T_{EF} = T_{DC} - T_{EF}$$

由 $\Delta P$、$a$ 及 $L$ 可求出所求图形的高 $h$。

$$h = \frac{2\Delta P}{a + L}$$

作 $OE$ 的垂线，并在其上截取 $QR = h$，再过 $R$ 点引平行于 $CD$ 的直线 $MN$，则所成梯形 $HBCDEK$ 即为所求的面积等于 $P_1 + P_2 + \Delta P = P$ 的图形。

## 二、土地规划设计现场铺图方法

### （一）现场铺图的概念

现场铺图，就是将设计图上的全部设计界线，通过相应的测量方法，放样到实地

上，并用界标加以固定。

从程序上来讲，现场铺图是一般测图的倒逆工作。一般的测图工作是根据在地面上量得的线段长度、线间的夹角，经过整理、计算，最后缩绘成图；而现场铺图即是把已绘好的设计图上的各种设计界线，根据在图上量得的或计算出来的线段长度与线间夹角等，反测到实地上。

现场铺图时，一般采用三种基本方法：卷尺铺图法（卷尺测量法）、经纬仪与卷尺铺图法（角度测量法）和平板仪测量法（图解法）。

为保证铺图工作的顺利进行，在现场实施前均需做必要的准备工作，其内容一般包括：现场勘查，确定铺图方法；控制点的加密测量；铺图时所用的线段长度与线间夹角等数据的计算；绘制施工图等。

施工图即原设计图的同比例尺复制图，为铺图时所用。施工图上一般应绘出：设计地段边界，铺图时所用的线段长度与线间夹角，铺图时所用的控制点及其编号；轮作区、轮作田区及其他用地的编号；施工路线等。

## （二）常用的铺图方法

### 1. 卷尺铺图法

用卷尺法铺图时，使用的主要工具为卷尺，故也称卷尺测量法。它是所有铺图方法中最简单、最常用，也是最精确的方法。在设计线为直线、地势平坦等情况下均采用此法。

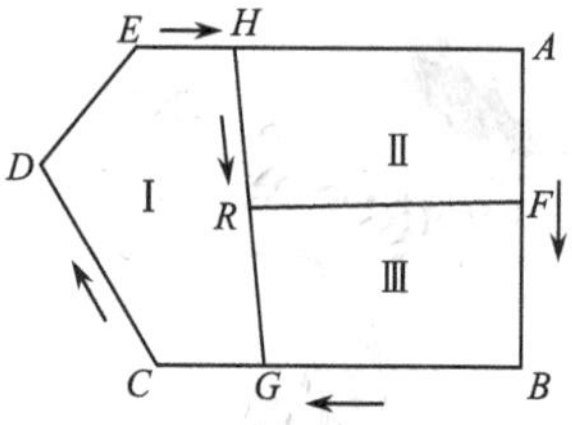

图 21-5

如图 21-5 所示，$A$、$B$、$C$、$D$、$E$ 为地面与设计图上的已知点。现需将设计地段Ⅰ、Ⅱ、Ⅲ的界线 $RF$ 与 $HG$ 放样到实地上，其作法是：

1）在图上量出 $AF$、$BG$、$EH$、$HR$ 长度。

2）在地面上，按施工路线（如图上箭头所示）由 $A$ 点开始，沿 $AB$ 方向用卷尺量 $AF$ 之距离，并在 $F$ 点打下标记。为了进行校核，还应由 $B$ 点、沿 $BA$ 方向量取 $B$ 点与 $F$ 点间的距离。其量得的 $BF$ 与 $AF$ 之和应等于 $A$、$B$ 两点间的已知距离。再由 $B$ 点开始，用上述同样方法确定出 $GH$、$R$ 点在地面上的相应位置，则 $RF$ 与 $HG$ 即是设计地段Ⅰ、Ⅱ、Ⅲ的界线。

### 2. 经纬仪与卷尺铺图法

经纬仪与卷尺铺图法又称角度测量法。铺图时所用的主要仪器为经纬仪与卷尺。当设计界线较为曲折时，这种方法就更表现出明显的优点。应用该法的计算工作较为复杂。

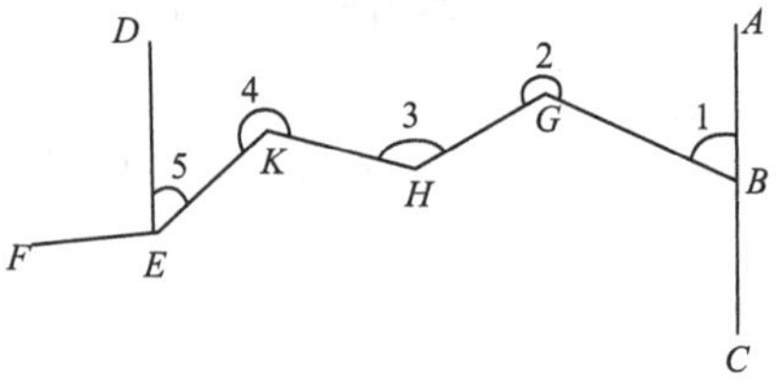

图 21-6

如图 21-6 所示，$A$、$B$、$C$、$D$、$E$、$F$ 为地面上与设计图上的已知点，现须将设计线 $BG$、

$GH$、$HK$、$KE$ 放样到实地上，其作法如下：

1）计算∠1、∠2、∠3、∠4、∠5 及设计线 $BG$、$GH$、$HK$、$KE$ 的数值，程序如下：

①用图解法量出设计线转移点 $G$、$H$、$K$ 的坐标植。

②计算 $B$、$G$、$H$、$K$、$E$ 各点间的坐标增量 $\Delta x$ 与 $\Delta y$。

$$\begin{cases}\Delta x_{BG} = x_G - x_B \\ \Delta y_{BG} = y_G - y_B\end{cases}$$

$$\begin{cases}\Delta x_{GH} = x_H - x_G \\ \Delta y_{GH} = y_H - y_G\end{cases}$$

$$\begin{cases}\Delta x_{HK} = x_K - x_H \\ \Delta y_{HK} = y_K - y_H\end{cases}$$

$$\begin{cases}\Delta x_{KE} = x_E - x_K \\ \Delta y_{KE} = y_E - y_K\end{cases}$$

上述各点坐标增量的代数和应等于已知点 $B$、$E$ 的坐标差。

③计算 $BG$、$GH$、$HK$、$KE$ 各边的象限角 $\theta$ 与方位角 $T$。

$$\mathrm{tg}\theta_{BG} = \frac{\Delta y_{BG}}{\Delta x_{BG}}$$

$$\mathrm{tg}\theta_{GH} = \frac{\Delta y_{GH}}{\Delta x_{GH}}$$

$$\mathrm{tg}\theta_{HK} = \frac{\Delta y_{HK}}{\Delta x_{HK}}$$

$$\mathrm{tg}\theta_{KE} = \frac{\Delta y_{KE}}{\Delta x_{KE}}$$

根据象限角的正切值，查出象限角的角度值，将上述各边的象限角 $\theta$，根据其与方位角之间的关系，换算为方位角 $T$。

④计算 $BG$、$GH$、$HK$、$KE$ 各边的长度 $S$。

$$S_{BG} = \frac{\Delta y_{BG}}{\sin\theta_{BG}}$$

$$S_{GH} = \frac{\Delta y_{GH}}{\sin\theta_{GH}}$$

$$S_{HK} = \frac{\Delta y_{HK}}{\sin\theta_{HK}}$$

$$S_{KE} = \frac{\Delta y_{KE}}{\sin\theta_{KE}}$$

⑤计算∠1、∠2、∠3、∠4、∠5 的角值。

$$\angle 1 = T_{BA} - T_{BG}$$
$$\angle 2 = T_{GB} - T_{GH}$$
$$\angle 3 = T_{HG} - T_{HK}$$

$$\angle 4 = T_{KH} - T_{KE}$$

$$\angle 5 = T_{EK} - T_{ED}$$

上述计算过程均应记录在表格内，见表 21-4。

**表 21- 4　经纬仪法现场铺图计算表**

| 点的编号 | 点的坐标 | | 坐标增量 | | tgθ | θ | S | T | ∠1 |
|---|---|---|---|---|---|---|---|---|---|
| | $x$ | $y$ | $\Delta x$ | $\Delta y$ | | | | | |
| | | | | | | | | | |

2）根据上面计算出的各设计线的长度及其夹角，将 $G$、$H$ 点放样到地面上，其程序如下

①安置经纬仪于 $B$ 点（施工路线如图 21-6 上箭头所示），并转动望远镜。当水平度盘读数为零时，固定上盘；

②松下盘。在用望远镜照准地面点 $A$ 时，固定下盘。再松上盘，并转动望远镜。当水平度盘上出现（360—1°）的读数时，固定上盘。此时，沿望远镜所指示的方向，在地上量取 $BG$ 的距离后，即找出 $G$ 点在地面上的位置，再分别安置仪器于 $G$、$H$、$K$ 点，并用上述同样方法，确定出这些点在地面上的相应位置。

③为了进行校核，还应安置仪器于 $E$ 点量取∠5。此时，如望远镜正好照准 $K$ 点或其误差在容许范围内时，即可将设计点用界标在地面上加以固定。

### 3. 平板仪铺图法

平板仪铺图法又称图解铺图法，所用的主要仪器为平板仪与卷尺。这种方法较角度测量法简单、方便，但精度较差。用该方法铺图应在铺图前将施工妥善地裱贴在图板上，然后到现场施测。

如图 21-7 所示，$A$、$B$、$C$、$D$ 为地面上与设计图上的已知点。现需将图上的设计点 $E$、$F$、$G$、$H$ 放样到实地上，其作法如下：

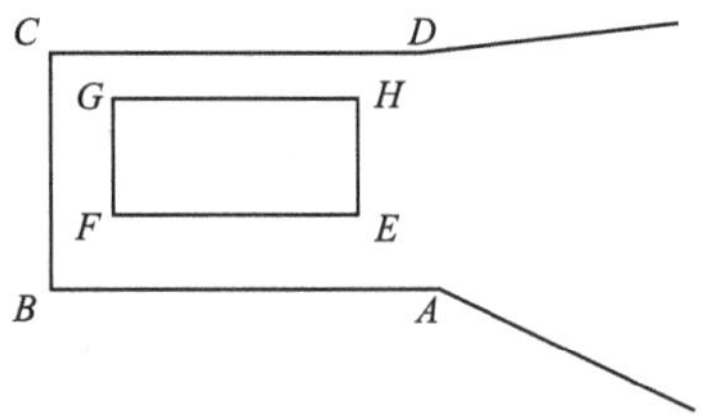


图 21-7

1）安置平板仪于地上已知点 $A$，对中、整中、定向后，将照准仪直尺的边缘准确地放在 $B$、$E$ 点的连线上，此时，沿照准仪望远镜所指示的方向，在地上量取 $AE$ 之距离，即可找出 $E$ 点在地面上的位置。

2）分别安置仪器于地面上的 $B$、$C$、$D$ 点，用上述同样方法，找出设计点 $F$、$G$、$H$ 在地上的相应位置。

# 第二十二章　土地利用规划的实施管理

## 第一节　土地利用规划成果资料

### 一、土地利用规划成果资料的内容

#### （一）土地利用规划图

这是土地利用规划成果的主要部分，是一张全面组织土地利用的总设计图。为了详细反映细部设计和便于工程施工的需要，经常还编制居民点规划图、各类工程规划设计图，如渠道纵横断面图、道路断面图、水工建筑物设计图等，以及单项规划图，如林业规划图、作物布局图、水土保持规划图等。

#### （二）土地利用规划说明书

土地利用规划说明书是指全部规划的文字说明，主要内容包括基本情况、土地利用战略研究、管理体制、土地利用结构和居民点的布局，各业生产用地的划分及其内部规划，水利、道路、林带等基本建设项目的规划，基本建设投资，以及规划实施与经济效益概算等。

#### （三）技术和法律文件及其他调查资料

其包括上级有关指示，如发展方向、社会经济发展指标等，以及规划方案审查决议、有关的重要会议记录、协议、调查资料与图表，如土地利用现状图、土壤图等。

#### （四）施工图及实施计划

施工图及实施计划包括规划设计方案现场铺图所需绘制的施工图件，执行规划方案的总安排和逐年实施计划，以及土地利用规划动态监测体系。

### 二、土地利用规划图的编制

#### （一）土地利用规划图的编制程序

编制土地利用规划图，一般均以复制的土地利用现状图作为工作底图。在设计程序上，分为初步设计和技术设计两个阶段。设计图纸要求能正确反映地面实际情况，根据设计阶段选择相应的精度。

初步设计亦称“草图设计”，一般在晒蓝图或透明描图纸上进行。初步设计阶段，规划人员将所规划的内容，从“骨架”性项目到具体项目，逐项绘制到图上，要求界线基本准确，能够全面、准确地反映出整个规划设计的意图。在初步设计阶段，通常要求对整个规划方案或某些单项（部分）设计项目，提出几个不同方案，以供进行比较选择，并经过领导审议和群众讨论，形成规划草图（初步设计图）。初步设计的精度要求低，计算亦不必十分详细，主要是为技术设计探索最佳方案和设计方法。

技术设计属精确设计，须在初步设计方案取得规划单位和上级部门批准同意后才能进行此项设计。技术设计应在优质复制图上进行，要求对各规划项目进行精确的设计。无论是界线或面积，在图上都应准确无误，并可按技术设计图来计算面积和进行现场定界工作。

技术设计完成后，即可进行清绘整饬，成为土地利用规划工作的主要成果。原图复制后，即可将复制图与其他有关材料一起上报审定，原图存档。

## （二）土地利用规划图的清绘

所谓清绘，就是在技术设计图上用绘图墨水进行最后的绘制，以达到提高制图工艺水平和图面定线的目的。清绘时，应按一定的图例描绘规划内容。目前，土地利用规划采用的图例尚无统一规定，在工作中可参照测绘部门制定的标准图例和参考图例，自行补充一些图例。待有了统一的标准图例后，则按标准图例清绘。

在设计图例时，一要考虑各种图例清晰易认；二要注意图例间的协调；三要能分清主次内容；四要尽可能采用习惯通用的表示方法。因此，在颜色的运用上，要讲求色彩调和，面的颜色宜浅，线条和点的颜色宜深。在图案的设计上，要求结构清晰，精致美观。

在土地利用规划制图工作中，一般以不同的颜色来表示不同的用地类型，用不同粗细的线形表示各级土地利用范围的界线，用不同形状和大小的旗帜或五星表示各级经营中心的所在位置，用粗细不同的蓝色线条表示各级道路，用空心圆点排列表示林带等。

在土地利用规划图上，除了由点、线、面组成的图例来表达规划内容外，还要有必要的文字注记和数字注记。在清绘时，应力求采用统一的制图字体进行书写。我国常用的制图字体有宋体、仿宋体、等线体、隶体以及阿拉伯数字中的精细线体、等线体等。以上各种制图字体又可变化为长、方、扁、斜等各种形态。在书写注记时，不仅要掌握制图字体的特点，书写工整，而且要注意字体与图例内容相适应，用一定的字体注记一定的内容。例如，用宋体、等线体或隶体字书写图名，用等线体字注记居民点和大的河湖、水库等重要地物，仿宋体则用来注记其他内容。若不能掌握制图字体时，也可以徒手书写正楷字体作为文字注记。注记的文字和数字不但要求大小适宜，与整个图面相协调，还应注意字间的排列。一般应尽可能采用从左到右的水平排列法。在采用垂直排列或斜行排列时，字体的横笔画要平行于上下图廓线，以便于阅读。此外，注记不应压盖重要地物或地势。

土地利用规划图上各种用地的名称、编号、面积都直接注记在设计图上，位于设计地段界线的中央。以田块为例，其注记方式为：田块编号/田块面积。用线条型图例符号表示地物，如田间道路、渠道等，则沿线条注记宽度和面积，一般不采用引线注记的办法。

土地利用规划图的清绘工作要求细心认真，绘写完毕后应详细校对，消除差错。

近年来计算机辅助制图得到广泛地应用。计算机辅助制图又称地图制图自动化，以传统的编图原理和方法为基础，以计算机和有关的图形输入、输出设备以及编图软件为工具，进行地学编图，把手工编绘地图转变为应用计算机来执行制图任务。计算机辅助制图在规划动态监测、更新和复制规划图件方面有着手工编图无法比拟的优越性，从制图手段上保证了规划的动态性。

## （三）土地利用规划图的整饰

一张完整的土地利用规划图，除要求内容正确外，还必须使整个图面保持完整美观，并做到使用方便。土地利用规划图整饰工作的主要内容有：

### 1．图廓

图廓一般由内图廓和外图廓线所组成。内图廓线是规划图图面范围的界线，外图廓线的主要作用在于整饰图面。

图廓线的粗细视图面的大小而定。以0号图纸（幅面841mm×1189mm）为例，外图廓线与图纸外缘的间距以10～25mm较为合适，外图廓线的宽度以1～2mm为宜；内图廓线的宽度以0.1～0.5mm为宜。内外图廓线的间距以5mm左右为好。土地利用规划图的图纸幅度面较大，往往需要分幅绘制。分幅绘制时，要注意规划线条的衔接。

### 2．比例尺

为了便于阅读和使用，土地利用规划图上必须标明比例尺。比例尺通常有数字和直线两种表示方法。用数字标注时，其位置可写在图名的下面，或与指北针、风向频率图一起放在图的左右上方。直线比例尺通常绘制在图面下方的中、右位置。

### 3．指北针

当土地利用规划图受图形影响不能按坐标网截取图面时，也就是说图面不能按上北下南，左西右东的方位安排时，应在图上绘出指北针，指北针的箭头处要注明“北”字（或用“N”代表）。指北针也可以与风向频率图合并在一起。指北针的位置通常在图名的左右侧，即图面的左右上方。

### 4．图名及图签

土地利用规划图顶端中央为图名（××单位土地利用规划图），图的右下角，一般绘制图签（亦称“图标”）。注明负责规划单位和个人，单位技术负责人，制图、绘图、校对和审核人员的姓名。

除了上述内容外，在土地利用规划图上的适当位置，还要绘制图例、土地利用统计表、图幅接合表以及轮作计划表等，以便全面反映土地利用规划的主要内容，并便于阅读和运用规划图纸。

经过清绘和整饰后的土地利用规划原图，是土地利用规划工作的最终成果。按规定应存档妥善保管，防止丢失或变形损坏，以便于进行复制和检查规划方案的实施情况。

### （四）土地利用规划说明书的编写

土地利用规划说明书是通过文字和表格来说明规划内容的重要方式，因此它是整个规划方案的主件之一。

1. 土地利用规划说明书的基本内容

**前言**　主要说明规划工作的时间、参加工作的单位和人员、基础资料的来源、工作过程及存在问题等。

**基本情况**　简要说明规划土地的地理位置、自然条件（如地质地貌、气象、水文地质、土壤及植被），社会经济情况（如人口、劳力、土地、主要生产设备、交通、土地利用及经济水平）以及当地社会经济发展中存在的主要问题等。

**土地利用战略研究**　包括土地利用战略目标、任务、措施等。

**土地利用供需平衡**　包括土地需求量预测和土地利用潜力、土地利用结构优化等。

**建设用地规划**　居民点、交通运输、水利工程等各项建设用地规划。

**农业用地规划**　包括耕地、园地、林地、牧草地和水产用地规划。

**土地利用专项规划。**

**土地利用规划效益预测。**

**土地利用规划实施措施。**

2）土地规划说明书的编写方法土地利用规划说明书涉及的内容广泛，为了顺利地进行编写工作，并达到一定的质量要求，应先拟订编写纲目，然后着手书写。文字要简明扼要，语言生动，论据具体有力。既要照顾到规划的先后顺序，使前呼后应，又要突出重点，可以采取分工协作、汇总协调的办法进行编写。编写定稿后的说明书应加具封面、目录，并按一定规格装订成册。原件存档，复制件供各方面使用。为了全面反映规划中的有关技术内容和方法，还需编写土地利用规划技术报告。

## 第二节　土地利用规划方案的实施

土地利用规划方案经过审批后，即可逐步付诸实施。作为土地利用的必要程序，规划方案的实施应当包括现场铺图和编制实施计划两个部分。

### 一、现场铺图的准备

**检查地图质量**　首先应深入现场，检查地图的质量，了解控制点的分布情况，并根据地形条件、工作条件和放线要求，确定铺图的方法。

**补测工作**　检查土地规划技术设计图的质量，确定未定的角度与直线长度。

**制定铺图工作计划**　包括使用仪器的种类、数量、人员组织、工作程序和进度要求等。

**绘制施工图**　施工图即技术设计图的复制或放大，为便于携带和使用，施工图可根据铺图程序、进度而分区绘制。上述工作准备就绪后，便可按计划进行现场铺图工作。

## 二、规划方案实施计划

在铺图的同时，应当编制规划方案的实施计划，以全面执行规划方案，其中包括：开垦栽植（农作物、饲料、果林）、土地开发复垦、工程施工等一系列计划的实施。通过实施计划，明确划分各项具体计划逐年实现的规模，需要的人力、物力、财力等的数量及其来源，保证程度及平衡措施。

实施计划的编制原则：

**(1) 全面安排，远近结合**

根据全面安排、逐步实现精神，处理好近期工程与远期工程的结合。对于需多年实施的大型骨干工程，应做好分期实施计划，明确各年应完成的任务，并订出保证完成任务应采取的措施。

**(2) 集中力量，突出重点**

安排分期计划时，应根据本地区的条件和存在的主要问题，明确主攻方向，抓住重点，全面安排骨干工程与配套工程、土方工程与建筑物的施工，使各项建设尽早地发挥效益。

**(3) 实事求是，切实可行**

实施计划必须放在自己力量的基础上，根据本地的人力、物力和负担能力妥善安排各项施工建设，使实施计划切实可行。

为保证全面准确地实施方案，还要将实施计划列入本单位的工作计划。具体的实施工作主要由当地干部群众进行，只有他们参加实施计划的制定，才能保证实施方案得到执行，并在执行过程中妥善处理建设施工中遇到的问题。

**(4) 动态监测，完善规划**

在实施规划过程中，不断发现制定规划方案的依据和有关参数变化，及时对原规划方案进行符合规定程序的修改和完善。

# 第三节　土地用途管制制度的实施

新修订的《中华人民共和国土地管理法》确立国家实行土地用途管制的法律制度，

将土地按用途分为农用地、建设用地和未利用地，将土地使用权分为农用地使用权和建设用地使用权，并将土地利用总体规划作为实施土地用途管制的重要依据。

## 一、土地用途管制制度的内容

土地用途管制制度是指国家为保证土地资源的合理利用，促进经济、社会和环境的协调发展，通过编制土地利用规划，规定土地用途，明确土地使用条件，并要求土地所有者、使用者必须严格按照规划确定的用途和条件使用土地的制度。土地用途管制制度是目前世界上土地管理制度较为完善的国家和地区广泛采用的土地管理制度，对合理利用土地资源和保护耕地等起着重要作用。

土地用途管制制度的内容包括：土地按用途进行合理分类，通过土地利用规划规定土地用途和土地使用条件，土地登记注明土地用途，对用途变更实行审批许可制，实行土地利用监督管理，对违反土地利用规划的行为严格查处等。

## 二、土地用途管制制度的特点

1）强制性管制就是强制性的管理。土地用途管制就是国家依据土地利用规划作出对土地使用上的限制和对土地用途转变的许可、限制许可或不许可的规定，并通过法律或行政手段进行约束的强制性措施。

2）严肃性土地利用规划一经批准，土地用途也就确定，即具有法律效力，必须严格执行。任何单位和个人都必须按规定用途使用土地，否则就属违法行为，要受到法律的制裁。

3）权利性实行土地用途管制的主体是各级人民政府。管制权衍生于国家对城乡地政的统一管理权和公共事务管理权，而不是土地所有权。土地用途是由代表国家长远和全局利益的人民政府通过各级土地利用规划确定的，因而必须由各级政府来实行土地用途管制，具体代表政府行使用途管制权利的是各级政府的土地管理部门。

4）直接性土地用途管制制度是通过划分土地用途区，确定分区内土地规划用途，编制详细的条款式的土地用途管制规则来实现，对土地使用用途都已作出了直接的规定。

## 三、土地用途管制与土地利用规划的关系

土地利用规划是实施土地用途管制的依据，用途管制则是落实土地利用规划的手段和措施。

建立有效的土地用途管制制度是以土地利用规划的编制和实施为前提的。土地利用规划就是在土地利用结构调整基础上，划分土地用途区，落实用地布局。土地利用分区的主导用途是管制的重点，也是规划确定的土地利用方向。同时鼓励次要用途向主导用途转变，也可暂时维持现状，但不能变为其他用途。

土地用途管制制度可解决土地利用规划的法律地位并保证规划实施。依土地用途管

制制度的规定，使用土地的单位和个人必须严格按照土地利用总体规划确定的用途使用土地。未经规划的地区或规划未经批准的地区，不得擅自改变土地利用现状。而且，实行土地用途管制制度，就要求交通用地规划、水利用地规划、林地规划、城市用地规划等专业规划应服从土地利用总体规划。通过各专业规划的实施来保证土地利用总体规划的全面实施。

## 四、土地用途分类和土地利用区

### （一）土地用途分类

依据实施土地用途管制的需要、土地利用规划和实际状况，将土地分为三大类：

1）农用地是指直接用于农业生产的土地，包括耕地、林地、园地、草地、养殖水面、农田水利用地（不包括永久性沟渠）等。

2）建设用地是指营造建筑物、构筑物和其他造成原土地生态利用条件难以恢复的土地，包括城乡住宅和公共设施用地、工矿用地、交通水利设施用地、旅游用地、军事设施用地等。

3）未利用地是指农用地和建设用地以外，尚未有明确用途或人类未以生物技术或工程措施进行改造利用的土地。其中有些是暂未利用，有些是目前技术条件下难以利用，有些则是低效利用。

### （二）土地利用区

土地利用区是指在各级土地利用总体规划中，主要是在县、乡级土地利用总体规划中，依据土地资源特点、社会经济持续发展的要求和上级下达的规划控制指标与布局的要求，划分出的土地主导用途相对一致的区域。由于土地利用区是根据用途的差异划分的，所以也有人称之为土地用途区。

土地分类方法确定后，土地利用区通常可划分为农业用地区、建设用地区和暂未利用区等三大区和自然保护区、风景名胜区、特种用地区、城市生态绿地区及水源保护区等复区。

还可根据土地利用类型差异，将上述土地利用区进一步细分：

1）农业用地区可分为基本农田保护区、一般耕地区、林业用地区、牧业用地区、园业用地区、渔业养殖区等。一般耕地区又可分为现状耕地区和耕地开垦区。

2）建设用地区可分为城市建设用地区、村庄和集镇建设用地区、独立工矿区、特殊用地区等。

3）暂未利用区可分为可开垦区、禁止开垦区和部分水域。

## 五、土地用途管制规则

土地用途管制规则是在划分土地利用区，明确各区的土地用途的基础上，对土地使用和用途变更作出的限制、许可或限制性许可的条款，是实行土地用途管制的直接依据。

## （一）农业用地区管制规则

农业用地区的管制应包括农地非农化的管制和农地农用的管制两个方面。坚持的原则是“农地，农有，农用”，即限制农地非农化，鼓励维持农用，有限制的许可农地区内部用途的变更。农业用地区可分为耕地区和非耕地区两个类别来讨论。

### 1. 耕地区

耕地区是根据规划期内耕地保有量来确定的，包括基本农田和一般农田两部分。

#### （1）基本农田

基本农田就是依《基本农田保护条例》划定的基本农田保护区内的耕地，是确保人口高峰年对粮食需求量的耕地面积。主要是生产条件较好、集中连片、产量较高的耕地，城镇或村镇建设规划区外的耕地，交通沿线的耕地和其他国家规定需要保护的耕地。其主要管制规则有：①任何单位和个人不得擅自改变或占用基本农田保护区；②国家重点建设项目选址无法避开保护区的，应取得基本农田占用许可，批准占用的，经规划修订后按占用建设规划区的耕地管制；③设立开发区不得占用基本农田保护区；④禁止在保护区内建窑、建房、建坟或擅自挖沙、采石、采矿、取土、堆放固体废弃物；⑤利用基本农田从事农业生产的应当保护和培肥地力，鼓励施用有机肥料；⑥不得占用基本农田发展林果业及畜牧业；⑦保护区内耕地承包经营权变更时，对耕地地力等级进行评定，保护农田生态环境等。

#### （2）一般农田

一般农田是指包括规划确定为农业使用的耕地后备资源和其他零星非耕地、坡度大于 25°，但未列入生态退耕范围的耕地、泄洪区内的耕地和其他劣质耕地。其主要管制规则有：①一般农田中的耕地禁止被建设占用，确需占用的，批准转用后修改规划，再视为占用建设规划区内的耕地管制。②确需占用一般农田中非耕地的，修改规划后视为占用非耕地办理许可。③鼓励一般农田中的耕地后备资源和其他零星非耕地转为宜农耕地。④保留现状用途的地类不得扩大面积，散布在本区内的农村居民点不得在原地翻建扩建，并逐步按规划调整布局。除生态保护需要外，限制占用本区的耕地发展园、林、牧业。⑤严禁用于发展水产养殖业和建窑、建房、建坟及堆放固体废弃物。⑥鼓励实施土地整理，通过对田、水、路、林的综合整治，搞好土地建设，提高土地质量，改造中低产田等。

### 2. 农用非耕地区

农用非耕地区的土地主要用于园林生产和生态环境保护、畜牧业生产及各自必要的服务设施建设。土地利用管制规则主要有：各类土地不得擅自改变用途，农业内部结构调整应符合规划；划入本区的耕地转用应与本区外的非耕地转为耕地面积大致平衡并建立对应置换关系，否则不得改变耕地用途；严禁非农建设占用名、特、优、新种植园地和水土保持林、防风固沙林等防护林用地及优良草场，限制占用一般园林牧用地；鼓励通过水土综合整治，治理水土流失、荒漠化、盐渍化，扩大园林牧业用地面积。

## （二）建设用地区管制规则

无论是城镇、村镇还是独立工矿区，都包括建成区和规划区。

1. 建成区

区内的土地的管制规则主要有：①建成区土地利用结构的调整和功能定位。②现有建设用地和闲置废弃地挖潜，以某区域（或单位）土地利用率的高低确定是否对该区域（或单位）投入增量土地，具体体现在土地的平面利用（建筑密度）和立体利用（容积率）等方面，要建立评价体系。③提高土地利用效率，土地利用应符合各土地级别、用途下规定的建蔽率（建筑密度）、容积率、建筑高度等方面的限制。对不利用土地行为征收土地闲置费（税），直至没收土地。④保证公益事业建设对一部分土地的需要。

2. 规划区

区内的土地管制规则主要有：①确定建设规划区的界限和用地数量，确保人均占地或总规模不突破规定标准；②分阶段保护建设规划区内的耕地，确需新增用地的优先供给非耕地或劣质耕地；③本区内的耕地及其他农用地，在批准用于建设前，应当按原用途使用，不得擅自转用，也不得废弃撂荒。耕地转用前必须在本区外开发复垦不少于所占面积且符合质量标准的耕地，或交纳相当的耕地造地费。

## （三）暂不利用区管制规则

暂不利用区的主要管制规则有：①禁止任何不合理规划、破坏自然生态环境的江河挖土或填土行为，不得擅自围湖造田；鼓励江河流域综合整治和河道疏浚，鼓励对废弃河道、零星坑塘水面、盐碱地等进行土地整理；②鼓励在陆地水域根据市场需要设立水产养殖区；鼓励多渠道、多形式开发利用“四荒”土地资源，但应在取得开发许可前提下，根据土地适宜性保证一定的耕地开垦率；③防洪区外的滩涂、苇地及其他表层有土质的土地为农业后备土地资源，限制用于非农业建设，开发利用应避免生态恶化。

## （四）自然人文景观保护区管制规则

主要管制规则有：①本区内影响自然与人文景观保护的其他用地，应按要求调整到适宜的用地区；②除与保护需要直接相关的建筑外，禁止各类建设，未经批准不得改变用途；③禁止在本区内开山炸石、取土制砖、修墓、乱砍滥伐、倾倒废物污水等破坏景观资源的行为；④严禁盲目开荒和破坏自然植被的活动。土地利用区内的土地用途变更管制，可见表 22-1。

**表 22-1　土地利用区内土地用途变更规则表**

| 用途类别＼土地利用区 | 基本农田区 | 一般农业区 | 林业用地区 | 园业用地区 | 牧业用地区 | 水产养殖区 | 城市用地区 | 村镇建设区 | 独立工矿区 | 特定用地区 | 陆地水域 | 禁止开垦区 | 难以利用区 | 自然景观区 | 防洪安全区 |
|---|---|---|---|---|---|---|---|---|---|---|---|---|---|---|---|
| 窑业用地 | f | f | f | c | c | c | f | f | c | f | f | f | p | f | f |
| 古迹生态保护用地 | p | p | p | p | p | p | p | p | p | p | p | p | p | p | p |
| 公墓用地 | f | f | p | p | f | f | f | f | f | p | f | f | p | f | f |
| 乡村基础设施用地 | c | p | p | p | p | p | f | p | p | p | p | c | p | f | f |
| 乡村公益事业用地 | f | f | c | c | p | p | f | p | f | f | p | c | p | f | f |
| 乡村企业用地 | f | f | f | c | p | p | f | p | p | f | p | f | p | f | f |
| 农民宅基用地 | f | c | c | p | p | p | f | p | f | f | p | f | p | f | f |
| 农业生产设施及辅助房用地 | c | p | p | p | p | p | f | f | f | f | p | f | p | f | f |
| 各区主导用途 | 种植业、蔬菜生产 | 种植业、蔬菜生产 | 生态保护林木生产 | 以园业生产为主 | 以牧业生产为主 | 以养殖业生产为主 | 以城镇居民点为主 | 以农村居民点为主 | 以工矿业、盐业为主 | 以国防、公墓陵园为主 | 灌溉、蓄水行洪、养殖 | 以生态保护为主 | 以生态保护为主 | 风景名胜、环境保护等 | 以农牧、防护林为主 |
| 用途类别＼土地利用区 | 基本农田区 | 一般农业区 | 林业用地区 | 园业用地区 | 牧业用地区 | 水产养殖区 | 城市用地区 | 村镇建设区 | 独立工矿区 | 特定用地区 | 陆地水域 | 禁止开垦区 | 难以利用区 | 自然景观区 | 防洪安全区 |
| 交通、水利用地 | p | p | p | p | p | p | p | p | p | p | p | p | p | p | p |
| 重点能源电力用地 | c | p | p | p | p | p | f | f | p | f | c | p | p | f | f |
| 机关文教卫生用地 | f | f | f | c | c | c | p | p | p | c | f | f | p | f | f |
| 城镇基础设施用地 | f | f | f | f | f | f | p | f | p | p | f | f | f | f | f |
| 军事抢险救灾用地 | p | p | p | p | p | p | p | p | p | p | p | p | p | p | p |
| 城镇商贸住宅用地 | f | f | f | f | f | f | p | f | c | c | f | f | f | f | f |
| 农牧用地 | p | p | c | p | p | p | f | f | f | f | p | f | p | f | p |
| 林业用地 | f | f | p | p | c | c | f | f | f | f | f | c | p | p | p |
| 园业用地 | f | c | c | p | c | c | f | f | f | f | f | c | p | p | p |
| 渔业用地 | f | c | f | c | c | p | f | f | f | f | p | f | f | f | p |
| 工业、仓储用地 | f | f | f | c | c | c | f | f | p | f | f | f | p | f | f |
| 矿业用地 | c | c | c | c | c | c | f | f | p | c | p | f | p | c | c |

## 第四节　土地利用计划管理

新修订的《中华人民共和国土地管理法》第二十四条规定，“各级人民政府应当加强土地利用计划管理，实行建设用地总量控制。”这就赋予了土地利用计划管理的法律地位，同时规定了各级政府进行土地利用计划管理的责任。

### 一、土地利用计划管理的涵义

土地利用计划是指国家对土地资源开发利用作出部署和安排的中期和年度计划。

土地利用计划管理就是国家通过编制计划和下达控制指标，对土地资源的开发、利用、整治和保护进行统筹安排，宏观地指导和约束人们有计划地合理组织土地利用的一项行政调控措施。土地利用计划管理主要包括：计划编制、指标下达和计划实施三部分内容。

### 二、土地利用计划管理的任务

1）通过编制中期和年度土地利用计划，实现土地利用总体规划。

2）确定各类用地的计划指标和调整土地利用结构的规模与速度，促进国民经济均衡协调地发展。

3）研究制定实施土地利用计划的政策措施，保证计划顺利实现。

### 三、土地利用计划与土地利用规划的关系

土地利用规划是对全部土地资源利用的战略性的长期计划，土地利用计划则是中期和年度的土地利用规划。两者的关系如下：

1）土地利用规划是土地利用计划编制与实施的依据为实现土地利用目标，土地利用规划确定了一系列的土地利用控制指标体系，这些控制指标就是编制土地利用计划的直接依据，也是土地利用计划实施的重点。土地利用规划中一般有耕地减少量、耕地补充量、建设用地总量、农用地保有量等控制指标；土地利用计划中相应地应有农用地转用计划、生态退耕计划、土地开发整理补充耕地计划、耕地保有量计划等指标来保证规划控制指标按年度落实。

2）土地利用计划是土地利用规划的具体实施计划，土地利用计划管理是实施土地利用规划的行政手段，土地利用规划的实施需要分阶段、分年度进行，土地利用计划就是在土地利用规划的框架内，根据国民经济发展的具体情况，对土地利用进行的阶段或年度的调节，以保障规划的贯彻落实。各级政府在审批农用地转用、土地开发整理、生态退耕等项目时，除要求符合规划确定的布局外，还应符合土地利用计划的要求。土地利用计划起着调节器的作用，可以避免某种土地利用行为在阶段或年度上过于集中。

# 四、土地利用计划体系

## （一）土地利用计划的类型

### 1. 按计划时效分为中期计划和年度计划

**（1）中期计划**

中期计划一般是五年计划，与国民经济发展的五年计划相一致。土地利用中期计划是土地利用规划的阶段性实施计划，能够对土地利用规划的目标任务作出较详细的核算，确定较详细的计划指标并为编制年度计划提供依据，起到承上启下的作用。

**（2）年度计划**

年度计划是以一年为期的计划，是中期计划的具体化。土地利用年度计划要对中期计划所规定的分年度任务作出具体安排，但不是中期指标的机械分段，而是要充分考虑当年的实际情况，对中期计划进行必要的调整和补充，又必须服从中期计划的调控。土地利用年度计划是具体的执行计划。

### 2. 按计划管理层次分为国家计划和地方计划

**（1）国家计划**

国家计划即全国的土地利用计划。它体现国家全局性的土地利用决策，规定国民经济及其各部门的用地比例及规模，以及实现计划的重大政策措施。它是制定地方计划的主要依据。当地方计划与国家计划发生矛盾时，地方计划应当服从国家计划，并首先保证国家计划的实现。

**（2）地方计划**

地方计划主要是指省、市、县级计划，是国家计划在各地区的具体化。地方计划是以全国计划中按地区分列的指标为基本依据，结合本地区的情况，因地制宜地对本地区的土地利用作出具体安排。

### 3. 按调控程度分为指令性计划和指导性计划

**（1）指令性计划**

指令性计划是由国家统一制定的具有法律效力和强制性的计划。《土地管理法实施条例》第十三条第二款规定，土地利用年度计划应当包括农用地转用计划指标、耕地保有量计划指标和土地开发整理计划指标。这三项计划指标就是指令性计划指标，一经批准下达，必须严格执行。其中农用地转用计划指标为高限指标，要求严格控制，不得任意突破；耕地保有量计划指标和土地开发整理计划指标是低限指标，要求保证完成或超额完成。

**(2) 指导性计划**

只规定一定幅度和不具有强制性，用以指导国民经济各部门组织土地利用的计划指标。计划执行单位一般以指导性计划为依据，结合本部门、本地区实际条件安排计划，可以在一定程度上有所调整并报土地利用计划主管部门备案。国家主要通过经济政策、经济杠杆和经济法规进行指导和调节，必要时辅以行政手段。如：国有土地出让计划、闲置土地利用计划、土地征用计划等都属于指导性计划指标。

### (二) 土地利用计划指标体系

土地利用计划指标即组成土地利用计划的某个单项计划，是计划目标、任务的具体化和数量表现，通常由指标名称和指标数值两部分组成。土地利用计划指标体系主要包括农业生产用地计划指标、建设用地计划指标、土地开发整理计划指标等类型。

**农业生产用地计划指标** 包括耕地、园地、林地、牧草地和水产养殖用地指标；另外，为有序地进行农业生产结构调整，还可编制退耕还林、还园以及生态退耕等计划指标。这些都是指导性计划指标。

**建设用地计划指标** 包括国家建设用地计划指标、乡镇建设和农民建房计划指标。国家建设用地计划指标中具体有农用地转用（含耕地转用）计划指标、国有土地出让计划指标、农民集体土地征用计划指标、闲置土地利用计划指标等。

**土地开发整理计划指标** 包括荒地开垦、废弃地复垦、滩涂围垦、农地整理、村庄整理等计划指标。

## 五、土地利用计划的编制程序和方法

土地利用计划的编制采取自上而下、上下结合的程序。中期计划一般采用两上两下的程序；在中期计划基础上，年度计划的编制采取一上两下的程序。土地利用计划由各级土地行政主管部门负责编制，经同级计划部门综合平衡后纳入国民经济和社会发展计划。

### (一) 准备工作

土地利用计划要依据土地利用总体规划、国民经济和社会发展计划、国家产业政策及建设用地和土地利用的实际情况编制。因而在编制计划前，要进行各项准备工作，主要是：①组织调查研究计划期的经济形势、固定资产投资形势、工农业生产发展的速度、人口和城镇建设情况、土地利用中的重大问题等；②制定有关政策措施；③确定计划编制方法，制定计划编报的表格等有关文件；④征询各地区、各部门的计划建议。

## （二）土地利用计划的编制审批程序

土地利用计划的编制审批程序与土地利用总体规划的编制审批程序相同。

### 1. 中期计划编制程序

1）首先由地方各级土地行政主管部门根据计划期内国民经济的发展速度、固定资产投资形势、工农业生产发展的速度、重大项目的安排及当地土地资源的状况和土地利用规划情况，参考基期（上年）计划执行情况，提出本地区计划期的土地利用计划建议，逐级上报至国务院土地行政主管部门。

国务院批准的建设项目和国务院有关部门批准的道路、管线工程及大型基础设施建设项目用地，由国务院有关部门以建设项目为单位，向国务院土地行政主管部门申报，同时抄送项目拟使用土地所在地的省（自治区、直辖市）土地行政主管部门。

2）国务院土地行政主管部门会同国务院有关部门，根据调查研究和各地区、各部门上报计划建议情况，在广泛听取各方面意见的基础上，对各项用地进行预测和初步平衡，提出土地利用计划控制数，报国务院批准，下达到各部门和各省（自治区、直辖市）以及由国务院批准土地利用总体规划的城市，以指导地方编制计划。控制数主要包括对基期计划执行情况的预计、计划期土地开发和利用的重点及需要采取的政策措施和一些土地利用计划指标的初步设想。

3）国务院各部门和各省（自治区、直辖市）以及由国务院批准土地利用总体规划的城市接到国家下达的控制数后，结合本地区、本部门的实际情况，对控制数进行研究，组织所属基层土地行政主管部门和计划部门对原上报计划建议数进行修正，并编制出计划草案；由各省（自治区、直辖市）以及由国务院批准土地利用总体规划的城市和各部门按地区和部门汇总并初步平衡，编出省级和部门的土地利用计划草案，上报国务院土地行政主管部门。

4）国务院土地行政主管部门在各地和各部门上报计划的基础上，进行综合平衡，统筹安排，编制全国的土地利用计划草案，送国家计划行政主管部门综合平衡，纳入国民经济和社会发展计划草案，报国务院。经国务院审定后，报请全国人民代表大会审议批准，批准后的正式计划，按隶属关系逐级下达。

### 2. 年度计划编制程序

1）首先由地方各级土地行政主管部门根据中期计划、土地利用规划情况、基期（上年）计划执行情况和项目安排情况，提出本地区下一年度的土地利用计划建议，逐级上报至国务院土地行政主管部门。

2）国务院土地行政主管部门会同国务院有关部门根据各地区、各部门上报的土地利用年度计划建议情况，在广泛听取各方面意见的基础上，对各项用地进行预测和初步平衡，编制土地利用年度计划，报国务院批准，下达到各省（自治区、直辖市）以及由国务院批准土地利用总体规划的城市。

国务院批准的建设项目和国务院有关部门批准的道路、管线工程及大型基础设施建设项目用地计划，直接由国务院土地行政主管部门管理，同时通知项目拟使用土地所在地的省（自治区、直辖市）土地行政主管部门。

3）各省（自治区、直辖市）以及由国务院批准土地利用总体规划的城市接到国家下达的土地利用年度计划数后，结合本地区、本部门的实际情况，对原上报计划建议数进行修正，并编制出计划分解草案，报同级人民政府批准后，按隶属关系逐级分解下达。

地方政府及地方政府有关部门批准的建设项目用地计划，由同级土地行政主管部门管理，同时通知项目拟使用土地所在地的下一级土地行政主管部门。

## （三）土地利用计划的编制方法

一般首先编制建设用地总量计划，然后根据土地利用规划确定的用地布局，初步调查建设拟占地类型，确定农用地转用（含耕地转用）的计划数、建设利用闲置土地和其他土地的面积，再根据建设用地计划情况、本地区后备资源状况和耕地占补平衡要求，提出土地开发整理的计划数。

编制计划的常用方法有经济分析法、综合平衡法、因素分析法、计划演算法等，还可运用现代的经济数学方法和经济数学模型。下面主要介绍建设用地（总量）计划的编制方法。

### 1. 用地系数法

用地系数法就是根据国民经济相关指标的变量与建设用地量之间的相对稳定的比例关系，来测算计划期内的用地计划指标的方法。

目前一般采用基本建设投资与用地量之间的比例关系进行测算。首先要对历史上基建投资与占地的系数进行计算分析，并对计划期内这个比例系数的变化趋势进行分析预测，综合确定合理的系数，再用基建投资计划数乘以系数，得到计划期内的占地数。例如，假定已知“八五”期间国家每万元基建投资占地 0.004$hm^2$，“九五”期间国家计划基建投资 2000 亿元，考虑国家制定的严格控制建设用地总量，鼓励提高土地利用率的土地供应政策，可将这一系数调整到 0.003 3 $hm^2$，则“九五”期间国家需建设用地计划为 6.667 万 $hm^2$。

系数法只能作为编制宏观用地计划的一种方法。主要原因是：与用地相关的影响因素很多。并不是理想的单因素线形相关关系；各部门每万元基建投资对土地的需求量存在很大差别；不同阶段基建投资对用地的需求量也不一样；并不是所有的基建投资都与用地有关，有些投资主要用于购置设备。但在缺乏详细资料的情况下进行宏观预测，用地系数法不失为一种简单可行的方法。

### 2. 计划演算法

计划演算法即根据计划期基本建设计划项目和项目用地逐项累计，其数量之和就是计划期的用地数。应用这种方法必须全面掌握基建和更新改造投资项目及项目选址和用地定额，才能对计划期的用地数作出准确测算。但在以供定需原则下，一般要确定一些必须保证的项目，排出项目的供地序列，参考土地供应总量来编制。计划演算法的优点是准确度高，适宜编制基层用地计划。

3. 因素分析法

通过对相关因素的分析和计算，找出关系公式，来确定指标数值的方法。首先要分析确定对建设用地产生影响的因素，如基建投资额、国内生产总值、人口增长率、人均收入水平等经济社会因素；其次要收集这些影响因素的历史资料，并将这些因素的指标值与占地水平进行回归分析，推导出回归公式；再将计划期的有关数据代入公式，计算出计划期的用地数。

与系数法相比，因素分析法实际是综合考虑多因素影响效果的方法，因而比较接近实际，但与实际用地情况还会有出入，需作适当调整。

4. 指标控制法

根据法律政策规定的指标和规划确定的控制指标等编制用地计划的方法。规定的指标一般有人均占地水平指标、项目用地定额指标、户均宅基地标准、规划允许的建设占用耕地指标和其他法律或政策规定应满足的指标。根据这些指标的限制与可能，结合经济发展与人口增长情况确定用地计划。指标控制法一般适用于城市或村镇规划区内发展用地的预测。

## 六、土地利用计划的实施

### （一）分解落实土地利用年度计划

土地利用年度计划是具体执行的计划，应该细化并逐级分解落实到基层单位，这样才能保证土地利用计划的组织实施。

1）农用地转用计划指标的分解与执行一般应分解为两部分：一是建设规划区内的计划指标；二是建设规划区外单独选址的能源、交通、水利、矿山、军事设施等具体项目的计划指标。建设规划区内的计划指标包括土地利用总体规划确定的城市建设用地范围内的用地计划、村庄和集镇建设用地范围内的用地计划；建设规划区外单独选址的具体项目的计划指标可分为国家重点项目、省级重点项目、市级项目和县级以下项目等层次的项目计划指标。

根据《中华人民共和国土地管理法》的规定：规划区内应按批次使用农用地转用计划，实行成片开发，因而规划区内的用地计划一般由市级土地行政主管部门管理和使用，编制成片开发方案后报政府批准后实施；县城规划区内的用地计划一般由县土地行政主管部门管理和使用；村庄和集镇规划区内的用地计划一般由县土地行政主管部门管理和使用，乡镇政府编制成片开发方案后，报县政府批准后实施；规划区外具体项目的用地计划，一般由项目批准机关的同级土地行政主管部门管理和批准实施，低层次项目不得挤占高层次项目的计划，非重点项目不得挤占重点项目的计划。

2）土地开发整理计划指标的分解和执行。土地开发整理计划指标分解应结合土地开发整理项目安排来考虑，一般要分解到具体项目中去，依项目落实计划。这就要求编计划的同时要预报项目。一般可分为省土地开发整理项目计划指标、市级土地开发整理计划指标和县级土地开发整理计划指标三种，并实行计划分级负责，项目分级投资和管理。

3）耕地保有量计划指标的分解。耕地保有量计划指标的分解一般要求在省级行政区域内动态平衡，市、县级计划分解时，就要充分考虑本地的建设重点和后备资源分布状况，结合生态退耕等因素综合确定，而不是层层落实平衡任务。

## （二）严格把好建设用地审批关

一是通过农用地转用计划把好项目选址关，能用原有建设用地的，不供给农用地，能用非耕地的，不允许用耕地；二是不得超计划用地，建设项目必须取得用地计划指标，方可在计划控制指标范围内批准用地；三是严格按用地标准或定额审批用地，防止多占少用。

## （三）占用耕地与补充耕地相平衡

为保证耕地占补平衡，建设项目占用耕地的计划应与土地开发整理项目补充耕地的计划挂钩，建立占补平衡台账。建设单位在取得占用耕地计划的同时，应承担补充耕地计划任务，没有条件开垦耕地的单位，应向政府缴纳耕地开垦费，统一组织土地开发整理项目来完成任务。在平衡有余的原则下，一个建设用地项目占用的耕地，可以由多个开发整理项目补充，一个开发整理项目补充的耕地，也可以与多个建设用地项目挂钩。

## （四）加强土地利用计划执行情况的检查

计划下达后，必须进行经常性、系统性的检查，以便发现问题，及时纠正。既要保证建设用地计划不得突破，又要保证土地开发整理计划的完成和耕地保有量计划的实现。主要检查内容有：

1）检查下一级土地管理部门计划贯彻落实情况。未严格执行建设占用耕地补偿制度或者没有完成土地开发整理计划指标的，核减其下一年度的农用地转用计划指标。节约的农用地转用计划指标（包括农用地和耕地转用计划都有节余、农用地转用计划没有节余但耕地转用计划节余以及农用地转用计划节余而耕地转用计划没有节余三种类型）和超额完成的土地开发整理计划指标，经核准后，可结转下一年度继续使用。

2）检查计划执行单位对计划的执行情况和存在问题。

3）加强土地利用计划的监督。发现有超计划用地和不能按期完成开发整理计划的，要及时纠正和制止，情节严重的要依法处理，以维护计划的权威性。

## （五）建立土地利用年度计划报告制度

新修订的《中华人民共和国土地管理法》第二十五条规定，政府应当将土地利用年度计划的执行情况列为国民经济和社会发展计划执行情况的内容，向同级人民代表大会报告。这就规定了土地利用年度计划的报告制度，其计划执行情况接受地方权力机关的监督。

# 第五节　土地利用动态监测

## 一、土地利用动态监测的涵义与作用

### （一）土地利用动态监测的涵义与特点

土地利用动态监测是指运用遥感、土地调查等技术手段和计算机、监测仪等科学设备，以土地详查的数据和图件作为本底资料，对土地利用的动态变化进行全面系统地反映和分析的科学方法。

土地利用动态监测具有下列特点：

#### 1. 监测成果的多样性

为适应各级土地管理机构的需求，通过土地利用监测定期提供全国和各省、地、县的土地利用现状资料，包括面积数据和反映土地利用空间分布的图面资料。同时，除开展按固定调查项目连续监测外，还需作固定项目的专题调查，如对建设用地占而未用，耕地撂荒、开发、复垦和灾害毁地等专题项目的实时调查。

#### 2. 监测体系的层次性

为保证监测任务的完成，各级土地管理部门都应有相应的监测机构，各级机构互为关联形成体系，体系设置包括国家、省、地、县若干层次，各层次组成有机整体，既要保证监测成果的统一性和可比性，又能开展本辖区的监测任务，提供本地区的监测成果。在体系中拟分两个基本层次：一层是国家和省级的，重点提供全国和全省的土地利用宏观数字；另一层是县、乡级的，提供本辖区的土地利用资料。两个基本层次的监测指标、技术手段和精度要求上可有区别，但在监测指标和数据传输的上下层面上应能接口。

#### 3. 技术要求的区域性

我国地域广阔，不同地区之间的自然条件、经济发展程度和土地利用水平差异悬殊，故可将全国土地分成若干类型区和重点监测区，不同地区的监测周期、方法手段和精度要求上应有所不同。

#### 4. 技术手段的综合性

根据我国土地利用监测的任务和要求，在技术手段上宜采用卫星遥感、航空遥感、抽样调查和地面调查相结合的方法，发挥各自优势，求得总体功能上满足各项需要。

### （二）土地利用监测的作用

新修订的《中华人民共和国土地管理法》明确规定，国家建立全国土地管理信息系统对土地利用状况进行动态监测。土地利用动态监测的目的在于及时、准确掌握土地利用状况（数量、质量、地价、效益等），为政府决策、为各级土地管理部门制定管理政策和落实各项管理措施提供科学依据。

土地利用动态监测的作用主要有：保持了土地利用有关数据的现势性，保证信息能不断得到更新；通过动态分析，揭示土地利用变化的规律，为宏观研究提供依据；能够反映规划实施状况，为规划信息系统及时反馈创造条件；对一些重点指标进行定时监控，设置预警界线，为政府制定有效政策与措施提供服务；及时发现违反土地管理法律法规的行为，为土地监察提供目标和依据等。

## 二、土地利用动态监测与土地利用规划的关系

### （一）土地利用动态监测是保证规划实施的重要手段

通过对土地利用状况和结构的监测，可以反映规划执行的程度和结果。对违反规划的土地利用行为及时发现和查处，使规划落到实处，并可对规划系统进行反馈，从实际出发，修正规划目标，更新规划方案。

### （二）土地利用规划是土地利用监测的依据和主要内容

通过土地利用动态监测判定土地利用行为是否规范有序，标准是否符合规划。在监测中体现出来的土地变更，诸如非农业建设占用耕地、农业结构调整减少耕地、土地开发整理增加耕地等，都要根据规划确定是否合法。土地用途的变更和土地利用结构的调整是规划的主要内容，也是需要通过动态监测来实施监控的内容。

## 三、土地利用动态监测的内容和指标

### （一）内　　容

从土地管理的目标和任务来看，土地利用动态监测的内容主要包括：

#### 1. 区域土地利用状况监测

通过土地利用状况的监测来反映土地利用结构的变化，对土地利用方向的变化进行控制和引导。监测重点是耕地变化和建设用地扩展。耕地减少的去向主要是非农业建设占地和农业结构调整，农业结构调整占用耕地，有可逆性特点，耕地尚能恢复，而被非农业建设占用，耕地就难以恢复。所以监测非农业建设用地扩展是重点。

例如，为了了解我国特大城市占地规模变化的真实情况，原国家土地管理局“保护耕地问题专题调研组”选用气象 AVHRR 资料，根据气象卫星照片上的光谱变化来了解城市建设用地的变化。对全国 32 个特大城市 1986 年、1991 年、1996 年三个时相的建设用地规模进行监测和分析（表 22-2），并得出结论，要控制城市建设用地规模。这个结论被写进了新修订的《中华人民共和国土地管理法》。北京市和南京市城市规模分阶段的扩展情况，如图 22-1、图 22-2 所示。

**表 22-2　我国部分特大城市占地规模及其变化**

| 城市名称 | 面积/km² | | | 增长率/% | | |
|---|---|---|---|---|---|---|
| | 1986 年 | 1991 年 | 1996 年 | 1986～1991 年 | 1991～1996 年 | 1986～1996 年 |
| 北京市 | 380.0 | 457.43 | 560.27 | 20.38 | 22.48 | 47.44 |
| 天津市 | 283.0 | 322.93 | 351.97 | 14.11 | 8.99 | 24.37 |
| 沈阳市 | 164.00 | 204.62 | 233.37 | 24.77 | 14.05 | 42.30 |
| 大连市 | 90.00 | 167.44 | 282.39 | 86.05 | 68.65 | 213.77 |
| 上海市 | 202.00 | 260.01 | 360.02 | 28.72 | 38.48 | 78.23 |
| 南京市 | 123.00 | 139.94 | 166.55 | 13.77 | 19.02 | 35.41 |
| 广州市 | 95.0 | 136.23 | 198.96 | 43.40 | 46.05 | 109.43 |
| 武汉市 | 187.00 | 223.29 | 242.66 | 19.41 | 8.67 | 29.76 |
| 重庆市 | 84.00 | 101.65 | 115.07 | 17.81 | 13.21 | 36.99 |
| 西安市 | 133.00 | 163.38 | 179.85 | 22.84 | 10.08 | 35.23 |

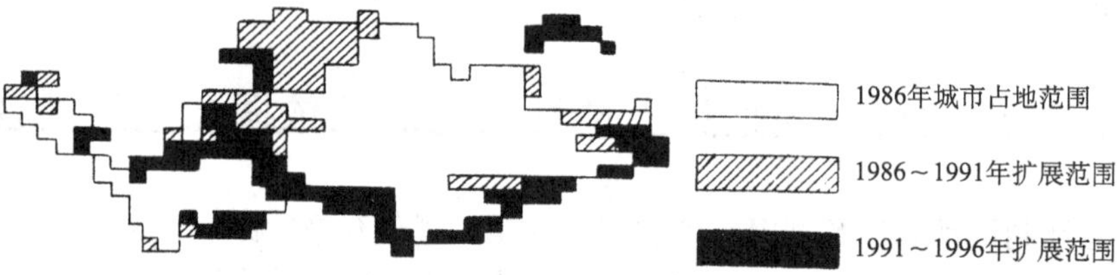


图 22-1　北京市城市占地规模演变

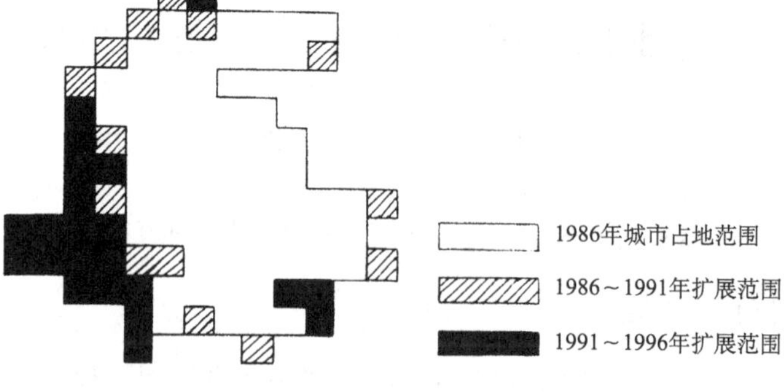


图 22-2　南京市城市占地规模演变

2. 土地政策措施执行情况

监测政策的制定依靠准确的信息，同时信息又是执行政策的反馈。土地利用监测就是获取土地信息和反馈土地政策、检验土地管理措施执行结果的主渠道。如规划目标实现情况监测、建设用地批准后的使用情况监测、土地违法行为监测等。这一类的监测一般是专题监测。如为落实中央［97］11号文件的决策精神，切实保护耕地，对违反用地进行大清查，需要对耕地的增减变化和建设用地的扩展情况进行专题动态监测，及时摸清情况，掌握信息。既要对政策公布前土地利用状况调查摸底，又要跟踪监测政策公布后的执行情况，报送决策部门（党中央、国务院）掌握和参考。

3. 土地生产力监测

土地生产力受制于自然和社会两大因素，呈现出动态变化。尤其是自然因素对土地生产力的影响，主要影响因素是气候和大气条件。如干旱、异常的大暴雨和降雪量明显增多，冷暖急剧交替等。这些因素的变化还会在地区间、年际间表现出强烈的差异。另外，砍伐森林、灌溉田野、建设城市、疏干沼泽等人类活动也会导致近地面气层的温度、空气湿度、风速等的小气候变化，从而影响农业生产的地域环境。而气候条件又直接影响土壤风化，影响土壤物质移动的特点和土壤中水、气、热的状况，从而使得农用地生产力呈现动态变化。这就需要进行动态监测，掌握生产力动态变化的方向与规律，为调整生产力布局和确定合理对策提供依据。如《基本农田保护条例》中规定，县级以上农业行政部门应当逐步建立基本农田保护区内耕地地力与施肥效益长期定位监测网点，定期向本级人民政府提出保护区内耕地地力变化状况报告以及相应的地力保护措施，并为农业生产者提供施肥指导服务。土地生产力监测的重点是土壤属性、地形、水文、气候、土地的投入产出水平等指标。

4. 土地环境条件监测

环境影响土地利用，土地也是环境的一部分。对土地环境条件的监测，重点是考察环境条件的变化、环境污染等对土地利用产生的影响。如对农田防护林防护效应的监测、基本农田保护区内耕地环境污染的监测与评价、自然保护区生态环境监测、土地植被变化监测等。

## （二）土地利用监测的主要指标

1. 土地利用结构与利用程度指标

通过监测反映土地利用结构变化和利用程度的指标主要有：土地利用率、土地农业利用率、土地生产率、垦殖系数、复种指数、有效灌溉率、林地指数、园地指数、土地非农业利用率等。

监测指标应体现出层次性。国家和省级主要应满足宏观调控的要求，监测指标可以从简，在保证监测重点是保护耕地和控制非农业建设用地前提下，监测主项分农地、非农建设用地和未利用地三大块，在农地中再分耕地和非耕地。指标从简就容易达到监测功能快速、时效、灵活的目标。对地、县、乡级监测也需要根据土地管理的实际需要、可能条件和专题研究的内容，确定需监测的指标和要求，进行必要的细化。

2. 土地管理政策措施的监测指标

其主要是反映国家土地管理法律法规的要求落实情况、土地利用规划实施情况、土地利用合法性情况等的指标。可包括：土地利用目标实现程度（耕地保有量水平、人均建设用地水平、土地利用结构优化程度、闲置土地利用水平、补充耕地数量等）、基本农田保护率、土地利用年度计划执行情况、违法用地面积和查处结案率等。

3. 土地利用经济社会效益监测指标

其主要有：土地利用投入产出率、土地经济密度（净产值）、土地纯收入、万元产值占地、土地利用投资效果系数、土地利用投资回收期、人口密度、城市化水平、人均居住面积、交通运输条件等。

4. 土地环境和生产力监测指标

其主要有：气候（降雨、光温、湿度、风向与风速等）、植被（植物群落、森林覆盖率、草层高度与质量等）、能量产投比、光能利用率、环境质量达标程度（水质、大气、噪声等）、文物古迹与风景旅游资源、矿产资源分布等。

## 四、土地利用动态监测的技术方法

### （一）遥感技术

由于遥感对土地观测技术具有覆盖面广、宏观性强、快速、多时相、信息丰富等优点，因而较普遍地应用于土地调查制图与监测中。

遥感技术（RS）有卫星遥感和航空遥感两种。卫星遥感资料具有空间的宏观性和时间的连续性等特点，其优势在于大面积的动态监测。主要可用于土壤沙化、草原退化、土壤侵蚀、沿海滩涂的开发利用、土地受灾面积等土地利用的动态变化的监测。航空遥感具有分辨率高、荷载量大、机动灵活的特点，用航空遥感作点状或带状的抽样调查或典型调查，是补充和检测卫星遥感调查的必要手段。主要可用于耕地增减变化和建设用地扩展速度的监测，农田防护林体系、自然保护区生态环境监测等。

1. 遥感技术在土地利用监测中的应用

由于各国各地区的社会制度、自然条件、发展水平和管理体制等的差异，遥感技术在土地利用监测中的应用程度不尽相同。例如，加拿大、澳大利亚这些疆域辽阔的国家，在经济活动少的荒漠地区使用卫星遥感监测，在人口稠密的发达地区则使用航空遥感方法。如在法国，卫星遥感资料作为土地监测的辅助资料，配合航空遥感和地面调查作样点布设。我国从“六五”开始，就开展了遥感土地利用调查应用研究。原国家土地管理局成立后，在国务院统一部署下，组织完成了全国县级土地详查，东部地区采用航空遥感为基本方法完成了比例尺 1∶10 000 土地利用调查制图，西部地区采用卫星遥感和航空遥感相结合的方法完成了 1∶15 000、1∶100 000 土地利用调查。这一成果为各级政府制定经济建设规划、计划，为农业、工业、水利、能源和交通等各专业部门制定规划、计划提供了可靠的数据资料，为各项管理工作提供准确依据，已在经济建设、农业生产和土地管理中发挥了重要作用，也为我国开展土地利用动态监测提供了完整、可靠的本底资料。同时，利用了 TM、SPOT 等多种数据，进行目视解译、分析和计算机自动分类制图等资料编制了 19 个城市和 100 个城市的城市扩展与耕地变化等内容的图面资料。这些工作为发展遥感技术在土地监测中的应用、建立纳入土地管理业务系列的监测体系提供了技术依据。

### 2. 土地利用监测对遥感资料的要求

#### (1) 遥感资料分辨率

衡量卫星遥感资料在土地利用监测中应用效果的主要标志是识别地类能力和地类面积量测精度。地类判读精度和面积量测精度主要取决于遥感资料的分辨力，同时也与判读地物的光谱特征有关。

根据现有实践推论：若单纯用卫星遥感方法作土地利用监测，地面分辨力 3m 的资料可满足土地详查 1∶10 000 成图调查要求；分辨率 15m 的资料可满足土地详查 1∶50 000 成图调查要求；分辨率 30m 的资料可满足 1∶100 000 成图调查要求。

#### (2) 遥感资料的覆盖面

利用卫星遥感资料进行全国或全省土地利用监测，需要定期提供其辖区境界线内全面覆盖并具有特定时效性的遥感资料，这是开展土地利用监测工作的前提。

## (二) 土地调查与统计技术

土地调查的方法主要有详查、抽样调查、重点调查等。运用土地调查与统计可以对土地利用结构调整、土地等级变化等进行分析。一般在遥感资料的基础上，需要通过土地调查进行检查和补充，在遥感资料缺乏的地区或年份，也只有依靠土地调查来反映土地利用状况。

城镇地籍调查、农村土地详查、农村土地变更调查等一系列调查工作和历年土地统计工作目前已在全国普遍开展。利用这些数据和信息进行土地利用动态监测，能够准确地反映出土地利用结构的变化情况，数据准确可靠、精确度较高能满足土地微观管理的需要。缺点是工作量大，时点性差，仅适用于小范围的和专题性的监测，对区域性的土地利用监测不太适用。

例如，南京市开展的市区土地利用动态监测，在 1985 年 TM（地球资源卫星）资料无法判读、1992 年的资料不全的情况下，直接根据 1985、1992、1995 年的土地利用现状调查成果和土地统计台账，完成了市区总面积 1008km$^2$ 的 1985～1995 年的土地利用动态监测任务，这就是利用土地调查成果进行监测的有益尝试，达到了预期目的。通过监测，一是摸清了城市规模扩展的特点、速度；二是了解了郊区农业用地非农化的过程和规律；三是初步分析了城市内部土地利用类型的变化情况和闲置土地的分布。这些成果为研究如何控制城市建设用地规模、保护耕地、挖掘存量土地潜力等提供了理论和实践的依据。

### （三）土地信息系统（LIS）

新修订的《中华人民共和国土地管理法》第三十条规定，国家建立全国土地管理信息系统，对土地利用状况进行动态监测。土地管理信息系统本身就是一门技术，可以对各种信息、数据和图形进行处理和输入输出。目前的土地利用动态监测，无论是采用遥感资料，还是土地详查成果，都需要借助信息系统和计算机，对各种信息量进行处理，才能使土地利用监测快速、便捷、准确。

土地管理信息系统是以计算机为核心，以土地资源详查，土壤普查、规划、计划，各种遥感图像，地形图，控制网点等为信息源，对土地资源信息进行获取、输入、存储、处理统计、分析、评价、输出、传输和应用的大型系统工程。土地信息系统的功能主要包括：存储、自动检索、更新、三维信息共享、再生、保密等。详见本书第四篇第十二章。

土地管理信息系统是一个综合系统。与土地利用监测有关的信息系统有土地利用现状系统与规划系统、地籍系统、土地分等定级系统、土地估价系统、法规监察系统等。其中，对规划信息系统除要求有土地信息系统的一般功能外，还需要能够对各类数据分析和预测，自动生成规划方案并择优，根据监测结构进行规划方案更新等功能。

另外，除上述方法外，还可以借助一些科学仪器和设备进行监测。如运用环境、土壤质量的监测仪器可以对农田生态环境、土壤质量等进行测定和分析。

## 五、耕地动态监测预警系统

新修订的《中华人民共和国土地管理法》规定，严格限制农用地转为建设用地，对耕地实行特殊保护，确保耕地总量动态平衡就成为土地利用规划的战略目标。在实施土地利用规划，进行土地利用动态监测时，我们需要对耕地的利用与保护建立专项的动态监测网络，对耕地生态经济系统进行预警。

### （一）耕地动态监测的主要内容

耕地生态经济动态监测预警机制的内容主要包括：警义、警源、警兆和警度等四方面的内容。

#### 1. 警义

警义指预警的指标。耕地生态经济系统预警体系主要包括：人地关系密集度、耕地利用投入水平、生态环境背景、耕地利用效果及投资潜力。

人地关系密集度指标有人口密集度、人均耕地和人口城市化水平等；耕地利用投入水平主要有垦殖率、单位面积农业劳动力、良种推广面积比率、单位耕地面积化肥施用量、单位面积用电量、机耕面积比率和水利灌溉状况等；生态环境背景指标有水土保持量、水土流失治理面积、土壤有机质含量、土壤肥力、土壤含水率和耕地污染状况等；耕地利用效果及投资潜力指标主要有单位耕地面积粮食产量、人均粮食、播种面积、单位产量、单位耕地面积纯收益、农民人均收入和经济发展水平等。

不同地区所用指标及同样指标对耕地生态经济系统的影响力不同，具体应用时，必须选取主要指标，或根据各指标的重要性分别赋予不同的权重。

2. 警源

警源指产生耕地生态经济系统警情的根源，可分为自然警源、外在警源和内在警源。自然警源是指各种可引发自然灾害从而对耕地生态经济系统造成破坏的自然因素，如地震、各种气象灾害和海水入侵等；外在警源是指由耕地生态经济系统外输入的警源，主要有对城市规模的不加控制、农产品价格的变化和“三废”排放等因素；内在警源则是耕地生态经济系统自身运动状态及机制，主要有耕地保护制度、地权制度、耕地开发利用行为、耕地管理行为和耕地经营收益等因素。

3. 警兆

耕地生态经济系统警兆包括景气警兆和动向。景气警兆一般以实物运动为基础，表示耕地生态经济系统某一方面的景气程度，如耕地面积、播种面积、耕地利用的基础设施建设及粮食产量等。农产品价格、农民收入水平和征地成本等不直接表示耕地生态经济系统景气程度的价值指标，均属动向警兆。

4. 警度

警度是对耕地生态经济系统警情的定量刻画，以判定警素指标变化是否有警情或警情如何。警度一般分为无警、轻警、中警、重警和剧警，不同的指标，同警度的值域可能不同；或同样的值域，不同指标的警度也不同。如对于粮食总产量而言，减少幅度在5％～10％为轻警，而对于耕地总量来说，则可能为中警乃至重警。

## （二）耕地生态经济系统动态监测的方法

耕地生态经济系统动态监测一般要经过确定警情、寻找警源、分析警兆、预报警度四个逻辑过程，技术流程如下：

依据耕地生态经济预警机制及预警对象与方法组配原则，耕地生态经济预警基本方法包括：黑色预警，即根据警素的时间序列波动规律进行直接预警；黄色预警，即根据警兆进行预警；红色预警，即根据警兆以及各种环境、社会因素进行估计；绿色预警，即依据警素的生长态势，特别是农作物生长的绿色程度进行估计；白色预警，即在基本掌握警因的条件下，用计量技术进行预测。如以黑色预警方法为例，根据我国耕地生态经济系统周期（一般5年，以年净减少量计）循环波动的长度及递增或递减特点，对警素的走势进行预测。

以南京市为例，通过对南京市粮食自给率的分析，可对南京市耕地生态经济系统警度作如下划分：

耕地资源供给率与理想预测值相比，减少幅度在1%以内无警；减少幅度在1%～4%为轻警；减少幅度在4%～7%为中警；减少幅度在7%～10%为重警；减少幅度超过10%为剧警。

根据对南京市粮食自给率及1998～2010年耕地需求满足程度的预测，1998～2010年南京市耕地生态经济系统警情见表22-3。从中看出，根据预设的南京市粮食自给率，1998～2010年的耕地生态经济系统运行没有重警，有出现中警的可能性，出现轻警的危险性很高。但是，如果要提高南京市的粮食自给率，则警情会加重；相反，降低粮食自给率，则警情会减轻。

**表22-3 南京市耕地生态经济系统警情预测**

| 年份 | 耕地供给满足程度/% | 耕地供给理想预期/% | 可能出现的警情 |
|---|---|---|---|
| 1998 | 69.7 | 70 | 无警或轻警 |
| 1999 | 69.61 | 70 | 无警或轻警 |
| 2000 | 63.32 | 60～65 | 无警或轻警 |
| 2001 | 62.77 | 60～65 | 无警或轻警 |
| 2002 | 62.18 | 60～65 | 无警或轻警 |
| 2003 | 61.64 | 60～65 | 无警、轻警或中警 |
| 2004 | 61.07 | 60～65 | 无警、轻警或中警 |
| 2005 | 60.52 | 60～65 | 无警、轻警或中警 |
| 2006 | 59.98 | 55～60 | 无警或轻警 |
| 2007 | 59.43 | 55～60 | 无警或轻警 |
| 2008 | 58.88 | 55～60 | 无警或轻警 |
| 2009 | 58.36 | 55～60 | 无警或轻警 |
| 2010 | 54.82 | 55～60 | 无警、轻警或中警 |

# 主要参考文献


毕宝德，柴强，李铃．1998．土地经济学．北京：中国人民大学出版社

边泰明．2003．土地使用规划与财产权．詹氏书局

卜凯．1941．中国土地利用．南京：金陵大学农学院出版社

蔡运龙．2002．自然资源学原理．北京：科学出版社

程烨等．2003．土地和途分区管制研究．北京：地质出版社

崔功豪等．2001．区域分析与规划．北京：高等教育出版社

董德显．1990．土地利用规划学．中国展望出版社

方创琳．2000．区域发展规划论．北京：科学出版社

傅伯杰等．2004．景观生态学原理及应用．北京：科学出版社

福尔曼 R．1990．景观生态学．北京：科学出版社

高亮之．1993．农业系统学基础．南京：江苏科学技术出版社

韩乾．2001．土地资源经济学．沧海书局

贺建勋．1994．系统建模与数学模型．福州：福建科学技术出版社

黄桐城．1999．城市土地经济学．上海：上海交通大学出版社

黄杏元，汤勤．1989．地理信息系统．北京：高等教育出版社

李元．2000．中国土地资源．北京：中国大地出版社

梁鹤年．2003．简明土地利用规划．北京：地质出版社

林肯土地政策研究所．2003．土地规划管理．北京：中国大地出版社

林英彦．1988．土地经济学通论．文笙书局

刘书楷．1993．土地经济学．北京：中国矿业大学出版社

陆大道．1988．区位论及区域研究方法．北京：科学出版社

鹿心社．2001．全国土地利用总体规划（三卷本）．北京：中国大地出版社

全国农业区划委员会《中国综合农业区划》编写组．1981．中国综合农业区划．北京：农业出版社

石扬令等．2003．中国食物消费分析与预测．北京：中国农业出版社

宋启林．1996．中国现代城市土地利用学．北京：中国建筑工业出版社

宋小冬．2001．地理信息系统及其在城市规划与管理中的应用．北京：科学出版社

同济大学．1981．城市规划原理．北京：中国建筑工业出版社

王万茂，丁荣晃．1983，1988．土地规划学（第一、二版）．北京：农业出版社．

王万茂，韩桐魁．2002．土地利用规划学．北京：中国农业科技出版社

王万茂．1996，2000．土地利用规划学（第三、四版）．北京：中国大地出版社．

吴传钧，郭焕成．1994．中国土地利用．北京：科学出版社

吴次芳，潘文灿．2003．国土规划的理论与方法．北京：科学出版社

许学强．1995．城市地理学．北京：高等教育出版社

严泰来．1996．土地信息系统．北京：科学技术文献出版社

约翰 M 利维．2003．现代城市规划（第五版）．北京：中国人民大学出版社

张德粹．1979．土地经济学．正中书局

周一星．1999．城市地理学．北京：商务印书馆

詹姆斯 L D．1984．水资源规划经济学．北京：中国水利电力出版社

中国自然保护纲要编委会．1987．中国自然保护纲要．北京：中国环境科学出版社

中华人民共和国国务院．1994．中国21世纪议程——中国21世纪人口、环境与发展白皮书．北京：中国环境科学出版社
ГБДЕльМАН M A．1992．土地规划设计．王万茂译．北京：农业出版社
Forman R，Godron M．1986．Landscape Ecology．New York：John Wiley & Sons
Stuart Chapin F et al．1984．Urban Land Use Planning．London：University of Illinois Press

# 附　　录

## 1. 土地利用现状分类（1984 年）

| 一级类型 | | 二级类型 | |
|---|---|---|---|
| 编号 | 名称 | 编号 | 名称 |
| 1 | 耕地 | 11 | 灌溉水田 |
| | | 12 | 望天田 |
| | | 13 | 水浇土地 |
| | | 14 | 旱地 |
| | | 15 | 菜地 |
| 2 | 园地 | 21 | 果园 |
| | | 22 | 桑园 |
| | | 23 | 茶园 |
| | | 24 | 橡胶园 |
| | | 25 | 其他园地 |
| 3 | 林地 | 31 | 有林地 |
| | | 32 | 灌木林 |
| | | 33 | 疏林地 |
| | | 34 | 未成林造林地 |
| | | 35 | 迹地 |
| | | 36 | 苗圃 |
| 4 | 牧草地 | 41 | 天然草地 |
| | | 42 | 改良草地 |
| | | 43 | 人工草地 |
| 5 | 居民点及工矿用地 | 51 | 城镇 |
| | | 52 | 农村居民点 |
| | | 53 | 独立工矿用地 |
| | | 54 | 盐田 |
| | | 55 | 特殊用地 |
| 6 | 交通用地 | 61 | 铁路 |
| | | 62 | 公路 |
| | | 63 | 农村道路 |
| | | 64 | 民用机场 |
| | | 65 | 港口、码头 |
| 7 | 水域 | 71 | 河流水面 |
| | | 72 | 湖泊水面 |
| | | 73 | 水库水面 |
| | | 74 | 坑塘水面 |
| | | 75 | 苇地 |
| | | 76 | 滩涂 |
| | | 77 | 沟渠 |
| | | 78 | 水工建筑物 |
| | | 79 | 冰川及永久积雪 |
| 8 | 未利用土地 | 81 | 荒草地 |
| | | 82 | 盐碱地 |
| | | 83 | 沼泽地 |
| | | 84 | 沙地 |
| | | 85 | 裸土地 |
| | | 86 | 裸岩与石砾地 |
| | | 87 | 田坎 |
| | | 88 | 其他 |

资料来源：①国家农业区划委员会，《土地利用现状调查规程》，测绘出版社，1989；②国家农业区划委员会土地资源专业组，对《技术规程》的补充规定（1987）。

## 2. 城镇土地分类（1989年）

| 一级类型 | | 二级类型 | |
|---|---|---|---|
| 编号 | 名称 | 编号 | 名称 |
| 10 | 商业金融业用地 | | |
| | | 11 | 商业服务业 |
| | | 12 | 旅游业 |
| | | 13 | 金融保险业 |
| 20 | 工业、仓储用地 | | |
| | | 21 | 工业用地 |
| | | 22 | 仓储用地 |
| 30 | 市政用地 | | |
| | | 31 | 市政公用设施用地 |
| | | 32 | 绿化用地 |
| 40 | 公共建筑用地 | | |
| | | 41 | 文化、体育、娱乐用地 |
| | | 42 | 机关、宣传用地 |
| | | 43 | 科研设计用地 |
| | | 44 | 教授用地 |
| | | 45 | 医疗卫生用地 |
| 50 | 住宅用地 | | |
| 60 | 交通用地 | | |
| | | 61 | 铁路用地 |
| | | 62 | 民用机场用地 |
| | | 63 | 港口码头用地 |
| | | 64 | 其他交通用地 |
| 70 | 特殊用地 | | |
| | | 71 | 军事设施用地 |
| | | 72 | 海外用地 |
| | | 73 | 宗教用地 |
| | | 74 | 监狱用地 |
| 80 | 水域用地 | | |
| 90 | 农用地 | | |
| | | 91 | 水田 |
| | | 92 | 菜地 |
| | | 93 | 旱地 |
| | | 94 | 园地 |
| 00 | 其他用地 | | |

资料来源：国家土地管理局，《城镇地籍调查规程》，1989。

## 3. 全国土地分类（2001年）

| 一级类型 | | 二级类型 | | 三级类型 | |
|---|---|---|---|---|---|
| 编号 | 名称 | 编号 | 名称 | 编号 | 名称 |
| 1 | 农用地 | 11 | 耕地 | 111 | 灌溉水田 |
| | | | | 112 | 望天田 |
| | | | | 113 | 水浇地 |
| | | | | 114 | 旱地 |
| | | | | 115 | 菜地 |
| | | 12 | 园地 | 121 | 果园 |
| | | | | 122 | 桑园 |
| | | | | 123 | 茶园 |
| | | | | 124 | 橡胶园 |
| | | | | 125 | 其他园地 |
| | | 13 | 林地 | 131 | 有林地 |
| | | | | 132 | 灌木林地 |
| | | | | 133 | 疏林地 |
| | | | | 134 | 未成林造林地 |
| | | | | 135 | 迹地 |
| | | | | 136 | 苗圃 |
| | | 14 | 牧草地 | 141 | 天然草地 |
| | | | | 142 | 改良草地 |
| | | | | 143 | 人工草地 |
| | | 15 | 其他农用地 | 151 | 畜禽的养地 |
| | | | | 152 | 设施农业用地 |
| | | | | 153 | 农村道路 |
| | | | | 154 | 坑塘水面 |
| | | | | 155 | 养殖水面 |
| | | | | 156 | 农田水利用地 |
| | | | | 157 | 田坎 |
| | | | | 158 | 晒谷场等用地 |
| 2 | 建设用地 | 21 | 商业用地 | 211 | 商业用地 |
| | | | | 212 | 金融保险用地 |
| | | | | 213 | 餐饮旅馆用地 |
| | | | | 214 | 其他商业用地 |
| | | 22 | 工矿仓储用地 | 221 | 工业用地 |
| | | | | 222 | 工矿地 |
| | | | | 223 | 仓储用地 |

续表

| 一级类型 | | 二级类型 | | 三级类型 | |
|---|---|---|---|---|---|
| 编号 | 名称 | 编号 | 名称 | 编号 | 名称 |
| 2 | 建设用地 | 23 | 公用设施用地 | 231 | 公共基础设施 |
| | | | | 232 | 瞻仰景观休闲用地 |
| | | 24 | 公共建设用地 | 241 | 机关团体用地 |
| | | | | 242 | 教育用地 |
| | | | | 243 | 科研设计用地 |
| | | | | 244 | 文体用地 |
| | | | | 245 | 医疗卫生用地 |
| | | | | 246 | 慈善用地 |
| | | 25 | 住宅用地 | 251 | 城镇单一住宅用地 |
| | | | | 252 | 城镇混合住宅用地 |
| | | | | 253 | 农村宅基地 |
| | | | | 254 | 空闲宅基地 |
| | | 26 | 交通运输用地 | 261 | 铁路用地 |
| | | | | 262 | 公路用地 |
| | | | | 263 | 民用机场 |
| | | | | 264 | 港口码头用地 |
| | | | | 265 | 管道运输用地 |
| | | | | 266 | 街巷 |
| 2 | 建设用地 | 27 | 水利设施用地 | 271 | 水库水面 |
| | | | | 272 | 水工建设物用地 |
| | | 28 | 特殊用地 | 281 | 军事设施用地 |
| | | | | 282 | 使馆用地 |
| | | | | 283 | 宗教用地 |
| | | | | 284 | 监教场所用地 |
| | | | | 285 | 墓葬地 |
| 3 | 未利用地 | 31 | 未利用土地 | 311 | 荒草地 |
| | | | | 312 | 盐碱地 |
| | | | | 313 | 沼泽地 |
| | | | | 314 | 沙地 |
| | | | | 315 | 裸土地 |
| | | | | 316 | 裸岩石砾地 |
| | | | | 317 | 其他未利用土地 |
| | | 32 | 其他 | 321 | 河流水区 |
| | | | | 322 | 湖泊水区 |
| | | | | 323 | 苇地 |
| | | | | 324 | 滩涂 |
| | | | | 325 | 冰川及常年积雪 |

资料来源：国土资源部，《全国土地分类（试行）》，2001。

## 4. 全国土地分类（2002年）（过渡时期适用）

| 一级类型 | | 二级类型 | | 三级类型 | |
|---|---|---|---|---|---|
| 编号 | 名称 | 编号 | 名称 | 编号 | 名称 |
| 1 | 农用地 | 11 | 耕地 | 111 | 灌溉水田 |
| | | | | 112 | 望天田 |
| | | | | 113 | 水浇地 |
| | | | | 114 | 旱地 |
| | | | | 115 | 菜地 |
| | | 12 | 园地 | 121 | 果园 |
| | | | | 122 | 桑园 |
| | | | | 123 | 茶园 |
| | | | | 124 | 橡胶园 |
| | | | | 125 | 其他园地 |
| | | 13 | 林地 | 131 | 有林地 |
| | | | | 132 | 灌木林地 |
| | | | | 133 | 疏林地 |
| | | | | 134 | 未成林造林地 |
| | | | | 135 | 迹地 |
| | | | | 136 | 苗圃 |
| | | 14 | 牧草地 | 141 | 天然草地 |
| | | | | 142 | 改良草地 |
| | | | | 143 | 人工草地 |
| | | 15 | 其他农用地 | 151 | 畜禽的养地 |
| | | | | 152 | 设施农业 |
| | | | | 153 | 农村道路 |
| | | | | 154 | 坑塘水面 |
| | | | | 155 | 养殖水面 |
| | | | | 156 | 农田水利 |
| | | | | 157 | 田坎 |
| | | | | 158 | 晒谷场等 |
| 2 | 建设用地 | 20 | 居民点及工矿用地 | 201 | 城市 |
| | | | | 202 | 建制镇 |
| | | | | 203 | 农村居民点 |
| | | | | 204 | 独立工矿用地 |
| | | | | 205 | 盐田 |
| | | | | 206 | 特殊用地 |
| | | 26 | 交通运输用地 | 261 | 铁路用地 |
| | | | | 262 | 公路用地 |
| | | | | 263 | 民用机场 |
| | | | | 264 | 港口码头用地 |
| | | | | 265 | 管道运输用地 |
| | | 27 | 水利设施用地 | 271 | 水库水面 |
| | | | | 272 | 水工建筑 |
| 3 | 未利用地 | 31 | 未利用土地 | 311 | 荒草地 |
| | | | | 312 | 盐碱地 |
| | | | | 313 | 沼泽地 |
| | | | | 314 | 沙地 |
| | | | | 315 | 裸土地 |
| | | | | 316 | 裸岩与石砾地 |
| | | | | 317 | 其他未利用地 |
| | | 32 | 其他 | 321 | 河流水区 |
| | | | | 322 | 湖泊水区 |
| | | | | 323 | 苇地 |
| | | | | 324 | 滩涂 |
| | | | | 325 | 冰川及常年积雪 |

资料来源：国土资源部，《全国土地分类（过渡时期适用）》，2002。

## 5. 规划人均建设用地指标分级（GBJ—137）

| 指标级别 | 用地指标/$m^2$ | 备　注 |
|---|---|---|
| Ⅰ | 60.1～75.0 | |
| Ⅱ | 75.1～90.0 | 发展用地偏紧城市可用此级 |
| Ⅲ | 90.1～105.0 | 新建城市宜用此级 |
| Ⅳ | 105.1～120.0 | 首都及特区宜用此级 |

## 6. 现有城市的规划人均建设用地指标（GBJ—137）

| 现状人均建设用地水平/$m^2$ | 允许采用的规划指标 | | 允许调整幅度/$m^2$ | 备　注 |
|---|---|---|---|---|
| | 指标级别 | 规划人均建设用地/$m^2$ | | |
| ≤60.0 | Ⅰ | 60.1～75.0 | +0.1～+25.0 | 本表为现状人均建设用地，确定规划指标时，应同时符合允许采用的规划指标和调整幅度。调整幅度以现状为基础。 |
| 60.1～75.0 | Ⅰ | 60.1～75.0 | ＞0 | |
| | Ⅱ | 75.1～90.0 | +0.1～+20.0 | |
| 75.1～90.0 | Ⅱ | 75.1～90.0 | 不限 | |
| | Ⅲ | 90.1～105.0 | +0.1～+15.0 | |
| 90.1～105.0 | Ⅱ | 75.1～90.0 | −15.0～0 | |
| | Ⅲ | 90.1～105.0 | 不限 | |
| | Ⅳ | 105.1～120.0 | +0.1～+15.0 | |
| 105.1～120.0 | Ⅲ | 90.1～105.0 | −20.0～0 | |
| | Ⅳ | 105.1～120.0 | 不限 | |
| ＞120.0 | Ⅲ | 90.1～105.0 | ＜0 | |
| | Ⅳ | 105.1～120.0 | ＜0 | |

## 7. 规划人均单项建设用地指标（GBJ—137）

| 类别名称 | 用地指标/$m^2$ | 占建设用地的比例/% | 备　注 |
|---|---|---|---|
| 居住用地 | 18.0～28.0 | 20～32 | 有大中型项目的中小工矿城市可＞25%，＜30%<br>风景旅游城市可大于15% |
| 工业用地 | 10.0～25.0 | 15～25 | |
| 道路广场用地 | 7.0～15.0 | 8～15 | |
| 绿地<br>其中：公共绿地 | ≥9.0<br>≥7.0 | 8～15 | |